Diez
Verlorene Größe – Neue Horizonte

Verlorene Größe – Neue Horizonte

Das Ende von Daimler?

von

Prof. Dr. Willi Diez

Verlag Franz Vahlen München

Prof. Dr. Willi Diez ist ein Wirtschaftswissenschaftler und Professor für Betriebswirtschaftslehre, Gründer des Instituts für Automobilwirtschaft (IFA) an der Hochschule Nürtingen.

ISBN Print: 978 3 8006 6719 2
ISBN E-Book (ePDF): 978 3 8006 6720 8
ISBN E-Book (ePub): 978 3 8006 6721 5

Satz: Fotosatz Buck,
Zweikirchener Str. 7, 84036 Kumhausen

Druck und Bindung: Beltz Grafische Betriebe GmH
Am Fliegerhorst 8, 99947 Bad Langensalza

Umschlaggestaltung: Ralph Zimmermann – Bureau Parapluie
Bildnachweis: commons.wikimedia.org (modifiziert)

CO_2 neutral
vahlen.de/nachhaltig

Gedruckt auf säurefreiem, alterungsbeständigem Papier
(hergestellt aus chlorfrei gebleichtem Zellstoff)

Inhalt

Kapitel 1

Einleitung – Verlorene Größe

„Es ist kein Naturgesetz, dass Daimler ewig besteht." Das Statement von Dieter Zetsche im Februar 2019 auf der Mobilfunkmesse MWC in Barcelona ließ aufhorchen. War das nur eine flapsig hingeworfene Bemerkung, wie man sie von Zetsche bei Diskussionsrunden öfter einmal hören konnte? Oder steckte mehr dahinter? Gewiss, Daimler kämpfte damals mit einer dicken Krise. Die Verkäufe schwächelten und der Dieselskandal kostete viel Geld. Schon ein paar Wochen später ließ eine Gewinnwarnung die Investoren an der Börse ebenso aufschrecken wie die Mitarbeiter im Unternehmen. Aber existenzgefährdend war das alles nicht. Das Unternehmen war über viele Jahre außerordentlich erfolgreich gewesen, mit mehr als 2,3 Millionen verkauften Fahrzeugen lag es weit vor seinen Wettbewerbern und erst im Jahr 2017 hatte man mit über 14 Milliarden Euro einen neuen Rekordgewinn erzielt. Warum also dieses öffentliche Nachdenken über den eigenen Untergang? Wusste oder spürte Dieter Zetsche etwas, was andere nicht sehen konnten oder nicht sehen wollten? Das Unternehmen war groß, wofür nicht zuletzt er selbst gesorgt hatte. Es war groß, aber hatte es auch noch „Größe"?

„Day One, Day Two“

Im Grunde war Dieter Zetsches provozierende Bemerkung über die Zukunft von Daimler ein Plagiat. Einige Monate vorher hatte Jeff Bezos, Chef von Amazon, bei einem Meeting mit Managern und Führungskräften seines Unternehmens davor gewarnt, dass Amazon „nicht zu groß zum Scheitern“ sei und dann hinzugefügt: „Ich sage voraus, dass Amazon eines Tages scheitern wird.“ „Amazon“, so Bezos, „wird pleitegehen“. Der Satz, ausgesprochen vom reichsten Mann der Welt und Gründer eines der erfolgreichsten Unternehmen im Internet-Zeitalter, mutete merkwürdig an. Natürlich kokettieren vor allem erfolgreiche und charismatische Unternehmer schon mal gerne mit dem eigenen Untergang. Aber meinte Jeff Bezos das wirklich ernst?

Jeff Bezos war, was die Lebensdauer von Unternehmen anbelangt, pessimistisch: „Wenn ihr euch die großen Unternehmen anschaut“, erklärte er bei seinem Auftritt im Herbst 2018, „liegt die Lebensdauer bei 30 Jahren plus, nicht bei 100 Jahren plus“. Nach seiner Theorie hat jedes Unternehmen einen „Day One“ – das ist der Tag, an dem es gegründet wird. Und nach seiner Auffassung muss das Management dafür sorgen, dass der Geist und die Vitalität des „Day One“ erhalten bleiben und jeden Tag neu gelebt werden: „Every Day“, so sein Credo, „is Day One.“ Schon mit dem „Day Two“ beginnt nach seiner Auffassung das Ende eines Unternehmens: „Day Two ist Stagnation. Gefolgt von Irrelevanz. Gefolgt von einem quälend schmerzvollen Niedergang.“ Den sah er auch bei Amazon kommen – wann, darüber schwieg er sich freilich aus.

Irgendetwas ist sicher richtig an Bezos' Unternehmensphilosophie – aber irgendetwas ist auch falsch. Tatsächlich gibt es viele Unternehmen, die weit älter als 30 Jahre sind und eine noch immer beträchtliche Größe haben. Daimler war im Jahr 2019 – nimmt man die Vorläuferunternehmen mit dazu – über 100 Jahre alt, nach der Diktion von Bezos gewissermaßen 100 Jahre plus-plus. Auch andere „große Unternehmen“ wie Ford und Siemens oder auch Coca-Cola und Procter&Gamble waren im Jahr 2019 über 100 Jahre alt und viele andere wie Toyota oder Samsung nur wenig jünger. Unmöglich, dass ein intelligenter Mann wie Jeff Bezos diese Unternehmen und ihr Alter nicht gekannt hätte. Was also sollte die Aussage, dass die Lebensdauer *großer* Unternehmen bei „30 Jahre plus“ und nicht bei „100 Jahre plus“ liege?

Jeff Bezos Überlegungen zur Lebensdauer von Unternehmen spielen offensichtlich mit zwei Bedeutungen von „Größe“. Was ein „großes“ Unternehmen ist, wird in der Welt der Wirtschaft üblicherweise mit Kennzahlen wie dem Umsatz, der Zahl der Beschäftigten und – in der Automobilindustrie – mit der Zahl der verkauften Autos definiert. „Groß“ ist, was eine bestimmte „quantitative“ Größe hat. Damit lassen sich wunderbare Rankings erstellen: Wer ist „Erster“, wer „Zweiter“, wer konnte sich in diesem Jahr um wie viele Plätze verbessern, wer konnte seinen Platz verteidigen und wer ist „abgestiegen"? Das sind Spielchen, die in der Presse gerne gespielt werden: Unterhaltsam, aber unwichtig, denn die Platzierung eines Unternehmens in einer dieser „Bundesligatabellen" sagt – anders als im Sport – wenig bis gar nichts über deren Zukunftschancen, über deren wahre „Größe" aus. Der über viele Jahrzehnte weltweit größte Automobilhersteller, General Motors, fiel in der Finanzkrise im Jahr 2008, ziemlich genau 100 Jahre nach seiner Gründung, wie ein Kartenhaus zusammen. General Motors war wie eine Maschine. Eine Maschine, die mehr oder weniger zuverlässig mehr oder wenig gute Autos in den Markt drückte, den Mitarbeitern und Führungskräften pünktlich Löhne und Gehälter ausbezahlte und seine Geschäftsprozesse mit der ganzen Erfahrung eines alten Unternehmens routiniert abspulte. Aber das Unternehmen wurde von keiner besonderen Idee, keinem besonderen Wissen und keiner besonderen Fähigkeit mehr getragen. Irgendwann in den 1970er-Jahren, vielleicht auch erst in den 1980er-Jahren war der Kalender vom „Day One" auf den „Day Two" gesprungen und offensichtlich hatte das niemand bemerkt. Das Unternehmen war, als es pleiteging, in einem rein quantitativen Sinn noch immer „groß". Aber es hatte seine „Größe" längst verloren. Im gleichen Jahr, 2008, in dem General Motors faktisch in Konkurs ging, brachte ein Unternehmen mit Sitz in Palo Alto seinen ersten vollelektrischen Roadster auf den Markt. Das Unternehmen hieß Tesla, war gemessen an den üblichen statistischen Kennzahlen klein, im Grunde ein „Start-up", aber es lebte im „Day One". Jeder redete und spekulierte über die Zukunft des Unternehmens, seine technologischen Innovationen, seine kommerziellen Pläne und natürlich auch über seinen etwas verrückten Chef. Tesla war ein kleines Unternehmen mit einer revolutionären, die Welt der Mobilität verändernden Idee. General Motors war „groß", Tesla, die kleine Schmiede für Elektroautos aber hatte „Größe".

Was also ist „Größe"?

Jeff Bezos' Prognose über die Lebensdauer von „großen Unternehmen" macht nur dann Sinn, wenn man in Rechnung stellt, dass es neben der quantitativen, durch betriebswirtschaftliche Kennzahlen definierten „Größe" noch eine andere Art von „Größe" gibt: eine Größe, die man als „qualitative", „substanzielle", vielleicht auch als „historische" Größe bezeichnen kann. Von Jacob Burckhardt, einem der bedeutendsten Historiker des 19. Jahrhunderts, stammt die klassische Definition von „historischer Größe": „Die Bestimmung der Größe scheint zu sein", heißt es in seinem Basler Vorlesungsmanuskript aus dem Jahr 1868, „dass sie einen Willen vollzieht, der über das Individuelle hinausgeht." Besteht die wirkliche, dauerhafte und relevante Größe von Unternehmen also möglicherweise darin, dass sie nicht nur nach Umsatz oder Gewinn streben, sondern „einen Willen vollziehen, der über das Individuelle hinausgeht"?

„Apple is dedicated to leaving the world better than we found it and to creating powerful tools that empower others to do the same." Apples sogenanntes

Mission-Statement steht nicht allein. Viele Unternehmen und Manager erklären heute, dass es ihnen nicht allein um Wachstum, eine starke Marktposition oder Rekordgewinne gehe, sondern um eine „bessere Welt". Da ist davon die Rede, „andere zu befähigen, mehr zu erreichen" (Microsoft), das Leben der Menschen „zu vereinfachen und zu ihrem Erfolg beizutragen" (Amazon) oder auch die „Welt näher zusammenzubringen" (Facebook). „Für mich", erklärte Elon Musk seinem Biografen Daniel Alef, „geht es nie um Geld, sondern darum, die Probleme zu lösen und damit die Lebensgrundlagen der Menschheit in Zukunft zu verbessern." Unternehmen als Weltverbesserer?

Ja und nein. Es gibt viele Unternehmen, die groß sind, aber keine „Größe" haben. Das sind Unternehmen, die ein gutes Produkt zu einem attraktiven Preis anbieten und damit ihr Geschäft machen. Es sind die klassischen „Bedarfsdecker", die mit ihrem Geschäftsmodell, wenn sie es konsequent umsetzen, durchaus erfolgreich sein können. Sie haben das Ohr am Markt, achten darauf, dass ihnen ihre Wettbewerber nicht zu nahekommen und passen ihre Produktpalette rechtzeitig an technologische, wirtschaftliche und gesellschaftliche Veränderungen an. Es gibt Tausende solcher ganz „normaler" Unternehmen, deren Ambitionen nicht über ihre wirtschaftlichen Ziele hinausgehen. Aber es gibt auch Unternehmen, die nicht einfach „Bedarfe decken", sondern mit ihren Produkten und Dienstleistungen Treiber gesellschaftlicher Entwicklungen werden, die über das rein Wirtschaftliche hinausgehen. Amazon, Apple, Google und Facebook sind große Unternehmen, aber nicht, weil sie hohe Umsätze und über eine gewaltige Börsenkapitalisierung verfügen. Sie sind groß, weil sie das Leben von Milliarden von Menschen verändert haben und noch immer verändern. Politik, Wirtschaft und Kultur im vordigitalen Zeitalter waren anders als heute und auch wenn es Traditionalisten gibt, die der Auffassung sind, dass früher alles besser war, wird doch die weit überwiegende Zahl der vor allem jungen Menschen heute nicht auf Smartphone, Video-Streaming, Online-Shopping und den kommunikativen Austausch über soziale Medien verzichten wollen. Natürlich wollen (und müssen) Amazon, Apple, Google und Facebook Geld verdienen, aber indem sie das tun, vollziehen sie gleichzeitig einen Willen, der über ihr individuelles, egoistisches Profitstreben hinausgeht: den „Willen", das Leben besser, bequemer, spannender und genussvoller zu machen. Sie überschreiten die Grenzen wirtschaftlicher Interessen und in diesem Überschreiten, in dieser – wie Philosophen sagen – „Transzendenz" liegt ihre gesellschaftliche Relevanz und das heißt letztlich: ihre „Größe".

Auch die großen Internet-Konzerne werden die Rolle, die sie heute spielen, nicht ewig spielen. Irgendwann werden andere kommen, die mit einer neuen Idee die gesellschaftliche Entwicklung in eine andere Richtung treiben und die damit zu Projektionsflächen für die Wünsche und Sehnsüchte der Menschen werden. Alte Unternehmen im Status der „Irrelevanz" können noch lange existieren, aber sie schreiben keine Geschichte mehr. Sie können weiterhin „quantitative Größe" besitzen, in Bundesligatabellen sogar vordere Plätze einnehmen, aber mit ihrer gesellschaftlichen Relevanz geht auch ihre „Größe" verloren. Das ist kein zwangsläufiger Prozess. Unternehmen können sich neu erfinden, auch wenn dies den wenigsten gelingt. Der Normalfall ist, dass der Unternehmenskalender vom Management unbemerkt vom „Day One“ auf den „Day Two“ springt. Steve Jobs hat, als er im Jahr 1996 wieder in sein Unternehmen zurückgekehrt ist, den Kalender, der auch bei Apple schon den „Day Two“ angezeigt hat, wieder auf den „Day One“ gestellt. Das ist die Ausnahme. Jeff Bezos gibt Unternehmen im „Day One“ eine Lebensdauer von 30 Jahren plus, dann beginne der „quälend schmerzvolle Niedergang“. Doch auch er will diese Entwicklung verhindern oder doch so lange wie möglich hinausschieben. Daher appellierte er im Herbst 2018 an die Führungskräfte seines Unternehmens: „Every Day is Day One.“

Und Daimler?

Verlorene Größe

Im Jahr 1985 erschienen – ungewöhnlich genug – im Nachrichtenmagazin DER SPIEGEL in kurzer Folge gleich zwei Titelgeschichten über Daimler-Benz. Die erste Geschichte war im Heft Nr. 37 vom 9. September und hatte ein Zitat als Überschrift: „Der Stern strahlt noch in 100 Jahren“. Die zweite Geschichte folgte schon am 21. Oktober in Heft Nr. 43. Die Überschrift war auch dieses Mal ein Zitat und lautete: „Wir stehen erst am Anfang“. Die erste Titelgeschichte ist eine große Hommage an die Daimler-Benz AG und die Marke Mercedes-Benz. Das Zitat, dass der Stern auch noch in 100 Jahren strahlen werde, stammte von dem damaligen Vorsitzenden des Gesamtbetriebsrates Herbert Lucy. Anlass für die zweite Geschichte war die Übernahme mehrerer Unternehmen, darunter auch eines der ältesten Industrieunternehmen Deutschlands, der AEG, durch Daimler. Das Zitat in der Überschrift stammte vom Initiator des „großen Fressens“, dem späteren Unternehmenschef Edzard Reuter.

Tatsächlich markiert das Jahr 1985 eine Zäsur in der Geschichte von Daimler, es steht für ein Ende, aber nicht für einen neuen Anfang. Es ist das Jahr, in dem der „quälend schmerzvolle Niedergang“ der Industrie-Ikone Daimler beginnt – zuerst langsam, dann immer schneller.

Die Daimler-Benz AG, wie das Unternehmen damals noch hieß, war seit dem Ende des Zweiten Weltkriegs über mehr als 30 Jahre hinweg ein erfolgreiches, kontinuierlich wachsendes und krisenfestes Unternehmen. Es war ein exklusiver, hochpreisiger Anbieter von Personenkraftwagen und gleichzeitig Weltmarktführer bei schweren LKW. Mercedes-Benz-PKW galten als die besten Autos der Welt mit langen Lieferzeiten und einer herausragenden Wertbeständigkeit: „Mercedes-Produkte“, befand DER SPIEGEL in seiner Hommage auf den Konzern im Jahr 1985, „sind unerreichtes Vorbild für die Konkurrenz. Und dabei wird es wohl noch einige Zeit bleiben.“ So falsch die Prognose war, so richtig war die Bestandsaufnahme. Es gab damals keinen Hersteller, der Mercedes bei der Qualität und Zuverlässigkeit der Fahrzeuge das Wasser reichen konnte. Jeder Mercedes war ein hochwertig verarbeitetes, sicheres, komfortables und gut motorisiertes Auto. Das Image der Marke und des Unternehmens war tadellos, geprägt nicht nur durch die herausragenden Produkte, sondern auch durch den Stil, mit dem die Repräsentanten des Unternehmens in der Öffentlichkeit auftraten: Die zumeist älteren Herren mit leicht angegrauten Haaren, dunklen Anzügen und gedeckten Krawatten waren der Inbegriff von Seriosität und Noblesse.

Die Daimler-Benz AG war hochprofitabel. DER SPIEGEL attestierte dem Konzern einen „unermesslichen Reichtum" und jeder wusste, dass das, was der Konzern in der Bilanz zeigte, nur ein Bruchteil seines Reichtums war, denn die Daimler-Manager hatten aus dem Verstecken von Gewinnen eine regelrechte Kunst gemacht. Man war reich, aber man wollte niemandem zeigen, wie reich man war. Das hatte nicht nur etwas mit schwäbischer Bescheidenheit zu tun, sondern auch damit, dass man weder bei den Aktionären noch bei den Betriebsräten Begehrlichkeiten wecken wollte. So hielten sich in der Branche über Jahrzehnte die abenteuerlichsten Gerüchte über die Höhe der „stillen Reserven", über die das Unternehmen verfügte. Niemand hätte damals geglaubt, dass der Daimler-Konzern einmal in wirtschaftliche Schwierigkeiten kommen könnte: In der Zeit einer allgemeinen Wirtschaftskrise, Mitte der 1970er-Jahre, hatte er sich den „Mythos der Unzerstörbarkeit" erworben, als alle anderen Automobilhersteller mit mehr oder weniger heftigen Absatz- und Ertragsproblemen zu kämpfen hatten. Die Daimler-Benz AG überstand alle Wirtschaftskrisen unangefochten.

Doch die Daimler-Benz AG war mehr als ein erfolgreiches und profitables Unternehmen. Noch einmal DER SPIEGEL in seiner Hommage aus dem Jahr 1985: „Das Markenzeichen der Firma, der dreizackige Stern", heißt es da, „ist längst so etwas wie ein nationales Ehrenzeichen geworden, zumindest ist er ein Symbol für deutsche Tüchtigkeit." Das Lob ist eher eine Unter- als eine Übertreibung. Natürlich war der „Stern" ein „Symbol für deutsche Tüchtigkeit", aber nicht nur das. Im Grunde war der „Stern" ein Symbol für eine Zeit, der man den Namen „Wirtschaftswunder" gegeben hat. Daimler-Benz galt als *das* deutsche Vorzeigeunternehmen, als Modell deutscher Möglichkeiten und als Zugpferd für den Wiederaufstieg Deutschlands in die erste Reihe der weltweit führenden Wirtschaftsnationen. „Mercedes-Land", berichtete DER SPIEGEL, „nennen asylsuchende Tamilen bei der Ankunft in West-Berlin die Bundesrepublik".

Auch Daimler hatte, als das Unternehmen nach dem Zweiten Weltkrieg faktisch neu gegründet wurde, eine Mission. Sogar eine Mission für eine „bessere Welt", wenn man bereit ist anzuerkennen, dass sich die damalige Vorstellung der Menschen, was eine bessere Welt ist, beträchtlich von der von heute unterscheidet. Das Unternehmen schuf Arbeitsplätze, die sicher und gut bezahlt waren. Irgendwann konnten sich die Menschen Dinge leisten, die über Essen, Trinken und Wohnen hinausgingen, die das Leben einfacher und angenehmer machten: eine Urlaubsreise ins Ausland, ein Fernseher und natürlich auch ein

Auto. Daimler arbeitete mit an dieser besseren Welt. Wo das Unternehmen ein Werk hatte oder ein neues baute, zog der Wohlstand ein.

Daimler-Benz war schon in den 1950er-Jahren, im Gegensatz zu vielen anderen deutschen Unternehmen, ein Konzern mit einer großen internationalen Ausstrahlung. Die Rennsporterfolge der „Silberpfeile" waren ein Aushängeschild für deutsche Ingenieurskunst. Aber vor allem die Qualität der Produkte und die herausragende gesellschaftliche Stellung der Menschen, die diese Produkte kauften, sorgten für die weltweite Bekanntheit und Anerkennung der Marke. Monarchen und Politiker, Unternehmer und Manager, die Zelebritäten aus Sport und Kultur – das waren die Botschafter für eine Marke, die dabei war, ihre einstige Reputation wieder zu gewinnen, und die damit auch dazu beitrug, den Ruf Deutschlands in der Welt wieder zu stärken. Am Glanz des Sterns konnten sich viele wärmen, auch diejenigen, die keinen Mercedes-Benz fuhren.

So findet man, wenn man sich mit der Geschichte von Daimler-Benz nach dem Zweiten Weltkrieg beschäftigt, gleich zwei Quellen für seine „Größe": eine materielle und eine ideelle. Die materielle Quelle war die Förderung des Wohlstands, die Schaffung von Arbeitsplätzen und Einkommen sowie die Entwicklung wegweisender Technologien. Die ideelle Quelle war der Ruf des Unternehmens, seine Weltgeltung, die der schwer beschädigten deutschen Seele guttat und den Menschen, die einen Mercedes-Benz fuhren, das Gefühl gab, etwas ganz Besonderes zu besitzen – nicht nur in Deutschland, sondern überall auf der Welt. Das Unternehmen arbeitete für den Gewinn seiner Eigentümer, aber mit der Ausweitung seiner Geschäftstätigkeit vollzog es einen „Willen, der über das Individuelle" hinausging: Es machte die Welt besser – es hatte „Größe".

Heute ist Daimler ein ganz normales Unternehmen. Wie jedes andere Unternehmen hat Daimler gute und dann auch wieder weniger gute Jahre. Die Geschäftsergebnisse folgen den in der Automobilindustrie üblichen Produktlebenszyklen und dem Kreislauf der Konjunkturen. Neue Modelle werden computerunterstützt entwickelt, nach rationellsten Methoden als Massenware produziert und professionell beworben und verkauft. Das Geschäft mit der Finanzierung und dem Leasing von Fahrzeugen bringt kontinuierlich hohe Renditen. Produktion und Absatz sind global ausgerichtet, wo verkauft wird, wird auch produziert. Das Unternehmen steht wie die gesamte Branche vor großen Herausforderungen, deren erfolgreiche Bewältigung noch nicht ausgemacht ist. Hätte man Anfang der 1980er-Jahre Volkswagen oder BMW mit Daimler-Benz auf eine Stufe gestellt, wäre man ausgelacht worden. Heute sind Vergleiche zwischen den drei großen Automobilkonzernen in Deutschland gang und gäbe und vielen gilt dabei Volkswagen als das besser aufgestellte und BMW als das effizientere Unternehmen.

In den 40 Jahren zwischen 1980 und 2020 hat Daimler seine Ausnahmestellung im Markt ebenso verloren wie seine symbolische Bedeutung für Deutschland und die deutsche Wirtschaft. Dahin ist der „unermessliche Reichtum" und davon, dass Daimler die besten Autos der Welt baue und „unerreichtes

Vorbild für die Konkurrenz" sei, redet schon lange niemand mehr. Nicht erst seit dem „Dieselskandal" ist der einstige Glanz des „Sterns" verblasst und der „Mythos der Unzerstörbarkeit" bröckelt. Von der einstigen „Größe" des Unternehmens haben nur noch wenige eine Ahnung, und nur der kann sie vielleicht noch erspüren, der einen Rundgang durch das Mercedes Museum in Untertürkheim macht. Die materiellen und ideellen Quellen seiner einstigen „Größe" sind versiegt. Neue Werte, eine neue Mission hat das Unternehmen bis heute nicht gefunden, obwohl es dazu nicht an Versuchen gefehlt hat.

Schon in einem Artikel im Sommer 1993, als der Daimler-Konzern seine erste Krise in der Nachkriegszeit durchlebt und Tausende von Arbeitsplätzen abbauen muss, konstatiert der einst so euphorische SPIEGEL in seiner Ausgabe Nr. 35, dass der „Mythos, der die Firma einst umgab" zerstört sei: „Mercedes-Benz ist kein besonderes Unternehmen mehr, das sich den Regeln der Branche entziehen kann. Es ist nun ein ganz gewöhnlicher Konzern wie Ford oder Fiat." Zwölf Jahre später, die „Hochzeit im Himmel" mit Chrysler ist gerade krachend gescheitert, spekuliert das Hamburger Nachrichtenmagazin sogar darüber, dass Hedgefonds mit dem Gedanken spielen könnten, „den Konzern zu übernehmen und dann gewinnbringend zu zerschlagen". Weitere 15 Jahre später, im Februar 2020, Ola Källenius hat gerade seine erste Bilanzpressekonferenz abgehalten, kritisiert DER SPIEGEL, dass Daimler „im viele Jahre währenden Erfolg behäbig" geworden sei und „ratlos in die Zukunft" schaue. Davon, dass der „Stern" auch noch in 100 Jahren strahlen könne, ist nicht mehr die Rede.

Bigger than Life

Die Amerikaner haben für außergewöhnliche Ereignisse und Menschen, für Situationen und Schicksale, die die herkömmlichen Maßstäbe und Erfahrungen eines Lebens sprengen, die mit gängigen Erklärungsmustern nicht fassbar, also schlichtweg inkommensurabel sind, die Bezeichnung: „Bigger than Life". „Bigger than Life" – das ist das Leben von Menschen, die die Welt verändern, sie aus der Angel heben wollen, dabei unvorstellbare Höhen und Tiefen durchleben und durchleiden, exzessiv in ihren Zielen, aber auch in ihren Mitteln sind, um diese Ziele zu erreichen. „Bigger than Life" – das sind Ereignisse, die unvorstellbar sind, weil sie quer gegen jede Logik stehen, deren Gründe und Ursachen rational nicht erklärbar sind und die daher den unvoreingenommenen Beobachter Staunen machen. Die Entwicklung der Daimler AG zwischen 1980 und 2020 ist „Bigger than Life", sie sprengt das normale Maß an Um- und Neuorientierungen, die wohl jedes Unternehmen in sich verändernden Zeiten vornimmt. Das Ausmaß und die Intensität der Strategiewechsel, der Umbrüche und Aufbrüche, der Erfolge und Misserfolge, der Triumphe und Niederlagen, die Daimler in den letzten 40 Jahren erlebt hat, suchen – jedenfalls in der deutschen Industrielandschaft – seinesgleichen. Man wird Vergleichbares weder bei Siemens, bei der BASF noch bei VW oder BMW finden.

Daimler hat in den 40 Jahren zwischen 1980 und 2020 seine einstige „Größe“ verloren: Wie und vor allem *warum* das passiert ist, wird in diesem Buch erzählt. Es handelt von abenteuerlichen Visionen und strategischen Neuausrichtungen, von technologischen Fehlentwicklungen, Qualitätsproblemen und Skandalen und es erzählt davon, wie die Aufgabe eines einfachen Prinzips zu einer nicht umkehrbaren Erosion des alten Geschäftsmodells und der einstigen Ertragskraft des Unternehmens geführt hat. Natürlich erzählt dieses Buch auch von Phasen der Erholung, des Aufschwungs und des Erfolgs. Es erzählt von dem Bestreben, die alte Größe wieder zu gewinnen, und davon, wie diese Hoffnung immer wieder zerplatzt ist. Es erzählt davon, wie stolz dieses Unternehmen einmal war und wie schwer man sich bis heute damit tut, anzuerkennen, dass man kein besonderes Unternehmen mehr ist, sondern ein ganz gewöhnlicher Automobil-Konzern.

Vor allem aber erzählt dieses Buch von Menschen – Menschen, die Verantwortung getragen und die Entwicklung des Unternehmens in den letzten 40 Jahren beeinflusst und bestimmt haben. In der Tat war die Entwicklung – im Guten wie im Schlechten – bei keinem anderen Automobilhersteller so an bestimmte Personen gebunden wie bei Daimler. Während bei VW und BMW über die verschiedenen Vorstandswechsel hinweg strategische Kontinuität herrschte, war mit fast jedem Wechsel an der Unternehmensspitze bei Daimler auch ein Strategiewechsel verbunden, wobei man nie genau sagen konnte, ob der Personalwechsel eine Folge des Strategiewechsels war oder umgekehrt.

Als Edzard Reuter 1985 den Vorstandsvorsitz bei der Daimler-Benz AG übernahm, wollte er aus dem einstigen Autokonzern einen „Technologiekonzern“ formen. Das Ende ist bekannt. Jürgen Schrempp begrub die Reutersche Vision und wartete nur wenig später mit seiner eigenen Vision auf: Aus dem schwäbischen Automobilunternehmen sollte eine Welt AG werden. Auch das Ende dieses Traums ist bekannt. Es folgte Dieter Zetsche, der die Welt AG rückabwickelte und das seltsame Gebilde, das sich DaimlerChrysler AG nannte, gerade noch rechtzeitig vor der Finanzkrise im Jahr 2008 auflöste. Dann hatte auch er, der eigentlich ein Pragmatiker und kein Visionär war, eine Vision: Er wollte aus Daimler einen Mobilitätskonzern machen, der sowohl bei der Digitalisierung, beim autonomen Fahren, bei der „Shared Mobility“ und schließlich auch bei der Elektromobilität eine weltweit führende Position einnehmen sollte. Das war zwar etwas bescheidener als die Pläne seiner Vorgänger, aber gleichwohl zu anspruchsvoll für das, was das Unternehmen noch zu leisten im Stande war. Ola Källenius hat Dieter Zetsches Vision vom Mobilitätskonzern begraben und fokussiert sich nun wieder ganz auf das Autogeschäft.

Die Akteure, die Manager und ihre Gefolgsleute, nicht weniger als die Betriebsräte und Arbeitnehmervertreter im Aufsichtsrat haben Großartiges geleistet, um dann, wenige Monate später, mit unvorstellbaren Fehlentscheidungen alles aufs Spiel zu setzen. Bescheiden bis zu Selbstverleugnung die einen, rücksichtslose Hasardeure die anderen – und manchmal auch die Rolle vom Saulus zum Paulus oder vom Paulus zum Saulus wechselnd. Die Geschichte von Daimler zwischen 1980 und 2020 ist ein großes Schauspiel, mal Tragödie, mal Komödie, aber nie langweilig. Das Stück, das gespielt wurde, war spannend und unterhaltsam, manchmal auch irritierend und abstoßend, die Schauspieler, Helden wie Schurken, alle auf höchstem Niveau agierend. Nur mit viel Akribie, manchmal auch Phantasie, ist es möglich, den Ablauf der Ereignisse korrekt nachzuzeichnen und die entscheidenden Wendepunkte, die die Handlung nimmt, zu identifizieren. Es sind viele Handlungsstränge, die sich überlagern, miteinander verketten und es so mitunter schwer machen, zu unterscheiden, was Ursache und was Wirkung, was geplant und was bloßer Zufall war.

Wenn hier die handelnden Personen in den Mittelpunkt der Darstellung gerückt werden, dann soll damit zwei weitverbreiteten und von interessierter Seite auch durchaus gepflegten Manager-Mythen widersprochen werden. Der eine Mythos lautet, dass in einem Großunternehmen jeder Manager doch nur ein Akteur unter vielen und selbst der Vorstandsvorsitzende eines Konzerns in Gremien und formalisierte Entscheidungsprozesse eingebunden sei. Richtig daran ist, dass die Struktur von Großunternehmen im Allgemeinen und von Aktiengesellschaften im Besonderen, ein System von Führungs-, Abstimmungs- und Kontrollmechanismen darstellt, die von einem Einzelnen nicht einfach übergangen oder gar ausgehebelt werden können. Doch neben den offiziellen Entscheidungs- und Kontrollorganen gibt es in jedem Unternehmen auch informelle Abstimmungs- und Entscheidungswege. Ein Kontrollsystem funktioniert nur dann, wenn diejenigen, die kontrollieren sollen, dies auch wirklich tun wollen. Was aber ist, wenn in einem Unternehmen die Kontrolle von Menschen ausgeübt wird, die kein persönliches Vermögensinteresse an diesem Unternehmen haben, sondern wenn im Endeffekt Manager Manager kontrollieren? Was ist, wenn sich der Vorstandsvorsitzende und der Aufsichtsratsvorsitzende duzen und in freundlichem Einvernehmen einander öffentlich bewundern? Was ist, wenn der Wahn eines Einzelnen über die Einsicht der Vielen siegt? Man kann den Vorstandsvorsitzenden der Daimler AG in dem hier betrachteten Zeitraum viel vorwerfen. Charisma hatte jeder von ihnen. Wenn die Geschichte von Daimler eines lehrt, so ist es, dass starke Persönlichkeiten die Mechanismen von Führung und Kontrolle auch in einer Aktiengesellschaft durchbrechen, ja außer Kraft setzen können.

Der zweite weitverbreitete Manager-Mythos, der den Einfluss einzelner Personen auf die Geschicke eines Unternehmens relativieren soll, ist das Argument von den „Sachzwängen", das schlicht lautet: Nicht Menschen entscheiden, sondern die Umstände, die diesen Menschen keine andere Wahl lassen. Vorstände werden so zu bloßen Vollzugsorganen von Sachzwängen gemacht, was natürlich auch den Vorteil hat, dass bei Fehlentscheidungen die Ausrede – „wir hatten keine andere Alternative" – schon parat liegt. Tatsächlich gehört die Behauptung, unternehmerische Entscheidungen wären alternativlos, zu den großen Unwahrheiten in der Unternehmensführung, die erstaunlicherweise keine kurzen, sondern sehr lange Beine hat. Wahr ist, dass es zu jeder unternehmerischen Entscheidung zu jeder Zeit eine Alternative gibt – mindestens eine, manchmal auch mehrere. War die Entscheidung, den Autokonzern Daimler angesichts der Verschärfung des Wettbewerbs auf dem

Weltautomobilmarkt in einen Technologiekonzern umzuwandeln, alternativlos, also unausweichlich? Ganz bestimmt nicht. Allein der Weg und der Erfolg von BMW in den folgenden Jahrzehnten hat gezeigt, dass ein Unternehmen, das ausschließlich Autos baut, überleben und erfolgreich sein konnte. War die Entscheidung, aus Daimler einen Welt AG zu machen, unausweichlich, alternativlos? Nahezu einhellig wurde damals argumentiert, dass langfristig nur fünf, höchstens sechs Automobilhersteller weltweit überleben würden, also müsse man einen anderen Automobilhersteller aufkaufen oder mit ihm fusionieren. Fakt ist, dass es heute weltweit mehr Automobilhersteller gibt als im Jahr 1998, als die Welt AG aus der Taufe gehoben wurde. Unternehmerisches Handeln vollzieht sich in voller Handlungsfreiheit der Beteiligten. Nur deshalb ist es gerechtfertigt, „Boni" zu gewähren, wenn eine Entscheidung richtig war, und deshalb ist es auch gerechtfertigt, die Verantwortlichen zur Rechenschaft zu ziehen, wenn eine Entscheidung sich als falsch herausstellt.

Auch wenn der Fokus in der vorliegenden Erzählung auf die handelnden Personen gerichtet ist, so ist die dahinterstehende Absicht doch keine denunziatorische, sondern eher eine pädagogische. Es geht nicht darum, Einzelne als Versager, Kapitalvernichter oder „Nieten in Nadelstreifen" zu brandmarken, auch wenn Verantwortliche, Schuldige und Mitläufer der historischen Gerechtigkeit willen ebenso offen benannt werden müssen wie jene, die sich Verdienste um dieses Unternehmen erworben und es nach vorne gebracht haben. Die „pädagogische" Absicht einer derart „personifizierten" Darstellung ist es, Lehren zu ziehen. Die Beschäftigung mit der Geschichte von Unternehmen ist gerade deshalb so spannend, weil man im Nachhinein betrachtet viele Entscheidungen – und natürlich vor allem die Fehlentscheidungen – nicht nachvollziehen kann. Der heutige Betrachter hat es selbstverständlich leicht und kann exakt erklären, warum diese oder jene Entscheidung sich als goldrichtig oder als total falsch erwiesen hat. Doch damit ist nichts gewonnen. Ein solcher Umgang mit Geschichte dient allenfalls der eitlen Selbstbestätigung und ist ohne jeden Nutzen. Interessant ist doch allein die Frage: Warum hat man *damals* so entschieden? Welche Gründe haben dazu geführt, dass man die Entscheidung genau so und nicht anders gewählt hat? Konnte oder wollte man die Folgen einer Entscheidung nicht sehen? Welche Motive der handelnden Personen haben bei diesen Entscheidungen eine Rolle gespielt? Haben immer alle „nach bestem Wissen und Gewissen" Entscheidungen getroffen oder gab es Motive, die – vorsichtig formuliert – „persönlichen" Charakter hatten? „Man muss die Dinge zu Ende denken", forderte einmal der frühere Aufsichtsratsvorsitzende der Daimler-Benz AG, Alfred Herrhausen. In der Geschichte wird, ob man das will oder nicht, immer alles zu Ende gedacht.

Daimler war in diesen 40 Jahren kein stilles, sondern ein lautes Unternehmen, nicht verlegen um große Ankündigungen und sensationelle Erfolgsgeschichten, aber auch geplagt von fürchterlichen Schlammschlachten und Indiskretionen. Spätestens seit Edzard Reuters Machtkampf um das Amt des Vorstandsvorsitzenden, der ganz wesentlich über die Medien ausgetragen wurde, wandelte sich Daimler von einem innengesteuerten zu einem außengesteuerten Unternehmen, in dem die Berichterstattung über das Unternehmen und deren Wirkung in der Öffentlichkeit Sach- und Personalentscheidungen beeinflussen, wenn nicht bestimmen konnte. Das Unternehmen stand und steht im grellen Licht der Öffentlichkeit. Die Vielzahl an Berichten und Kommentaren erleichtert und erschwert dem Chronisten seine Arbeit. Die Arbeit wird erleichtert, weil die Quellen für eine umfassende Unternehmensdarstellung leicht zugänglich sind, auch wenn die Ereignisse lange zurückliegen. Andererseits verdichten sich die Berichte über bestimmte Ereignisse zu festgefügten Meinungen, die irgendwann als Tatsachen daherkommen. Ein unverstellter Blick wird damit erschwert und man muss sich oft lösen von dem, was Zeitgenossen gesehen und als berichtenswert betrachtet haben, um zum tatsächlichen Geschehen und den zugrunde liegenden Motiven vorzudringen. Ganz zwangsläufig wird so die mediale Berichterstattung selbst zu einem Teil der Darstellung dessen, was eigentlich dargestellt werden soll.

Wer die 40 Jahre zwischen 1980 und 2020 überblickt, wundert sich nicht, dass dieses Unternehmen seine einstige Ausnahmestellung verloren hat. Schon eher grenzt es an ein Wunder, dass es dieses Unternehmen überhaupt noch gibt. Wahrscheinlich wäre jedes andere Unternehmen an den Fehlschlägen, Verwerfungen und Kapriolen, die es bei Daimler innerhalb einer vergleichsweise kurzen Zeitspanne gegeben hat, zugrunde gegangen. Der finanzielle Aderlass war enorm, der personelle nicht minder. Die Überlebensfähigkeit, die das Unternehmen an den Tag gelegt hat, die Sanierungsphasen, die – mit Blessuren zwar – überstanden wurden, zeigen, dass es in diesem Unternehmen auf allen Ebenen immer Menschen gegeben hat, die kreativ und fleißig, kompetent und umsichtig waren und die in schwierigen Phasen der Unternehmensentwicklung viele richtige Entscheidungen getroffen haben. Die Rückkehr zur einstigen Größe haben sie nicht geschafft, aber den Niedergang verlangsamt und den langen Phasen bedrückender Erfolglosigkeit Phasen der Erholung und des Aufschwungs folgen lassen. Und doch ist das Ergebnis all der Pläne und Visionen, die über die Jahrzehnte entwickelt und umgesetzt wurden, verblüffend: Im Grunde entspricht der Konzern heute strategisch und strukturell ziemlich genau dem Konzern, wie er im Jahr 1980 ausgesehen hat – mit dem Unterschied, dass er nicht mehr so reich und auch nicht mehr so angesehen ist wie damals. Joachim Zahn war der letzte Vorstandsvorsitzende des Unternehmens, der im vollen Glanz seiner Erfolge Ende 1979 in den Ruhestand ging. Sein Nachfolger, Gerhard Prinz, starb zu früh, um Spuren zu hinterlassen. Werner Breitschwerdt wurde unsanft aus dem Unternehmen gedrängt. Edzard Reuter scheiterte mit seiner Vision vom integrierten Technologiekonzern und wurde zuletzt arg gedemütigt. Jürgen Schrempp schied zwar nach seinen eigenen Worten als „a very happy man" aus dem Unternehmen, geblieben ist ihm aber nur der Ruf als „größter Kapitalvernichter aller Zeiten" – einen Ruf, den er von seinem Vorgänger erbte. Dieter Zetsches große Erfolge wurden zuletzt überschattet vom Dieselskandal und sich schnell zuspitzenden Ertragsproblemen. Seine geplante Berufung zum Aufsichtsratsvorsitzenden wurde gestoppt. Auch er ist Geschichte. Und jetzt Ola Källenius.

Neue Horizonte

Als Ola Källenius im Mai 2019 den Vorstandsvorsitz der Daimler AG von Dieter Zetsche übernahm, musste er zunächst den Krisenmanager spielen. Es galt vier Gewinnwarnungen innerhalb eines Jahres zu verdauen und dabei nicht den Überblick zu verlieren. Im Herbst des Jahres 2019 meldete sich erstmals der Stratege oder sollte man besser sagen: der „Visionär" Källenius zu Wort. In einer ungewöhnlichen Mischung aus Traditionsbewusstsein und Zukunftsorientierung erklärte er, aus Mercedes-Benz wieder eine „Luxusmarke" machen zu wollen. Der „Stern" solle künftig für „sustainable luxury" stehen und Daimler damit wieder zu alter Ertragskraft zurückgeführt werden. Er stutzte Dieter Zetsches Vision vom „Mobilitätsanbieter" zurecht und gewann damit an Profil. Ist er der Hoffnungsträger, der Daimler seine verlorene Größe zurückgeben und neue Horizonte erschließen kann?

„Größe", substanzielle Größe, basiert auf gesellschaftlicher Relevanz. Ist „Luxus" ein gesellschaftlich relevanter Wert? Gewiss, es wird auch in Zukunft Menschen geben, die Freude an schönen und wertvollen Produkten haben, in China und anderen asiatischen Ländern vielleicht mehr als in Europa und Nordamerika. Aber ist Luxuskonsum nicht auch eine verpönte Attitüde in einer Zeit des Klimawandels und anderer ökologischer Verwerfungen? Immerhin soll es nicht einfach Luxus, sondern „nachhaltiger" Luxus sein, für den die Marke Mercedes-Benz künftig stehen will. Das stellt hohe Anforderungen – nicht nur an die technische, sondern auch an die moralische Qualität eines Produktes. Woher soll das eine wie das andere kommen? „Elektromobilität" und „Klimaneutralität" werden nicht reichen, um eine Alleinstellung im Markt zu erzielen. Doch die ist notwendig, wenn Källenius' Strategie aufgehen soll. Ist die Position im Markt, die der Daimler-Chef anstrebt, nicht längst durch einen anderen Stuttgarter Automobilhersteller besetzt?

Zum „Luxus" gehört Knappheit. Ein Produkt, das es im Überfluss gibt, wird nie ein Luxusprodukt werden. Nur das Seltene, schwer Erreichbare wird von den Konsumenten mit einer hohen Preisbereitschaft geadelt. Kann man mehr als zwei Millionen Autos als Luxusautomobile verkaufen? Der Automobilmarkt ist ein reifer, weitgehend gesättigter Markt und selbst in China werden die Bäume nicht in den Himmel wachsen. Erfordert also eine konsequent angelegte Luxusstrategie nicht einen Rückbau von Produktionskapazitäten? Wie soll der ohne einen massiven Abbau von Arbeitsplätzen gelingen?

Die schon seit den 1980er-Jahren immer wieder diskutierte Trennung des PKW- vom Nutzfahrzeuggeschäft war ein Paukenschlag. Ola Källenius macht die Prognose von Dieter Zetsche, dass es kein Naturgesetz gebe, dass Daimler ewig existiert, wahr, schneller und konsequenter, als sich das wahrscheinlich viele gedacht haben. Die Daimler AG ist Geschichte. Wird jetzt der Kalender vom „Day Two" auf den „Day One" zurückgeblättert? Für den Weg zu neuer Größe gibt es viele Möglichkeiten. Die erste und wichtigste dabei ist: aus der eigenen Geschichte zu lernen.

Kapitel 2

Die Geburt eines Mythos – Das Ende einer Ära

War da was? Ja, es war etwas gewesen. Die schlimmste Wirtschaftskrise seit dem Ende des Zweiten Weltkriegs. Alle Automobilhersteller mussten schwere Absatzeinbußen hinnehmen, ihre Produktion zurückfahren und Mitarbeiter nach Hause schicken. Alle? Alle, außer einem. Bei der Daimler-Benz AG hatte man im Jahr 1974 von all dem nichts gemerkt. Die Produktion lief ganz normal weiter, kein Mitarbeiter musste um seinen Arbeitsplatz fürchten, der Gewinn erreichte wieder das Niveau des Vorjahres. Der Konzern in Stuttgart hatte die Krise weggedrückt, wie das damals eben nur ein Konzern in Deutschland konnte: Daimler-Benz. Es war die Geburt eines Mythos: des „Mythos der Unzerstörbarkeit".

Der „Mythos der Unzerstörbarkeit"

Als am 6. Oktober 1973, dem Tag des jüdischen Jom-Kippur-Festes, ägyptische und syrische Truppen Stellungen der israelischen Armee auf dem Sinai und den Golanhöhen angriffen, sah es zunächst wie eines der unzähligen Scharmützel aus, die die Region in regelmäßigen Abständen immer wieder heimsuchten. Doch schon bald war klar, dass es dieses Mal mehr war. Die arabischen Nachbarn hatten ein Kriegsziel, sie wollten die von Israel besetzten Gebiete zurückerobern. Als die USA dem angegriffenen Land Waffenhilfe zukommen ließen, verkündeten die arabischen Ölländer am 16. Oktober 1973 die Einstellung ihrer Öllieferungen an die USA und die Einschränkung von Lieferungen an andere wichtige Länder. Gleichzeitig erhöhten sie den Preis für Rohöl um 70 Prozent auf über 5 Dollar je Barrel. Die Welt war in Aufruhr. Das Ölembargo bedrohte das gesamte Wirtschaftsleben in den westlichen Industrienationen und es bedrohte vor allem die Automobilindustrie. Zum ersten Mal stellten sich viele Menschen die Frage, ob das Auto mit Verbrennungsmotor überhaupt noch eine Zukunft habe. Die Branche stand vor einer Herausforderung, die es so noch nicht gegeben hatte. Die Zeit billigen Öls war definitiv vorbei.

Die Entwicklung der Daimler-Benz AG in der Nachkriegszeit war eine einzige Erfolgsgeschichte. Natürlich: Es gab auch in dieser Zeit Probleme, Fehler wurden gemacht und technische wie auch wirtschaftliche Verirrungen, etwa der Kauf der Auto Union im Jahr 1958, blieben nicht aus. Aber es gab nie einen wirklichen Rückschlag oder gar eine Krise. Wie an einer Schnur gezogen gingen im PKW-Geschäft Produktion und Absatz nach oben. Mitte der 1950er-Jahre, als man sich gerade aus den schlimmsten Verwüstungen des Krieges herausgearbeitet und das erste komplett neu entwickelte Nachkriegsmodell, den „180er", auf den Markt gebracht hatte, wurden 63.683 Mercedes-PKW produziert. Im Jahr 1960 waren es schon 122.684, im Jahr 1967 überschritt man die Schwelle von 200.000, im Jahr 1972 die Schwelle von 300.000 Einheiten. In keinem Jahr seit 1953 musste man einen Absatzrückgang hinnehmen, die Auftragsbücher waren prall gefüllt und die Kapazitäten Jahr für Jahr bis zum Anschlag ausgelastet. Mit der Zahl der verkauften Autos wuchs auch die Zahl der Beschäftigten. Hatte das Unternehmen im Jahr 1955 gerade mal 48.497 Mitarbeiter, so waren es 1962 schon über 100.000 Beschäftigte. Bis 1973 stieg die Zahl der Arbeiter und Angestellten weiter auf 150.014. Dazu kamen all jene Arbeitsplätze, die indirekt bei den Zulieferern und anderen Geschäftspartnern durch den Erfolg der Daimler-Benz AG geschaffen wurden.

Nicht wenig zum guten Ruf des Unternehmens trug auch die Tatsache bei, dass Daimler-Aktien eine hervorragende Kapitalanlage waren. „Wer 1958 eine Daimler-Aktie im Wert von nominal 1.000 D-Mark besaß", wird in einer offiziellen Unternehmenschronik vorgerechnet, „konnte 1975 nominal 16.479,50 D-Mark als Wert ansetzen. Dafür musste der Aktionär 1.640 D-Mark für die Kapitalerhöhungen einzahlen, erhielt aber in der gleichen Zeit 19.964 D-Mark an Dividenden." Der Wertzuwachs war auch für die damaligen Verhältnisse gewaltig, zumal das Unternehmen „stille Reserven" hatte, über deren Höhe es Vermutungen, aber naheliegenderweise keine genauen Zahlen gab.

Getragen wurde dieser Erfolg von einer Entwicklungsphilosophie, die von Anbeginn an ihren ganz eigenen Charakter hatte: Nicht durch einzelne technische Merkmale sollte sich ein Mercedes-Benz von anderen Autos unterscheiden, sondern durch die Summe seiner Eigenschaften. Mit der optimalen Abstimmung aller Aggregate und Komponenten, der harmonischen Verbindung von Technik, Komfort und Design wollte man den Anspruch des Firmengründers einlösen: „Das Beste oder nichts". Die Kunden wussten die solide und doch fortschrittliche Technik, die leistungsstarken und doch außergewöhnlich sicheren Fahrzeuge sowie das moderne und doch auch wieder zeitlose Design zu schätzen. Die Preziosen im Modellprogramm wie die SL-Sportwagen oder die aus den Limousinen abgeleiteten Coupés und Cabrios sorgten für jenen dezenten Glamour, der die Marke von Anfang an auszeichnete. In regelmäßigen Abständen wurden vorhandene Baureihen durch neue Modelle abgelöst und zusätzlich Varianten neu in den Markt eingeführt. Das nach Wiederaufnahme der Produktion wieder aufgelegte Vorkriegsmodell, der 170 V, war 1953 vom „Ponton" abgelöst worden, auf den 1959 die „Heckflosse" und 1968 der berühmte „Strich 8" folgten. Die jeweiligen Spitzenmodelle, die den Zusatz „S" erhielten, waren besonders stark, zumeist mit 6-Zylinder-Benzinmotoren motorisiert und erhielten eine überdurchschnittliche Komfortausstattung. Sie befriedigten den Wunsch statusorientierter Kunden, die gerne zeigten, was sie hatten und wer sie waren. Den Wünschen des Marktes folgend, wurden die S-Varianten Mitte der 1960er-Jahre zu einer eigenen Baureihe ausgebaut. Als die erste, nun auch vom Unternehmen so bezeichnete neue S-Klasse im Jahr 1972 der Öffentlichkeit präsentierte wurde, war das eine Sensation. Die Fachpresse war von der „gestreckten Form", die das Fahrzeug zugleich elegant wie auch dynamisch wirken ließ, ebenso begeistert wie von der umfangreichen und innovativen Sicherheitsausstattung sowie dem fein abgestuften Motorenprogramm. Fortan war die S-Klasse das Flaggschiff der Marke, das den Stern noch heller glänzen ließ, als er in den 1950er- und 1960er-Jahren ohnehin strahlte.

Das PKW-Geschäft war das Paradestück im Konzern. Doch auch die Nutzfahrzeuge trugen ihren Teil zum Erfolg des Unternehmens bei. Schon früh hatte man eine klare Richtungsentscheidung getroffen: Während man bei den PKW ein auf hochwertige und exklusive Fahrzeuge fokussierter Hersteller bleiben wollte, sollte der Nutzfahrzeugbereich ein „Full-Line"-Hersteller sein, der vom leichten Transporter bis zum schweren LKW alles im Angebot hatte und auch bei Bussen das ganze Spektrum an Varianten vom Stadt- bis zum Reisebus anbieten konnte. Durch Großserienfertigung wollte man im preis- und kostengetriebenen Nutzfahrzeugmarkt, der schon in den 1960er-Jahren massive, strukturelle Überkapazitäten aufwies, ein wettbewerbsfähiges Kostenniveau realisieren. Anders als bei den PKW war auch die Auslandsfertigung kein Tabu: Schon in den 1950er-Jahren begann man mit dem Aufbau von Fertigungsaktivitäten auf einigen überseeischen Märkten, von denen

Brasilien über viele Jahrzehnte der mit Abstand wichtigste war. Im Grunde versuchte die Daimler-Benz AG zwei völlig unterschiedliche Geschäftsmodelle in einem Konzern zu realisieren – eine Strategie, die viele Jahre gut ging, im Laufe der Zeit aber zunehmend Probleme machen sollte.

Die Zahl der produzierten und verkauften Nutzfahrzeuge war über die Jahre hinweg angestiegen, wenn auch nicht ganz so kontinuierlich wie bei den PKW. Konjunkturelle Schwächephasen machten sich im Nutzfahrzeuggeschäft sehr viel stärker bemerkbar als bei den PKW. Der große Sprung zum Weltmarktführer bei schweren LKW erfolgte Ende der 1960er-Jahre, als man durch den Aufbau des Werkes in Wörth und die Übernahme der beiden Wettbewerber Hanomag und Henschel von der Rheinstahl AG sowohl das interne wie auch das externe Wachstum forcierte. Durch die Übernahme kam es binnen eines Jahres fast zu einer Verdoppelung der Nutzfahrzeug-Produktion von 94.523 Einheiten im Jahr 1968 auf 170.527 Einheiten im Jahr 1969. Der Konzern spielte von nun an auch bei den Nutzfahrzeugen in einer eigenen Liga, wenn auch nicht so unangefochten wie im PKW-Geschäft.

Die Erfolgsstory, die Daimler-Benz im PKW-Geschäft in den 20 Jahren nach Wiederaufnahme der Serienproduktion im Jahr 1949 geschrieben hatte, war beeindruckend. Aber war dieser Erfolg nicht zuerst und vor allem eine Folge der außerordentlich günstigen Zeitumstände? Gewiss, die Nachkriegsjahre waren eine wirtschaftlich florierende Zeitspanne, in der das eigene Auto auf der Prioritätenliste der Konsumenten unangefochten auf dem ersten Platz rangierte. Gewiss, es gab viele andere Unternehmen, die in dieser Zeit ebenfalls Jahr für Jahr glänzende Bilanzen vorlegten. Aber es gab doch einen Unterschied. VW war viele Jahre wie Daimler stark gewachsen, der Käfer war im Inland wie im Ausland ein Verkaufsschlager. Doch während Daimler seine Modellpalette immer wieder erneuerte und ergänzte, hielt man bei VW am Käfer fest und alle Versuche, ein weiteres, zusätzliches Modell im Markt zu platzieren, scheiterten. Daimler war erfolgreich, VW war auch erfolgreich, aber VW lebte von der Substanz, während Daimler immer wieder neue Substanz durch eine systematische Forschungs- und Entwicklungsarbeit aufbaute. Darin steckte auch eine tiefe Wertschätzung für die Kunden: Sie sollten das Beste bekommen, was es auf dem Markt gab, technische Lösungen, die ihnen das Gefühl gaben, eine gute und sichere Investition zu tätigen. Qualität, Langlebigkeit und Wertbeständigkeit wurden so zu Kernwerten der Marke, die auch in dem später als altväterlich verschrienen Slogan „Ihr guter Stern auf allen Straßen“ zum Ausdruck kamen. Natürlich war Daimler, wie fast alle Automobilhersteller jener Zeit, ein technikgetriebenes Unternehmen. Aber es verlor nie die Ansprüche seiner Kunden aus den Augen – Manager und Mitarbeiter verstanden das hervorragende Image der Marke nicht nur als ein Verdienst, sondern auch als eine Verpflichtung.

Schon als sich zu Beginn der 1970er-Jahre der Nachkriegsboom auf den Automobilmärkten abschwächte, die Weltwirtschaft durch den Zusammenbruch des Währungssystems von Bretton-Woods in Turbulenzen geriet und die deutsche Industrie durch die einsetzende massive Aufwertung der D-Mark zunehmend Probleme im Export bekam, begann sich die Streu vom Weizen zu trennen. VW musste nun schmerzlich zur Kenntnis nehmen, dass der Käfer eben doch nicht „läuft und läuft und läuft“. Alle teilweise aberwitzigen Versuche, dem technisch veralteten Modell zu einer neuen Blüte zu verhelfen, schlugen fehl und der Konzern stand plötzlich am Rande einer veritablen Existenzkrise. Bei Daimler waren solche Sorgen unbekannt. Die „Neue S-Klasse“ verkaufte sich hervorragend, der „Strich 8“ war unverwüstlich und der SL-Sportwagen mit der Baureihenbezeichnung R107, der 1971 die „Pagode“ abgelöst hatte, war von Anfang an ein Renner. Was oder wer hätte Daimler aufhalten können, seinen Weg des Erfolgs fortzusetzen?

Als am 25. Oktober 1973 im Nahostkonflikt zwischen den kriegführenden Ländern ein Waffenstillstand vereinbart wurde, begannen sich die wirtschaftlichen Folgen des Krieges zu zeigen. „Nöte der Welt“ überschrieb der Sachverständigenrat zur Begutachtung der gesamtwirtschaftlichen Entwicklung in seinem Jahresgutachten 1974/75 seinen Überblick zur Lage der Weltwirtschaft und diagnostizierte ungeschminkt: „Die Ölkrise hat dem arbeitsteiligen System der Weltwirtschaft einen Schock versetzt.“ Weltweit brach in den Folgemonaten die Automobilnachfrage ein. Es war die schlimmste Krise, die die Automobilbranche seit dem Ende des Zweiten Weltkriegs erlebt hatte. Die Verteuerung von Benzin und Diesel und die Angst, nicht mehr ausreichend Kraftstoff zu bekommen, führten zu einer tiefgreifenden Verunsicherung der Autofahrer. Die kurz darauf in vielen Ländern erlassenen Sonntagsfahrverbote trugen dabei nicht eben zur Beruhigung der Gemüter bei. Die psychologischen Verheerungen der Ölkrise waren mindestens so groß wie die wirtschaftlichen: Viele Automobilhersteller kämpften um das Überleben, mussten Absatzrückgänge von teilweise über 40 Prozent hinnehmen, Mitarbeiter entlassen und hohe Verluste verkraften. „Die Gesellschaft“, heißt es in einer von den beiden FAZ-Journalisten Gerold Lingnau und Max Kruk verfassten Daimler-Unternehmenschronik über das Geschäftsjahr 1974, „legt eine Bilanz vor, die kaum Spuren des verheerenden Marktgeschehens zeigt.“ Während in Deutschland die PKW-Produktion insgesamt um 22,2 Prozent zurückging, konnte Daimler seine Produktion um 2,5 Prozent auf 340.006 Einheiten steigern. Trotz Rückgängen im Nutzfahrzeuggeschäft stieg der Umsatz um fast 10 Prozent auf knapp 17 Milliarden D-Mark und der Jahresüberschuss um 7 Prozent auf einen neuen Rekordwert von 661 Millionen D-Mark. Niemand musste entlassen werden und auch die Aktionäre mussten nicht darben: Die für das Geschäftsjahr 1974 ausbezahlte Dividendensumme stieg um 4 Prozent auf 178 Millionen D-Mark – auch das ein neuer Rekordwert. „Es ist ein Abschluss“, berichten die beiden Chronisten Lingnau und Kruk, „der auf der Hauptversammlung das einmütige Lob der Aktionäre findet und bei manchen Konkurrenzfirmen neben Bewunderung sicher auch neidvolle Gefühle geweckt hat.“ Der Mythos von der „Unzerstörbarkeit“ von Daimler-Benz war geboren.

Dass Daimler dann auch noch das Glück des Tüchtigen hatte, mochte die Bewunderung und den Neid der „Konkurrenzfirmen“ zusätzlich anheizen. Denn die Petro-Dollars, die die arabischen Staaten verdienten, flossen zu einem nicht unerheblichen Teil in Form von Aufträgen an die Daimler-Benz AG zurück. Das betraf den PKW-Bereich, noch mehr aber das LKW-Geschäft. Die Ölstaaten wollten ihren plötzlichen Reichtum dazu nutzen, um eine Infrastruktur aufzubauen, die es ihnen erlauben sollte, langfristig unabhängiger vom Öl zu werden. Mit Straßen und Schienenwegen, Energie- und Kommunikationsnetzen, Schulen und Universitäten sollten die Voraussetzungen für künftiges Wachstum geschaffen werden. Selbst den Weltraum wollte man mit der 1976 gegründeten Arabischen Organisation für Satellitenkommunikation (Arabsat) erobern. Die Nachfrage nach LKW alter Bauart, den sogenannten „Hauben"-Fahrzeugen, war gewaltig und Daimler konnte liefern. Das ehemalige Henschel-Werk in Kassel erlebte eine „Spätblüte sondergleichen" (Lingnau/Kruk) und dass die Verkäufe in den Nahen Osten „gute Geschäfte" waren, war ein offenes Geheimnis. Die Jahre von 1974 bis 1977 waren im LKW-Geschäft eine goldene Zeit. Sie kam nicht wieder.

Nur wenige Jahre nach der ersten Ölkrise rückte der Ölpreis schon wieder in den Mittelpunkt der Weltwirtschaft. Im Januar 1979 hatte Schah Mohammad Reza Pahlavi mit seiner Frau Farah Diba nach heftigen Unruhen und Streiks den Iran, der damals noch Persien hieß, verlassen. Zwei Wochen später kehrte Ayatollah Khomeini aus seinem Exil in Frankreich in den Iran zurück und ersetzte die Monarchie durch eine islamische Republik. Die Welt war beunruhigt, denn der Iran war nach wie vor ein wichtiger Öllieferant für die westlichen Industriestaaten. Erneut begann sich Unsicherheit breitzumachen, erneut begann der Ölpreis zu steigen. Als dann auch noch die Spannungen zwischen dem Iran und Irak zunahmen und die irakische Armee in die ölreiche Provinz Chuzestan einmarschierte, kam es auf den internationalen Rohölmärkten zu einem regelrechten Preisschub. Innerhalb weniger Wochen stieg der Preis für ein Barrel Rohöl auf 38 Dollar, nachdem er im Jahr 1978 noch bei durchschnittlich 12 Dollar gelegen hatte. Als würde sich die erste Ölkrise wiederholen, geriet die Weltwirtschaft wieder in einen Abwärtsstrudel, die Automobilmärkte brachen ein und die meisten Automobilhersteller mussten mit Produktionsrückgängen kämpfen. Nein, ganz so sonnig und krisenfrei, wie das manche heute glauben, waren auch die damaligen Zeiten nicht. Allein bei Daimler-Benz gingen die Geschäfte auch dieses Mal wieder den mehr oder weniger gewohnten Gang. Nachdem die PKW-Produktion bedingt durch einen Streik im Jahr 1978 zurückgegangen war, erhöhte sich die Zahl der gefertigten Fahrzeuge im Krisenjahr 1979 um 7,4 Prozent auf den Rekordwert von 422.159 Einheiten. Einen Rekordwert gab es auch bei den Beschäftigten: Während bei anderen Automobilherstellern schon wieder die Angst um den Arbeitsplatz umging, stieg bei Daimler-Benz die Zahl der Mitarbeiter um 4,3 Prozent auf 180.704 Beschäftigte. Im Geschäftsbericht für das Jahr 1979 liest sich diese Erfolgsstory dem Stil des Hauses angemessen nüchtern und trocken so: „Daimler-Benz setzte im Geschäftsjahr seine seit Jahren stetige Aufwärtsentwicklung fort. Für das unter unserer Marke Mercedes-Benz angebotene Fahrzeugprogramm konnten wir die Marktposition im In- und Ausland nochmals ausbauen. Im Gesamtunternehmen hat sich der Umsatz um mehr als 3,5 Milliarden D-Mark auf 30,5 Milliarden D-Mark erhöht." Fast beiläufig wird auch noch auf das „erfreuliche Ergebnis“ hingewiesen und den Aktionären eine Erhöhung der Dividende von 9 auf 10 D-Mark vorgeschlagen. Man stelle sich vor, wie eine derart souveräne „Performance“ heute in der Unternehmenskommunikation, in den Medien und auf dem Börsenparkett gefeiert würde. Daimler hatte erneut seine Ausnahmestellung in der Weltautomobilindustrie eindrucksvoll dokumentiert, der „Mythos der Unzerstörbarkeit“ hatte sich in der zweiten großen Krise der Automobilindustrie seit dem Zweiten Weltkrieg gefestigt und niemand hätte damals geglaubt, dass Daimler je in größere wirtschaftliche Schwierigkeiten kommen könnte – eher, so meinte damals ein wohlwollender Spötter, werde die Welt untergehen.

Die „maßvolle Investitionspolitik“ als Schlüssel zu allem

Der starke Mann hinter dem Erfolg war seit Anfang der 1960er-Jahre Professor Dr. Joachim Zahn. Den „Professor“ hatte ihm im Jahr 1973 die Landesregierung für seine Verdienste um die baden-württembergische Wirtschaft verliehen. Zahn war weder das, was man heute einen „Car Guy“ nennt, noch ein „Visionär“. Als Sohn eines Wuppertaler Anwalts studierte er an der Universität Tübingen Jura und war Mitglied der Verbindung Rhenania. Dass es eine „schlagende“ Verbindung war, bezeugte die Mensur auf der linken Backe. Nach dem Zweiten Weltkrieg, in dem er als Wehrmachtsoffizier in Russland und Italien gedient hatte, war er als Wirtschaftsprüfer bei der Deutschen Treuhand-Gesellschaft tätig und hatte dort an der D-Mark-Eröffnungsbilanz der Daimler-Benz AG mitgearbeitet. Im Jahr 1958 wechselte er in den Vorstand von Daimler und wurde dort Finanzchef. Schon bald wurde er zu dessem heimlichen Sprecher, während der illustre und belächelte offizielle Vorstandsvorsitzende, der Österreicher Walter Hitzinger, mehr und mehr in den Hintergrund geriet. Hitzinger, der auch schon mal mit einer Flasche Bier in der Hand mit Arbeitern in einer Fabrikhalle zusammenstand, war nicht das, was man sich bei Daimler-Benz damals unter einem „Chef“ vorstellte, und selbst die Arbeiter fanden das kumpelhafte Auftreten des „Herrn Generaldirektors“ eher befremdlich als sympathisch. 1965 wurde Zahn offiziell Sprecher des Vorstandes und ab 1971 Vorstandsvorsitzender, was damals noch einen Unterschied ausmachte: Als Sprecher war er primus inter pares, als Vorsitzender verfügte er hingegen auch über Weisungsrechte gegenüber den anderen Vorstandsmitgliedern – eine Möglichkeit, von der er gerne und mit Nachdruck Gebrauch machte.

Zahn war machtbewusst und ein gewiefter Taktiker. So zum Beispiel als er seinen internen Rivalen Hanns Martin Schleyer zuerst zur Seite und schließlich faktisch aus dem Unternehmen hinausdrängte. Er fühlte sich als Patriarch, regierte mit Härte und erwartete Gehorsam. Aber zu seinem Patriarchat gehörte auch seine Fürsorglichkeit gegenüber seiner Sekretärin, um die er, wie der Journalist Peter Groschupf einmal berichtet hat, rührend besorgt war, „wenn es ihr mal nicht gut ging“. Der aufbrausende Mann war für seine Wutattacken bekannt und deswegen gefürchtet. Lange Zeit kursierte im Unternehmen die Geschichte, dass er einem Vorstandskollegen in seinem Büro ein Tracht Prügel angedroht habe und ihn mit erhobenen Fäusten um den Besprechungstisch in seinem Arbeitszimmer in Stuttgart-Untertürkheim gejagt hätte. Die Geschichte war wahrscheinlich erfunden, aber allein, dass man sie für glaubhaft hielt, wirft ein Licht auf den Charakter eines Mannes, der „Fluchen konnte wie wohl nur wenige andere Topmanager in Deutschland", so DER SPIEGEL in einem Nachruf auf den am 8. Oktober 2002 verstorbenen 88-jährigen Manager. Noch mehr als seine Wutausbrüche war jedoch seine verletzende Ironie gefürchtet. Gerne griff er dazu auf ein Zitat von Wilhelm Busch zurück, mit dem er manch eine seiner Grobheiten krönte.

So durchsetzungsstark und mitunter auch rücksichtslos er sein konnte, war Zahn ein andermal aber zögerlich und abwartend. Vor allem wenn er sich unsicher war, verschleppte er Entscheidungen oder er ignorierte sie einfach. So etwa bei der Gründung der Deutschen Automobil GmbH, die Anfang der 1970er-Jahre den Zusammenschluss von Volkswagen und Daimler-Benz vorbereiten sollte. Es war geplant, dass das neue, gemeinsame Unternehmen auf dem Weg von Kapitalerhöhungen, die zu gleichen Teilen aus dem VW- und dem Daimler-Gewinn finanziert werden sollten, mit so viel Kapital ausgestattet würde, dass der angesammelte Betrag irgendwann ausreichte, um den Aktionären beider Unternehmen ein Kaufangebot machen zu können. Joachim Zahn wollte den Zusammenschluss, der ihn wahrscheinlich seinen Job gekostet hätte, natürlich nicht. Es war ein tollkühner Plan, also ließ er die Sache sich einfach totlaufen und spätestens als Volkswagen mit dem neuen Golf wieder auf die Erfolgsspur zurückgekommen war, dachte niemand mehr an einen Zusammenschluss von VW und Daimler. Auch der neue kleine Mercedes, der spätere 190er, war ihm suspekt. Bereits 1974 gab es erste und auch schon recht konkrete Überlegungen zum Bau eines Fahrzeugs unterhalb des bisherigen Produktprogramms. Zahn war skeptisch: Konnte man mit einem solchen Auto Geld verdienen? Passte es überhaupt zum Image der Marke? Später sprach er gerne von der „Opelisierung", die die Ausdehnung der Modellpalette in die unteren Marktsegmente seiner Ansicht nach bedeutete. Stoppen konnte und wollte er die Entwicklung nicht, also zögerte er die Entscheidung, dieses Auto zu bauen, einfach solange hinaus, dass er sicher sein konnte, es würde erst auf den Markt kommen, wenn er schon im Ruhestand war. Sollten doch seine Nachfolger schauen, wie sie mit dem „Baby Benz" zurechtkämen.

Kannte Joachim Zahn die „Tante Jolesch"? In einer seiner Geschichten erzählt der österreichische Schriftsteller Friedrich Torberg von den Krautfleckerln, die es bei Tante Jolesch immer gab, wenn die Familie zusammenkam. Kinder, Enkel, Cousinen und Neffen waren stets von den Krautfleckerln begeistert und alle wollten das Rezept wissen. Doch Tante Jolesch schwieg. Sie fragten immer wieder, aber Tante Jolesch schwieg eisern. Ganz am Ende, als sie auf dem Sterbebett lag, drangen die Angehörigen noch einmal auf sie ein: „Tante – ins Grab kannst du das Rezept ja doch nicht mitnehmen. Willst du es uns nicht hinterlassen? Willst du uns nicht endlich sagen, wieso deine Krautfleckerln immer so gut waren?" Tante Jolesch richtete sich mit letzter Kraft ein wenig auf und gab ihr Geheimnis preis: „Weil ich nie genug gemacht hab." Joachim Zahn war kein Stratege, aber er hatte einen klaren und unverrückbaren Grundsatz, den er während seiner ganzen Amtszeit durchgehalten hat: die Ausrichtung der Investitionspolitik auf ein „maßvolles, aber kontinuierliches Wachstum" von Absatz und Produktion. Der Ausbau der Produktionskapazitäten sollte sich nicht an Nachfragespitzen, sondern am langfristigen Wachstumstrend des Marktes orientieren. Und da Zahn ein notorischer Pessimist im Hinblick auf die künftige Marktentwicklung war, führte seine „maßvolle Investitionspolitik" dazu, dass die Kapazitäten langsamer ausgebaut wurden, als die Nachfrage stieg. Die Folge waren lange, teilweise mehrjährige Lieferzeiten, die nach und nach zu einem Markenzeichen des Konzerns im PKW-Geschäft wurden.

Zahn begründete die vorsichtige Kapazitätspolitik damit, dass die „Singularität der Marke" erhalten werden müsse und eine gewisse Exklusivität Voraussetzung für einen anhaltenden Erfolg der Marke Mercedes-Benz sei. Damit hatte er natürlich recht. Aber Zahn war kein Marketingexperte und so gab es mindestens noch einen weiteren Grund für seine Vorsicht. Instinktiv oder auch geprägt durch seine Tätigkeit als Wirtschaftsprüfer blieb Zahn immer ein Mann, der das Risiko scheute. Als versierter Betriebswirt wusste er, dass ein fixkostenintensives Unternehmen wie Daimler schnell in die roten Zahlen geraten würde, wenn die Produktionskapazitäten nicht ausgelastet wären. Angesichts der zunehmenden Volatilität der Märkte war das kein völlig unwahrscheinliches Szenario. Außerdem wusste er, dass noch kein Vorstand deshalb entlassen worden war, weil er Lieferzeiten hat, wohl aber wenn er die Produktion zurückfahren und die Dividende kürzen muss. Zahn hatte nicht nur ein Prinzip, er wusste auch, wie er es am besten verkaufen konnte.

Unterstützt wurde er in seiner „maßvollen Investitionspolitik" von den drei Großaktionären, die bis Mitte der 1970er-Jahre bei Daimler-Benz das Sagen hatten: der Deutschen Bank, die über Jahrzehnte den Aufsichtsratsvorsitzenden stellte, sowie die Flick- und die Quandt-Gruppe. Die beiden letzteren waren im Aufsichtsrat durch die Oberhäupter der Familien, Friedrich Flick, nach dessen Tod durch seinen Sohn Friedrich Karl Flick, sowie durch Günther Quandt, später durch seinen Sohn Herbert Quandt, vertreten. Geführt wurde der Aufsichtsrat von 1955 bis 1970 vom legendären Chef der Deutschen Bank, Hermann J. Abs, danach von Franz Heinrich Ulrich, ebenfalls von der Deutschen Bank. Anfang der 1970er-Jahre hatten die drei größten Investoren einen Anteil von mehr als 80 Prozent am Aktienkapital des Unternehmens. Es war ein kleiner Kreis, der bei Daimler die Strippen zog und der gelegentlich auch nicht ganz uneigennützig den Vorstand zu Entscheidungen veranlasste, die dem einen oder anderen der drei Großaktionäre zugutekam. Die Kontinuität in der Aktionärsstruktur war ein Segen für das Unternehmen. So konnte in langen Zeiträumen gedacht und gehandelt werden. Joachim Zahn verstand es, das zu nutzen.

Intern sorgte Zahns Grundsatz der „maßvollen Investitionspolitik" über Jahre hinweg für heftige Diskussionen. Hanns Martin Schleyer, Ende der 1960er Leiter der Unternehmensplanung, plädierte für einen zügigen Kapazitätsausbau und ließ es sogar auf einen Machtkampf mit Zahn ankommen. Vor allem der Vertrieb war über die langen Lieferzeiten verzweifelt. So beklagte das für den Export zuständige Vorstandsmitglied Arnold Wychodil in einer Vorstandssitzung am 23. September 1969, „dass der Markterfolg von BMW insofern durch unser eigenes Versäumnis ermöglicht worden ist, da wir es – obwohl jederzeit ausreichend Mittel zur Verfügung standen – unterlassen haben, durch ausreichende Anhebung der Produktion Lieferfristen abzubauen und damit gleichzeitig unsere Kosten und Preise zu reduzieren." Zahn blieb stur. Auf einer Vorstandssitzung am 20. Juni 1973, wenige Monate vor Ausbruch der ersten Ölpreiskrise, stellte er noch einmal klar: „Alle Überlegungen, die auf eine Produktionsausweitung hinauslaufen, müssen unter dem Gesichtspunkt der Erhaltung der Exklusivität unserer Marke betrachtet werden. Das Prestige und der Verkaufserfolg von Fahrzeugen unserer Kategorie hängen auch von einer gewissen stückzahlmäßigen Begrenzung ab." Dann kam die Krise und Zahn triumphierte: Aufgrund seiner zurückhaltenden Kapazitätspolitik verfügte das Unternehmen im PKW-Bereich über einen derart hohen Auftragsbestand, dass ihm die rückläufige Nachfrage nichts anhaben konnte. In aller Ruhe wurden die Aufträge abgearbeitet und lange bevor der Auftragsbestand bei null war, zog auch die Nachfrage schon wieder an. Die internen Kritiker verstummten, Hanns Martin Schleyer wurde 1977 Vorsitzender des Bundesverbandes der Deutschen Industrie (BDI). Vor allem für die im Jahr 1976 neu in den Markt eingeführte mittlere Baureihe, den W123, stiegen, sehr zur Freude des Vorstandsvorsitzenden, die Lieferzeiten mächtig an. Wer sich den damals besonders begehrten 240 Diesel bestellte, musste gut und gerne zwei Jahre warten. Bei anderen Modellen waren die Lieferzeiten nicht wesentlich kürzer. Protest regte sich nicht mehr. Zahn hatte auf ganzer Linie gesiegt.

Die künstliche Verknappung des Angebotes durch eine „maßvolle Investitionspolitik" war der Dreh- und Angelpunkt des Geschäftsmodells der alten Daimler-Benz AG. Sie sorgte für Exklusivität, steigerte die Begehrlichkeit und sicherte die Wertbeständigkeit der Produkte. Über Neuwagen-Rabatte wurde bei Mercedes nicht gesprochen. Wenn zwischen Käufer und Verkäufer verhandelt wurde, dann allenfalls über den Liefertermin. Trotzdem kamen die Kunden immer wieder, keine andere Marke hatte in dieser Zeit auch nur annähernd eine so hohe Markenloyalität wie Mercedes. Wer einen ein Jahr alten Mercedes verkaufte, konnte dabei fast den gleichen Preis erzielen, den er für seinen Neuwagen bezahlt hatte. So konnten die Verkäufer mit dem damals beliebten Slogan werben: „Teuer ist nur der erste Mercedes. Den zweiten kann man aus dem Verkauf des Gebrauchtwagens finanzieren." Absatzsorgen waren unbekannt und überdies hatte die „stückzahlmäßige Begrenzung" auch noch einen angenehmen Nebeneffekt für die Beschäftigten. Sonderzahlungen an die Mitarbeiter waren damals unbekannt. Sie waren aber auch überflüssig: Wer sich einen „Jahreswagen" zu Mitarbeiter-Konditionen zulegte, konnte mit dessen Verkauf leicht ein paar Tausend D-Mark Gewinn einstreichen und war dann auch noch ein Jahr lang praktisch umsonst einen Mercedes gefahren. Das Geschäftsmodell von Joachim Zahn glich einer Wunderbüchse. Aber nicht alle – vor allem seine Nachfolger nicht – vestanden, dass dieses System nur funktionierte, wenn man die Ware knapp hielt. Als das Prinzip der „maßvollen Investitionspolitik“ aufgegeben wurde, begann der Niedergang.

Kein Unternehmen, ein Kosmos

Es ist heute, da Daimler im Grunde ein Konzern wie jeder andere ist, schwer vorstellbar, welchen Nimbus das Unternehmen in den Nachkriegsjahren bis weit in die 1970er-Jahre und weit über die Wirtschaft hinaus hatte. Daimler war nicht einfach ein Unternehmen. Es war ein eigener Kosmos, in den einzudringen schwer und den zu verstehen für einen Außenstehenden kaum möglich war. Daimler-Benz gab wenig von sich preis, im Grunde nur das, was die Publizitätspflichten einer Aktiengesellschaft erforderten und das war damals erheblich weniger als heute. Nur wenige kannten die Namen der Vorstände und die meisten interessierten die auch gar nicht. Die Visitenkarte des Unternehmens waren die Autos, die jeder auf der Straße sehen konnte. Doch hinter die Kulissen sollte und durfte niemand schauen. Daimler – das war eine abgeschlossene Welt, anziehend, manchmal auch abstoßend, aber immer faszinierend.

Die Faszination lag in den Gegensätzen: einerseits die globale Präsenz und Wertschätzung der Marke, andererseits die schwäbische Heimatverbundenheit, ja die Provinzialität, in der sich das Unternehmen und seine Protagonisten einhüllten. Welche andere deutsche Marke war in jenen Jahren so bekannt und hatte eine solche Weltgeltung wie Mercedes? In den USA, dem über viele Jahrzehnte wichtigsten ausländischen Absatzmarkt für Daimler, war Mercedes eine Ikone. Überall auf dem Globus markierte die Marke mit dem Stern die Spitze des Automobilbaus, in über 200 Länder der Welt wurden die Fahrzeuge exportiert. Die Marke Mercedes-Benz musste man niemand erklären – weder in Europa noch in Amerika, Afrika oder Asien. Alle waren voll Bewunderung für die prächtigen, eleganten und unkaputtbaren Autos aus Deutschland. Bezahlte Markenbotschafter wurden, nicht gebraucht: Wo irgendeine der großen Zelebritäten aus Politik, Gesellschaft, Kultur oder Sport öffentlich auftrat, war ein Mercedes-Benz meistens nicht weit weg. Aber da waren auf der anderen Seite auch die Teilzeit-„Wengerter“, die bei Daimler am Band arbeiteten und nach Ende der Schichtarbeit in ihren vom Vater geerbten Weinberg gingen, um dort weiter zu „schaffen“. Natürlich waren das nicht so fürchterlich viele, aber sie prägten das Bild vom tüchtigen und loyalen Daimler-Arbeiter. Und wenn der Sohn oder die Tochter Konfirmation oder Kommunion hatte, bekam jeder Angestellte und Arbeiter vom Unternehmen einen finanziellen Zuschuss, damit die Kinder standesgemäß für das große Fest eingekleidet werden konnten. Die Vorstände und Führungskräfte – wenn auch nicht immer aus der Region stammend – pflegten die Verbundenheit mit der schwäbischen Mentalität der Mitarbeiter. Und auch wenn sie sich gelegentlich polyglott gaben, begrenzten allein ihre zumeist mangelnden Fremdsprachenkenntnisse ein überzeugendes Auftreten auf dem internationalen Parkett. Kleine und große Welt gingen bei Daimler bruchlos ineinander über.

Da war – außerdem – der Gegensatz zwischen den emotionalen Produkten und der nüchternen, industriellen Organisation, die das Unternehmen trug. Daimler war keine „Traumfabrik", auch keine Manufaktur, auf die einige Luxushersteller besonders stolz waren, die dafür dann einige Jahre später mit dem Verlust ihrer Selbstständigkeit bezahlen mussten. Daimler machte im Grunde alles wie die anderen Autohersteller auch. Vielleicht war die Produktivität bei Daimler nicht ganz so hoch wie in den Fabriken der Wettbewerber, dafür aber die Qualität besser und das zählte. Der Entwicklungsbereich, das Herzstück des Unternehmens, hatte ein fast unerschöpfliches Reservoir an qualifizierten und engagierten Ingenieuren, die stolz darauf waren, die besten Autos der Welt entwickeln zu dürfen. Die Ende der 1970er ins Leben gerufene Langfristige Produktionsordnung (LPO), das Meisterstück des hemdsärmeligen Produktionschefs Werner Niefer, galt in der Automobilindustrie lange als vorbildlich. Vielleicht lag der prosaische Geist, den das Unternehmen durchwehte, daran, dass man nicht nur exklusive Personenkraftwagen, sondern auch Nutzfahrzeuge produzierte. Die sorgten dafür, dass man auch in den erfolgreichsten Zeiten nicht die Bodenhaftung verlor. Die Vertriebs- und Serviceorganisation war qualitativ auf höchstem Niveau angesiedelt – auch wenn damals Autos mehr verteilt als verkauft wurden. Trotz Glanz und Glamour, die natürlich auch dazu gehörten – alles war bestens organisiert und verwaltet.

Und schließlich ist da jener eigentümliche Gegensatz zwischen Elitebewusstsein und diskretem Understatement. Daimler war ein zurückhaltendes, bescheidenes Unternehmen, das Understatement ging bis zur Selbstverleugnung. Nie wäre es Joachim Zahn in den Sinn gekommen, mit der außergewöhnlichen Profitabilität des Unternehmens in der Öffentlichkeit zu klotzen. Nie wäre ein Ingenieur auf die Idee gekommen, sich selbst für ein neu entwickeltes Auto zu loben. Nie hätte sich ein Vorstandsmitglied öffentlich im Stile eines Filmstars auf einer Messe oder einem anderen Event feiern lassen. Eine Homestory in der eleganten Villa in Degerloch oder auf dem Killesberg – undenkbar. Man stellte sein Licht gerne unter den Scheffel, genoss seine Erfolge und machte seine Arbeit. „Man will ‚Nobelmarke' sein, aber nicht so genannt werden; man will Erfolg haben, aber sich nicht damit brüsten; man will geschätzt werden, aber sich nicht anbiedern", beschrieben die Zeitzeugen Max Kruk und Gerold Lingnau eine Geisteshaltung, die heute als völlig unzeitgemäß gelten würde, aber auch schon damals für Wirtschaftsbosse ungewöhnlich war.

Doch da war andererseits auch ein Elitebewusstsein, das nur allzu leicht in Arroganz ausartete. Eine Arroganz, die über viele Jahrzehnte zu einem Stigma der Marke wurde. Wie so häufig waren die kleinsten Soldaten die stolzesten und noch immer erinnern sich viele ältere Mercedes-Fahrer an den unsäglichen Umgang des Hauses mit seinen Kunden. Wer das Glück hatte, eine Lieferzusage für einen neuen Mercedes zu bekommen, sollte nicht auch noch frech werden und irgendwelche kostenlose Zugaben fordern. Spätestens bei den Fußmatten, die man den Käufern pflichtschuldigst ins Auto legte, hörte der Spaß auf. Aber nicht nur die Verkäufer, auch mancher Vorstand legte sich eine Aura der Unnahbarkeit zu – kritische Äußerungen wurden schnell als „Majestätsbeleidigungen" aufgefasst, die den Kritiker lebenslänglich zur „persona non grata" im Hause Daimler-Benz machen konnten. Daimler-Manager wussten sich zudringliche Zeitgenossen auf Distanz zu halten und markierten klare Grenzen, bis zu denen sich jemand dem Unternehmen nähern durfte, diese zu überschreiten aber tödlich sein konnte. Vor allem aufmüpfige, kritische Journalisten bekamen das mitunter zu spüren, was aber nichts daran änderte, dass Daimler dann doch eine „gute Presse" hatte.

Weltgeltung und Provinzialität, Emotionalität und Nüchternheit, Elitebewusstsein und Bescheidenheit – all das wurde getragen und zusammengehalten von einer diskreten Vornehmheit, die vielleicht das herausragendste Merkmal der damaligen Unternehmenskultur war. Die Vornehmheit der Menschen bei Daimler war keine zur Schau gestellte Attitüde, sondern eine Haltung und ein Stil, den sich über kurz oder lang jeder aneignete, der für dieses Unternehmen arbeiten durfte. Man erlaubte sich keine Eskapaden und machte sich der bloßen Popularität willen auch mit niemandem gemein. Der Erfolg des Unternehmens und das Bewusstsein, dass man ein Teil davon war, prägten das Verhalten und den Auftritt von Führungskräften und Mitarbeitern intern wie auch nach außen. Corpsgeist und Hierarchien wurden gepflegt, das Kantinenwesen bestand aus drei klaren Ebenen: dem „Goldenen Löffel" für Vorstände und Direktoren, dem „Silbernen Löffel" für das mittlere Management und dem „Plastik-Löffel" für Sachbearbeiter und Arbeiter. Niemand störte sich daran. Solidität und Seriosität standen über allem und der dunkelblaue Anzug mit weißem Hemd und gedeckter Krawatte gehörte genauso zur Unternehmenskultur wie die als „Aufwärter" bezeichneten Dienstboten, die Hauspost zwischen den verschiedenen Vorstands- und Direktionsbereichen beförderten, die Dienstwagen ihrer Vorgesetzten pflegten und gelegentlich auch mal den Blumenstrauß für die Gattin eines Vorstandes beim Blumenhändler abholten.

Vornehmheit schafft Distanz. Sie sorgt auch dafür, dass ein Unternehmen als kalt und unnahbar gilt. „Ernst und Sachlichkeit", so klagen denn auch die beiden schon zitierten Unternehmenschronisten, „bestimmen vielleicht ein wenig zu sehr das Image des Unternehmens". Nein, sympathisch war Daimler nicht, stattdessen respektiert und bewundert – kein Unternehmen, sondern ein Kosmos. Nie passte der Stern als Markenzeichen wahrscheinlich so gut zum Image des Unternehmens wie in den späten 1970er-Jahren. Als Symbol für einen Himmelskörper, zu dem man aufschaut, bei dessen Betrachtung man ins Träumen gerät, der Begehrlichkeit weckt und doch – für viele – unerreichbar ist.

Daimler und seine historische Größe

„Wohlstand für Alle" lautete der Titel eines im Jahr 1957 im Econ-Verlag erschienenen Buches, dessen Autor kein geringerer war als der damalige Wirtschaftsminister Ludwig Erhard. „Wohlstand für Alle", das war programmatisch zu verstehen und Erhard brachte damit zum Ausdruck, um was es den Menschen und natürlich auch der Politik im Nachkriegsdeutschland vor allem ging: „Ein darbendes und hungerndes Volk, das den primitivsten Lebensmöglichkeiten beraubt war, und das unter der seelenlosen Herrschaft eines staatlichen Wirtschaftsdirigismus jede individuelle Freiheit entbehren musste, gewann in einer relativ kurzen Zeitspanne Leben und Freiheit zurück. Was liegt da menschlich näher, als sich im Vollgefühl der wieder erstarkten Lebenskraft ausleben, als verbrauchen und selbst genießen zu wollen." Und er fügte hinzu: „Diese Entwicklung habe ich bewusst angestrebt, und ich bin über den Erfolg glücklich."

Nicht nur linke, sondern auch konservative Intellektuelle haben den „Konsummaterialismus" der Nachkriegszeit heftig kritisiert. Sie sahen Bildung und Kultur bedroht und ein Volk von „Konsumidioten" heraufziehen. Dabei wurde allzu gern übersehen, dass der sich ausbreitende Wohlstand die Voraussetzung und Grundlage für den Aufbau einer freiheitlichen Demokratie in Deutschland war. „Der hungernde und frustrierte Mensch lässt sich", schreibt der Kulturwissenschaftler Hermann Glaser zum Lob des materiellen Wohlstands, „leichter manipulieren als der satte und zufriedene Mensch, der sein Glück in der Gegenwart zu genießen vermag und somit keiner Illusionen bedarf". Historiker sind sich jedenfalls einig, dass für die bemerkenswerte Stabilität der deutschen Nachkriegsdemokratie „der wirtschaftliche Wiederaufstieg von größter Bedeutung gewesen" ist (Wolfgang J. Mommsen). Die große Mehrheit der Bevölkerung hat die intellektuelle Diskussion über den „verderblichen Materialismus" ohnehin nicht gekümmert. Von der „hohen Politik" wollte man nichts mehr wissen, also konzentrierte man sich auf das Wirtschaftliche: Beruf, Geld und Karriere. Man war bereit, hart und viel zu arbeiten, dann wollte man auch etwas davon haben und gut und sorgenfrei leben. Das „Wirtschaftswunder" verdankte sich zweifellos auch glücklichen geopolitischen Umständen, wie der finanziellen Unterstützung Westdeutschlands durch die USA im aufkeimenden Ost-West-Konflikt. Vor allem aber war das „Wunder" das Ergebnis fleißiger Arbeit und kreativer Ingenieurskunst. Das „Wunder" war kein Wunder. Erst spätere Generationen haben es dazu gemacht.

Daimler arbeitete mit an diesem „Wunder", an einer Welt, die für die Menschen materiell betrachtet besser war als alles, was sie bisher gekannt hatten. Das Unternehmen schuf Arbeitsplätze, die sicher und gut bezahlt waren. Viele kleine und auch ein paar große Unternehmen wurden Zulieferer, die ihrerseits sichere und gut bezahlte Arbeitsplätze schufen. Wer bei Daimler – sei es als Arbeiter am Band oder als Angestellter in der Verwaltung – arbeitete, hatte es geschafft. Er musste sich um seinen Arbeitsplatz keine Sorgen machen und konnte Jahr für Jahr mit einer ansehnlichen Lohn- oder Gehaltserhöhung rechnen. Das reichte, um im Remstal ein Haus zu bauen oder in der Stadt, vielleicht sogar in einer der begehrten Halbhöhenlagen, eine Wohnung zu kaufen oder zu mieten. Während es in anderen Regionen wie etwa dem Ruhrgebiet abwärts ging, machten sich in Stuttgart und der Region Prosperität und Wohlhabenheit breit. Die materiellen Wunden, die der Krieg geschlagen hatte, waren bald vergessen. Wo Daimler ein Werk hatte oder eines eröffnete, zog der Wohlstand ein. Das Unternehmen arbeitete für den Gewinn seiner Eigentümer, aber mit der Ausweitung seiner Geschäftigkeit trug es dazu bei, dass Wohlstand und Demokratie in Deutschland eine feste Grundlage hatten.

Doch Deutschland war nach dem Zweiten Weltkrieg nicht nur ein armes, sondern auch ein demoralisiertes Land. Obwohl es nicht wenige gab, die trotzig irgendeine Mitschuld an dem, was unter dem Nazi-Regime passiert war, abstritten und den Begriff der „Kollektivschuld" für einen agitatorischen Kampfbegriff der Alliierten hielten, war sich die Mehrheit der Bevölkerung der Mitverantwortung für das, was im Namen Deutschlands geschehen war, bewusst, empfand angesichts der schrecklichen Bilder von deutschen Verbrechen im Krieg und zu Hause zumindest Scham. Man wollte das vielleicht nicht hören und nicht jeden Tag damit konfrontiert werden. Aber die „Unfähigkeit zu trauern", wie sie der Psychologe Alexander Mitscherlich in seinem berühmten Buch diagnostizierte, war nur die eine Seite deutscher Befindlichkeit. Die andere Seite war die internationale Zurücksetzung, die man erfuhr, die Anklagen und Vorwürfe, die noch lange anhielten und die man im Grunde auch nicht entkräften konnte. Deutschland war schuldig und das einst als „Land der Dichter und Denker" gefeierte Land hatte sich in der Welt verächtlich gemacht. Gleichgültig ließ das niemand, auch wenn die meisten nicht bereit waren, mit einem Büßerhemd herumzulaufen. Stattdessen wollte man zeigen, dass Deutschland mehr kann als Kriege anzuzetteln, Menschen ihrer Rasse wegen zu ermorden und Bücher zu verbrennen. Worauf aber konnte man im Nachkriegsdeutschland stolz sein?

Man wird den Jubel und die Begeisterung, den der Gewinn der Fußballweltmeisterschaft im Jahr 1954 ausgelöst hat, nicht begreifen, wenn man ihn nicht vor dem Hintergrund des Argwohns sieht, dem die Deutschen nach der Nazi-Diktatur ausgesetzt waren, und wenn man nicht ihren Wunsch, in der Welt wieder etwas zu gelten, versteht. Der Erfolg der deutschen Fußballnationalmannschaft war ein so unwahrscheinliches, so triumphales Ereignis, dass es – wie es der Publizist Joachim Fest einmal formuliert hat – „in gewisser Hinsicht das Gründungsdatum der Bundesrepublik Deutschland" war. Das „Wunder von Bern" stärkte das angeschlagene Selbstwertgefühl der Deutschen und schon bald hieß es ebenso trotzig wie selbstbewusst: „Wir sind wieder wer." Doch der Gewinn einer Fußballweltmeisterschaft war zwar ein spektakulärer, aber eben auch ein vergänglicher Prestigegewinn. Anderes musste dazu kommen, wenn man wieder in der ersten Liga der Welt oder doch zumindest Europas mitspielen wollte.

Daimler-Benz war von Anfang an ein Unternehmen mit Weltgeltung. Die Rennsporterfolge der „Silberpfeile" in den 1950er-Jahren waren Balsam für die Seele der Deutschen, vielleicht nicht so stark wie die Fußballweltmeisterschaft, dafür aber häufiger. Aber der internationale Ruf der Marke „Mercedes-Benz“ gründete sich in der Hauptsache nicht auf den Gewinn von Autorennen, sondern auf die Qualität seiner Produkte und auf die herausragende gesellschaftliche Stellung der Menschen, die diese Produkte kauften. Wenn Mercedes-Benz damals als „Nobelmarke“ bezeichnet wurde, so hing das vor allem damit zusammen, dass viele ihrer Kunden „Nobilitäten“ waren. Wenn man im Ausland war, konnte man darauf hinweisen, dass man aus dem Land komme, in dem der VW Käfer produziert wird, immerhin der größte Exportschlager der deutschen Automobilindustrie über Jahrzehnte. Man hätte dafür ein Kopfnicken, vielleicht aber auch nur ein Schulterzucken als Antwort bekommen. Wenn man hingegen erklärte, man komme aus dem Land oder gar aus der Stadt, in der Mercedes-Benz-Fahrzeuge entwickelt und gebaut werden, dann konnte man mit Bewunderung, zumindest mit Anerkennung rechnen. Am Glanz des Sterns konnten sich viele wärmen, auch diejenigen, die keinen Mercedes-Benz fuhren, und auch diejenigen, die nicht zu den Glücklichen gehörten, bei Daimler-Benz arbeiten zu dürfen. Lieben musste man Daimler nicht, aber angeben konnte man damit immer. Das Unternehmen war ein „Identifikationsobjekt“ auch und gerade für diejenigen, die damit ihr angeschlagenes „Ego“ stärken wollten. Mit seiner Bekanntheit und Reputation war Daimler nicht irgendein deutsches Unternehmen. Vielen galt es als *das* deutsche Vorzeigeunternehmen schlechthin.

Systemkritiker haben Daimler-Benz vor allem in den 1960er- und 1970er-Jahren als „kapitalistisches“ Unternehmen bezeichnet. Vielen galt es als das „kapitalistischste“ von allen: Die Kunden waren „Kapitalisten“ oder doch zumindest Angehörige des „Establishments“, die Eigentümer hatten den Ruf, die größten und skrupellosesten „Kapitalisten“ Deutschlands zu sein und das Unternehmen erzielte Jahr um Jahr höhere Profite. Doch wer bereit war, hinter diese Fassade zu schauen, entdeckte noch einen anderen Zug bei diesem Unternehmen, eine Haltung, die quer zum Zeitgeist stand und die man heute mit einer gewissen Übertreibung als „subversiv“ bezeichnen kann. Joachim Zahns Doktrin von der „maßvollen Investitionspolitik“, die er wie auf einem Schild vor sich her trug, war auch eine Absage an ein ungebremstes Wachstum. Zahn wollte Wachstum, aber er wollte kein maximales, gieriges Wachstum, sondern ein kontinuierliches und – das darf man heute so sagen – ökonomisch „nachhaltiges“ Wachstum. Nicht an kurzfristigen Nachfragespitzen, sondern am langfristigen Trend sollte sich der Auf- und Ausbau der Produktionskapazitäten orientieren. Damit wurden Absatzpotenziale möglicherweise verschenkt, aber Daimler-Benz war nie gezwungen, die Produktion herunterzufahren und Mitarbeiter zu entlassen. Die Entwicklung von Autos mit langer Lebensdauer und hoher Wertbeständigkeit entsprang der gleichen Philosophie. Während die nordamerikanischen Automobilhersteller in jener Zeit mit ihrer Politik der „planned obsolescence“, des geplanten Verschleißes, versuchten, den Absatz anzukurbeln, waren die Daimler-Ingenieure stolz, wenn irgendwo auf der Welt ein Mercedes-Benz auftauchte, der eine Million Kilometer auf dem Tacho hatte. Natürlich wäre es unsinnig und geschichtswidrig, die Daimler-Benz AG zu einem Vorreiter der Ökologiebewegung zu machen. Aber es gab in der Firmenphilosophie ein Element, das sich gegen die „Tonnenideologie", gegen das Wachstum um jeden Preis, wie es in jener Zeit weitverbreitet war, sperrte. Wer genau hinschaut, sieht, dass die „Nachhaltigkeit" genauso zur DNA der Marke Mercedes-Benz gehört wie der „Luxus". Daimler war damals anders. Aber war es deshalb auch so erfolgreich?

Irgendwann hat dieses Unternehmen nicht nur seinen „Mythos der Unzerstörbarkeit" verloren, sondern auch seine gesellschaftliche Relevanz und damit seine „historische Größe". Joachim Zahn, der bald nach seinem Ausscheiden aus dem Unternehmen zum grantigen und spöttischen Kritiker seiner Nachfolger wurde, hat es noch erlebt.

Kapitel 3

Zukunftssorge oder Größenwahn – Der Beginn der Ära Reuter

„Wenn wir wollen, dass alles bleibt, wie es ist, dann ist nötig, dass alles sich verändert.“ Giuseppe Tomasi di Lampedusas Satz aus seinem berühmten Roman „Der Leopard“ darf nicht als Ratschlag, er muss, wenn man den Roman gelesen hat, als Mahnung verstanden werden. Kaum beginnt der Protagonist der Geschichte, Don Fabrizio, mit einigen kleinen Veränderungen, bricht auch schon die alte Ordnung in sich zusammen. Wenn sich alles verändert, dann bleibt am Ende nichts, wie es einmal war. Edzard Reuter war nicht nur mit einem starken Willen zur Veränderung, sondern auch mit einem starken Willen zur Macht ausgestattet. Schon fünf Jahre nachdem Joachim Zahn in den Ruhestand gegangen war, Edzard Reuter noch nicht einmal auf dem Chefsessel von Daimler-Benz Platz genommen hatte, war bei Daimler nichts mehr, wie es einmal war: Die wirtschaftliche Lage angespannt, die Strategie ausgetauscht und die Unternehmenskultur brüchig. Aus einer anfänglichen, eigentlich harmlosen Zukunftssorge war Größenwahn geworden, der alles mitriss, was im Daimler-Kosmos festgegründet schien. Aus dem Treiber wurde schon bald ein Getriebener.

Schwieriger Anfang, trauriges Ende: Die kurze Ära Gerhard Prinz

Als sich Joachim Zahn Ende 1979 in den Ruhestand verabschiedete, tat er das mit einem ordentlichen – und das hieß bei Daimler damals noch immer hervorragenden – Jahresabschluss und einer prall gefüllten Kriegskasse. „Unermesslich reich" eben. Niemand konnte damals ahnen, dass er der bis heute letzte Vorstandsvorsitzende sein würde, der im Erfolg aus dem Unternehmen ausschied. Um die strategische Ausrichtung des Konzerns stand es allerdings nicht ganz so gut wie um die Bilanz. Das war auch nicht zu erwarten von einem Manager, der ganz im Tagesgeschäft lebte, dem taktische Spielereien lieber waren als große Zukunftsentwürfe und der beharrlich seine Doktrin von der „maßvollen Investitionspolitik" pflegte. So hinterließ er seinen Nachfolgern zwar ein finanzielles Polster, auf das er noch Jahre nach seinem Ausscheiden aus dem Unternehmen stolz war, aber er hinterließ keine Weichenstellungen für den künftigen Weg des Unternehmens in einem sich verändernden Umfeld. Im Gegenteil, die Entscheidung pro oder contra 190er hatte er elegant hinausgezögert, sodass jetzt sein Nachfolger sehen musste, wie er mit dem „Baby Benz" zurechtkommen würde. Er selbst verabschiedete sich mit einer neuen S-Klasse, der Baureihe W126. Sie war ein großer Wurf: technisch optimiert, erstmals mit ABS als Sonderausstattung, ein elegantes Fahrzeug mit einem für Mercedes-Benz außergewöhnlich modernen Design und von Anfang an ein Riesenerfolg. Die langen Lieferzeiten machten Zahn sichtlich Freude.

Es ist bezeichnend, dass das neue, kleine Modell, der 190er – oder wie er in der internen Nomenklatura hieß: der W201 –, nicht das Ergebnis einer strategisch angelegten Modellplanung war, sondern eher die Reaktion des Unternehmens auf die im Jahr 1977 von der amerikanischen Regierung erlassenen Flottenverbrauchsvorschriften. Sie zwangen Daimler, ein verbrauchsgünstiges Fahrzeug auf dem für den Konzern so wichtigen nordamerikanischen Markt anzubieten, wollte man hohe Strafzahlungen bei Nichteinhaltung der Vorgaben vermeiden. Für ein als stockkonservativ geltendes Unternehmen war das Auto ein gewaltiger Schritt. Zum ersten Mal musste man die Modellpalette nicht „nach oben", sondern „nach unten" erweitern. Daher fragten viele: „Wird das gut gehen oder wird darunter nicht das Image der Marke Mercedes-Benz leiden?" Trotz des offiziell zur Schau getragenen Optimismus gab es nicht nur außerhalb, sondern auch innerhalb des Unternehmens viele Führungskräfte und Mitarbeiter, die spürten, dass das neue Modell kein Selbstläufer werden würde, so wie man das von der S-Klasse, der mittleren Baureihe, oder dem SL gewohnt war. Sie sollten recht haben.

Auf Kontinuität hatte man bei der Wahl des Vorstandsvorsitzenden gesetzt. Nachfolger von Zahn wurde Gerhard Prinz, dessen Amtszeit unglücklich begann und noch unglücklicher enden sollte. Prinz war 1974 zu Daimler-Benz gekommen. Er stammte aus einer Solinger Unternehmerfamilie, hatte Jura und Wirtschaftswissenschaften studiert und seine berufliche Laufbahn zunächst außerhalb der Automobilindustrie begonnen. Bei dem Mannheimer Elektrokonzern Brown, Boveri & Cie. arbeitete er für dessen Vorstandsvorsitzenden Kurt Lotz, der 1967 Nachfolger des VW-Chefs Kurt Nordhoff wurde. Prinz folgte seinem Chef und wurde schon im Jahr 1969 in den VW-Vorstand berufen. Dort war er für die in- und ausländischen Beteiligungen des Konzerns zuständig. 1972 übernahm er zusätzlich den Vorstandsvorsitz bei der Audi NSU Auto Union AG. In seiner Zeit als VW-Vorstand führte er unter anderem auch die Gespräche mit Daimler-Benz über eine engere Zusammenarbeit zwischen den beiden Unternehmen. Als Joachim Zahn ihn nach Stuttgart holte, war er also bei Daimler kein ganz unbekannter neuer Kollege.

Bei Daimler übernahm er das damals vakant gewordene Vorstandsressort Einkauf und Materialwirtschaft, was – zumal in einem Automobilkonzern – nicht unbedingt ein Sprungbrett für höhere Aufgaben war. Sein Förderer Joachim Zahn übertrug ihm daher auch Sonderaufgaben, in denen er sich profilieren konnte. Eine davon war der von Daimler schon länger geplante Einstieg in den nordamerikanischen Nutzfahrzeugmarkt. Schon bald wurde er fündig: Nach einigen Sondierungen und Gesprächen wurde im Jahr 1977 „Euclid" übernommen, ein Hersteller von Erdbewegungsmaschinen mit Sitz in Cleveland. Die Übernahme galt – wie DER SPIEGEL im Jahr 1979 anlässlich der Ernennung von Prinz zum Vorstandsvorsitzenden schrieb – als eine „glanzvolle Prinz-Tat". Wie glanzvoll, sollte sich schon bald zeigen.

Gerhard Prinz war in der Öffentlichkeit das, was man sich unter einem Daimler-Manager vorstellte: seriös, selbstbewusst und distanziert. Seine Herkunft aus einer alteingesessenen Unternehmerfamilie hatte ihn geprägt. Er hatte die in seinen Kreisen üblichen Einstellungen zu Politik und Gesellschaft, wusste sich in der Öffentlichkeit zu bewegen, ging auf die Jagd und besuchte die Salzburger Festspiele, kurzum: Für die Medien ein zwar wichtiger, aber völlig uninteressanter Mann. Es war zu erwarten, dass er – so unspektakulär wie er sich als Persönlichkeit gab – auch sein Amt führen werde. Wilfried Guth, einer der Sprecher der Deutschen Bank und seit 1976 Aufsichtsratsvorsitzender der Daimler-Benz AG, war jedenfalls von seiner fachlichen Kompetenz und seiner Führungsstärke überzeugt und hielt auch in den folgenden Jahren große Stücke auf ihn.

Der Erwerb von Euclid, die vermeintlich „glanzvolle Prinz-Tat", überschattete von Anfang an die Amtszeit des neuen Vorstandsvorsitzenden. Man hatte Euclid erworben, weil man sich ein weiteres Standbein schaffen wollte, vor allem aber, weil der Markt für Erdbewegungsmaschinen ein großes Wachstumspotenzial versprach. Eingesetzt wurden die monströsen Arbeitsgeräte im Tagebau, vor allem im Kohlebergbau. Angesichts der in den 1970er-Jahren stark gestiegenen Ölpreise erwarteten viele Experten, dass die Ölgewinnung aus Ölsand und Ölschiefer in Nordamerika erheblich an Bedeutung gewinnen würde und der Bedarf an „earthmoving machines" damit sprunghaft ansteigen werde. Dem war nicht so: Nach dem starken Anstieg in den 1970er-Jahren begannen die Ölpreise Anfang der 1980er-Jahre wieder zu bröckeln. In dem Maße wie Öl billiger wurde, wurde die Ölgewinnung aus Ölsand und Ölschiefer unattraktiver. Hinzu kam ein starker Dollar-Anstieg, der den Export aus den USA in andere Länder erschwerte, und schließlich auch noch eine allgemeine Konjunkturflaute, die dazu führte, dass die Nachfrage für Erdbewegungsmaschinen Anfang der 1980er-Jahre dramatisch zurückging. Außerdem war das Unternehmen selbst nicht in bester Verfassung, die Technik war veraltet und die Produktionskosten zu hoch. Semon Knudsen, der CEO der Euclid-Muttergesellschaft White Motors, hatte in Branchenkreisen nicht umsonst den Spitznamen „Bunkie", was für einen Geschäftsmann nicht unbedingt eine Auszeichnung war. Er konnte reden, war ein guter Kumpel und offensichtlich war es ihm gelungen, seinen deutschen Verhandlungspartnern Euclid als einen als „Perle" verkleideten Sanierungsfall zu verkaufen. Kurzum: Die „glanzvolle Prinz-Tat" erwies sich als veritabler Fehlgriff.

Es galt zu retten, was noch zu retten war, und so schickte Prinz im Jahr 1982 einen jungen, hoffnungsvollen Manager, der bis dahin die technische Entwicklung bei der Mercedes Benz of South Africa geleitet hatte, nach Cleveland. Der junge Mann hieß Jürgen E. Schrempp und ging in Cleveland tatkräftig zur Sache. Er ist später als Sanierer von Euclid gefeiert worden und in der Tat nahm er einige Weichenstellungen vor, die die jämmerliche Situation des Unternehmens verbesserten. Eine „Perle" machte aber auch er nicht aus Euclid. Es ehrt Gerhard Prinz, dass er eine Entscheidung, an deren Zustandekommen er nicht unmaßgeblich beteiligt war, von sich aus revidierte und noch 1983 den Auftrag gab, Euclid wieder zu verkaufen. Anfang 1984 wurde das Unternehmen von der amerikanischen Clark Equipment Company übernommen.

Euclid ist in die jüngere Geschichte von Daimler-Benz als erster Versuch eingegangen, die Geschäftsbasis des Unternehmens über die Produktion von PKW und straßengebundenen Nutzfahrzeugen hinaus zu erweitern, also das zu tun, was man in der Fachsprache „diversifizieren" nennt. Wie in einem Brennglas zeigen sich am Beispiel von Euclid die Risiken und Unwägbarkeiten einer Diversifikation durch den Kauf von branchenfremden Unternehmen: Man kennt weder den Markt noch die Technologie und vor allem kennt man das Unternehmen, das man übernimmt, nicht wirklich. Am Ende, wenn deutlich wird, dass alles schiefläuft, sind dann weder die Mittel noch die Menschen da, um eine wirkliche Neuausrichtung einzuleiten und umzusetzen. Wie es anders gehen kann, zeigt ein zweites Engagement, das ebenfalls unter der Leitung von Gerhard Prinz eingegangen wurde: die Übernahme des nordamerikanischen Herstellers von Schwerlastwagen, Freightliner, im Jahr 1981. Auch bei Freightliner gab es anfänglich Probleme und viele befürchteten schon einen weiteren Reinfall in den USA. Aber bei Freightliner bewegte sich Daimler auf bekanntem Terrain, hier wusste man als Weltmarktführer für schwere LKW, wo die Stellhebel waren, um das Unternehmen wieder auf Kurs zu bringen. Hier hatte man vor allem auch die Menschen im eigenen Unternehmen, die das notwendige Know-how hatten, um eine Sanierung und Neuausrichtung erfolgreich durchzuführen. Schon bald wurde aus Freightliner eine Erfolgsstory, wenn es in späteren Jahren auch den einen oder anderen Rückschlag auf dem brutal volatilen und wettbewerbsintensiven amerikanischen LKW-Markt gab. Gemessen an dem, was noch kommen sollte, war der Fehlschlag bei Euclid vergleichsweise harmlos. Der Verlust aus dem gesamten Engagement wurde auf 100 Millionen D-Mark beziffert. Das Management, ja das ganze Unternehmen hätte aus dem fehlgeschlagenen Engagement bei Euclid im Hinblick auf künftige „Diversifikations"-Projekte viel lernen können. Man tat es nicht. Stattdessen war das Thema bald vergessen. Aktive Vergangenheitsbewältigung war schon damals bei Daimler nicht angesagt.

Am 29. Oktober 1983, einem Samstag, erlag Gerhard Prinz in seinem Haus in Stuttgart auf dem Hometrainer einem Herzversagen. Er hat in seiner kaum dreijährigen Amtszeit als Vorstandsvorsitzender nur wenige Spuren im Unternehmen hinterlassen können. Sein Tod hat jedoch Entwicklungen ausgelöst, die das Unternehmen in den nächsten Jahren in seinen Grundfesten erschüttern sollten.

Eine historische Rede

Das wichtigste, auf jeden Fall folgenreichste Ereignis in der kurzen Amtszeit von Gerhard Prinz war eine Rede. Sie war nicht von ihm. Am 13. Mai 1980 sprach Edzard Reuter auf dem Internationalen Management-Symposium an der Hochschule St. Gallen über „Die Grenzen des Marktes – Unternehmensführung zwischen Wirtschaft und Politik". Das Thema war unverfänglich, aber Edzard Reuter wollte an diesem Tag keine unverfängliche Rede halten. Er wollte – wie er später selbst sagte – provozieren. Als ein im Umgang mit den Medien erfahrener Mann wusste er, wie er provozieren konnte. Und genau das tat er denn auch.

Edzard Reuter war am 1. März 1964 ins Unternehmen eingetreten. Es war kein gewöhnlicher Einstieg gewesen. Reuter war damals 36 Jahre alt und hatte nach seinem Jura-Studium zunächst bei der Ufa in Berlin, dann im Bertelsmann-Verlag gearbeitet. Beide Engagements erwiesen sich als wenig erfolgreich. Vor allem sein Abschied aus dem Bertelsmann-Konzern war wohl nicht ganz freiwillig, denn dort hatte man ihm offensichtlich mehr versprochen, als man dann einzuhalten in der Lage oder willens war. Verbittert verließ er das Unternehmen, befand sich nunmehr aber in einer schwierigen Lage. Zahlreiche Versuche, eine neue Anstellung zu finden, fruchteten nicht. So entschloss sich Reuter, sich noch einmal an den damaligen Personalvorstand von Daimler-Benz, Hanns Martin Schleyer, zu wenden. Bei dem hatte er sich schon im Jahr 1956 beworben und auch eine wohlwollende Antwort bekommen. Eine Anstellung erhielt er allerdings nicht. Es soll, so wurde später kolportiert, seine politische Heimat, sprich seine Zugehörigkeit zur SPD, bei der Ablehnung eine Rolle gespielt haben. Edzard Reuter war der Sohn des legendären Berliner Oberbürgermeisters Ernst Reuter und machte aus seiner politischen Orientierung kein Geheimnis, auch wenn der Ruf, ein „Sozi" zu sein, in der damaligen Zeit einer Karriere nicht unbedingt förderlich war. Bei seinem neuerlichen Bewerbungsversuch bei Daimler erhielt er Protektion vom damaligen Stuttgarter Oberbürgermeister Arnulf Klett, den Mutter Hanna um eine Unterstützung für ihren Sohn gebeten hatte. Die Aktivitäten hatten den gewünschten Erfolg und Reuter startete seine Daimler-Karriere im Vorstandsbereich Finanz- und Rechnungswesen, das von Joachim Zahn geleitet wurde. Nach einer frustrierenden Anlaufzeit erhielt er von Zahn endlich anspruchsvollere Projekte im Beteiligungsbereich des Unternehmens. Der erzkonservative Vorstand wurde sein ungeliebter Ziehvater im Konzern, denn obwohl ihn Zahn durchaus förderte, musste er auch einige persönliche Demütigungen hinnehmen, die ihm sichtlich wehtaten. So etwa, als er Zahn einen Auftritt vermasselte, dieser ihn beiseitenahm und ihm klarmachte, welch „kleiner, unbedeutender Wicht" er doch sei – so jedenfalls Reuter in seinen im Jahr 1998 unter dem Titel „Schein und Wirklichkeit" veröffentlichten Erinnerungen. Auch die bei Zahn üblichen Spötteleien und Witze über führende SPD-Politiker dürften Edzard Reuter mehr als einmal geärgert haben. Die Wunden saßen tief. Die abfälligen Bemerkungen, die die beiden Protagonisten viel später gegeneinander austeilten, waren eine der unappetitlichsten Auseinandersetzungen, die zwei Daimler-Vorstände jemals in der Öffentlichkeit geführt haben und die das Ansehen des Konzerns und seiner Manager in der Öffentlichkeit schwer beschädigten.

Im Jahr 1968 machte Reuter einen gewaltigen Karrieresprung, als ihm die Leitung des Hauptsekretariats übertragen wurde. Was sich unspektakulär anhört, war ein heiß begehrtes Sprungbrett, denn über das Hauptsekretariat, das dem Vorstandsvorsitzenden direkt unterstellt war, liefen alle Vorstandsangelegenheiten. Überdies nahm dessen Leiter als Protokollant an allen Vorstandssitzungen teil. In der informellen Hierarchie des Unternehmens war Reuter damit ganz weit oben angekommen, denn er war über alles unterrichtet, was im Unternehmen wichtig war und wichtig werden würde. Die Übertragung dieser Aufgabe war überdies ein großer Vertrauensbeweis und widerspricht im Übrigen auch der von Reuter gepflegten „Diskriminierungsthese": Hätte man ihn wirklich für einen gefährlichen sozialdemokratischen Revoluzzer gehalten, wäre er wohl nie in eine Position gekommen, in der er Zugang zu allen wichtigen Unternehmensinterna hatte.

1971 folgte dann der nächste Karriereschritt. Mit der Übertragung des Direktionsbereichs Unternehmensplanung und Organisation, der 1973 in den Rang eines Vorstandsbereichs angehoben wurde, wurde Edzard Reuter kaum zehn Jahre nach seinem Eintritt in das Unternehmen zunächst stellvertretendes, ab 1976 ordentliches Vorstandsmitglied. Das war eine auch nach heutigen Maßstäben phänomenale Karriere. Mit dem Aufbau einer systematischen Unternehmensplanung, die es vorher nicht gegeben hatte, hatte Reuter endlich die Aufgabe gefunden, die ihn, den hochgebildeten, wachen und kreativen Geist ausfüllte. Hier ging es nicht nur um Zahlen und Paragraphen, sondern hier ging es um die großen weltwirtschaftlichen Entwicklungen und Zusammenhänge, gesellschaftliche und technologische Trends, die Veränderung von Märkten, die Aktivitäten von Wettbewerbern und deren Bedeutung für Daimler-Benz, kurzum: nicht um „Schräubchenkunde“, sondern um Visionen und Strategien. Seine Fähigkeit zur Verschränkung politischer, wirtschaftlicher und gesellschaftlicher Entwicklungen wurde in dieser Zeit zu seinem Markenzeichen, was ihm im Unternehmen den nicht immer schmeichelhaft gemeinten Ruf eines „Intellektuellen“ einbrachte. Schon bald sollte ihm dieses Etikett auch von außen angeklebt werden, woran er freilich nicht ganz unschuldig war.

Bei der Diskussion um die Nachfolge von Joachim Zahn soll auch über Edzard Reuter als möglichen Kandidaten für den Vorstandsvorsitz bei Daimler gesprochen worden sein. Reuter war einstmals bei den Verhandlungen über eine engere Zusammenarbeit zwischen VW und Daimler Gesprächspartner von Prinz gewesen. Man kannte sich also. Dass Reuter bei der Zahn-Nachfolge nicht zum Zuge kam, wurde von ihm und dann auch von einigen Medien auf seine Parteizugehörigkeit zurückgeführt. Ob und welche Rolle das bei der Wahl des Zahn-Nachfolgers tatsächlich gespielt hat, wird sich nie feststellen lassen. Wilfried Guth bestritt jedenfalls, dass er Edzard Reuter wegen seiner politischen Orientierung nicht dem Aufsichtsrat zur Wahl zum Vorstandsvorsitzenden vorgeschlagen habe. Tatsächlich hatten Nachfolgediskussionen damals bei Weitem nicht die Schärfe, die sie dann einige Jahre später bekommen sollten, und auch Reuter selbst schien sich mit der Tatsache abzufinden, dass die Wahl an ihm vorbeigegangen war.

Als er am 13. Mai 1980 an der Universität St. Gallen auf das Podium trat, konnte niemand unter den Teilnehmern ahnen, dass er Zeitzeuge einer – jedenfalls für die Daimler-Benz AG – historischen Rede werden würde. Dabei waren seine wie immer glänzend formulierten Überlegungen zum Verhältnis von Politik und Wirtschaft weder neu noch umstürzlerisch. Reuters rhetorische Technik, Positionen darzustellen, die eigentlich niemand vertritt, um sie dann elegant und eloquent abzuschießen, zeigte sich schon in dieser Rede. Vieles war Spiegelfechterei und Selbstinszenierung, freilich auf höchstem Niveau. Dass unternehmerisches Handeln zwangsläufig politisch relevant sei, dass sich Unternehmer und Manager angesichts ihrer gesellschaftlichen Verantwortung bei schwierigen Entscheidungen nicht einfach in die Chefetagen zurückziehen dürfen, dass man zu den politischen, wirtschaftlichen und sozialen Herausforderungen der Zeit in offener, notfalls offensiver Kommunikation Stellung beziehen müsse – all das hätte auch jeder andere deutsche Manager so sagen können, ohne dass das besondere Aufmerksamkeit erregt hätte. Und dass, wer nicht in der Lage sei, weltweite politische und soziale Entwicklungen in sein Kalkül einzubeziehen, nicht zur Führung eines modernen Unternehmens tauge – geschenkt. Das war eine Einsicht, die schon damals alles andere als besonders originell gelten konnte. Auch sein Plädoyer dafür, dass Unternehmen, Staat und Gewerkschaften enger miteinander zusammenarbeiten müssten, um die Herausforderungen des Wandels zu bewältigen, wäre unter normalen Umständen mit Kopfnicken, allenfalls Schulterzucken kommentiert worden. Was war daran neu? Allein die Frage, wie eine zukunftsorientierte Industriepolitik jenseits eines ungezügelten Kapitalismus und einer verbürokratisierten

Zwangsverwaltungswirtschaft aussehen könnte, konnte auch Reuter nicht beantworten. Und so verblieben die konzeptionellen, zukunftsgerichteten Aussagen seiner St. Gallener Rede in einer spielerischen Schwebe zwischen dem Wünsch- und dem Machbaren.

Aber um all das ging es nicht wirklich. Es ging um Provokation – die gewollte und gezielte Provokation seiner Rede lag nicht in den Inhalten, sondern in der Wortwahl, vor allem in einem Wort, das er auch später noch oft und gerne verwendete: Heuchelei. Eigentlich war die ganz Rede auf diese eine Aussage, ja auf dieses eine Wort hin geschrieben: dass es eine „wirtschafts- und sozialpolitische Heuchelei" sei, wenn konservative Kreise in der Bundesrepublik sich unter Berufung auf die Marktwirtschaft insgeheim „aus den Fesseln abwegiger Interessen von Belegschafts- und Gewerkschaftsvertretern und den unqualifizierten Auflagen politischer Gesetzgeber befreien" wollten. Ob den Satz jeder verstanden hatte, ist schwer zu sagen. Doch das Wort von der „wirtschafts- und sozialpolitischen Heuchelei konservativer Kreise" zündete. Dass sich die gesamte anwesende Presse auf diese eine Aussage, dieses eine Wort stürzen würde, wusste Reuter und genau das war es auch, was er beabsichtigt hatte. Mit einem Wort avancierte er, der Sozialdemokrat im profitabelsten und elitärsten Unternehmen in Deutschland im Vorstand, zur Lichtgestalt unter den deutschen Managern: reflektiert, selbstkritisch, sich der gesellschaftspolitischen Verantwortung von Unternehmen bewusst, galt er fortan als ein Managertyp neuen Stils.

War es Zufall, dass Reuter seine St. Gallener Rede hielt, als er damit rechnen musste, sein Ziel, Vorstandsvorsitzender von Daimler-Benz zu werden, nicht mehr zu erreichen? Edzard Reuter war nach der Wahl von Gerhard Prinz zum ersten Mal in seiner Zeit bei Daimler-Benz ein freier Mensch: Nach oben war bei einem normalen Gang der Dinge nicht mehr viel zu machen – Gerhard Prinz war 1980 51 Jahre, Reuter 52 Jahre alt. Er hatte sich über Jahre hinweg Verdienste um das Unternehmen erworben, war – wenn auch nicht unbedingt beliebt – so doch als scharfsinniger Analytiker und kreativer Geist im Unternehmen anerkannt. Wer hätte ihm ernsthaft ans Leder können, ohne einen öffentlichen Sturm der Entrüstung auszulösen? Ohne Chance auf den Aufstieg, ohne Angst vor einem Abstieg war er unabhängig von den Urteilen und Maßgaben anderer.

Sicher haben viele Motive eine Rolle gespielt, dass Reuter genau diese Rede hielt – lautere und weniger lautere. Zu den lauteren Motiven gehörte Reuters ehrlicher Wunsch, in Deutschland eine Debatte über das Selbstverständnis von Unternehmen und Unternehmern an der Schwelle eines neuen Jahrzehnts und eines neuen Zeitalters anzustoßen. Die wachsende Bedeutung der Informations- und Kommunikationstechnik, Fragen nach dem Schutz der Umwelt und das zunehmend verkrampfter werdende Verhältnis zwischen Arbeitgebern und Gewerkschaften erforderten neue Antworten. Während man in den USA und Japan mit riesigen Schritten in Richtung Hightech marschierte, wurden in Deutschland die alten Grabenkriege zwischen Politik, Wirtschaft und Gewerkschaften ausgetragen. Ist es nicht nachvollziehbar und verständlich, wenn ein Mann, der sich mit seiner Zeit, ihren politischen, wirtschaftlichen, technischen und gesellschaftlichen Trends so intensiv auseinandersetzte wie er, seine Gedanken öffentlich vortragen und eine Diskussion über die Fragen anstoßen wollte, die ihn bewegten und von denen er überzeugt war, dass es Schicksalsfragen für die gesamte deutsche Wirtschaft sind? Seine Funktion als Finanzvorstand – gewiss wichtig im Unternehmen – ließ ihm dazu wenig Spielraum. Also suchte er andere, unternehmensunabhängige Plattformen, um seine An- und Einsichten zu kommunizieren. Das St. Gallener Symposium war eine solche Plattform und er wusste, wenn er solche und ähnliche Plattformen richtig nutzen würde, ließe sich von hier aus eine zweite Karriere starten, die Karriere eines politisch denkenden, über sein Unternehmen hinaus wirkenden Unternehmers mit vielfältigen Kontakt- und Einflussmöglichkeiten. Ein wenig mag er dabei auch an seinen Förderer Hanns Martin Schleyer gedacht haben, der, als er nicht als Vorstandsvorsitzender zum Zuge kam, sich außerhalb des Unternehmens als Präsident des Bundesverbandes der Deutschen Industrie (BDI) eine zweite Karriere aufgebaut hatte.

Gewiss spielte bei Edzard Reuters Vorstoß in die Öffentlichkeit aber auch verletzte Eitelkeit eine Rolle. Reuter war durch die Bevorzugung von Gerhard Prinz gekränkt. Er hatte vieles angestoßen und umgesetzt, allem voran den Aufbau einer systematischen Unternehmensplanung, auf die er besonders stolz war. Mit der Ernennung zum Vorstandsvorsitzenden hatte Prinz die Unternehmensplanung an sich gezogen. Das musste Reuter hart treffen und das hat ihn auch getroffen. Die St. Gallener Rede ist denn auch gespickt mit Spitzen gegen seinen Kollegen und gegen den Aufsichtsratsvorsitzenden Wilfried Guth. So etwa, wenn er sarkastisch bemerkt, dass es in den „einschlägigen Kreisen der Bundesrepublik Deutschland“ eines ungewöhnlichen Mannesmutes bedürfe, Spitzenpositionen der Unternehmensführung jemandem anzuvertrauen, der nicht der richtigen Partei angehört. Jeder verstand, was er meinte: Er bezichtigte damit Guth indirekt der Lüge, weil dieser ihm gesagt hatte, die Entscheidung für Prinz und gegen ihn habe nichts mit seinem Parteibuch zu tun. Genial und eine Ohrfeige für Guth war auch die Bemerkung in seiner Rede, die in den folgenden Jahren zur wahrscheinlich am meisten zitierten Aussage eines deutschen Managers wurde: „Man kann ein Unternehmen nicht sozialdemokratisch oder christdemokratisch führen, sondern nur gut oder schlecht.“ Damit war alles gesagt, was er von seinem Aufsichtsratsvorsitzenden hielt.

Edzard Reuter hatte sich mit seiner Rede in St. Gallen glänzend in Szene gesetzt. Das war ihm, wie er auch in seinen „Erinnerungen“ zu erkennen gibt, eine Genugtuung: „Man hörte mir gespannt zu, nach meinem Aperçu, man könne ein Unternehmen nicht christdemokratisch oder sozialdemokratisch, sondern nur gut oder schlecht führen, gab es am Schluss großen Beifall. Weit größer noch war das Echo in den Medien.“ Die Presse machte ihn zu einem „Spitzenmann von ganz besonderem Zuschnitt“ (Süddeutsche Zeitung), zur „Kultfigur des modernen Kapitalismus“ (Stuttgarter Zeitung) und was dergleichen Superlative sonst noch gebraucht wurden. Praktisch über Nacht wurde Edzard Reuter zum ersten Medienstar unter den deutschen Managern.

Er war von nun an nicht nur in den Unternehmensnachrichten der deutschen Wirtschaftspresse, sondern auch in den Feuilleton-Spalten von Tageszeitungen und Zeitschriften und bald auch auf begehrten Sendeplätzen im Fernsehen und im Hörfunk präsent. Zum ersten Mal begannen Intellektuelle in Deutschland in einen Dialog mit der Wirtschaft zu treten, der nicht durch Polemik und blankes Unverständnis gekennzeichnet war. Reuter begegnete Politikern und Philosophen ebenso auf Augenhöhe wie Literaten und Künstlern. Er füllte, wo auch immer er sprach, Säle und konnte sich schon bald vor Anfragen für Vorträge und Interviews nicht mehr retten. Sein Wort hatte Gewicht nicht nur in der Wirtschaft, sondern auch in Politik und Gesellschaft. Er ließ die Riege der großen Wirtschaftsführer, auch die im Hause Daimler-Benz, plötzlich alt, ja ganz alt aussehen und man darf vermuten, dass ihm dies auch Spaß gemacht hat. Der Muff von 1000 Jahren, den die Studenten von 1968 aus den Hochschulen verjagt hatten: Hier war einer, der sich anschickte, den Muff aus den angestaubten und mit „Heuchelei" durchseuchten Vorstandsetagen zu jagen. Er wollte es seinen Kollegen und den Herren im Aufsichtsrat zeigen und er hatte es ihnen gezeigt!

Nicht nur die öffentliche, sondern auch die interne Wirkung von Reuters St. Gallener Rede war gewaltig. Sie rückte den bislang eher zurückhaltend agierenden Mann auch im Unternehmen ins Rampenlicht. Von Wilfried Guth bekam er für seine Rede einen Rüffel, worüber er sich nicht gewundert haben dürfte. Auch Gerhard Prinz, der sich ebenfalls indirekt angegriffen fühlen musste, nahm ihn ins Gebet und bat – auch mit Blick auf die konservative Daimler-Kundschaft – um etwas mehr Zurückhaltung bei seinen öffentlichen Auftritten. Unter den Führungskräften wurde die Rede mit einer Mischung aus Bewunderung und Befremden aufgenommen. Einige waren wutentbrannt. Man warf ihm Egoismus und Illoyalität gegenüber dem Unternehmen vor, dem er so viel zu verdanken hatte. Andere, denen Reuters philosophisch anmutende Gedanken zu abgehoben waren, wussten nicht so recht, was sie damit anfangen sollten und ließen sich in ihrem Glauben, im besten Unternehmen der Welt zu arbeiten, nicht weiter irritieren. Und schließlich gab es auch die, die aufmerksam registrierten, wie man sich mit einem gezielt geplanten öffentlichen Auftritt, einer im Grunde harmlosen Provokation, ins Gespräch und in die Medien bringen konnte. Vorstände in einem Großunternehmen unterliegen einer besonderen Beobachtung durch die Führungskräfte. Sorgfältig werden Einstellungen und Verhaltensweisen registriert, geben diese doch mögliche Anhaltspunkte für die Beförderung der eigenen Karriere. Das geht bis hin zu Äußerlichkeiten: Trägt der Vorstand Krawatte, dann tragen alle Krawatte, trägt der Vorstand keine, wird die Krawatte abgenommen. Selbstständiges Denken und Handeln war und ist in Unternehmen ein zweischneidiges Schwert, daran hat sich trotz allen modernen Management-Theorien über teamorientierte oder partizipative Führung wenig geändert. Vielleicht, mochte sich der eine oder andere denken, konnte man sich an Edzard Reuters medialer Präsenz zu gegebener Zeit ein Beispiel nehmen? Die Führungsmannschaft bezog ihre Beobachtungsposten und sie sollte in den folgenden Jahren noch einiges an Lehr- und Lernstoff geboten bekommen.

Reuter hatte mit der Rede in St. Gallen eine Linie überschritten, hinter die er nicht mehr zurückkonnte, wenn er gegenüber der Presse nicht unglaubwürdig werden wollte. In der Folge reihte sich Rede an Rede, immer brillant formuliert und vorgetragen und immer das gleiche Thema variierend, nämlich dass Unternehmen mehr sind als Veranstaltungen zur Mehrung des Kapitals ihrer Eigentümer, dass sie eine politische und gesellschaftliche Verantwortung zu tragen hätten und diese auch aktiv wahrnehmen müssten. Die Berichterstattung über Reuters Reden stellte mittlerweile die Berichterstattung über das Unternehmen Daimler-Benz und seine Geschäftszahlen in den Schatten. Und mit jeder Rede wurde Reuter für die Medien ein noch wichtigerer Gesprächspartner, da er, der „Querdenker", wie er nun häufig tituliert wurde, immer für eine kleine oder auch größere Sensation gut war.

Die Reibereien zwischen Reuter und dem Rest des Vorstands, vor allem natürlich mit dessen Vorsitzendem, nahmen kein Ende. Das Fass zum Überlaufen brachte schließlich ein Interview von Reuter in der Sendung „Wortwechsel" des Südwestfunks, das für sich genommen wenig Spektakuläres bot, aber doch ungewöhnlich war, weil der Sender nicht den Vorstandsvorsitzenden von Daimler-Benz, sondern seinen Finanzvorstand eingeladen hatte. Im Februar 1982 kulminierte die interne Diskussion über Reuters öffentliche Auftritte in einer Vorstandsvorlage, in der festgelegt wurde, dass Äußerungen in der Öffentlichkeit, die das Unternehmensinteresse berühren, vorher mit dem Vorstandsvorsitzenden einvernehmlich abgestimmt werden müssen. Umgesetzt wurde dieser später als „Maulkorberlass" bezeichnete Vorstandsbeschluss dadurch, dass alle Reden dem Vorstandsvorsitzenden vorgelegt werden mussten. Der Beschluss wurde einstimmig, also auch mit der Stimme von Reuter, gefasst, was man als Einsicht, Opportunismus oder auch einfach als Geringschätzung des Gremiums durch den Betroffenen interpretieren kann.

Der Einschnitt, den Reuters Rede für die Entwicklung von Daimler-Benz bedeutete, war gewaltig: Aus einem stillen wurde ein lautes Unternehmen, der vornehme, mitunter kalte und arrogante Habitus, mit dem man in der Vergangenheit allzu aufdringliche Beobachter auf Distanz hielt, verschwand. Interne Vorgänge, auch solche nichtiger Art, begannen die Klatschspalten der Wirtschaftspresse zu füllen. Noch war das alles nicht wirklich besorgniserregend, die Reputation des Unternehmens und seiner Produkte nach wie vor herausragend. Wenn der Hype um Reuter abklingen und wieder Ruhe einkehren würde, hofften einige, wären die Blessuren und persönlichen Verletzungen, die Reuter mit seiner Tätigkeit als Vortragsreisender verursacht hatte, wieder schnell vergessen. Dem war allerdings nicht so – im Gegenteil.

„Der falsche Mann"

Als Gerhard Prinz im Oktober 1983 starb und der Aufsichtsratsvorsitzende Wilfried Guth sich erneut auf die Suche nach einem neuen Vorstandsvorsitzenden machen musste, war die Entscheidungssituation eine völlig andere als im Jahr 1979. Der Zeitpunkt, zu dem Joachim Zahn in den Ruhestand gehen würde, war lange bekannt. Man hatte ausreichend Zeit, die Nachfolger-Frage in aller Ruhe mit allen Beteiligten zu diskutieren. Am Ende gab es eine wohlerwogene, einstimmige Entscheidung des Aufsichtsrates für Gerhard Prinz. Jetzt war Not am Mann, denn es war klar, dass Daimler-Benz in den unruhigen Zeiten, in denen man lebte, schnell einen handlungsfähigen Vorstand brauchte. Einen Kronprinzen wie unter Zahn gab es nicht, die informelle Hierarchie im Vorstandgremium war unklar und damit die Deutsche Bank als der mit Abstand größte Einzelaktionär gefordert, schnell für klare Verhältnisse zu sorgen.

Geändert hatte sich aber vor allem das Klima, in dem der neue Vorstandsvorsitzende gesucht und gefunden werden musste. Bei der Nachfolge Zahns erfolgte die Diskussion und Abwägung über einen Nachfolger im Wesentlichen in den dafür vorgesehenen Gremien. Gewiss gab es in der Wirtschaftspresse ein paar Spekulationen, aber letztlich war das öffentliche Interesse an dieser Personalentscheidung gering. Die breite Öffentlichkeit nahm davon keine Kenntnis. Ganz anders jetzt: Edzard Reuter war weit über die Grenzen des Unternehmens hinaus bekannt, hatte sich als ein markanter Vor- und Querdenker positioniert und profiliert. Wer anders als er, so fragten sich viele, konnte Nachfolger von Gerhard Prinz werden? Reuters Strategie, sich über seine Vortragstätigkeit eine zweite Karriere aufzubauen, um nicht als – salopp gesagt – oberster Buchhalter eines Großkonzerns seine Karriere zu beenden, schien aufzugehen: Plötzlich war das Tor, das noch vor drei Jahren fest verschlossen schien, ganz weit offen: Reuter wird es! Nicht nur die Tages- und Wirtschaftspresse, auch er selbst war felsenfest davon überzeugt, dass man ihn dieses Mal nicht übergehen konnte. Zwar gab es noch einen anderen Namen, der gehandelt wurde, aber dass der PKW-Produktionschef, der rauhbeinige und im Englischen schwächelnde Schwabe Werner Niefer an die Spitze des Daimler-Benz Konzerns gestellt werden würde, war – wenn man die Entscheidungsträger bei der Deutschen Bank kannte – doch sehr unwahrscheinlich. Reuter war der klare Favorit und für viele der einzig denkbare Kandidat.

Umso größer war die Überraschung, als Wilfried Guth im Herbst 1983 bekannt gab, dass er dem Aufsichtsrat Professor Dr. Werner Breitschwerdt als Nachfolger von Gerhard Prinz vorschlagen werde. „Werner wer?“, fragten viele, denn Breitschwerdt hatte im Unternehmen und in der Branche als Entwicklungsingenieur einen hervorragenden Ruf, aber in der breiten Öffentlichkeit war er ein weitgehend Unbekannter. Gemeinhin galt er als der Vater des „Baby Benz“, der eben erst erfolgreich in den Markt eingeführt worden war. Viel mehr wusste man nicht über ihn und er selbst drängte sich auch nicht nach vorne. Intern hatte er als Entwicklungsvorstand das rückhaltlose Vertrauen des Aufsichtsrates, der Kapital- wie auch der Arbeitnehmervertreter. Aber als Vorstandsvorsitzender?

Zweifellos war Breitschwerdt nicht der geborene Nachfolger für Prinz. Er hatte das hinter sich, was man eine „Schornstein“-Karriere nennt: Nach seinem Studium der Elektrotechnik an der Universität Stuttgart war er 1953 in den Entwicklungsbereich bei Daimler-Benz eingetreten und seither dort in unterschiedlichen Funktionen, unter anderem in der Stilistik, tätig gewesen. 1977 war er als Nachfolger von Hans Scherenberg in den Vorstand berufen worden und von da an verantwortlich für die Forschung und Entwicklung im Konzern. War das ein Profil, um die Gesamtverantwortung für einen global aufgestellten Konzern wie Daimler-Benz zu übernehmen? Keine Auslandserfahrung, keine operative Verantwortung für einen Geschäftsbereich oder eine Tochtergesellschaft, keine andere Erfahrung als immer nur PKW-Entwicklung? Persönlich galt Breitschwerdt als ein umgänglicher Typ, sein Honoratioren-Schwäbisch, wie man es in den gehobenen Stuttgarter Kreisen sprach, machte ihn sympathisch und zugänglich. Guth begründete seinen Vorschlag nicht zuletzt damit, dass Breitschwerdt eine starke Integrationsfigur sei, die die Reibereien, die es in der Amtszeit von Gerhard Prinz – ausgelöst durch Reuters öffentliche Auftritte – gab, beilegen könne.

War die Nichtberücksichtigung bei der Nachfolge von Joachim Zahn eine Zurücksetzung, die schmerzlich, aber verkraftbar war, so musste Edzard Reuter die Nichtnominierung bei der Nachfolge von Gerhard Prinz als einen Schlag ins Gesicht empfinden. Dass ihm, dem fachlich ausgewiesenen, weltläufigen und eloquenten Strategen, ein schwäbelnder Entwicklungsingenieur vorgezogen wurde, kam für ihn einer Demütigung gleich. Daran änderte auch die Tatsache nichts, dass im paritätisch besetzten Aufsichtsrat die Arbeitnehmervertreter (mit Ausnahme der Vertreterin der Leitenden Angestellten) für ihn waren. Am Ende gab das doppelte Stimmrecht des Aufsichtsratsvorsitzenden den Ausschlag: In einer Sitzung im Spätherbst wurde er mit Wirkung zum 1. Dezember 1983 zum Vorstandsvorsitzenden der Daimler-Benz AG gewählt. Reuter war wieder der Verlierer!

Trösten konnte er sich in dieser Situation nur durch die Presseberichterstattung, auf die er sich nach seinen glanzvollen Vorträgen und Interviews verlassen konnte. Nahezu einhellig waren die Medien der Auffassung, dass die Entscheidung der Aufsichtsratsmehrheit für Werner Breitschwerdt eine Fehlentscheidung war. „Der falsche Mann“ überschrieb Richard Gaul in der ZEIT am 2. Dezember 1983 seinen Kommentar zur Nominierung von Breitschwerdt. „Wilfried Guth,“ urteilt der ZEIT-Journalist kurz und bündig, „hat einen Fehler gemacht.“ Erneut wird – ganz im Sinne Reuters – sein Parteibuch als Grund dafür angeführt, dass er auch bei dieser Nachfolgeentscheidung nicht berücksichtigt wurde. Gaul, der später Leiter der Öffentlichkeitsarbeit bei BMW wurde, fährt schweres Geschütz auf, wenn er an den Anfang seines Beitrages den Artikel 3, Absatz 3 des Grundgesetzes der Bundesrepublik Deutschland stellt, in dem es unter anderem heißt, dass niemand wegen seiner „politischen Anschauungen benachteiligt oder bevorzugt werden“ dürfe. Genau das eben macht er Guth zum Vorwurf: „Gegen Reuter spricht nur eines: Der Manager ist Mitglied der SPD.“ Und obwohl Reuter weder ein „Linker“ noch ein „Systemveränderer“ sei, werde ihm eben das schon seit seiner Nicht-Berücksichtigung bei der Zahn-Nachfolge zum Vorwurf gemacht: „Reuter“, so Gaul, „blieb für Guth der falsche Mann.“ Landauf, landab schlugen die Kommentatoren der großen Tageszeitungen und Wirtschaftsmagazine in die gleiche Kerbe: Reuter, der Vordenker, Reuter, der Stratege, Reuter, der Manager mit Gespür für politische und gesellschaftliche Zusammenhänge wird wegen seines Parteibuches in die zweite Reihe verwiesen. Da half es wenig, dass Guth immer wieder versicherte, dass parteipolitische Erwägungen bei seinem Vorschlag keine Rolle gespielt hätte. Selten war sich die Presse über eine Personalentscheidung bei einem deutschen Großkonzern so einig: Reuter hätte es werden müssen.

Die Demütigung ließ sich trotz des medialen Zuspruchs nicht wegdiskutieren und Reuter wusste, was ihn nun im Unternehmen erwartete. Er blieb zwar Finanzchef, aber er war jetzt nach dieser Niederlage auch intern angeschlagen. Nicht alle im Unternehmen hatten in einem noch immer konservativen Haus wie Daimler seine öffentlichen Auftritte gut gefunden. Jetzt konnten seine internen Kritiker Hohn und Spott über den „Intellektuellen" auf dem Vorstandsposten ausschütten, was natürlich auch geschah. Kaum jemand befürchtete, dass Reuter das Unternehmen verlassen würde – und wenn: Ein Finanzchef ist ersetzbar.

Die Wahrscheinlichkeit, dass Edzard Reuter „hinschmeißen" würde, war in der Tat gering. Seine aus der zeitlichen Distanz von 13 Jahren in seinen „Erinnerungen" an sich selbst gestellte Frage, warum er eigentlich nie ernsthaft in Versuchung geraten sei, das Haus Daimler-Benz zu verlassen, beantwortet er nicht. Im Grunde war die Antwort einfach: Daimler-Benz im Jahr 1983 war – nicht nur für Vorstände – das, was man üblicherweise als einen „Goldenen Käfig" bezeichnet. Wo anders hatte man im Jahr 1983 ein solches Sozialprestige, wo anders fand man eine solche Beachtung als Manager und wo anders konnte man in Politik und Kultur ein so großes Gehör finden. Wenn man damals Daimler-Vorstand war, war jede Alternative ein Abstieg.

In den Selbstbeobachtungen, die er in seiner Autobiografie anstellt, zählt Edzard Reuter Selbstvertrauen und Zähigkeit zu seinen wichtigsten Charaktereigenschaften. Tatsächlich betrachtete er die Entscheidung gegen ihn dieses Mal nicht als unumstößlich. Er hatte wenig Vertrauen in die Qualifikation von Werner Breitschwerdt, ein solches Unternehmen zu führen. Und er hatte wohl auch sehr schnell eine Idee, wie er die Führungsfähigkeit des neuen Vorstandsvorsitzenden auf den Prüfstand stellen konnte. Was jetzt, im Winter 1983 begann, war nicht einfach ein Spiel mit kleinen Nickligkeiten und harmlosen Intrigen, wie es wohl in jedem Vorstand auf der Welt gespielt wird, sondern ein brutaler Kampf um die Macht im Unternehmen. Während sich Werner Breitschwerdt auf die Rückendeckung durch den nach wie vor größten Aktionär des Unternehmens, die Deutsche Bank, verließ, waren einige andere Akteure bei der Wahl der Waffen nicht zimperlich. Das Unternehmen war auf dem Weg in eine Zerreißprobe, wie es sie bisher noch nicht gekannt hatte.

Mit auf der Strecke war in der ganzen Nachfolgeregelung auch Werner Niefer geblieben. Er hatte in der „heißen" Phase der Nachfolge-Diskussion keine Rolle mehr gespielt, was freilich nicht hieß, dass er mit seiner Aufgabe als Produktionsvorstand auf Dauer zufrieden gewesen wäre. Es war fast unausweichlich, dass sich Reuter und Niefer, zwischen denen es vorher nur wenige fachliche Berührungspunkte gab, nun eng und immer enger zusammenschlossen. Beide wussten, dass sie im Team den neuen Vorstandsvorsitzenden mächtig unter Druck setzen konnten: Reuter mit seiner ausgeprägten Analytik und Eloquenz, Niefer mit seiner Durchsetzungskraft und seiner Verankerung im Unternehmen. Als Team waren die beiden nahezu unschlagbar, nicht obwohl, sondern gerade weil sie so ausgeprägt gegensätzliche Charaktere waren.

Edzard Reuter wusste, dass ein persönlicher Angriff auf Breitschwerdt unmittelbar nach dessen Wahl wenig erfolgsversprechend, ja im Hinblick auf sein Standing bei der Deutschen Bank und im Aufsichtsrat sogar kontraproduktiv gewesen wäre. Denn bei allen Vorbehalten gegen die Eignung seines Kollegen als Vorstandsvorsitzender, die es natürlich auch im Unternehmen gab, galt Breitschwerdt nicht nur als ein integrer, dem Unternehmen absolut loyal verbundener Manager, sondern viele trauten ihm durchaus zu, einen Automobilhersteller wie Daimler auf der Erfolgsspur halten zu können. Reuter verlagerte das Kampfgebiet daher auf die strategische Ebene, wo er sich dem siegreichen Wettbewerber überlegen fühlte und wo er seine Stärken ausspielen konnte.

Ein „Strategiepapier" und seine Folgen

Im Frühjahr 1984, also wenige Monate nach der Ernennung von Werner Breitschwerdt zum Vorstandsvorsitzenden, begann Edzard Reuter mit der Arbeit an einem „Strategiepapier", das er dann im Sommer des gleichen Jahres in den Vorstand einbrachte – in völliger Übereinstimmung mit seinem Kollegen Werner Niefer, wie er betonte. Er traf darin den Geist der Zeit und er konnte hoffen, damit die Aufsichtsräte und nicht zuletzt die Arbeitnehmervertreter im Aufsichtsrat, zu denen damals auch ein gewisser Franz Steinkühler gehörte, wachzurütteln. Das Papier war kurz, in der Analyse eher schwammig und im Hinblick auf die sich daraus ergebenden Handlungsnotwendigkeiten vage formuliert. Niemand sollte sich kritisiert fühlen, niemand angegriffen werden. Es sollte ein Denkanstoß sein, der, wie von Geisterhand gesteuert, wenig später auch in die Redaktionsstuben einiger einflussreicher Journalisten flatterte.

Es ist schwer, ja unmöglich, der Dekade zwischen 1980 und 1990 eine historische Signatur zu geben. Die 1970er-Jahre lassen sich gegenüber dem vorausgegangenen Jahrzehnt leicht abgrenzen: In ihnen ging das, was man als die „Nachkriegszeit" bezeichnet hatte, definitiv zu Ende. Sie waren ein Jahrzehnt der Gärung und der Veränderung: In der Politik löste eine sozial-liberale Koalition die jahrzehntelange Vorherrschaft von CDU und CSU ab. Willy Brandt hatte mit seinem Wahlslogan „Mehr Demokratie wagen" einen überzeugenden Wahlerfolg erzielt und war am 21. Oktober 1969 zum vierten Bundeskanzler der Bundesrepublik Deutschland gewählt worden. In der Wirtschaft hatten der Zusammenbruch des Währungssystems von Bretton Woods und die beiden Ölkrisen zu mächtigen Turbulenzen geführt, deren langfristige Folgen zunächst nur schwer überschaubar waren. Auf den auslaufenden Nachkriegsboom folgte eine Phase der „Stagflation", eine Mischung aus wirtschaftlicher Stagnation und hoher Inflation. Die berühmte Formel von Helmut Schmidt, ihm seien 5 Prozent Inflation lieber als 5 Prozent Arbeitslosigkeit, war eher eine Problembeschreibung als eine Lösung des Dilemmas, denn zur Mitte des Jahrzehnts hatte er schließlich beides: 5 Prozent Inflation und 5 Prozent Arbeitslosigkeit.

In gewisser Weise verhalten sich die 1970er- zu den 1980er-Jahren wie die Exposition zur Ausführung: Zwischen 1970 und 1979 wurden Entwicklungen angestoßen, die erst in den 1980er-Jahren wirksam wurden, teilweise abgeschwächt, teilweise aber auch noch verstärkt. Die Entspannungspolitik unter Willy Brandt hatte zu einer Annäherung zwischen Ost und West geführt. Die letzte Machtprobe zwischen den beiden Blöcken, die Stationierung von Pershing-Raketen in Deutschland zu Beginn des Jahrzehnts und die hilflose Reaktion der sowjetischen Regierung, ließ erahnen, dass das Land politisch, aber vor allem wirtschaftlich am Ende war. In der Innenpolitik wurde sichtbar, dass man mit Themen wie Energie und Umwelt Menschen mobilisieren konnte: Zunächst für konkrete und begrenzte Aktionen wie etwa den Protest gegen den Bau eines Atomkraftwerks im südbadischen Wyhl im Jahr 1975. Doch die Bewegung gewann an Breite und mündete am 13. Januar 1980 in der Gründung einer neuen Partei in Karlsruhe. Die Grünen waren fortan eine politische Kraft, die die etablierten Parteien beim Thema „Umweltschutz" mehr und mehr in die Defensive drängte.

Noch gravierender waren freilich die wirtschaftlichen Veränderungen, die ebenfalls in den 1970er-Jahren ihren Ursprung hatten. In den USA gründeten einige Studenten zwei Unternehmen, die kleine Computer und die dazugehörige Software entwickelten. Schon bald waren Steve Jobs und Bill Gates die Chefs von zwei mächtigen Konzernen, die die IT-Branche von Grund auf umkrempelten, was weitere Unternehmensgründungen nach sich zog. „Hightech" galt fortan als die „New Economy" im Gegensatz zur „Old Economy", der Wirtschaft der Stahlkocher und Blechbieger. Auch im Automobilmarkt waren große Veränderungen im Gange. Zunächst sorgten die japanischen Automobilhersteller im Massengeschäft mit ihren kleinen, preiswerten Autos für Aufsehen. Aber es war nur eine Frage der Zeit, bis sie auch in das Premiumsegment mit größeren und technisch anspruchsvolleren Fahrzeugen vorstoßen würden. Gegen Ende des Jahrzehnts waren die ersten japanischen Premiumautos unter Markennamen wie Lexus und Infinity in den USA auf der Straße. Es war klar: Der Wettbewerb im Automobilgeschäft würde schneller und härter werden.

Schließlich deutete sich eine Veränderung an, die weniger greifbar war als das, was in der Politik und in der Wirtschaft passierte. Eine Veränderung, die sich zunächst unterhalb der Wahrnehmungsschwelle der meisten Menschen vollzog, die dann aber in den 1980er-Jahren an Kraft und Gestalt gewann: der Wertewandel. Er war zugleich Ursache wie auch Folge der 68er-Bewegung, die ursprünglich auf einen kleinen Kreis von Studierenden und Schülern begrenzt war. In dem Maße, wie die Protestbewegung an Radikalität verlor, gewann sie an Breite und Stärke. Der Wandel von den sogenannten Pflicht- und Akzeptanzwerten wie Disziplin, Gehorsam und Leistung hin zu den

„Selbstverwirklichungswerten“ wie Emanzipation, Hedonismus und Individualismus durchdrang nach und nach alle Lebensbereiche: Erziehung und Bildung, Arbeit und Beruf und natürlich auch Konsum und Freizeit. In den 1970er-Jahren war davon noch wenig zu spüren, aber in den 1980er-Jahren wurde offensichtlich, dass der Wertewandel auch den Automobilmarkt erfassen würde und altbekannte Hierarchien in der automobilen Marken-Skala durcheinander bringen könnte.

Auch bei Daimler selbst hatte es in den 1970er-Jahren weitreichende Veränderungen gegeben, deren Auswirkungen auf die Führung des Unternehmens erst in den 1980er-Jahren sicht- und spürbar wurden. Die Flick- und die Quandt-Gruppe hatten die „maßvolle Investitionspolitik“ von Joachim Zahn nicht nur deshalb unterstützt, weil sie das als den richtigen Weg für das Unternehmen hielten, sondern auch deshalb, weil es ihnen wichtig war, den Gewinn hoch und die Kosten niedrig zu halten. So verdonnerten sie den Vorstand des Unternehmens nach einigen größeren Investitionen Anfang der 1970er-Jahre dazu, „eine längere Zeit der Konsolidierung“ einzuleiten. Ihre Absicht war es, den Aktienkurs hoch zu halten, weil sich beide Eigentümerfamilien und deren Oberhäupter mit dem Gedanken trugen, ihre Firmenanteile an Daimler-Benz zu verkaufen. Als Herbert Quandt im November 1974 in der bis dahin größten Transaktion dieser Art in Deutschland zur Tat schritt und sein Aktienpaket an das Emirat Kuwait verkaufte, war das eine kleine Sensation. Die Vorstellung, dass das schwäbische Traditionsunternehmen jetzt von unberechenbaren Scheichs aus dem Nahen Osten mitregiert werde, verursachte in einer Zeit, in der der Begriff „Globalisierung“ noch ein Fremdwort war, nicht nur beim wirtschaftsunkundigen Publikum, sondern auch in höchsten politischen Kreisen ein gewisses Unbehagen. Die Vertretung im Aufsichtsrat und die Ausübung der Stimmrechte übertrug Kuwait der Commerzbank und das Land sollte entgegen der ursprünglichen Ängste der verlässlichste Partner von Daimler in den letzten vier Jahrzehnten werden. Ende 1974 folgte dann ein weiterer Paukenschlag: Friedrich Karl Flick gab einer ebenso überraschten wie jetzt noch mehr besorgten Öffentlichkeit bekannt, dass auch er seine Daimler-Anteile verkaufen wolle, und zwar an Persien. Überall wurden jetzt die Alarmglocken geläutet, in der Politik wie in den Medien wurde vor einem „Ausverkauf“ der deutschen Wirtschaft gewarnt, Horrorszenarien über die Zukunft von Daimler machten die Runde. Die Vorstellung, dass sich das Schmuckstück der deutschen Industrie schon bald mehrheitlich in ausländischen Händen befinden könnte, sorgte für hektische Aktivitäten auf allen Ebenen. Zwar gab es den Begriff der „Systemrelevanz“ von Unternehmen damals noch nicht, aber der Kampf gegen den Verkauf der Flick-Anteile an Persien erinnert an jene aberwitzigen Konstruktionen, die in der Finanzkrise 2008 zur Rettung von „systemrelevanten“ Unternehmen gesucht und gefunden wurden. Schließlich gelang es, den Verkauf des Flick-Aktienpaketes durch eine geschickte Finanztransaktion unter Führung der Deutschen Bank und mit hochoffizieller Unterstützung durch den amtierenden Bundeskanzler Helmut Schmidt an Persien zu verhindern. In einer Mischung aus einer breiten Streuung und der Gewinnung institutioneller Investoren konnten die attraktiven Daimler-Papiere weitgehend im Land behalten werden.

Mit dem Ausscheiden von Quandt und Flick war die dominierende Rolle der Deutschen Bank noch stärker geworden. Gleichzeitig fehlte jetzt aber das Gegengewicht von Familieneigentümern gegen die zumeist kurzfristiger denkenden und agierenden institutionellen Investoren. Die fast schon wunderbar anmutende Kongruenz zwischen den langfristigen Interessen des Managements und der langfristigen Orientierung von Ankerinvestoren, die die Unternehmensentwicklung über Jahrzehnte geprägt hatte, ging natürlich nicht sofort verloren. Aber im Laufe der 1980er-Jahre wurde deutlich, dass einige Anteilseigner mit der extrem konservativen, strategischen Ausrichtung des Unternehmens nicht zufrieden waren und sich ein bisschen mehr Risikobereitschaft und natürlich noch höhere Gewinne wünschten. Dabei rückte die Hightech-Branche mit ihren fast unvorstellbaren Wachstumsraten mehr und mehr ins Blickfeld der professionellen Kapitalanleger. Schließlich gab es auch auf der Position des Aufsichtsratsvorsitzenden Bewegung. Schon länger wurde im Unternehmen und in der Öffentlichkeit über den altersbedingten Abgang von Wilfried Guth als Aufsichtsratsvorsitzender bei Daimler diskutiert. Als sein potenzieller Nachfolger galt schon bald Alfred Herrhausen, Mitglied des Vorstands der Deutschen Bank, dem auch nachgesagt worden war, die Nachfolge von Joachim Zahn angestrebt zu haben. Als Vorstandsvorsitzender war er nicht zum Zuge gekommen, aber als Aufsichtsratsvorsitzender galt er schon Anfang der 1980er-Jahre als gesetzt, auch wenn der Übergang von Guth auf Herrhausen dann erst im Juli 1985 vollzogen wurde.

In der Politik würde man sagen: Es gab Mitte der 1980er-Jahre eine Wechselstimmung. Sie betraf bei Daimler-Benz nicht nur das Management, sondern auch die Strategie. Das Autogeschäft lief zwar nach wie vor prächtig, der 190er hatte noch einmal einen richtigen Schub gebracht. Aber die Gewinnmargen waren bei dem neuen Modell eher dürftig und auch bei der Baureihe W123, die nun doch allmählich in die Jahre gekommen war, wurde es zunehmend schwieriger, die Markt- und Preisposition zu verteidigen. Hinzu kamen die zunehmende Konkurrenz durch BMW sowie die befürchtete Verschärfung des Wettbewerbs, wenn erst einmal die Japaner mit ihren Luxusmarken im Premiumsegment auftauchen würden. Darüber hinaus gab es auch ganz grundsätzliche Zweifel: Konnte man auch weiterhin mit einer praktisch unbegrenzten Verfügbarkeit fossiler Energiequellen rechnen? War es nicht an der Zeit, statt auf immer mehr PS auf weniger Kraftstoffverbrauch zu setzen? Zeigten Staus und Luftverschmutzung nicht schon längst, dass das Auto als universelles Verkehrsmittel an seine Grenzen stieß? Bereits jetzt zeigten die Triade-Märkte – also Europa, Nordamerika und Japan – Sättigungstendenzen. Die Nachfrage war immer mehr Ersatz- als Neubedarf und die Wachstumskurve wurde – von konjunkturellen Ausschlägen abgesehen – immer flacher. Sorgen machte aber vor allem das Nutzfahrzeuggeschäft, in dem man nach dem Auslaufen der Sonderkonjunktur im Nahen Osten plötzlich mit einem Ergebniseinbruch konfrontiert war. War das nur vorübergehend oder musste man hier nicht energisch gegensteuern? Das Wort von der „Battle of Europe“ machte die Runde, womit gemeint war, dass angesichts der strukturellen Überkapazitäten in der Branche der eine oder andere Wettbewerber würde aufgeben müssen. Bis es so weit war, würde ein ruinöser Wettbewerb mit hohen Rabatten den Markt belasten. Hier mit dem höchsten Kostenniveau der Branche nachhaltig Geld verdienen zu wollen, war unrealistisch. Noch konnten die Verluste im Nutzfahrzeuggeschäft durch das profitable PKW-Geschäft ausgeglichen werden. Was aber, wenn die Gewinnmargen im PKW-Bereich kleiner werden würden? Angesichts solcher Fragen erschien vielen im Unternehmen beim Blick auf das Kerngeschäft ein bloßes „Weiter so" keine strategisch erfolgsversprechende Option.

Wer glaubt, es gäbe nur bei Haarschnitten, Hosen und Schuhen Modetrends, irrt. Auch im Management gibt es Moden. Ihre Urheber sind Wissenschaftler, Berater und natürlich die Manager selbst. Auf die Frage, wie Unternehmen aus der „Old Economy" überleben können, gab es Anfang der 1980er-Jahre in Theorie und Praxis fast nur eine Antwort: Diversifikation. So, wie heute landauf, landab gepredigt wird, dass sich Unternehmen aufspalten und Geschäftsbereiche als eigenständige Unternehmen an die Börse bringen müssen, so galt damals die genau umgekehrte Lehre: Unternehmen mit einem starken Fokus auf einen Markt oder ein Marktsegment müssten ihre Unternehmensbasis verbreitern. So könnten sie sich womöglich neue Wachstumsfelder erschließen und gleichzeitig das unternehmerische Risiko auf mehrere Standbeine verteilen, also minimieren. Am besten wäre es außerdem noch, wenn sich zwischen den neu hinzuerworbenen und den etablierten Geschäftsfeldern „Synergie-Effekte" realisieren lassen würden – auch das ein Modebegriff der frühen 1980er-Jahre. Als leuchtendes Vorbild für ein ausgewogenes, wachstumsstarkes und überdies hoch profitables Konglomerat galt der amerikanische Mischkonzern General Electric. Sein charismatischer Chef, Jack Welch, hatte in der Welt der Wirtschaft Kultstatus, vergleichbar mit dem von Steve Jobs in den 1990er-Jahren und Elon Musk heute. Was Jack Welch sagte oder in einem seiner Bücher schrieb, war Offenbarung und Handlungsmaxime in einem. Wenn er einen Kollegen zu seinem Freund erklärte, was mit einem einfachen „Du" geschah, war das einer Aufnahme in den Olymp für modernes Management gleichzusetzen und der Betreffende konnte das – was auch gerne gemacht wurde – in seiner Biografie karrierefördernd herausstellen. Auch über der deutschen Automobilindustrie schwebte die „Diversifikation" als ein Konzept zur langfristigen Zukunftssicherung. VW war bereits 1979 bei dem deutschen Hersteller von Schreibmaschinen, Triumph-Adler, eingestiegen, was sich aber – wenig überraschend – als keine besonders gute Idee erwies. Nach einigen Verlustjahren verkaufte VW das Unternehmen an den italienischen Büromaschinenhersteller Olivetti. In den USA sorgte die Übernahme von Hugh Aircraft durch General Motors im Jahr 1985 für Aufsehen und wurde damit zu einem direkten Vorbild für Daimler. Auch bei Ford beschäftigte man sich mit dem Aufbau neuer Geschäftsfelder jenseits des Automobilbaus. Erst später schwappte die Diversifikations-Mode auf BMW über, wo man sich allerdings mit einigen kleineren Engagements bei Hightech-Firmen begnügte. Bei Daimler hatte man die Frage einer Diversifikation unter Joachim Zahn immer wieder zur Seite geschoben. Warum sollte ausgerechnet Daimler, der mit Abstand profitabelste Automobilhersteller, in andere Geschäftsfelder hineingehen, die lediglich niedrige Gewinne und höhere Risiken bedeutet hätten? Die MTU in Friedrichshafen, die im Großmotoren- und im Triebwerksbau tätig war und an der man gemeinsam mit MAN seit dem Jahr 1969 zu je 50 Prozent beteiligt war, war eher ein historisches Erbe aus der Maybach-Zeit als das Ergebnis einer bewussten strategischen Entscheidung zur Erweiterung der Unternehmensbasis. Außerdem war die MTU ein wachstumsstarkes und profitables Unternehmen, sodass es auch für einen konservativen Denker wie Zahn keinen Grund gab, sich davon zu trennen. Ansonsten war dessen Haltung aber klar: keine Diversifikation in andere Geschäftsbereiche unter seiner Führung. Wie so vieles, wurde auch dieses Zahnsche Dogma bald nach seinem Ausscheiden aus dem Unternehmen über Bord geworfen.

In einer Situation, in der die alten Gewissheiten im Autogeschäft fragwürdig wurden und sich gleichzeitig in anderen Branchen riesige Wachstumschancen auftaten, platzte, zeitlich ideal positioniert, das später so bezeichnete „Strategiepapier" von Edzard Reuter. Es war ein, gemessen an seiner Bedeutung, vergleichsweise bescheidenes Dossier mit einem Umfang von 15 Seiten, das er im August 2014 an seine Vorstandskollegen versandte – versehen mit der Bitte, sich doch über die darin aufgeworfenen Fragen auch einmal Gedanken zu machen und, wenn möglich, zu Papier zu bringen. Das Timing war – wie bei seiner Rede in St. Gallen – perfekt und mindestens die Hälfte des Erfolgs, den das Papier schließlich hatte. In seiner Vorlage für die Vorstandskollegen äußerte Reuter die Befürchtung, dass durch die zunehmende Marktsättigung das PKW-Geschäft schon bald an die Grenzen des Wachstums geraten werde. Für das schon seit Anfang der 1980er-Jahre notleidende Nutzfahrzeuggeschäft sei ohnehin keine Besserung absehbar und eine „Dauersubvention des Nutzfahrzeugbereiches durch das PKW-Ergebnis" unvertretbar. Angesichts der problematischen Perspektiven auf den „traditionellen Arbeitsgebieten" sei daher eine darüber hinausgehende Diversifikation in neue Gebiete in Erwägung zu ziehen. Da er um die Vorbehalte seiner Kollegen gegen einen solchen Schritt wusste, formulierte er seine diesbezüglichen Gedanken bewusst vorsichtig: Wenn man zu dem Schluss käme, eine Verbreiterung der Geschäftsbasis sei notwendig, riet er zu einem Vorgehen, das „ein langsames und behutsames Zuwachsen ermöglicht, also eher in Richtung auf eine rechtzeitige Vorsorge für unsere Nachfolge- und Enkelgeneration". Dafür, so Reuter weiter, kämen insbesondere die überdurchschnittlich wachsenden Hochtechnologiemärkte infrage.

Edzard Reuters negative Einschätzung des künftigen Wachstums im Automobilgeschäft wurde erstaunlicherweise weder intern noch extern des Unternehmens wirklich infrage gestellt. Erstaunlicherweise deshalb, weil sich der Weltautomobilmarkt seit Mitte der 1980er mehr als verdoppelt hat, von einer Sättigung, Stagnation oder gar einem Rückgang also keine Rede sein kann. Fairerweise muss man anerkennen, dass damals niemand ernsthaft den Fall des Eisernen Vorhangs und die Öffnung der osteuropäischen Märkte auf dem Schirm haben konnte, genauso wenig wie den Aufstieg Chinas zu einer globalen Wirtschaftsmacht. Dennoch hätte man auch schon damals vorhersehen können, dass es in einer Welt, in der die Bevölkerung weiter wuchs und in der in vielen Regionen, vor allem in Asien und in Lateinamerika, der Motorisierungsprozess noch ganz am Anfang stand, eine weiter steigende Nachfrage nach Automobilen geben würde. Außerdem war klar, dass in einer Welt wachsenden Wohlstands vor allem die Hersteller von Premiumautomobilen gute Chancen hatten, ihren Absatz zu erhöhen. Dementsprechend war man nur 200 Kilometer von Stuttgart entfernt zur gleichen Zeit weit weniger pessimistisch: BMW setzte konsequent auf das Auto und fuhr – wie sich später zeigen sollte – damit besser.

Mit seiner Wendung in die Hochtechnologie bewegte sich Edzard Reuter in guter Gesellschaft. Einer der wichtigsten politischen Protagonisten in dieser Diskussion um die Zukunft des Wirtschaftsstandorts Deutschland war der damalige baden-württembergische Ministerpräsident Lothar Späth, der in seinen Reden und Vorträgen dem Wettbewerb um die besten und zukunftsträchtigsten Technologien einen Stellenwert gab, den er vorher nicht hatte und den er heute erst ganz allmählich wieder gewinnt. Späth hatte ein waches Empfinden dafür, dass Deutschland etwas verpasst hatte. In seinem Buch „Wende in die Zukunft“, das im Jahr 1985 erschien, schreibt er: „Wir hatten in den siebziger Jahren keinen Forschungs- und Technologiezyklus, der auch nur annähernd an die Dimensionen der atemberaubenden Veränderungen in den USA, in Japan und in den südostasiatischen Schwellenländern heranreichte. Wir waren blind und taub für die Signale des wissenschaftlichen, wirtschaftlichen und technischen Aufbruchs rings um uns her.“ Späth sieht die Welt auf dem Weg in die „Informationsgesellschaft“, den Zug aber ohne Deutschland abfahren und fragt daher besorgt: „Was muss sich in unserem Land ändern, damit die Zukunft nicht ohne uns stattfindet?“ „Weltweit“, konstatiert er in seinem Aufruf, sich auf den Weg zu machen, „arbeiten Unternehmen am Aufbau von Kommunikations- und Informationsnetzen, die eines nicht fernen Tages infrastrukturell bedeutsamer sein werden als nationale Verkehrs- und Transportwege. Neue Kooperationsachsen, vor allem rund um den Pazifik, zeichnen sich ab, die dem Gesetz der ökonomischen Stärke folgen und politische Kräfteverschiebungen globalen Ausmaßes nach sich ziehen können.“ Und er appelliert schließlich dafür, „von der Industriegesellschaft alter Prägung nicht nur wirtschaftlich, sondern auch politisch und geistig Abschied zu nehmen und sich auf das Neuland, das vor uns liegt, umsichtig vorzubereiten.“ Lothar Späth war der vielleicht herausragendste und sicher glaubwürdigste Politiker, der die Technologieförderung in Deutschland zu seiner Sache machte. Ihm folgten Hunderte von mehr oder weniger berufenen Unternehmensberatern, Experten und Buchautoren. So, wie heute darum gerungen wird, die Fertigung von Batteriezellen nach Deutschland zu holen, so wurde damals darüber diskutiert, die Chip-Fertigung in Deutschland anzusiedeln, um nicht von den großen überseeischen Playern in Amerika und Asien abhängig zu werden. Warum, so fragten viele, sollte es Deutschland nicht schaffen, den großen Konkurrenten in den USA und Japan im Hightech-Sektor Paroli zu bieten? Das Unternehmen, von dem dieses Buch handelt, war sowohl einer der Urheber wie auch ein Opfer dieser Illusion.

Das Strategiepapier von Edzard Reuter wurde unterdessen auf den Tischen seiner Vorstandskollegen hin- und hergezogen, hausinterne Planungsstäbe erstellten Expertisen, externe Berater wurden eingeschaltet und schließlich zog man sich sogar zwei Mal zu Vorstandsklausuren ins Daimler-Bildungszentrum „Haus Lämmerbuckel" auf der Schwäbischen Alb zurück. Das erste Mal im Oktober 1984, das zweite Mal im Januar 1985. Ein Konsens kam nicht zustande und es lief ganz darauf hinaus, dass das Thema „Diversifikation" zwischen Tagesgeschäft und unendlichen Abstimmungsschleifen zwischen den verschiedenen Vorstandsressorts und Fachabteilungen versanden würde. Doch dann ging plötzlich alles ganz schnell. Im Februar 1985 wurde der Hersteller von Großmotoren und Flugtriebwerken, die Maschinen und Turbinen Union (MTU) in Friedrichshafen, an der man bereits einen Anteil von 50 Prozent hatte, vollständig übernommen. Im April 1985 kam es zur Übernahme des Luft- und Raumfahrtunternehmens Dornier nach einer legendären Verhandlungsschlacht mit den zerstrittenen Firmenerben. Und schließlich folgte im Oktober 1985 die größte und bedeutendste Übernahme: der Erwerb des Elektrokonzerns AEG. Hatte den Vorstand der Daimler-Benz AG nun doch die Sorge um einen allmählichen Niedergang des Automobilgeschäftes übermannt? Oder wollte die Führungsspitze der Welt zeigen, dass man sich zu neuen Ufern aufmache und die Hightech-Branche aufmischen werde? Irgendwie hatte die Botschaft des Strategiepapiers von Edzard Reuter doch die Köpfe der Vorstände und der Aufsichtsräte erreicht, an die „rechtzeitige Vorsorge für unsere Nachfolge- und Enkelgeneration" zu denken.

Egal, ob Angst oder Hybris: Drei Erwerbungen dieser Größenordnung in einem Jahr hätten schon ein Unternehmen, das Erfahrungen mit Übernahmen hat, an den Rand der verfügbaren Managementkapazität und Integrationsfähigkeit gebracht. Für Daimler-Benz, den schwäbisch-bodenständigen Autobauer war das ein existenzieller Kraftakt, nicht des Geldes wegen, das war noch reichlich vorhanden, sondern weil niemand wirklich wusste, wo nun wie anzupacken war. Denn man hatte ja – mit Ausnahme der MTU – keine Ertragsperlen übernommen, sondern Unternehmen, die, wenn nicht im Ganzen, so doch in einzelnen Geschäftsbereichen Sanierungsbedarf hatten. Selbstläufer waren weder die AEG noch Dornier. Würde das gut gehen? Schon bald gesellte sich zur Zukunftssorge um das Autogeschäft die viel näherliegende Sorge, wie man die Verluste bei der AEG und bei Dornier eindämmen kann. War Werner Breitschwerdt, der noch immer Vorstandsvorsitzender des Konzerns war, der Mann, dem man die erfolgreiche Bewältigung einer solchen Herkulesaufgabe zutrauen konnte? Oder war er, der Entwicklungsingenieur, vielleicht doch der „falsche Mann"?

„Der richtige Mann"

Als hätte man die Uhr aufgezogen und sie würde nun schneller laufen: Seit Alfred Herrhausen am 3. Juli 1985 das Amt des Aufsichtsratsvorsitzenden der

Daimler-Benz AG übernommen hatte, begannen sich die Ereignisse zu überschlagen. Der Mann, der über Werner Breitschwerdt seine schützende Hand gehalten hatte, Wilfried Guth, war weg und viele spekulierten jetzt eifrig und immer eifriger darüber, wie lange sich der amtierende Vorstandsvorsitzende noch im Amt würde halten können. Der Wechsel im Vorsitz des Aufsichtsrates hatte Werner Breitschwerdt zur „lame duck" gemacht und er tat wenig, diesen Eindruck zu zerstreuen. Bei den Pressekonferenzen zu den spektakulären Übernahmen von Dornier und der AEG überließ er Reuter und Niefer das Mikrofon, sodass sich für viele der anwesenden Journalisten der Eindruck aufdrängte, der Chef des Unternehmens sei nicht mehr Herr im eigenen Hause.

Alfred Herrhausen war kein gelernter „Banker", sondern hatte zunächst in der Energiewirtschaft Karriere gemacht, ehe ihn 1969 Friedrich Wilhelm Christians, Vorstandssprecher der Deutschen Bank, in sein Institut holte. Der eloquente und gutaussehende Manager hatte immer einen engen Draht zur Industrie, mit der er sich nach wie vor verbunden fühlte. Es war offensichtlich, dass er in seinem neuen Amt nicht nur kontrollieren, sondern auch gestalten wollte. Von Anbeginn an hatte er die von Reuter eingeschlagene Strategie der Diversifikation unterstützt. Vielleicht schwang dabei auch noch etwas die Enttäuschung mit, dass er bei der Nachfolge von Zahn nicht zum Zuge gekommen war. Er sah jetzt die Chance, im Duo mit Reuter den Konzern, den er so gerne geführt hätte, neu aufzustellen. Freilich entwickelte sich die Integration der AEG und von Dornier nicht so, wie sich das Alfred Herrhausen und seine Kollegen im Vorstand der Deutschen Bank vorgestellt hatten. Die Trennung von unrentablen Geschäftsfeldern bei der AEG kam nicht voran, bei Dornier gab es mit der Familie immer neue Streitigkeiten und nennenswerte positive Beiträge zum Unternehmensergebnis waren von beiden Unternehmen bis auf Weiteres nicht zu erwarten. Herrhausen hatte wenig Vertrauen in den Automann Breitschwerdt, aber viel Vertrauen in den Strategen Reuter, mit dem er auch die Leidenschaft teilte, über den Tellerrand des Tagesgeschäftes hinauszublicken und darüber öffentlich zu philosophieren. Es war klar, dass der Schwebezustand im Vorstand und das angespannte Verhältnis zwischen dem Aufsichtsrats- und dem Vorstandsvorsitzenden nicht von Dauer sein konnte. Wann er zu dem Entschluss kam, Breitschwerdt fallen zu lassen und aus dem Amt zu drängen, vermag niemand zu sagen. Dass er viel Schaden vom Unternehmen und seinem Ruf in der Öffentlichkeit hätte abwenden können, wenn er in dieser Personalfrage schnell aktiv geworden wäre, steht aber außer Frage. So kam es zu einem Kampf um die Macht bei Daimler-Benz, der fast zwei Jahre dauerte und der nicht nur intern, sondern auch und vor allem öffentlich ausgetragen wurde. In wachsendem Maße wurde die Presse für die Schlammschlacht um den Vorstandsvorsitzenden instrumentalisiert: Die Auseinandersetzung zwischen den Protagonisten fand bald unter „genüsslicher Anteilnahme der Medien statt, die sich über einen Mangel an geschickt an der Presseabteilung vorbeigeleiteter Informationen in dieser Zeit wahrlich nicht zu beklagen brauchten", wie der Journalist und Reuter-Biograph Hans-Otto Eglau einige Jahre später berichtet hat.

Als Journalist wusste er, worüber er sprach. Es waren immer wieder die gleichen Geschichten, die in den Medien kursierten und die den amtierenden Vorsitzenden diskreditieren sollten. Da war zum Beispiel die Geschichte vom Umbau des Büros von Werner Breitschwerdt. Als er im Jahr 1983 Vorstandsvorsitzender wurde und in den 13. Stock des Untertürkheimer Hochhauses zog, ließ er das etwas in die Jahre gekommene Büro aufwändig umbauen und modernisieren. Irgendjemand erzählte, wahrscheinlich nicht ganz absichtslos, diesen an und für sich wenig spektakulären Vorgang einem Journalisten. Die Geschichte wurde in der Folgezeit zu einem *„running gag"*. Kaum ein Bericht über Daimler-Benz in jenen Jahren, in der er nicht in immer neuen Varianten erzählt wurde: Der offizielle Vorstandsvorsitzende baut sein Büro um, während der Stratege Reuter den Konzern umbaut. Welcher Journalist wollte in seiner Berichterstattung über den Konzern auf eine solche Pointe verzichten? Oder da war die Geschichte mit dem Wattebausch im Ohr von Werner Niefer. Als Niefer wegen Beschwerden im rechten Ohr einen Wattebausch trug, wurde er gefragt, woran er denn leide. Antwort Niefer: „Rechts von mir sitzt der Breitschwerdt." In die allgemeine Heiterkeit, die dieses Bonmot auslöste, mischte sich mit der Zeit Häme und bei einigen ernsthaften Medienvertretern auch Sorge: Wann würde in einem Unternehmen, in dessen Führungsspitze so miteinander umgegangen wird, nicht auch das Geschäft in Mitleidenschaft gezogen werden?

Die Berichterstattung über das, was im Unternehmen passierte, eskalierte so weit, dass Alfred Herrhausen in einer Aufsichtsratssitzung im Frühjahr 1987 gezwungen war, an den Vorstand zu appellieren, sich nicht „von möglichen Pressemeldungen und -kommentaren beeinflussen zu lassen." „Der Vorstand", so Herrhausen weiter, „sollte sich bewusst sein, dass es neben der Öffentlichkeit nach außen die Öffentlichkeit nach innen gebe." Als er diese Mahnung aussprach, war der Flurschaden, den die Witzeleien und Indiskretionen aus dem Vorstand angerichtet hatten, kaum mehr rückgängig zu machen. Längst hatte das, was da in die Öffentlichkeit getragen wurde, in den Gesprächen der Führungskräfte und Mitarbeiter in den Mittagspausen alle anderen Themen verdrängt. In München lachte man sich ins Fäustchen, in Wolfsburg schüttelte man den Kopf. Die Kunden waren zunehmend irritiert und die Menschen auf der Straße waren gleichermaßen amüsiert und erschreckt, was da in Deutschlands Vorzeige-Konzern so alles vor sich ging.

Man muss die Dinge, die damals passierten, nicht dadurch dramatisieren, dass man sie einer idealisierten Vergangenheit gegenüberstellt. Natürlich gab es bei Daimler-Benz auch schon früher auf den Vorstandsetagen Reibereien, Auseinandersetzungen und Machtkämpfe. Der frühere Aufsichtsratsvorsitzende Franz Heinrich Ulrich soll den Daimler-Vorstand schon in den 1970er einmal als eine „gemischte Raubtiergruppe ohne Dompteur" bezeichnet haben. Dabei bezog er sich vor allem auf den legendären Machtkampf zwischen Joachim Zahn und Hanns Martin Schleyer. Persönliche Rivalität und unterschiedliche Auffassungen über die künftige Unternehmenspolitik hingen in dieser Auseinandersetzung, die Zahn schließlich für sich entschied, eng miteinander zusammen. Natürlich drang auch damals manches nach außen.

Aber Hanns Martin Schleyer, der Unterlegene, hatte viel zu viel Stil und fühlte sich dem Unternehmen viel zu sehr verpflichtet, um nun eine öffentliche Kampagne gegen Zahn zu führen, die unweigerlich auch den Ruf des Unternehmens beschädigt hätte. Er orientierte sich neu und überließ Zahn die Macht in Untertürkheim.

Der Appell von Alfred Herrhausen, sich öffentlich zurückzuhalten zeigte erwartungsgemäß wenig Wirkung. Breitschwerdt, der noch immer auf die Rückendeckung durch den Aufsichtsrat vertraute, wollte Ruhe, seine beiden Kontrahenten nicht. Schließlich leitete der Aufsichtsratsvorsitzende selbst mit zwei sehr eigenwilligen Entscheidungen die finale Demontage des amtierenden Vorstandsvorsitzenden ein. Im Sommer 1986 wurde auf seinen Wunsch hin ein Vorstandsausschuss für Struktur- und Synergiefragen eingerichtet und Edzard Reuter zum Vorsitzenden ernannt. Wie der Name schon sagt, sollte der Ausschuss Lösungen und Konzepte für die mit den Akquisitionen des Jahres 1985 verbundenen Struktur- und Synergiefragen erarbeiten. Das wäre nicht weiter ungewöhnlich gewesen, denn Vorstandsausschüsse gab es immer mal wieder. Ungewöhnlich war allerdings, dass der Vorsitzende dieses Ausschusses nicht nur an den Vorstandsvorsitzenden, sondern auch direkt an den Aufsichtsratsvorsitzenden berichten sollte. Auch wenn man noch den Zusatz machte, dass die Berichterstattung an den Aufsichtsratsvorsitzenden in „Abstimmung mit dem Vorstandsvorsitzenden“ erfolgen solle, so war doch jedem klar, dass dies nicht mehr als ein Feigenblatt für eine teilweise Entmachtung Breitschwerdts war.

Schon im Frühjahr 1987 kam der nächste Schlag: Herrhausen empfahl dem Aufsichtsrat, Edzard Reuter zum stellvertretenden Vorstandsvorsitzenden zu ernennen – eine Position, die es bislang im Unternehmen nicht gab. Am 11. März 1987 wurde Reuter einstimmig gewählt, wobei bemerkenswert war, dass es keine Regelung gab, wer welche Aufgaben übernehmen sollte. Normalerweise werden solche Aufgabenabgrenzungen in der Geschäftsordnung eines Vorstandsgremiums vorgenommen. Jetzt sollten Breitschwerdt und Reuter im Einzelfall selbst entscheiden, wer für was zuständig war. Dass dies auf Dauer nicht funktionieren konnte (und wohl auch nicht sollte), war offensichtlich. Am 13. Juli 1987 erklärte Werner Breitschwerdt seinen Rücktritt als Vorstandsvorsitzender der Daimler-Benz AG. Er tat dies in der ihm eigenen Art: Ohne Angriffe gegen seinen Nachfolger und ohne Nachkarten gegen den Aufsichtsratsvorsitzenden.

Die Medien jubilierten. Schon am 17. Juli 1987, wenige Tage vor der Entscheidung des Daimler-Aufsichtsrates, titelte die ZEIT: „Der richtige Mann“ und bescheinigte Reuter jene „unternehmerische Potenz“, die das Amt des Vorstandsvorsitzenden bei Daimler-Benz erfordere. Der Autor, der renommierte Wirtschaftsjournalist Heinz Blüthmann, stand mit seiner Meinung nicht allein. In nahezu allen maßgeblichen Zeitungen und Zeitschriften wurde die Wahl gutgeheißen und die Ernennung von Edzard Reuter als der Beginn einer neuen Ära bei Daimler-Benz gefeiert. Endlich, im dritten Anlauf hatte der „Sozi“ es geschafft, auf dem Chefsessel bei Deutschlands nobelstem

Konzern Platz nehmen zu dürfen. Der Gefeierte selbst hatte, wie er in seinen „Erinnerungen“ schreibt, das Spektakel um seine Person durchaus genossen. Er empfand die Berichterstattung anlässlich der Übernahme des Vorstandsvorsitzes bei Daimler-Benz als „positiv“ und sogar ein wenig „schmeichelhaft“. Er fühlte sich verstanden und getragen von einer Welle der Sympathie, die ihm die Presse spätestens seit seiner Rede in St. Gallen entgegengebracht hatte. Würde das anhalten? Jetzt, wo er selbst die Verantwortung trug und vor ihm einige unangenehme Entscheidungen lagen? War er wirklich der „richtige Mann“?

Die Frage ist heute, da wir den Verlauf der Geschichte kennen, nicht einfacher, sondern schwieriger zu beantworten als damals. Joseph Schumpeter, der große Nationalökonom und Bewunderer echten Unternehmertums schrieb 1927, dass sich der Charakter der Unternehmertätigkeit immer nach „der Natur der die größten Schwierigkeiten bereitenden Teilaufgabe“ bestimme. Einfacher gesagt: Ob ein Manager der „richtige Mann“ sei, hänge nicht allein von ihm ab, sondern auch davon, welche spezifische Qualifikationen und welche spezifischen Talente in einer bestimmten Unternehmenssituation vom Mann an der Spitze gefordert würden. „Die größten Schwierigkeiten bereitende Teilaufgabe“ für Daimler-Benz im Jahr 1987 war, die Transformation vom „Automobilhersteller“ zu einem wie auch immer definierten „Technologiekonzern“ erfolgreich zu gestalten und umzusetzen. Reuter war der Initiator dieser Neuausrichtung gewesen und insofern war es auf den ersten Blick nur richtig und konsequent, ihm die volle Verantwortung für diesen Prozess zu übergeben. Aber die Neuausrichtung eines Unternehmens in dieser Dimension kann nie die Sache eines Einzelnen sein. Ein Einzelner kann eine Vision oder eine Strategie entwerfen, umsetzen kann er sie jedoch nur mit anderen, die *seine* Sache zu der *ihren* machen. Das hat nichts mit „teamorientierter Führung“ zu tun. Was jemand braucht, um in einer so kritischen Phase der Unternehmensentwicklung erfolgreich zu sein, ist kein „Team“, sondern „Gefolgschaft“. Hatte Reuter diese Gefolgschaft?

Im Gegensatz zu seinem Kollegen Werner Niefer war Edzard Reuter kein „Menschenfänger“. Er hat es nie geschafft, ein Geflecht von persönlichen Loyalitäten herzustellen, sich bei Daimler-Benz eine „Hausmacht“ aufzubauen. Er war respektiert und anerkannt und ob seines scharfen Geistes und seiner Eloquenz sicher auch bei manchen gefürchtet. Aber es wurden ihm – außer vielleicht bei den Mitarbeitern in seinem unmittelbaren persönlichen Umfeld – wenig Sympathien entgegengebracht, es gab keine emotionale Anhänglichkeit und persönliche Treue, auf die andere Vorstände zählen konnten. Er war und er wirkte stets als der selbstbewusste und unabhängige, aber auch ein wenig einsame Denker und Lenker im Vorstandsrang. Reuter hat sich gegen diese Rolle auch nie wirklich gewehrt. Niemand kann aus seiner Haut, und Versuche, den hemdsärmeligen Haudegen oder den trinkfreudigen Kumpel zu spielen, hätten gerade bei ihm nur lächerlich gewirkt. Er mied die Aktivitäten und Veranstaltungen, die zum üblichen Repertoire eines Konzernvorstandes gehörten. Die Salzburger Festspiele waren ihm ebenso wie das Schaulaufen der Prominenz in Bayreuth ein Gräuel, auf dem „Ball des Sports“ fühlte er, der ja durchaus sportliche Ambitionen hatte, sich so unwohl, dass er nur einmal dort war. Trinkgelagen mit Kollegen war er abhold und von irgendwelchen Eskapaden auf Dienstreisen oder anderswo hat man nie gehört. Stattdessen unterstützte er durch seine Anwesenheit einen befreundeten Künstler, wenn dieser in einer Berliner Galerie eine Vernissage hatte, er diskutierte im kleinen Kreis über Politik und Philosophie und im Übrigen pflegte er mit seiner Frau, die es sich bei solchen Anlässen nicht nehmen ließ, selber zu kochen, seinen persönlichen Freundeskreis in seinem Haus in Stuttgart.

In seine Distanziertheit gegenüber dem Lebensstil seiner Kollegen mischte sich so etwas wie Herablassung, die wohl auch den Führungskräften im Unternehmen nicht verborgen geblieben ist. So schildert er zum Beispiel in seinen „Erinnerungen" mit kühler Arroganz, wie er das Daimler-Führungsteam im Anschluss an eine Tagung in Berlin noch vor der Wende zu einem Wochenendausflug nach Dresden eingeladen hatte und wie er dort „erschüttert" war über die Unkenntnis der Daimler-Manager „nicht nur der Geschichte, sondern auch der Gegenwart" im anderen Teil Deutschlands: „Fast hattest du den Eindruck", heißt es in seinen biografischen Reflexionen, „dass eine nicht geringe Zahl eurer Mitarbeiter, die doch aufnahmefähige, gutausgebildete und oft weitgereiste Zeitzeugen waren, nicht ernsthaft damit gerechnet hatten, auf Menschen zu treffen, die genauso deutsch sprachen wie sie selbst." Oder er berichtet von Kollegen, die auf einer Dienstreise nach New York kaum im Hotelzimmer gleich ans Telefon stürzten und „mit irgendwelchen belanglosen Gesprächspartnern irgendwelche belanglosen Dinge erörtern", wobei man sich fragt, woher er das wusste. Stattdessen sinnt er über den suchtartigen Reiz des Reisens, die Übernachtung in Luxushotels und die unverminderte Anziehungskraft, die New York auf ihn ausübte, nach. Edzard Reuter tat sich schwer, die Führungskräfte in einem Konzern so zu nehmen, wie sie halt einmal sind: Vielfach desinteressiert an großen politischen, gesellschaftlichen und kulturellen Fragen, dafür aber intensiv beschäftigt mit ihrer persönlichen Karriere und den kleinen und großen Freuden des Alltags. Ganz normale Menschen halt.

Reuter war wie er war und deshalb sollte man ihm sein mitunter kühl-distanziertes Auftreten im Unternehmen auch nicht als Schwäche oder Fehler ankreiden. Aber war es richtig, in einer Situation, in der es um „Gefolgschaft" ging, ihn zum Vorstandsvorsitzenden zu machen? Natürlich kann und muss der Vorstandsvorsitzende eines Unternehmens Führungskräfte und Mitarbeiter mit guten Argumenten davon überzeugen, dass die gewählte Strategie richtig ist. Aber bei einem Umbruch wie dem bei Daimler-Benz in den 1980er-Jahren konnte niemand erwarten, dass alle spontan mitziehen, und wenn der rationale Zugang zu den engsten Mitarbeitern nur begrenzt wirksam ist, dann kommt es auf persönliche Loyalitäten an: Man zieht mit – nicht, weil man alles verstanden hat oder von allem überzeugt ist, sondern weil man Sympathie und Anhänglichkeit empfindet, den, der da vorne steht, zu unterstützen. Der Aufbau solcher Loyalitäten erfordert Empathie oder – wie man heute sagt – „emotionale Intelligenz". Edzard Reuter hat sie, bei aller Brillanz seiner Reden, seinen Appellen und Rundschreiben an die Mitarbeiter, nicht gehabt. Mit intellektueller Redlichkeit und Richtigkeit allein lässt sich kein Unternehmen führen, schon gar nicht ein großer Konzern wie Daimler. Das hätte man bei der Entscheidung für Reuter wissen können und auch wissen müssen. Reuters Isolierung im Konzern, die in einem auffälligen und schmerzlichen Gegensatz zu seiner öffentlichen Bekanntheit, ja man könnte fast sagen: Popularität stand, sollte sich in den folgenden turbulenten Jahren als schwere Hypothek erweisen – für ihn und für das Unternehmen.

Bevor Napoleon einen Oberst zum General machte, hat er bekanntlich immer gefragt: „Hat er denn auch Fortune?“ Nach seiner Wahl zum Vorstandsvorsitzenden hat Edzard Reuter in einem Brief an einen Bekannten, der ihm zu seinem Top-Job gratuliert hatte, geschrieben: „Was ich brauchen kann, ist Glück.“

Stilbrüche, Kulturwandel und Identitätsverlust

„Das erste, was Edzard Reuter tut, wenn er morgens – nicht allzu früh – ins Büro kommt, ist, die von seinen Presseleuten aufbereitete Mappe mit Zeitungsausschnitten zu lesen“, beschreibt der Reuter-Biograf Hans Otto Eglau den Tagesablauf seines Protagonisten und fährt fort: „Aus leidvoller Erfahrung weiß er nur zu gut, wie stark die Medien das Bild des Konzerns nicht nur in der Öffentlichkeit bestimmen, sondern auch in der eigenen Belegschaft.“ Was macht es mit einem Unternehmen, was macht es vor allem mit der Kultur eines Unternehmens, wenn dessen Vorstandsvorsitzender seinen Arbeitstag mit der Lektüre von Zeitungsausschnitten beginnt?

In der Zeit zwischen der Wahl Werner Breitschwerdts zum Vorstandsvorsitzenden und der Wahl von Edzard Reuter zu seinem Nachfolger, also zwischen Herbst 1983 und Sommer 1987, hat sich Daimler-Benz mehr verändert als in den 30 Jahren davor. In einer vergleichsweisen kurzen Zeit ist Daimler ein anderes Unternehmen geworden. Mit den Akquisitionen des Jahres 1985 hatte man die Geschäftsbasis spektakulär erweitert, aus dem einstmals reinrassigen Automobilhersteller war ein Firmenkonglomerat geworden, dessen Produktpalette kaum noch überschaubar war und dessen breite Aufstellung ein wenig an das große Vorbild in den USA, General Electric, erinnerte. Doch diese Veränderungen sollten sich als vergänglich erweisen. Weit bedeutsamer und folgenreicher als die Diversifikation war eine andere Veränderung. Eine Veränderung, die sich nicht wie der Kauf von ein paar Unternehmen zurückdrehen ließ, eine Veränderung, die so tiefgreifend war, dass sie das Unternehmen bis heute prägt, während vom „integrierten Technologiekonzern“ nichts, aber auch gar nichts übriggeblieben ist.

Nach der St. Gallener Rede von Edzard Reuter hatte sich Daimler-Benz von einem „leisen“ in ein „lautes“ Unternehmen verwandelt. Plötzlich produzierte das Unternehmen Schlagzeilen, die nichts mehr mit dem eigentlichen Unternehmenszweck zu tun hatten. Plötzlich war das Unternehmen weit über die sonst üblichen „offiziellen" Anlässe, von denen es eigentlich nur zwei im Jahr gab – die Bilanzpressekonferenz und die Hauptversammlung –, in den Medien präsent. Plötzlich hatte das Unternehmen einen „Star". Aus einer Kultur der Diskretion und der Distinktion gegenüber der Öffentlichkeit war eine Kultur der Öffnung und der Anbiederung geworden. Mehr und mehr wurde die Medienpräsenz als Indikator für die Qualifikation eines Managers betrachtet: Je häufiger in der Presse, desto kompetenter.

Die zweite Eskalationsstufe im öffentlichen Auftritt des Unternehmens war die Schlammschlacht um den Posten des Vorstandsvorsitzenden. Werner Breitschwerdt wurde nicht nur der Unfähigkeit verdächtigt, sondern mit fein gestreuten Geschichten und Gerüchten lächerlich gemacht. Die Medien griffen das gerne auf, trug es doch zur allgemeinen Unterhaltung und Belustigung der Leser bei. War das zu verurteilen? Natürlich nicht, denn die schlimmsten Anekdoten über den Vorstandsvorsitzenden, waren ja keine Erfindungen, sondern stammten zum großen Teil aus internen Quellen. Indiskretionen waren nicht mehr die Ausnahme, sondern wurden schon fast zur Regel. Jede Bemerkung in einer Vorstandssitzung, jede Aussage in einem Telefongespräch und vor allem jedes interne Papier konnte in den Redaktionsstuben einer der großen Tageszeitungen, einem der bedeutenden Wirtschaftsblätter oder bei einem Nachrichtenmagazin landen, das mittlerweile schon fast als ein Außenposten des Unternehmens in Hamburg angesehen werden musste. Die Feststellung von Franz Heinrich Ulrich, dass es sich bei dem Daimler-Vorstand „um eine gemischte Raubtiergruppe ohne Dompteur" handele, war noch immer richtig, nur dass die Raubtiere jetzt nicht mehr Löwen und Leoparden waren, sondern auch kleine Hyänen und Schakale.

Edzard Reuter hatte im Kampf um den Vorstandsvorsitz seine Position nach innen zu stärken versucht, indem er den Beifall von außen suchte. Er bekam ihn überreichlich und endlich hatte er auch das Amt, das er so lange vergeblich angestrebt hatte. Er hatte sich zu einer Person des öffentlichen Lebens gemacht, hatte damit Interesse, aber auch Erwartungen geweckt und musste jetzt mit diesen Erwartungen leben. War da nicht die Gefahr groß, dass die öffentliche oder auch nur veröffentlichte Meinung einen starken, vielleicht sogar dominierenden Einfluss auf sein Verhalten gewinnen würde? Bestand nicht das Risiko, dass Entscheidungen nicht mehr allein nach sachlicher Richtigkeit, sondern auch danach getroffen werden, ob diese den eigenen Ruf stärken oder schwächen? Hatte sich Edzard Reuter, der glaubte, alle Fäden in der Hand zu halten, nicht auch ein wenig zum Spielball einer Öffentlichkeit gemacht, der es Spaß macht, Leute aufsteigen, aber auch abstürzen zu sehen?

Der Verlust der jahrzehntelang gewachsenen Unternehmensidentität in den wilden Jahren nach Joachim Zahn war gewaltig. Daimler-Benz war immer ein „innengeleitetes" Unternehmen gewesen, das seine Kraft und seine Ausstrahlung aus einem tief verankerten und einem durch den anhaltenden Erfolg noch gestärkten Selbstvertrauen bezog. Innengeleitete Unternehmen sind langfristig orientiert, sie ignorieren Anfeindungen von außen, durchschauen Schmeicheleien und gehen überall dort instinktiv auf Distanz, wo sie den Eindruck haben, instrumentalisiert zu werden. Alles hängt in einem innengeleiteten Unternehmen von der Kompetenz, dem Stil und der persönlichen Integrität der führenden Persönlichkeiten ab. Unter Joachim Zahn ging Daimler seinen Weg – unabhängig vom Urteil der Öffentlichkeit. Fehlentscheidungen wie etwa der Kauf von Audi wurden, wenn sich zeigte, dass es eine Fehlentscheidung war, korrigiert. Ein Ruhmesblatt für das Management war das nicht, aber egal: Wenn so entschieden werden musste, wurde so entschieden, egal, was die Zeitungen am nächsten Tag schrieben. Selbst Gerhard Prinz hat noch im Fall von Euclid in das für einen Spitzenmanager harte Brot gebissen, eine Entscheidung zu korrigieren, an der er selbst maßgeblich beteiligt war. Das Interesse des Unternehmens stand über dem persönlichen Interesse des Vorstandsvorsitzenden, eine möglichst gute Presse zu haben.

Noch eine andere Entwicklung ist auffällig: Innengeleitete Unternehmen haben eine Abneigung gegen externe Berater. Sie vertrauen auf ihr Wissen, ihre Erfahrungen und ihre Fähigkeit, die richtigen Entscheidungen zu treffen. Natürlich braucht jedes Unternehmen Hilfe und Unterstützung von außen, vor allem in juristischen, steuerlichen, manchmal auch technischen Fragen. Aber der Einsatz von Beratern reduziert sich im innengeleiteten Unternehmen auf die Erledigung einer konkreten, fassbaren Aufgabenstellung. Entscheidungen über die Strategie werden als Managemententscheidungen angesehen und es soll Unternehmen geben, die sich von Führungskräften getrennt haben, die zur Bewältigung ihres Aufgabengebietes externe Berater herangezogen haben. In den 1980er-Jahre gingen bei Daimler-Benz die Berater aus und ein, nicht mehr nur die Mitarbeiter von großen Rechtsanwaltskanzleien und Wirtschaftsprüfungsgesellschaften, sondern mehr und mehr auch die Mitarbeiter der großen international aufgestellten „Strategieberater“. Manchmal brauchte man sie aus ganz einfachen Gründen, wie etwa bei „OGK“, einem der ersten systematischen Kostensenkungsprogramme, das im Konzern gefahren wurde. „OGK“ stand für „Optimierung der Gemeinkosten“. Da war es hilfreich, eine Unternehmensberatung an der Seite zu haben, die eine vorzügliche Expertise auf diesem Gebiet vorweisen konnte, und überdies war es auch hilfreich, sich in den Gesprächen mit dem Betriebsrat auf die Erkenntnisse dieser hochangesehenen Beratung beziehen zu können. Doch der Einfluss wuchs und bei der strategischen Neuausrichtung des Unternehmens schwoll die Zahl der Berater, die im Unternehmen an den unterschiedlichsten Stellen auftauchten, gewaltig an. Das war nicht wirklich überraschend, denn plötzlich agierte das Unternehmen in vielen Geschäftsfeldern, von denen das alte Daimler-Management wenig bis gar keine Ahnung hatte. Freilich machte man sich dadurch auch abhängig und schon bald sprachen einige Mitarbeiter davon, man sei jetzt nicht mehr ein „managementgeführtes“, sondern ein „beratergeführtes“ Unternehmen.

Kaum hatte Edzard Reuter den Vorstandsvorsitz übernommen, musste er bei der morgendlichen Lektüre der Zeitungsausschnitte auch schon registrieren, dass es leicht war, in der „Opposition“ Unterstützung und Sympathie von Seiten der Medien zu gewinnen, dass Journalisten aber kein Pardon kennen, wenn der Oppositionsführer die „Regierung“ anführt. Am 22. November

1987, wenige Wochen nach seinem „Regierungsantritt", veröffentlichte DER SPIEGEL noch Auszüge aus einer Rede von Edzard Reuter, die er vor dem „American Council on Germany" hielt und in der er mit gewohnt brillanter Rhetorik „die Regierungen der Industriestaaten mit einer für Manager ungewohnten Schärfe angriff", wie es in dem Blatt heißt. Das dürfte für ihn der letzte Stimmungsaufheller gewesen sein, den er bei der morgendlichen Lektüre eines SPIEGEL-Artikels über ihn hatte. Einige Monate später, im April 1988, heißt die Überschrift beim SPIEGEL: „Daimler-Benz: Übernimmt sich der Riese?" und was da gegen seine Diversifikationsstrategie vorgetragen wurde, konnte Reuter auch in dem anschließenden Interview nicht völlig ausräumen. Vieles von dem, was Reuter vorhabe, sei ungewiss, resümiert DER SPIEGEL, und meint wenig freundlich: „Das Unternehmenskonzept des Edzard Reuter ruht auf wackeligem Grund."

Der Umgang mit den Medien ist eine schmale Gratwanderung zwischen der Gewinnung öffentlichen Vertrauens und dem Verlust der unternehmerischen Unabhängigkeit. Die morgendliche Lektüre der Pressemeldungen wurde nicht nur bei Edzard Reuter zur Gewohnheit, sondern auch bei seinen Kollegen. Sie wurde Teil der Unternehmenskultur. Manches, was in Reuters Amtszeit geschah, und vor allem auch: was nicht geschah, ist nur verständlich, wenn man die Aufwertung, die die mediale Darstellung des Unternehmens unter Reuters Ägide gewonnen hat, mit ins Kalkül zieht. Die Abhängigkeit vieler Entscheidungen vom erwarteten Urteil der Presse war unübersehbar. Lange Zeit war Edzard Reuter ein Treiber gewesen. Jetzt wurde er zum Getriebenen.

Kapitel 4

Koloss auf tönernen Füßen – Der „integrierte Technologiekonzern"

Mit der Übernahme von drei Unternehmen in einem Jahr hatte Edzard Reuter einen Prozess gestartet, der schon bald eine Eigendynamik bekam. Mit dem Aufbau eines „integrierten Technologiekonzerns" wollte er das Unternehmen zu neuer Größe führen. Doch der Prozess geriet mehr und mehr außer Kontrolle. Es hätte viele Möglichkeiten gegeben, das Projekt zu stoppen. Doch aus Angst vor einem Gesichtsverlust lief es weiter. Kurz bevor es zum existenzgefährdenden Zusammenprall zwischen dem Prozess und der Realität kam, wurde das Vorhaben gestoppt. Was 1985 begann, war das perfekte Drehbuch für einen Wirtschaftskrimi, in dessen Verlauf alle Rollentypen eines guten Krimis dann auch ihren Auftritt hatten: Opfer und Täter, Aufklärer und Heuchler, Gute und Böse. Das Projekt, einen „integrierten Technologiekonzern" aufzubauen, konnte nicht gut gehen – und es ging auch nicht gut.

Ein englischer Philosoph und die Theorie der Bausteine

Sir Karl Popper, dessen Anhänger Edzard Reuter bekanntermaßen war, war ein Gegner aller Utopien. In seinem zweibändigen Werk „Die offene Gesellschaft und ihre Feinde" argumentierte er gegen die Utopie eines nach Ständen geordneten Idealstaates von Platon ebenso wie gegen die Utopie einer klassenlosen Gesellschaft von Karl Marx. Utopien, so Popper, würden das Leben der Menschen nicht verbessern, sondern immer in Unterdrückung und Terror enden. Anstatt der Jagd nach Utopien empfahl Popper ein von ihm als „piecemal engineering" bezeichnetes Vorgehen zur humanen Reform von Gesellschaften. Der Begriff „piecemal engineering" ist schwer zu übersetzen. Einige versuchen es mit einer möglichst wörtlichen Übersetzung und sprechen von einer „Stückwerk-Technologie". Das ist zumindest missverständlich, denn am Ende sollte bei einer solchen Vorgehensweise natürlich nicht „Stückwerk" herauskommen, sondern ein Zustand, der besser ist als der, von dem man ausgegangen war. Am nächsten kommt man dem, was Popper meinte, wohl mit dem Begriff eines „schrittweisen" Vorgehens. Dabei sollten Veränderungsprozesse zukunftsoffen angelegt und damit auch jederzeit wieder umkehrbar sein: „We make progress if, and only if we are prepared to learn from our mistakes", lautete Poppers Credo.

Edzard Reuter hatte seinen Popper gut gelesen. „Am Anfang stand nicht eine fertige ‚Vision' davon, wie der Konzern am Ende der Wegstrecke, die auf lange Dauer und nicht auf Atemlosigkeit angelegt war, aussehen sollte. Vielmehr ging es ganz bewusst darum, als erstes Bausteine zusammenzutragen, um deren marktmäßige, technologische und personelle Potentiale genau kennenzulernen, bevor sie zum Bestandteil einer umfassenden Strategie gemacht werden konnten," beschreibt er in seinen „Erinnerungen" aus dem Jahr 1998 die „Philosophie", die er sich zurechtgelegt hatte, um die Unternehmensbasis von Daimler-Benz über das Automobilgeschäft hinaus zu erweitern. Er wehrt sich damit gegen den später immer wieder erhobenen Vorwurf, er sei „einer träumerischen Vision gefolgt". Am Anfang sollten die „Bausteine" stehen und hatte man sie zusammengetragen, so Reuter weiter, ginge es darum, „die für uns interessanten Wachstumsfelder durch konzentrierten Einsatz so zu stärken, dass sie sich im internationalen Wettbewerb behaupten konnten; alle übrigen Geschäftsfelder hingegen sollten abgegeben werden, sobald sich dazu geeignete Möglichkeiten ergaben." Gedacht war an ein Vorgehen, das – wie er schon in seinem „Strategiepapier" von 1984 geschrieben hatte – ein „langsames und behutsames Zuwachsen" von neuen Geschäftsfeldern ermöglichen sollte, „piecemal engineering" eben. Soweit die Theorie.

Daimler hatte im Jahr 1985 in rascher Folge drei „Bausteine" erworben – schneller als man gedacht hatte: „Wir überschauen noch gar nicht, was möglich ist", erklärte Edzard Reuter dem SPIEGEL im Herbst 1985. „Wir stehen erst am Anfang." Gemäß seiner „Bausteine-Theorie" bestand die Aufgabe nun darin, diese drei erworbenen „Bausteine" daraufhin abzuklopfen, welche interessanten Wachstumsfelder gestärkt und welche Geschäftsfelder abgegeben werden sollten. Doch dazu bedurfte es eines Planes und vor allem einer Vorstellung darüber, was man denn eigentlich erreichen wollte. Werner Breitschwerdt – wie im Übrigen auch die Arbeitnehmervertreter im Aufsichtsrat – sahen die Erwerbungen nicht als Abkehr vom Auto, sondern im Gegenteil als Stärkung des Automobilgeschäfts: Mit den neuen Technologien, die mit der AEG und Dornier ins Haus kamen, sollte die Technologieführerschaft der Marke Mercedes-Benz gestärkt und ausgebaut werden. Für andere im Unternehmen stand hingegen der Risikoausgleich, also nicht die Stärkung des Automobilgeschäfts, sondern die Verringerung der Abhängigkeit vom Automobil im Vordergrund. Neue Geschäftsfelder sollten erschlossen und zu großen, umsatzstarken Geschäftsbereichen aufgebaut werden. Schon wenig später, als der Veränderungsprozess in Schwung gekommen war, rückte ein weiteres Ziel in den Vordergrund, nämlich die umfassende Neuordnung der deutschen Luft- und Raumfahrtindustrie unter der Führung von Daimler-Benz. Was denn nun? Wenn nicht klar war, wohin die Reise führen sollte, dann konnte man schwerlich einen Routenplan erstellen. So blieb gerade in den Anfängen der Diversifikationsstrategie vieles im Ungefähren.

Der heikle Punkt von Reuters Konzept eines „schrittweisen Vorgehens" war offensichtlich: Was, wenn man – aus welchen Gründen auch immer – zu der Auffassung kam, sich von einem Geschäftsfeld zu trennen? Verkaufen oder schließen? Verkaufen ja, aber an wen und vor allem zu welchem Preis? Wenn Daimler ein Geschäftsfeld als nicht zukunftsträchtig ansah, warum sollte ein anderer einen solchen Unternehmensbereich kaufen? Also doch schließen? Hinter der Bausteine-Theorie stand ein Denkfehler. Unternehmen und Teile von Unternehmen sind keine „Bausteine", mit denen man nach Hausherren-Art und eigenem Gutdünken spielen kann. Unternehmen sind lebendige Gebilde, „produktive soziale Systeme", wie es der in jener Zeit sehr populäre St. Gallener Professor für Betriebswirtschaft, Hans Ulrich, einmal formuliert hatte. In diesen „produktiven sozialen Systemen" leben und arbeiten Menschen, deren Wohl und Wehe und auch das ihrer Familien von diesem Arbeitsplatz abhängig ist. Und war es nicht Edzard Reuter gewesen, der in seinen zahllosen Vorträgen immer wieder auf die gesellschaftliche Einbindung von Unternehmen und damit auf die gesellschaftliche Verantwortung des Unternehmers hingewiesen, ja sie eingefordert hatte? Und hatte er nicht die anderen, die davon nichts wissen wollten, öffentlich als „Heuchler" bezeichnet? Wie wollte Daimler einen Geschäftsbereich der AEG zum Beispiel verkaufen oder schließen? Nicht nur bei einer Schließung, sondern auch bei einem Verkauf eines notleidenden Unternehmensteils wären Arbeitsplätze verloren gegangen. Was die Öffentlichkeit und die betroffenen Mitarbeiter in den übernommenen Unternehmen von Daimler-Benz mit seinem „unermesslichen Reichtum" erwarteten, war jedoch nicht ein Verkauf oder eine Schließung. Daimler sollte die Unternehmen technologisch wettbewerbsfähig machen und ausbauen, nicht abwickeln. Geld war doch genügend da.

Edzard Reuters „Bausteine-Theorie" war von Anfang an gegen die Wirklichkeit gedacht. „Bausteine", sprich: Unternehmen kaufen und sie dann ausschlachten und zerlegen, das konnten vielleicht Hedge-Fonds, aber nicht ein renommierter Vorzeige-Konzern wie Daimler-Benz machen. Angesichts der zahlreichen notleidenden Geschäftsbereiche bei der AEG und bei Dornier war klar: Daimler würde viel Geld für deren Sanierung in die Hand nehmen müssen, wobei die Hoffnung, alle „toxischen" Bereiche retten zu können, gering war. Man musste sich auf harte Auseinandersetzungen und Kämpfe einstellen, wenn man das Konzept des Prüfens und Aussortierens umsetzen wollte, und man musste auch bereit sein, in dem einen oder anderen Fall von den Medien, der Öffentlichkeit und der Politik kräftig Prügel zu bekommen. War Edzard Reuter, war der Konzern dazu bereit? Zehn Jahre später konnte das Ergebnis des Ganzen besichtigt werden: Irgendwie sah es dann doch wie Stückwerks-Technologie aus.

Dornier: Am Nasenring durch die Manege

Bei der Übernahme der restlichen Anteile bei der MTU Anfang des Jahres 1985 war alles einfach, klar und am Ende auch erfolgreich. Bei der Übernahme von Dornier, wenige Monate später, war alles kompliziert und verworren, von Anfang an unternehmerisch und menschlich auf unterstem Niveau. Wenn Verhandlungen über die Beteiligung an einem Unternehmen so beginnen wie bei Dornier, sollte man sie eigentlich gleich wieder abbrechen. Wenn einer der Verhandlungspartner derart dreist und dünkelhaft in Verhandlungen einsteigt wie es Teile der Dornier-Familie taten, dann besteht in der Tat wenig Hoffnung, dass daraus am Ende eine Erfolgsgeschichte wird. Sie wurde es nicht: Dem trüben Anfang folgte ein noch trüberes Ende.

Das Unternehmen mit Sitz in Friedrichshafen galt Mitte der 1980er-Jahre in Deutschland als Hightech-Schmiede. Vor allem die Dornier System GmbH, in der die Aktivitäten in den Bereichen Verteidigungstechnik und Raumfahrt gebündelt waren, galt als ein hochattraktiver Know-how-Träger für die unterschiedlichsten Anwendungsbereiche. Seinen Ursprung hatte Dornier jedoch im Flugzeugbau, in dem man noch immer aktiv war. Neben der Eigenentwicklung, dem Regionalflugzeug Do 228, produzierte das Unternehmen an seinem Standort im bayrischen Oberpfaffenhofen auch einzelne Baugruppen für den Airbus 310 und 320 sowie den in einer deutsch-französischen Kooperation entwickelten Jagdbomber „Alpha Jet". Darüber hinaus war Dornier in der Medizintechnik engagiert. Mit dem Nierenlithotripter hatte man ein Gerät entwickelt, das mittels Stoßwellen Nierensteine zertrümmert und so den Patienten eine Operation erspart. Wenig später folgte der Gallenlithotripter, der auf dem gleichen Prinzip beruhte. Da die Menschen mehr Gallen- als Nierensteine haben, frohlockte ein mit der Sache befasster Daimler-Manager, werde das ein Bomben-Geschäft.

Die „Perle vom Bodensee", wie das Unternehmen gerne genannt wurde, war zum Zeitpunkt der Übernahme durch Daimler-Benz ein Pleitekandidat. Das lag weniger am operativen Geschäft, sondern vor allem an den nicht enden wollenden Streitigkeiten zwischen den einzelnen Familiengesellschaftern. Familienunternehmen sind eine wunderbare Sache, wenn sich die Familienmitglieder vertragen oder sich zumindest ihrer Verantwortung für das Unternehmen und seine Beschäftigten bewusst sind. Sie sind jedoch die Hölle, wenn dies nicht der Fall ist, vor allem dann, wenn zu unterschiedlichen Auffassungen über die Geschäftspolitik auch noch persönliche Eifersüchteleien und Intrigen dazu kommen. Bei Dornier waren alle auf dem Egotrip. Vor allem Claudius und sein Halbbruder Justus Dornier ließen keine Gelegenheit aus, sich über Fragen der strategischen Ausrichtung des Unternehmens und über die jeweiligen Zuständigkeiten zu streiten. Ein Ende des permanenten Kriegszustandes im Familienkreis, zu dem natürlich auch die angeheirateten Lebenspartner und Lebenspartnerinnen gehörten, war nicht absehbar. Absehbar war allerdings, dass das Unternehmen in große wirtschaftliche Schwierigkeiten kommen würde, Schwierigkeiten, die es in einigen Bereichen, insbesondere bei den Regionalflugzeugen, schon hatte.

Lothar Späth, dem umtriebigen Landesvater, waren die Überlegungen im Daimler-Vorstand über eine Verbreiterung der Geschäftsbasis nicht verborgen geblieben und so initiierte er Übernahmegespräche zwischen den beiden Unternehmen. Neben Daimler zeigte auch der Mannesmann-Konzern Interesse an Dornier. Während für Daimler-Benz nur eine vollständige Übernahme oder zumindest die Übernahme der industriellen Führung in Frage kam, dachte man bei Mannesmann eher an eine Minderheitsbeteiligung, um besser an das Know-how bei der Dornier System GmbH heranzukommen. Späth intervenierte so intensiv zugunsten von Daimler-Benz, dass dies selbst den BMW-Chef Eberhard von Kuenheim, dem man ebenfalls ein Interesse an Dornier nachsagte, erboste.

Die Geschichte der Übernahmeschlacht von Dornier ist oft erzählt worden und obwohl die Geschäftsgepflogenheiten in den letzten Jahrzehnten skrupelloser geworden sind, als sie damals waren, muss man auch heute noch den Kopf schütteln, wie sich ein einstmals so selbstbewusstes und stolzes Unternehmen wie Daimler-Benz in einen so unwürdigen Übernahmepoker vor den Augen einer mal erschreckten, mal amüsierten Öffentlichkeit hat hineinziehen lassen. Lothar Späth hatte am 22. April 1985 alle Beteiligten – die Dornier-Familie, das Management von Daimler-Benz und Mannesmann, die Betriebsräte der beteiligten Unternehmen, Notare und Berater bis hin zu Schreibkräften – in die Villa Reitzenstein, den Amtssitz des baden-württembergischen Ministerpräsidenten, einbestellt und auf insgesamt 14 Arbeitszimmer verteilt. So fand in der ehrwürdigen Villa in Stuttgart eine rege Gesprächsdiplomatie statt, die zum Ziel hatte, die Übernahme von Dornier bzw. den Einstieg eines neuen industriellen Partners schnell auf den Weg zu bringen. Man hatte frühmorgens begonnen und spät in der Nacht schienen die Gespräche zwischen den Dornier-Erben und den Daimler-Verhandlungsführern Edzard Reuter und Werner Niefer einen erfolgreichen Verlauf genommen zu haben. Nachdem Justus Dornier sich bereit erklärt hatte, seinen Anteil an Daimler-Benz zu verkaufen, glaubten die Verhandlungsführer von Daimler über eine Anteilsmehrheit von 68 Prozent zu verfügen. Das wäre ausreichend gewesen, um die anvisierte industrielle Führung bei Dornier zu übernehmen. Reuter und Niefer beglückwünschten sich zu ihrem Erfolg und wechselten im Gespräch auf dem Weg zu ihren Fahrzeugen zu dem bei Daimler damals nicht üblichen, vertraulichen „Du“: Es war der Beginn einer für die Entwicklung von Daimler folgenreichen Freundschaft unter zwei ungleichen Männern. Schon am folgenden Vormittag wurde in einer rasch zusammengerufenen Pressekonferenz von Späth, Reuter und Niefer das Verhandlungsergebnis der Öffentlichkeit präsentiert.

Doch man hatte die Rechnung ohne Claudius Dornier gemacht. Als er von der Pressekonferenz hörte, erklärte er, dass er nicht bereit sei, seine Anteile an Daimler-Benz zu verkaufen, und überdies in Erwägung ziehe, von dem Vorkaufsrecht, das die Familieneigentümer bei einem geplanten Anteilsverkauf an einen außenstehenden Dritten hatten, Gebrauch zu machen. Tatsächlich hatte sich Claudius Dornier mit seiner Beraterin und Schwiegertochter Martine Dornier-Tiefenthaler am Abend vorzeitig aus den Verhandlungen zurückgezogen – angeblich aus Erschöpfung. Jetzt zog er seinen Joker und um die Schmierenkomödie perfekt zu machen, erklärte er überdies, mit einem weiteren Interessenten, der BMW AG, in Kontakt zu stehen. Reuter und Niefer, der gesamte Konzern stand im Regen, launige Kommentare in der Presse begleiteten die theaterreife Aufführung. Die eben erst verkündete Übernahme war gescheitert, aber jedem war sofort klar, dass es Claudius Dornier und seiner ebenso attraktiven wie schlauen Schwiegertochter nicht um das Unternehmen, sondern um etwas anderes ging: Sie wollten einfach mehr Geld.

Spätestens jetzt wäre es für Daimler-Benz an der Zeit gewesen, dem unseligen Geschachere ein Ende zu machen, denn es war klar, dass auf einer solchen Basis eine gedeihliche Zusammenarbeit in Zukunft nicht möglich sein würde. Man tat es nicht. Edzard Reuter und Werner Niefer wären in der Öffentlichkeit als bedröppelte Verlierer dagestanden, Hohn und Spott wäre über sie in der Presse ausgegossen worden, nachdem sich beide gerade noch als strahlende Sieger im Übernahmepoker hatten feiern lassen. Die Lektüre der morgendlichen Zeitungsausschnitte wäre wenig vergnüglich, der Imageschaden für die beiden Protagonisten verheerend gewesen. Also kehrte man an den Verhandlungstisch zurück und hier erklärte nun Frau Dornier-Tiefenthaler, unter welchen Bedingungen auch Claudius Dornier bereit sei, auf die Ausübung seines Vorkaufsrechts (das er mangels finanzieller Mittel ohnehin nie hätte ausüben können) zu verzichten. Die Bedingungen für eine Einigung waren klar und für die Daimler-Manager wenig ehrenhaft: Unabhängig von der Ertragssituation sollte Daimler eine Mindestdividende auf die noch im Familienbesitz gehaltenen Anteile und überdies deren Werterhalt garantieren. Weiterhin forderte man ein Vetorecht bei wichtigen, grundlegenden Beschlüssen wie etwa Kapitalerhöhungen, Satzungsänderungen und der Veräußerung von Unternehmensanteilen. Frau Dornier-Tiefenthaler hatte die Daimler-Manager am Nasenring durch die Manege geführt – nicht zum letzten Mal.

Wie man unter solchen Umständen Dornier in den Daimler-Konzern hätte „integrieren" können, musste schon damals selbst einem gutwilligen Beobachter schleierhaft bleiben. Dennoch: Vorstand und Aufsichtsrat segneten das von Reuter und Niefer ausgehandelte Paket ab, für die übernommenen Firmenanteile bezahlte man 400 Millionen D-Mark und fühlte sich nun als Herr im Hause Dornier. Reuter und Niefer hatten die drohende Blamage abgewendet.

Schon zwei Jahre später kam die Ernüchterung. Aber eigentlich kam sie schon früher, denn auch weiterhin ließen es sich die Familienmitglieder nicht nehmen, Nadelstiche zu setzen und die vermeintlich „selbstherrlichen" Daimler-Manager mit Vorwürfen zu überziehen. Es sollte kein Frieden bei Dornier einkehren und schon bald folgte dann unter der anwaltlichen Führung von Martine Dornier-Tiefenthaler eine erneute Kriegserklärung der Erben: Als sich im Jahr 1988 abzeichnete, dass für die Entwicklung eines neuen propellergetriebenen Regionalflugzeugs, der Do 328, eine Kapitalerhöhung notwendig sein würde, sperrten sich die Familienmitglieder dagegen. Sie konnten diese Kapitalerhöhung mangels Masse nicht mitmachen, das aber hätte bedeutet, dass sie ihre Minderheitenrechte verlieren würden. Auch an den damals beginnenden Verhandlungen von Daimler-Benz zur Übernahme des Rüstungskonzerns MBB fanden die Familiengesellschafter – vorsichtig formuliert – keinen Gefallen. Sie drohten mit einer Klage, da die Beteiligung an einem Wettbewerber gegen die Pflichten von Daimler-Benz als Gesellschafter von Dornier verstoßen würde. Es war offenkundig, dass die Dornier-Erben die ihnen eingeräumten Vetorechte voll gegen die strategischen Pläne von Daimler-Benz einsetzten und auch künftig einsetzen würden. Offenkundig war auch, dass sie bereit waren, einen Skandal, wie sie eine Klageerhebung gegenüber dem Mehrheitsgesellschafter bedeutet hätte, in Kauf zu nehmen.

Erneut war es die Angst vor der Reaktion der Medien und der Öffentlichkeit, die Daimler-Benz zum Einlenken bewegte. Ziel war es nun, die Dornier-Erben endgültig loszuwerden, um endlich freie Hand bei Dornier zu bekommen. Der Preis dafür war hoch: Im Grunde musste man – wie ein Zeitzeuge süffisant bemerkte – Dornier noch einmal kaufen. Die Auslösung der Familiengesellschafter kostete Daimler-Benz weitere 570 Millionen D-Mark – steuerfrei, denn die Schweizer Rechtsanwältin hatte im Vertrag festlegen lassen, dass „für die Erben der Gesamtbetrag ohne jedwede Steuerbelastung bleibt". Überdies stellte sie dem Daimler-Konzern offensichtlich großzügig berechnete Anwaltshonorare in Höhe von 10 Millionen D-Mark in Rechnung, die auch bezahlt wurden. Erneut stimmten die Daimler-Gremien der Vereinbarung zu – auch wenn sich im Aufsichtsrat die Arbeitnehmervertreter nunmehr der Stimme enthielten. Der Vertrag wurde am 3. August 1988 abgeschlossen und vom SPIEGEL als „eines der peinlichsten Kapitel der jüngsten Konzerngeschichte" bezeichnet. Martine Dornier-Tiefenthaler wurde zeitweise zum Star der Medien und später vom manager magazin sogar zu „Edzard Reuters Femme fatale" gekürt. Nicht wenige Zeitgenossen fragten sich, was aus Deutschlands einstigem Vorzeigekonzern bloß geworden war.

Jenseits der Auseinandersetzungen mit den Familiengesellschaftern zeigte sich schon bald, dass Dornier alles andere als ein gesundes Unternehmen war. Während die Luft- und Raumfahrttechnik dank öffentlicher Aufträge wenig krisenanfällig war und das Geschäft mit Nieren- und Gallenlithotriptern in der Medizintechnik positive Wachstumsraten aufwies, entwickelte sich der Flugzeugbau mehr und mehr zum Problemfall. Er sollte schließlich auch zum Exempel für die von vorneherein unrealistische „Bausteine"-Strategie von Edzard Reuter werden. Eigentlich hätte man den Flugzeugbau angesichts der wenig aussichtsreichen Perspektiven für ein Unternehmen in der Größe von Dornier beenden müssen. Das aber hätte zwangsläufig Standortschließungen und den Verlust von mehreren Tausend Arbeitsplätzen bedeutet. In einem Unternehmen, in dem mittlerweile die „öffentliche Meinung" mit am Vorstandstisch saß, war das – wie auch später in anderen Fällen – keine realistische Option. Denn natürlich wäre ein Sturm der Entrüstung über Daimler-Benz hereingebrochen, wenn dieses mit einem „unermesslichen Reichtum" gesegnete Unternehmen Mitarbeiter eines Tochterunternehmens entlassen und Arbeitsplätze vernichtet hätte. Daimler-Benz war ein Gefangener seines Erfolges in der Vergangenheit, man war gefangen in der Erwartung, dass, wenn Daimler etwas in die Hand nahm, alles gleich zu Gold werden würde. Und man war gefangen in dem Urteil, dass das Unternehmen über einen nicht nur „unermesslichen", sondern in den Augen der breiten Öffentlichkeit auch „unerschöpflichen" Reichtum verfüge. Es hätte eines starken Rückgrates und des vermutlich wochenlangen Verzichts auf die morgendliche Lektüre von Zeitungsausschnitten bedurft, um die Welle der öffentlichen Empörung bei einer Einstellung des Regionalflugzeugbaus auszuhalten.

Es kam anders: Da ein Rückzug nicht opportun war, entschied man sich für eine vermeintliche Vorwärtsstrategie, versuchte die Position bei Regionalflugzeugen auszubauen, um vielleicht doch noch wettbewerbsfähig und profitabel zu werden. Das Ergebnis der Vorwärtsstrategie war der Kauf des niederländischen Flugzeugbauers Fokker, den ein junger, hoffnungsvoller Manager vorgeschlagen und in die Wege geleitet hatte. Er hieß Jürgen E. Schrempp. Doch das ist schon eine neue Geschichte. Der „Baustein" Dornier, bei dessen Erwerb man sich die Finger gewaltig verbrannt hatte, blieb auf jeden Fall noch eine ganze Weile in der Obhut der Daimler-Benz AG.

Sorgenkind AEG

Schon wenige Wochen, nachdem im Frühsommer 1985 der Dornier-Deal mit Ach und Krach über die Bühne gebracht worden war, startete unter dem wenig originellen Codenamen „XYZ" ein weiteres Übernahmeprojekt. Auch dieser zweite „Baustein" war ein Pleitekandidat: die AEG.

Die AEG gehörte zu den traditionsreichsten Unternehmen in Deutschland, wurde im Jahr 1883 von Emil Rathenau als „Deutsche Edison-Gesellschaft für angewandte Elektricität" in Berlin gegründet, schon bald aber in „Allgemeine Elektricitäts-Gesellschaft" umbenannt. Misswirtschaft und fehlgeschlagene Projekte sowie der Wettbewerbsdruck durch die japanische Konkurrenz führten dazu, dass das Unternehmen knapp 100 Jahre nach seiner Gründung, im Jahr 1982, Insolvenz anmelden musste. Durch ein umfassendes Restrukturierungsprogramm unter dem Vorstandsvorsitzenden Heinz Dürr, dem Vergleichsverwalter Wilhelm Schaaf und vor allem dem AEG-Aufsichtsratsvorsitzenden Klaus Kuhn, flankiert und finanziert durch umfangreiche Bundesbürgschaften und neue Bankkredite wurde die AEG saniert und kehrte anschließend wieder an die Börse zurück. Gleichwohl war klar: Ohne frisches Kapital war die AEG langfristig nicht überlebensfähig.

Daimler-Benz war nicht der einzige Interessent. So wurden sowohl dem amerikanischen Mischkonzern United Technologies wie auch der Robert Bosch GmbH Interesse an einer Übernahme des Unternehmens nachgesagt. Nachdem sich Bosch gemeinsam mit Mannesmann aber schon ein Filetstück der AEG, die Nachrichtentechnik, gesichert hatte, ließ deren Interesse an einer Übernahme des gesamten Unternehmens merklich nach. Am Ende ging es schneller als ursprünglich geplant: „Da war ein Fenster auf, da sind sie rein", meinte ein zeitgenössischer Beobachter. Ende 1985 segnete der Daimler-Benz-Aufsichtsrat den Kauf der AEG ab und nach der Genehmigung durch das Bundeskartellamt war die bis dahin größte Unternehmensübernahme in Deutschland innerhalb weniger Monate unter Dach und Fach.

Wenn es ein Unternehmen gab, bei dem man die „Bausteine-Theorie" anwenden konnte, dann war es die AEG: Obwohl in der Krise viele Geschäftsbereiche geschlossen oder verkauft worden waren, war die AEG auch 1985 noch immer das, was man gemeinhin als einen „Gemischtwarenladen" bezeichnet. Die Produktpalette reichte von mobilen Boden- und Bordradaranlagen über Solarmodule bis hin zu Schreibmaschinen und Kühlschränken. In einigen Bereichen hatte das Unternehmen eine technologische Spitzenposition, in anderen Geschäftsfeldern hinkte es dem Wettbewerb hinterher oder hatte schlichtweg zu hohe Kosten, um wettbewerbsfähig zu sein. Da die einzelnen Geschäftsbereiche weitgehend selbstständig agierten, hätte es eigentlich keine Schwierigkeiten machen dürfen, unerwünschte Geschäftsfelder abzugeben, „sobald sich dazu geeignete Möglichkeiten" ergaben, wie Edzard Reuter das beschrieben hatte.

Konzentrieren sollte sich die AEG auf vier Geschäftsfelder, die besonders aussichtsreich erschienen: Bürokommunikation, Automatisierungstechnik, Kommunikationstechnik und Mikroelektronik. Bei der Bahntechnik war man sich zunächst nicht schlüssig und wollte dazu weitere Untersuchungen durchführen. Von allen anderen Bereichen wie etwa der Energieverteilung, der Herstellung von Kabeln, aber auch von den Elektrowerkzeugen und den Hausgeräten wollte man sich trennen. Das war der Plan. Doch zunächst geschah gar nichts, wenn man von einigen kleinen Bereinigungen im Bereich der Dampfturbinen und bei den Kleinmotoren absieht. Ansonsten wurden die Geschäfte in allen übernommenen Bereichen nicht nur weitergeführt, sondern es wurde auch kräftig investiert – teilweise auch dort, wo man ursprünglich gar keine Zukunft sah. So heißt es im Daimler-Geschäftsbericht für das Jahr 1987, dass die Schwerpunkte der Investitionstätigkeit „in den Bereichen Hochfrequenztechnik, Hausgeräte und bei AEG Kabel“ lagen, alles Bereiche, die nicht zum Kreis der als „zukunftsträchtig“ eingeschätzten Geschäftsfelder gehörten. Seit 1986 wurden Jahr für Jahr weit über 1 Milliarde D-Mark für Investitionen sowie Forschung und Entwicklung in die AEG gepumpt, ohne dass sich nennenswerte und vor allem nachhaltige Effekte auf das Geschäftsergebnis des Unternehmens eingestellt hätten. Der Erfolg der Bemühungen, aus AEG einen weltweit agierenden Player im Hightech-Bereich zu machen, waren überschaubar, sodass auch Edzard Reuter in seinen „Erinnerungen“ später durchaus selbstkritisch einräumte, dass man „viel zu zaudernd vorgegangen“ sei anstatt „wohlbedacht, dann aber entschlossen zu handeln“.

Ein Grund für das Zögern bei der Neuausrichtung der AEG war, dass deren Vorstände dem Daimler-Vorstand Jahr für Jahr tolle Pläne für die einzelnen Geschäftsbereiche vorlegten, die dann, je länger das Jahr dauerte, wieder kassiert wurden. Dass sie mit dieser in Großunternehmen gern geübten Taktik über viele Jahre durchkamen, lag freilich nicht nur an der Naivität einiger Daimler-Vorstände, sondern auch an deren Unkenntnis über die einzelnen Geschäftsfelder bei der AEG. Im Autogeschäft konnte den Daimler-Managern kaum jemand etwas vorgaukeln. Aber welcher „Auto“-Mann wusste schon um die Spezifika des Geschäfts mit Anlagen für Hoch- und Mittelspannungstechnik, des Marktes für Photoelektronik und Solargeneratoren oder die Entwicklungstrends bei Briefsortier- und Verteilsystemen? So konnte man die Geschäftspläne im Grunde nur durchwinken, um dann zunehmend verbittert festzustellen, dass die zugesagten Umsatz- und Ergebnissteigerungen wieder einmal nicht eingetreten waren.

Hinzu kam erneut die unverhohlene Angst vor der „öffentlichen Meinung“. Niemand wollte sich dem Vorwurf aussetzen, „die AEG für die eigenen Zwecke ‚ausschlachten‘ zu wollen, anstatt ihr eine neue Zukunft als eigenständige Unternehmenseinheit zu eröffnen“ (Edzard Reuter). So unterblieb über viele Jahre, was eigentlich geboten gewesen wäre: unrentable Unternehmensteile und Werke zu verkaufen oder zu schließen. Das Ergebnis des Hinauszögerns war, dass man schließlich doch tun musste, was schon früher geboten gewesen wäre, und am Ende die „Grausamkeiten“ größer waren, als wenn man sie gleich nach der Übernahme begangen hätte.

Neben dem Zögern bei der Trennung von nicht-zukunftsfähigen Feldern lag das Daimler-Management auch bei der Auswahl der zukunftsfähigen Geschäftsbereiche falsch. Das gilt vor allem für das in der AEG Olympia zusammengefasste Geschäftsfeld der Bürokommunikation. Es bleibt bis heute ein Rätsel, warum man dieses Geschäftsfeld im Jahr 1985 zu jenen Bereichen zählte, die für die AEG langfristig Wachstumspotenziale eröffnen würden. Besonders schwer nachvollziehbar ist dies deshalb, weil gerade in jenen Tagen bei Daimler-Benz Unternehmensberater mit zumeist amerikanischem Hintergrund ein- und ausgingen. Die AEG konnte Schreibmaschinen, sie konnte sogar elektrische Schreibmaschinen, aber der Trend ging schon lange in eine ganz andere Richtung: Während sich in den USA mit Apple, Commodore und Microsoft Unternehmen formierten, die in den folgenden Jahren die Bürokommunikation vollständig revolutionieren sollten, plagte man sich bei der AEG mit unzulänglichen Mitteln an einem modularen Bildschirmtextsystem Olytext 20 und einem Mikrocomputer namens Olystar 60 herum. Wie konnte man ernsthaft glauben, in diesem Geschäftsfeld je einen Fuß auf den Boden zu bekommen? Es gab in Deutschland nur einen Dietmar Hopp, der mit seinen ehemaligen IBM-Kollegen in jenen Jahren den ersten, größten und international erfolgreichsten deutschen IT-Konzern, SAP, aufbaute – hätte es einen zweiten Dietmar Hopp gegeben, so hätte der wahrscheinlich nicht bei der AEG gearbeitet. Kurzum: Die AEG lag technologisch in diesem Bereich Lichtjahre hinter den amerikanischen Start-ups und es war völlig illusionär, diesen Rückstand, zumal am Standort Deutschland, aufholen zu können.

Nicht weniger unglücklich agierte man in einem anderen als zukunftsträchtig eingeschätzten Geschäftsfeld: der industriellen Automatisierungstechnik. Dort hatte die AEG zwar eine gute Ausgangsposition, schaffte es aber nicht, zu den auf diesem Gebiet weltweit führenden Unternehmen wie Siemens, Allan Bradley oder Fanuc aufzuschließen. Dazu trugen auch einige kapitale Fehleinkäufe von US-amerikanischen Unternehmen bei, von denen man sich eine Stärkung in diesem Geschäftsbereich versprochen hatte, die sich aber als völlige Flops herausstellten und das Unternehmen viel Geld kosteten. Ein weiterer Bereich, bei dem die AEG schon sehr früh mit dabei war und der sich in den folgenden Jahren als einer der Wachstumsmärkte schlechthin erweisen sollte, war die mobile Telefonie. Die AEG war auch international gesehen ein nicht ganz unwichtiger Player bei der Verbreitung des Autotelefons. In einer Zeit, in der solche Telefone noch rund 20 kg wogen und daher nur im Auto oder mit einem dafür speziell entwickelten Schultergurt genutzt werden konnten, in einer Zeit, in der man noch im leistungsschwachen C-Netz telefonierte und in der ein solches Gerät in der Regel um die 20.000 D-Mark kostete, hatte das AEG Telecar C eine große Verbreitung. Und so schwärmte man schon Mitte der 1980er-Jahre davon, dass man in einer nicht allzu fernen Zukunft Mobiltelefone anbieten könne, die in jede Hosentasche passen. Die kamen dann auch – allerdings nicht von der AEG, sondern von Ericsson, Motorola und Nokia. Die AEG fiel im Wettbewerb in diesem Bereich nicht zuletzt deshalb zurück, weil dort nun wiederum das Geld für die Entwicklung alltagstauglicher Mobiltelefone fehlte, das an anderer Stelle verplempert wurde.

Es gehört zur Ironie der Geschichte des „integrierten Technologiekonzerns“, dass ausgerechnet jener Geschäftsbereich, den man am wenigsten mit „Hochtechnologie“ in Verbindung brachte und der von Anfang an intern wie in der Öffentlichkeit belächelt wurde, im Grunde der erfolgreichste war: die „weiße Ware“, wie der Bereich Hausgeräte schon fast poetisch im Branchenjargon bezeichnet wurde. Bei Waschmaschinen, Kühlschränken und anderen Hausgeräten hatte die AEG nicht nur einen hohen Bekanntheitsgrad und eine starke Marktposition. Es war außerdem einer der wenigen Bereiche mit einer halbwegs ordentlichen, jedenfalls stabilen Ertragssituation. Umso sinnvoller wäre es gewesen, für diesen Bereich Investoren zu suchen, um damit die dort gebundenen Mittel für die Hochtechnologie-Bereiche einzusetzen. Tatsächlich suchte Daimler nach einem industriellen Partner für diesen Geschäftsbereich, aber die Bedingungen, die man an eine Übernahme oder Einbringung in ein Joint Venture stellte, waren für alle potenziellen Interessenten nicht attraktiv. So blieben die Hausgeräte fast bis zum bitteren Ende der AEG Teil des Daimler-Konzerns.

Die „Bausteine-Theorie" hat bei der AEG so wenig funktioniert wie bei Dornier. Die Vorstellung, „Bausteine zusammenzutragen", dann ihre „marktmäßigen, technologischen und personellen Potenziale genau kennenzulernen", um sie schließlich zum „Bestandteil einer umfassenden Strategie" zu machen, die Vorstellung, „interessante Wachstumsfelder" durch konzentrierten Einsatz zu stärken und die „übrigen Geschäftsfelder" abzugeben, „sobald sich dazu geeignete Möglichkeiten ergaben", war gerade bei einem Traditionsunternehmen von der Größe der AEG völlig unrealistisch. Hatte Edzard Reuter wirklich die gesellschaftliche Verantwortung vergessen, die ein Konzern wie Daimler-Benz bei der Übernahme eines maroden Unternehmens wie der AEG eingegangen war? Hatte er wirklich geglaubt, dass ein Unternehmen wie Daimler ohne öffentliche Abstrafung einen Konzern wie die AEG unter Ertragsgesichtspunkten neu strukturieren könnte? Oder hatte er sich schlicht von den gebetsmühlenhaft wiederholten, optimistischen Geschäftsplanungen der AEG einlullen lassen? Die AEG war vieles, aber sie war bestimmt keine Spielwiese für philosophische Experimente, für ein „piecemale engineering" mit ungewissem Ausgang.

So kam es, wie es kommen musste: Im Jahr 1991 hatte sich der Verlust bei der AEG binnen eines Jahres von 205 auf 624 Millionen D-Mark verdreifacht. Fünf lange Jahre hatte man sich kennengelernt, investiert und zugewartet, jetzt war man gezwungen, „entschlossen zu handeln" (Reuter). Ende 1990 war Heinz Dürr als AEG-Chef nicht ganz freiwillig von seinem Amt zurückgetreten. Bundeskanzler Helmut Kohl berief ihn an die Spitze der Deutschen Bahn. Ihm folgte ein Daimler-Eigengewächs: Ernst Georg Stoeckl, der zuvor die angeschlagene amerikanische Tochtergesellschaft Freightliner wieder auf Vordermann gebracht hatte. Jetzt musste er wieder den Sanierer spielen. Die Nachrichten, die jetzt in rascher Folge von der AEG kamen, waren bedrückend: Zum 31. Dezember 1991 wurden die in der AEG Olympia GmbH zusammengefassten Entwicklungs- und Fertigungsaktivitäten auf dem Gebiet der Büro- und Kommunikationstechnik eingestellt, zum 31. Dezember 1991 wurde die AEG Kabel an die französische Alcatel-Gruppe veräußert und zum 31. Dezember 1991 wurde der Bereich Elektrowerkzeuge an den schwedischen Industriekonzern Atlas Copco verkauft. Vor allem die Schließung von AEG Olympia mit über 3.600 Beschäftigten sorgte für Aufsehen und Aufregung. Noch zu Beginn hatte dieser Geschäftsbereich ganz oben auf der Liste der zukunftsträchtigen Geschäftsfelder gestanden. Jetzt war praktisch von heute auf morgen Schluss. Obwohl Daimler Milliarden in den Bereich investiert hatte, war die Empörung groß: „Rosinenpicker ohne Skrupel" titelte die ZEIT in einem Artikel vom 18. Oktober 1991 und warf dem Daimler-Konzernchef ein rücksichtsloses Vorgehen vor. Den finanziellen Schaden hatte man sich selbst eingebrockt, Hohn und Spott bekam man jetzt noch obendrauf. Wochenlang standen Mitarbeiter der AEG Olympia aus Wilhelmshaven vor dem Eingangstor der neuen Hauptverwaltung in Stuttgart-Möhringen, um gegen die Schließung ihres Werkes zu protestieren – vergeblich.

In der kartellrechtlichen Prüfung der Übernahme der AEG durch Daimler im Jahr 1985 hatte das Bundeskartellamt festgestellt, dass der Zusammenschluss aus wettbewerbspolitischer Sicht unbedenklich sei. In der Begründung für die Genehmigung hieß es lapidar: Die AEG verfüge in keinem Geschäftsfeld über eine marktbeherrschende Stellung und es sei auch nicht zu befürchten, dass die AEG eine solche Position selbst mit der Finanzkraft von Daimler-Benz aufbauen könne. Erstaunlich genug: Die Beamten des Bundeskartellamtes haben sich damit als weitsichtiger als die Manager des Daimler-Konzerns erwiesen. Hatte niemand in Stuttgart den Bescheid gelesen? Einen Grund, den „Baustein" AEG genauer unter die Lupe zu nehmen, hat darin offensichtlich niemand gesehen.

MBB: Die Flucht nach vorn

Der nächste „Baustein" war ein großer Brocken. Die Übernahme der Messerschmidt-Bölkow-Blohm (MBB) GmbH im Jahr 1988 sollte der Höhepunkt der 1985 begonnenen Diversifikationsstrategie sein, der – wie es Edzard Reuter später formulierte – „entscheidende Baustein" auf dem Weg zu einem integrierten Technologiekonzern. Tatsächlich wurde diese Übernahme zu einem Wendepunkt: Jetzt ging es offenkundig nicht mehr darum, das Automobilgeschäft zu stärken, sondern um nicht mehr und nicht weniger als um die Neuordnung der deutschen, ja der europäischen Luft- und Raumfahrtindustrie. War das nicht eine Nummer zu groß für ein Unternehmen, das bereits jetzt erkennbar Probleme mit der Neustrukturierung und Integration der beiden gerade erst erworbenen Unternehmen Dornier und AEG hatte? Edzard Reuter baute vor: Ja, erklärte er im Geschäftsbericht für das Jahr 1988, der Wandel, zu dem man sich entschlossen habe, schließe die „Bereitschaft ein, Risiken und Unbequemlichkeiten in Kauf zu nehmen". Ja, erklärte er im Geschäftsbericht für das Jahr 1989, „in neuer Formation" könne und werde das Unternehmen seine „Chancen in einer Welt suchen, die in vielfältige Bewegung geraten" sei. Ja, erklärte er schließlich im Geschäftsbericht für das Jahr 1990, ein Technologiekonzern sei eine „Mischung aus bewusst in Kauf genommenen Verlusten, also aus Vorleistungen für neue Geschäftsfelder, aus Ertragsquellen für Innovationen, also aus Cashflows, und aus geplanten Desinvestitionserlösen, also aus auslaufenden Geschäften." Und, offensichtlich die wachsende Nervosität der Aktionäre spürend, erklärte er zuversichtlich, „mit dem abgelaufenen Geschäftsjahr den Höhepunkt der Belastungen und Vorleistungen überschritten zu haben."

Die MBB, ein Zusammenschluss der drei namensgebenden Unternehmen, war ein Luft- und Raumfahrtkonzern und wie immer, wenn es um Luft- und

Raumfahrt geht, ein Konzern mit einem hohen Anteil an Rüstungsgütern. Zu seinem Produktprogramm gehörten nicht nur Flugzeuge, Hubschrauber und Satelliten, sondern auch Panzerabwehrraketen und andere Lenkwaffen. Vor allem aber war MBB etwas, was Dornier aufgrund seiner Größe nicht sein konnte: ein Systemführer in vielen internationalen Projekten. Das sicherte der MBB Macht und Einfluss, die sich auch auf die Profitabilität des Unternehmens auswirkten. Die MBB war weder ein Sanierungsfall noch ein Pleitekandidat, allerdings ein Unternehmen, das schwer zu kontrollieren und noch schwerer zu führen war.

Das Unternehmen war mehrheitlich in der Hand der Bundesländer Bayern, Hamburg und Bremen. Gleichzeitig war es die Muttergesellschaft der Deutschen Airbus GmbH, in der der deutsche Anteil des europäischen Airbus-Programms gemanagt wurde. Dieses Programm, das 1970 von Deutschland und Frankreich ins Leben gerufen worden war, hatte das Ziel, Verkehrsflugzeuge zu bauen, mit denen man dem Marktführer Boeing international wettbewerbsfähig entgegentreten wollte. Um das zu erreichen, war freilich viel Geld, sprich: staatliche Subventionen notwendig, von denen sich der Bund irgendwann einmal befreien wollte. Daher war man schon geraume Zeit auf der Suche nach einem privaten Investor, und nachdem BMW und Siemens abgewunken hatten, geriet Daimler-Benz als potenzieller Erwerber ins Visier des damaligen Aufsichtsratsvorsitzenden von Airbus, dem bayrischen Ministerpräsidenten Franz Josef Strauß. Den Bayern lockte der „unermessliche Reichtum“ des schwäbischen Autokonzerns, auch wenn er eine „bayrische Lösung“ mit BMW oder Siemens sicher bevorzugt hätte. Aber wenn nicht Bayern, dann eben die Schwaben.

Bei Daimler-Benz war längst Ernüchterung über den Erwerb der „Perle vom Bodensee“, Dornier, eingetreten. Zunehmend setzte sich bei Reuter und Niefer die Erkenntnis durch, dass Dornier viel zu klein war, um im Flugzeuggeschäft jemals auf einen grünen Zweig zu kommen. Also traten die beiden Strategen die Flucht nach vorne an. Mit der Übernahme von MBB wollte man vom kleinen zum großen Player, vom nationalen Mitspieler zum internationalen Kooperationspartner, vom Flugzeugbauer zum Systemführer in der Luft- und Raumfahrttechnik werden. Nach mehr als zweijährigen Gesprächen und Verhandlungen kam es schließlich im Herbst 1988 zum Showdown. In einer Aufsichtsratssitzung im November 1988 informierte Edzard Reuter das Aufsichtsratsgremium über die geplante MBB-Übernahme und die Konditionen, die dafür ausgehandelt worden waren. Unter anderem hatte man sich gegen die horrenden Verluste aus den Airbus-Aktivitäten weitgehend abgesichert: Die Bundesregierung erklärte sich bereit, die Risiken aus diesem Programm so lange zu übernehmen, bis Airbus eine komplette Flotte an Verkehrsflugzeugen anbieten konnte.

Herbert Lucy, Gesamtbetriebsratsvorsitzender bei Daimler-Benz, war ein pragmatischer, klar denkender und lebenskluger Mann. Er brachte auf den Punkt, was wohl auch andere zu erahnen begannen: Bislang hatte man die Unternehmensübernahmen damit begründet, dass man das Autogeschäft durch neue Technologiebereiche absichern wolle. Jetzt aber gehe es erkennbar um den Auf- und Ausbau des Luft- und Raumfahrtbereiches innerhalb des Konzerns, was so bislang nicht geplant und kommuniziert worden sei. Dem würden die Arbeitnehmervertreter nicht folgen. Auch der Aufsichtsratsvorsitzende, Alfred Herrhausen, der den Kurs von Reuter bislang aktiv unterstützt hatte, begann schwankend zu werden – sei es aus eigener Einsicht oder aufgrund des Drucks seiner Vorstandskollegen bei der Deutschen Bank. Er bezweifelte, ob Daimler-Benz über die notwendige Managementkapazität verfüge, um diese Herkulesaufgabe zu stemmen. Immerhin gehe es hier darum, nicht nur ein Unternehmen, sondern eine komplette Branche neu zu strukturieren. Die Entscheidung wurde auf eine weitere Sitzung im Dezember 1988 vertagt. Erst auf dieser Sitzung wurde die Mehrheitsbeteiligung an der MBB mit der Stimme von Alfred Herrhausen und den anderen Vertretern der Kapitalseite sowie der Vertreterin der Leitenden Angestellten, aber gegen die Stimmen der Arbeitnehmervertreter abgesegnet. Auch nach außen war nun unverkennbar, dass ein Riss durch das Unternehmen ging.

Damit war das Thema aber noch nicht durch: Am 17. April 1989 untersagte das Bundeskartellamt die Beteiligung von Daimler-Benz an MBB, weil dadurch in verschiedenen Bereichen eine wettbewerbspolitisch bedenkliche, marktbeherrschende Stellung entstehe. Genannt wurden unter anderem die Bereiche militärische Flugzeuge und Hubschrauber, Lenkwaffen, Triebwerke, unbemannte Kleinfluggeräte (Drohnen) und Wehrelektronik. Außerdem würde Daimler nach einer Übernahme von MBB rund 50 Prozent des Gesamtauftragsvolumens aller laufenden militärischen Beschaffungsprogramme und über 60 Prozent der entsprechenden staatlichen Entwicklungsprogramme kontrollieren. Die Reaktion des Bundeswirtschaftsministers, Helmut Haussmann von der FDP, erfolgte prompt: Am 6. September des gleichen Jahres erteilte er eine Ministererlaubnis für die Fusion, weil die wettbewerbsbeschränkenden Wirkungen des Zusammenschlusses weniger gewichtig seien als die gesamtwirtschaftlichen Vorteile der Privatisierung von MBB. Vor allem, so die Begründung, würden dadurch die öffentlichen Haushalte entlastet und die internationale Wettbewerbsfähigkeit der deutschen Luft- und Raumfahrtindustrie verbessert. Edzard Reuter hatte seinen Plan durchgesetzt und für seinen Biografen Hans Otto Eglau stand er jetzt „im Zenit seiner Karriere“. Im Zenit? Wahrscheinlich ungewollt – die Biografie erschien im Jahr 1991 – hatte Eglau den Begriff „Zenit“ verwendet. Denn Zenit bedeutet Höhepunkt. Rechnete auch er mit einem baldigen Abstieg seines Protagonisten?

Ein Wendepunkt war die Übernahme von MBB nicht nur mit Blick auf die strategische Ausrichtung des Unternehmens, das nun plötzlich der größte Player im Bereich der Luft- und Raumfahrt geworden war, sondern auch im Hinblick auf die Wahrnehmung des Unternehmens in der Öffentlichkeit. Hatten die Medien die Entwicklung bei Daimler-Benz bis zum Jahr 1988 überwiegend wohlwollend, nur gelegentlich mit einem leichten Unbehagen begleitet, so kam es jetzt, fast wie auf Kommando, zu massiven Angriffen gegen Daimler-Benz im Allgemeinen und Edzard Reuter im Besonderen. Es war nicht allein die schiere Größe des Konzerns, die Kritik und polemische Ausfälle provozierte, sondern vor allem die dominierende Position von Daimler-Benz im Rüstungsgeschäft. Dass das Unternehmen nach der Übernahme von MBB eine marktbeherrschende Stellung in vielen Bereichen hatte, die direkt oder indirekt den Rüstungsbereich betrafen, hatte das Bundeskartellamt in seiner Untersagungsverfügung schon festgestellt. Nun wurde daraus in einer SPIEGEL-Titelstory in Heft Nr. 31 im Jahr 1988 die „neue deutsche Rüstungsmacht". Von der „Waffenschmiede der Nation", einem „Rüstungsmoloch" und einem „Wehrgiganten" war da die Rede, der als „politische Großmacht der Republik" und als „selbstbewusster Monopolist" dafür sorgen werde, dass sich die beamteten „Beschaffer für Krieg und Frieden auf harte Preisdiktate" einstellen müssten. Doch damit nicht genug: Die SPIEGEL-Autoren stellten das sich unter der Führung von Daimler-Benz „formierende Waffen-Reich" in eine historische Kontinuität mit der Rolle des Unternehmens im Dritten Reich. Geschickt formuliert unterstellte man dem Konzern, er wolle „nach gut 40 Jahren Schamfrist, dort wieder anknüpfen, wo es durch den Sieg über den Faschismus gestoppt worden war". Und um dem Ganzen die Krone aufzusetzen, illustrierte man diese dann doch etwas abenteuerlich anmutende Aussage mit einem Bild des „Mercedes-Freund Hitler", der stehend in einem Fahrzeug der Marke bei einem seiner zahlreichen öffentlichen Triumphzüge zu sehen war.

Da half es wenig, dass Alfred Herrhausen als Aufsichtsratsvorsitzender in einem langen Interview in der gleichen Ausgabe des SPIEGELs darauf hinwies, dass der Anteil der Wehrtechnik bei Daimler-Benz auch nach der Übernahme von MBB bei kaum mehr als 10 Prozent liege und man nicht nur erwarte, sondern hoffe, dass die Rüstungsindustrie schrumpfen werde: „Auch Daimler-Benz", so Herrhausen weiter, „setzt sich für erfolgreiche weitere Abrüstungsbemühungen ein und wird nicht aus vordergründigem Eigeninteresse das Gegenteil anstreben, ganz sicher nicht." Auch in anderen führenden Wochenmedien wie der ZEIT und dem damals noch meinungsbildenden STERN herrschte ein scharfer, mitunter auch gehässiger Ton, so etwa, wenn nach der Ministererlaubnis für den Zusammenschluss von einem entstehenden „militärisch-industriellen Komplex" in Deutschland die Rede war – ein Begriff, der häufig auch von RAF-Terroristen verwendet wurde. Der Sozialdemokrat Edzard Reuter war über solche Vorwürfe und Unterstellungen echauffiert und sein ohnehin inzwischen angespanntes Verhältnis zur Presse bekam jetzt tiefe Risse. Die wenigen prominenten Befürworter der Übernahme, wie etwa Ex-Bundeskanzler Helmut Schmidt in einem Beitrag für die ZEIT am 28. Juli 1989, gingen im Trommelfeuer der öffentlichen Kritik weitgehend unter. Die Angst des Betriebratschefs Herbert Lucy, die hinter vorgehaltener Hand auch von einigen Daimler-Vorständen geteilt wurde, dass die Marke Mercedes-Benz durch die permanente Berichterstattung über den „Rüstungskonzern" Daimler-Benz beschädigt werden könnte, war jedenfalls nicht unberechtigt. Aus dem erfolgsverwöhnten Aushängeschild der deutschen Wirtschaft, über Jahrzehnte hinweg respektiert und bewundert, war fast über Nacht der Buhmann der Nation geworden. Der „entscheidende Baustein" auf dem Weg zum Technologiekonzern war tatsächlich ein gewaltiger Brocken, den es nicht nur intern, sondern auch in der Öffentlichkeit zu verdauen galt.

„Structure follows strategy": Der Konzern erfindet sich neu

Acht Jahre nach dem Rückzug von Joachim Zahn war der Konzern nicht mehr wiederzuerkennen. Er beschäftigte sich jetzt mit Produkten und Märkten, die mit dem einstigen Kerngeschäft wenig bis gar nichts mehr zu tun hatten. Die Überforderung des Managements war nicht zu übersehen. Der einst glänzende Ruf des Unternehmens war ramponiert, die Mitarbeiter zwischen den negativen Schlagzeilen, die das Unternehmen ständig produzierte, und ihrem nach wie vor vorhandenen Stolz, für den „Stern" arbeiten zu dürfen, hin- und hergerissen. Nach dem Wildwuchs an neuen Geschäftsbereichen und Geschäftsfeldern war eine Neuorganisation des Konzerns überfällig. „Structure follows strategy" heißt es in den Management-Lehrbüchern. Die Strategie hatte sich verändert, jetzt galt es die Struktur an die neuen Realitäten anzupassen. Vor allem war klar geworden, dass die Managementkapazität zum entscheidenden Engpassfaktor bei der Übernahme und Integration der neu „zugewachsenen" Geschäftsfelder geworden war. Die Vielfalt und damit auch die Komplexität, die ins Unternehmen gekommen war, konnte mit der bisherigen Führungsorganisation nicht bewältigt werden. Die war ohnehin im Laufe der Jahre zu einem Mischmasch geworden: Auf der einen Seite gab es Vorstände, die für bestimmte Funktionen wie Entwicklung, Produktion, Vertrieb, Personal und Controlling zuständig waren, auf der anderen Seite aber auch Vorstände, die für ein gesamtes Unternehmen Verantwortung trugen und ebenfalls einen Sitz im Gesamtvorstand hatten, wie Heinz Dürr für die AEG, Johann Schäffler für Dornier und Hans Dinger für die MTU. Das führte zu Überschneidungen in den Verantwortlichkeiten, unsauber definierten Schnittstellen und damit unvermeidlich auch zu Konflikten zwischen den verschiedenen Verantwortlichen für „Funktionen" und „Divisionen". Die neue Struktur musste so gestaltet werden, dass die einzelnen Unternehmensbereiche relativ selbstständig agieren konnten und gleichzeitig ihre Zusammenarbeit reibungslos funktionierte, ohne dass sich der Vorstand ständig mit Detailfragen aus den Geschäftsbereichen befassen musste und das Gremium weiter aufgebläht wurde.

Die – natürlich – mit der Unterstützung einer amerikanischen Unternehmensberatung erarbeitete Lösung hieß: Geschäftsführende Holding. Das Konzept war ebenso einfach wie überzeugend: Das operative Geschäft, also im wesentlichen Entwicklung, Produktion und Vertrieb, wurde in vier „Divisionen" gebündelt und darüber eine schlanke Holding angesiedelt, die neben dem Finanz- und Rechnungswesen die strategische Planung und einen zentralen Forschungsbereich umfassen sollte. Der Grundgedanke dabei war, die notwendige Marktnähe und gleichzeitig die Integration des Konzerns sicherzustellen und – insbesondere über das zentrale Forschungsressort – die angestrebten technologischen Synergie-Effekte zu realisieren. Die Holding sollte allerdings nicht nur wie eine Finanzholding überwachend und koordinierend, sondern „geschäftsführend" sein, indem sie die strategische Ausrichtung der einzelnen Unternehmensteile bestimmen und die finanziellen Mittel entsprechend den jeweiligen vom Gesamtkonzern her definierten Prioritäten den verschiedenen Geschäftsbereichen zuweisen sollte. Das gesamte Konstrukt erforderte zwischen Holding und Divisionen ein umfassendes und transparentes Berichtssystem, das es der Holding erlaubte, direkt Einblick in die jeweiligen Geschäftsaktivitäten in den einzelnen Geschäftsbereichen zu bekommen. Nur so war es möglich, dass Fortschritte kontrolliert, Schwachstellen aufgedeckt und die Steuerungsinstrumente effizient eingesetzt werden konnten.

Die Divisionen, die gebildet wurden, waren jeweils rechtlich selbstständige Unternehmen, die als Tochtergesellschaften der Daimler-Benz AG geführt wurden. Also fasste man das Fahrzeuggeschäft, PKW- und Nutzfahrzeuge, in der dazu gegründeten Mercedes-Benz AG zusammen – ein Novum in der Unternehmensgeschichte. Für die Luft- und Raumfahrttechnik wurde ein neues Unternehmen gegründet, die Deutsche Aerospace (DASA), in der die entsprechenden Aktivitäten von MBB, Dornier und AEG gebündelt wurden. Die dritte Division war die Rest-AEG und in der vierten Division, der debis, fasste man die Dienstleistungsaktivitäten und hier vor allem die Finanzdienstleistungen zusammen. Die personellen Zuordnungen waren – bis auf eine Ausnahme – schnell gefunden. Mercedes-Benz wurde durch den Reuter-Gefährten Werner Niefer geführt, die AEG zunächst durch Heinz Dürr und nach dessen Ausscheiden durch Ernst Georg Stoeckl, die debis durch den ehemaligen Finanzvorstand Dr. Manfred Gentz. Allein die DASA brauchte auch noch einen Chef und da stand man vor einer gewichtigen Entscheidung: Sollte man einen ausgewiesenen Experten aus dem Bereich der Luft- und Raumfahrt wählen oder einen Manager, der völlig unbelastet und völlig unabhängig von irgendwelchen Seilschaften die notwendige Neuordnung in diesem ziemlich zusammengewürfelten Geschäftsbereich vornehmen könnte? Man entschied sich für die zweite Alternative und Edzard Reuter hatte auch schon einen Kandidaten im Auge: Jürgen E. Schrempp. Der war nach dem Himmelfahrtskommando bei Euclid und seinem zweiten Südafrika-Aufenthalt zwischenzeitlich im Geschäftsbereich Nutzfahrzeuge gelandet, wo er für den Vertrieb verantwortlich war. Schrempp zierte sich, als Reuter ihm das spannende Angebot machte, die DASA zu führen. Ob dahinter echte Zweifel standen, ob er diese Aufgabe lösen könne, oder bloße Taktik – wer weiß es?

Die neue Führungsorganisation war auf dem Papier so klar und logisch, dass sie aus einem Lehrbuch für Unternehmensorganisation hätte stammen können. Sie war in ihrer Mischung aus Zentralisierung und Dezentralisierung ein gut komponiertes, aber dennoch fragiles Gebilde. Allein die ungleichgewichtige Bedeutung der einzelnen Divisionen, sowohl im Hinblick auf die getätigten Umsätze als auch im Hinblick auf die Profitabilität – war ein nicht zu übersehendes Risiko für das Funktionieren und den Bestand dieser Konstruktion. Die Mercedes-Benz AG brachte es im Jahr 1989 auf einen Umsatz von über 56 Milliarden D-Mark. Bei der AEG waren es 12, bei der DASA lediglich knapp 8 Milliarden D-Mark. Noch eindeutiger war das Ungleichgewicht bei der Ertragskraft. Es war ein offenes Geheimnis, dass sich der Konzern über all die Jahre hinweg im Wesentlichen aus den Gewinnen im PKW-Geschäft finanzierte, während die anderen Töchter nur Geld kosteten. Konnte man da ernsthaft erwarten, dass ein Daimler-Direktor einen AEG-Direktor als gleichberechtigtes Mitglied des obersten Führungskreises anerkennen würde? Das angestrebte Ziel, in den Märkten getrennt zu marschieren und im Konzern doch Synergie-Effekte zu realisieren, wäre nur dann zu erreichen gewesen, wenn allen Beteiligten den guten Willen gehabt hätten, diese neue Struktur partnerschaftlich zu leben. Doch wie so häufig sind Konstrukte, die einen „guten Willen" für ihr Funktionieren voraussetzen, nicht von Dauer.

Was bei der Neugestaltung einer Unternehmensorganisation leicht übersehen wird, ist, dass die Neuausrichtung der Strategie zwar in der Regel die Neuausrichtung der Unternehmensstruktur erfordert, dass aber auch umgekehrt die Struktur auf die Strategie und vor allem deren Umsetzung zurückwirkt. Der Grundsatz „structure follows strategy" ist insofern keine Einbahnstraße. Es gilt auch: „strategy follows structure". Wer das nicht berücksichtigt, gerät leicht in eine Sackgasse. Strukturen prägen das Verhalten von Menschen. Schon in einem funktionierenden Unternehmen wäre es nicht einfach gewesen, die angestrebte Balance zwischen der Zentrale, also der „Geschäftsführenden Holding", und den Tochtergesellschaften einigermaßen stabil und konfliktfrei zu halten. Um wieviel schwieriger war das dann in einem Unternehmen, das gerade erst auf dem Reißbrett neu erfunden worden war und in dem die Divisionen mit großen und wachsenden Problemen zu kämpfen hatten. Aus der DASA eine schlagkräftige Einheit zu machen, war eine Herkulesaufgabe. Die AEG war eine Dauerbaustelle. Die neu geschaffene debis musste sich erst noch einen Platz im Unternehmen erkämpfen. Und die altehrwürdige Mercedes-Benz AG strotzte zwar noch vor Selbstvertrauen, sah sich aber schon bald ganz ungewohnten Herausforderungen gegenüber.

Es geschah, was geschehen musste: Die Divisionen entwickelten mehr und mehr einen Bereichs-Egoismus. Das war deshalb so naheliegend, weil deren Chefs weder im Aufsichtsrat noch in der Öffentlichkeit am Erfolg des Gesamtkonzerns, sondern allein am Erfolg „ihres" Unternehmens gemessen wurden. Es wurde geplant, restrukturiert, optimiert, investiert, zugekauft und abgestoßen – alles allein mit dem Ziel, den eigenen Unternehmensbereich nach vorne zu bringen. Die Belange des Gesamtkonzerns, seine Ergebnisziele, die strategische Konzernplanung und die versprochenen Synergie-Effekte – das war alles schön und gut. Aber zuerst und vor allem ging es darum, den eigenen Laden auf Vordermann zu bringen, um mit guten Geschäftszahlen glänzen zu können. Die Abschottung der einzelnen Unternehmensbereiche gegeneinander war daher schon nach wenigen Monaten unübersehbar. Damit einher ging, dass die Holding, die ja eine „geschäftsführende" sein wollte, sich immer wieder in die Geschäfte der Tochtergesellschaften einmischte oder besser: einzumischen versuchte. Sie forderte Berichte, hatte Fragen zum Geschäftsmodell und lud zu Abstimmungsgesprächen ein, wo die Unternehmensbereiche doch ohnehin schon mit dem operativen Geschäft alle Hände voll zu tun hatten. Natürlich hatte sich die Geschäftsführende Holding Entscheidungsrechte gegenüber den Divisionen gesichert, „zustimmungspflichte Angelegenheiten" hieß das. Aber Entscheidungsrechte kann sinnvoll nur ausüben, wer Kompetenz besitzt. Und die Kompetenz lag eben nicht in der Holding, sondern bei den operativen Einheiten.

Das heißt nicht, dass in den Divisionen keine Fehler gemacht wurden. Im Gegenteil: Es wurden sogar gravierende Fehler gemacht. Aber das Problem lag darin, dass es in der Holding keine „höhere Weisheit" gab, die diese Fehler hätte aufdecken und verhindern können. Das vielleicht spektakulärste Beispiel für ein solches „Systemversagen" war der Kauf des niederländischen Flugzeugherstellers Fokker. Jürgen Schrempp hatte die Übernahme des angeschlagenen Unternehmens vorgeschlagen, weil er damit die Regionalflugaktivitäten in der DASA im Verbund mit denen bei Dornier stärken wollte. Eine dramatische Fehleinschätzung, wie sich schon bald zeigen sollte. Wo aber waren da die Konzernstrategen, die diese Übernahme verhindert hätten? Der Kauf wurde im Vorstand durchgewunken, weil niemand in der Geschäftsführenden Holding mehr Expertise hatte (oder sie sich vielleicht auch nur nicht zutraute) als die Verantwortlichen bei der DASA. Die Geschäftsführende Holding hatte bei diesem nun tatsächlich „strategischen" Projekt – zustimmungspflichtige Angelegenheit hin, zustimmungspflichtige Angelegenheit her – ihre Aufgabe schlichtweg nicht wahrgenommen. Schrempp wollte Fokker, also bekam er Fokker.

Nichts zu sehen war auch von den vielbeschworenen Synergie-Effekten zwischen den verschiedenen Geschäfts- und Unternehmensbereichen. Man hatte ein zentrales Forschungsressort eingerichtet und mit dem Karlsruher Universitätsprofessor Hartmut Weule besetzt. Weule war zweifellos ein hervorragender Wissenschaftler und Leiter eines renommierten Hochschulinstitutes. Aber wer konnte ernsthaft glauben, er könne sich gegen seine gestandenen und „kampferprobten" Kollegen im Daimler-Benz-Vorstand durchsetzen, wenn es um das Zusammenführen verschiedener Technologien oder auch nur um die gemeinsame Durchführung von Workshops mit Experten aus den unterschiedlichen Unternehmensbereichen ging? Weule war ein Herrscher ohne Reich, weil ihm die Entwicklungschefs der Unternehmensbereiche schlichtweg ihre Gefolgschaft versagten und seine Initiativen ins Leere laufen ließen.

Die Geschäftsführende Holding war eine auf dem Papier mächtige, in der Realität aber machtlose Zentrale gegenüber den „Stammesfürsten" in den Divisionen. Wie machtlos, musste auch schon bald Edzard Reuter erfahren. So beklagt er sich in seinen „Erinnerungen" darüber, dass es außer dem Nutzfahrzeugchef Helmut Werner und Manfred Gentz, Leiter der debis, keiner seiner anderen Kollegen für nötig hielt, „wesentliche Vorgänge ohne den äußeren Zwang formeller Sitzungen rechtzeitig und umfassend mit mir abzustimmen". Hatte er das wirklich erwartet? Jürgen Schrempps spätere, böse Schmähung der Konzernzentrale in Möhringen als „Bullshit Castle" traf – vielleicht nicht in der Wortwahl, wohl aber dem Sinn nach – durchaus die Meinung einer großen Zahl von Führungskräften und Mitarbeitern in den Unternehmensbereichen. Die Zentrale hatte das Image einer Ansammlung von gutbezahlten „Strategen", die die operativ tätigen Mitarbeiter nicht unterstützten, sondern nur von der Arbeit abhielten. Das war natürlich ungerecht, aber diese Einstellung bestimmte nun einmal das Verhalten der „Töchter" gegenüber der „Mutter". Das Urteil über die Neustrukturierung des Unternehmens im Jahr 1989 ist daher schnell gesprochen: Sie war – wie so vieles in jener Zeit – konzeptionell ein großer Wurf, in der Praxis aber nicht lebensfähig. Vor allem war sie kein Schritt in Richtung „integrierter Technologiekonzern“, denn die „Divisionalisierung“ stärkte nicht die integrierenden, sondern die zentrifugalen Kräfte im Konzern. Es wuchs nicht zusammen, was zusammengehören sollte. Der „integrierte Technologiekonzern“ war auch noch im Jahr 1994, dem letzten Amtsjahr von Edzard Reuter, nicht mehr, sondern weniger als die Summe seiner Teile, er war stark an Hirn und Geist, ein wenig schwach auf der Brust, vor allem aber stand er auf wackeligen Beinen: ein Koloss auf tönernen Füßen.

Kapitel 5

Aus der Zeit gefallen – Der Niedergang der Marke Mercedes-Benz

Kann man die Geschichte von Mercedes-Benz in den 1980er-Jahren erzählen, ohne den Namen Edzard Reuter zu erwähnen? Man kann. Es gibt keine Idee, keine strategische Weichenstellung und kein neues Fahrzeug, das mit dem Namen des Vorstandsvorsitzenden verbunden wäre. Reuter, der den Konzern praktisch im Alleingang umkrempelte, hat bei der Marke Mercedes-Benz keine Spuren hinterlassen. Es ist offensichtlich: Das Autogeschäft ist ihm immer fremd geblieben. Dabei hätte Mercedes-Benz gerade in dem Jahrzehnt zwischen 1980 und 1990 einen – wenn nicht genialen, dann doch wenigstens kreativen und empathischen – „Car Guy“ gebraucht. Die Welt des Automobils war im Wandel, das Kundenverhalten veränderte sich und der Wettbewerb wurde härter. Die „Wirtschaftswunder“-Welt, in der man die Marke Mercedes-Benz niemandem erklären musste, war definitiv zu Ende. Jetzt, in den 1980er-Jahren, galt es, das Verhältnis zwischen Tradition und Innovation neu zu definieren, die Sonderstellung, die Mercedes-Benz im Automobilmarkt über viele Jahrzehnte innehatte, neu zu begründen. Die Marke hat diese Prüfung nicht bestanden. Am Ende des Jahrzehnts schien sie irgendwie aus der Zeit gefallen zu sein.

Die Sache mit den Peilstäben

„Fehler in der Autoelektronik enden häufig so." Die Anzeige erschien im Jahr 1991 in fast allen großen deutschen Tageszeitungen und Wirtschaftsmagazinen. Sie zeigt einen Mann mit dunkelblauem Anzug und Krawatte am Straßenrand, nachts, mit einem Mantel, den er über den Arm gelegt hält, und einem Aktenkoffer, den er neben sich abgestellt hat. Er streckt den rechten Arm aus und hält den Daumen nach oben, um ein eventuell vorbeikommendes Auto zu stoppen: „Bitte nehmen Sie mich mit" steht kleingedruckt am unteren Bildrand. „Mit der Elektronik in Ihrem Auto", heißt in einem für eine Zeitungsanzeige viel zu langen Text, „ist es wie mit einem Computer in Ihrem Unternehmen: eine echte Hilfe, wenn er funktioniert – ein echter Alptraum, wenn nicht. Die Erfahrungen, die einige Fahrer von Oberklasse-Autos mit der Elektronik machen mussten, sind bekannt – und waren für die Betroffenen sehr ärgerlich. Besonders nachts am Straßenrand. Mercedes-Benz stand der allgemeinen Elektronik-Begeisterung immer sehr reserviert gegenüber. Und viele ADAC-Straßenwachtfahrer haben diese Reserviertheit mit uns geteilt: Was nützt der schönste digitale Fortschritt unter der Haube, wenn schon eine leicht gelockerte Steckverbindung zusammen mit einem Spritzer Feuchtigkeit den König auf der Überholspur zum Tramper am Straßenrand macht?"

Die Anzeige war Teil der Markteinführungskampagne für die neue S-Klasse, den W140, für ein Auto also, das in den Augen der Öffentlichkeit wie kein anderes für Spitzentechnologie und Fortschritt stand. Und ein solches Auto wird mit einer offensichtlichen Kampfansage an die „Elektronik" im Auto beworben? Hatten sich die Herren in der Werbeabteilung bei Mercedes-Benz geirrt? Konnte man eine Marke, die nicht für, sondern gegen einen der wichtigsten technologischen Trends – nämlich den zunehmenden Einsatz von digitalen Systemen und Bauteilen im Auto – Front machte, noch ernst nehmen? Glaubte man im Hause Mercedes-Benz wirklich, dass Autokäufer eine solche Anzeige, die offensichtlich gegen einen jungen, dynamischen Wettbewerber aus München gerichtet war, goutieren würden? Die Anzeige irritierte. Das Auto, um das es ging, allerdings auch.

Die neue S-Klasse wurde im März 1991 auf dem Genfer Automobilsalon vorgestellt. Der W140 löste nach über zwölfjähriger Laufzeit die Baureihe W126 ab, das bis dahin erfolgreichste Spitzenmodell des Hauses. Der Anlass für die Präsentation des neuen Modells, der Genfer Automobilsalon, war gut gewählt, der Ort und die Inszenierung waren es nicht. Man hatte sich nämlich entschieden, das neue Modell in einem Hotel, dem Noga Hilton im Zentrum von Genf, der Presse und einem ausgewählten Fachpublikum vorzustellen. Wer den Vorabend der Präsentation im Hotel erlebt hat, wird ihn wohl nie vergessen. Der Konferenzraum, in dem das Auto präsentiert werden sollte, wäre auch schon für ein „normales" Auto klein gewesen. Für die mächtige S-Klasse war er viel zu klein. Er ließ das Auto, das schon im Vorfeld wegen seiner Abmessungen beargwöhnt wurde, noch viel größer erscheinen, als es ohnehin war. Mühsam wurde von einem durch die anwesenden Vorstände aufgescheuchten Organisationsteam versucht, die Dekoration, die Ausstattung und die Beleuchtung des Raumes zu verändern, um zu retten, was noch zu retten war. Es half alles nichts: „Ich konnte an ihrer Körpersprache ablesen, was die Journalisten davon hielten", erinnerte sich später PKW-Chef Jürgen Hubbert an diese Präsentation.

Das Auto fiel nicht nur aus dem Rahmen der Inszenierung, sondern auch aus seiner Zeit. In einer Welt, die gerade in eine schwere Wirtschaftskrise hineinschlitterte, wirkte es zu protzig. In einer Zeit, in der alle Welt über Ressourcenschonung und Umweltverträglichkeit redete, sah die S-Klasse wie die in Blech gekleidete Verantwortungslosigkeit gegenüber der Umwelt aus. Und in einer Zeit, in der Sportlichkeit und Dynamik angesagt waren, strahlte die S-Klasse den herben Charme eines Reliktes aus einer anderen Zeit aus: eine „Kathedrale auf Rädern", wie ein BMW-Manager schon bald nach der offiziellen Vorstellung hämisch bemerkte. Kein Wunder also, dass die neue S-Klasse zum am meisten kritisierten und bespöttelten Auto des Jahres 1991 wurde: zu groß, zu schwer, zu altbacken. Hinzu kamen noch einige wirklich slapstickhafte Mängel, die in der Öffentlichkeit genüsslich ausgebreitet wurden: Das Auto war so groß, dass es auf keinen Autoreisezug passte, was zwar kaum einen S-Klasse-Käufer wirklich interessierte, denn der fuhr nicht Autoreisezug. Aber es war eben ein Manko, über das sich trefflich witzeln ließ. Außerdem war das Auto bei Vollausstattung so schwer, dass die Gefahr bestand, mit übergewichtigen Insassen das zulässige Gesamtgewicht zu überschreiten: „Ist das Auto vielleicht nicht doch etwas zu groß für einen Zweisitzer", lauteten die spöttischen, aber eher noch harmlosen Kommentare von Fachjournalisten zu einem Gewichtsproblem, das in dieser Form nie hätte passieren dürfen. Doch das alles war ein gelindes Vorspiel für das, was die professionellen Autotester an dem Fahrzeug noch entdeckten.

Am Heck des Autos befanden sich zwei Peilstäbe. Sie hatten die Funktion, dem Fahrer des über 5 Meter langen und knapp 1,90 Meter breiten Kolosses beim Einparken zu helfen. Legte der Fahrer den Rückwärtsgang ein, gingen sie langsam nach oben, so dass sie als Orientierungshilfe genutzt werden konnten. Das sah lustig aus, war es aber nicht. Zwei Peilstäbe in einer Zeit, in der sich die Sensorik zu einer der Schlüsseltechnologien des Jahrzehnts entwickelte und andere Hersteller kurz vor der Serieneinführung von intelligenten Parksensoren standen? Das war nicht nur antiquiert, sondern im Grunde auch eine Bankrotterklärung für den „integrierten Technologiekonzern", der doch mit der Vision angetreten war, Hochtechnologie aus der Luft- und Raumfahrt in das Automobil zu transferieren. Die Peilstäbe waren eine derart lächerliche Lösung für den Stil eines Autos wie der S-Klasse, dass es besser gewesen wäre, auf jegliche Form von Einparkhilfe zu verzichten, zumal das bei einem Auto wie der S-Klasse, die weltweit überwiegend nicht als Selbstfahrer-, sondern als ein Chauffeurs-Auto genutzt wurde, ohnehin überflüssig war.

Die Blamage war perfekt. Peilstäbe am Heck eines Autos – auf diese Idee musste man an der Schwelle zum 21. Jahrhundert erst einmal kommen. Die

Journalisten schüttelten den Kopf, der Wettbewerb freute sich. Erst wenige Jahre davor, in seiner Hommage an die Marke, hatte DER SPIEGEL gemeint: „Mercedes-Produkte sind unerreichtes Vorbild für die Konkurrenz. Und dabei wird es wohl noch einige Zeit bleiben.“ Es ist nicht so geblieben. Mit der neuen S-Klasse hatte der Entwicklungsbereich, jahrzehntelang Glanzstück des Unternehmens, das Image der Unfehlbarkeit definitiv verloren. Wie hatte das passieren können?

Die Jagd nach Stückzahlen

Bis 1988 liefen die Geschäfte bei Mercedes-Benz gut. Dann kam der Umschwung. Freilich: Mit der Datierung von Wendepunkten in der Entwicklung eines Unternehmens hat es in der Automobilbranche seine eigene Bewandtnis. Die Automobilindustrie ist eine langzyklische Branche, was vor allem an den langen Planungs- und Entwicklungszeiträumen in der Modellpolitik begründet liegt. Zwei bis drei Jahre dauert es heute, bis ein neues Modell das Licht der Welt erblickt, in den 1980er-Jahren waren es noch drei bis vier Jahre. Nicht selten führt das dazu, dass der Nachfolger an der Spitze eines Automobilherstellers für die richtigen Entscheidungen seines Vorgängers gelobt oder für dessen Fehler gescholten wird. Wenn also 1988 ein Wendepunkt bei Mercedes-Benz war, wenn von diesem Zeitpunkt an die Kurve ganz eindeutig nach unten wies, dann heißt das nicht, dass ab diesem Jahr alles falsch gemacht wurde und die Welt davor in Ordnung war. Im Grunde reichen die Fehler bis an den Anfang des Jahrzehnts zurück, deren Auswirkungen man erst gegen Ende des Jahrzehnts zu spüren bekam und die dann fast geradlinig in die größte Krise des PKW-Geschäftes in den Jahren 1992/93 mündeten. Es war nicht einer, es waren viele, die dafür die Verantwortung trugen.

Die 1980er-Jahre waren, wirtschaftlich gesehen, kein schlechtes Jahrzehnt, auf jeden Fall ein sehr viel besseres, als viele erwartet hatten. Das alte Jahrzehnt hatte in allen großen Volkswirtschaften der Welt mit großen Problemen geendet. Das sollte sich ändern, als am 4. November 1980 ein viel belächelter, als Cowboy-Darsteller in Hollywood-Filmen bekannt gewordener Schauspieler amerikanischer Präsident wurde. Mit einer grandiosen Mehrheit von 489 zu 49 Stimmen im Wahlmänner-Gremium kegelte Ronald Reagan den amtierenden Präsidenten Jimmy Carter aus dem Präsidentenamt. Dass Reagan viel von Wirtschaftspolitik verstand, hätten wahrscheinlich auch seine größten Anhänger nicht ernsthaft behauptet. Was einen klugen Ignoranten von einem dummen unterscheidet, ist, dass er sich gute Berater sucht und ihren Ratschlägen folgt. Die Berater von Ronald Reagan lehrten an der University of Chicago und hatten daher auch bald ihren Spitznamen weg: Man nannte sie einfach die „Chicago Boys“. Ihr Anführer war der spätere Nobelpreisträger Milton Friedman. Das wirtschaftspolitische Credo der Chicago Boys war, dass man eine Wirtschaft wieder in Schwung bringen könne, wenn man die Investitionsbedingungen für die Unternehmen durch Steuersenkungen verbessere und dadurch neue Arbeitsplätze schaffe. Die Reagan-Administration folgte dem Vorschlag und er funktionierte. Das neue, angebotsorientierte Konzept der Wirtschaftspolitik, bald auch als „Reaganomics" verballhornt, führte zu einer Erholung der darniederliegenden größten Volkswirtschaft der Welt und zog damit auch die gesamte Weltwirtschaft aus ihrer jahrelangen Stagnation heraus. Reagan bekam bald weltweit Nachahmer wie zum Beispiel in Großbritannien in Gestalt einer Premierministerin namens Margret Thatcher und auch in Deutschland griff man unter Bundeskanzler Helmut Kohl den einen oder anderen Gedanken einer „angebotsorientierten" Wirtschaftspolitik auf.

Einer konjunkturabhängigen Branche wie der Automobilindustrie tat die allgemeine Wirtschaftserholung gut. Ab 1982 stieg der weltweite Automobilmarkt sieben Jahr lang ohne Unterbrechung, und zwar von 27,2 Millionen auf 36,0 Millionen Einheiten im Jahr 1989, also um immerhin fast ein Drittel. Das stand in einem deutlichen Gegensatz zu dem im „Strategiepapier" von Edzard Reuter verbreiteten Pessimismus, aber das Papier hatte ja zwischenzeitlich seinen Zweck erfüllt: Edzard Reuter war Vorstandsvorsitzender geworden und das Unternehmen auf dem Weg zum „integrierten Technologiekonzern". Auch bei Mercedes-Benz liefen die Geschäfte gut. Dazu trug nicht zuletzt die im Herbst 1982 neu in den Markt eingeführte dritte Baureihe bei: der 190er oder, wie er werksintern hieß, der W201.

Die Überlegungen, ein unterhalb der mittleren Baureihe angesiedeltes Fahrzeug anzubieten, gab es schon lange. Wenn man so will, reichen sie bis ins Jahr 1958 zurück. Als man damals die marode Auto Union GmbH übernahm, tat man dies mit der Absicht, das Modellangebot des Konzerns nach unten abzurunden, um am starken Wachstum des Volumensegments partizipieren zu können. Doch vieles spricht dafür, dass diese Akquisition nicht wirklich strategisch angelegt war, sondern eher auf Wunsch eines der Großaktionäre, Friedrich Flick, erfolgte, der an der Auto Union kapitalmäßig beteiligt war. Der Verkauf an Daimler-Benz war eine elegante Möglichkeit, sein Engagement bei der Auto Union gewinnbringend zu beenden, während man sich anschließend bei Daimler-Benz jahrelang ziemlich lust- und planlos mit dieser Tochtergesellschaft herumschlug, ehe man sie 1964 an den Volkswagen-Konzern verkaufen konnte. Anfang der 1970er-Jahre und verstärkt im Schatten der ersten Ölkrise wurden die Überlegungen für einen kleinen Mercedes zielgerichteter und konkreter. 1972 gab es erste Überlegungen für ein kleineres, unterhalb der bisherigen Baureihen angesiedeltes Fahrzeug und Anfang 1974 stellte der damalige Entwicklungschef Hans Scherenberg seinen Kollegen ein entsprechendes Fahrzeugkonzept vor.

Trotz eines Grundsatzbeschlusses im Jahr 1977, ein kompaktes Mercedes-Benz-Modell unterhalb der bisherigen Baureihen auf den Markt zu bringen, dauerte es dann aber doch noch bis zum März 1979, bis Vorstand und Aufsichtsrat dem Vorhaben zugestimmt hatten. Joachim Zahn hatte gebremst, sah er doch durch ein solches Modell die von ihm immer wieder beschworene „Singularität der Marke" in Gefahr. Auch sein Nachfolger, Gerhard Prinz, war kein wirklicher Freund des neuen Modells, das nun unter seiner Ägide das Licht der Welt erblickte. Als ein „unvermeidbares Übel“ soll er das Modell einmal bezeichnet haben, was nicht gerade schmeichelhaft war. Der Grund für die Antipathie war naheliegend, konnte man mit der neuen Baureihe doch nur einen Bruchteil des Geldes verdienen, das mit dem Verkauf der mittleren Baureihe und der S-Klasse hereinkam.

Angesichts der langen Diskussion über das Auto, waren Medien und Öffentlichkeit gleichermaßen gespannt, als das Auto dann im Herbst 1982 in den Showrooms der Mercedes-Händler präsentiert wurde. Die Aufnahme im Markt war positiv. Die Frage, ob das Auto denn auch wirklich ein „richtiger“ Mercedes sei, wurde schnell mit Ja beantwortet. Tatsächlich hatte das Unternehmen unter der Leitung von Entwicklungschef Werner Breitschwerdt gewaltig in die Technik des kleinen Autos, das bald schon den Kosenamen „Baby Benz“ erhielt, investiert. Praktisch alle Aggregate und Komponenten bis hin zu einfachen Bauteilen wurden für den 190er speziell entwickelt. Auf die Idee, Teile aus der mittleren Baureihe für den 190er zu verwenden, kam niemand. Begriffe wie Gleichteile, Baukasten oder Plattform waren im Sprachgebrauch der Daimler-Ingenieure (und nicht nur bei ihnen) weithin unbekannt. Am Ende war der 190er ein Solitär-Fahrzeug: technisch völlig eigenständig und ohne irgendwelche Gemeinsamkeiten mit anderen Modellen, dazu noch mit einigen Neuentwicklungen wie der „Dämpferbein-Vorderachse“ und der „Raumlenker-Hinterachse“ gespickt. Das Design war nüchtern, mit wenig Zierrat an den Außenflächen und einem kurzen, steilen Heck, das reichlich Stoff für Diskussionen unter Fachleuten und am Stammtisch bot. Der wenig später neu auf den Markt geworfene BMW 3er war deutlich sportlicher ausgelegt. Dieses Sportlichkeits-Defizit konnte dann der im Jahr 1983 mit einem überdimensionierten Heckspoiler ausgestattete „190E 2.3-16“, der auf dem Hochgeschwindigkeitskurs von Nardo mit einer Durchschnittsgeschwindigkeit von 250 km/h drei neue Langstrecken-Weltrekorde erzielt hatte, korrigieren.

Schon weit vor der Markteinführung wurden im Konzern heiße Diskussionen über die Frage nach der „internen Substitution“, die das neue Modell auslösen würde, geführt. Wie viele Kunden würden von der bis zum Erscheinen des neuen kleinen Autos etwas angejahrten W123 auf den modernen, kompakten W201 wechseln? Würden es mehr als 50 Prozent sein oder doch deutlich weniger? Würden die Stammkunden den „Baby Benz“ überhaupt als Mercedes akzeptieren, sodass man mit dem neuen Fahrzeug vor allem neue Kunden gewinnen musste? Die Frage, wie sich die Kundenströme mit der neuen Baureihe entwickeln würden, war berechtigt und gab zu einigen Sorgen Anlass: Denn der Stückgewinn bei der mittleren Baureihe war ungleich höher, als er es bei dem neuen Modell sein konnte. Jeder Kunde, der also statt eines W123 einen W201 kaufen würde, bedeutete für den Konzern praktisch ein Verlustgeschäft. Außerdem hatte die Beantwortung der Frage auch Auswirkungen auf die Kapazitätsplanung: Wieviel zusätzliche Kapazität musste man für den W201 bereitstellen und wie konnte man einen möglichen Absatzrückgang beim W123 auffangen?

Die lange Vorlaufzeit für den W201 war nicht zuletzt die Folge einer sich endlos hinziehenden Diskussion über diese Fragen. Was die zu erwartenden Wanderungsbewegungen zwischen den verschiedenen Baureihen anbelangte, stocherte man im Nebel: Es gab keine Erfahrungswerte und letztlich auch keine belastbaren Prognosen. Daher entschied man sich für ein flexibles Produktionskonzept: Der W201 sollte sowohl in Sindelfingen wie auch auf einer neuen Montagelinie im Werk Bremen gebaut werden. Dadurch konnten mögliche Rückgänge beim W123 in Sindelfingen aufgefangen und gleichzeitig die neue Fertigung in Bremen schrittweise nach oben geführt werden. Was die Produktionskapazitäten für das neue Modell anbelangte, gab es zwei klare Positionen: Joachim Zahn, damals noch im Amt, trat auf die Bremse, der Vertrieb wollte hingegen Gas geben. Lange Lieferzeiten sollte es bei diesem Modell nicht geben, sonst – so die schon bekannte Argumentation der Vertriebsverantwortlichen – würden die Kaufinteressenten eben einen 3er von BMW kaufen. Die Diskussionslage änderte sich mit dem Rückzug von Zahn: Jetzt wollten alle in die Vollen gehen. So wurde beschlossen, die gesamte PKW-Produktionskapazität von 440.000 auf 550.000 Fahrzeuge zu erhöhen, also um rund 25 Prozent, wovon 240.000 Einheiten für die Fertigung des 190er vorgesehen wurden. Gleichzeitig sollte das Werk Bremen, in dem bislang sowohl Transporter wie auch das T-Modell produziert wurden, in ein reines PKW-Werk umgewandelt werden. Gemessen an der bisherigen „maßvollen Investitionspolitik“ war das ein gewaltiger, in der Geschichte des Unternehmens einmaliger Schritt.

Lange Diskussionen gab es naheliegenderweise auch im Hinblick auf die Preisstellung des neuen Modells. Zwar war sich jeder im Unternehmen bewusst, dass der Preis für den 190er mit Blick auf die relevanten Wettbewerber und die Kaufkraft der neuen Zielgruppen vorsichtig kalkuliert werden musste. Angesichts der aufwändigen Technik konnte das Auto allerdings auch nicht billig sein. Außerdem, argumentierten die ganz Schlauen, konnte man mit einem hohen Preis für den Neuen die Käuferabwanderungen von der mittleren Baureihe und damit die negativen ergebnisseitigen Auswirkungen einer „internen Substitution“ begrenzen. Schließlich lag der Preis für das Einstiegsmodell, den 190er Benziner, nur um 200 D-Mark unter dem vergleichbaren Modell der Baureihe W123. „Billig“ war der 190er also nicht, aber er verfügte immerhin über einen hohen Neuigkeitswert, der das Interesse der Autokäufer beflügeln würde.

Die jahrelange Berichterstattung über den „Baby Benz“ sorgte dafür, dass das Auto mit großer Spannung erwartet wurde und das Interesse bei seiner Vorstellung extrem groß war. 1.200 Fahrzeuge starteten am 7. Dezember 1982 vom Werk Sindelfingen aus zu einer Sternfahrt zu den deutschen Mercedes-Händlern und Niederlassungen, wo das Auto ab dem folgenden Tag besichtigt und Probe gefahren werden konnte. Der Andrang war riesig und stolz heißt es im Geschäftsbericht für das Jahr 1982, dass schon bald nach der Markteinführung „ein großer Teil, der für 1983 geplanten Inlandsproduktion mit Aufträgen belegt“ sei. Im ersten vollen Verkaufsjahr konnten knapp 110.000 Modelle des 190er produziert und verkauft werden. Die Zahl stieg im Jahr 1984 auf 195.000 Einheiten und lag dann in den Jahren 1985-1987 bei jeweils knapp über 210.000 Fahrzeugen. Das war ordentlich, aber die geplante Kapazität von 240.000 wurde nie ausgeschöpft. Längere Lieferzeiten waren beim 190er praktisch unbekannt. War es das, was man wollte?

Erste Auswertungen der Käuferstruktur ergaben, dass die „interne Substitution“ bei 50 Prozent lag: Die eine Hälfte fuhr bisher ein Modell der Baureihe W123, die andere Hälfte bestand aus neuen Kunden, die man von anderen Marken erobern konnte. 50:50 – war das Glas halb voll oder halb leer? Offiziell wurde die hohe Eroberungsrate gefeiert, intern gab es freilich auch andere Stimmen, die mit Blick auf die Auswirkungen der neuen Baureihe auf den Gewinn die Stirn runzelten. Es war klar, dass man mit der neuen mittleren Baureihe, die ja schon in den Startlöchern stand, powern musste, um das hohe Ertragsniveau halten und das Werk Sindelfingen auch weiterhin auslasten zu können. Die Folgen dieser Marschroute sollten sich schon bald zeigen.

Die neue, kompakte Baureihe bedeutete einen wichtigen Einschnitt für die Wahrnehmung der Marke Mercedes-Benz. Mit der Einführung des 190er hatte sich die „Erreichbarkeit“ der Marke Mercedes erhöht. Zwar war der Preis hoch, doch der 190er war die erste Baureihe der Nachkriegszeit, die nicht mehr „verteilt“ wurde, sondern „verkauft“ werden musste. Die „Demokratisierung“ der einstmals so elitären Marke begann, der bislang geschlossene Kosmos wurde aufgebrochen. War man auf die wirtschaftlichen Konsequenzen dieses Prozesses vorbereitet? War man sich überhaupt der Folgen bewusst, die die Abrundung des Modellprogramms nach unten für das Geschäftsmodell der Marke Mercedes-Benz hatte? Daimler war mit dem 190er in ein Marktsegment vorgestoßen, in dem sich bislang Marken wie VW, Opel, Ford, aber auch Audi und vor allem BMW tummelten. Die neuen Kunden waren andere Käufer als die, die man bisher kannte. Vor allem waren es Kunden, die riesige Erwartungen an Mercedes hatten, obwohl sie nicht so viel bezahlten wie der Käufer eines W123. Würden sie nicht herumerzählen, dass man jetzt bei Mercedes nicht mehr nur über Lieferzeiten, sondern auch über ein wenig Rabatt reden konnte? Würden sie sich auch so loyal verhalten wie die Stammkundschaft, wenn vielleicht einmal das eine oder andere zum Beispiel beim Service nicht so klappte, wie man sich das von Mercedes vorgestellt hatte? Wie würde BMW reagieren, die den 190er natürlich als einen direkten Angriff auf ihr Erfolgsmodell, den 3er, empfinden mussten? Der 190er war eine Wette auf die Zukunft, keine leichtsinnige Wette, aber doch eine Wette mit Risiken.

„Die einhellig positiven Beurteilungen und die schon vor der offiziellen Markteinführung hohe und anhaltend gute Nachfrage bestärken uns in der Überzeugung, dass der in diesen Fahrzeugen verwirklichte technische Fortschritt vom Markt honoriert wird.“ Der Optimismus im Daimler-Benz „Geschäftsbericht 1984“ war keine Übertreibung. Als die neue mittlere Baureihe mit den Modellen 200D bis 300E Ende November 1984 der Fachpresse in Sevilla vorgestellt wurde, waren die Kommentare der Journalisten nahezu ausnahmslos positiv. Natürlich war bei dem einen oder anderen herauszuhören, dass es nach fast neun Baujahren auch Zeit wurde, den W123 aufs Altenteil zu schicken. Immerhin hatte man aber mit diesem Modell einen neuen Produktionsrekord von 2,4 Mio. Einheiten über den gesamten Lebenszyklus erzielt. Jetzt also die Baureihe W124, die mit ihrer aerodynamisch gestalteten Karosserie – der Luftwiderstandsbeiwert lag bei sensationellen 0,29 – ein außergewöhnlich modern anmutendes Fahrzeug war, das den mittlerweile in die Jahre gekommenen 5er-BMW alt aussehen ließ. Die Formensprache ähnelte der des 190er und auch technisch wurde einiges wie die Dämpferbein-Achse vorne und die Raumlenker-Achse hinten aus der kleineren Baureihe übernommen. Der Einarm-Scheibenwischer, der beim 190er Premiere gefeiert hatte, war perfektioniert worden und führte jetzt bei jedem Schlag zwei Hubbewegungen aus. Außerdem gab es weiterentwickelte Diesel- und Benzinmotoren und bei den 6-Zylinder-Benzinmotoren hatte sogar eine völlig neu konstruierte Motorengeneration, der M103, Premiere. Von Anfang an wurden die Benzin-Modelle überdies auf Wunsch mit einem geregelten Katalysator der zweiten Generation ausgestattet, die mit unverbleitem Superbenzin betrieben werden konnten, was damals durchaus noch nicht selbstverständlich war. Kurzum: Der W124 war ein schönes, technisch zeitgemäßes Auto.

„Wir lassen uns auch weiterhin vom Markt ziehen", hatte der langjährige Vertriebschef Hans-Jürgen Hinrichs noch im September 1985 im Gespräch mit dem SPIEGEL die Vertriebsphilosophie von Mercedes-Benz erklärt. Davon konnte jetzt freilich keine Rede mehr sein. Der 190er hatte mit seiner Substitutionsrate von 50 Prozent und seinen niedrigeren Deckungsbeiträgen die Stückzahl- und Ergebnisplanung durcheinandergebracht. Die mittlere Baureihe war für Daimler das „Brot-und-Butter"- Auto. Wollte man die alte Ertragskraft im PKW-Geschäft erhalten, musste man es krachen lassen. Das ging nicht mehr allein mit dem alten Konzept des „sich vom Markt ziehen lassen". Da musste man schon ein wenig mehr tun. Und das tat man dann auch. Der Auftragsbestand bei Serienanlauf war gut und so wurde die Produktion der neuen Baureihe steil nach oben gezogen. Lag sie im ersten vollen Produktionsjahr 1985 noch bei 220.339 Einheiten, so erreichte sie schon im Jahr 1986 271.314 und im Jahr 1987 sogar 286.875 Einheiten. Das war ein gewaltiger Schub. Dazu kam noch das neue T-Modell, das im Herbst 1985 in den Markt eingeführt und dessen Produktion nun ebenfalls deutlich erhöht wurde.

Auch beim 190er wurde gedrückt und geschoben, und so erzielte Mercedes-Benz in den Jahren von 1985 bis 1987 spektakuläre Produktionsrekorde: Im Jahr 1985 wurde mit einer Steigerung um 13 Prozent auf 541.000 Fahrzeugen die Halbe-Million-Schwelle an produzierten Fahrzeugen erstmals klar übertroffen. 1986 stieg die Gesamtproduktion nochmals fast zweistellig auf 594.080 Einheiten und kratzte schließlich 1987 knapp an der Marke von 600.000 Einheiten: Am Ende des Jahres waren es 598.079 Personenwagen, die in Sindelfingen und Bremen vom Band liefen. Nachdem die PKW-Produktion zwischen 1980 und 1983 um vergleichsweise bescheidene 47.000 Einheiten gestiegen war, lag das Plus im Zeitraum 1984 bis 1987 bei über 100.000 Fahrzeugen. Von der „maßvollen Investitionspolitik" unter Joachim Zahn und seinem Plädoyer, sich nicht an kurzfristigen Nachfragespitzen, sondern am langfristigen Wachstumstrend zu orientieren, war nichts, aber auch gar nichts mehr übriggeblieben. Es wurde produziert, was der Markt hergab, und Lieferzeiten gehörten daher auch schon bald einer scheinbar weit zurückliegenden Vergangenheit an. Binnen weniger Jahre hatte die Marke mit dem Stern eine 180-Grad-Wendung in Sachen Kapazitäts- und Verkaufsphilosophie vollzogen. Statt über Lieferzeiten wurde jetzt über Rabatte diskutiert.

Pleiten, Pech und Pannen

Das Jahr 1986 sollte bei Daimler-Benz ein Festjahr werden. Zu feiern gab es nicht weniger als das 100-jährige Jubiläum des Automobils. Am 29. Januar 1886 erhielt Karl Benz für seinen Patent-Motorwagen das Deutsche Reichspatent, das heute noch immer als die „Geburtsurkunde des Automobils" gilt. Klotzen nicht kleckern, hieß die Devise, um dieses denkwürdige Jubiläum zu begehen, vielleicht auch deshalb, um nach der begonnenen „Diversifikation" in automobilfremden Märkten zu demonstrieren, dass die Daimler-Benz AG auch künftig ein Automobilunternehmen bleiben werde. Auf dem Stuttgarter Killesberg wurde zu Beginn des Jahres in Anwesenheit von Bundeskanzler Helmut Kohl die Ausstellung „Welt mobil" eröffnet. Die Landesregierung unter Ministerpräsident Lothar Späth gab einen Empfang im Neuen Schloss in Stuttgart mit einer anschließenden Galavorstellung des weltberühmten Stuttgarter Balletts. Eine umfangreiche Unternehmensgeschichte, aufgeteilt in zwei Bände „Technik" und „Unternehmen", war in Auftrag gegeben worden und erschien im Jubiläumsjahr. Andy Warhol startete, ebenfalls als Auftragsarbeit, seine Bilderserie „Cars" mit einem „300 SL Coupé".

Höhepunkt der Feierlichkeiten sollte am 29. Januar 1986, also exakt 100 Jahre nach der Patenterteilung, eine Veranstaltung in der Hanns-Martin-Schleyer-Halle mit 4.000 geladenen Gästen werden. Die Veranstaltung wurde live zur besten Sendezeit in der ARD sowie in Österreich und der Schweiz übertragen. Um sich nicht dem Verdacht der „Schleichwerbung" auszusetzen und die strengen Regeln des Rundfunkstaatsvertrages einzuhalten, wurde die Produktion von einer eigens dafür gegründeten Produktionsgesellschaft des Fernsehproduzenten Michael Pfleghar durchgeführt. Pfleghar war ein bekannter Mann in der Branche und hatte mit Serien wie „Wünsch Dir was" und „Klimbim" einige erfolgreiche Fernsehserien produziert. Obwohl die Produktion über Pfleghars Produktionsgesellschaft lief, war klar, dass sie ohne finanzielle Beteiligung von Daimler-Benz nicht hätte realisiert werden können. Mit einem Budget in Höhe von 20 Millionen D-Mark, von denen Daimler 6 Millionen D-Mark beigesteuert haben soll, war es die bis dahin teuerste Showproduktion, die im deutschen Fernsehen zu sehen war.

Die Show trug den Titel „Die Zukunft hat Geburtstag – 100 Jahre Automobil" und bestand aus zwei Teilen: Zum einen aus einer Bühnenshow, zum anderen aus einem eigens dafür produzierten Einspielfilm. Höhepunkt der Bühnenshow war eine als „Auto-Corso der Nationen" bezeichnete Parade von Oldtimern und aktuellen Modellen aus der Produktion verschiedener Hersteller, die von Prominenten auf die Bühne gefahren und von Tänzerinnen begleitet wurden. Der Einspielfilm sollte in unterhaltsamer Form die Geschichte des Automobils darstellen. Dazu machten die beiden Hauptdarsteller Niki Lauda und der amerikanische Schauspieler Rossie Harris mit einem futuristisch anmutenden Computerauto, dem Centomobil, eine Reise durch die Zeit. Eröffnet worden war die Veranstaltung durch den damaligen Bundespräsidenten Richard von Weizsäcker. Unter den Gästen befanden sich neben vielen Größen aus der Welt des Sports und der Kultur auch führende Repräsentanten aus Politik und Wirtschaft, nicht zuletzt auch einige hochrangige Vertreter anderer Automobilhersteller.

Es hätte ein entspannter und unterhaltsamer Fernsehabend werden können. Doch es kam anders. DER SPIEGEL berichtet: „Der Job des Bundespräsidenten verlangt Langmut: Richard von Weizsäcker muss häufig mit freundlich interessiertem Gesicht irgendwo in der ersten Reihe sitzen, um einer Feierlichkeit präsidialen Glanz zu verleihen. Doch der Festivität zum hundertsten Geburtstag des Autos war auch Weizsäcker nicht gewachsen. Nachdem er drei Stunden lang auf seinem Sitz in der Stuttgarter Hanns-Martin-Schleyer-Halle herumgerutscht war, das linke Bein ungezählte Male über das rechte geschlagen hatte und umgekehrt, neigte er den Kopf zu seinem Nachbarn: Wenn nun nicht endlich Schluss sei, ließ er den Mercedes-Chef Werner Breitschwerdt wissen, werde er gehen." Geplant war eine Sendedauer von zwei Stunden. Doch vor allem der Einspielfilm zog die Veranstaltung in die Länge und erboste nicht nur den Bundespräsidenten: Eine „schicke Dame" rügte indigniert, berichtet die „Stuttgarter Zeitung", dass man sie „zum Fernsehgucken in die Schleyerhalle gelockt" habe.

Während die Fernsehzuschauer immerhin ausschalten oder den Sender wechseln konnten (im ZDF lief „Denver Clan"), mussten die Gäste bei der Veranstaltung noch eine weitere Stunde nach der Intervention des Bundespräsidenten ausharren, denn obwohl Werner Breitschwerdt hinter die Bühne lief und auf die Verantwortlichen einredete, war die Show nicht zu stoppen. Die Blamage war perfekt und nicht nur die anwesenden Herren Kollegen aus den Vorstandsetagen der anderen Automobilhersteller, sondern auch die Medien sorgten für Spott und Häme: Die ZEIT bezeichnete die Veranstaltung als „zweieinhalb Stunden Folter" und die Frankfurter Allgemeine Zeitung (FAZ) bezeichnete den Film als eine „haarsträubend dümmliche Automobilgeschichte".

Natürlich war der Schatten, den die Veranstaltung auf das Image von Daimler-Benz warf, nicht so groß, wie er in den deutschen Medien dargestellt wurde. Schon im europäischen, nicht-deutschsprachigen Ausland wurde die Veranstaltung kaum wahrgenommen und in den USA interessierte sich ohnehin niemand dafür, was an einem Mittwochabend im deutschen Fernsehen ausgestrahlt wurde. So war die Negativ-Wirkung des „peinigenden Spektakels" (SPIEGEL) im Unternehmen größer als außerhalb. Zwar versuchten einige Wohlmeinende das Debakel mit Worten wie „so schlimm war es doch nicht" herunterzuspielen. Andere schüttelten hingegen nur den Kopf und nahmen das Wort „Jubiläum" künftig nicht mehr in den Mund. Erst nach einigen Wochen hatte sich die Aufregung gelegt. In der Kantine wurde beim Mittagessen wieder über das Wetter, Fußball oder den nächsten Urlaub gesprochen. Normalität schien zurückzukehren, zumal das Geschäft gut lief. Doch dann kam schon der nächste Aufreger.

Am 1. Oktober 1986 fand in Köln eine ungewöhnliche Demonstration statt: Vor der Daimler-Benz-Werksniederlassung demonstrierten laut „Kölner Express" 40 Taxifahrer. Sie forderten eine schnelle Behebung der Mängel an ihren neuen Fahrzeugen. Selbst DER SPIEGEL, sonst eigentlich nicht die Plattform für solche kleinteiligen Ereignisse, widmete dem Vorgang unter der Überschrift „Besonders peinlich" einen vierspaltigen Artikel. Schon bald wurde auch vor anderen Daimler-Niederlassungen protestiert: „Als fahre einer mit einem rostigen Nagel kreuz und quer über den Lack einer neuen Limousine", verglich der SPIEGEL-Redakteur den ungewöhnlichen Vorgang mit der Beschädigung eines Autos und er warnte, dass die Vorwürfe der Taxifahrer „hässliche Kratzer am Image der Topmarke" hinterlassen könnten.

Unter den vielen Mängeln an der neuen mittleren Baureihe, dem W124, erlangte einer wohl nicht zuletzt wegen seines einprägsamen Namens besondere Berühmtheit: der „Bonanza-Effekt". Der Name bezog sich auf eine in den 1960er-Jahren beliebte TV-Serie mit dem Rancher Ben Cartwright und seinen drei Söhnen, in der viel geschossen und noch mehr geritten wurde. Der Bonanza-Effekt bestand darin, dass sich bei Lastwechseln der Motor aufschaukelte und den Fahrzeuginsassen das Gefühl vermittelte, bei zügigem Galopp auf einem Pferd zu sitzen. Er trat nur bei Fahrzeugen mit Diesel-Motoren und manueller Schaltung, bevorzugt bei dem bei Taxifahrern beliebten Modell 250D auf. Das Problem konnte mit einer elektronischen „Antiruckelaufschaltung", die auch schon bald verfügbar war, behoben werden.

Obwohl technische Mängel bei einem neuen Modell weder bei Mercedes noch bei anderen Herstellern in jener Zeit ungewöhnlich waren: Jetzt hatte die Marke mit dem Stern ein „Qualitätsproblem", das in einigen Medien schnell darauf zurückgeführt wurde, dass sich der Konzern ja jetzt mehr um Flugzeuge und Kühlschränke als um Autos kümmerte. Das war natürlich Unsinn, aber Unsinn, wenn er plausibel klingt, findet auch seine Anhänger. Die anfänglichen Qualitätsmängel bei der neuen Baureihe ließen sich jedenfalls nicht wegdiskutieren, zumal sich nicht nur Taxifahrer, sondern auch ganz normale Kunden mitunter lautstark über die lausige Auslieferungsqualität der Fahrzeuge beschwerten. Mit einem cleveren Krisenmanagement wäre das Thema schnell aus den Schlagzeilen der Presse und dem Gedächtnis der Menschen verschwunden gewesen. Doch professionelles Krisenmanagement war nicht die Stärke in einem Konzern, der bislang auf einer Welle des Erfolgs geschwommen war und für sich Unfehlbarkeit reklamierte.

Kamen die Kunden mit ihren Beschwerden in den Service, wurden sie mit der Bemerkung nach Hause geschickt, der Zustand der ausgelieferten Fahrzeuge entspreche dem „Stand der Serie". Aus dem Entwicklungsbereich war zu hören, die Anspannung der Entwicklungsingenieure sei bei diesem Neuanlauf besonders hoch gewesen, da die Fahrzeuge erstmals mit einem Katalysator ausgestattet worden seien. Daher sei die Zahl der zu entwickelnden Varianten bei Serienstart von den üblichen 25 auf 130 gestiegen – ganz so, als ob das einen Kunden, der mit seinem nagelneuen Fahrzeug Ärger hatte, interessiert hätte. Immerhin erklärte der Deutschland-Vertriebschef Eckart Ramthun, dass alle Mängel beseitigt würden, „auch nach Ablauf der Garantie".

Aus dem Gedächtnis der Menschen gerieten die Probleme auch deshalb nicht, weil Produktionschef Werner Niefer die Verantwortung für die schlechte Auslieferungsqualität – unter großer und genüsslicher Anteilnahme der Presse – dem für die Entwicklung des Fahrzeuges zuständigen Vorstandsvorsitzenden Werner Breitschwerdt zuschob. Nicht in der Produktion, sondern in der Entwicklung seien die Fehler gemacht worden, erklärte Niefer und so geriet das Thema unversehens auch noch in den Machtkampf zwischen dem Amtsinhaber Breitschwerdt und seinen beiden Herausforderern Reuter und Niefer. Die gegenseitigen Schuldzuweisungen zwischen den Vorständen erhöhten nicht das Vertrauen in die Marke Mercedes-Benz und verstärkten den Eindruck, dass im Konzern nicht alles zum Besten bestellt sei. Wieder sorgte ein an sich überschaubares Problem für unnötig viel Gesprächsstoff sowohl außerhalb wie auch innerhalb des Unternehmens. Der Zerfall der Unternehmenskultur wurde an allen Stellen greifbar und offensichtlich. Solange die Geschäftszahlen in Ordnung waren, und das waren sie bis 1987, machten sich darüber nur Wenige Gedanken. Doch als die Zeiten härter und die Geschäftsergebnisse unerfreulicher wurden, zeigte sich, dass der Kitt, der das Unternehmen über viele Jahrzehnte zusammengehalten hatte, brüchig geworden war. Die Querelen und Machtkämpfe im Konzern erschütterten mehr und mehr auch den Geschäftsbereich PKW, der im Grunde immer ein „Unternehmen im Unternehmen" gewesen war. Wenn in einer befestigten Stadt Unfrieden herrscht, haben es Angreifer leicht, die Mauern zu schleifen.

Wettbewerb belebt das Geschäft – BMW auf der Überholspur

„Klasse, jetzt haben wir sie", soll Wolfgang Reitzle, Entwicklungschef bei BMW, ausgerufen haben, als er zum ersten Mal die neue S-Klasse, den W140, in natura sah. Für ihn war mit diesem Auto der Weg für BMW frei, die Nummer eins im Premiumsegment zu werden und vor allem in der prestigeträchtigen Oberklasse den jahrzehntelangen Marktführer aus Stuttgart zu verdrängen. Reitzle sah sich am Ziel einer Aufholjagd, die lange gedauert hat und die es so fast nicht gegeben hätte – wäre nicht im Jahr 1959 eine der wildesten Hauptversammlungen in der deutschen Wirtschaftsgeschichte anders ausgegangen als das einige hochrangige Manager geplant hatten.

Am 30. November 1959 kamen die BMW-Aktionäre in der Kleinen Kongresshalle auf der Theresienwiese in München zusammen, um über einen Sanierungsplan für ihr marodes Unternehmen zu entscheiden. BMW hatte den

Sprung in die Nachkriegszeit nicht geschafft. Für Flugmotoren gab es keine Abnehmer mehr. Die Werksanlagen waren großteils zerstört, teilweise demontiert und das Werk in Eisenach, in dem vor dem Krieg Automobile gebaut wurden, verloren. Man versuchte es mit dem Bau von Motorrädern, was anfänglich auch gut lief, doch Mitte der 1950er-Jahre gingen die Verkaufszahlen zurück. Die Wiederaufnahme der Automobilproduktion hingegen stand von Anfang an unter keinem guten Stern. Der als „Großwagen" bezeichnete 501, ein imposantes Fahrzeug, war zu schwach motorisiert und glich vom Aussehen her eher einem Repräsentationsfahrzeug aus den 1930er-Jahren als einer modernen und sportlichen Reiselimousine, wie man sie von BMW erwartete. Der „Barockengel" wie das Auto im Volksmund genannt wurde, verkaufte sich schlecht und verursachte hohe Verluste. So versuchte man es mit Kleinwagen. Die Isetta, dieses kugelförmige, in Lizenz hergestellte „Motorcoupé", erwies sich anfänglich zwar als Erfolg, doch mit den wachsenden Einkommen und den steigenden Ansprüchen der Autofahrer ging die Zahl der Käufer Ende der 1950er-Jahre rapide zurück und das originelle Gefährt starb den gleichen Tod, der in jener Zeit viele Kleinwagen wie etwa den Messerschmitt Kabinenroller oder den Janus von Zündapp ereilte. Im Jahr 1958 hatten die anhaltenden Verluste die Hälfte des Eigenkapitals der BMW AG aufgezehrt. Die Deutsche Bank, die bei der BMW AG stark engagiert war, hatte einen Sanierungsplan entwickelt, der die Übernahme des Münchener Unternehmens durch die Daimler-Benz AG vorsah. Zwar gab es Zusagen, dass auch unter dem Dach von Daimler weiterhin Autos mit dem Markenzeichen BMW gebaut würden, doch keiner der anwesenden Kleinaktionäre glaubte diesem Versprechen.

Es war der alte Kampf zwischen David und Goliath, ein Kampf, bei dem die Sympathien klar verteilt sind und auch dieses Mal klar verteilt waren. Auf der einen Seite die Kleinaktionäre, die mit dem Wertverlust ihrer Anteilsscheine schon heftig hatten bluten müssen und jetzt aus dem Unternehmen gedrängt werden sollten, auf der anderen Seite die Großaktionäre und die übermächtige Daimler-Benz AG, die sich die kleine BMW AG für ein Nasenwasser unter den Nagel reißen wollte. Am Ende erschlug David zwar nicht Goliath, aber Goliath musste mit einer schmählichen Abstimmungsniederlage den Platz räumen. Die Kleinaktionäre und unter ihnen vor allem BMW-Händler, die Anteile an „ihrem" Hersteller erworben hatten, schafften es nach einer über neunstündigen Rede- und Antragsschlacht, die teilweise auch unter der Gürtellinie geführt wurde, die Übernahme zu verhindern. Der Plan der Deutschen Bank war krachend gescheitert.

Gerettet war damit BMW aber nicht. „Wo liegt die Zukunft?", fragte die Süddeutsche Zeitung nach der legendären Hauptversammlung und wusste darauf keine Antwort zu geben. Die Rettung kam in Gestalt eines Mannes, der den Verlauf der Hauptversammlung zunächst mit Verwunderung, dann mit Bewunderung verfolgt hatte: dem Großindustriellen Herbert Quandt. Wenn es je in der deutschen Wirtschaftsgeschichte einen Märchenprinzen gegeben hat, dann war er es. Mit Mut und Entschlossenheit hat er ein Wirtschaftsmärchen geschrieben, das Märchen von einem Unternehmen, das am Ende war und das dann innerhalb weniger Jahre zu einem Leuchtturm der deutschen Automobilindustrie wurde. Quandt verfügte bereits vor der Hauptversammlung über ein erkleckliches Paket an BMW-Aktien und auch er war ursprünglich für eine Übernahme des Unternehmens durch Daimler-Benz, an der er ebenfalls schon Anteile hatte. Nachdem diese Option nicht mehr infrage kam, entschied er sich, BMW mit einer gewaltigen Kapitalspritze einen Neuanfang zu ermöglichen. Zwanzig Jahre später hat er – so berichtet der Unternehmenschronist Horst Mönnich – die Entscheidung, sein finanzielles Engagement bei BMW auszubauen, vor einem kleinen geladenen Kreis als die „vielleicht schwerste Entscheidung" seines Lebens bezeichnet. Den Ausschlag dafür, sich so und nicht anders zu verhalten, habe, so Mönnich weiter, die Treue und die Anhänglichkeit, die die Kleinaktionäre und die Arbeitnehmer zu diesem Unternehmen gezeigt hätten, gegeben. Und Quandt gestand: „Ich habe mich damals durch meine Entscheidung gewissermaßen zum Glück gezwungen."

Im Jahr 1961 betrat ein Mann die Bühne, der die Entwicklung des Unternehmens über Jahre und im Grund bis heute geprägt hat: Paul G. Hahnemann. Hahnemann startete seine Karriere nach einem Studium der Elektrotechnik in Karlsruhe bei der Adam Opel AG, einem Tochterunternehmen von General Motors. Dort lernte er welche Bedeutung „marktpsychologische Faktoren" für den Erfolg eines Unternehmens haben. Nach dem Krieg war er Opel-Großhändler in Freiburg, dann wechselte er als Marketing-Direktor zur Auto Union nach Düsseldorf. Die war schon im Jahr 1958 von der Daimler-Benz AG übernommen worden und Hahnemann hatte angeblich eine Zusage von Friedrich Flick, der bei beiden Unternehmen als Großaktionär engagiert war, die Führung der Tochterfirma zu übernehmen. Doch bei Daimler war man von dem hemdsärmeligen und immer gut gelaunten Marketing-Menschen nicht so richtig überzeugt und so kam es schon bald zu einem Zerwürfnis, mit der Folge, dass Hahnemann ein Angebot der BMW AG annahm, um „Vertriebsdirektor" im Vorstandsrang zu werden. Vielleicht war es jene Zurückweisung durch die hohen Herren in Stuttgart-Untertürkheim, die seinen Ehrgeiz, mit BMW in die Spitze des Automobilmarktes vorzustoßen, zusätzlich anstachelte.

Vertriebs- und Marketingexperten hatten in jenen Jahren zwar in der Regel einen Sitz, aber keine Stimme, jedenfalls keine Stimme mit Gewicht in den Unternehmen der deutschen Automobilindustrie. Beherrscht wurde das Feld von Entwicklungs- und Produktionsingenieuren, manchmal auch von Betriebswirtschaftlern der alten Schule, wie etwa Joachim Zahn einer war. Hahnemann war ein Unikum. Mit einer für damalige Verhältnisse sensationellen Entdeckung verschaffte er sich schließlich in der Welt der Technokraten Respekt. Einer Entdeckung, die viele für so tiefgründig hielten, dass sie den Kurs des bayrischen Unternehmens über Jahre hinweg bestimmte: die Entdeckung der „Nische". Ein von ihm bei dem berühmten Werbefachmann Professor Dr. Bernt Spiegel in Auftrag gegebenes Gutachten war zu dem Schluss gekommen, dass es zwischen Massenautomobilen wie dem VW-Käfer und den Luxuslimousinen der Marke Mercedes-Benz eine „Nische" gäbe, die bislang noch niemand besetzt habe. Diese Nische waren, wie es in der offiziellen Unternehmenschronik heißt, „exklusive Wagen der Mittelklasse", die sich „von den Konkurrenzmodellen durch Design, Leistungsvermögen und Fahreigenschaften abheben." Diese Lücke wollte und sollte BMW künftig besetzen – einen Namen für die neuen Modelle hatte Hahnemann, der von diesem Zeitpunkt an nur noch „Nischen-Paule" genannt wurde, auch schon gefunden: „Neue Klasse".

Mit einem feinen Gespür für das, was man sagen konnte und was man nicht sagen durfte, definierte Hahnemann das Verhältnis zwischen der Marke BMW und der Marke Mercedes-Benz. Er war nicht so vermessen, BMW über Mercedes zu stellen. Aber er war auch nicht so bescheiden, um BMW nicht gerne mit Mercedes (und nicht etwa mit VW, Opel oder Ford) zu vergleichen: „Wer von Mercedes zu einer anderen Marke übergeht", lautete sein berühmtes Statement, „steigt ab. Wer von Mercedes-Benz zu BMW geht, steigt um." Damit hatte er eine respektvolle Distanz hergestellt und doch BMW auf eine Stufe mit Mercedes gestellt.

BMW hatte zwar auch einen Vorstandsvorsitzenden – einen Herrn Gerhard Wilcke –, aber für den interessierte sich niemand. Hahnemann war der Star des Unternehmens, als Gesprächspartner bei Aktionären, Mitarbeitern, Händlern und Journalisten gleichermaßen begehrt. Noch bevor es einen „Mr. Mercedes" gab, gab es einen „Mr. BMW", und der hieß natürlich Hahnemann. Hahnemann verkörperte all jene Eigenschaften, die BMW groß und stark machten: Sein Gespür für die Bedeutung von Marke, Marketing und Design war untrüglich. Er inspirierte seine Kollegen von der Technik zu Innovationen und wusste sie zu zelebrieren. Er drückte, wo immer es ging, aufs Tempo und forcierte die Effizienz, die in einem Unternehmen, das zwar gerettet, aber finanziell nicht auf Rosen gebettet war, eine existenzielle Notwendigkeit war. Wie kein anderer wusste er, dass es in der Welt der Automobile nicht um „objektive Eigenschaften" von Produkten ging, sondern darum, wie die Menschen die Produkte „psychologisch" wahrnehmen. BMW sollte mit Attributen in Verbindung gebracht werden, gegen die die altehrwürdige Marke Mercedes-Benz keine Chance hatte: jugendlich, sportlich, innovativ. Und um den „Coolness"-Faktor noch zu erhöhen, liefen in den 1960er-Jahren, in denen deutsche Schlager noch groß in Mode waren, Fernsehspots von BMW mit Dave Brubecks kühl-modernem „Take Five". Was danach passierte, braucht hier nicht im Detail erzählt zu werden. Es ist Teil einer Erfolgsstory, die schon oft und in vielen Varianten nachgezeichnet worden ist: Binnen weniger Jahre fuhr BMW mit Modellen wie dem BMW 1500, dem BMW 1800, dem BMW 2000 und dem BMW 1600-02 aus der Krise und wurde zu einem der erfolgreichsten und schließlich auch profitabelsten Automobilhersteller der Welt.

Das BMW-Mercedes-Duell

Im Jahr 1985 jährte sich zum 25. Mal die Hauptversammlung, auf der das nach dem Scheitern der Übernahme durch Daimler-Benz notwendig gewordene Sanierungskonzept von Herbert Quandt angenommen und damit der

Wiederaufstieg der Marke BMW eingeleitet wurde. Eine Jubiläumsfeier gab es nicht. Die fand erst zum 50. Jubiläum dieses für die Unternehmensgeschichte so wichtigen Tages am historischen Ort auf der Münchener Theresienwiese statt. Tatsächlich wäre 1985 kein besonders gutes Jahr für eine triumphale Jubiläumsfeier gewesen. Denn der scheinbar unaufhaltsame Aufstieg von BMW war Anfang der 1980er-Jahre ins Stocken geraten. Zwischen 1970 und 1980 hatte BMW seine Produktion von 161.165 auf 341.031 Fahrzeuge mehr als verdoppelt. Auch zwischen 1980 und 1984 ging der Anstieg mit flottem Tempo weiter, doch im Jahr 1985 war nur noch ein bescheidener Zuwachs von 3 Prozent auf 445.233 Einheiten gegenüber dem Vorjahr zu verzeichnen. Beim Jahresüberschuss, der über all die Jahre hinweg kräftig gestiegen war (und mit ihm auch der Aktienkurs des Unternehmens) gab es sogar einen Rückgang: Er sank von 324 Millionen auf 301 Millionen D-Mark. Doch es waren nicht vornehmlich die Finanzkennzahlen, die Sorgen machten. Sorgen machte vor allem die Modellpolitik, was bei einer Marke wie BMW, die beim Ausbau ihres Modellprogramms das berühmte „goldene Händchen" gepachtet zu haben schien, ungewöhnlich war und zu höchster Besorgnis Anlass gab.

Im Jahr 1970 hatte Herbert Quandt nicht den verdienstvollen, umtriebigen und lauten Paul G. Hahnemann, wie alle Welt erwartete, sondern einen jungen Mann, der sich in seinem Firmenimperium die ersten Meriten verdient hatte, zum Vorstandsvorsitzenden der BMW AG gemacht: Eberhard von Kuenheim. Von Kuenheim, alter preußischer Adel, Salem-Schüler, erkannte schnell, dass er mit Hahnemann nicht konnte, und stellte daher Quandt vor die Entscheidung: „Er oder ich." Hahnemann musste das Unternehmen verlassen und von Kuenheim war nun Herr im Haus. Seine Strategie war vor allem auf zwei Ziele ausgerichtet: Erstens aus BMW eine wirklich globale Marke zu machen und zweitens mit BMW zum Technologie- und Imageführer in der automobilen Oberklasse zu werden. Dazu wurde zunächst das etwas wilde Modellprogramm geordnet und in die auch heute noch gültige Nomenklatura 3er, 5er und 7er Baureihe gebracht. Das entsprach in umgekehrter Reihenfolge dem, was bei Mercedes-Benz später „SEC" hieß: S-Klasse, E-Klasse, C-Klasse. Die Umkehrung war nicht zufällig, denn bei BMW war der 3er das mit Abstand wichtigste Modell, während es bei Mercedes-Benz immer die S-Klasse war – nicht aufgrund der Stückzahlen, wohl aber aufgrund der Gewinne. So spiegelt die Nomenklatur des Modellprogramms auch ein Stück weit die Philosophie und die Marktposition der beiden Unternehmen in den 1980er-Jahren wider.

Die 7er-Baureihe auf Augenhöhe mit der S-Klasse zu bringen, entsprang nicht nur dem persönlichen Ehrgeiz des Vorstandsvorsitzenden, sondern war eine ganz wesentliche Voraussetzung, das Gewinnniveau des Unternehmens strukturell zu erhöhen. Die alte Regel „Small Cars, small profits – big cars, big profits" galt in den 1970er- und 1980er-Jahren noch mehr als heute. Doch von Kuenheim kam bei diesem Vorhaben nicht so richtig voran. Die erste BMW Oberklassenlimousine, die die Modellbezeichnung 7er trug, war die im Frühjahr 1977 eingeführte Baureihe E23, ein respektables, von dem französischen Designer Paul Bracq gestaltetes Auto. Gewohnt sportlich ausgelegt, tat es sich gegen die mächtige S-Klasse schwer, zumal das Fahrzeug zunächst nur mit 6-Zylinder-Motoren zu haben war. Hinzu kam, dass die Mercedes S-Klasse im Jahr 1979 einen Nachfolger erhielt, den W126, der mit seiner eher sportlich-dynamischen Anmutung den BMW-Ingenieuren wenig Spielraum für eine deutliche optische Differenzierung ließ. So blieb der 7er für viele Kunden der Oberklasse bis auf Weiteres die zweite Wahl.

Im Herbst 1981 brachte BMW die zweite Generation des 5er auf den Markt. Zum ersten Mal musste BMW schmerzlich zur Kenntnis nehmen, dass mit dem Erfolg auch die Erwartungen der Kunden stiegen. Die Fachpresse war enttäuscht. Schon allein die Optik strahlte keinen Aufbruch aus, wie man ihn von BMW eigentlich von Modellgeneration zu Modellgeneration gewohnt war. Der E28 war von seinem Vorgänger äußerlich kaum zu unterscheiden und auch technisch gab es keine großen Innovationen, die das Interesse der Kunden hätten wecken können. „State-of-the-Art“ – das war für eine innovative Marke wie BMW zu wenig. So musste das Auto schnell mit einigen Innovationen aufgewertet werden, darunter mit dem ersten Diesel-Motor der Marke, der mit gutem Drehmoment und hoher Laufruhe in der Fachpresse dann auch positiv aufgenommen wurde.

Mit besonderer Spannung wurde im Jahr 1982 der Nachfolger des 3er erwartet. Mercedes hatte mit dem 190er ein komplett neues Modell in den Markt eingeführt und war damit in ein Marktsegment oder besser gesagt in eine „Nische“ eingetreten, die BMW mit seiner „Neuen Klasse“ im Jahr 1961 begründet hatte und darin über eine nahezu monopolartige Stellung verfügte. Viele empfanden daher den 190er als eine verkappte, aber doch offenkundige Kriegserklärung an den Wettbewerber aus München. Als der neue 3er, die Baureihe E30 der Öffentlichkeit vorgestellt wurde, war die Enttäuschung erneut groß. Wie schon der neue 5er sah auch der neue 3er fast genauso aus wie sein Vorgänger. Jetzt kamen auch noch massive Qualitätsmängel hinzu, was vor allem der Tatsache geschuldet war, dass BMW das neue Modell möglichst zeitgleich mit dem 190er auf den Markt bringen wollte, um eine Kundenabwanderung größeren Ausmaßes zu verhindern. Durch die hektische Markteinführung kam der neue 3er mit so vielen Kinderkrankheiten auf den Markt, dass selbst wohlwollende Marktbeobachter mit Kritik nicht zurückhielten. Heftige und kostspielige Nacharbeiten waren die Folge. Am Ende musste der verantwortliche Entwicklungschef, Karlheinz Rademacher, das Unternehmen verlassen und Eberhard von Kuenheim übernahm nun selbst dieses wichtige Vorstandsressort.

Wer im Jahr 1985 das „BMW-Mercedes-Duell“ aus der Ferne beobachtete, bekam den Eindruck einer verkehrten Welt: Plötzlich sah BMW gegenüber dem vermeintlich behäbigen Konkurrenten aus Stuttgart ganz alt aus. Ein Eindruck, der sich noch verstärkte, als die neue mittlere Baureihe von Mercedes-Benz, der W124, in den Markt eingeführt wurde und der 5er nach den Worten des Journalisten und Buchautors Walter Junginger „wie ein verstaubter Methusalem aus einem anderen Autojahrzehnt“ wirkte. Hatte das Unternehmen angesichts des jahrelangen Erfolgs seinen Mut und seine

Risikobereitschaft verloren? Wollte man lieber auf Nummer sicher gehen, anstatt mit einem sprunghaften Designwechsel möglicherweise die angestammte Kundschaft zu verunsichern? Oder hatte man ganz einfach den Wettbewerber aus Stuttgart und dessen neu entdeckte Angriffslust unterschätzt? Mercedes hatte auf jeden Fall in der ersten Hälfte der 1980er-Jahr mit seinem Wettbewerber aus München leichtes Spiel.

Eberhard von Kuenheim geriet in das Kreuzfeuer der öffentlichen Kritik. Alle großen Wirtschaftsmagazine und Tageszeitungen sahen BMW in der Krise. Die Fachpresse, über Jahre hinweg ein treuer Verbündeter der Marke, ließ an den neuen Modellen keinen guten Faden. Schließlich geriet auch der Aktienkurs unter Druck, was ein untrügliches Zeichen dafür war, dass die Analysten die Zukunftsaussichten des Unternehmens bei Weitem nicht mehr so positiv einschätzten wie in den boomenden 1960er- und 1970er-Jahren. Von Kuenheim parierte die Kritik gewohnt souverän: Angesprochen auf die schwierige Situation seines Unternehmens antwortete er mit Seitenblick auf den Wettbewerber aus Stuttgart: „Wir haben im Augenblick keine Probleme mit unseren LKW", oder mit Blick auf den Erwerb der AEG durch Daimler: „Ich übernehme doch kein Unternehmen, damit die Mitarbeiter billig Kühlschränke kaufen können", oder mit Verweis auf den holprigen Aufbau des „integrierten Technologiekonzerns": „Ich habe lieber meine kleinen Probleme als die großen des Wettbewerbs." Die ganze Diversifikationsstrategie des Konkurrenten aus Stuttgart hielt er ohnehin für einen Prozess der „Entreicherung", wie er das gewohnt sarkastisch ausdrückte.

Die nach außen zur Schau getragene, inszenierte Gelassenheit stand freilich im Gegensatz zur internen operativen Hektik an der Verkaufsfront. Eberhard von Kuenheim musste die Absatzprobleme, die es vor allem auf dem deutschen Markt gab, durch die Steigerung der Verkäufe im Ausland überspielen, was ihm mit geschickter Hand auch gelang. Binnen kurzer Zeit stieg die Exportquote, also der Anteil der im Ausland verkauften Fahrzeuge an den gesamten Verkäufen, auf über 70 Prozent. Damit kam das Unternehmen kurzfristig über die Runden. Aber Eberhard von Kuenheim war klar: Die Weichen in der Modellpolitik mussten neu gestellt werden, ein sichtbarer Quantensprung in allen drei Kernbaureihen war notwendig, wenn man gegenüber dem Wettbewerber aus Stuttgart nicht noch weiter ins Hintertreffen geraten wollte.

In jenen schwierigen Tagen ging nicht in Stuttgart, sondern in München ein Stern auf, der Stern des Wolfgang Reitzle. Reitzle war seit 1976 bei BMW. Er hatte in München Maschinenbau studiert und dann noch ein Zweitstudium als Wirtschaftsingenieur abgeschlossen. Er war eigentlich Produktionsspezialist, doch nach und nach rückte er immer näher an die Produktentwicklung und damit auch an den Chef des Unternehmens heran. Im Jahr 1983 soll er, so berichtet es jedenfalls Walter Junginger, Eberhard von Kuenheim gewarnt haben, den E32 – das war der neue 7er – so zu bauen, wie ihn noch der geschasste Entwicklungschef Rademacher konzipiert hatte. Der Prototyp sähe aus wie eine „viel zu schmal geratene Zigarre", müsse eine „völlig andere Statur" bekommen, um gegen die S-Klasse von Mercedes bestehen zu können. So geschah es denn auch.

Der 5er und vor allem der 3er, das „Brot-und-Butter"-Auto bei BMW, waren wichtig. Aber um an die Spitze des Premiumsegments zu kommen, um Mercedes richtig weh zu tun, musste der neue 7er ein Erfolg werden. Vom Timing her passte es: der E32 sollte im Jahr 1986 auf den Markt kommen. Dann war die S-Klasse bereits sieben Jahre im Markt und vielleicht der eine oder andere S-Klasse-Fahrer dieses Modells überdrüssig oder zumindest bereit für eine neue Erfahrung. Nur, das Auto musste halt auch passen und die Erwartungen nicht nur erfüllen, sondern übererfüllen. Es sollte eine zeitgemäße, technisch spannende und optisch auffallende Alternative zur S-Klasse werden. Vor allem aber durfte man sich keinerlei Qualitätsprobleme leisten, wie sie beim 5er und vor allem beim 3er aufgetreten waren. Und dann hatte man noch eine Überraschung in der Hinterhand, mit der man für die nötigen Schlagzeilen unter den Autofans sorgen würde.

Der E32 erfüllte seine Mission. Mit diesem Modell trat BMW wieder aus seinem eigenen Schatten und präsentierte sich als Marke, die in der Oberklasse nun tatsächlich neue Maßstäbe setzte. Die Baureihe startete mit dem 730i und dem 735i, beide mit einem 6-Zylinder motorisiert. Ein schönes, modernes und doch zeitloses Design verzückte nicht nur die Journalisten. Doch die eigentliche Sensation folgte dann unter der Motorhaube: Optisch leicht modifiziert, mit breiterer Niere und eckigen anstatt runden Auspuffrohren, präsentierte BMW im Jahr 1987 den 750i – das erste deutsche Auto mit einem 12-Zylinder-Motor seit über 50 Jahren. Die damals noch durchweg PS-begeisterte Fachpresse war genauso aus dem Häuschen wie die Autofans, die weniger nach Verbrauch und Emissionen fragten, sondern nach Fahrleistungen und Laufkultur. Der 750i war nach einer gefühlt endlosen Zeit der erste BMW, der voll überzeugte und tatsächlich die Erwartungen übertraf. Egal wie oft man das Spitzenmodell verkaufen würde: Mit diesem Auto erhob „BMW Anspruch auf die Führungsrolle im Kreis der Hersteller exklusiver Oberklassenlimousinen", heißt es denn auch in der BMW-Unternehmenschronik. Der Anspruch wurde erhoben – und eingelöst.

In der zweiten Hälfte der 1980er-Jahre sprühte die Marke BMW vor lauter neuen Ideen. Es schien, dass die Marke unter den Händen von Wolfgang Reitzle aus dem Dornröschenschlaf erwacht war und Mercedes das Leben nun richtig schwer machen wollte. Die 3er-Baureihe, die mit dem 190er von Mercedes unter Druck geraten war, wurde modernisiert und ausgebaut. Ab 1985 gab es den 3er auch mit Allradantrieb als 325iX. Es folgte eine M-Ausführung, der BMW M3 mit 220 PS und bislang in dieser Baureihe unvorstellbaren Fahrleistungen. 1986 wurde die Baureihe um eine schicke Cabrio-Version erweitert, die jetzt aus eigener Produktion kam, nachdem es schon früher ein Cabrio gegeben hatte, das aber in der Stuttgarter Karosserieschmiede Baur gefertigt worden war. Schließlich folgte im Jahr 1988 der 3er Touring als Kombi – eine Variante, die Mercedes ebenfalls nicht im Programm hatte. Der 5er, der Anfang 1988 vorgestellt wurde, erhielt ein völlig neues Styling und wurde mit einem 8-Zylinder motorentechnisch deutlich aufgerüstet. Auch diese Baureihe gab es jetzt mit Allradantrieb. Schließlich folgten noch zwei Autos, von denen klar war, dass sie stückzahlmäßig nicht viel bringen würden, die aber auf das Image der Marke einzahlten: Auf der IAA 1987 wurde der Sportwagen Z1 vorgestellt und ab 1989 in kleiner Stückzahl produziert. 1989 folgte ein Luxuscoupé, der BMW 850i, der ein echter Hingucker und Prestigegewinn war, auch wenn sich die ohnehin bescheidenen Erwartungen, was die verkauften Stückzahlen anbelangten, nicht erfüllten.

Im Jahr 1990 hatte sich die Beziehung zwischen Mercedes und BMW gegenüber dem Jahr 1985 völlig umgekehrt: Jetzt war BMW wieder die sportliche, innovative und dynamische Marke, während die Modellpalette bei Mercedes sichtlich in die Jahre gekommen war. In allen drei Kernbaureihen hatte BMW die jüngeren und attraktiveren Modelle auf dem Markt. Mercedes war modellpolitisch zurückgefallen. Am meisten tat der 12-Zylinder weh, der nicht nur am Image der Marke, sondern auch am Selbstbewusstsein der Mercedes-Ingenieure nagte. In Stuttgart war man überrascht worden, denn man hatte mit vielem beim neuen 7er gerechnet, mit mehr Elektronik, mit mehr Komfortausstattung und natürlich mit mehr Power, aber nicht mit einem 12-Zylinder. Jetzt galt es, das eigene Entwicklungskonzept für den Nachfolger des W126, der eigentlich schon im Jahr 1989, spätestens aber im Jahr 1990 präsentiert werden sollte, nochmals zu überprüfen. Ursprünglich hatte man an eine „zurückhaltende" und „behutsame" Weiterentwicklung des Erfolgsmodells gedacht und auch schon die ersten Prototypen auf die Straße gebracht. Das genügte jetzt nicht mehr. Die Entwicklungsingenieure mussten nochmals ran, um die neue S-Klasse zum besten Auto seiner Klasse zu machen – inklusive eines 12-Zylinder-Motors. Als die neue S-Klasse dann im März 1991 mit zwei Jahren Verspätung das Licht der Welt erblickte, konnten sich Eberhard von Kuenheim und Wolfgang Reitzle zurücklehnen.

Sorgenkind im Mercedes-Land: Das Nutzfahrzeuggeschäft

Es ist Zeit, über das Nutzfahrzeuggeschäft zu sprechen. Wer verstehen will, warum Ola Källenius im Jahr 2020 den Plan entwickelte, die LKW-Sparte auszulagern und als selbstständiges Unternehmen an die Börse zu bringen, muss im Grunde in die 1980er-Jahre zurück, als die Diskussionen über ein solches Vorhaben begannen. Seither sind die Überlegungen für eine Trennung des LKW- vom PKW-Geschäft nie mehr ganz verstummt, auch wenn es Jahre gab, in denen man froh war, die „Nutzis", wie die Mitarbeiter im Nutzfahrzeugbereich im Konzern scherzhaft bezeichnet wurden, noch immer an Bord zu haben. Aber das waren die Ausnahmen. Der Trend ging in Richtung Trennung, und der Grundstein dafür wurde in jenem Jahrzehnt gelegt, um das es hier geht.

Trotz der Diversifikationsstrategie hatte der Nutzfahrzeugbereich Ende der 1980er-Jahre noch immer einen Anteil am Gesamtumsatz des Konzerns von rund 30 Prozent. Mit 23,1 Milliarden D-Mark im Jahr 1988 war er höher als der von AEG, Dornier und der MTU zusammen. Dennoch stand das Geschäft mit LKW, Transportern, Bussen und dem unverwüstlichen Unimog nicht nur in der Öffentlichkeit, sondern auch intern immer im Schatten der anderen Konzernaktivitäten, was möglicherweise auch damit zusammenhing, dass niemand im Vorstand allein und ausschließlich für dieses Geschäftsfeld verantwortlich war. Das Nutzfahrzeuggeschäft lief immer nebenher, überstrahlt vom Glanz der PKW-Sparte. Dabei stieg der Handlungsdruck von Jahr zu Jahr, denn das Geschäft mit den Nutzfahrzeugen war alles andere als ein Selbstläufer. Die strukturellen Probleme in diesem Geschäftsfeld, die man lange vor sich herschob, waren eine Zeitbombe. Es bedurfte nur eines kleinen Auslösers, um sie zum Explodieren zu bringen.

Zuletzt hatten die „Nutzis" im Jahr 1981 Grund zur Freude gehabt, als die OPEC-Staaten wie verrückt Mercedes-LKW bestellten, um ihre ambitiösen Infrastrukturprojekte realisieren zu können. Mercedes-Benz war bei schweren LKW nicht nur Weltmarktführer, sondern hatte in den Ländern des Nahen Ostens einen hervorragenden Ruf. Nicht nur die steigenden Absätze, sondern auch die guten Preise – Nachlässe waren bei diesen Geschäften unüblich – spülten viel Geld in die Kassen. Für Daimler-Verhältnisse fast schon euphorisch heißt es im Geschäftsbericht für das Jahr 1981, dass sich die guten Verkäufe an hochwertigen Nutzfahrzeugen „günstig" auf die Ertragsentwicklung ausgewirkt hatten. Spartenergebnisse wurden damals noch nicht veröffentlicht, aber man konnte aus dieser Formulierung herauslesen, dass bei diesen Geschäften gutes Geld verdient wurde. Die OPEC-Sonderkonjunktur war von kurzer Dauer. Als die Ölpreise im Jahr 1982 zu sinken begannen, versiegte auch die zeitweise überbordende LKW-Nachfrage aus diesen Ländern. Im Jahr 1983 war das Geschäft mit diesen Ländern tot, die „Windfall Profits", die man gerne eingestrichen hatte, dahin. Was jetzt begann, war die „Battle of Europe", ein gnadenloser Wettbewerb auf dem europäischen Nutzfahrzeugmarkt, der mit kaum vorstellbaren Preisnachlässen bei LKW ausgetragen wurde.

Schon seit Jahren war der europäische LKW-Markt durch strukturelle Überkapazitäten geprägt. LKW galten in vielen Ländern noch immer als „kriegswichtige" Produkte und dementsprechend wurden die heimischen Produzenten teilweise mit hohen Beträgen subventioniert. Vor allem in Frankreich floss viel Geld in Richtung des wichtigsten französischen LKW-Anbieters, der Renault Vehicles Industrielle (RVI), der schon Anfang der 1980er-Jahre arg angeschlagen in den Seilen hing und als potenzieller Übernahmekandidat in der Branche gehandelt wurde. In Spanien siechte der halbstaatliche LKW-Hersteller ENASA dahin, der im Grunde ohne jegliche Überlebenschance war, aber eben auch ein wichtiger Lieferant für die spanische Armee. So kam es in der europäischen Nutzfahrzeugindustrie – politisch gewollt – zu keiner Strukturbereinigung, mit der Folge, dass sich die Hersteller einen ruinösen Preis- und Konditionenwettbewerb lieferten. Rabatte von 30 bis 40 Prozent auf den Listenpreis, manchmal auch noch mehr, waren keine Seltenheit. Jahr für Jahr hieß es nun im Geschäftsbericht von Daimler-Benz nur noch sybillinisch, dass das Nutzfahrzeuggeschäft „schwierig" sei, verbunden mit dem Hinweis, dass die „zunehmende Verengung der internationalen Nutzfahrzeugmärkte" zu einem „verschärften Wettbewerb um Preise und Konditionen" geführt habe. Ein Ausweg war nicht in Sicht.

Der Preiswettbewerb traf das Nutzfahrzeuggeschäft von Daimler-Benz besonders hart, denn das Unternehmen hatte unter allen Wettbewerbern die höchsten Kosten. Die Produktion für den europäischen Markt erfolgte fast ausschließlich in Deutschland, vor allem im Werk Wörth (LKW), im Werk Düsseldorf (Transporter) und im Werk Mannheim (Busse). Was die Situation für den Geschäftsbereich so schwierig machte, war die Tatsache, dass er unter dem gleichen Firmendach arbeitete wie der Geschäftsbereich PKW. Die Kostenstruktur und das Kostenniveau eines „Luxusgüterherstellers" war jedoch kaum vereinbar mit den Anforderungen an die Kostenstruktur und das Kostenniveau eines Herstellers von Fahrzeugen, die für ihre Besitzer nichts anderes waren als Arbeitsgeräte. Während es bei den PKW immer um technische Glanzleistungen und Prestige ging, zählten bei Nutzfahrzeugen allein die Transportleistung, die Zuverlässigkeit und – last not least – die Betriebskosten. Niemand war bereit, für einen Mercedes-Benz-LKW mehr zu bezahlen als für einen LKW eines anderen Herstellers, jedenfalls nicht wesentlich mehr. Aber wie hätte man einem Entwicklungsingenieur in Stuttgart, der im Nutzfahrzeugbereich arbeitete, erklären können, dass er weniger verdienen müsse als sein Kollege bei den PKW, weil die Kunden nicht bereit waren, für einen Mercedes-Benz-LKW den gleichen Preis wie für einen PKW zu bezahlen? Wie hätte man dem Arbeiter am Band, der in Wörth schwere LKW zusammenbaute, verständlich machen können, er müsse aus dem gleichen Grund weniger verdienen wie sein Kollege im Werk Sindelfingen? Und wie hätte man das vor allem gegenüber Betriebsräten und Gewerkschaften durchsetzen können?

Die Idee, das Nutzfahrzeuggeschäft komplett auf eigene Füße zu stellen, sei es durch eine Verselbstständigung, sei es durch einen Verkauf, stand im Raum. Damit wirklich ernst zu machen, traute sich indessen niemand. Eine Trennung von einem so eng mit dem Gesamtunternehmen verwobenen, traditionellen Geschäftsfeld wäre allein rechtlich und steuerlich keine triviale Aufgabe gewesen. Hinzu kam das leidige Problem eines jeden Unternehmens, das einen Teil seiner Aktivitäten verkaufen will: Laufen die Geschäfte schlecht, bekommt man keinen guten Preis, laufen sie gut, fragt man sich: Warum sollen wir eigentlich verkaufen? Letztlich wäre eine Trennung schon damals eine strategische Entscheidung gewesen, für die viel gesprochen hätte. Denn das alte Argument, dass sich die „Ausgleichskräfte" zwischen PKW- und NFZ-Geschäft bewährt hätten und man sie nicht aufgeben sollte, war schon lange obsolet geworden. Im Grunde subventionierte das PKW-Geschäft schon seit vielen Jahren – mit der kurzen Unterbrechung durch den OPEC-Boom – das Geschäft mit den Nutzfahrzeugen und ein Ende dieser Situation war nicht absehbar. Als eigenständiges Unternehmen hätte der Geschäftsbereich sein Kostenniveau so gestalten können, wie es mit Blick auf den Markt und die brutale Wettbewerbssituation notwendig gewesen wäre. Doch niemand wollte sich mit diesem heiklen Thema die Finger verbrennen.

Ein Neuer soll es richten

Würde ein neuer Mann das Nutzfahrzeuggeschäft auf Vordermann bringen? Die Nachricht schlug wie eine Bombe im Unternehmen ein und sorgte für reichlich Gesprächsstoff: Helmut Werner werde am 1. November 1987 in den Vorstand der Daimler-Benz AG einrücken und die Leitung des Geschäftsbereichs Nutzfahrzeuge übernehmen. Allein die Tatsache, dass ein Manager einen Vorstandsposten bekam, ohne sich im Hause selbst hochgedient zu haben, sorgte für Unmut. Dass der Seiteneinsteiger dann auch noch den kränkelnden Nutzfahrzeugbereich übernehmen würde, verbreitete Angst und Schrecken. Helmut Werner, am 2. September 1936 in Köln geboren, eilte nämlich nicht der Ruf voraus, eine „rheinische Frohnatur", sondern ein knallharter Sanierer zu sein. Werner hatte seine berufliche Karriere im Jahr 1961 im Reifengeschäft begonnen. Zunächst war er im Vertrieb und Marketing bei dem damals weithin bekannten Reifenhersteller Englebert in Aachen tätig. Diese Tätigkeit veranlasste seine Gegner später dazu, ihm das Etikett „Reifenverkäufer" anzuhängen, was er meist mit einem Lächeln quittierte. Werner war gerne im Vertrieb und er war erfolgreich. Im Jahr 1979 wurde er in den Vorstand der Continental Gummiwerke AG, wie das Unternehmen damals noch firmierte, berufen und im Jahr 1982 Vorstandsvorsitzender. Das Reifengeschäft war in jener Zeit – ähnlich wie das Geschäft mit LKW – durch massive Überkapazitäten und einen gnadenlosen Preiswettbewerb gekennzeichnet. Continental drohte zum Verlierer des Verdrängungswettbewerbs zu werden und stand mit dem Rücken zur Wand. Aufsichtsratsvorsitzender bei Continental war Alfred Herrhausen und er zog in dieser Funktion mit Werner die schmerzhafte Rettung des Unternehmens durch. Als Continental über dem Berg war, holte er Werner zu Daimler, um ihn – wie schon bald kolportiert wurde – zum Nachfolger von Edzard Reuter aufzubauen, was natürlich noch zu zusätzlichen Diskussionen um diese Personalie führte. Argwöhnisch wurde er beobachtet und viele hatten schon eine Meinung über den „Neuen", als dieser noch gar nicht im Unternehmen war.

Werner musste schon bald die Erfahrung machen, dass es sehr viel leichter ist, ein Unternehmen, das auf der Kippe steht, zu sanieren als den Geschäftsbereich eines Unternehmens, das noch immer den Ruf hatte, „unermesslich reich" zu sein. Bei Continental ging es um alles oder nichts und das war letztlich jedem im Unternehmen, egal ob Direktor oder Arbeiter am Band, bewusst. Also zogen alle an einem Strang, auch wenn es namentlich den Betriebsräten schwerfiel, den mit der Sanierung einhergehenden massiven Arbeitsplatzabbau mitzutragen. Bei Daimler war an derartige Einschnitte nicht zu denken. Die Einsicht, alles auf den Prüfstand stellen zu müssen, um das Nutzfahrzeuggeschäft wieder in die schwarzen Zahlen bringen zu können, war – vorsichtig formuliert – nur bei wenigen vorhanden. Irgendwie hatte sich der Geschäftsbereich, ohnehin gewohnt, im Konzern ein Eigenleben zu führen, in der „Verlustzone" eingerichtet. Eine ganz persönliche existenzielle Bedrohung durch die anhaltenden Verluste empfand kaum jemand. Wenn die Konjunktur anziehen und der eine oder andere Wettbewerber endlich pleitegehen würde, dann, so die Hoffnung vieler, würden auch bei den Nutzfahrzeugen wieder dicke Gewinne gemacht. Aber die Nutzfahrzeugkonjunktur schleppte sich dahin und keiner der Wettbewerber tat Daimler den Gefallen, pleitezugehen und seinen Geschäftsbetrieb einzustellen. Also ging die Misere Jahr für Jahr weiter.

Werners Managementphilosophie basierte auf dem Grundsatz: „Wo zwei Menschen sind, gibt es Wettbewerb." Vielleicht war das das Ergebnis seiner früheren Karriere als Leistungsschwimmer und Mitglied der deutschen Wasserball-Nationalmannschaft. Er wollte den Wettbewerb in seinem Führungsteam, den „konstruktiven Konflikt". Tatsächlich flogen dann in der einen oder anderen Sitzung der für den Geschäftsbereich verantwortlichen Vorstände die Fetzen, aber nur allzu oft wurden anschließend die getroffenen Entscheidungen unterlaufen oder nur halbherzig umgesetzt. Helmut Werner brachte das zwar zur Weißglut, aber er konnte es nicht wirklich ändern. Dünkel, Opportunismus und „Vetterleswirtschaft" (wie die Schwaben sagen) blockierten ein ums andere Mal die notwendigen und allzu offenkundigen Sanierungsmaßnahmen. Es gab zwar Unterstützer im Unternehmen, aber deren Zahl und Gewicht war wesentlich kleiner als das seiner Gegner.

Schon mit seiner ersten Initiative lief Werner gegen eine Wand. Als ehemaliger „Zulieferer" plädierte er dafür, mehr Komponenten und Teile nicht mehr selber zu produzieren, sondern sie von Lieferanten zu beziehen, die das genauso gut, aber billiger könnten. Es gab Vorschläge, welche Teile das sein könnten, aber sofort waren die Gegenargumente da: Die Teile von Lieferanten seien nicht gut genug für die Mercedes-LKW, man würde damit Kernkompetenzen aufgeben, man würde sich abhängig machen und am Ende vielleicht mehr bezahlen, als wenn man alles so ließe wie es war. Kurzum: Die üblichen Argumente gegen eine Reduktion der „Fertigungstiefe" wurden heruntergebetet und in unzähligen Sitzungen die notwendigen Beschlüsse zerredet. Dabei ging es nicht um Qualität, Kompetenzen und Preise, sondern schlicht darum, dass ein Fremdbezug möglicherweise zu einem Verlust von Arbeitsplätzen im Geschäftsbereich führen würde – ein Argument, das gleichermaßen bei Betriebsräten wie Führungskräften Angst auslöste. Denn es ging natürlich nicht nur um den Arbeiter am Band, sondern auch um den Entwicklungsingenieur, der bei einem Fremdbezug nichts mehr zu tun hätte. Immerhin führte Werners Hartnäckigkeit bei diesem Thema zu einer kleinen Revolution, was das Vorgehen bei der Entwicklung neuer Fahrzeuge anbelangte. Zum ersten Mal wurden bei der Entwicklung des Nachfolgers des Transporters T1, dem T1N, die Prinzipien des „Target Costing" angewendet, das heißt, es wurden „Zielkosten" für alle Aggregate, Komponenten und Teile für das neue Fahrzeug vorgegeben, die unter keinen Umständen überschritten werden durften. Das Entwicklungsteam war angehalten, falls eine Überschreitung drohe, auch nach Bezugsquellen außerhalb des Daimler-Konzerns zu suchen und diese zu berücksichtigen. So kam immerhin ein heilsamer Kostendruck auf die Produktmanager zustande und am Ende wurde der T1N, der bei seiner Markteinführung im Jahr 1995 dann „Sprinter" hieß, zum erfolgreichsten

Transporter in der Geschichte von Mercedes-Benz. Später wurde die Methode auch bei den PKW eingesetzt.

Eine weitere Initiative von Werner war der Versuch, die Konsolidierung in der europäischen Nutzfahrzeugindustrie voranzutreiben. Zunächst wurden Kontakte mit Renault aufgenommen, da bekannt war, dass der Konzern für die angeschlagene Nutzfahrzeugtochter einen Partner suche. Die Gespräche ließen sich gut an, sogar Edzard Reuter schaltete sich auf höchster politischer Ebene ein. Doch die Franzosen hatten Angst vor den übermächtigen Deutschen und entschieden sich dann für eine Allianz mit dem schwedischen LKW-Hersteller Volvo. Ein weiterer Übernahmekandidat war der spanische LKW-Hersteller Enasa. Auch da gab es gute Gespräche und Werner stand kurz vor dem Abschluss, als die ENASA völlig überraschend bekannt gab, dass man das Kaufangebot der Fiat-Tochter Iveco annehmen werde, was dann im Jahr 1990 auch geschah. Der Fehlschlag nagte an der Reputation von Werner, zumal er die ENASA-Übernahme bereits vor Führungskräften bekannt gegeben hatte, noch bevor die Sache in trockenen Tüchern war. Es war eine Niederlage im Übernahmewettstreit, die im Nachhinein betrachtet aber eher ein Glücksfall war, denn Iveco musste noch jahrelang für die neue spanische Tochter bluten.

Schließlich nahm Helmut Werner noch ein Thema in Angriff, das schon lange im Konzern diskutiert wurde und an dem sich schon viele Planungsstäbe im und kundige Berater außerhalb des Unternehmens erfolglos abgearbeitet hatten. Mercedes-Benz war bei LKW über 6 t zulässigem Gesamtgewicht Weltmarktführer, was nicht zuletzt darauf zurückzuführen war, dass das Unternehmen bedeutende ausländische Produktionsstandorte und Tochtergesellschaften unterhielt. Traditionell war der Konzern schon seit den 1950er-Jahren in Lateinamerika, insbesondere in Brasilien und Argentinien aktiv. Im Jahr 1981 hatte man den nordamerikanischen Hersteller von Schwer-LKW, Freightliner, übernommen. Weitere Tochtergesellschaften befanden sich in Spanien, wo Transporter hergestellt wurden, und in Südafrika. In anderen Märkten war man durch Minderheitsbeteiligungen an lokalen Unternehmen als LKW-Hersteller präsent. Insgesamt wurden im Jahr 1987 weltweit über 230.000 Nutzfahrzeuge unter dem Markennamen Mercedes-Benz produziert.

In Umkehrung einer allseits bekannten betriebswirtschaftlichen Theorie war jedoch nicht der größte, sondern der kleinste LKW-Hersteller der Welt der profitabelste. Während Mercedes-Benz im Nutzfahrzeuggeschäft Geld verlor, erzielte Scania mit kaum mehr als 25.000 LKW und Bussen eine zweistellige Umsatzrendite. Wie konnte das in einem so wettbewerbsintensiven Markt wie dem für schwere LKW und Busse sein? Vordergründig war die globale Aufstellung im Geschäft mit LKW und Bussen ein Vorteil, denn man konnte so vor Ort für den jeweiligen Markt produzieren. Andererseits gehörte es zu den Eigentümlichkeiten des Nutzfahrzeuggeschäftes, dass es in jedem Markt andere, spezifische Anforderungen an die Fahrzeuge gab. Bei einer S-Klasse war es egal, ob sie in Stuttgart, Los Angeles oder Nairobi gefahren wurde. Die Kunden hatten mehr oder weniger alle die gleichen Wünsche und daher wurde – mit ein paar kleinen, unwesentlichen technischen Unterschieden – weltweit die gleiche, in Sindelfingen produzierte S-Klasse verkauft. Praktisch alle Mercedes-Benz-PKW waren technisch und optisch baugleiche „Weltautos". Bei einem schweren LKW war es indessen ein Unterschied, ob er in Europa, in den USA, in Lateinamerika, Afrika oder Asien eingesetzt wurde. Das begann mit dem leidigen Unterschied zwischen Hauber- und Frontlenker-Fahrzeugen, ging weiter mit der Motorisierung und der Auslegung des Antriebsstranges bis hin zur Überladefähigkeit von LKW und Bussen, da man es in vielen Entwicklungs- und Schwellenländern mit den Vorschriften hinsichtlich des zulässigen Gesamtgewichtes nicht immer so genau nahm. Da jede Region und jeder Markt ein spezifisches Produkt benötigte, war es nahezu unmöglich, größenbedingte Kostenvorteile, also „economies of scale", zu realisieren. In der Summe war man zwar groß, aber aufgrund der Unterschiedlichkeit der Märkte war die Summe weniger als die einzelnen Teile, weil überall hohe Entwicklungsaufwendungen für die Anpassung an die jeweiligen nationalen Märkte notwendig waren.

Wie, so lautete die Frage, die Helmut Werner beschäftigte, konnte man „Größe" in „Effizienz", und zwar in Kosteneffizienz umsetzen? Scania erzielte seine hohe Profitabilität durch ein intelligentes „Baukastensystem", bestehend aus einigen wenigen Komponenten und Aggregaten, die für die unterschiedlich spezifizierten Modelle verwendet wurden. Konnte man das nicht auch bei Daimler machen? Ein „Welt-LKW", über den man ebenfalls lange nachgedacht hatte, war angesichts der Unterschiedlichkeit der Märkte nicht vorstellbar. Aber warum sollte man nicht Motoren, Getriebe und Achsen vereinheitlichen, um sie dann flexibel, aber weltweit in unterschiedlichen Fahrzeugen zu verbauen? Die Idee war naheliegend, doch wieder sorgten zu viele Bedenkenträger dafür, dass die Sache nicht so recht vorankam. Es sollte noch viele Jahre dauern, bis endlich erste Maßnahmen zur internationalen Vereinheitlichung von Aggregaten und Komponenten realisiert wurden.

Vieles hatte er begonnen, nur wenig kam wirklich voran. Immerhin hatte Werner Glück, was die Marktentwicklung anbelangte. Die Nutzfahrzeugkonjunktur verzeichnete im besonders krisengeschüttelten europäischen Markt einen Aufschwung. Beflügelt wurde das Geschäft von der Idee eines Europäischen Binnenmarktes, die 1985 vom Präsidenten der Europäischen Kommission, Jacques Delors, auf den Weg gebracht worden war. Ab dem 1. Januar 1993 sollte es zwischen den Mitgliedsländern der EU einen freien Verkehr von Waren, Personen, Dienstleistungen und Kapital geben. Der freie Warenverkehr im Binnenmarkt, so die Erwartung, würde zu einem deutlichen Anstieg des innereuropäischen Transportaufkommens – Experten sprachen von über 40 Prozent Steigerung – führen. Also begannen viele Transportunternehmen als Vorbereitung auf dieses gigantische Projekt mit der Erweiterung und Modernisierung ihrer Fuhrparks. Endlich, im Jahr 1988, konnten die „Nutzis" auch mal wieder etwas Positives berichten. So war im Geschäftsbericht zu lesen, dass die Kapazitäten der inländischen Produktionsstätten „voll ausgelastet" waren. Dazu trug auch eine neue Generation schwerer LKW bei, die unter dem Kürzel „SK" („Schwere Klasse") 1988 in den Markt eingeführt worden war. Unter Einbeziehung der Auslandsgesellschaften konnte eine Produktionssteigerung von 10 Prozent auf fast 260.000 Nutzfahrzeuge aller Art verzeichnet werden und auch was die Ertragsentwicklung anbelangte, stellte man eine „erfreuliche Wende des Ertragstrends" fest, was freilich nicht hieß, dass man Gewinne machte, sondern lediglich, dass man die Verluste hatte reduzieren können. 1989 war ein weiteres gutes Nutzfahrzeugjahr, Produktion und Absatz gingen nochmals nach oben und so waren weitere „Ertragsverbesserungen sowohl im Inland als auch bei den ausländischen Produktionsgesellschaften zu verzeichnen" (Geschäftsbericht 1989). In den Jahren 1990 und 1991 wurde das Auslandsgeschäft schwieriger, dafür boomte aber als Folge der Wiedervereinigung der deutsche Markt, auf dem Mercedes-Benz im Segment der Schwerlastwagen über 16 t zulässigem Gesamtgewicht noch immer einen Marktanteil von über 50 Prozent hatte. Im Jahr 1991 erreichte die Produktion mit 295.794 Nutzfahrzeugen einen neuen Höchststand.

Helmut Werner hatte – so schien es – Fortune, und doch mischte sich unter die guten Verkaufszahlen eine unangenehme Erkenntnis: Obwohl die inländischen Kapazitäten voll ausgelastet waren, blieb das wirtschaftliche Ergebnis unbefriedigend. Offensichtlich war das Kostenniveau in den deutschen Werken mittlerweile so hoch, dass man auch in guten, ja sehr guten Zeiten mit LKW und Bussen kein Geld verdienen konnte. Was erst, wenn die Konjunktur wieder rückläufig sein würde? Werner bemühte sich, die Flexibilität in den Werken zu erhöhen und den Break-even-Punkt abzusenken, sodass man auch bei niedrigeren Verkaufszahlen einen Gewinn erzielen konnte oder mindestens nicht in die roten Zahlen geraten würde. Seine Bemühungen, die auch Einschnitte in die herkömmlichen Arbeitszeitmodelle bedeutet hätten, fruchteten nichts. Werner lief gegen eine Wand. Als sich die Konjunktur drehte, der „Binnenmarkt-Effekt" schwächer und der Preis- und Konditionenwettbewerb stärker wurde, wuchsen auch wieder die Verluste. Ein weiterer Rückgang des Marktes musste in die Krise führen – der Rückgang des Marktes trat ein, die Krise war da.

Der Weg in die Krise

Das Jahr 1988 war ein Wendepunkt. Es war auch eine Warnung, die, hätte man sie ernst genommen, viel Unheil hätte verhindern können. Aber es war wie so oft in Großunternehmen: Diejenigen, die die Macht hatten, verstanden die Warnung nicht, wollten sie vielleicht auch gar nicht verstehen, und diejenigen, die sie verstanden, hatten keine Macht. So kam es, wie es kommen musste: Fünf Jahre später, im Jahr 1993, brach die große, schwere Krankheit aus und der Patient musste auf die Intensivstation. Er überlebte, aber vieles war danach nicht mehr so, wie es vorher gewesen war.

Der Sieg von Edzard Reuter über Werner Breitschwerdt beim Kampf um das Amt des Vorstandsvorsitzenden der Daimler-Benz AG war auch ein Sieg von Werner Niefer gewesen. Der forderte nun auch seinen fairen Anteil am Erfolg des jahrelangen Machtkampfs. Mit der Ernennung von Reuter zum Vorstandsvorsitzenden im September 1987 wurde Werner Niefer nicht nur sein Stellvertreter bei der Daimler-Benz AG, sondern auch gleichzeitig Leiter des Geschäftsbereichs Mercedes-Benz-PKW und ein Jahr später der im Rahmen der Neustrukturierung des Konzerns gegründeten Mercedes-Benz AG, womit er nunmehr auch das Nutzfahrzeuggeschäft unter sich hatte. Ob ihm das wichtig war – das Nutzfahrzeuggeschäft – sei dahingestellt. Wichtig war es ihm auf jeden Fall, Chef des PKW-Geschäfts zu sein. Werner Niefer, der „Gastwirtssohn aus Notzingen", wie er ob seiner Herkunft in der Presse gerne bezeichnet wurde, galt als ein „hemdsärmeliger Macher" (Reuter), der das Herz auf dem rechten Fleck hatte. Mit seinem offenen und unprätentiösen Auftreten war er ein Mann, der Menschen für sich einnehmen konnte. Niefer war beliebt und gefürchtet, gefürchtet vor allem wegen seines martialischen Händedrucks, bei dem man das Gefühl hatte, die Hand werde in einen Schraubstock eingezwängt. Das erinnerte daran, dass er seine berufliche Laufbahn „beim Daimler" im Jahr 1943 mit einer Lehre als Werkzeugmacher begonnen hatte, bevor er von 1948 bis 1951 ein Ingenieurstudium an der Maschinenbauschule in Esslingen absolvierte. 1952 trat er als frisch gebackener „Diplomingenieur" wieder bei Daimler ein und war nun einige Jahre im Großmotorenbau, unter anderem bei der „Maybach Motorenbau GmbH" in Friedrichshafen tätig. Gefördert durch Hanns Martin Schleyer wurde er 1976 Produktionschef für alle in- und ausländischen Werke und in den Vorstand der Daimler-Benz AG berufen. Schon dieser Karriereabschnitt – der märchenhaft anmutende Aufstieg vom Werkzeugmacherlehrling zum Vorstand in Deutschland nobelstem Unternehmen – machte ihn zu einer Legende. Einige sprachen von einer „deutschen Tellerwäscher-Karriere", andere von der „steilsten Karriere in der bundesrepublikanischen Wirtschaft". Werner Niefer war beliebt, vor allem in den Werkhallen, in denen er sich wie zu Hause fühlte. Einen Satz wie: „Am Schaffen ist noch keiner gestorben. Dass sie einen aus der Fabrik tragen, weil er zu viel gearbeitet hat, habe ich noch nie erlebt", konnte nur er – der ehemalige Lehrling – sagen. Bei jedem anderen Vorstandsmitglied hätten Betriebsrat und Arbeitnehmervertreter im Aufsichtsrat den sofortigen Rücktritt gefordert.

Niefers Meisterstück war die von ihm vorbereitete und im März 1979 vom Vorstand beschlossene „Langfristige Produktionsordnung" (LPO) für die deutschen Automobilwerke. Dabei wurde der organisch gewachsene, in vielen Bereichen ineffiziente Produktionsverbund durch die grundlegende Separierung der PKW- von den Nutzfahrzeugstandorten sowie die klare Trennung zwischen Montage- und Komponentenwerken neu ausgerichtet. Künftig gab es zwei Montagewerke für PKW (Sindelfingen und Bremen) und zwei Montagestandorte für LKW bzw. Transporter (Wörth und Düsseldorf). Alle anderen Werke wurden zu internen Zulieferern für die Montagewerke, teilweise noch mit einer eigenen Fertigung wie Mannheim für Omnibusse und Gaggenau für den Unimog und dem MB-trac. Diese Produktionsstruktur wurde zwar im Laufe der Jahre beträchtlich erweitert und vor allem internationalisiert. Im Grunde ist sie aber bis heute erhalten geblieben. Über allem stand für Niefer die Sicherstellung einer hohen „Qualität" der ausgelieferten

Fahrzeuge, die er immer für einen wesentlichen, den vielleicht wichtigsten Erfolgsfaktor der Marke Mercedes-Benz hielt und den er immer eisern verteidigte. „Qualität", lautete sein Leitspruch, „muss produziert werden, sie kann nicht herbeigeprüft werden."

Ins Rampenlicht der Medien trat Niefer durch seine Freundschaft mit Edzard Reuter. Nicht zuletzt aufgrund seiner exzellenten Verbindungen im Bodenseeraum startete der „integrierte Technologiekonzern" mit der Übernahme der Dornier GmbH, die ihren Sitz in Friedrichshafen hatte. In der langen Verhandlungsnacht mit der Dornier-Familie in der Villa Reitzenstein „tauschten Niefer und ich zum ersten Mal das gegenseitige Du", berichtet Edzard Reuter in seinen „Erinnerungen" und er betont, dass die in dieser Nacht geschlossene Freundschaft „ungetrübt" bis zu Niefers Tod fortgedauert habe, wobei Letzteres von einigen Zeitgenossen freilich bezweifelt wurde.

Gewiss, Werner Niefer war ein bodenständiger Praktiker, aber man durfte diesen aufrechten Schwaben nicht unterschätzen. Er war auch ein gewiefter Taktiker, ein Mann mit Machtinstinkt und der Fähigkeit, sich gegen vermeintlich intellektuell überlegene Verhandlungspartner durchzusetzen. Sein Aufstieg in die erste Riege deutscher Manager war das Ergebnis von Können, Ehrgeiz und einem feingestrickten Beziehungsnetzwerk innerhalb und außerhalb des Unternehmens. Er wusste, wer ihm im Unternehmen loyal verbunden war, und er wusste, wer in der Politik an den Schaltzentralen der Macht saß. Oft waren das nicht jene, die im Licht der Öffentlichkeit standen. So wurde er nach und nach auch zu einem Strippenzieher, der Macht und Einfluss über seinen unmittelbaren Verantwortungsbereich gewann.

Wie viele soziale Aufsteiger war er öffentlichen Auszeichnungen nicht abgeneigt. Er war Professor und Doktor ehrenhalber und er, der Absolvent einer Maschinenbauschule, pflegte beide Titel mit Stolz, genoss es, wenn man ihn mit Professor oder – wenn man selber Professor war – mit einem legerhonorigen „Herr Kollege" ansprach. Am liebsten war ihm aber jener Titel, dem ihm die deutsche Presse irgendwann in den 1980er-Jahren verliehen hatte: „Mr. Mercedes". So fühlte er sich, dieser Titel war er selbst.

Im Jahr 1988 musste Mercedes-Benz seine PKW-Produktion um gut 6 Prozent auf knapp 560.000 Einheiten reduzieren, nachdem man im Vorjahr knapp an der Marke von 600.000 Autos vorbeigeschrammt war. Der Rückgang kam überraschend, denn in praktisch allen relevanten Märkten – Westeuropa, USA, Japan – war die Automobilnachfrage in diesem Jahr weiter gestiegen. Mercedes hatte in der Nachkriegszeit bis dahin erst zwei Mal einen Produktionsrückgang ausgewiesen: Der erste in den Jahren 1952/53 war bedingt durch die schwierige Umstellung der Produktion vom Vorkriegsmodell 170 auf das erste neue Nachkriegsmodell, den 180er mit Ponton-Karosserie. Der zweite im Jahr 1978 war die Folge eines mehrwöchigen Arbeitskampfes, von dem vor allem das Werk Sindelfingen betroffen war. Jetzt, im Jahr 1988, musste Mercedes-Benz den Produktionsrückgang aufgrund fehlender Aufträge hinnehmen. Das war neu, das hatte es so bislang noch nicht gegeben. Wo waren die Auftragspolster, die oft jahrelangen Lieferzeiten geblieben?

Lebte Mercedes-Benz jetzt wie ein ganz normaler Massenproduzent von der Hand in den Mund?

Die Malaise war selbstverschuldet, ja man hatte die Situation, die 1988 eintrat, geradezu provoziert. Schon im Jahr 1986 gab es die ersten Warnzeichen: Auf dem wichtigsten Auslandsmarkt, den USA, erhöhte sich zwar die Zahl der insgesamt verkauften PKW noch leicht um 2 Prozent. Doch der Anstieg kam vor allem aufgrund vorgezogener Käufe zustande, da ab dem 1. Januar 1987 Fahrzeuge höher besteuert wurden. Es war also davon auszugehen, dass der US-Markt aufgrund dieser Vorzieh-Effekte im Jahr 1987 deutlich zurückgehen würde. So kam es denn auch: Der US-Markt fiel um über 9 Prozent und auch die Mercedes-Käufe sanken deutlich, zumal man aufgrund des Verfalls des US-Dollars auch noch die Preise erhöhen musste. Auch auf dem deutschen Markt, der für Mercedes-Benz damals noch eine ungleich größere Bedeutung hatte als heute, bröckelten die Verkäufe. Eine der unzähligen Diskussionen über die Umweltverträglichkeit von Diesel-Fahrzeugen und die damit einhergehende Verunsicherung der Käufer, führte im Jahr 1987 zu einem zweistelligen Absatzrückgang auf dem Heimatmarkt. War es da nicht fahrlässig, dass man die Produktion im gleichen Jahr nochmals erhöhte? Offensichtlich begann man auf Lager zu produzieren: Zuerst füllten sich die Lager der Händler, dann die eigenen, offensichtlich in der Hoffnung, die Fahrzeuge dann im Jahr 1988 verkaufen zu können. Doch das war eine verwegene Annahme, wenn man sich das Modellprogramm von Mercedes-Benz anschaute: Der „Neuheiten"-Effekt beim 190er hatte sich längst verflüchtigt und jetzt rächte es sich, dass das Modell von vorneherein nur als Limousine geplant war. Weitere Varianten wie ein Kombi, ein Coupé oder auch ein Cabrio, die den Absatz über den Lebenszyklus hinweg hätten stabilisieren können, waren nicht vorgesehen. Der Absatz des 190er ging rapide zurück, wofür auch der neue und deutlich attraktivere BMW 3er sorgte. Die mittlere Baureihe war nach der Qualitätsdiskussion in den Jahren 1986 und 1987 ziemlich angeschlagen und auch hier bot BMW nun mit dem 5er ein neues, attraktives Modell an. Die S-Klasse war mittlerweile in ihrem achten Produktionsjahr und ohnehin nicht dazu geeignet, große Stückzahlen machen zu wollen. Woher also sollte die Absatzbelebung im Jahr 1988 kommen, um die auf Lager produzierten Autos von den Höfen der Händler zu bekommen? Mercedes war nun das Opfer einer Kapazitätsphilosophie, die sich nicht mehr am langfristigen Trend, sondern an Nachfragespitzen orientierte. Die Marke ließ sich nicht mehr, wie Vertriebschef Hinrichs einmal so schön formuliert hatte, „vom Markt ziehen", sondern Mercedes ließ die Produktionsmaschine auf Hochtouren laufen, in der Hoffnung, die Autos irgendwie in den Markt drücken zu können. Doch nicht einmal das gelang: Schon im Jahr 1989 musste die Produktion nochmals auf jetzt nur noch etwas mehr als 540.000 Fahrzeug zurückgenommen werden, binnen zwei Jahren um über 50.000 Fahrzeuge. Das alte, erfolgreiche und von Joachim Zahn gehegte und gepflegte Geschäftsmodell war innerhalb kürzester Zeit zerstört: Hohe Rabatte bei den Neuwagen führten zu hohen Wertverlusten bei den gebrauchten Fahrzeugen, die alte Formel: „Nur der erste Mercedes ist teuer, den zweiten bezahlt man aus dem Verkauf des gebrauchten", musste in den

Ohren der Kunden wie Hohn klingen. Zunehmend begannen die Kunden sich über die – gemessen an der sparsamen Serienausstattung – zu hohen Preise zu mokieren. Schon bald klebte am Image der Marke der Vorwurf, ihre Fahrzeuge verfügten über ein im Wettbewerbsvergleich lausiges Preis-Leistungs-Verhältnis. Unterdessen gingen bei Mercedes die Margen zurück, während die Vertriebskosten stiegen. Auch die Mitarbeiter begannen am Preisverfall ihrer Jahreswagen zu spüren, dass irgendetwas im Unternehmen schieflief.

Würde es gelingen, so begannen sich einige alte Daimler-Gewächse, die die Zeit von Zahn noch sehr bewusst miterlebt hatten, zu fragen, das alte Geschäftsmodell durch eine Anpassung der Produktion und eine künstliche Verknappung der Ware wiederzubeleben? Musste man jetzt nicht einfach eine „Durststrecke" durchstehen und dann mit neuen, begehrlichen Modellen versuchen, die Rabatte auf die Neuwagen wieder zurückzuschrauben und die Wertbeständigkeit der im Markt befindlichen Fahrzeuge zu sichern? Ein Stimmungsaufheller der besonderen Art in jenen trüben Tagen war die Vorstellung des neuen SL-Roadster der Baureihe R129 auf dem Genfer Automobilsalon im März 1989. Wie kaum eine andere Baureihe verkörperte der SL den „Mythos Mercedes": vom legendären „Flügeltürer" über die „Pagode" bis hin zum R107, der von 1971 bis 1989 unvorstellbare 18 Jahre lang praktisch unverändert produziert und verkauft worden war. Der neue SL war ein technisch begeisterndes, wunderbar gestaltetes Auto. Journalisten und Messebesucher drängelten sich gleichermaßen um das Auto. Jeder wollte einmal auf den neuen Integralsitzen Platz nehmen, das für Mercedes-Verhältnisse edel gestaltete Interieur auf sich wirken lassen und den ausklappbaren Überrollbügel, der bei einem Unfall automatisch ausgefahren wurde, aktivieren. Ein besonderes Showstück war auch das sich selbst entriegelnde Hardtop: Auf Knopfdruck hob es sich ein paar Zentimeter an, schwebte über der Karosserie und konnte dann abgenommen werden. Mit dem gleichen Schalter konnte auch das Stoffdach geöffnet und geschlossen werden. Gert Hack, Auto-Tester bei „Auto Motor und Sport" war begeistert: „Er ist", schrieb er nach einer ausgiebigen Testfahrt, „Technologieträger und universell einsetzbarer Sportwagen in einem, ganz nebenbei ein faszinierendes Auto." Die Begeisterung der Fachpresse übertrug sich auf die Kunden. Jeder wollte das Auto haben, und zwar möglichst schnell, was zur Folge hatte, dass die Lieferzeit in der Einführungsphase auf über drei Jahre stieg. Im Autoteil der Frankfurter Allgemeinen Zeitung tauchten daher Anzeigen von Spekulanten auf, die sich vorsorglich einen Vertrag gesichert hatten und diesen nun mit einem entsprechenden Aufpreis zum Kauf anboten. Wann hatte es das zum letzten Mal gegeben?

Und was tat Mercedes? Anstatt die Lieferzeiten für dieses Auto, dessen Begehrlichkeit schon immer auf seiner begrenzten Verfügbarkeit basiert hatte, zu hegen und zu pflegen, wurden die Kapazitäten massiv ausgebaut und die Produktion binnen weniger Monate um 25 Prozent auf über 26.000 Einheiten pro Jahr nach oben gefahren. Die Folgen im Markt zeigten sich schnell: Die Lieferzeiten wurden kürzer, die Spekulanten zogen sich zurück und plötzlich konnte, wer wollte, das Auto binnen weniger Wochen vor der Haustür stehen haben. Es war ein Jammer, denn im Grunde leitete man damit den Anfang vom Ende dieser Baureihe ein, wie einige Jahre später schmerzlich sichtbar wurde. Heute fristet der SL, der einst ein Glanzpunkt im Modellprogramm war, nur noch eine Randexistenz. Spätestens jetzt war klar, dass das „Denken und Handeln als Luxusmarke" bei Mercedes-Benz verloren gegangen war.

Im Jahr 1990 zeichnete sich noch einmal eine Besserung der Absatzlage ab. Am 9. November 1989 war die Berliner Mauer gefallen. Tausende Menschen strömten in den Westteil der Stadt, auf den Straßen wurde die Überwindung der jahrzehntelangen Teilung gefeiert, die Stimmung im ganzen Land war euphorisch. Mit dem Fall des Eisernen Vorhangs und dem Ende des Ostblocks eröffneten sich nicht nur politisch, sondern auch wirtschaftlich völlig neue Perspektiven. Optimismus machte sich breit, namentlich in Deutschland, wo das Wort von der „Sonderkonjunktur" die Runde machte und sich so etwas wie Aufbruchsstimmung verbreitete. Weltwirtschaftlich sah es weniger gut aus. Vor allem die Annexion von Kuwait durch den Irak und der dadurch ausgelöste Golfkrieg, in dessen Gefolge die Ölpreise deutlich anstiegen, schürte alte Ängste. Erinnerungen an die beiden Ölkrisen in den 1970er-Jahren wurden wach. Aber die Automobilmärkte ließen sich nicht beeindrucken, die Absatzzahlen der meisten Hersteller wiesen weiterhin nach oben. Auch bei Mercedes-Benz stiegen Absatz und Produktion nach dem Rückgang in den beiden Jahren zuvor wieder um knapp 6 Prozent auf 574.227. Damit lag die Produktion zwar immer noch unter der des Rekordjahres 1987, aber die Richtung stimmte. Hoffnung, das Schlimmste überstanden zu haben, machte sich breit. Gleichwohl gab man sich im Ausblick auf das Jahr 1991 nur vorsichtig optimistisch: Man rechne damit, heißt es im Geschäftsbericht für das Jahr 1990, im kommenden Jahr „Produktion und Absatz auf dem erreichten hohen Niveau" halten zu können. Es war ein Wechselbad der Gefühle, durch das man in diesen Monaten ging.

Als im Jahr 1991 der Absatz wieder zurückging, machte man den gleichen Fehler wie im Jahr 1987: Anstatt bei der Produktionsplanung auf Sicht zu fahren, die Lager klein zu halten, wurde die Produktion, wenn auch nur leicht, auf 577.000 Einheiten gesteigert, wo doch eine Zurücknahme angezeigt gewesen wäre. Es schien, als habe man aus den Erfahrungen, die ja noch gar nicht weit zurücklagen, nichts gelernt. Wie bei vielen anderen Herstellern hatten sich auch bei Mercedes-Benz Absatz und Produktion entkoppelt. Der Ritt auf der Rasierklinge einer offensichtlich zunehmend volatilen Konjunktur wurde immer waghalsiger.

Sieben Jahre lang, von 1982 bis 1989, war der Weltautomobilmarkt ununterbrochen gewachsen. Jahr für Jahr wurden neue Absatz- und Produktionsrekorde erzielt. Die schwierigen, durch zwei Ölkrisen gekennzeichneten 1970er-Jahre waren vergessen. Zuversicht, ja Optimismus beherrschte die Branche. So gingen alle Hersteller daran, ihre Produktionskapazitäten auszubauen, um der steigenden Nachfrage gerecht werden zu können. Fast unmerklich entstanden zusätzliche Kapazitäten, die auszulasten immer schwieriger wurde. Es war, wie der BMW-Chef Eberhard von Kuenheim einmal gesagt hatte: Überkapazitäten haben immer die anderen. Also plante jeder mit weiterem Wachstum in der trügerischen Hoffnung, der Markt werde in die neuen Kapazitäten schon „hineinwachsen". Als dann im Jahr 1992 der Markt stagnierte, war ein knallharter Verdrängungswettbewerb die Folge, der auch vor dem Premiumsegment nicht mehr haltmachte. Nach der kurzen Erholung in den Jahren 1990 und 1991 wurden auch bei Mercedes-Benz die Sorgenfalten immer tiefer. Die Hoffnungen auf einen nachhaltigen Erfolg der neuen S-Klasse, erfüllten sich nicht. Zwar hatte sich Niefer trotz der schlechten Presse bei der Vorstellung des Fahrzeuges in Genf mit einem Seitenblick auf BMW davon überzeugt gezeigt, dass man mit dem W140 den „Führungsanspruch in der automobilen Oberklasse nachhaltig untermauert" habe, doch das Auto kam vor allem in Deutschland und Europa nicht so richtig aus den Startlöchern. Im Januar 1992 hatte man auf der Detroit Motor Show die sportlichen Coupé-Varianten der S-Klasse, den 500 SEC und den 600 SEC präsentiert, aber die Bestellungen für die gesamte Baureihe blieben weit hinter den Erwartungen zurück. Dennoch wurde auch bei diesem Modell die Produktion nach oben gefahren – mit fatalen Folgen, wie sich schon bald zeigen sollte. Auch bei den anderen Baureihen gab es praktisch nur Enttäuschungen. Klar, woher hätte ein Anstieg auch kommen sollen? Der 190er war jetzt schon im zehnten Produktionsjahr, die mittlere Baureihe hatte acht Jahre auf dem Buckel. Es blieb nichts anderes übrig, als die Produktion jetzt wirklich deutlich zurückzufahren: Am Ende des Jahres waren es nur noch 529.500 Einheiten, die gebaut wurden, 8,5 Prozent weniger als im Vorjahr. Mercedes war nur noch ein Schatten seiner selbst.

Zu allem Überfluss kam der im Jahr 1986 beschlossene Bau einer neuen PKW-Fabrik im Jahr 1992 zum Abschluss. Am 25. Mai wurde in Rastatt das dritte PKW-Montagewerk eingeweiht. Der an sich erfreuliche Anlass sorgte für noch mehr Probleme, denn schon längst war klar, dass man an allen Ecken und Kanten Überkapazitäten hatte. So blieb nichts anderes übrig, als das Werk auf Sparflamme zu fahren. Bis 1996 fungierte die Fabrik mit 1.500 Beschäftigten (statt der ursprünglich 7.000 Mitarbeiter) gewissermaßen als „Bypass" zum Werk Sindelfingen. Produziert wurden Modelle der E-Klasse, ehe dann im Jahr 1997 die Produktion der A-Klasse gestartet wurde und das neue Werk ausgelastet werden konnte.

Mit dem zunehmenden Preis- und Konditionenwettbewerb wurde das hohe Kostenniveau, auf dem Mercedes arbeitete, immer fühlbarer. Zwischen 1989 und 1991 hatte man die Belegschaft von 96.734 auf 103.632 Beschäftigte erhöht. Warum eigentlich – lag doch das Produktionsvolumen im Jahr 1991 nur geringfügig über dem von 1989? Von einer „schlanken Fertigung", einer „lean production" die damals groß in Mode war, war Mercedes-Benz weit entfernt. Angesichts des wachsenden Ertragsdrucks war klar, dass gegengesteuert werden musste. „Personalabbau unumgänglich", lautete eine der Überschriften im Geschäftsbericht für das Geschäftsjahr 1992, verbunden mit dem Hinweis, dass die Gesamtbelegschaft bei der Mercedes-Benz AG um 14.981 auf 169.080 Mitarbeiter verringert worden sei. Wer geglaubt hatte, damit sei die Sache erledigt, sah sich schon bald getäuscht. Mercedes-Benz stand erst am Anfang des größten Personalabbaus in seiner Geschichte.

Als sich die Ereignisse überschlugen, die Marke immer schneller in die Krise hineinraste und noch vor wenigen Jahren unvorstellbare, schmerzliche Maßnahmen zur Rettung des Unternehmens ergriffen werden mussten, war Werner Niefer nicht mehr Vorstandsvorsitzender der Mercedes-Benz AG. Jeder Manager möchte einen guten Abgang, möglichst auf dem Höhepunkt des Erfolgs haben. Niefer hatte dem Unternehmen mehr als 40 Jahre „treu gedient", hatte es vom Lehrling zum Vorstandsvorsitzenden gebracht und durfte sich mit dem Titel des „Mr. Mercedes" schmücken: Wer hätte ihm nicht einen erfolgreichen, ja glorreichen Abgang gegönnt? Es kam anders. Der Abgang von Werner Niefer war bitter, sehr bitter. Werner Niefer machte in jenen Tagen, in denen eine Schreckensmeldung auf die nächste folgte, einen angeschlagenen Eindruck. Er spürte, dass ihm die Führung des Unternehmens, „seines" Unternehmens zunehmend entglitt. Mit der Entscheidung des Aufsichtsrates am 5. März 1992, Helmut Werner mit Wirkung zum 27. Mai 1993 zu seinem Nachfolger zu machen, wurde er zur „lame duck". Obwohl offiziell noch über ein Jahr im Amt, war klar, dass jetzt Werner das Unternehmen führte. Werner Niefer standen schlimme Monate bevor. Monate, in denen er erfahren musste, dass die Freundschaft und die Loyalität vieler Kollegen und Führungskräfte nicht ihm persönlich, sondern dem Amt, das er bekleidete, gegolten hatten. Es wurde einsam um einen Mann, der den Menschen immer zugewandt und von der Anerkennung und dem Zuspruch anderer vielleicht mehr abhängig war, als er sich selbst eingestehen mochte. Als erkennbar wurde, dass Niefer den Lauf der Dinge nicht mehr beeinflussen konnte (oder wollte?), griff Edzard Reuter ein und gab bekannt, dass Helmut Werner schon ab Januar 1993 und nicht erst ab Ende Mai die „operative Gesamtführung" der Mercedes-Benz AG übernehmen werde. Niefer werde bis zu seiner Verabschiedung in den Ruhestand „strategische Aufgaben" übernehmen. Was das hieß, wurde nur wenig später bekannt: Er bereitete eine Reise für Reuter in mehrere zentralasiatische Staaten vor. Für einen Mann wie Niefer musste das ein Drama sein. Wenige Monate nach seiner offiziellen Verabschiedung starb Werner Niefer an einem Gehirntumor.

Die Bilanz der Mercedes-Benz AG für das Geschäftsjahr 1992 war eine Bilanz des Schreckens oder besser gesagt: des Erschreckens. Niemand hatte glänzende Zahlen erwartet, aber dass sich der Gewinn binnen eines Jahres von 1,548 Milliarden auf 849 Millionen D-Mark nahezu halbieren würde, war dann doch eine Überraschung. Da keine Spartenergebnisse ausgewiesen wurden, konnte man nur darüber spekulieren, wie hoch der Verlust im Nutzfahrzeuggeschäft und wie stark der Gewinn bei den PKW eingebrochen war. Gemunkelt wurde, dass das interne Betriebsergebnis im Geschäftsbereich PKW knapp bei Plus-Minus-Null gelegen habe, während man noch einige Jahre davor 3 bis 4 Milliarden D-Mark Gewinn ausweisen konnte. Noch wollte niemand, jedenfalls intern, von einem „Sanierungsfall" sprechen. Aber der Ausblick auf das Jahr 1993 war nicht geeignet, Zuversicht oder gar Optimismus zu verbreiten. „Für das Geschäftsjahr 1993", heißt es im Geschäftsbericht der Mercedes-Benz AG, „erwarten wir bei anhaltend schwierigen Marktbedingungen einen noch härteren Wettbewerb." Und tatsächlich: Es kam noch schlimmer. Im Jahr 1993 rutschte das PKW-Geschäft von Mercedes-Benz tief in die roten Zahlen – zum ersten Mal in der gesamten Nachkriegszeit.

Anatomie eines Niedergangs

Das Bild zeigte einen älteren, adrett aussehenden Herrn. Er hat graue Haare, trägt eine Krawatte und einen gedeckten, zweireihigen Anzug. Er schaut ins Bild, der Mund scheint sich zu bewegen, als ob er etwas sagen wolle. Sein Gesicht, seine Haltung und seine Statur weisen ihn als ein – wie man im Bayerischen sagen würde – „gestandenes Mannsbild" aus. Unwillkürlich fragt man sich, ob man von diesem Herrn einen Gebrauchtwagen kaufen würde und beantwortet die Frage spontan mit Ja. Die Seriosität des abgebildeten Mannes steht außer Frage. Mit seiner linken Hand berührt er ein neben ihm stehendes Auto. Es ist sein Auto, die neue S-Klasse, die schon bald den Spitznamen „der Niefer auf Rädern" hatte. Prof. Dr. Werner Niefer wendet sich im Geschäftsbericht für das Jahr 1991 an die „Freunde von Mercedes-Benz". In seinem Vorwort berichtet er über den Geschäftsverlauf, wichtige Ereignisse und über die Herausforderungen, vor denen das Unternehmen in den nächsten Jahren steht: „Aus der Geschichte definiert sich der Anspruch für unsere Zukunft. Gottlieb Daimler und Karl Benz haben das Auto erfunden, und wir haben den Auftrag und den Willen, dem Unternehmen Mercedes-Benz seine führende Position zu sichern und weiter zu stärken." Niemand hätte bezweifelt, dass es ihm, dem Mercedes-Urgestein, damit ernst ist. Und doch steht seine Botschaft in einem gefühlten Widerspruch zur Realität: Binnen eines kurzen und turbulenten Jahrzehnts hatte Mercedes-Benz seine führende Position in der Welt des Automobils verloren – oder soll man besser sagen: verspielt?

Die Liste der Gründe für den Niedergang von Mercedes-Benz in den 1980er-Jahren, die kritische Journalisten, schlaue Berater und tüchtige Wissenschaftler im Laufe der Jahre zusammengetragen haben, ist ebenso lang wie unvollständig. Sie reicht von Fehlern in der Modellpolitik über die verunglückte Hundertjahrfeier bis hin zum Vorwurf der Arroganz und einer mangelnden Kundenorientierung. Mancher der genannten Gründe war plausibel und zutreffend, mancher war zwar plausibel, aber zu kurz gesprungen, wie zum Beispiel der, dass die strategische Neuausrichtung des Konzerns zur Mitte des Jahrzehnts dazu geführt habe, dass das Auto aus dem Fokus des Unternehmens geraten sei und der riesige Aufwand für den Kauf anderer Unternehmen die „Entwicklung und die Produktion der gewinnbringenden Personenwagen" (wie es in einem zeitgenössischen Kommentar hieß) geschwächt habe. Das war eine Argumentation, die vor allem altgedienten Mercedes-Managern gefiel, denn sie entlastete sie von jeder Verantwortung für den Niedergang der Marke. Belegen lässt sich die These, zumindest was ihre monetäre Seite betrifft, in keiner Weise. Am Geld mangelte es Mercedes jedenfalls nicht: „Es gibt keine Investition im Automobil-Bereich", erklärte Edzard Reuter im Jahr 1992 in einem seiner unzähligen SPIEGEL-Interviews, „die bisher unterlassen wurde, weil wir das Geld für andere Zwecke benötigten". Und wo er recht hatte, hatte er auch recht, wie die geprüften und testierten Zahlen in den Geschäftsberichten belegten, die über all die Jahre hinweg hohe Ausgaben für Forschung und Entwicklung wie auch für Investitionen im Geschäftsfeld Personenwagen und auch für die Nutzfahrzeug-Sparte auswiesen. Nein, am Geld lag es nicht, dass es mit Mercedes bergab ging, sondern schon eher daran, dass der eine oder andere fähige Automobil-Manager im „integrierten Technologiekonzern" mit einer neuen Aufgabe in einem anderen Konzernteil betreut und dabei nicht selten verbrannt wurde. Der Mangel an qualifizierten Managern, um den Umbau und die Sanierung der notleidenden neuen Töchter zu bewältigen, war mit Händen greifbar. Die Sorge von Alfred Herrhausen, dass dem Konzern eines Tages nicht das Geld, sondern die Führungskräfte ausgehen könnten, war daher mehr als berechtigt. Wo anders als im erfolgreichen Autogeschäft sollte man jene Leute suchen, die bei Dornier, bei der AEG und später bei der DASA aufräumen mussten? Keine Frage: Der Aderlass an qualifizierten Managern bei Mercedes-Benz war beträchtlich. Aber war er auch so gravierend, dass man damit erklären könnte, warum es mit der Marke in der zweiten Hälfte der 1980er-Jahre derart rapide abwärts ging?

Natürlich – auch das eine negative Folge der Diversifikationsstrategie – strahlten die zunehmend unschönen Schlagzeilen zum hässlichen „Giganten" und „Rüstungsmoloch" Daimler-Benz auch auf das Fahrzeuggeschäft ab. Die Marke Mercedes-Benz war jetzt Teil eines Konzerns, der nicht nur Autos, sondern auch „Kriegswaffen" entwickelte und herstellte. Das hörte sich nicht gut an und mochte auch den einen oder anderen Kaufinteressenten, vor allem im Ausland, verunsichern. Aber ob das alte und treue Mercedes-Fahrer, die sich zum größten Teil aus dem Milieu erfolgreicher Unternehmer, statusbewusster Manager und gestandener Handwerker rekrutierten, davon abhielt, einen neuen Mercedes zu kaufen, mag bezweifelt werden. Gewiss mochte mancher mit Qualitätsproblemen geplagte Stammkunde, dem eine Reparatur seines Fahrzeugs auf Kulanz verweigert wurde, darüber geflucht haben, dass man das Geld auf der anderen Seite für die Sanierung maroder Unternehmen hinauswarf. Aber das waren Einzelfälle und kein Massenphänomen. Der „integrierte Technologiekonzern" und die damit verbundene, manchmal irritierende Außendarstellung waren sicher nicht hilfreich in einer Situation, in der es für Mercedes-Benz im Wettbewerbsumfeld zunehmend ungemütlich wurde. Aber sie taugen nicht als Erklärung für den Verlust an Größe und Image, den die Marke in jenen Jahren hinnehmen musste. Es waren „hausgemachte" Probleme, die zum Niedergang führten und die lange, zu lange ignoriert oder einfach wegdiskutiert wurden.

Der Erfolg der Marke Mercedes-Benz beruhte jahrzehntelang auf dem Anspruch, den schon Gottlieb Daimler an sich selbst gestellt hatte, nämlich die besten Autos der Welt zu bauen. Da war ein „schöpferischer Wille" am Werk, der Außergewöhnliches schuf und die Menschen nicht immer, aber oft staunen machte. Die Mercedes-Ingenieure folgten ihrem Gespür und brachten mit fast traumwandlerischer Sicherheit Autos auf den Markt, die in die Zeit passten, den Wunsch nach Status und Prestige befriedigten ohne angeberisch oder exaltiert zu wirken, Autos, die auch überraschten, weil sie jenseits dessen lagen, was man kannte oder was man selbst von Mercedes so nicht erwartet hatte: der Mercedes mit Haifisch-Flossen, der Strich 8, die Pagode oder die erste S-Klasse. Das waren Autos, die Geschichte schrieben, nicht nur Mercedes-Geschichte, sondern Automobilgeschichte.

Es ist erstaunlich festzustellen, dass dieser Geist noch Ende der 1970er-Jahre im Unternehmen lebendig war und sich in zwei Modellen Ausdruck verschaffte, die jedes auf seine Art der Zeit voraus waren: das T-Modell und das G-Modell. Es fällt heute, da Kombis überwiegend als Familienkutschen und Fahrzeuge für Außendienstmitarbeiter wahrgenommen werden, schwer zu verstehen, dass diese Autos Anfang der 1980er-Jahren einen regelrechten Lifestyle-Charakter hatten, vergleichbar mit dem von SUVs heute. Bis Mitte der 1970er-Jahre waren Kombis aus dem Automobilmarkt so gut wie verschwunden. Die zuletzt noch angebotenen Modelle dienten Bäckern dazu, Brezeln auf die Schulhöfe zu bringen, Handwerker fuhren damit auf Baustellen und Kleingärtner auf ihre Parzelle. Das T-Modell veränderte sowohl die Einsatzzwecke wie auch die Wahrnehmung dieses Fahrzeugtyps komplett: Ein Kombi galt plötzlich als ein modernes, für junge, aktive Menschen gebautes und überdies schickes Fahrzeug. Wer anders sein wollte, aber einen Sportwagen nicht gebrauchen konnte, fuhr plötzlich ein T-Modell, natürlich mit Metallic-Lackierung und Leichtmetallfelgen. Bei Mercedes selbst war man vom Erfolg des im Jahr 1978 als Variante des W123 eingeführten Modells überrascht. Das Auto war praktisch hinter dem Rücken des Vorstands entwickelt worden – ein Vorgehen, das heute so sicher in keinem Automobilunternehmen der Welt mehr umsetzbar wäre. Aber der Entwicklungsbereich bei Daimler war damals quasi ein „Unternehmen im Unternehmen" und konnte sich solche vermeintlichen Eskapaden leisten. Mit dem T-Modell hatte Mercedes einen Trend gesetzt und das Auto wurde zum Vorbild für andere. Schon im Jahr 1980 bot auch BMW einen Kombi, den BMW 3er Touring, an und Audi wurde später mit dem A4 und A5 für viele Jahre geradezu zur Avant-Marke. Ohne das T-Modell wäre das Segment vermutlich in der Versenkung verschwunden.

Auch das G-Modell war ein Auto der Ingenieure. Das Fahrzeug war ursprünglich für den Einsatz beim Militär geplant gewesen, erfreute sich dann aber auch zunehmender Beliebtheit bei Jägern, Forstleuten, Pferdebesitzern, Architekten und Bauleitern. Darüber hinaus gab es aber auch den einen oder anderen Privatmann, der einfach Spaß daran hatte, mit einem solchen Fahrzeug seine Freunde zu beeindrucken und in der Stadt herumzukurven. Finanziell betrachtet war das Auto über viele Jahre eine Katastrophe, denn die erhofften Militäraufträge, die die Grundauslastung der Fertigung in Graz übernehmen sollten, waren ausgeblieben. Für Militärs war das Fahrzeug schlichtweg zu teuer und auf die Idee, aus dem Auto ein Life-Style-Fahrzeug zu machen, kam niemand. Als das G-Modell im Jahr 1979 vorgestellt wurde, war Daimler der einzige deutsche Hersteller, der einen Geländewagen im Angebot hatte, und so sollte das auch noch für viele Jahre bleiben. In gewisser Weise war man damit – gemeinsam mit Range Rover – der Vorreiter für einen Trend, der dann allerdings über Jahre hinweg vor allem von nordamerikanischen und japanischen Herstellern bestimmt wurde. Man mag sich kaum vorstellen, welchen Boom Mercedes hätte auslösen können, wenn man sich früher auf die Lifestyle-Komponente dieser Fahrzeugkategorie verstanden und das Auto noch alltagstauglicher gestaltet und motorisiert hätte.

„Das Beste oder nichts" – das „innere Programm" und der „schöpferische Wille" von Mercedes – war über Jahrzehnte hinweg ein guter Wegweiser gewesen für die Modellpolitik des Unternehmens. Es gehört zu den vielen, seltsam anmutenden Wendungen in der Geschichte dieses Unternehmens, dass man gerade zu dem Zeitpunkt, zu dem man diesen Grundsatz hätte wiederbeleben müssen, ihn über Bord warf. „Noch eins, meine Herren", soll Jürgen Hubbert seinen Kollegen in einer Geschäftsleitungssitzung des Geschäftsbereichs PKW im Jahr 1992 zugerufen haben, „mit dem Leitsatz ‚Das Beste oder nichts' können wir künftig nicht mehr arbeiten; er wird unsere Firma in den Ruin führen". Es gelte, so Hubbert, stattdessen zu überlegen, was „das Beste für den Kunden" ist. War das eine Losung für einen Aufbruch oder das Eingeständnis einer Niederlage? Natürlich kann ein derart anmaßend formulierter Anspruch in den Köpfen weit von der Welt der Kunden entfernter, technikverliebter, verbohrter und arroganter Ingenieure Unheil anrichten und zu einer, wie damals immer wieder beklagt wurde, „Übertechnisierung" der Autos führen. Aber wenn das passiert: Wäre es dann nicht besser, die leitenden Ingenieure auszutauschen anstelle einer erfolgreichen Maxime, die das Unternehmen und die Marke groß und stark gemacht hat? Es entbehrt nicht einer gewissen Ironie, dass der damals in Ungnade gefallene Grundsatz in einer neuerlichen Wendung im Jahr 2010 wieder zu Ehren gebracht und sogar zum offiziellen Slogan der Marke ausgerufen wurde – bekanntlich ohne Mercedes in den Ruin zu führen.

Fast durchgängig zieht sich durch Analysen des Niedergangs der Marke Mercedes-Benz in den 1980er-Jahren der Vorwurf der mangelnden Kundenorientierung. „Rückblickend ist klar", heißt es zum Beispiel bei Leslie Butterfield, der im Jahr 2005 unter dem Titel „Ikone einer Leidenschaft" die Entwicklung der Marke Mercedes-Benz analysiert hat, „dass die fehlende Kundenorientierung große Probleme aufwarf. Das Unternehmen war ja nicht einmal mehr bereit, seinen Kunden einfach nur zuzuhören." Hat denn das Unternehmen in seinen glorreichen Zeiten den Kunden zugehört und dann Autos danach entwickelt, was sie als Wünsche geäußert haben? Henry Ford hat über die schon zu seiner Zeit weitverbreitete Befragungsgläubigkeit gespöttelt: „Wenn ich die Menschen gefragt hätte, was sie wollen, hätten sie gesagt: schnellere Pferde." Wären bei Mercedes nicht auch nur „schnellere Pferde" herausgekommen, wenn sie die Kunden befragt hätten, und nicht die wegweisenden Automobile, die den Ruf der Marke begründet haben? Ein Daimler-Ingenieur in den 1960er- oder 1970er-Jahren hätte die Diskussion um „Kundenorientierung" ohnehin nicht verstanden. Wenn er dem Grundsatz „Das Beste oder Nichts" folgte, war das nicht gleichzeitig auch das stärkste und verbindlichste Bekenntnis zur Kundenorientierung? Konnte man die Wertschätzung für den Kunden nicht besser ausdrücken als in dieser Verpflichtung, ihm nur das Beste anbieten zu wollen? Der Erfolg gab Mercedes recht. Dennoch bleibt die

Frage, warum das, was in der Vergangenheit funktioniert hatte, seit Anfang der 1980er-Jahre nicht mehr funktionierte. Denn dass es Mercedes in jenen Jahren immer weniger gelang, seine alten Kunden zu begeistern und neue Kunden zu gewinnen, war eine Tatsache, die niemand ignorieren konnte. Gewiss, die neuen Modelle, die in diesem Jahrzehnt in den Markt eingeführt wurden, waren keine durch die Bank schlechten Autos. Der 190er konnte mit seinen kompakten Ausmaßen, einigen technischen Schmankerln und seiner hohen Verarbeitungsqualität überzeugen. Bei der mittleren Baureihe, dem W124, waren zwar anfänglich einige Qualitätsprobleme aufgetreten, aber das Fahrzeug hatte eine moderne, zeitgemäße Anmutung, ein sehr gutes Fahrverhalten und wurde nach und nach von seinen Kinderkrankheiten geheilt. Der neue SL-Roadster galt, als er vorgestellt wurde, sogar als ein großer Wurf – technisch wie auch stilistisch. Es waren Autos, wie sie die Kunden und die Öffentlichkeit von Mercedes-Benz erwarteten: sichere, gut verarbeitete und gefällig gestaltete Fahrzeuge. Aber lag nicht genau darin das Problem? Keines der neuen Modelle löste so etwas wie Staunen und Begeisterung aus, von keinem Auto konnte man sagen: „Das hätte ich so von Mercedes nicht erwartet." Es waren jedes auf seine Art gut gemachte Autos, aber keines hatte jenen Schuss an Originalität, der Menschen fasziniert und begeistert. War vielleicht doch das „innere Programm" leergelaufen, der „schöpferische Wille" versiegt?

Vielleicht muss man an dieser Stelle ein Problem in den Blick nehmen, das viele „alte" Unternehmen gegenüber „jungen" Unternehmen und Start-ups haben. Die Ingenieure bei Daimler haben in den 1950er-, 1960er- und 1970er-Jahren in der gleichen Zeit, mit den gleichen Sehnsüchten und Bedürfnissen wie ihre Kunden gelebt. Ein Daimler-Ingenieur, sagen wir im Jahr 1965, wusste genau, wovon ein Mercedes-Fahrer im Jahr 1965 träumte. Er wusste es, weil er der gleichen Generation, dem gleichen Lebensmilieu angehörte. Wer heute Bilder von Hans Scherenberg sieht, könnte meinen, er sähe nicht den damaligen Entwicklungschef, sondern einen Kunden von Mercedes vor sich. Genauso wie Scherenberg aussieht, kann man sich in Stil und Auftreten einen Mercedes-Fahrer in der damaligen Zeit vorstellen. Die Ingenieure hatten eine intuitive Verbindung zum Zeitgeist, weil sie selber diesen Zeitgeist in sich trugen, so wie heute junge, erfolgreiche Start-up-Unternehmer der gleichen Peergroup wie ihre Zielgruppen angehören. Daher brauchte Mercedes damals im Grunde keine Marktforschung: Man musste nur in sich hineinhören und wusste, wohin die Entwicklung eines neuen Modells gehen, wie es aussehen, motorisiert und dimensioniert sein musste.

In den 1980er-Jahren riss diese Verbindung ab. Der Wertewandel, ja die Kulturrevolution, die zwischen Ende der 1960er-Jahre und Anfang der 1980er-Jahre in den westlichen Gesellschaften stattgefunden hatte, war am Management von Daimler vorbeigegangen. Das war keine Frage des physischen, sondern des mentalen Alters: Wer bei Daimler in jener Zeit Verantwortung trug, lebte zumeist in einer Gedankenwelt, die sich noch tief im geistigen Koordinatensystem der frühen 1960er-Jahre bewegte oder besser gesagt: dort stillgelegt worden war. Pflicht- und Akzeptanzwerte wie Status und Disziplin standen weiterhin hoch im Kurs, obwohl sich doch das Rad der Geschichte weitergedreht hatte und jetzt Selbstverwirklichung und neue dominierende gesellschaftliche Wertorientierungen dazugekommen waren. Die wenigen Mahner, Vor- und Querdenker, wurden zumeist in irgendeine Planungsabteilung oder Forschungsgruppe abgeschoben, sofern sie das Unternehmen nicht selbst irgendwann einmal resigniert verließen. Es gab in der engen und zunehmend stickiger werdenden Daimler-Welt keinen Raum für neue Ideen und für Aufbruch. Und an der Führungsspitze gab es niemanden, der eine „Revolution" gewagt oder seine Mitarbeiter dazu ermuntert hätte. Das Klima war – würde man heute sagen – innovationsfeindlich, es sei denn, es ging um irgendeine technische Detaillösung wie den Einarm-Scheibenwischer oder automatisch ausfahrende Peilstäbe.

Mercedes hatte ein „Kultur"-Problem, dessen zugespitztester Ausdruck Arroganz und Selbstgefälligkeit war, die sich nicht nur immer stärker ausbreiteten, sondern teilweise auch von den Führungskräften vorgelebt wurden. Geradezu unerträglich war die Selbstbeweihräucherung, die etwa der damalige Entwicklungsvorstand Rudolf Hörnig pflegte, als er in einem Gespräch mit dem Hamburger Nachrichtenmagazin im Jahr 1985 Sätze wie den folgenden von sich gab: „Die Auto-Päpste", diktierte er den SPIEGEL-Journalisten in die Feder, „sitzen in Untertürkheim. Was wir rausbringen, ist technisch optimal. Wir haben das beste Auto rundum." Wer so von sich eingenommen ist, läuft Gefahr, in nicht allzu ferner Zukunft links und rechts vom Wettbewerb überholt zu werden, was dann früher, als dies viele erwartet haben, auch geschah. „Dreißig Jahre Erfolg verderben den Charakter", gestand Jahre später Jürgen Hubbert. Wer kann ihm, der das ja alles selbst auch erlebt hat, widersprechen?

Das Unternehmen hat in den 1980er-Jahren die Verbindung mit der Welt seiner Kunden und vor allem jenen, die es als Kunden zu gewinnen galt, verloren. Nicht weil es keine Marktforschung trieb – die gab es sehr wohl, auch wenn kaum jemand auf sie hörte. Es verlor sie deshalb, weil die maßgeblichen Manager den Sprung in eine neue Zeit verpasst hatten und es keine Kultur gab, jungen Mitarbeitern im Unternehmen Gehör zu verschaffen. Der Weg zum Kunden führt nicht über eine ausgefeilte Marktforschung, sondern über die Phantasie und die Kreativität der Ingenieure und Produktmanager. Das erste iPhone war kein Ergebnis von Kundenbefragungen, sondern die Tat eines Mannes, der intuitiv Bedürfnisse aufspürte und das richtige Angebot dafür fand. Einen solchen Mann oder eine solche Frau gab es bei Daimler damals nicht oder besser gesagt: nicht mehr. Das, was in der Welt draußen passierte, und das, was im Unternehmen gelebt wurde, hatte nur noch wenig miteinander zu tun. War es da ein Wunder, dass der Anspruch, die „besten Autos der Welt zu bauen", zunehmend ins Leere lief? Ist es ein Zufall, dass Jeff Bezos in seinem berühmten Statement zum „Day One" davor warnt, Kundenbefragungen zu überschätzen? „I'm not against surveys", schreibt er in seiner Botschaft an Aktionäre und Mitarbeiter. „But you, the product or service owner, must understand the customer. A remarkable customer experience starts with heart, intuition, curiosity, play, guts, taste. You won't find any of it in a survey." Und als Beispiel für diesen intuitiven und kreativen Zugang zum Kunden nennt er Amazon Prime: „No customer ever asked Amazon to create the Prime membership program, but it sure turns out they wanted it."

„Die Schlauheit der Füchse ist zur Hälfte die Dummheit der Hühner", heißt es im Volksmund. Der Aufstieg von BMW zur führenden Premiummarke im Laufe der 1980er-Jahre war auch das Ergebnis des Niedergangs von Mercedes. BMW nutzte den Rückenwind des Wertewandels, indem es Fahrzeuge baute, die qualitativ und vom Finish her vielleicht nicht so perfekt waren wie ein Mercedes, die aber Spaß machten und schön anzusehen waren. Autos, die leicht und sportlich daherkamen und die mit ihrem wachsenden Anteil an Elektronik einen der großen technischen Megatrends der Branche antizipierten. So ging die automobile Leadership nach und nach auf BMW über: Nicht mehr Mercedes bestimmte, was gut und schön war, sondern BMW. Das Münchner Unternehmen übernahm Schritt für Schritt die geistige Oberherrschaft in Sachen automobile Zukunft, und zwar nicht nur bei den Fachjournalisten und Automobilexperten, sondern auch bei den Leserwahlen der großen Automobilzeitschriften und an den Stammtischen der Auto-Fans.

Natürlich spürte man bei Mercedes, dass irgendetwas in die falsche Richtung lief, dass BMW immer stärker und die eigene Marke immer schwächer wurde, dass namentlich für jüngere Automobilkunden nicht nur die Verarbeitungs-, sondern auch und vor allem die Erlebnis-Qualität eines Autos von Bedeutung war. Doch die Reaktion auf diesen Trend kam langsam und wirkte – als sie kam – hilflos. Im Jahr 1992 brachte Mercedes auf der Basis des 190er das Sondermodell „Avantgarde" auf den Markt, das es in drei Ausführungen zu kaufen gab, nämlich als „Azzuro", „Rosso" und „Verde". Schon die bunten Metalllackierungen waren ein Griff daneben, denn die absolute Trendfarbe in jenen Jahren war Schwarz. Der Azzuro, also die blaue Variante, hatte als besonders „jugendliches" Highlight Sitze in einer jeweils unterschiedlichen Farbe. Verkauft wurden die Sondermodelle zu Preisen von über 50.000 D-Mark, was als nicht besonders „jugendfreundlich" gelten konnte. Überdies war der 190er zwischenzeitlich zehn Jahre auf dem Markt und damit nun alles andere als ein jugendlich-frisches Modell. Der wirtschaftliche Erfolg des Sondermodells war mit insgesamt kaum mehr als 4.000 verkauften Einheiten überschaubar, die Imagewirkung katastrophal. Schon bald wurde das Modell als „der bunte Flop" in den Medien karikiert und die „Jugend-Kompetenz" der Marke ernsthaft in Frage gestellt. Das Auto wirkte, wie wenn sich ein 70-Jähriger als Rapper verkleiden würde – lächerlich und peinlich.

Hinzu kam, dass die Kunden neugieriger, selbstbewusster und kritischer geworden waren. Sie begannen, zu vergleichen, und selbst eingefleischte Mercedes-Fahrer wagten einen Blick über den Zaun. Auch zu der wachsenden Experimentierfreude der Kunden, die vor allem BMW zugutekam, hatte das Unternehmen selbst beigetragen. Die unendlich langen Modellzyklen von zehn und mehr Jahren waren geradezu eine Einladung, einmal etwas Anderes auszuprobieren. So kam es, dass selbst Kunden, die mit ihrem Mercedes durchaus zufrieden waren, nach einer Probefahrt mit einem Wettbewerbsfahrzeug zu dem Schluss kamen, jetzt auch mal „ein paar Jahre" eine andere Marke fahren und dann wieder zu Mercedes wechseln zu können, wenn dort wieder einmal ein neues Modell vorgestellt würde. Aber es kam, wie es in solchen Fällen oft kommt: Viele wechselten, aber nur wenige wechselten auch wieder zurück.

Aus dem Kultur-Problem war ein Marken-Problem geworden. Qualität, Sicherheit und Wertbeständigkeit waren Anforderungen an ein Auto, die tief in der alten, von einer „Pflicht"-Ethik bestimmten Welt zu Hause waren, und es waren genau die Werte, die die Marke Mercedes wie keine andere repräsentierte. Sportlichkeit, Innovation und Design waren Werte, die eine jüngere Käufergeneration, die in einer Welt des Wohlstands und liberaler Welt- und Moralvorstellungen groß geworden war, mit einer Marke verband, die ihren Lifestyle zum Ausdruck brachte. Ein Slogan wie „Ihr guter Stern auf allen Straßen" klang nach Langweile. Ein Slogan wie „Freude am Fahren" nach Erlebnis und Dynamik. Irgendwann galt Mercedes als die Marke der Saturierten und Etablierten, die den spannendsten Teil ihres Lebens hinter sich hatten und sich jetzt mit einem Auto mit dem „Stern" für ihre Lebensleistung belohnten. BMW dagegen wurde zur Marke der Jungen und Junggebliebenen, die Lust auf Neues und die „schönen Dinge des Lebens" hatten. Das Produkt war wichtig, aber BMW verstand besser als sein Stuttgarter Wettbewerber, dass Kunden im Premiumsegment auch „Image" kaufen.

Nicht nur in Deutschland, auch in dem für die Marke Mercedes-Benz existenziell wichtigen US-Markt hatte sich im Laufe der 1980er-Jahre die Welt der Premiumautomobile grundlegend verändert. Die wenigen Wettbewerber, die man zuvor hatte, wie Cadillac und Lincoln, aber auch die internationalen Premiummarken wie Jaguar, Volvo oder Saab, waren leicht auszumachen und machten sich teilweise – wie Jaguar mit seinen haarsträubenden Qualitätsproblemen – selbst das Leben schwer. Doch jetzt waren neue Wettbewerber aufgetreten, natürlich BMW, die auch auf dem nordamerikanischen Markt zunehmend gefährlich wurden. Aber vor allem der Markteintritt der japanischen Automobilhersteller in das Premiumsegment mit Marken wie Accura (Honda), Infinity (Nissan), vor allem aber Lexus (Toyota), führte zu einer geradezu tektonisch anmutenden Verschiebung der Wettbewerbssituation auf dem nordamerikanischen Markt. Der seidenweiche V8-Motor im Lexus begeisterte die Amerikaner und führte in Stuttgart, zumindest bei den nachdenklichen unter den leitenden Ingenieuren, zu einem tiefen Stirnrunzeln. Viele konnten und wollten sich nicht vorstellen, dass die „Reisschüsseln", wie japanische Autos damals in Deutschland gerne despektierlich genannt wurden, einmal einen derartigen Fahrkomfort bieten würden, wie es beim berühmten Lexus 400 LS der Fall war. Jetzt waren sie da. Überdies kamen diese Fahrzeuge der amerikanischen Neigung zum „Cruisen" entgegen, hatten eine kaum zu übertreffende Serienausstattung und zeichneten sich durch ein sensationelles Preis-Leistungs-Verhältnis aus. Es war eine neuartige Form des Wettbewerbs für Mercedes, auf die man nicht vorbereitet war. Und da man nicht wusste, wie man auf diese Herausforderung antworten sollte, tat man erst einmal gar nichts und vertraute weiter auf die Zugkraft des „Made in Germany" und die Tradition der Marke mit dem Stern.

Vielleicht wäre alles nicht so schlimm gekommen, wie es dann schließlich kam, hätte man nicht nur die Maxime des Firmengründers „Das Beste oder nichts“, sondern auch noch einen anderen Grundsatz mehr oder weniger stillschweigend aufgegeben, nämlich das Prinzip der „maßvollen Investitionspolitik“. Joachim Zahn wusste, warum er diesen Grundsatz mit Zähnen und Klauen gegen seine internen Kritiker und Gegner verteidigt hatte. Er wusste, dass die Begehrlichkeit der Marke auch davon abhing, dass die „Ware“ knapp gehalten wurde. Deshalb focht es ihn nicht an, wenn man ihm vorwarf, in diesem oder jenem Jahr hätte man viel mehr Autos verkaufen und auch einen höheren Gewinn machen können, wenn die Produktionskapazitäten nicht so klein und die Lieferzeiten nicht so lang gewesen wären. Zahn war immer am langfristigen Erfolg des Unternehmens interessiert und das bedeutete für ihn auch, auf manche kurzfristige Chance zur Gewinnmaximierung zu verzichten. Der „unermessliche Reichtum“, der unter seiner Ägide geschaffen worden war, gab ihm Recht.

Schon bald nach seinem Ausscheiden änderte sich die Stimmung und der Ton, mit dem über die künftige Kapazitätspolitik diskutiert wurde. Schritt für Schritt wurden die Kapazitäten auf Basis viel zu optimistischer Annahmen über die künftige Absatzentwicklung weiter ausgebaut, bis schließlich jene Situation eintrat, die Zahn immer gefürchtet hatte: Zuerst gingen die Lieferzeiten zurück, die Kundenrabatte stiegen und dennoch waren die beiden Montagewerke in Sindelfingen und Bremen gegen Ende des Jahrzehnts nicht mehr voll ausgelastet. Der böse alte Mann, wie er nicht nur in den Medien, sondern auch im Unternehmen bezeichnet wurde, hatte seine Genugtuung und gleichzeitig verhöhnte er seine Nachfolger, die sich nicht an seine Ratschläge gehalten hatten. Das war nicht anständig, aber nachvollziehbar.

Natürlich spielte in der Kapazitätsdiskussion auch eine Rolle, dass sich im Laufe der 1970er-Jahre mit BMW ein Wettbewerber entwickelt hatte, der vielleicht noch nicht in allen Belangen auf Augenhöhe mit Mercedes agierte, der aber stark genug war, um für manchen Kunden zu einer Versuchung zu werden. War es nicht wahrscheinlich, dass Kaufinteressenten, denen man erklärte, sie müssten ein oder zwei Jahre auf ihren neuen Mercedes warten, dann eben ihr Glück beim Wettbewerber versuchen würden? Die Gefahr von Kundenabwanderungen aufgrund langer Lieferzeiten war nicht eingebildet, sondern real. In dem Maße, wie der technische Vorsprung gegenüber dem Wettbewerber aus München schwand, musste in den Augen des Managements die Lieferfähigkeit erhöht und der branchenübliche Stand bei den Lieferzeiten von drei bis maximal sechs Monaten erreicht werden, was vor allem bei Modellneuanläufen, bei denen die Nachfrage erfahrungsgemäß besonders hoch war, eine deutliche Aufstockung der Kapazitäten erforderlich machte. Was aber, wenn die Nachfrage dann über den Lebenszyklus des entsprechenden Modells zurückging? Das, so die Strategie, werde man über ein hohes Maß an Flexibilität in der Produktion ausgleichen können, in dem man dann auf dem gleichen Band unterschiedliche Modelle fertigen und die rückläufige Nachfrage nach einem Modell durch die steigende Nachfrage nach einem anderen Modell ausgleichen würde. Das war gut gedacht, aber schwer umzusetzen. Im

Jahr 1992 waren die beiden Volumenbaureihen, der W201 und der W124, im 8. bzw. im 6. Produktionsjahr, und gleichzeitig blieb die Nachfrage nach der neuen S-Klasse hinter den Erwartungen zurück. Woher sollte da ein Ausgleich zur Auslastung der Werke kommen?

Schließlich wollte man mit der steigenden Produktion ein wichtiges betriebswirtschaftliches Problem lösen: die hohen Produktionskosten. Hilmar Kopper, seit der Ermordung von Alfred Herrhausen durch RAF-Terroristen Aufsichtsratsvorsitzender des Konzerns, erläuterte später den Sinn der Wachstumsstrategie bei Mercedes: „Wir mussten die Marke aus ihrer Nische herausführen und Economies-of-Scale realisieren. Wir konnten uns nicht auf eine Art Tiffany-Marke beschränken." „Economies-of-Scale", größenbedinge Kostenvorteile, auch das war eines jener betriebswirtschaftlichen Modethemen, das, ähnlich wie „Diversifikation" oder „Synergie-Effekte", manchen Manager in die Irre laufen ließ. Das Kostenproblem bei Mercedes hatte andere Ursachen als eine zu niedrige Produktionsmenge. Das Unternehmen entwickelte neue Autos nicht nur zu langsam, sondern auch zu kompliziert. Anstatt, wie das BMW tat, einen Baukasten mit den wichtigsten und teuersten Aggregaten – Motor, Getriebe, Achsen – aufzubauen, pflegte man noch immer eine „Solitär"-Strategie, bei der die Entwicklung eines neuen Autos praktisch immer bei null anfing. Die Vielfalt an unterschiedlichen Teilen und Komponenten, die in der gleichen Baureihe für unterschiedliche Varianten verbaut wurden, war unübersehbar. Allein für ein Kleinserienmodell wie den SL Sportwagen soll es 17 verschiedene Außenspiegel gegeben haben. Eine Vereinheitlichung, die Entwicklung gemeinsamer Architekturen für verschiedene Baureihen und Modellvarianten, hätte eine ungleich größere Kosteneinsparung gebracht als die Steigerung der Produktionsmenge, deren Effekte durch die Variantenvielfalt aufgefressen wurden. Außerdem litt das Unternehmen unter einem Wasserkopf an Verwaltungs- und Vertriebsfunktionen, der mit der Gründung der Mercedes-Benz AG nicht kleiner, sondern eher noch größer geworden war. Doppelarbeiten und Redundanzen im Konzern waren nicht mehr die Ausnahme, sondern die Regel. Da halfen ein paar mehr gebaute Autos wenig, um aus dem Kostendilemma des „diversifizierten" Konzerns herauszukommen.

Fast unmerklich mit dem beschleunigten stückzahlmäßigen Wachstum im PKW-Geschäft wandelte sich auch das Denken im Unternehmen, nicht zuletzt in jenem Bereich, der für Joachim Zahn immer das Allerheiligste des Konzerns war: im Finanz- und Rechnungswesen. Es ist interessant und symptomatisch, wie sich im Laufe der Zeit die Kriterien für das, was man einen „Erfolg" nannte, veränderten. Das Rechnungswesen des Konzerns war bis weit in die 1980er-Jahre hinein ganz traditionell aufgestellt. Erfolgsmaßstab für eine Baureihe oder auch ein einzelnes Modell war, wie viel man damit verdiente – und zwar nicht irgendwelche „Deckungsbeiträge", sondern das, was unter Berücksichtigung aller Kosten letztlich unter dem Strich übrigblieb. Diese Betrachtungsweise war schon zu jener Zeit altmodisch und ist heute völlig obsolet geworden. Aber die „Vollkostenrechnung" trimmte die Manager in der alten Daimler-Welt darauf – schon lange vor der viel später eingeführten Shareholder-Philosophie –, nur das zu tun, was wirklich Gewinn abwarf. Verkaufte und produzierte Stückzahlen interessierten ebensowenig wie Marktanteile. „Marktanteile“, so hieß es lange Zeit im Unternehmen sarkastisch, „kann man nicht essen.“ Was zählte, war der Gewinn je Fahrzeug – ob man ein Auto mehr oder weniger verkaufte war solange zweitrangig, wie man den Wettbewerbern in Sachen Profitabilität weit voraus war.

Dieses Denken in Gewinnmargen begann sich in den 1980er-Jahren aufzulösen. Nach und nach hielt das Denken in Stückzahlen Einzug und spätestens als BMW in Absatz und Produktion Mercedes immer näher auf den Pelz rückte, als man den Atem des Wettbewerbes im Nacken spürte, griff Verunsicherung um sich. Plötzlich begann man sich um den im Grunde zweifelhaften Titel, der – gemessen an den Stückzahlen – größte Hersteller von Premiumautomobilen zu sein, Sorgen zu machen, obwohl man im Hinblick auf die Profitabilität dem Wettbewerb nach wie vor weit voraus war. Dabei ließ man sich, auch durch die Berichterstattung in den Medien, dazu verleiten, in „Bundesligatabellen“ zu denken: Wer ist bei den Stückzahlen Nummer 1, Nummer 2 oder gar nur Nummer 3 – ganz so, als ob die verkauften Stückzahlen das Maß aller Dinge seien. Die große Souveränität, die das Unternehmen in solchen „Stückzahl“-Diskussionen früher auszeichnete, kam abhanden. Jetzt balgte sich auch Mercedes mit seinen Wettbewerbern um Stückzahlen und Marktanteile, die man zwar noch immer nicht essen konnte, die aber plötzlich darüber entschieden, ob ein Vertriebsmanager fähig oder unfähig war. Damit ging die fein austarierte Balance zwischen knappen Kapazitäten und hohen Preisen, die Mercedes zum mit weitem Abstand ertragsstärksten Automobilhersteller der Welt gemacht hatte, verloren. Auf die herausragende und einzigartige Führungsposition, die die Marke noch Ende der 1970er-Jahre hatte, folgte ein zunächst langsamer, dann sich immer mehr beschleunigender Niedergang in den 1980er-Jahren, der schließlich in der Katastrophe des Jahres 1993 mündete.

Werner Niefer steht neben seinem „Baby“ und berührt es leicht mit der Hand. Die neue S-Klasse, der W140, war nicht nur ein großes Auto. Sie war auch ein wirkungsmächtiges Symbol – ein Symbol für alles, was in den 1980er-Jahren bei der Marke Mercedes-Benz falsch gelaufen war. Das Auto verkörperte ein lineares Denken, das der Vergangenheit angehörte: größer, schneller, teurer. Wer konnte, wer wollte sich damit identifizieren? Bestimmt nicht diejenigen, die in den nächsten Jahren in Politik, Gesellschaft und Kultur die Trends setzten, diejenigen, die die Welt besser, schöner und ökologischer machen wollten. Wo war sie geblieben, die gesellschaftliche Relevanz, die Mercedes-Benz über Jahrzehnte hinweg zu einem wahrhaft „großen“ Unternehmen gemacht hat? Am Beginn des neuen Jahrzehnts wirkte die Marke wie die S-Klasse: Irgendwie aus der Zeit gefallen!

Kapitel 6

Scheitern ohne Lehren – Das Ende der Ära Reuter

Als ob er geahnt hätte, was noch kommen würde, beginnt der Journalist Hans Otto Eglau seine im Jahr 1991 veröffentlichte Biografie über Edzard Reuter mit einer Warnung: „Über einen Zeitgenossen ein Buch zu schreiben, ist eine nicht ganz ungefährliche Sache. Man weiß ja nie, was noch kommt. Was, wenn dem in den hellsten Farben gemalten Bild eines vermeintlichen Helden die Zeit nachträglich dunklere Töne hinzufügt, wenn gar aus einer hehren Lichtgestalt ein arger Finsterling wird?" Reuter war nahe daran, dem Konzern nach dem Ende der Ära Zahn eine neue Größe zu geben, als Vorreiter einer neuen Zeit, als Konzern mit einem globalen Wirkungskreis und als Speerspitze Deutschlands gegen die Übermacht nordamerikanischer und asiatischer Konzerne auf dem Gebiet der Informations- und Kommunikationstechnologie. Es ist groß gedacht worden damals und es wäre falsch und ungerecht, das heute alles zu belächeln. Edzard Reuter ist gescheitert. Das war schlimm. Schlimmer aber war noch, dass niemand aus diesem Scheitern lernen wollte. Waren vielleicht zu viele darin verstrickt, als dass man sich um Aufklärung bemüht hätte, wie das alles hatte passieren können? Es war ein Scheitern ohne Lehren und daher auch kein Wunder, dass sich das gleiche Drama nur wenig später auf andere Art wiederholte.

Die große Krise

Das Jahr 1993 war eine Zäsur in der Entwicklung von Daimler-Benz. Es war ein Schock für die Öffentlichkeit und ein Trauma für die Mitarbeiter: Zum ersten Mal in der Nachkriegszeit schrieb das Unternehmen rote Zahlen, tiefrote Zahlen. Dass die AEG, die DASA und das Nutzfahrzeuggeschäft in der Bredouille steckten, wusste man, und dass es im Jahr 1993 noch schlimmer werden würde, war voraussehbar. Dass man aber im PKW-Geschäft mehr als eine Milliarde D-Mark Verlust einstecken musste, konnte sich niemand vorstellen und doch war es jetzt Realität. Der Einbruch bei der einstigen Ertragsperle Mercedes-Benz-PKW, die für jenen „unermesslichen Reichtum" gesorgt hatte, in dem sich alle irgendwie aufgehoben und sicher fühlten, war alarmierend. Die Befürchtung, nun könne alles zusammenbrechen, was Generationen vorher aufgebaut hatten, machte die Runde. Viele Führungskräfte und Mitarbeiter hatten das Gefühl, dass ihnen der Boden unter den Füßen weggezogen würde. Seit dem altersbedingten Ausscheiden von Joachim Zahn waren noch nicht einmal 14 Jahre vergangen. Gefühlt war es eine Ewigkeit. Der Konzern war in Aufruhr. So etwas hatte es noch nie gegeben.

Dabei hatte Edzard Reuter doch immer wieder Zuversicht verbreitet. In seiner Botschaft an die „Aktionäre und Freunde unseres Unternehmens" im Geschäftsbericht für das Jahr 1988 meinte er, dass das Unternehmen „einen erheblichen Teil des schwierigsten Wegabschnittes" hinter sich habe. Im Geschäftsbericht des folgenden Jahres, 1989, sprach er nach der Beteiligung an der Messerschmitt-Bölkow-Blohm GmbH (MBB) davon, dass dies „der Abschluss einer Phase der weitgehenden Neuausrichtung unserer Konzernstrategie" sei, und er stimmte die Aktionäre darauf ein, „dass auf die Dauer eine Ausweitung unserer Geschäfte von einem wieder erfreulich ansteigenden Jahresüberschuss begleitet sein" werde. Im Geschäftsbericht für das Jahr 1990 beruhigte er die Aktionäre, „dass wir zuversichtlich sein können, mit dem abgelaufenen Geschäftsjahr den Höhepunkt der Belastungen und Vorleistungen überschritten zu haben, die wir uns auf dem Wege zur Neustrukturierung Ihres Unternehmens zu einem integrierten Technologiekonzern bewusst aufgeladen haben." Wenn nicht Optimismus, dann zumindest Zuversicht strahlte auch sein Statement im Geschäftsbericht für das Jahr 1991 aus: „Alles in allem", so Reuter, „war das Jahr 1991 Beweis genug für die Ertragskraft und Vitalität Ihres Unternehmens. Es hat erneut gezeigt, dass wir uns vor niemandem verstecken müssen. Wenn nichts Unvorhergesehenes geschieht, können Sie davon ausgehen, dass das laufende Jahr trotz aller Erschwernisse eine weitere qualitative Verbesserung des Konzernabschlusses bringen wird." Erst im Jahr 1992, als die Warnzeichen kaum noch zu übersehen waren, wurde der Ton etwas gedämpfter. Von Belastungen und Zusammenbrüchen war die Rede, von enttäuschten Konjunkturhoffnungen und Erschütterungen des Weltwährungssystems, aber auch davon, dass man den Herausforderungen mit „gelassener Nüchternheit“ begegnen könne, arbeite man doch gemeinsam an umfassenden „Lösungen für die Probleme von morgen und übermorgen“.

Waren das zutreffende Beschreibungen der Situation des Unternehmens oder bloße Durchhalteparolen?

Nach der letzten großen Übernahme, der MBB, hatte die Daimler-Benz AG 35 Geschäftsfelder. Einige liefen ganz gut, andere hatten Probleme. Bei einigen konnte man durch gezielt eingeleitete Maßnahmen Verbesserungen erreichen, bei anderen wurden die Lücken zwischen Planung und Realität immer größer. Neben den vielen „Tagesbaustellen“ gab es auch einige „Großbaustellen“: das Nutzfahrzeuggeschäft bei der Mercedes-Benz AG zum Beispiel, die Bürokommunikation bei der AEG oder auch die Regionalflugzeuge bei der DASA. Als der Daimler-Vorstand Ende 1991 die Entscheidung traf, die Aktivitäten bei der AEG Olympia bis spätestens zum 31. Dezember 1992 auslaufen zu lassen, hatte er, auf freilich unrühmliche Weise, eine der Großbaustellen geschlossen. Im Flugzeuggeschäft versuchte man mit Übernahme von Fokker eine Besserung der Situation herbeizuführen. Was man für viel Geld bekam, war jedoch keine Lösung der Probleme bei Regionalflugzeugen, sondern – wie sich schon bald zeigen sollte – einen weiteren Sanierungsfall. Bei den Nutzfahrzeugen hatten sich die Zahlen in der zweiten Hälfte der 1980er-Jahre zwar verbessert, aber das war nahezu ausschließlich konjunkturell und nicht strukturell bedingt. Nachdem die Nachfrage zurückging, stürzte der Geschäftsbereich wieder tief in die roten Zahlen. Die größte Sorge war freilich das Geschäftsfeld Mercedes-Benz-PKW, wo Absatz, Produktion und Gewinn Ende der 1980er-Jahre stark zurückgegangen waren. Die Ertragssäule wankte bedenklich. Alle Hoffnung richtete sich auf die neue S-Klasse. Doch schon bald zeigte sich, dass der vermeintliche Heilsbringer die Marke in noch größere Schwierigkeiten stürzen würde, als sie ohnehin schon war.

Bis zum Geschäftsjahr 1991 – Reuter war nun vier Jahre im Amt – bewegten sich die bilanziellen Ergebnisse auf einem Niveau, das nicht begeisternd war, aber auch zu akuten Sorgen keinen Anlass gab. Insgesamt stieg der Konzernumsatz zwischen 1987 und 1991 um 40 Prozent. Der ausgewiesene Konzerngewinn war allerdings im gleichen Zeitraum um fast ein Drittel gesunken und stand seit dem Geschäftsjahr 1989 überdies noch unter dem Generalverdacht, schöngerechnet zu werden. In jenem Jahr sorgte eine Neubewertung der Pensionsrückstellungen für einige Aufregung an der Börse. Bislang wurden die Pensionsrückstellungen mit einem internen Rechnungszinsfuß von 3,5 Prozent bewertet, der nun auf 6 Prozent erhöht wurde, mit dem Ergebnis, dass der ausgewiesene Gewinn gegenüber dem Vorjahr einen Sprung um 1,702 auf 6,809 Milliarden D-Mark machte. Begründet wurde dieser Schritt damit, dass „der neugeformte Technologiekonzern im internationalen Vergleich kaum oder gar nicht mehr richtig zu beurteilen“ sei, was die Kapitalbeschaffung erschwere. Die Absicht, mit der Daimler-Benz-Aktie an ausländische Börsen zu gehen, erfordere „eine Bilanzstruktur und den Ausweis eines Eigenkapitals, die internationalen Maßstäben“ standhielten. Tatsächlich war Daimler seit Joachim Zahn für seine konservative Bilanzpolitik bekannt und jeder wusste, dass der Konzern über beträchtliche „stille Reserven" verfügte. Die „neue Bilanzierung", auf die Edzard Reuter in seiner Adresse an die „Aktionäre und Freunde" im Geschäftsbericht 1989 erstaunlicherweise mit keinem Wort einging, erfolgte in einem Geschäftsjahr, in dem das interne Betriebsergebnis erheblich unter Druck stand, sodass in den Medien schon bald das Wort von einer „wundersamen Gewinnvermehrung" (SPIEGEL) die Runde machte. Natürlich bewegte man sich mit der Bewertungsanpassung völlig im Rahmen der gültigen Steuergesetzgebung. Von einer „Manipulation" konnte daher eigentlich keine Rede sein. Dennoch hatte die Aktion in einer wirtschaftlich für den Konzern angespannten Situation ein „Geschmäckle": Hatte der Konzern, um sich ein wenig Luft zu verschaffen, nach der „maßvollen Investitionspolitik" ein weiteres geheiligtes Prinzip der Ära Zahn, die „konservative Bilanzpolitik", über Bord geworfen? Das Urteil der Börsenzeitung war ebenso eindeutig wie hart: „Tiefer geht es nicht mehr."

Die zunehmend schwierigere Ertragssituation im Konzern war nicht nur das Ergebnis erheblicher Absatzprobleme, sondern auch permanent steigender Kosten. So stand dem Umsatzanstieg von 40 Prozent in den Jahren 1987 bis 1991 ein Anstieg der Personalkosten um über 42 Prozent gegenüber, was nicht nur eine Folge der auch von Edzard Reuter mehrfach kritisierten Lohnforderungen der Gewerkschaften war, sondern auch einer steigenden Zahl von Beschäftigten im Konzern. Allein zwischen 1988 und 1991 erhöhte sich die Zahl der Mitarbeiter um über 40.000 auf 379.252 Beschäftigte. Waren das, so fragte sich mancher Aktionär, die vielzitierten „Synergie"-Effekte?

Edzard Reuter wusste um die Befindlichkeit der Aktionäre, die die Diversifikationsstrategie zunächst mit Wohlwollen, nach und nach mit Argwohn und schließlich mit heftiger Kritik auf den Hauptversammlungen begleiteten. Die immer wieder in Aussicht gestellten, dann aber nicht eingetretenen Ergebnisverbesserungen zehrten an der Glaubwürdigkeit des Managements und so wurden die Prognosen des Vorstandsvorsitzenden immer häufiger nur noch belächelt. Edzard Reuters Antwort auf die mangelnden Fortschritte bei der Realisierung des integrierten Technologiekonzerns war ebenso richtig wie unbefriedigend: „Ein Technologiekonzern", belehrte er die Aktionäre und Freunde des Unternehmens, „ist immer auch eine Mischung aus bewusst in Kauf genommenen Verlusten, also aus Vorleistungen für neue Geschäftsfelder, aus Ertragsquellen für Innovationen, also aus Cashcows, und aus geplanten Desinvestitionserlösen, also aus auslaufenden Geschäften." Das hörte sich vernünftig an, ermutigend war es nicht, denn im Grunde verhieß das keine nachhaltige Steigerung der Ertragskraft, sondern nur einen andauernden Ausgleich zwischen ertragsstarken und ertragsschwachen, im Zweifel auch verlustreichen, Geschäften. Das hatten sich die meisten Aktionäre aber eigentlich anders vorgestellt.

Um die Eigentümer, und unter ihnen vor allem den Großaktionär Deutsche Bank, bei Laune zu halten, wurde die Dividende über die Jahre hinweg konstant gehalten, im Jahr 1991 sogar von 12 auf 13 D-Mark erhöht. Die Ausschüttungssumme stieg von 502 Milionen im Jahr 1987 auf über 600 Millionen D-

Mark im Jahr 1991. Damit konnte man bei den Aktionären punkten, auch wenn sich viele vom Technologiekonzern mehr versprochen hatten.

Der Daimler-Benz-Konzern war zu Beginn des neuen Jahrzehnts ein mehr denn je fragiles Gebilde. In vielen der kaum noch zu überblickenden Geschäftsfeldern knirschte es, in manchen krachte es. Die wiedervereinigungsbedingte Sonderkonjunktur in den Jahren 1990 und 1991 hatte indessen einen milden Schleier über die nicht zu übersehenden strukturellen Schwachstellen des Konzerns gelegt. Im Jahr 1991 war sogar das „interne Betriebsergebnis", der wichtigste Gradmesser für die Leistungsfähigkeit des Unternehmens, gestiegen. Edzard Reuter gab sich in seinem Ausblick für das Geschäftsjahr 1992 auch für seine Verhältnisse ausgesprochen optimistisch: „Für das laufende Geschäftsjahr", erklärte er; im Frühjahr, „erwarten wir aus heutiger Sicht einen weiteren Anstieg des Umsatzes und Ergebnisses."

Der Absturz war brutal und begann in der zweiten Hälfte des Jahres 1992. Was war passiert? Es war das passiert, was man gerne einen „Worst Case" nennt: Der Konzern, durch die schnellen Zukäufe von teilweise verlustreichen Unternehmen, einer unendlichen Zahl von Baustellen in allen Konzernteilen und einem offensichtlich überforderten Management strukturell geschwächt, geriet mitten hinein in eine der schwersten Krisen der Weltwirtschaft nach dem Zweiten Weltkrieg. In der zweiten Jahreshälfte 1992 mehrten sich die Anzeichen für eine schmerzliche Rezession. Politik, Unternehmen und Wirtschaftsexperten waren gleichermaßen überrascht. Selbst der Sachverständigenrat zur Begutachtung der wirtschaftlichen Lage, die „Fünf Weisen", musste später einräumen, den konjunkturellen Abschwung unterschätzt zu haben. Die Überraschung rührte nicht zuletzt daher, dass der Fall des „Eisernen Vorhangs" und die deutsche Wiedervereinigung die Hoffnung genährt hatten, dass nun, nach dem vermeintlichen Ende des Kalten Krieges, ein Zeitalter des Aufschwungs und der Prosperität anbrechen würde. Von „Friedensdividenden" und „blühenden Landschaften" war die Rede. Alle, die Verantwortung trugen, sei es in der Politik oder in der Wirtschaft, waren hochgestimmt und zuversichtlich, dass man die Herausforderungen, die die neue geopolitische Situation brachte, erfolgreich bewältigen und die damit einhergehenden Chancen für einen dauerhaften wirtschaftlichen Aufschwung werde nutzen können. Auch im Daimler-Geschäftsbericht für das Jahr 1992 hieß es frohgemut, dass schon bald „die immensen Wachstumspotenziale freigesetzt werden können, die sich aus dem Ende des Ost-West-Konflikts für die gesamte Welt ergeben haben."

Tatsächlich hatte es in Deutschland in den Jahren 1990 und 1991 eine Sonderkonjunktur gegeben: Der Transfer von Geld und Kapital in die östlichen Bundesländer führte dort zu einem sprunghaften Anstieg der Konsumausgaben und der Investitionen, von denen nicht zuletzt die Automobilindustrie profitierte. Die ehemaligen DDR-Bürger und Bürgerinnen hatten jetzt eine gute, harte Währung und sie gaben das Geld nach den Jahrzehnten der Entbehrung und der Sehnsucht nach westlichen Konsumgütern gerne aus. In den anderen Staaten des Ostblocks sah es indessen anders aus: Auch dort gab es zwar einen riesigen Bedarf, aber keine Kaufkraft. Darüber hinaus brachen die ohnehin maroden Industriestrukturen in den Staaten der kommunistischen Wirtschaftsgemeinschaft, dem COMECON, zusammen, ohne dass zunächst Neues entstand. Angesichts der politischen Turbulenzen, die den Zusammenbruch des Ostblocks im Allgemeinen und das Auseinanderbrechen der einstigen Sowjetunion im Speziellen begleiteten, war die Bereitschaft westlicher Unternehmen, dort zu investieren, gering. Die Hoffnungen auf eine rasche wirtschaftliche Erholung in Osteuropa erwiesen sich als eine Illusion. Die meisten der alten und neuen Staaten in Zentral- und Osteuropa waren auf Jahre hinaus geschwächt und mussten sich erst politisch neu sortieren, bevor an einen nachhaltigen Aufschwung zu denken war. Hinzu kam, dass auch in den westlichen Industriestaaten die Wirtschaftspolitik mit zunehmenden Problemen zu kämpfen hatte. Hohe Zinsen zur Bekämpfung der Inflation, Konsolidierung der Staatshaushalte zur Reduktion der überbordenden Neuverschuldung, dazu noch hohe Lohnabschlüsse und eine starke Aufwertung der D-Mark, die die Wettbewerbsfähigkeit der Unternehmen beeinträchtigten, führten schließlich zu einer vom FOCUS als „Nachwende-Krise" bezeichneten, scharfen globalen Rezession.

Es ist schon richtig, wenn es im Geschäftsbericht heißt, dass 1993 „beileibe nicht nur für Daimler-Benz ein äußerst schwieriges Jahr" war. Aber bei Daimler kam durch die neue geschäftspolitische Ausrichtung des Gesamtunternehmens im Zuge der Diversifikationsstrategie noch ein spezieller Belastungsfaktor dazu. In einem SPIEGEL-Interview im Jahr 1988 hatte Alfred Herrhausen auf die Frage, ob ihm die internationalen Abrüstungsbemühungen mit Blick auf die Wehrtechnik im Daimler-Konzern keine Sorge machten, noch selbstbewusst geantwortet: „Ich hoffe, die Rüstungsindustrie schrumpft", und damit zum Ausdruck gebracht, was er als Staatsbürger für wünschenswert hielt. Schon im Jahr 1990 liest sich das mit Blick auf die damals geführte Diskussion über den Export von Rüstungsgütern etwas anders. In einem der typisch Reuterschen Satzungetüme heißt es im Vorwort zum Geschäftsbericht: „Überdies fällt ins Gewicht, dass in der deutschen Öffentlichkeit über verteidigungstechnische Exporte unter ebenso tatkräftiger wie überwiegend führungsloser Assistenz der Politik eine Diskussion geführt wird, die ehrenhaften Bekennermut vielfach mit dem Irrtum verwechselt, eine Welt ohne Sicherheit durch Verteidigung und ohne Sicherheit durch Gleichgewicht stehe als Selbstläufer ganz vorn auf der Tagesordnung." Konkreter wurden die Schuldzuweisungen dann im Geschäftsbericht für das Krisenjahr 1993, in dem der Hinweis nicht fehlen darf, dass sich die Rahmenbedingungen im Hinblick auf die „öffentliche Beschaffungs-, Förder- und Forschungspolitik, vor allem auf den Gebieten der Verteidigungstechnik sowie der Luft- und Raumfahrt" nicht verbessert hätten. Keine Frage: Das Ende des Kalten Krieges und die dadurch eingetretene Neuausrichtung in der Sicherheits- und Verteidigungspolitik traf Daimler hart und natürlich genau zum falschen Zeitpunkt. Der integrierte Technologiekonzern glich plötzlich einem Scherbenhaufen.

Die Bilanz des Jahres 1993 war eine Bilanz des Grauens. Die internen Ausgleichskräfte, die man mit der Diversifikation hatte stärken wollen, funktionierten nicht. Im Gegenteil: Alle Konzernteile waren im Gleichschritt in die Verlustzone geraten, am schlimmsten Mercedes-Benz. Wie prekär die Situation im PKW-Geschäft mittlerweile geworden war, zeigt der Hinweis im Geschäftsbericht, man habe – „um Lagerbestände abzubauen" – die Produktion nochmals um 9 Prozent auf 480.600 Einheiten zurückgefahren. Gegenüber dem Höchststand von 1989 war das ein Rückgang um rund 20 Prozent. Das „Ergebnis der betrieblichen Tätigkeit", wie es in schönem Bilanz-Deutsch heißt, wies für den Gesamtkonzern ein Minus von 3,3 Milliarden D-Mark aus, nachdem man im Jahr davor immerhin noch über einen Gewinn von 2,0 Milliarden D-Mark hatte berichten können. Eine Ergebnisverschlechterung von mehr als 5 Milliarden D-Mark in einem Jahr – schon das war dramatisch. Fast mehr noch als der Verlust im Gesamtkonzern erschütterte jedoch die Beobachter die Tatsache, dass auch im PKW-Geschäft erstmals in der Nachkriegsgeschichte ein negatives Ergebnis zu verzeichnen war.

Es entbehrt nicht einer gewissen Ironie, dass Daimler-Benz ausgerechnet in diesem Krisenjahr, im Herbst 1993, seine Aktie an der Wall Street mit dem bei einem solchen Anlass üblichen Tamtam einführte. Die Hoffnung, damit die Aktionärsbasis internationalisieren und zusätzlich Kapital beschaffen zu können, war vor dem Hintergrund des aktuellen Geschäftsergebnisses mehr als gewagt. Kapitalanleger und Analysten verfolgten die Entwicklung des einstigen Börsenlieblings schon seit einigen Jahren mit Skepsis. So war der Kurs der Daimler-Aktie von Ende 1989 bis Ende 1992 um gut ein Drittel von 808,00 auf 538,50 D-Mark gefallen. Der Börsengang an der Wall Street bedeutete für Daimler-Benz zunächst einmal höhere Anforderungen an die Publizität und das Einhalten der strengen amerikanischen Börsenregeln, was sich Jahre später in anderem Zusammenhang noch als ein durchaus heikler Sachverhalt entpuppen sollte. Hauptnutznießer der Platzierung war die Deutsche Bank, die Anfang 1994 ein vierprozentiges Aktienpaket in den USA unterbringen und damit die strategisch gewollte Reduktion der Anteile am Daimler-Konzern auf 24,4 Prozent realisieren konnte. Immerhin hob Edzard Reuter in seiner Adresse an die Aktionäre und Freunde des Unternehmens im Jahr des Börsenganges hervor, dass in der neu gestalteten Rechnungslegung „auch wesentliche Aspekte des Shareholder-Value-Konzepts berücksichtigt" würden, wohl nicht ahnend, dass er damit einen Lieblingsbegriff seines Nachfolgers vorweggenommen hatte, gegen den er dann später heftig polemisierte.

Am schmerzlichsten war die Krise für die Beschäftigten, die nun endgültig von der Illusion Abschied nehmen mussten, in einem „Ausnahme"-Unternehmen zu arbeiten. Der in der Ölpreis-Krise 1973/74 geborene Mythos von der „Unzerstörbarkeit" des Unternehmens wurde zu Grabe getragen. Zwischen 1992 und 1995 wurden im Konzern insgesamt – auch durch die Schließung von Standorten und den Verkauf von Unternehmensteilen – über 68.000 Arbeitsplätze abgebaut. Allein im Geschäftsbereich Mercedes-Benz-PKW sank die Zahl der Mitarbeiter im gleichen Zeitraum um 23.088 auf 80.544 Beschäftigte, wobei man – erstmalig in der Geschichte des Unternehmens – auch um „betriebsbedingte Kündigungen", also Entlassungen, nicht herumkam. Insgesamt, unter Einbeziehung des Nutzfahrzeuggeschäftes, gingen bei Mercedes-Benz binnen vier Jahren 40.278 Arbeitsplätze verloren – eine aus heutiger Sicht fast unvorstellbare Zahl. Innerhalb weniger Jahre war aus einem Vorzeigeunternehmen ein Sanierungsfall geworden.

Nachdem das ganze Debakel offenkundig geworden war, kannten auch die Medien keine Zurückhaltung mehr. „Ein Stern sinkt" (FOCUS), „Total verfahren" (ZEIT) oder „Ganz miserabel" (SPIEGEL) lauteten die Schlagzeilen zur großen Krise des Daimler-Konzerns. Es war ein „Shitstorm", wie man heute sagen würde, der über das Unternehmen hereinbrach. Die Anklagen und Schuldzuweisungen waren immer dieselben: Eine falsche Strategie, Größenwahn und Missmanagement hätten den Konzern zu Fall gebracht und es war klar, dass man jetzt – nicht nur in den Redaktionsstuben deutscher Tageszeitungen, Nachrichten- und Wirtschaftsmagazine – auch Köpfe rollen sehen wollte. Edzard Reuter selbst war viel zu intelligent und viel zu erfahren im Umgang mit Kollegen, Aufsichtsräten und Medien, als dass er nicht gewusst hätte, dass er das Katastrophenjahr 1993 nicht unbeschadet überleben würde. Um das zu wissen, musste er nicht mehr die Zeitungsausschnitte lesen, die man ihm jeden Morgen auf den Schreibtisch legte. Um das aus seiner Sicht Schlimmste zu verhindern, boxte er im Vorstand durch, dass auch in diesem Jahr eine Dividende bezahlt werden sollte. 8 D-Mark je Aktie bedeutete eine Ausschüttungssumme von 373 Millionen D-Mark, was nicht eben wenig war. Die Dividende ganz zu streichen, was angesichts der Geschäftsergebnisse durchaus naheliegend gewesen wäre, hätte viele Aktionäre verärgert, für die Deutsche Bank, die noch immer der größte Anteilseigner bei Daimler war, wäre es sogar schmerzlich gewesen. Nachdem schon der Betriebsrat wegen des Arbeitsplatzabbaus auf die Barrikaden gegangen war, wollte er aber nicht auch noch die Aktionäre vergraulen. Mit einer, wenn auch reduzierten, Dividende (im Vorjahr gab es noch 13 D-Mark je Aktie) konnte man beruhigen und gleichzeitig Optimismus verbreiten: Im nächsten Jahr – so das Versprechen des Vorstandsvorsitzenden – würde es wieder aufwärtsgehen.

Reuter geriet von allen Seiten unter Beschuss. Die Angst vor weiteren Verlustjahren angesichts der unbewältigten Herausforderungen im Konzern war allgegenwärtig. Reuter, der Großes versprochen hatte, konnte nicht liefern. Verzweifelt wollte er die Richtigkeit seiner Strategie nachweisen und flüchtete in Argumente, die fast so abenteuerlich waren wie die Firmenkäufe auf dem Weg zum Technologiekonzern. In einem langen, seinem letzten Interview mit dem SPIEGEL im November 1992, als die Krise schon nicht mehr wegzuleugnen war, gestand er zwar ein: „Wir haben Fehler gemacht", doch er holte auch gleich zum Gegenschlag aus: „Wenn es eine Situation gibt, die diese Konzernerweiterung nachträglich rechtfertigt, dann die gegenwärtige", belehrte er seine Gesprächspartner. „Es ist eingetreten, was wir vorhergesehen haben: eine weltweit schwere Belastung im Automobil-Absatz, die mit Sicherheit nicht nur vorübergehend sein wird." Abgesehen davon, dass seine Aussage, der Rückgang des Automobil-Absatzes werde „nicht nur vorübergehend" sein, sich in den Folgejahren erneut – wie auch schon in seinem internen Strategiepapier aus dem Jahr 1984 – als Fehleinschätzung erwies, kam seine Aussage nicht gut an. Wenn es der Absatzeinbruch im Automobilmarkt gewesen wäre, dann hätten doch die anderen Gesellschaften Ergebnisse liefern müssen, hakten die SPIEGEL-Redakteure nach, worauf Reuter nur zu antworten wusste, dass das nach so kurzer Zeit nicht zu erwarten gewesen wäre – ein Argument, das er auch in den folgenden Jahren immer wieder bemühte: Die Strategie war richtig und würde auch langfristig zum Erfolg führen. „Wir haben nie behauptet", so noch einmal Reuter, „dass wir innerhalb von fünf Jahren den Gesamtkonzern dahin bringen, dass er einen tiefen Einbruch der gesamten Weltkonjunktur sozusagen mit einem Fingerschnippen wegdrückt." Behauptet hatte er jedoch, dass die internen Ausgleichskräfte durch die Diversifikation den Konzern stabiler gegen Schwankungen in einzelnen Geschäftsfeldern gemacht hätten – eine These, die sich nun ganz offensichtlich als nicht haltbar erwiesen hatte und die man ihm von jetzt an immer wieder um die Ohren schlug.

Reuter spürte, dass der Rückhalt im Unternehmen, der ohnehin immer brüchig gewesen war, schwand. Und er spürte auch die Häme, die ihm nun offen gezeigt wurde: „Rückblickend", schreibt er in seinem Erinnerungsbuch über jene Zeit in einem Dialog mit sich selber, „bist du fast sicher, dass sich der eine oder andere deiner ‚Freunde' darob durchaus ins Fäustchen gelacht hat: Gar manches heimlich hinter deinem Rücken unter Kollegen ausgetauschte – und eher hämisch gemeinte – Grinsen hast du jedenfalls mit mehr oder minder großem Erstaunen zur Kenntnis genommen. Freilich war es da schon zu spät." Sein Vertrag lief noch bis 1995, aber er wusste, dass sich der Daumen über sein weiteres Schicksal im Konzern gesenkt hatte. Er nahm einen Kampf auf, den er nicht gewinnen konnte. Zwei Jahre blieben ihm Zeit, um doch noch zu zeigen, dass seine Strategie richtig war. Es sollten für ihn zwei traurige, ja quälende Jahre werden.

Ein Denkmal fällt

Das Ende von Edzard Reuter als Vorstandsvorsitzender des Daimler-Benz-Konzerns ist schnell erzählt: Es ist eine Abfolge öffentlich ausgetragener Streitigkeiten, schmieriger Intrigen und persönlicher Demütigungen. Der Verfall der Unternehmenskultur, den er in seinem Machtkampf mit Werner Breitschwerdt selbst mit eingeleitet hatte, traf nun auch ihn. Im Dezember 1991 hatte Hilmar Kopper als Aufsichtsratsvorsitzender mit Reuter ein Gespräch über eine Verlängerung von dessen Amtszeit über das Jahr 1993 hinaus. In diesem Jahr hätte Reuter nach den Regeln des Konzerns sein Amt altershalber abgeben müssen, da er am 16. Februar 1995 seinen 65. Geburtstag feierte. Kopper, so erzählt es Reuter, wollte aber, dass er noch bis 1997 im Amt bleiben und dann den Vorsitz im Aufsichtsrat übernehmen solle. Im Frühjahr 1992, also noch vor der großen Krise, wurde die Verlängerung der Amtszeit von Reuter vom Aufsichtsrat beschlossen, und alles schien seinen geplanten Gang zu gehen. Dann kam das Jahr 1993 und im November eine Aufsichtsratssitzung, in der Reuter den Aufsichtsräten gegenüber Rechenschaft über das zu erwartende negative Konzernergebnis abzulegen hatte. In der turbulenten Sitzung musste er sich den kritischen Fragen und skeptischen Mienen der Aufsichtsratsmitglieder stellen. Angesichts des feindseligen, fast schon beleidigenden Tons, mit der er ins Kreuzverhör genommen wurde, verlor er die Contenance und Souveränität, die ihn bislang auch in für ihn schwierigen Situationen ausgezeichnet hatte: „Unter dem Druck der Ereignisse, die uns nun schon seit mehr als einem Jahr eine Hiobsbotschaft nach der anderen beschert hatten", berichtete Reuter über jene legendäre Sitzung, „ließ ich mich dadurch zu einer sicherlich unklugen Nervosität hinreißen, zumal es meine unmittelbar verantwortlichen Kollegen vorzogen, mehr oder weniger zu schweigen und alle wesentlichen Erwiderungen und Klarstellungen mir zu überlassen." Es kam zu heftigen Wortwechseln. Der Riss zwischen Reuter und dem Kontrollgremium war tief und er sollte sich auch nicht mehr kitten lassen.

Anfang des Jahres 1994 signalisierte Kopper, dass es Widerstand aus dem Aufsichtsrat gäbe, ihn nach seiner Zeit als Vorstandsvorsitzender zum Aufsichtsratsvorsitzenden zu machen, und er signalisierte dem davon überraschten Reuter, dass er wohl selbst weiterhin diese Aufgabe ausüben werde. Reuter, der auf die frühere Zusage Koppers vertraut hatte und natürlich hoffte, als Aufsichtsratsvorsitzender sein unvollendetes Werk des integrierten Technologiekonzerns zu einem guten und erfolgreichen Ende bringen zu können, reagierte echauffiert. Gegenüber der Presse bestätigte er, dass ihm Kopper Zusagen hinsichtlich des Aufsichtsratsvorsitzes gemacht hatte, die er und die anderen Mitglieder des Aufsichtsrates nun offensichtlich nicht gewillt seien, einzuhalten. Das war ein öffentlicher Affront, den sich Kopper und der gesamte Aufsichtsrat natürlich nicht gefallen lassen konnten. Um einen noch größeren Eklat zu vermeiden, hielt man daher das Angebot an Reuter aufrecht, einfaches Mitglied des Aufsichtsrates zu werden. Er ließ sich dann auch tatsächlich von der Hauptversammlung im Jahr 1995, der letzten, der er als Vorstandsvorsitzender Rede und Antwort gestanden hatte, in dieses Gremium wählen. Glücklich war mit dieser Lösung freilich niemand – weder der Aufsichtsrat noch der Vorstand. Und auch Reuter selbst bedauerte später, diesen Schritt gemacht zu haben. In der gleichen Hauptversammlung wurde Jürgen E. Schrempp zum neuen Vorstandsvorsitzenden der Daimler-Benz AG gewählt.

Im Sommer 1995 kam es zu einem Skandal, der bis heute in der deutschen Wirtschaftsgeschichte seinesgleichen sucht. Finanzvorstand Gerhard Liener, den man im Jahr 1995 zum Ausscheiden aus dem Daimler-Vorstand gedrängt hatte, hatte ein 76-seitiges Pamphlet verfasst, das dem manager magazin zugespielt und in der Ausgabe Nr. 8/1995 veröffentlicht wurde. Bis heute ist das Heft mit der Titelstory „Das Daimler-Dossier – Ex-Finanzvorstand Gerhard Liener rechnet mit Edzard Reuter ab" eine der am meisten verkauften Ausgaben, wie das Magazin mit einer etwas zweifelhaften Genugtuung anlässlich seines 40-jährigen Jubiläums vermerkt hat.

Das „Dossier" ist in Wirklichkeit eine Schmähschrift, die heute im Zeitalter der sozialen Medien wohl keine allzu große Aufmerksamkeit mehr erregen würde, die aber damals alle Grenzen des guten Geschmacks überschritt und geeignet war, den ohnehin angeschlagenen Ruf von Daimler-Benz als seriöses und vornehmes Unternehmen weiter zu beschädigen. Es fügte den nunmehr seit zehn Jahren geübten, öffentlich ausgetragenen Querelen im Unternehmen eine weitere, ganz und gar unappetitliche Facette hinzu. Liener warf Reuter darin nicht nur vor, dafür verantwortlich zu sein, dass er vorzeitig aus dem Vorstand entfernt worden sei, sondern vor allem gravierende Managementfehler, die das Unternehmen viel Geld gekostet hätten. So seien Reuter und Niefer beim Erwerb von Dornier schwer über den Tisch gezogen worden und beim Erwerb der AEG habe es dilettantische Fehler gegeben. Auch an persönlichen Invektiven fehlte es in dem Papier nicht. So warf Liener Reuter ganz direkt übertriebenen Ehrgeiz und Geltungssucht vor: „Ihr fast täglich in der Presse erscheinender Name, möglichst garniert, Sie seien der größte aller Manager – das war für Sie fast eine Sucht“, wütete Liener in persönlicher Anrede gegen seinen früheren Kollegen. Und schließlich warf er seinem ehemaligen Vorstandskollegen vor: „Sie können mir nicht in die Augen sehen, dazu fehlt Ihnen der Mut.“

Über Wochen und Monate blieb der Artikel Gesprächsthema in der Öffentlichkeit und im Unternehmen selbst, wo er in einer Mischung aus Wut, Scham und Schadenfreude für mächtig Unruhe sorgte. In Erinnerung geblieben ist dieser Skandal auch deshalb, weil Gerhard Liener im Dezember desselben Jahres Selbstmord beging. Natürlich wurde dieser zunächst in Verbindung damit gebracht, dass Liener nach seiner Veröffentlichung bei Daimler-Benz zur persona non grata geworden war und sein Beratervertrag, den er nach dem Ausscheiden aus dem Vorstand bekommen hatte, gekündigt wurde. Tatsächlich waren es wohl aber eher finanzielle Probleme im Zusammenhang mit Immobilienspekulationen in Berlin, die ihn zu dieser schrecklichen Tat trieben.

Die persönliche Tragik um Gerhard Liener, der dem Daimler-Vorstand immerhin mehr als 20 Jahre angehört hatte, heizte die ohnehin angespannte Stimmung in den Führungsgremien nochmals kräftig an. Drohte jetzt eine Schlammschlacht auf ganz, ganz niedrigem Niveau? Edzard Reuter wollte angesichts der in dem „Dossier“ gegen ihn erhobenen Vorwürfe vom Aufsichtsrat eine Ehrenerklärung, worauf ihm sein Nachfolger Jürgen Schrempp kühl mitteilen ließ, dass der Vorstand keine Möglichkeit sehe, den Aufsichtsrat zu einem solchen Vertrauensbeweis zu veranlassen. Weiterhin riet er ihm davon ab, seinen Wunsch mit einer Rücktrittsdrohung zu verbinden, da sie nichts bewirken werde. Das war eine Demütigung der besonderen Art und dass sie auch noch von seinem Zögling kam, machte sie für ihn noch schmerzhafter. „Das reichte mir“, heißt es zu diesem Vorgang in Reuters Erinnerungen und tatsächlich legte er im Februar 1996 sein Mandat nieder und brach damit nun endgültig alle Brücken zwischen sich und Daimler-Benz ab.

Die Geschichte von Edzard Reuters Abgang ist damit aber noch nicht zu Ende. Auf seiner letzten Rede bei der Hauptversammlung am 24. Mai 1995 hatte Edzard Reuter den Aktionären für das Geschäftsjahr 1995 ein solides Gewinnwachstum versprochen. Einige Wochen später kündigte der neue Vorstandsvorsitzende, Jürgen Schrempp, aber einen „empfindlichen Verlust“

an, der sich dann auf weit über 5 Milliarden D-Mark belaufen sollte. Die Ankündigung Reuters war deshalb so brisant, weil es intern vorläufige Berechnungen gab, die darauf hindeuteten, dass das Geschäftsjahr 1995 bei Weitem nicht so erfolgreich verlaufen werde, wie von Reuter versprochen. Auf jeden Fall stellte ein Mitstreiter des damals weithin bekannten und umstrittenen Aktionärssprechers Ekkehard Wenger Strafantrag gegen Reuter, weil er die wirtschaftlichen Verhältnisse des Unternehmens unrichtig wiedergegeben habe. Die ganze Auseinandersetzung, in die schließlich auch noch der stets integer agierende Finanzvorstand Manfred Gentz hineingezogen wurde, verlief schließlich im Sande. Aber wie immer in solchen Fällen, musste Reuter jetzt auch noch mit dem Makel leben, den Zustand des Unternehmens bei seinem Abgang beschönigt zu haben.

„Ein Denkmal fällt" hatte der FOCUS im Juli 1995 einen Artikel überschrieben, in dem über die schrittweise Demontage des Vorstandsvorsitzenden berichtet wird. Denkmal? Reuter war kein Denkmal und niemand im Unternehmen wäre auf die Idee gekommen, ihm eines zu setzen.

Ein Intellektueller im Chefsessel

Wie wird man einem Manager gerecht, der eine dramatische strategische Neuausrichtung seines Unternehmens vorgenommen hat, der mit seinen Reden und Interviews zeitweise Millionen von Menschen in seinen Bann zog und der am Ende vor einem unfertigen, wankenden Bauwerk stand, an dessen Vollendung nur noch er glaubte? Man ist geneigt – natürlich mit gehörigem Abstand – Friedrich Schiller zu zitieren, der über Wallenstein sagte: „Von der Parteien Gunst und Hass verwirrt, schwankt sein Charakterbild in der Geschichte." Bei keinem anderen Manager seiner Generation war die Spannweite der Urteile zwischen dem Anfang und dem Ende seiner Karriere als Vorstandsvorsitzender so groß wie bei ihm. „Spitzenmann von ganz besonderem Zuschnitt" (Süddeutsche Zeitung), „Kultfigur des modernen Kapitalismus" (Stuttgarter Zeitung), „hervorragender Stratege" (Handelsblatt), „Star unterm Stern" (SPIEGEL) – so oder ähnlich lauteten die Urteile, als Edzard Reuter seinen vermeintlich glücklosen Vorgänger, Werner Breitschwerdt, im Jahr 1987 an der Spitze des Daimler-Konzerns ablöste. Auch Heinz Blüthmann von der ZEIT musste sein Urteil von 1987 („Der richtige Mann") korrigieren, in dem er dem einst hochgelobten Manne bescheinigte, er stehe „vor einem Scherbenhaufen". Als Reuter aus dem Amt ausscheidete, galt er als Versager, als Opfer seiner eigenen gravierenden Fehleinschätzungen, als Mann, der den Bezug zur Realität verloren hat und – zuerst und vor allem – als der „größte Kapitalvernichter aller Zeiten". Ist es da ein Wunder, dass er in seinen Erinnerungen den Medien ein wenig schmeichelhaftes Zeugnis ausstellte? Hatte er sich zu Beginn seiner Amtszeit durch das über ihn hereinprasselnde Lob sogar ein wenig „geschmeichelt" gefühlt, fuhr er nach seinem abrupten Karriereende schweres Geschütz auf: „Gemeinsam ist den Vertretern dieser Zunft, der nach unserer Verfassung eine so hohe Verantwortung zukommt", beginnt seine Suada über die jetzt gerne als „Journaille" bezeichneten Pressevertreter, „dass ihre mangelhafte Sachkenntnis in umgekehrtem Verhältnis zu ihrer Voreingenommenheit steht: Einmal gefestigte Meinungsklischees, sind sie nur griffig genug, reichen ihnen allemal aus, um jedes ernsthafte Nachdenken, zumal wenn es mit Arbeit und Mühe verbunden sein sollte, überflüssig zu machen." Und um noch eines draufzusetzen, stellte er in seinen Erinnerungen sarkastisch fest, dass es nicht viele seien, „die in den Medien arbeiten und vom Wurmstich der Charakterlosigkeit verschont geblieben sind." Genutzt hat ihm diese Schelte nicht viel – außer dem Vorwurf, sein Buch sei die „Abrechnung eines Verbitterten" (Rheinischer Merkur). Vielleicht hätte er seinen Arbeitstag doch nicht mit der Lektüre von Zeitungsausschnitten beginnen und sich unabhängig vom Urteil der Presse machen sollen.

Noch einmal: Wie wird man einem Mann gerecht, der mit riesigen Geldbeträgen ganz Unvorstellbares auf den Weg gebracht und am Ende den größten und erfolgreichsten Industriekonzern in Deutschland an den Rand des Untergangs manövriert hat? Gewiss wird man ihm nicht dadurch gerecht, dass man ihn pauschal zum „Versager" abstempelt, wie das viele Zeitgenossen in einer Mischung aus Bösartigkeit und Boshaftigkeit gemacht haben. Ein solches Etikett ist nicht nur plakativ und einprägsam, sondern es entlastet auch diejenigen, die direkt am Geschehen beteiligt waren und die, als wäre nichts geschehen, anschließend einfach weitergemacht haben. Offensichtlich wollte man schnell einen Schlussstrich unter das ziehen, was in zehn langen Jahren alles falsch gelaufen war. Verdrängung ist, wenn man Fehler gemacht hat, eine menschliche Reaktion. Aber hätten die Milliarden, die verloren gegangen waren, die Arbeitsplätze, die vernichtet wurden, nicht dazu verpflichtet, das, was in der Ära Reuter passiert war, gründlich und selbstkritisch aufzuarbeiten, um zu verhindern, dass sich Ähnliches wiederholt? Wie war es möglich, dass eine solche Ausnahmeerscheinung, die Reuter ohne Zweifel war, einen solchen Konzern in einer vergleichsweise kurzen Zeit derart an die Wand fahren konnte, ohne dass jemand rechtzeitig in die Speichen griff? Warum ist man seiner windigen Einschätzung gefolgt, dass das Automobilgeschäft keine große Zukunft mehr haben werde und es daher gelte, neue Wachstumsfelder in anderen Branchen zu erschließen? Warum hat man sich auf dem Weg in die Diversifikation in immer neue, immer noch riskantere Übernahmen hineinziehen lassen, obwohl doch schon die ersten Übernahmen gezeigt haben, dass Engagements in branchenfremden Märkten mit ohnehin angeschlagenen Unternehmen keine Selbstläufer sind? Warum ist niemand ernsthaft eingeschritten, als erkennbar wurde, dass die Entwicklung im Autogeschäft aus dem Ruder läuft und sich die versprochenen Synergie-Effekte in Luft aufgelöst haben? Diese und viele andere Fragen sind nie beantwortet, ja noch nicht einmal gestellt worden. Stattdessen lud man die Schuld an dem ganzen Desaster auf Edzard Reuter ab. Es ist schon erstaunlich, wie viele am integrierten Technologiekonzern mitgestrickt (und nicht wenige dabei auch gut mitverdient) haben, und dass es am Ende nur einen Schuldigen geben sollte, den man dann ans Kreuz geschlagen hat. Edzard Reuter scheint so etwas geahnt zu haben, als er sich einmal selbstironisch im Jahr 1989 als „Schurke im Stück“ bezeichnete, den man dann tatsächlich auch aus ihm gemacht hat.

Weil die Vergangenheitsbewältigung nach dem Motto „Mund abwischen, weitermachen“ betrieben wurde, passierte nur wenige Jahre später – unter anderen Vorzeichen und mit anderen Akteuren – ziemlich genau das gleiche, was auch in der Ära Reuter passiert war: Eine aufgebauschte Vision ergriff die Führungsgremien des Unternehmens, zerplatzte nach wenigen Jahren wie eine Seifenblase und zurück blieb ein blamiertes Unternehmen, eine bedröppelte Führungsmannschaft, frustrierte Mitarbeiter und aufgebrachte Aktionäre. Und auch am Ende dieses zweiten großen, fehlgeschlagenen Experimentes fehlte nicht das Etikett „größter Kapitalvernichter aller Zeiten“, das nun an den Nachfolger von Edzard Reuter weitergereicht wurde.

Edzard Reuters Konzept eines integrierten Technologiekonzerns fußte im Wesentlichen auf zwei Annahmen, von denen eine richtig und eine falsch war. Falsch war die Annahme, dass das Automobilgeschäft schon in wenigen Jahren an seine Grenzen stoßen und keine nachhaltigen Wachstumsmöglichkeiten mehr bieten werde. Auch wenn damals natürlich niemand ernsthaft wissen oder auch nur glauben konnte, dass mit China binnen kürzester Zeit eine neue Auto-Weltmacht entstehen würde, war dieser Pessimismus im Hinblick auf das Kerngeschäft völlig überzogen. Der Weltmarkt für Automobile war Anfang der 1980er-Jahre weit davon entfernt, gesättigt zu sein, und insbesondere im Premiumsegment boten sich mit der Globalisierung des Wohlstandes große Chancen. Hier, bei der Einschätzung der Zukunftsaussichten des Automobilgeschäftes, lag Reuter ganz eindeutig falsch.

Richtig war hingegen seine Annahme, dass das Auto immer mehr zu einem Hightech-Produkt werden würde oder, genauer gesagt, dass branchenfremde Technologien jenseits der traditionellen Fahrzeugtechnik für die Automobilentwicklung und die Differenzierung im Wettbewerb an Bedeutung gewinnen würden. Viele der Ideen, die heute State-of-the-Art sind, standen damals erst am Horizont einer sich dann rasch beschleunigenden Entwicklung: Digitalisierung, Vernetzung und autonomes Fahren waren Themen, die schon Ende der 1970er-Jahre in der Branche diskutiert wurden und die Edzard Reuter in seine Vision vom integrierten Technologiekonzern einbaute. Die Vorstellung, dass anstelle des quantitativen ein qualitatives Wachstum durch neue Technologien und deren Anwendung im Fahrzeugbau treten werde, war alles andere als gesponnen und verquer. Insofern war es richtig, dass sich ein Automobilkonzern, zumal ein Automobilkonzern, der den Anspruch hatte, ein technologischer Vorreiter zu sein, sich neuen, innovativen Technologien öffnete: der Informations- und Kommunikationstechnik, der Mikroelektronik, der Sensorik, alternativen Antriebskonzepten und Werkstoffen. Wäre, so möchte man heute sagen, Edzard Reuter seinen Entwicklungsingenieuren in Untertürkheim mehr auf den Füßen gestanden, hätte er von ihnen mehr Elektronik als Mechanik eingefordert, dann hätte man bei der neuen S-Klasse im Jahr 1991 auf die unsäglichen Peilstäbe verzichten und BMW als Innovationsführer bei der Fahrzeugelektronik möglicherweise überholen können. Natürlich ist richtig, was der damalige Vorstandsvorsitzende von BMW, Eberhard von Kuenheim, zur Diversifikationsstrategie bei Daimler gesagt hat: „Wenn ich eine Übernachtung brauche, kaufe ich doch auch nicht gleich das ganze Hotel", also neue Technologien kann man auch einkaufen, ohne komplette Unternehmen übernehmen zu müssen. Dennoch bleibt es ein Verdienst von Edzard Reuter, mit seiner Vision vom integrierten Technologiekonzern dem Unternehmen die Augen für die Bedeutung neuer Technologien und Mobilitätskonzepte geöffnet zu haben, als man dort noch in PS, Blech und Mechanik dachte. Auf dem World Mobile Congress 2019 in Barcelona erklärte der Vorstandsvorsitzende von Daimler, Dieter Zetsche: „Wenn wir so weitermachen wie bisher, sind wir erledigt." Der Satz hätte auch von Edzard Reuter stammen können.

Wenn die Idee so falsch also nicht war, warum ist der Aufbau des integrierten Technologiekonzerns dann dennoch gescheitert?

Zunächst verschob sich im Verlauf des Diversifikationsprozesses der Schwerpunkt von der Entwicklung von Querschnittstechnologien, die man in unterschiedliche Produkte und Produktgattungen hätte einsetzen können, hin zur Neuordnung der Luft- und Raumfahrtbranche in Deutschland. Mit der Übernahme von Messerschmitt-Bölkow-Blohm (MBB) veränderte sich, wie Herbert Lucy als einer der wenigen damals erkannte, die strategische Stoßrichtung der Erweiterung der Geschäftsaktivitäten: Sie ging weg vom Auto, hin zu Flugzeugen, Waffen- und Satellitensystemen. Die Arbeitnehmervertreter im Aufsichtsrat haben dem Vorstand bei diesem Schritt die Gefolgschaft verweigert und waren damit hellsichtiger als die Vertreter des Kapitals. Sie wollten das eigene Autogeschäft stärken, aber nicht andere Branchen sanieren. Am Ende wurden sie überstimmt und die Entwicklung nahm ihren Lauf. Spätestens mit der MBB-Übernahme „überdehnte" sich der Konzern und wurde in all seiner Komplexität unregierbar. Edzard Reuter musste diese Vorbehalte selbst gespürt haben. In seiner Botschaft an die „Aktionäre und Freunde des Unternehmens" im Geschäftsbericht für das Jahr 1991 schrieb er: „Womöglich scheint es hie und da, dass Ihr Unternehmen allzu unübersichtlich geworden sei. In Wirklichkeit hängt das damit zusammen, dass die bewusst gewollte Breite und die Dynamik, die für einen integrierten Technologiekonzern unentbehrlich sind, auf Wahrnehmungsmaßstäbe treffen, die auf herkömmliche Industrieunternehmen zugeschnitten sind." Im Grund wollte er damit sagen, dass die „Aktionäre und Freunde" kleinkarierte Trottel seien, die nicht erkennen wollen oder können, dass der Daimler-Konzern sich anschickte, in ganz neue Größenordnungen vorzustoßen. Seine Vorstellung, was ein Unternehmen leisten kann, grenzte in jenen Jahren an eine Hybris und Selbstüberschätzung, die sich dann bitter rächen sollte. In seinem Büro hatte Edzard Reuter das Bild eines Dinosauriers mit der Bildunterschrift: „Die Geschichte ist voll von Riesen, die sich nicht anpassen konnten." Aber liegt die richtige, überlebensfähige Anpassung von Riesen darin, noch größer zu werden? Oder hätte man, so wie es sein Bausteine-Konzept eigentlich vorsah, sich nicht auch von Unternehmensteilen, die übernommen worden waren, wieder trennen müssen? Das ist nicht geschehen, warum und wieso, ist schon gesagt worden: Daimler, vor allem Daimler mit seinem „unermesslichen Reichtum", konnte nicht als „Heuschrecke" agieren. In großem Stil Geschäftsbereiche verkaufen, selber Werke schließen und Arbeitsplätze abbauen, wie es eigentlich notwendig gewesen wäre: Das war undenkbar für einen Konzern, der sich mit seinen Übernahmen moralisch dazu verpflichtet hatte, diese Unternehmen erfolgreich zu machen. So wurde in Geschäftsfelder investiert, die keine Zukunft hatten, und für die Geschäftsfelder, die Zukunft hatten, fehlte am Ende das Geld.

Erstaunlich und sicher auch einer der Gründe, warum Edzard Reuter am Ende als Alleinverantwortlicher hingestellt wurde, ist die Tatsache, dass in den ganzen Jahren der Transformation kein anderer Daimler-Manager als „Stratege" in Sachen Technologiekonzern in Erscheinung getreten ist oder zumindest so wahrgenommen worden wäre. Am Anfang stand ihm noch Werner Niefer zur Seite. Spätestens als er sein persönliches Karriereziel erreicht hatte, nämlich Chef der Mercedes-Benz AG zu werden, hatte er kein wirkliches Interesse mehr an seiner Rolle als Mitgestalter des Technologiekonzerns. Schon die Übernahme der MBB musste Edzard Reuter praktisch allein über die Bühne bringen. Alfred Herrhausen hat Reuters Diversifikation anfänglich aktiv unterstützt. Je länger der Prozess dauerte, je offenkundiger die Schwierigkeiten bei der Umsetzung des Planes wurden, desto mehr zog sich Herrhausen zurück – es war offensichtlich, dass auch er an der Richtigkeit der eingeschlagenen Strategie zu zweifeln begann. Hilmar Kopper schließlich war an keinerlei Zusagen gebunden und hat Reuter am Ende übel mitgespielt.

Im Grunde war von Anfang an klar, dass ein so gewaltiger Umbau, wie es der Weg vom reinrassigen Automobilunternehmen zum Technologiekonzern ist, nur dann gelingen konnte, wenn Führungskräfte und Mitarbeiter in den Transformationsprozess eingebunden, aus Betroffenen Beteiligte gemacht würden. Alleine oder mit einer kleinen Elitetruppe, die sich um den Chef scharte, war das nicht zu schaffen. Doch um ein breites Einvernehmen über seine Pläne herzustellen, hätte Reuter im Unternehmen einen offenen Diskurs über seine Strategie initiieren müssen, wobei zu einem offenen Diskurs auch gehört, dass der Mann an der Unternehmensspitze bereit ist, Kritik anzunehmen und auf sie einzugehen. Es gehört zur persönlichen Tragik von Menschen mit einer überdurchschnittlichen Intelligenz und Eloquenz, dass es ihnen schwerfällt, sich manchmal dümmer zu stellen als sie sind. Sie wollen nicht nur immer recht haben, sondern meistens haben sie auch recht. Aber das hilft in einem solchen Prozess nicht weiter, weil es über kurz oder lang den Dialog, die kritische Auseinandersetzung tötet. Edzard Reuter setzte seine rhetorischen Fähigkeiten gerne in den Disputen über seine Strategie ein. Bei Journalisten und Außenstehenden führte das nach und nach zu einer wachsenden Distanz gegenüber Reuter, die soweit führte, dass man – um ihm eins auszuwischen – auch noch dort ein Haar in der Suppe zu finden hoffte, wo es nun wirklich keines gab. Intern war die Folge von Reuters intellektueller Dominanz ein wachsendes Desinteresse an seinen Plänen und Vorhaben, eine „innere Kündigung" von Führungskräften und Mitarbeitern. Man ließ ihn machen, weil es doch keinen Sinn hatte, zu widersprechen, und weil er am Ende dann doch das bessere, manchmal vielleicht auch nur das vermeintlich bessere Argument für sich hatte. Jürgen Leinemann hat Reuters Brillanz im Umgang mit Kritik und Einwänden, die zu einer gefährlichen Dominanz gegenüber anderen wurde, in einem Porträt für den SPIEGEL im Jahr 1989 wunderbar beschrieben: „Gespannt, fast lauernd sitzt er da, rutscht im Sessel nach vorn – und triumphiert, sobald er die Frage im Ansatz erkannt hat und abtropfen lassen kann. Edzard Reuter kämpft in solchen Diskussionen wie ein durchtrainierter Tennisspieler am Netz. Er kennt das Spiel. Kein Vorwurf, den er nicht mit selbstbezichtigenden Formulierungen sarkastisch überbieten kann, kein Zweifel, den er nicht mit Zitaten von Fachleuten zu untermauern vermöchte. Er gewinnt immer. Denn am Ende schmettert er jedem Gesprächspartner seinen angestrengten Glauben an die Vernunft entgegen und erklärt sich damit zum Sieger – Spiel, Satz und Sieg: Edzard Reuter."

Im Herbst 1992, als sich die große Krise des Jahres 1993 schon abzeichnete, lud Edzard Reuter die Führungskräfte des Konzerns gemeinsam mit ihren Partnerinnen und Partnern zu einer Management-Konferenz nach Budapest ein. Angesichts der damit verbundenen Kosten gab es aus dem Kreis der Führungskräfte an einem solchen „Ausflug" hinter vorgehaltener Hand Kritik, die Reuter zu Ohren kam. Er reagierte, so wird berichtet, in der für ihn typischen Manier: Man könne über Ort und Anlass der Tagung diskutieren, aber wenn einer nur nörgele um des Nörgelns willen, dann empfehle er ihm, dies künftig in einem anderen Unternehmen zu tun. Der angestrebte Dialog mit den Führungskräften war damit beendet noch bevor er eigentlich begonnen hatte, denn welcher Manager hätte nach einer solchen Ansage gewagt, eine kritische Frage zu stellen? So sind die Jahre, in denen er Vorstandsvorsitzender war, für Edzard Reuter auch Jahre einer wachsenden Vereinsamung. Es waren nur einige wenige, die zu ihm hielten – zumeist waren es schon lange Weggefährten noch aus seiner Zeit als Finanzvorstand. Aber viele von ihnen gingen nach und nach ebenfalls auf Distanz. Edzard Reuter hatte niemand, der ihm widersprach, jedenfalls nicht auf der Ebene der Vorstände und wohl auch nicht darunter. Es fehlte ihm ein persönlicher Sparringspartner, dem er zuhörte und dessen Argumente er nicht leichthin und, wie später, zunehmend gereizt vom Tisch wischte. Man ließ ihn machen und damit auch ins Verderben rennen. Aber war er daran nicht auch selber schuld, weil er in einer Mischung aus Angst und Arroganz niemand ermunterte, ihm die Meinung zu sagen? Je länger, desto häufiger stand Reuter mit seiner Strategie alleine. Er musste sich für viele Fehlschläge, die natürlich nicht allein auf sein Konto gingen, rechtfertigen, wie etwa in der dramatischen Aufsichtsratssitzung im November 1993, als es, wie er es schilderte, „meine unmittelbar verantwortlichen Kollegen vorzogen, mehr oder weniger zu schweigen und alle wesentlichen Erwiderungen und Klarstellungen mir zu überlassen". Aber nicht allein die Illoyalität einiger weniger war das Problem, sondern die fehlende Diskussionskultur im Unternehmen insgesamt, die der „Intellektuelle" auf dem Platz des Vorstandsvorsitzenden nicht hatte befördern können.

Edzard Reuters Reflexionen über sein Ende bei Daimler-Benz rückten sein Scheitern in den Bereich des Schicksalhaften: „Bis heute frage ich mich, ob ein Unternehmen wie Daimler-Benz tatsächlich – nach innen wie nach außen –

reif für den Weg war, zu dem wir uns entschlossen hatten." Vehement und wortreich beklagte er, dass „alles sachliche Argumentieren, alle emotionalen Beschwörungen, alle bis an die Grenze der eigenen Erschöpfung getragenen Versuche zur Kommunikation mit den Mitgliedern der verschiedenen Führungsebenen, alle noch so ausgeklügelten Methoden der Beteiligung am wirtschaftlichen Erfolg" nicht zu einer „ausreichenden Identifikation zumindest der überwiegenden Zahl der Beteiligten mit der unternehmerischen Strategie und deren tragender Idee" führten, nämlich „der Vision eines integrierten, untrennbar vernetzten Gesamtunternehmens". Ob und wie man das Unternehmen hätte „reif" machen können, darüber schwieg Reuter und schob mit dem „wir" in diesem Satz die Verantwortung für das Scheitern des Technologiekonzerns ebenso elegant wie verräterisch auf einen nicht weiter definierten Personenkreis ab. Der Mut zur selbstkritischen Reflexion endet dort, wo sie beginnt, wehzutun. War das nicht schon immer so? „Jeder von uns", heißt es bei Marcel Proust, „hat seinen speziellen Gott, der ihm seinen Fehler verbirgt oder dessen Unsichtbarkeit verspricht."

Am Ende erging es Edzard Reuter so wie allen Mächtigen, wenn sie ihre Macht verloren haben: Sie werden verhöhnt und irgendwann vergessen. Ihr Abgang ist von einer persönlichen Tragik überschattet, die aber nur wenige so empfinden. Nicht zufällig wird der Begriff „Schadenfreude" auch in englischsprachigen Texten deutsch wiedergegeben. Die einen stecken das weg, ziehen sich zurück und versuchen, sich in die neuen Umstände einzufinden. Andere kämpfen gegen ihren Absturz an, wollen Gerechtigkeit im Urteil, versuchen, sich in immer neuen Varianten wieder Geltung in der breiten Öffentlichkeit zu verschaffen. Edzard Reuter gehörte zum zweiten Typus. In allen seinen Büchern, Interviews und öffentlichen Auftritten nach seinem Ausscheiden ging es immer um Vergangenheitsbewältigung, um das Bemühen, die Deutungshoheit über sein Ende bei Daimler-Benz zu gewinnen. Das ist in gewisser Weise bewunderungswürdig, letztlich war es vergeblich. Die Geschichte wird bekanntlich nicht von den Verlierern, sondern von den Siegern geschrieben. Und so steht über der Ära Reuter ein Satz von Dietmar Hawranek, Redakteur beim SPIEGEL und langjähriger journalistischer „Begleiter" des Hauses: „Als Unternehmensführer ist der kluge Kopf grandios gescheitert."

Kapitel 7

Modernisierung und Aufbruch – Die erste Produktoffensive

Die erste Produktoffensive ist ein Stoff, aus dem man eine Legende hätte machen können. Sie gehört zu jenen Geschichten, die ein Unternehmen gerne erzählt, eine Turnaround-Story wie aus dem Bilderbuch: Ein Unternehmen kämpft sich aus einer schlimmen, fast schon existenziellen Krise durch Kompetenz, Kreativität und Leidenschaft wieder an die Spitze des Marktes zurück. Es widerlegt alle, die es schon zu Grabe getragen haben, und schwingt sich auf zu neuen Höhen. Porsche hat fast zur gleichen Zeit wie Mercedes-Benz aus seiner Rettung eine Legende gemacht. Unzählige Male hat Porsche-Chef Wendelin Wiedeking in seinen Vorträgen den Zeitungsartikel mit der Überschrift „Muffensausen in Zuffenhausen" aufgelegt und dann erzählt, wie er aus einem Pleitekandidaten, der kurz vor der Übernahme durch Toyota stand, den mit weitem Abstand profitabelsten Automobilhersteller der Welt geformt hat. Noch heute wird jene Rettung in den Unternehmensannalen als Heldentat gefeiert.

Bei Daimler wurde aus der Rettung keine Legende, sondern nur ein kurzes Kapitel in der langen Geschichte des Unternehmens. Das lag nicht daran, dass die Aufgabe weniger herausfordernd war als bei Porsche. Im Gegenteil. Niemand konnte im Jahr 1993 sagen, ob der Stern jemals wieder glänzen würde. Es gelang. Doch dann wurde die Rettung durch vermeintlich größere Ziele überlagert und in den Hintergrund gedrängt. Bei Porsche wurde die Rettung zur Legende, bei Daimler blieb sie eine Episode.

Rebellion und Rettungswagen

Im Mai 1993 findet für die deutsche und internationale Presse die Fahrvorstellung für den Nachfolger des 190er statt. Normalerweise gehen Automobilhersteller für ein solches Event nach Spanien, Südfrankreich oder an irgendeinen anderen sonnigen Flecken der Erde. Bei der neuen C-Klasse, dem W202, ist das Pressezentrum das hauseigene Bildungszentrum auf dem Lämmerbuckel und die Testrunden werden auf der Schwäbischen Alb gefahren. Das Signal, das mitten in der großen Krise von der Wahl dieses Ortes ausging, wurde verstanden – schwäbische Tugenden waren gefragt: sparen, die Konzentration auf das Wesentliche, Verzicht auf Glanz und Glamour. Die meisten Journalisten fanden das sympathisch, lobten den Konzern für seine „neue Bescheidenheit" und würdigten das ungewöhnliche Ambiente für die Premiere eines Autos, von dem für die Zukunft der Marke verdammt viel abhing.

Es sind nervenaufreibende Wochen für das Unternehmen. Der Erfolg oder Nicht-Erfolg der C-Klasse ist nicht nur für Mercedes, sondern für den gesamten Daimler-Benz-Konzern eine existenzielle Frage, vielleicht vergleichbar mit der Einführung des ersten VW Golf im Jahr 1974. Der Volkswagen-Konzern stand durch das viel zu lange Festhalten am VW Käfer am Rande einer Pleite. Jeder wusste: Wird der Golf nicht zu einem Erfolg, wird es das Unternehmen bald nicht mehr geben – jedenfalls nicht in der Struktur, wie man es kannte. Ähnlich war die Situation bei Mercedes-Benz im Jahr 1993: Würde die neue C-Klasse floppen, wäre die Frage, ob und wie die Marke überleben kann, keine akademische mehr, sondern eine sehr reale.

Die Fahrberichte und Kritiken sind wohlwollend, doch der Lackmus-Test für jedes neue Auto sind nicht die Testfahrten von Journalisten, sondern die Probefahrten von Kaufinteressenten. Im Juni steht die C-Klasse in den Verkaufsräumen der Niederlassungen und Mercedes-Vertreter. Es war ein modernes Auto geworden. Das Design ungleich jugendlicher und sportlicher als das ihres Vorgängers. Die eigentliche Revolution fand allerdings im Inneren des Autos statt: Der Serienausstattungsumfang, bei Mercedes bisher stets sehr spartanisch, war gewaltig erweitert worden. Vieles von dem, was es bei japanischen Alltagsautos schon lange serienmäßig gab, war nun auch bei Mercedes ohne Aufpreis zu bekommen. Angeboten wurde das Auto mit drei verschiedenen Ausstattungspaketen, die als „Lines" bezeichnet wurden, was damals in dieser Form ein Novum war: Esprit, Elegance und Sport. Das ließ auch deshalb aufhorchen, weil die „Lines" jeweils einen erheblichen Preisvorteil gegenüber der Bestellung von einzelnen Sonderausstattungen boten. Dazu passte auch, dass Mercedes erstmals ganz aktiv und offensiv mit dem Preis des Autos warb: 40.875 D-Mark für das Einstiegsmodell, den C 180, prangte groß in Anzeigen und auf Plakaten. Viele fanden das sensationell, einige rümpften allerdings auch die Nase: Preiswerbung wie beim Discounter – passte das zu einem Premiumprodukt und zu einer Premiummarke wie Mercedes? Doch die

Werbung mit dem attraktiven Einstiegspreis sollte ganz bewusst ein Signal sein: Ja, wir haben verstanden, wir müssen unsere Autos besser ausstatten, wertvoller machen und das tun wir ab jetzt auch.

Im Grunde hatte die „erste Produktoffensive“ nicht im Jahr 1993, sondern 1989 begonnen. Mercedes-Benz war durch die 1980er-Jahre getaumelt. Zunächst, in der ersten Hälfte des Jahrzehnts, lief noch alles ganz ordentlich, nicht zuletzt begünstigt durch eine gute Autokonjunktur und ungewohnte Schwächen beim wichtigsten Wettbewerber. In der zweiten Hälfte des Jahrzehnts setzte dann in einer Kultur der Selbstbezogenheit und der Sorglosigkeit der Niedergang ein, zuerst langsam, dann immer schneller. Spätestens jetzt hätte jemand beherzt, mit neuen Ideen und einem klaren Plan, eingreifen müssen. Schon vor seiner formal rechtlichen Verselbstständigung im Jahr 1989 war Mercedes-Benz immer ein Unternehmen im Unternehmen geblieben. Die Diversifikationsstrategie Edzard Reuters wurde von der eingeschworenen Mercedes-Mannschaft zunächst eher gleichgültig, später, wie überall, immer kritischer zur Kenntnis genommen. Man baute einen Abwehrschild auf, weil man den Sinn des Ganzen nicht wirklich verstand und im Übrigen auch für völlig überflüssig hielt. Im Grunde war der „integrierte Technologiekonzern“ für die Mitarbeiter und auch für einen großen Teil des Managements bei Mercedes in jener Zeit ein willkommener Gesprächsstoff beim Mittagessen, aber kein Thema, das – von einigen wenigen Ausnahmen abgesehen – wirklich Einfluss auf die tägliche Arbeit hatte. Mercedes-Benz machte sein Ding, die geschäftsführende Holding das ihre.

Edzard Reuter war kein „Car Guy“ und hatte Anderes zu tun, als sich um die Belange von Mercedes zu kümmern. Er wäre, hätte er das getan, wohl auch schwer in Konflikt mit seinem langjährigen, loyalen Partner Werner Niefer geraten, wenn er sich allzu sehr bei der stolzen Tochter eingemischt hätte. Niefer verstand seine Berufung zum Vorstandsvorsitzenden der Mercedes-Benz AG nicht so sehr als Herausforderung, sondern eher als eine späte Anerkennung seiner Leistungen, die er ohne Zweifel für das Unternehmen auch erbracht hatte. Er war ein „Schaffer“, ein heimatverbundener Repräsentant seines Unternehmens, aber kein Stratege. Am Schluss, als die Probleme unübersehbar waren, die Wellen immer höherschlugen, fehlte ihm Kraft das Ruder herumzureißen, vielleicht auch deshalb, weil er nicht wusste, in welche Richtung. So formierte sich an ihm vorbei eine Opposition, fast könnte man sagen eine „Rebellion“, allerdings – ganz dem alten Stil des Hauses entsprechend – eher leise und diskret. Ihr Anführer war Jürgen Hubbert.

Jürgen Hubbert war 1965 als junger Maschinenbau-Ingenieur zu Daimler-Benz gekommen und zunächst in der Verfahrensentwicklung im Werk Sindelfingen tätig. Im Jahr 1985 übernahm er die Leitung der Konzernplanung und 1987 die Leitung des Geschäftsbereichs Personenwagen. Hubbert war ein energiegeladener, gleichzeitig aber auch ein unheimlich strukturiert und systematisch vorgehender Manager. Er war ehrgeizig und erfolgsorientiert, aber nie skrupellos. Gegenüber Außenstehenden wirkte er distanziert, manchmal auch etwas belehrend. Obwohl man ihn für einen typischen Technokraten hätte halten können, hatte er auch einen Sinn für die emotionale Seite des Geschäftes, verstand, welche Bedeutung eine starke Marke und ein professionelles Marketing für den Erfolg eines Unternehmens haben. Er war kein Charismatiker, aber ein feiner, gebildeter Mann, von dem niemand vermutet hätte, dass er ein leidenschaftlicher Sammler von Steiff-Teddybären war, weil ihm als Kind nach zwei Bombardierungen seines elterlichen Hauses nichts anderes als ein Teddybär blieb, das er mitnehmen konnte.

Als Leiter des Geschäftsbereichs PKW wusste Hubbert, dass im PKW-Geschäft etwas schieflief und dass schwere Zeiten auf das Unternehmen zukommen würden, wenn man nicht entschlossen und schnell gegensteuerte. Obwohl stets loyal zu seinem Chef Werner Niefer, war ihm klar, dass er nicht warten durfte, bis sich an der Spitze etwas bewegte, sondern dass er gemeinsam mit seinen Kollegen in der Geschäftsbereichsleitung selber handeln und eine strategische Neuausrichtung des PKW-Geschäftes vornehmen musste. Doch das war leichter gesagt als getan. Jürgen Hubbert hatte als Manager einen guten Ruf, aber er war damals noch kein Schwergewicht unter den Entscheidungsträgern im Konzern. Also musste er sich Verstärkung holen, um seine Sichtweise und seine Ideen im Unternehmen durchzusetzen. Dazu wurde, einmal mehr, jene große nordamerikanische Beratungsgesellschaft, die schon länger im Unternehmen aus und ein ging, beauftragt, die Situation des Geschäftsbereichs zu analysieren und Vorschläge zur künftigen strategischen Ausrichtung zu entwickeln. Im Grunde war die Studie von McKinsey überflüssig, denn Jürgen Hubbert und viele andere im Haus wussten, woran das PKW-Geschäft krankte. Doch, wie so häufig, ging es bei der Heranziehung externer Berater nicht um den Rat, den sie erteilten, sondern um den guten Ruf, der sie umgab. Die Instrumentalisierung von Beratern zur Durchsetzung eigener Interessen war nichts Ehrenrühriges, sondern gängige Praxis in einem Großunternehmen, in dem die Entscheidungswege lang waren und der „Prophet im eigenen Land“ häufig nichts galt. Mit der Studie eines renommierten Beratungsunternehmens im Rücken, so das Kalkül von Hubbert und seinen Kollegen, ließ sich manches leichter und schneller im Unternehmen bewegen als nur mit der eigenen Expertise, vorgetragen in irgendeiner Vorstandssitzung.

Es war einfach, vorauszusehen, was das Ergebnis der in Auftrag gegebenen Analyse sein würde. Bereits im Jahr 1985 hatte Daimler – ebenfalls beraten durch McKinsey – eine große Offensive zur Kostensenkung gestartet: die „Optimierung der Gemeinkosten“, kurz „OGK“ genannt. Die Effekte blieben überschaubar und wurden schon bald durch die völlige Neuausrichtung des Unternehmens in Richtung Technologiekonzern überlagert. Auch dieses Mal machte die Unternehmensberatung – neben der veralteten Modellpalette und der zu geringen Zahl an Modellen – die zu hohen Kosten für die Ertragsprobleme verantwortlich. Der Kostennachteil gegenüber den wichtigsten Wettbewerbern wurde mit 30 Prozent beziffert – eine Zahl, die in den folgenden Jahren fast gebetsmühlenhaft auf allen Management-Treffen wiederholt wurde. 30 Prozent Kostennachteil – damit konnte Hubbert argumentieren und arbeiten.

Im gleichen Jahr, 1989, erschien die berühmte Studie des Massachusetts Institute for Technology (MIT): „The Machine that changed the world" (in der deutschen Übersetzung: „Die zweite Revolution in der Automobilindustrie"). Sie hob die japanischen Automobilhersteller auf den Thron der Unbesiegbarkeit und machte sie zum Vorbild für alle anderen Hersteller. Es tat dem Erfolg des Buches erstaunlicherweise keinen Abbruch, dass die angeblich so hervorragend aufgestellten japanischen Automobilhersteller – mit Ausnahme Toyotas – nur wenige Jahre später in eine fürchterliche Krise gerieten und teilweise ihre Selbstständigkeit verloren. Bei Erscheinen des Buches galt das Konzept der „Lean Production", der schlanken Fertigung, als Offenbarung. Zwar wurden in dieser Untersuchung keine Daten über die Produktivität und Kostenstruktur einzelner Hersteller ausgewiesen, aber auch aus der anonymisierten Darstellung war leicht zu erkennen, dass sich Mercedes ganz am unteren Ende der Rangliste bewegte. Für Jürgen Hubbert war das natürlich ein gefundenes Fressen, denn mit der Studie einer weltweit bekannten und anerkannten Forschungseinrichtung im Rücken ließ sich nun ganz „objektiv" nachweisen, dass Mercedes in Sachen Produktionskosten und Entwicklungszeiten weit hinter dem Wettbewerb zurücklag. Außerdem war diese Studie frei von dem Verdacht, dass der Auftraggeber Einfluss auf die Untersuchungsergebnisse genommen hatte.

Monatelang wurden zwischen den Anhängern und Gegnern der MIT-Studie hausintern Schriftsätze ausgetauscht. Vor allem jene, die sich von dem Papier angegriffen fühlten (und das waren vor allem die Ingenieure im Entwicklungsbereich), wurden nicht müde, die zweifellos vorhandenen methodischen Unzulänglichkeiten und die schwache Datenbasis der Untersuchung zu kritisieren. Doch im Grunde ging es bei der ganzen Diskussion nicht um deren „Wissenschaftlichkeit", sondern darum, dass die einen diese Studie intern als Vehikel nutzen wollten, um Veränderungen anzustoßen, während die anderen genau dies zu verhindern trachteten. „Bewahrer" und „Veränderer" lagen sich in der Wolle, am Ende behielten die „Veränderer" die Oberhand: Auch der Geschäftsbereich PKW sollte „lean" werden und in kürzerer Zeit mehr Modelle und Modellvarianten auf den Markt werfen.

Noch eine dritte Analyse beschäftigte den Geschäftsbereich PKW in jenen Tagen der Standortbestimmung und des Aufbruchs. Im Jahr 1989 hatte die damals für ihre intelligente und witzige Werbung bekannte Werbeagentur Springer&Jacoby aus Hamburg das komplette Werbebudget von Mercedes-Benz-PKW bekommen. Sie brachte eine neue, jugendliche und freche Tonality in die bislang sehr ernste und fast schon „staatstragende" Werbung von Mercedes. So zeigte eine damals geschaltete Anzeige den Mercedes-Stern mit der Überschrift: „Unser meist gebrauchtes Ersatzteil", womit man nicht nur die Begehrlichkeit, sondern auch den hohen Qualitätsstandard der Mercedes-Fahrzeuge auf charmante Weise kommunizierte. Springer&Jacoby verstand sich jedoch nicht nur als Werbeagentur, sondern auch als Strategieberater und so hatte das Unternehmen den Auftrag bekommen, eine Studie über die aktuelle und die künftige Positionierung der Marke Mercedes-Benz im Wettbewerbsumfeld zu erstellen. Denn es war offenkundig geworden – vor allem durch die Erfolge von BMW –, dass Mercedes nicht nur ein Problem mit seinen Produkten hatte, sondern auch damit, wie diese Produkte in der Öffentlichkeit wahrgenommen wurden. Springer&Jacobi zeigten zwei alternative strategische Positionierungen für die Marke in der Zukunft auf: „King of Cars" oder „Leader of the Pack". „King of Cars" hieß, dass man sich weiterhin lediglich auf die Topsegmente im Automobilmarkt fokussiert und damit ein High-End-Anbieter, ein am oberen Ende des Marktes angesiedelter Spezialist bleibt. „Leader of the Pack" bedeutete, dass man neue Marktsegmente erobert und damit Wachstum weit über die bisherigen Größenordnungen hinaus generiert. Um Letzteres zu erreichen, so die Studie, sei es notwendig, die Marke für jüngere Kunden attraktiver zu machen, die Marke, wie es Konstantin Jacoby später einmal formuliert hat, „nicht mehr als Belohnung *nach* einer erfolgreichen Karriere, sondern als Begleiter *auf dem Weg* zu einer erfolgreichen Karriere" zu positionieren.

Im Grund waren mit diesen Studien drei Eckpfeiler einer künftigen Strategie identifiziert: Erstens die Ausweitung des Produktprogramms, um neue, zusätzliche Kundengruppen zu erreichen, zweitens die Absenkung des Kostenniveaus, um den Kunden Fahrzeuge mit einem deutlich verbesserten Preis-Leistungs-Verhältnis anbieten zu können, und schließlich drittens die Verjüngung und Schärfung der Marke Mercedes-Benz, die nach wie vor das größte Kapital des Unternehmens war. Die von Jürgen Hubbert angestoßene Palastrevolte hatte ein – zumindest vorläufiges – Programm. In einer Sitzung der Geschäftsbereichsleitung PKW vollzog er den Bruch mit der Vergangenheit, in dem er den Leitsatz „Das Beste oder nichts" verbannte und an seine Stelle das Prinzip „Das Beste für den Kunden" setzte. Das war mutig und gefährlich, denn es rührte am Grundverständnis der Marke und ihrer Mitarbeiter. Dann schlossen die „Verschwörer" einen Pakt, der in einem der merkwürdigsten und zugleich folgenreichsten Dokumente der Unternehmensgeschichte festgehalten wurde. Auf einem einfachen Blatt Papier stand von Hand geschrieben: „Einen Weg zurück kann es für uns jetzt nicht mehr geben", darunter die Unterschriften der vier Mitglieder der Geschäftsbereichsleitung PKW: Jürgen Hubbert, Manfred Remmel, Klaus-Dieter Vöhringer und Dieter Zetsche. Unterzeichnet wurde das Dokument wenige Monate vor der hereinbrechenden Krise am 8. April 1992.

Schon bald lagen die Pläne für die erste Produktoffensive fertig geschmiedet in der Schublade von Hubbert. Man musste sie nur herausholen und mit der Umsetzung beginnen. Doch alles hing davon ab, wie die neue C-Klasse im Markt aufgenommen würde. Sie war die Probe aufs Exempel und allen war klar: Jetzt geht es um Sein oder Nichtsein. Die neue C-Klasse war ein Erfolg, ein Riesenerfolg sogar, wenn man all die Tief- und Rückschläge berücksichtigt, die die Marke in den Jahren davor hatte hinnehmen müssen. Die Auftragsbücher waren voll wie lange nicht mehr. Nach knapp zwei Jahren waren über 500.000 Fahrzeuge verkauft. Das neue Modell hatte seine Mission erfüllt – es wurde zum später vielzitierten „Rettungswagen". Ein tiefes Durchatmen ging durch das Unternehmen. Die „erste Produktoffensive" war erfolgreich gestartet. Was jetzt noch fehlte, war der „Big Bang", eine Rede, ein Interview oder auch einfach eine programmatische Erklärung – kurzum, eine Botschaft, die nach außen wie nach innen signalisieren musste, dass bei Mercedes-Benz die Uhren künftig anders ticken werden als in der Vergangenheit.

Die Offensive rollt

„Vom Oberklassen-Spezialisten zum exklusiven Full-Line-Anbieter": Das war die Überschrift eines Statements, mit dem der seit Anfang des Jahres amtierende neue Vorstandsvorsitzende der Mercedes-Benz AG, Helmut Werner, am 22. Januar 1993 in einer Pressekonferenz deutsche und ausländische Journalisten aufhorchen ließ. Der Ton war gesetzt: Es ging um eine Revolution, nicht um eine Evolution. Der neue Mercedes-Chef machte klar, dass er eine Offensive starten wolle, die weit über ein paar neue Modelle oder Modellvarianten hinausgehen würde. So verstanden das auch die anwesenden Journalisten – jedenfalls die meisten von ihnen.

Werner hatte eine radikal andere Vorstellung von einem Unternehmen als das, was er bei Daimler vorgefunden hatte. Seine verzweifelten Anstrengungen, das Nutzfahrzeuggeschäft zu sanieren und kostenseitig auf neue Grundlagen zu stellen, hatten ihm gezeigt, dass sich viele im Unternehmen noch immer Illusionen über dessen Zustand machten und daher wenig Bereitschaft für Veränderungen entwickelten, die natürlich auch schmerzhaft sein konnten. Das galt nicht nur für die Betriebsräte und die Arbeitnehmervertreter im Aufsichtsrat, sondern auch für große Teile des Managements.

Gewiss, es gab Dinge, die ihm an Mercedes gefielen. Vor allem die enorme Qualifikation der Manager auf der zweiten, dritten oder vierten Führungsebene beeindruckte ihn. Das kam seinem Führungsstil entgegen. Denn er hatte nicht vor, sich in seiner neuen Aufgabe an die Einhaltung der im Unternehmen geheiligten Dienstwege zu halten. Das hatte er schon als Chef der Nutzfahrzeugsparte nicht getan, weshalb er mitunter bei seinen Kollegen im Vorstand aneckte. Auch jetzt hatte er stets einen Blick auf jene Führungskräfte, die zwar nicht im Rampenlicht standen, die ihm aber durch irgendeine kluge Bemerkung, einen guten Vorschlag oder auch durch Widerspruch und Eigensinn aufgefallen waren. Auf solche Leute setzte er – jenseits von formalen Hierarchien und persönlichen Befindlichkeiten von Vorgesetzten.

Vieles von dem, was er bei Daimler vorgefunden hatte enttäuschte und ärgerte ihn aber auch. Vor allem die Bürokratie, das Hin- und Herschieben von Entscheidungen, das Besitzstandsdenken, das ständige Taktieren und manchmal auch Intrigieren im Unternehmen waren ihm ein Gräuel. Unter dem Deckmantel von Erfahrung und Tradition war überall im Unternehmen Behäbigkeit, Dünkel und Eigennutz zu finden. Die Verteidigung persönlicher Interessen und Privilegien wurde nicht selten ziemlich unverhüllt über das Wohl des Unternehmens gestellt, eine „Beamtenmentalität" durchzog das Unternehmen – auch und gerade auf den oberen Führungsebenen. Die operativen Bereiche – Entwicklung, Produktion, Vertrieb – waren ihm zu langsam und zu wenig ehrgeizig, die Verwaltung ein aufgeblähter Wasserkopf. Er freute sich über die MIT-Studie zur „Lean Production", pries sie überall an, manchmal auch mit einem Augenzwinkern, denn er wollte aus Mercedes ein schlankes, schnelles, ja „sportliches" Unternehmen machen. Da kamen ihm die Aussagen der MIT-Forscher gerade recht.

Werner war stets ein großer Bewunderer von BMW. In seiner Zeit bei Continental und auch schon vorher hatte er immer Autos der Marke aus München gefahren. Mit Wolfgang Reitzle, dem damaligen Entwicklungschef von BMW, war er befreundet. Beide kannten sich aus dem exklusiven „Merkle-Kreis", einem Zirkel von jungen Managern, den der frühere Bosch-Chef, Professor Hans L. Merkle, im Dunstkreis der Deutschen Bank eingerichtet hatte. Werner wusste natürlich, dass Mercedes nie das Management-Modell von BMW kopieren konnte. Dazu waren beide Unternehmen in ihrer Struktur und Kultur zu unterschiedlich. Was Werner an BMW besonders gefiel, das war die ungeheure Effizienz in Entwicklung, Produktion und Vertrieb, die konsequente Markt- und Kundenorientierung und die Professionalität im Marketing. Das wollte er auch bei Mercedes haben. Dann – davon war er überzeugt – würde auch die Siegermentalität zurückkehren, die das Unternehmen so lange ausgezeichnet hatte.

Als Werner seine neue Aufgabe antrat, ging es ihm daher nicht nur um eine „Produktoffensive", die im Mittelpunkt der „Rebellion" von Jürgen Hubbert und dessen Team stand, sondern um eine umfassende Modernisierung des Unternehmens, von der kein Bereich ausgenommen werden sollte. Denn er hatte die – wie sich später zeigen sollte – nicht ganz unbegründete Sorge, dass eine Produktoffensive allein letztlich nur ein kurzes Strohfeuer auslösen würde, das dann wieder in einer neuen Krise enden könnte, wenn Strukturen, Prozesse und Unternehmenskultur nicht auch verändert würden.

In der Sache und das hieß vor allem, was die notwendige Neuausrichtung des Geschäftsfeldes PKW anbelangte, waren sich beide Protagonisten einig. Wie Hubbert lehnte auch Werner den Grundsatz „Das Beste oder nichts" ab. Wie sein Kollege sah er darin einen der Gründe für die „Übertechnisierung" der Fahrzeuge, die zu hohen Produktkosten und viel zu langen Entwicklungszeiten führten. Wie Hubbert wollte er die Kundenorientierung im Unternehmen stärken und die Marke jünger und anfassbarer machen. Und wie Hubbert wollte auch er die Kostenlücke gegenüber dem Wettbewerb schließen.

Sein Statement bei der Pressekonferenz im Januar 1993 war in gewisser Weise seine „Regierungserklärung", mit der er nach außen ein Signal senden und intern aufrütteln wollte. Der Markt, so Werner, habe sich verändert. Aufbauformen und Antriebsarten als Differenzierungsinstrument seien künftig wichtiger als Hubraumklassen und Fahrleistungen. Neben dem Faktor „Ökologie", gelte es bei der Modellpolitik den Faktor „Erlebnisorientierung" künftig stärker zu berücksichtigen. Es sei notwendig, das Angebot an „Nischenfahrzeugen" wie etwa Geländewagen oder Cabrios und Coupés deutlich auszubauen. Daher sei zu lernen, wie man nicht nur mit großen Produktionsstückzahlen, sondern auch schon mit kleinen Volumina – Werner nannte 60.000 Einheiten jährlich – Gewinne erzielen könne. Dazu sei es notwendig, den kompletten Entwicklungsprozess vom Kopf auf die Füße zu stellen: Es gelte, künftig alle neuen Baureihen „zielgruppenorientiert mit klaren Kosten- und Preisvorgaben" zu entwickeln. Gemeint war damit das „Target Pricing", das er als Chef der Nutzfahrzeugsparte bei Mercedes eingeführt hatte, also die klare Ausrichtung der Fahrzeugentwicklung auf einen wettbewerbsfähigen „Zielpreis".

Ein weiterer Schwerpunkt seiner Ausführungen war die Globalisierung, mit der man sich im PKW-Geschäft – anders als bei den Nutzfahrzeugen – im Hause Mercedes traditionell sehr schwertat. Unbelastet von den früheren Diskussionen um eine Internationalisierung der Produktionsstrukturen im PKW-Geschäft erklärte Werner ziemlich forsch, dass das „Made in Germany" durch ein „Made by Mercedes" ersetzt werden könne, da es den Kunden weniger um den Produktionsstandort als um das „German Engineering" ginge: „Niemand in der Welt ist bereit", so Werner provozierend, „für den deutschen Kosten-Komfort zu bezahlen." Schließlich kündigte er auch eine Neuausrichtung der Unternehmensstruktur und der Unternehmenskultur an. Bereits zu Beginn des Jahres habe man die Führungsorganisation von 6 auf 4 Hierarchieebenen gestrafft. Außerdem werde mit der „flächendeckenden Einführung von Leistungszentren" mehr Verantwortung weg von der Zentrale in die operativen, im Markt agierenden Einheiten verlagert. Mit einer „dezentralen Organisationsstruktur" sei es möglich, die notwendigen Kosteneinsparungen von – da sind sie wieder – 30 Prozent zu erreichen.

Das Echo auf Werners Rede war gewaltig – extern wie intern. Ganz bewusst hatte Werner auf die im Unternehmen üblichen „Abstimmungsrunden" verzichtet. Er wollte eine Rede mit Ecken und Kanten, an der sich nicht nur die Journalisten, sondern auch die Kollegen, Führungskräfte und Mitarbeiter reiben sollten. Die Botschaft der Pressekonferenz wurde als ein großes Versprechen in einer schwierigen Zeit aufgenommen, wobei sich in die Berichterstattung auch ein kritischer Unterton mischte: Hatte man bei Daimler-Benz in den letzten Jahren nicht immer wieder viel versprochen und wenig gehalten? Werner hatte sich mit seinem mutigen Auftritt in die erste Reihe der deutschen Automobilmanager gespielt, sich aber auch selbst mächtig unter Druck gesetzt. Jetzt musste er „liefern"!

Die neue C-Klasse hatte einen gewaltigen Volumenschub gebracht. Auch das später, im März 1996 eingeführte erste T-Modell in der kleinen Baureihe erwies sich von Anfang an als großer Erfolg. Ein erster Schritt in die Variantenbildung bei der C-Klasse war damit gemacht. Im Mai 1995 wurde die neue E-Klasse, der W210, präsentiert. Mit seinem „Vier-Augen-Gesicht" erregte das Modell ungewohnte Aufmerksamkeit. „Sehen Sie Mercedes mit anderen Augen!" hieß der durchaus doppeldeutig gemeinte Slogan zur Markteinführung. In der Presse wurde das neue Frontdesign als der „mutigste Styling-Sprung in der Geschichte des Hauses" gewürdigt. Auch bei der neuen E-Klasse fand, entsprechend der „Preis-Wert"-Strategie, eine beträchtliche Ausweitung des

Serienausstattungsumfanges statt, wobei die Käufer auch – wie bei der C-Klasse – zwischen drei verschiedenen „Lines“ auswählen konnten. Gleichzeitig begann mit einer Reihe von innovativen Assistenzsystemen wie dem Elektronischen Stabilitätsprogramm (ESP) und einer GPS-gestützten Navigation nun auch bei Mercedes der Aufbruch ins Zeitalter der Elektronik. Mit der Common-Rail-Technologie, die während der Modelllaufzeit eingeführt wurde, wurde schließlich der Diesel-Antrieb auf ein ganz neues Attraktivitäts-Level gehoben: nicht mehr laut und lahm, sondern leise und dynamisch waren nun die Attribute, die man der lange als altväterlich verschrienen Antriebstechnik zubilligte. Dass auch das Emissionsverhalten damit deutlich verbessert wurde, wussten die Kunden ebenfalls zu schätzen. Neun Monate nach der Markteinführung waren von der neuen E-Klasse bereits 100.000 Einheiten verkauft.

Mit der neuen C- und der neuen E-Klasse – auch die Nomenklatur für die Typenbezeichnungen war im Jahr 1993 modernisiert und vereinheitlicht worden – wurde der jahrelange Abwärtstrend im PKW-Geschäft gestoppt. Absatz und Produktion gingen wieder nach oben: Nach dem Tiefstand im Jahr 1993 von nur noch 480.500 Einheiten wurden im Jahr 1994 bereits wieder 590.000 Fahrzeuge hergestellt, was eine Steigerung um beachtliche 23 Prozent bedeutete. 1995 folgte, bedingt durch den Modellwechsel bei der E-Klasse, zunächst nur ein moderater Anstieg, bevor dann mit dem Schub des neuen Modells im Jahr 1996 die Marke von 600.000 Fahrzeugen weit übertroffen werden konnte. Am Jahresende lag die Produktion bei exakt 645.000 Einheiten, was einen neuen Rekordwert in der Unternehmensgeschichte darstellte. Bei der Beschäftigung stand man freilich noch lange auf der Bremse. Erst im Erfolgsjahr 1996 wurden wieder Einstellungen vorgenommen. Die Zahl der Mitarbeiter erhöhte sich jedoch trotz des Anstiegs der Produktion seit 1993 um fast ein Viertel nur leicht, nämlich um knapp 4 Prozent auf 83.732 Mitarbeiter. Es war offenkundig, dass man in der Krise heftig an der Produktivitätsschraube gedreht hatte. Außerdem gelang unter dem Druck der angespannten Beschäftigungssituation im Jahr 1994 der Abschluss einer Betriebsvereinbarung, die eine Flexibilisierung der Arbeitszeiten und eine Entlastung bei den Personalkosten brachte. Nicht nur die Produkt-, sondern auch die Kostenoffensive kam voran.

Die neue C- und E-Klasse markierten mit der neuen, modernen Designsprache und der „Preis-Wert“-Strategie einen Wendepunkt in der Modellpolitik, aber in den Augen der breiten Öffentlichkeit noch keinen wirklichen Neubeginn. Erst die nun folgenden, neuen, zusätzlichen Baureihen machten deutlich, dass Mercedes der Sportlichkeit und Emotionalität einen völlig neuen Stellenwert in seiner Modellpolitik gab. Im Jahr 1996 wurde auf der Turiner Automobilmesse der Kompakt-Sportwagen SLK vorgestellt. Er war das vielleicht wichtigste Modell der gesamten Produktoffensive, weil Mercedes die Öffentlichkeit mit diesem Auto am meisten überrascht hat. Es war eines jener raren „Das-hätte-ich-dem Unternehmen-nicht-zugetraut“-Autos, die Unternehmen, die im Gespräch bleiben wollen, von Zeit zu Zeit brauchen. Die Begeisterungsstürme über den kompakten Sportwagen im Stile des damals weitverbreiteten Mazda MX5 waren nicht nur bei den Mercedes-Fans riesig. Natürlich glänzte der SLK mit einigen technischen Glanzstücken, die Automobilgeschichte geschrieben haben, allen voran mit dem „Retractable Hardtop", also dem versenkbaren Stahldach, das auf jeder Flaniermeile der Welt oder auch nur vor dem heimischen Bäckerladen anfänglich zu Menschenansammlungen führte. Auch das Interieur im Carbonfaserlook und die durchgestylten Bordinstrumente waren etwas, was viele Auto-Enthusiasten der Altherren-Marke Mercedes so nicht zugetraut hatten. Und schließlich schaffte man es mit der Kompressor-Technik nicht nur an die legendären Modelle der Unternehmensgeschichte in den 1920er und 1930er zu erinnern, sondern auch einen Sound zu erzeugen, den die Auto-Fans eher von einem Modell aus München, Ingolstadt oder Zuffenhausen erwartet hätten. Der erste SLK in der Premierenfarbe Gelb war ein Statement – vor allem für ein junges und junggebliebenes Publikum, das über Jahre hinweg zur Konkurrenz abgewandert war.

Spektakulär und designorientiert ging es weiter: Erstmals bot die Marke im Jahr 1997 ein Coupé als eigenständige Baureihe an, den CLK. Zunächst als Coupé, später auch als Cabrio war diese neue Baureihe ein Hingucker nicht nur auf Automessen, sondern auch auf der Straße. Erneut war es der „Hätte-ich-nicht-zugetraut"-Effekt, der die Fachwelt und die Kunden gleichermaßen begeisterte. Wie ernst und wie wichtig es für Mercedes war, die Sportlichkeit der Marke wieder stärker ins Bewusstsein zu bringen, zeigte auch das verstärkte Engagement im Motorsport. Unter Sportchef Norbert Haug stieg Daimler im Jahr 1994 zunächst gemeinsam mit Peter Sauber, dann mit McLaren in die Formel 1 ein, zahlte wie fast alle Hersteller zunächst Lehrgeld, feierte aber schon bald die ersten Achtungserfolge. Bereits im Jahr 1990 hatte Mercedes mit der Rennsportschmiede von Hans Werner Aufrecht und Erhard Melcher in Affalterbach einen Kooperationsvertrag geschlossen, der unter anderem die Entwicklung von gleichzeitig sportlichen wie auch alltagstauglichen Fahrzeugen zum Gegenstand hatte. Zunächst maß dieser Zusammenarbeit mit einem Unternehmen, das für viele nicht mehr als ein „Tuner" war, niemand allzu große Bedeutung bei. Das änderte sich schlagartig, als auf der Internationalen Automobilausstellung (IAA) in Frankfurt im September 1993 der C36 AMG als zusätzliche Modellvariante der C-Klasse vorgestellt wurde. Mit 280 PS, einer Beschleunigung von null auf hundert in 6,7 Sekunden und einer, natürlich abgeregelten, Spitzengeschwindigkeit von 250 km/h war das Auto der vielzitierte „Wolf im Schafspelz" und damit genau das, was die C-Klasse brauchte: ein sportlich-dynamisches Topmodell mit Überholpotenzial. Der Preis lag – ohne Sonderausstattungen – bei 95.450 D-Mark, womit dem Absatzvolumen natürlich enge Grenzen gesetzt waren. Aber darum ging es auch nicht: Mit Sportfahrwerk, eckigem Doppelrohrauspuff und den schon damals hochbegehrten AMG-Leichtmetall-Felgen erspürte Mercedes ein Marktsegment, dessen Absatzpotenzial mit dem wachsenden Angebot über die verschiedenen Modellreihen hinweg stetig stieg und in dem heute weit über 100.000 Fahrzeuge jährlich verkauft werden. AMG war nicht nur ein Glücksfall für die Modellpolitik, sondern entpuppte sich schon bald auch als Nachwuchsschmiede für Jungmanager mit Karrierepotenzial: Wolfgang Bernhard, Hubertus Troska und – last not least – Ola Källenius waren vor ihrem Sprung in den Daimler-Vorstand Chefs der Performance-Marke.

Helmut Werner hätte für seinen Start als Vorstandsvorsitzender der Mercedes-Benz AG keinen besseren Zeitpunkt als das Krisenjahr 1993 erwischen können. Die Krise war eine Chance. Die „Traditionalisten“ im Management waren in der Defensive, Vieles konnte in Frage gestellt werden, die Bereitschaft zur Veränderung war hoch. So wie Niederlagen eine Mannschaft spiralenförmig nach unten ziehen können, können Siege eine Mannschaft auch wieder nach oben hieven. Die Erfolge waren da, das Selbstvertrauen stieg und auch bei BMW begann man sich tief in die Augen zu schauen. Der „Oberklassen-Spezialist“ begann zum „exklusiven Full-Line-Anbieter“ zu mutieren. Plötzlich bestimmte wieder Mercedes das Tempo im Premiumsegment.

„Going global“ – die M-Klasse

„Mercedes-Benz strebt eine Neuordnung der Produktion an“, „Eurozentrismus ist keine überlebensfähige Formel“, „Jeder zehnte Mercedes-Pkw wird künftig im Ausland produziert“. Ein Jahr nach der legendären „Regierungserklärung“ gab es im Januar 1994 erneut ein Pressegespräch mit Helmut Werner und ausgewählten deutschen und internationalen Journalisten. Die Resonanz war auch dieses Mal gewaltig. Angekündigt hatte er es schon im Vorjahr, jetzt folgte der offizielle Tabubruch: Mit seiner Aussage, Mercedes werde künftig mindestens 10 Prozent seiner Autos im Ausland bauen, verbannte er den bislang eisern geltenden Grundsatz, wonach ein Mercedes nur in Deutschland gebaut werden könnte, in die Mottenkiste. Werner wollte mehr internationale Produktionsstandorte nicht nur wegen der niedrigeren Produktionskosten, sondern auch, um die leidigen Wechselkursschwankungen ausgleichen zu können und um näher an den relevanten Märkten zu sein. Schon bald wurde sein „Made by Mercedes statt Made in Germany“ zum geflügelten Wort innerhalb und außerhalb des Unternehmens.

Das erste ausschließlich im Ausland gebaute Fahrzeug sollte der neue Geländewagen, die M-Klasse (also der heutige GLE) werden. Das war natürlich kein Zufall. Zum einen war es leichter, für ein völlig neues Modell im Ausland eine Fertigung aufzubauen, als die Produktion einer bestehenden Baureihe ins Ausland zu verlagern. Endlose Streitereien mit den Betriebsräten wären die Folge gewesen. Bei einem neuen Modell gab es die nervigen Diskussionen um mögliche Arbeitsplatzverluste, Standortflucht und was es sonst noch an Bedenken gab, nicht, zumal das neue Modell automatisch für mehr Beschäftigung auch im Inland sorgen würde, da die Motoren für die M-Klasse aus Untertürkheim kommen sollten. Erleichtert wurde die Diskussion auch dadurch, dass viele im Unternehmen nicht an den Erfolg eines Mercedes-SUV glaubten oder davon ausgingen, dass sich ein solches Fahrzeug allenfalls in Nordamerika in nennenswerten Stückzahlen verkaufen würde. So war der Widerstand gegen eine Produktion im Ausland am Ende viel geringer, als es Werner ursprünglich befürchtet hatte.

Die Skepsis hinsichtlich der Erfolgschancen des Projektes ist heute nur schwer nachvollziehbar, da SUVs in Europa genauso zum Straßenbild gehören wie in den USA. Tatsächlich hatten alle deutschen Hersteller den Trend zum Geländewagen verschlafen. Dabei war schon in den 1980er-Jahren nicht zu übersehen, dass dieses Segment in den USA boomte. Die japanischen Hersteller, traditionell stärker am nordamerikanischen als am europäischen Markt orientiert, hatten schon früh verstanden, dass sie einen Geländewagen im Angebot haben mussten. Und so wimmelte es auf den nordamerikanischen Straßen nicht nur an amerikanischen Modellen, sondern auch an alltagstauglichen Off-Roadern japanischer Provenienz. Die deutschen Hersteller gingen viel zu rational an dieses Thema heran, fragten sich, wer in aller Welt – außer ein paar verrückten Amerikanern – einen Geländewagen brauchen würde und warteten erst einmal ab. Dabei verstanden sie lange Zeit nicht, dass es bei Geländewagen nicht um das „Brauchen", sondern um das „Wollen" ging. Geländewagen und das, was dann später als „Sports Utility Vehicles" bezeichnet wurde, waren für die meisten ihrer Käufer keine Fahrzeuge für das Gelände, sondern für das Ego, keine Transportmittel, sondern Life-Style-Produkte. Doch so weit dachte man in den Chefetagen der deutschen Hersteller zu Beginn der 1980er-Jahre noch nicht.

Auch das G-Modell, immerhin im Jahr 1980 der einzige Geländewagen im Programm eines deutschen Herstellers, tat sich schwer im Markt, was nicht eben dazu beitrug, die Entscheidung für einen neuen, modernen Geländewagen bei Mercedes-Benz zu befördern. Nachdem die erhofften Militäraufträge ausgeblieben waren und das Auto Jahr für Jahr nicht ganz unbeträchtliche Verluste produzierte, stand es mehr als einmal vor dem Aus. Doch robust wie der Off-Roader war, überstand er alle Spar-Runden und führte so im Konzern ein wenig beachtetes Schattendasein. Auf einigen offiziellen Bildern zum Modellprogramm des Hauses fehlte er sogar ganz, weil man ihn schlicht vergessen hatte. Umso mehr wurde das G-Modell von seinen Besitzern geliebt. Es hatte eine treue Fan-Gemeinde, wie es solche Exoten in einem Modellprogramm häufig haben, und es entbehrt nicht einer gewissen Ironie, dass es von Ola Källenius mittlerweile sogar in den Stand einer „Submarke" befördert worden ist. Als Basis für eine Neuentwicklung eignete sich das technisch anspruchsvolle Fahrzeug allerdings nicht, als man in Stuttgart das international boomende Segment der Geländewagen ins Visier nahm, denn – immerhin so viel hatte man mittlerweile verstanden – das neue Modell sollte ja nicht vorrangig im Gelände, sondern auf asphaltierten Straßen bewegt werden.

Wie schwer man sich mit der Positionierung der M-Klasse anfänglich tat, zeigen die Bezeichnungen, mit denen versucht wurde, das Fahrzeugkonzept zu beschreiben. Anfänglich ist von einem „Freizeit"- oder „Familien"-Fahrzeug die Rede. Als das erste Konzeptfahrzeug im Januar 1996 auf der Detroit Motor Show stand, wurde es als „AA Vision" bezeichnet, wobei das „AA" für „All Activity" stand. Das war nicht sehr konkret, aber immerhin näherte man sich damit der späteren Positionierung als geländetaugliches Alltagsfahrzeug mit sportlichen Attributen an. Die Entscheidung für eine Produktion in den USA war naheliegend. Nach einigem Suchen wurde 1993 in Alabama, einem der rückständigsten amerikanischen Bundesstaaten, ein geeigneter Standort in Tuscaloosa gefunden. Leiter des ersten großen Globalisierungsprojektes in der

PKW-Sparte wurde Andreas Rentschler, der schon die Konzeptstudie für das Fahrzeug erstellt hatte. Die Besetzung dieser schwierigen Aufgabe mit einem kaum 35-jährigen Jungmanager, der bislang noch so gut wie keine operative Erfahrung hatte, war hausintern eine kleine Sensation. Aber die Personalentscheidung entsprach Helmut Werners Philosophie, bei der Besetzung von Spitzenpositionen nicht auf irgendeinen der Altvorderen aus der Entwicklung oder der Produktion zurückzugreifen, sondern einem von Traditionen und eingefahrenen Routinen unbelasteten Nachwuchsmanager Verantwortung zu übertragen. Außerdem war Werner von dem jungen Mann und dessen Engagement, seiner Durchsetzungsstärke und seiner Kreativität begeistert. Nach Dieter Zetsche wurde er so zum Förderer einer zweiten großen Karriere im Konzern, die aber anders als bei Zetsche kein Happy End fand.

Am 21. Mai 1997 startete die Produktion und es lief – wie nicht anders zu erwarten – nicht alles ganz reibungslos. Alabama hatte keine industrielle Tradition, kein berufliches Bildungssystem und damit keine Fachkräfte. Die neuen Mitarbeiter mussten im Prinzip alle vor Ort ausgebildet werden, sodass das berufliche Trainingszentrum fast so groß wie die eigentliche Fabrik war. Monatelang wurden erfahrene Mitarbeiter aus den deutschen Werken in die USA abgeordnet, um die Produktion zum Laufen und auf ein stabiles Niveau zu bringen. Sofort fehlte es nicht an kritischem Stimmen all derjenigen, die es ja schon immer gewusst und vor einem solchen „Abenteuer" gewarnt hatten – der übliche Mechanismus in traditionell geprägten Unternehmen, wenn versucht wird, neue Wege einzuschlagen. Die Anfangsschwierigkeiten wurden jedoch nach und nach überwunden und schon bald galt Tuscaloosa zwar nicht als Musterfabrik, aber doch als ein Werk, das die internen Qualitätsstandards erfüllte und als „Meilenstein auf dem Weg zur Globalisierung des Unternehmens" gefeiert wurde.

Noch vor der Eröffnung des Werkes in Tuscaloosa, im Jahr 1996, wurde ein weiteres Globalisierungsprojekt auf den Weg gebracht: der Bau eines neuen PKW-Werkes in Juiz de Fora in Brasilien. Geplant war, dort ab 1999 die A-Klasse für den Verkauf in Brasilien und anderen lateinamerikanischen Märkten zu produzieren. Das Projekt mündete in einem Desaster und bestätigte die alte Manager-Weisheit, dass ein Projekt, das gegen die Wirklichkeit geplant wird, auch durch noch so viele Personalwechsel und Umplanungen nicht wirklich zum Erfolg gemacht werden kann. Die A-Klasse war das denkbar ungeeignetste Auto, um in Brasilien produziert zu werden, denn wer sich in diesem Land einen Mercedes leisten konnte, wollte einen „richtigen" Mercedes, sprich eine E-oder S-Klasse. Die Vorstellung, man könnte mit einem vergleichsweise teuren Kompakt-Modell gegen die billigen, ebenfalls im Land produzierten Fiats und VWs konkurrieren, war abstrus. In rascher Folge gab es immer neue Planungen für das Werk, um am Ende dann darin Fahrerhäuser für die in Brasilien produzierten LKW-Baureihen herzustellen.

Die M-Klasse wurde von Anfang an zu einer einzigen Erfolgsstory – nicht nur in den USA, sondern auch in Europa. Vorsichtig geplant auf etwa 65.000 Fahrzeuge pro Jahr, musste die Kapazität in Tuscaloosa schnell auf 80.000 Einheiten erhöht werden. Das war nicht nur gut für das Selbstbewusstsein des Managements, sondern auch für die Bilanz. Andreas Rentschler galt fortan als Kandidat für höhere Aufgaben im Konzern, die er auch schon bald bekommen sollte. Dass der „Eurozentrismus keine überlebensfähige Formel" sei, wie es Helmut Werner im Januar 1994 formuliert hatte, sahen jetzt auch jene ein, die das „Made in Germany" für unverzichtbar gehalten hatten. Zwei Jahre später, 1999, startete BMW mit der Produktion seines „X5" im Werk Spartanburg, South Carolina. Dieses Mal hatte Mercedes die Nase vorn gehabt.

Vom Wackel-Dackel zum Delphin

Irgendwann Anfang der 1990er-Jahre wurde eine Befragung durchgeführt, bei der Autointeressierte mittels eines Tiersymbols Automarken charakterisieren sollten. Bei Mercedes entschied sich die Mehrheit der Befragten für den Wackel-Dackel, jenes possierliche Tier, das vor allem in den 1960er-Jahren bei bundesdeutschen Autofahrern hoch im Kurs stand. Auf der Hutablage platziert, vielleicht noch neben der gehäkelten Klopapier-Rolle, galt es als der Inbegriff von Spießigkeit und Provinzialität. Es war offensichtlich weit gekommen mit dem Image der Marke Mercedes-Benz.

Marketing war traditionell nicht die Stärke von Mercedes. Bis weit in die 1980er-Jahre hinein waren Marke und Marketing kein Thema, niemand vermisste es: Man hatte ein gutes Image, war die stärkste Automobilmarke der Welt, aber man redete nicht darüber, kümmerte sich schlichtweg nicht darum, wie das Unternehmen wahrgenommen wurde, und spöttelte über BMW, bei denen das Marketing besser sei als die Fahrzeuge. Die Marke Mercedes wuchs gewissermaßen organisch, lediglich gesteuert durch Joachim Zahns Grundsatz von der „maßvollen Investitionspolitik", mit der er die „Singularität der Marke" schützen wollte. Mehr brauchte es offensichtlich nicht, um erfolgreich zu sein. Wie der Erfolg zeigte, funktionierte das auch. Tatsächlich war der Auftritt der Marke lange Zeit so stimmig, wie ihn ein gewiefter Marketingmanager nicht besser hätte arrangieren und inszenieren können: von den qualitativ hochwertigen Autos bis zu den Herren in den dunkelblauen Anzügen mit gedeckten Krawatten, die diese Autos verkauften, vom zeitlosen Design der Fahrzeuge bis zur Werbung, die nie marktschreierisch wurde, sondern sich stets dezent im Hintergrund hielt, von den edlen Messeauftritten bis hin zu den sauberen Werkshallen – alles war Mercedes-like. Alles, was mit der Marke zu tun hatte, war intuitiv, gesteuert durch eine starke Unternehmenskultur, ein Wissen darum, was zum Unternehmen passte und was auch nicht passte. Das Image basierte nicht auf Werbung, sondern allein auf dem Tatsächlichen. Eine für jeden Marketingexperten von heute wunderliche Welt.

In der Wissenschaft wird eine „Marke" als ein „in der Psyche der Konsumenten verankertes, unverwechselbares Vorstellungsbild von einem Produkt oder einer Dienstleistung" (Heribert Meffert) verstanden. Im Verlauf der 1980er-Jahre bekam das „Vorstellungsbild", das die Menschen von der Marke

Mercedes-Benz hatten, Risse: Da war zunächst die neue, kleine Baureihe, der 190er. O.K., kein schlechtes Auto, aber war das wirklich ein Mercedes oder doch nur ein „Baby Benz“? Dann kam Edzard Reuters Diversifikationsstrategie, die manchen Freund der Marke etwas ratlos machte. Auch der öffentlich ausgetragene Streit um den Vorstandsvorsitz und die nicht enden wollende Diskussion um den „Rüstungskonzern Daimler“ sorgten für Irritationen, vor allem über den Charakter jener seriös aussehenden Herren mit den silbergrauen Haaren. Als dann auch noch die Qualitätsprobleme bei der mittleren Baureihe auftraten, schien das Vielen als die logische Konsequenz einer Unternehmenspolitik, bei der nicht mehr das Auto im Fokus stand, sondern die reichlich abstrakte Vision von einem integrierten Technologiekonzern. Dass es bei Mercedes dann plötzlich auch Rabatte gab, richtige Rabatte, nicht einfach nur ein paar Fußmatten, die ins Auto gelegt wurden, fanden die Kunden zunächst sehr erfreulich. Wann hatte es das schon einmal in den vergangenen 20, 30 Jahren gegeben? Doch über kurz oder lang mussten sie feststellen, dass es mit der Wertbeständigkeit ihres Fahrzeugs vorbei war und die Gebrauchtwagenpreise in den Keller rutschten. Offensichtlich war die Marke Mercedes nicht mehr das, was sie einmal war. Auch bei Daimler selbst, zuerst im Vertrieb, dann im gesamten Unternehmen, spürte jeder, dass die Marke Mercedes nicht mehr den alten Glanz hatte. Es war wie in Oscar Wildes berühmtem Roman „Dorian Gray“: Irgendwann ging jemand auf den Dachboden und fand dort nicht mehr das Bild von einem strahlend schönen Jüngling, sondern von einem alten hässlichen Mann.

Die Marke Mercedes-Benz hatte lange im Einklang mit der Zeit und vor allem mit dem Zeitgeist gelebt. Qualität und Zuverlässigkeit, Status und Prestige waren Werte, die die Nachkriegszeit geprägt haben. Auch das hatte sich verändert: Hedonismus und ökologische Nachhaltigkeit waren wichtiger geworden. Mit der ökologischen Nachhaltigkeit hatten alle Automobilhersteller schon damals ihre Probleme, mit dem Hedonismus vor allem Mercedes: Denn die Marke war nun alles, aber keine „Spaß“-Marke. BMW hatte mit seinem Slogan „Freude am Fahren“ den Finger am Puls der neuen Zeit, während Mercedes mit seinem Claim „Ihr guter Stern auf allen Straßen“ dann doch sehr gediegen daherkam – Wackel-Dackel eben. Spätestens jetzt hatte auch das Mercedes-Management verstanden, dass man nicht nur ein Produkt-, sondern auch ein Imageproblem hatte. Es war offensichtlich, dass die Marke den Anschluss an die Zeit, die von anderen Werten als die Vergangenheit geprägt war, verloren hatte. Das Problem war ein doppeltes: Zum einen wussten viele Menschen nicht mehr, wofür die Marke stand, und zum anderen glaubten viele zu wissen, wofür die Marke stand, fanden das aber altmodisch und alles andere als anziehend.

Die Ergebnisse der Befragung über Automarken und Tiere lösten einen Prozess des Nachdenkens über den Stellenwert von Marke und Marketing für den Unternehmenserfolg aus, der zu einem ganz wesentlichen Element jenes Aufbruchs wurde, den Helmut Werner und Jürgen Hubbert initiiert hatten. Jetzt wurden Marketingthemen zur Vorstandsangelegenheit. Eigentlich normal, sollte man denken, aber für Mercedes damals dennoch sehr neu und ungewöhnlich. Die Aufwertung von Vertrieb und Marketing im Unternehmen wurde sinnfällig auch in der Unternehmensorganisation: Im Jahr 1995 wurde bei der Mercedes-Benz AG ein Vorstandsressort „Vertrieb“ eingerichtet. Bislang war der Vertrieb auf der Ebene der Geschäftsbereiche PKW und Nutzfahrzeuge angesiedelt. Erster Chef des neu eingerichteten zentralen Vertriebsressorts, das auch für die Marketingkommunikation verantwortlich war, wurde ein Mann, der noch für viele Schlagzeilen sorgen sollte: Dieter Zetsche.

Mit der Entdeckung, dass die Marke Mercedes-Benz neu definiert oder auch nur neu interpretiert werden muss, bekamen die Marketingleute im Unternehmen Anerkennung und Luft zum Atmen. Joachim Schmidt, der Leiter des Marketingbereichs und später Vertriebsvorstand wurde – obwohl als Luftfahrt-Ingenieur ausgebildet –, zu einer der zentralen Figuren bei der Modernisierung und Neuausrichtung der Marke Mercedes-Benz. Viele Anstöße kamen aber auch weiterhin von Springer&Jacoby, deren Verpflichtung als Werbeagentur sich für Mercedes tatsächlich als ein Glücksfall erwiesen hatte. Fast wie im Lehrbuch wurde in jenen Tagen an einem „Markenmodell“ gebastelt, mit dem man rational zu planen und zu systematisieren versuchte, was vordem spontan und ungesteuert geschehen war: Für welche Werte sollte die Marke künftig stehen? Woran sollten die Menschen denken, wenn sie den Stern sehen? Wie kann das Bild der Marke modernisiert und geschärft werden? Das neue und zugleich erste Markenmodell unterschied drei Werte-Dimensionen: „Disziplin“, unter der man alle traditionellen Markenwerte wie Qualität, Zuverlässigkeit und Wertbeständigkeit subsumierte, die man natürlich nicht aufgeben wollte. Die zweite Dimension wurde mit dem Begriff „Verantwortung“ überschrieben, womit der wachsenden Bedeutung von Umweltverträglichkeit und Nachhaltigkeit Rechnung getragen werden sollte. Und schließlich definierte man die dritte Dimension „Faszination“ als emotionale Komponente: Mercedes sollte künftig viel mehr als in der Vergangenheit als junge, sportliche und innovative Marke wahrgenommen werden. Am Ende wurde auch der mehr als 30 Jahre alte Marken-Claim ausgemustert: Aus „Ihr guter Stern“ wurde „Die Zukunft des Automobils“. Das war – emotional betrachtet – zwar nicht der ganz große Wurf, denn der neue Claim hätte genauso gut das Thema für die Seminararbeit eines Studierenden oder der Titel für einen Automobil-Kongress sein können. Aber immerhin wies er darauf hin, dass man sich nicht länger in der Tradition bespiegeln, sondern zu neuen Ufern aufbrechen wollte.

Nicht wenige im Unternehmen standen dem Treiben in der Marketingabteilung skeptisch gegenüber. Aber hatte BMW in der Tradition ihres Vordenkers Paul Hahnemann nicht vorgemacht, wie man durch die Anwendung „marktpsychologischer“ Erkenntnisse Märkte bewegen kann? Die Skepsis wich, als sich die ersten Imageerfolge einstellten, die Marke wieder als zeitgemäßer und attraktiver wahrgenommen wurde. Die Produktoffensive zeigte Wirkung. Lange Jahre hämisch als langweilig und altmodisch belächelt, bewegte sich das Modellprogramm jetzt auf Augenhöhe mit dem Wettbewerber aus München, der Jugendlichkeit und Sportlichkeit für sich gepachtet zu haben schien. Plötzlich fühlten sich Zielgruppen angesprochen, von denen viele geglaubt hatten, dass sie Mercedes nie erreichen würde, nämlich nicht nur jene, die ihre Karriere hinter sich hatten, sondern auch jene – wie von Springer&Jacoby 1989 gefordert –, die noch auf dem Weg zur großen Karriere waren. Aber auch die Werbung selbst wurde, nicht nur was die Inhalte, sondern auch was die Instrumente anbelangte, mutiger. Pressearbeit und Marketing wurden enger miteinander verzahnt, was zwar nicht allen Journalisten gefiel, aber die Konsistenz des Markenauftritts spürbar steigerte. Man betrieb Sponsoring, Eventmarketing und experimentierte schon früh mit internetbasierten Werbeformaten, die damals erst im Entstehen waren. Fast unglaublich erscheint aus heutiger Sicht, dass Mercedes erst in jenen Jahren auch in Deutschland mit Fernsehwerbung begann. Lange Zeit war Fernsehen bei Mercedes verpönt. Man war der Auffassung, dass Fernsehwerbung nicht zur Marke passen würde: zu proletenhaft, zu marktschreierisch, zu wenig exklusiv. Erst allmählich hatte man begriffen, dass sich auch das Mediennutzungsverhalten der Mercedes-Zielgruppen verändert hatte und ohne Fernsehwerbung die anvisierten neuen Zielgruppen nicht erreicht werden konnten. So entstanden einige legendäre Fernsehspots wie der mit dem „Hörgerät" oder der mit der „Panne mit einem Mercedes": Spots, die in der damaligen Zeit Kult-Qualität aufwiesen und selbst heute noch bei Youtube beachtliche Klickraten und Likes aufweisen. Das Engagement im Motorsport, die Erfolge bei der Deutschen Tourenwagenmeisterschaft und dann der Wiedereinstieg in die Formel 1 nach über 40 Jahren Abstinenz in der „Königsklasse" des Motorsports wurden ebenfalls für die Marketing-Offensive genutzt, mit der die „Faszination" zurückgeholt werden sollte, die die Marke nicht zuletzt durch ihre Rennsporterfolge in den 1950er-Jahren lange Zeit hatte.

Wie sehr man gelernt hatte, professionell auf der Klaviatur der Marketingkommunikation zu spielen, zeigte die Markteinführungskampagne für die A-Klasse. Sie war eine der ersten sogenannten „Long-Lead-Kampagnen" in der Branche: Begann man früher erst wenige Wochen vor der Vorstellung eines neuen Modells mit der Werbung, so bewarb Mercedes jetzt die neue A-Klasse schon lange vor der geplanten Markteinführung, die erst im Herbst 1997 stattfinden sollte. Auf der Internationalen Automobilausstellung (IAA) in Frankfurt hatte man im Jahr 1993 ein Konzeptfahrzeug, die „Vision A", präsentiert, um die Reaktionen der Besucher und der Presse zu testen. Schritt für Schritt wurde dann ab Anfang 1996 nicht nur Aufmerksamkeit und Interesse am Fahrzeug generiert, sondern auch konkrete „Leads", also Kontakte mit tatsächlichen Kaufinteressenten. Das Spektrum der Aktivitäten reichte von einer interaktiv angelegten Anzeigen- und TV-Kampagne, bei der sich Interessenten per Telefon mittels einer 0180-Nummer (die kommerzielle Anwendung des Internets steckte damals noch in den Kinderschuhen) registrieren lassen konnten, bis hin zu einer spektakulären Roadshow der Tanzgruppe „La Fura dels Baus" durch 36 europäische Städte, was für damalige Verhältnisse ebenfalls einzigartig war. Die Kampagne war ein durchschlagender Erfolg: Schon vor dem eigentlichen Verkaufsbeginn gab es 100.000 Bestellungen und weitere 600.000 Menschen bekundeten ihr Interesse an diesem Fahrzeug. Der Marketingbereich hatte bewiesen, dass er nicht nur Markenmodelle und schöne bunte Bilder produzieren, sondern auch Autos verkaufen konnte.

Gegen Ende des Jahrzehnts ließen die Mercedes-Marktforscher erneut eine Imageumfrage durchführen. Das Tiersymbol für die Marke Mercedes war jetzt nicht mehr der Wackel-Dackel, sondern ein Delphin: jugendlich, wendig, schnell und doch elegant und mühelos kraftvoll. Mercedes hatte in der Zeit der „Produktoffensive" nicht nur mit den neuen Modellen, sondern auch mit seinem Image wieder Anschluss an den Zeitgeist gefunden.

Noch ein Tierchen: Die A-Klasse und der Elch

„Warum will Mercedes die A-Klasse tieferlegen? Dann kann sie unter einem Elch durchfahren." „Warum bietet Mercedes die A-Klasse jetzt auch in einer Sportversion an? Sie schafft dann drei statt nur einem Überschlag." „Warum gibt es die A-Klasse als 6-Türer? Mit der Bodenklappe kann man bequemer aussteigen."

Wer den Schaden hat, braucht für den Spott nicht zu sorgen: Der Schaden war groß, der Spott reichlich. A-Klasse-Witze hatten Konjunktur und noch heute kann, wer will, auf den einschlägigen Websiten eine kaum noch überschaubare Zahl an Spötteleien über ein Auto nachlesen, das in mehrfacher Hinsicht Geschichte geschrieben hat. Der Kontrast war schmerzlich: Was Mercedes zwischen 1993 und 1996 anpackte, gelang. Es war fast zu schön, um wahr zu sein: die neue C-Klasse ein Erfolg, die neue E-Klasse ein Erfolg, der SLK ein Erfolg, der CLK ein Erfolg, die neue M-Klasse ein Erfolg. Im Grund lief alles wie am Schnürchen. Und dann kam die A-Klasse. Das heißt, sie war da und verschwand auch schon wieder, als am 21. Oktober 1997 ein paar ausgebuffte schwedische Journalisten das Fahrzeug auf einer Testrunde zum Kippen brachten. Es war ein Albtraum, ein unternehmenspolitischer Super-GAU. Man hatte so viel in dieses Fahrzeug investiert – insgesamt mehr als 2,5 Mrd. D-Mark – und dann ging das Bild einer umstürzenden A-Klasse rund um den Globus. Unvorstellbar!

Mitten in die Produktoffensive hinein veränderte die Konzernpolitik die personelle Aufstellung bei der Mercedes-Benz AG. Im Januar 1997 verließ Helmut Werner das Unternehmen, nachdem der neue Konzernchef, Jürgen Schrempp, sich mit seinem Plan durchgesetzt hatte, die Mercedes-Benz AG wieder aufzulösen und mit der Daimler-Benz AG zu verschmelzen. So konnte einer der Architekten des Aufbruchs das, was nun passierte, nur noch von der Seitenlinie aus beobachten. Die A-Klasse war zweifellos das riskanteste Projekt der ersten Produktoffensive. Zum einen ging man in ein Segment, in dem Mercedes bislang nicht aktiv war und keine Erfahrung hatte. So wie der erste 190er in gewisser Weise eine Kriegserklärung an BMW war, so war die A-Klasse eine Kriegserklärung gegen VW. Denn es war klar, dass das neue kompakte Mercedes-Modell im Revier des Platzhirsches, dem VW Golf, wildern würde. Genau aus diesem Grund wollte man bei Mercedes kein Me-too-Produkt, keinen besseren Golf anbieten, sondern ein technisch und optisch eigenständiges Fahrzeug. Also musste ein ungewöhnliches Fahrzeugkonzept her, das es so in diesem Segment bislang noch nicht gab. Die Sandwich-Bauweise, die flexible

Innenraumgestaltung und der ungewöhnlich hohe Aufbau des Fahrzeugs ließen keinen Zweifel daran aufkommen, dass der neue Mercedes keine Kopie, sondern tatsächlich ein eigenständiges Fahrzeug war. Sportlich sah das neue Auto nicht aus, aber aufgrund des pfiffigen Designs war die Hoffnung groß, andere, vor allem jüngere Zielgruppen ansprechen zu können. Die ersten Fahrtests und Kommentare in der Fachpresse waren voll des Lobes, die Fahrstabilität in allen Tests kein Thema. Alles war angerichtet, um eine weitere Erfolgsstory zu starten. Doch dann kam es anders.

Die Geschichte der A-Klasse und des Elchtests sind auch heute noch, mehr als 20 Jahre nach den spektakulären Ereignissen im Herbst 1997, in populären Darstellungen zur Automobilgeschichte ebenso präsent wie in Lehrbüchern und Hochschulseminaren. Noch immer ist die Katastrophe, die sich da ereignet hat, ein gern zitiertes Beispiel für eine verunglückte Markteinführung und ein geglücktes Krisenmanagement. Ein Lehrstück, aus dem man lernen konnte und aus dem auch andere viel gelernt haben. Der Elchtest hat im Unternehmen tiefe Spuren hinterlassen, wobei die finanziellen Schäden fast geringer waren als die psychischen. Denn dass diese Geschichte am Ende leidlich gut ausging, war am Anfang des Unglücks noch nicht absehbar.

Als die A-Klasse kippte, waren die verantwortlichen Manager in Tokyo, wo sie auf der dortigen Motor Show sinnigerweise eine Designstudie für eine geplante neue Luxuslimousine, den späteren Maybach, vorstellten. Die Nachricht aus Schweden schlug ein wie eine Bombe. Sofort sahen sich Jürgen Hubbert und seine Kollegen mit Anfragen von Journalisten konfrontiert, die eine Stellungnahme aus berufenem Munde zu dem ungeheuerlichen Vorgang haben wollten. Die Bemerkung eines Pressesprechers, ein Vorstand könne kein Statement abgeben, „nur weil irgendwo auf der Welt ein Auto umgefallen" sei, war nicht geeignet, um die Gemüter zu beruhigen. Mit derart flapsigen Bemerkungen war der „journalistische Flächenbrand", den der FAZ-Journalist Wolfgang Peters später konstatierte, jedenfalls nicht aufzuhalten. Im Gegenteil: Die arrogante Antwort auf eine berechtigte Frage schüttete nur weiter Benzin in das lodernde Feuer, das mit den Bildern der seitlich umstürzenden A-Klasse angefacht worden war. Angesichts der vorausgegangenen Werbekampagne und der riesigen Erwartungshaltung in der Öffentlichkeit war die Situation so dramatisch, dass kein Journalist bereit war, mit einer kurzen Notiz über den Vorfall die Sache auf sich beruhen zu lassen. Da war ein neues und für die Marke Mercedes strategisch wichtiges Modell, das über mehr als anderthalb Jahre offensiv beworben worden war, da gab es eine Fabrik in Rastatt, die extra für die Produktion dieses Modells mit einem Millionenaufwand umgerüstet wurde, und da waren die ersten Fahrzeuge, die sich bereits in Kundenhand befanden. Und jetzt stellte sich heraus, dass dieses Fahrzeug in bestimmten Fahrsituationen kippen konnte und somit ein Sicherheitsrisiko darstellte: Das war eine Schlagzeile und kein Thema für einen kleinen Artikel in einer Autozeitung oder im Wirtschaftsteil einer Tagezeitung.

Als sich das Unternehmen aus der ersten Schockstarre löste, die Herren wieder in Stuttgart-Untertürkheim waren, reagierte das Unternehmen: langsam und falsch. Zuerst wurde versucht, das Problem kleinzureden, dann bezichtigte man die schwedischen Journalisten, nicht seriös getestet zu haben, und erst als sich der Medienrummel nicht beruhigte, sondern die Nachrichten und Hintergrundberichte mit neuen Details über den Vorfall immer bösartiger wurden, erklärte man zähneknirschend, sich um die Sache zu kümmern. Nein, anfänglich war der Umgang mit dem Umfaller der A-Klasse wahrhaftig keine Sternstunde des Krisenmanagements. Es war nur allzu offensichtlich, dass die Mercedes-Manager mit der Situation heillos überfordert waren. Man hielt das, was sich zu einem echten Vertrauensproblem auszuwachsen drohte, für ein bloß technisches Problem und reagierte dementsprechend. Die zusammengerufene Taskforce beschäftigte sich hauptsächlich mit den möglichen technischen Lösungen und viel zu wenig mit der Frage, wie das Problem kommunikativ in den Griff zu bekommen sei. Anstatt schnell klare Ansagen zu machen, die Probleme, koste es, was es wolle, zu lösen, wurde ein Video mit Niki Lauda produziert, der dem Fahrzeug bescheinigte, es sei vollkommen sicher. Da Lauda auf der Payroll von Daimler stand, war das nicht sehr überzeugend. Als sich die Wettbewerber, vor allem VW-Chef Piëch, über das Missgeschick bei Mercedes ergötzten, wurde der Elchtests mit einem Golf nachgespielt und das Ergebnis, ein umfallender Golf, unter vorgehaltener Hand jedem, der es hören wollte, weitererzählt. Auch das kam freilich in den Medien nicht gut an, denn es hatte zu offensichtlich den Geruch, einen Wettbewerber anzuschwärzen, um von den eigenen Problemen abzulenken.

Das mediale Kesseltreiben, das sich über Tage und Wochen hinzog, schien kein Ende nehmen zu wollen – bis endlich am 11. November 1997 jemand den Stecker zog und die Uhr wieder auf null stellte. Dieser Jemand war Jürgen Schrempp, der, mutig wie er war, einen Auslieferungsstopp für die A-Klasse verfügte, verbunden mit der Ankündigung, dass nach Behebung der Probleme in 12 Wochen die Auslieferung wieder starten würde. Schrempps konsequentes Einschreiten war in der aufgeheizten Situation ein Befreiungsschlag. Das war endlich eine klare Auskunft und für viele Pressevertreter das lange erhoffte indirekte Schuldeingeständnis. Jetzt konnte man wieder miteinander reden. Jürgen Schrempp war seinem Ruf als mutiger und zupackender Manager gerecht geworden, wofür er zurecht in den Medien gefeiert wurde. Die technische Lösung war einfach, aber teuer: Neben Änderungen bei der Bereifung und am Fahrwerk sollten alle Fahrzeuge, und zwar auch die, die schon ausgeliefert worden waren, mit dem gerade erst entwickelten Elektronischen Stabilitätsprogramm (ESP) ausgestattet werden. Das kostete das Unternehmen einen hohen dreistelligen Millionenbetrag, denn es war klar: Wenn man das ESP in der A-Klasse serienmäßig anbot, dann musste man das auch in den anderen Baureihen über kurz oder lang tun. Die Amortisation der Entwicklungskosten über das Angebot als aufpreispflichtige „Sonderausstattung" war damit weg. Jürgen Schrempp setzte sich über derartige Einwände hinweg, als er sein Machtwort sprach: „Wir wollen kein Fahrzeug ausliefern, von dem wir heute wissen, dass wir es noch besser bauen können."

Viele Beobachter innerhalb und außerhalb des Unternehmens waren damals überrascht, dass die ganze Sache keine personellen Konsequenzen hatte. Der finanzielle Schaden war groß, der Imageschaden riesig: Normalerweise hätte das für die Suspendierung der gesamten Leitung des Geschäftsbereichs PKW gereicht. Doch Jürgen Schrempp, der als nicht gerade zimperlich im Umgang mit Kollegen galt, ließ Milde walten, ja, er stellte sich demonstrativ vor Jürgen Hubbert und dessen Mannschaft. Hatte der große Boss Kreide gefressen? Schon bald sollte sich zeigen, warum Schrempp die Mercedes-Führungsmannschaft schonte, denn bei dem, was er vorhatte, war er auf die Unterstützung der Auto-Manager angewiesen. Seine Rache am Mercedes-Management folgte einige Jahre später und war dann ebenso subtil wie schmerzhaft.

Mit dem Auslieferungsstopp und der technischen Aufrüstung war die A- Klasse gerettet. Die Wogen glätteten sich und schon bald gab es auch öffentliches Lob für die Konsequenz, mit der die Probleme im Sinne der Kunden gelöst worden waren. Am 26. Februar 1998 begann die Wiederauslieferung, begleitet von einer Anzeigenkampagne mit Boris Becker, der damals noch einen tadellosen Ruf als Sportsmann und Freund der Marke Mercedes hatte: Neben dem Porträt des einstigen Tennisstars und einer relativ klein dargestellten A-Klasse hieß es in großen Lettern: „Ich habe aus meinen Rückschlägen oft mehr gelernt als aus meinen Erfolgen“ und: „Stark ist, wer keine Fehler macht. Stärker, wer aus seinen Fehlern lernt“, jeweils verbunden mit der Botschaft: „Die A-Klasse ist wieder da.“ Tatsächlich begannen die Bestellungen zu steigen. Im Unternehmen machte sich Erleichterung breit. Im Jahr 1998 lieferte man 136.000 Fahrzeuge aus, im Jahr 1999 wurde das anvisierte Ziel, 200.000 Autos pro Jahr zu bauen, überschritten. Jeder Kunde, der sein Fahrzeug im Werk Rastatt abholte, bekam einen Elch aus Stoff geschenkt. Das war souverän. Die Marke war mit einem blauen Auge davongekommen, die Produktoffensive gerettet.

Geschichte hat die erste Generation der A-Klasse auf jeden Fall geschrieben – und sei es nur der Witze wegen: „Was machen Mercedes-Manager am Wochenende in Schweden: Sie schießen Elche.“

„Reduce to the Max“: Die Geburt der Marke Smart

„Ohne Nicolas Hayek würde es Smart nicht geben. Mit ihm allerdings auch nicht mehr.“ Ist Jürgen Hubberts pointiertes Urteil über die Zusammenarbeit von Mercedes-Benz mit dem Erfinder der Schweizer Uhrenmarke Swatch, Nicolas Hayek, richtig? Ausgesprochen hatte er es, als sich die Wege zwischen den beiden Kooperationspartnern im Dezember 1998 trennten und Daimler die restlichen Anteile von Hayek an dem gemeinsamen Unternehmen, der Micro Compact Car AG, übernommen hatte. Nicolas Hayek wusste von Anfang an, was er mit dem Smart wollte. Wusste auch Mercedes, was es mit dem Smart wollte? Vielleicht begannen schon da die Probleme, denn genau das war unklar oder besser gesagt: Es war klar, aber für jeden der handelnden Akteure bei Mercedes auf andere Weise. Dass sich die Meinungen über das Ziel des Projektes überdies im Zeitablauf mit dem Wechsel der verantwortlichen Manager auch noch veränderten, sorgte für zusätzliche Verwirrung.

Die Trennung war das Ende eines Missverständnisses. Und gleichzeitig der Beginn einer gefühlt unendlich langen Hoffnungs- und Leidensgeschichte, die erst im Jahr 2019 mit der Gründung eines Joint Ventures mit dem chinesischen Automobilhersteller Geely ihren – endgültigen? – Abschluss gefunden hat.

Die Idee zu einem „Swatchmobil“ stammte von Nicolas Hayek, dem Gründer und Inhaber der Schweizerischen Gesellschaft für Mikroelektronik und Uhrenindustrie AG (SMH), deren bekanntestes Produkt die Swatch-Uhr war. Mit dem Swatchmobil wollte er seine Philosophie, die sich bei Uhren als überaus erfolgreich herausgestellt hatte, auf Autos übertragen: Durch ein ungewöhnliches Design, ein neuartiges Vermarktungskonzept und einen attraktiven Preis sollte aus einem Alltagprodukt ein sympathisches, jugendliches Lifestyle-Objekt werden. Tatsächlich waren seine Ambitionen sogar noch etwas größer: Er wollte die herkömmliche Autotechnik durch ein Fahrzeug mit Elektroantrieb revolutionieren und zum Wegbereiter einer neuen Form urbaner Mobilität werden. Ein Konzeptfahrzeug mit elektrischen Radnabenmotoren hatte er schon vor der Zusammenarbeit mit Mercedes gemeinsam mit der Hochschule im schweizerischen Biel entwickelt und in einer kleinen Werkstatt zusammenbauen lassen. Wäre er ein Ingenieur gewesen und die Batterietechnik schon weiter als damals, wäre er Elon Musk zuvorgekommen. Doch der Bau eines Elektroautos war nicht nur aufwändig, sondern auch teuer. Hayek suchte einen Partner aus der Automobilindustrie, der bereit und in der Lage war, dieses Fahrzeug industriell in Großserie herzustellen.

Mit Volkswagen und dem damals als automobilem Querdenker bekannten VW-Markenchef Daniel Goeudevert war er in einem intensiven und erfolgsversprechenden Kontakt. Als Ferdinand Piëch aber am 1. Januar 1993 den Vorstandsvorsitz beim Volkswagen-Konzern übernahm, wurden die Gespräche abrupt beendet. Der Vollblut-Techniker Piëch hatte eine andere Vorstellung vom Kleinwagen der Zukunft als der Schweizer Uhrenmacher. Im Dezember 1992 kam es daraufhin in Stuttgart zu einem ersten Meinungsaustausch zwischen Mercedes-Chef Werner Niefer und Nicolas Hayek. Niefer fand an seinem Gesprächspartner Gefallen. Hayek war ein charismatischer, energischer, auch ein wenig schlitzohriger Unternehmer, was Werner Niefer, der immer ein Faible für Praktiker und Macher hatte, imponierte. Anfang 1993 wurde entschieden, dass man mit Hayek zusammenarbeiten will.

Was Hayek am Anfang nicht wusste oder doch zumindest nicht richtig einschätzte, war die Tatsache, dass auch bei Mercedes-Benz schon lange ebenfalls an einem kompakten, wendigen und verbrauchssparsamen Stadtfahrzeug gearbeitet wurde. Im Grunde gingen diese Überlegungen bis ins Jahr 1972 zurück: Ein junger Ingenieur namens Johann Tomforde versuchte den damaligen Leiter des PKW-Versuchs, Werner Breitschwerdt, in einem Brief für den Bau eines kleinen, für die Mobilität in Ballungszentren geeigneten Fahrzeuges zu gewinnen. Die Idee brachte es nur bis zu einer ersten Skizze, auf der die Umrisse eines Fahrzeugs erkennbar waren, das dann aber gar nicht so weit weg war von dem, was 1997 schließlich präsentiert wurde. Trotz der Ablehnung von Tomfordes Konzept ließ die Idee eines verbrauchs- und emissionsarmen Stadtfahrzeugs den Konzern nicht in Ruhe. Es war die Zeit des

„Waldsterbens“ und einer ersten Welle von ökologischen Horror-Szenarien, als Daimler im Jahr 1981 eine Konzeptstudie für ein Nahverkehrsfahrzeug (NAFA) vorstellte, das 2,50 Meter lang und jeweils 1,50 Meter breit und hoch war, ausgestattet mit Schiebetüren zum einfacheren Ein- und Aussteigen. Es sah bereits sehr seriennah aus. Erneut, wie schon bei Tomfordes erstem Konzept, waren es hauptsächlich Sicherheitsbedenken, die verhinderten, dass das Projekt weiterverfolgt wurde. Oder fehlte einfach der Mut? Hatte man Angst, mit einem solchen Auto einen riesigen Flop zu produzieren? Passte ein Kleinstwagen überhaupt zu einer „Nobelmarke“ wie Mercedes? Letztlich war sich die Führungsspitze einig, dass ein solches Auto wohl doch zu abseitig und zu wenig erfolgversprechend sei, insbesondere im Hinblick auf die bei Mercedes schon immer hohen Profitabilitätsziele. Das Thema „Stadtauto“ wurde bis auf weiteres ad acta gelegt.

Als Ende der 1980er-Jahre die Umweltdiskussion an Intensität gewann und vor allem die kalifornische Umweltgesetzgebung im Clean Air Act von 1990 vorschrieb, dass jeder Automobilhersteller im Jahr 2003 10 Prozent „Zero Emission Vehicles“ anbieten müsse, wurde man in Untertürkheim in Sachen Stadtfahrzeug wieder aktiv. Im Grunde waren es zwei Projekte, die parallel verfolgt wurden und von denen zu Beginn niemand wusste, ob beide Fahrzeugkonzepte schließlich das Licht der Welt erblicken würden oder nur eines oder vielleicht auch gar keines. Das eine Projekt hieß hausintern ganz schlicht „Neue Fahrzeuggeneration (NFG)“. Daraus wurde die „A-Vision“ und schließlich die A-Klasse. Das andere Projekt bekam den Namen „Mercedes City Car“, wobei das Kürzel „MCC“ dann später in „Micro Compact Car“ umgetauft wurde. Eine Gruppe junger Designer konzipierte Ende der 1980er-Jahre im Mercedes-Benz Advanced Design Studio im kalifornischen Pasadena einen drollig aussehenden Kleinstwagen in zwei Varianten: den Eco Sprinter und den etwas schickeren Eco Speedster. Der „MCC01“, also der „Ur-Smart“, hatte 1992 auch sicherheitstechnisch einen Entwicklungsstand erreicht, der vielversprechend war. Anders als 1972 und 1981 hatte man bei Mercedes mittlerweile auch das Gefühl, dass man nicht nur etwas tun sollte, sondern tun musste. Vor allem die in der Öffentlichkeit als monströs und so gar nicht zeitgemäß geltende S-Klasse, der W 140, schien einen produktpolitischen Kontrapunkt zu erfordern. Um in Sachen Umweltschutz glaubwürdig zu bleiben – so die damalige Denke – musste man ein umweltverträgliches Gegenstück zur neuen S-Klasse auf die Straße bringen. Insofern kann man ohne Übertreibung sagen: Ohne die S-Klasse von 1991 hätte es den Smart von 1997 wahrscheinlich nicht gegeben. Ob ein Kleinstwagen aus dem Hause Daimler tatsächlich als ein ernsthaftes Bekenntnis zum Umweltschutz oder nur als „Alibi“ wahrgenommen werden würde, war freilich völlig offen.

Dass man sich letztlich nicht für einen Alleingang, sondern für eine Zusammenarbeit mit Nicolas Hayek entschied, hatte vor allem einen Grund: der neue Kleinstwagen sollte nicht „Mercedes“ heißen. Der MCC01 war ein nettes und durchaus innovatives Auto – aber ein solches Fahrzeug „Mercedes“ zu nennen? Je näher die Sache kam, desto größer wurde die Angst vor der eigenen Courage: Was passiert, wenn mit diesem Auto tatsächlich etwas passiert?

Vor allem was passiert, wenn die ganze Sache ein Flop wird? Fällt das dann nicht auf das in jenen Jahren ohnehin schwer angeschlagene Image der Marke Mercedes zurück? Und als klar war, dass die A-Klasse kommen würde: Wenn Mercedes neben einem Kleinwagen nun auch noch einen Kleinstwagen auf den Markt bringen würde – wäre das nicht der offenkundige Abschied der Marke vom Premiumsegment und von dem Bau großer und leistungsstarker Fahrzeuge? Noch ein anderer Aspekt spielte für das Zusammengehen mit Hayek und seiner SMH eine Rolle: Es war klar, dass ein Kleinstwagen wie der MCC ein anderes Vermarktungskonzept brauchte als die klassischen Mercedes-Autos. Der MCC sollte kein „Billigauto" wie etwa ein Fiat Cinquecento, Renault Twingo oder ein japanischer Kleinwagen á la Daihatsu Cuore werden. In die Entwicklung des Autos war schon viel investiert worden und würde noch viel investiert werden müssen. Wirtschaftlich machte das ganze Projekt nur Sinn, wenn es gelang, aus dem Auto tatsächlich ein Lifestyle-Produkt mit einem höheren Preisniveau als dem der europäischen und fernöstlichen Konkurrenten zu machen. „Lifestyle" – das war etwas, wovon Hayek und sein Team viel verstanden, mehr auf jeden Fall als Mercedes. So war schnell eine Aufgabenteilung gefunden: Mercedes macht Technik und Produktion, SMH Marketing und Vertrieb. Damit würde man sich in einem Joint Venture perfekt ergänzen.

Helmut Werner hatte das „Kleinstwagen"-Projekt von seinem Vorgänger Werner Niefer übernommen, doch er wollte nicht nur ein Ökomobil, er verfolgte damit ein ganz spezielles Ziel: Er wollte mit dem Smart von der Entwicklung über die Produktion bis zum Vertrieb die eingefahrenen Pfade verlassen und Neues wagen. Vom „Brownfield" zum „Greenfield" lautete die Losung: Der neue Kleinstwagen sollte kein „Mini-Mercedes" werden und nicht wie ein solcher entwickelt, produziert und vertrieben werden. Er sollte ein Testfeld für Innovationen sein, von Innovationen, die er dann, wenn sie sich bewährten, auch bei Mercedes anwenden wollte. Dementsprechend war auch er dafür, dass das Kleinwagen-Projekt nicht an den Konzern angedockt, sondern als ein separates Unternehmen möglichst unabhängig von Mercedes geführt werden sollte.

Im April 1994 wurde die Micro Compact Car (MCC) AG als Gemeinschaftsunternehmen der Daimler-Benz AG und der SMH gegründet. Daimler hielt 51, SMH 49 Prozent der Anteile. Die Geschäftsführung wurde mit den beiden Mercedes-Managern Johann Tomforde für die technische Entwicklung und Christoph Baubin für Finanzen und Personal sowie dem SMH-Manager Hans Jürg Schär für Marketing und Vertrieb besetzt. Wenige Wochen vorher, am 4. März 1994, wurden in Stuttgart-Untertürkheim, zwei „seriennahe" Studien des Micro Compact Car von Helmut Werner, Jürgen Hubbert und Nicolas Hayek vorgestellt. Im Grunde handelte es sich dabei um den „Eco Sprinter" und den „Eco Speedster", also die beiden Fahrzeuge, die vom Mercedes-Team in Kalifornien entwickelt worden waren. Nicolas Hayek war leicht verschnupft, denn er hatte ja seine eigene Idee vom Stadtfahrzeug der Zukunft. Vor allem fehlte ihm der Elektromotor, den er unbedingt haben wollte. Immerhin, auch er hatte etwas mitgebracht: eine Uhr. Es war eine Swatch-Automatic aus der Winterkollektion 1993/94, die nachträglich mit dem Mercedes-Stern versehen wurde und dann den schönen Namen „Happy Wheels" erhielt. Die Uhr kann – von dem, der will – noch heute bei Ebay ersteigert werden.

Der Sitz der MCC AG war Biel, wo sich auch der Hauptsitz von Hayeks Firma, der SMH, befand. Die eigentliche Arbeit wurde aber in Renningen, einem kleinen Städtchen unweit von Stuttgart, in der Projektgesellschaft MCC GmbH gemacht. Vom „Swatchmobil" war dort schon bald nicht mehr die Rede. Auch nicht von einem Elektro- oder Hybrid-Antrieb. Hayek wurde nach und nach aus der technischen Entwicklung des Fahrzeugs hinausgedrängt. Die Rollenverteilung war so, wie sich das Mercedes vorgestellt hat: Mercedes macht die Technik, SMH das Marketing. Dem schwindenden Einfluss nach Innen stand eine fast permanente Präsenz in den Medien gegenüber, wo sich Hayek als Initiator und Treiber des Projektes präsentierte. In einem seiner zahllosen Interviews verriet er, dass das geplante Absatzziel für den Kleinstwagen 200.000 Einheiten pro Jahr sei. Tatsächlich findet sich diese Zahl auch in den internen Projektplanungen. Dennoch: Musste man das noch vor dem Produktionsstart offiziell verkünden? Die 200.000 Einheiten, die jetzt im Raum standen, sollten den Initiatoren des Projektes noch viel Ärger bereiten und das Image des neuen Autos von Anfang an belasten.

Das Team um Tomforde, Baubin und Schär freute sich über die Unabhängigkeit, über die man im eigenen Unternehmen verfügte, und übernahm gern die „Greenfield"-Philosophie von Helmut Werner, gab sie ihnen doch die Möglichkeit, „ihr Ding zu machen". Die junge Mannschaft – das Durchschnittsalter soll bei 27 Jahren gelegen haben – verfügte über wenig Erfahrung, aber viel Begeisterung. Das „Biohaus", wie das Hauptquartier der MCC GmbH in Renningen genannt wurde, war architektonisch seiner Zeit voraus: umweltfreundlich, offen, anti-hierarchisch. Man wollte keine „Mercedesierung" der Marke und so wurde die Abgrenzung von Mercedes – auch von Hayek so gewollt – zu einem Teil der Unternehmenskultur von Smart. Wer sich mit den Anfängen von Smart beschäftigt, kommt tatsächlich aus dem Staunen nicht heraus. Vieles von dem, was heute dem Internet-Zeitalter und den Start-ups im Silicon Valley zugeschrieben wird – bei Smart in Renningen war es schon in den 1990er-Jahren Praxis: Die Arbeit in Teams, offene Kommunikation, keine Denkverbote, eine stimulierende Architektur. Der revolutionäre Impetus, der das Projekt am Anfang bewegte, wurde von einer echten Sorge über die Zukunft der Welt und dem Willen, dem etwas Positives gegenüberzustellen, getragen. Alles, was in den Anfangsjahren von Smart-Managern gesagt und geschrieben wurde, wirkt unglaublich aktuell, wenn man die heutigen Diskussionen über Mobilität und Klimawandel verfolgt. Johan Tomfordes Statement anlässlich der Vorstellung des Smart City-Coupé im September 1997 auf der IAA klingt fast wie das Manifest der Ökologie-Bewegung: „Wenn wir so weiterleben wollen wie bisher", erklärte der von der Presse zum „Mr. Smart" ernannte Technik-Chef, „müssen wir uns von überkommenen Statussymbolen verabschieden und neuen Werten zuwenden. Fahrzeug-Außengröße und Höchstgeschwindigkeit werden in städtischen Regionen ihren Prestigewert verlieren. Die Anforderungen an Sicherheit und Bedienungskomfort, Umweltverträglichkeit, Agilität und Handlichkeit werden steigen. Unser *smart* ist ein überzeugendes Beispiel dafür, dass wir mit einem individuellen und charakterstarken City-Coupé auf dem richtigen Weg sind."

Das MCC-Team, das alles anders machen sollte, lieferte: Das Smart City-Coupé war das erste Fahrzeug, das konsequent in Modulbauweise entwickelt wurde. Es enthielt zahlreiche, in dieser Klasse ungewöhnliche Features wie die Tridion-Sicherheitszelle, die individuell wählbaren und auch austauschbaren Body Panels und die poppige Instrumentierung. Der erste Marken-Claim „reduce to the max" war Programm: Der Smart sollte alles und noch ein bisschen mehr haben als die bis dahin üblichen Kleinstwagen, verpackt in ein junges, frisches und so gar nicht an einen Mercedes erinnerndes Design. Allein was fehlte, war der elektrische Antrieb. Nicolas Hayek wurde nicht müde, den einzufordern, und warf dem Mercedes-Management später vor, seine Idee absichtlich blockiert zu haben. Fairerweise muss man sagen, dass die damals üblichen Bleibatterien selbst für den Betrieb eines kleinen Stadtfahrzeuges kaum ausgereicht hätten. Eine Hybrid-Lösung, auf die Hayek ebenfalls pochte, galt als zu teuer. So verschwanden die Pläne für einen Elektro-Smart still und heimlich. Aus heutiger Sicht ein Fehler? Der Smart erhielt auf jeden Fall zunächst Benzinmotoren, die sich aber bei Weitem als nicht so verbrauchssparsam erwiesen, wie sich das Viele vorgestellt hatten. So ging man schon bald daran, für den Kleinstwagen einen Diesel-Motor zu entwickeln, der sich – aus heutiger Sicht fast unglaublich – als ein ausgesprochener Renner erwies.

Völlig neu wurde auch die Produktion des Kleinstwagens organisiert. Als am 27. Oktober 1997 das Smart-Werk im lothringischen Hambach, kurz als „Smartville" bezeichnet, im Beisein des französischen Premierministers Jacques Chirac und des deutschen Bundeskanzlers Helmut Kohl eröffnet wurde, war die Auslegung dieser Fabrik für Fertigungsexperten ein Novum. Anders als üblich wurde die Endmontage nicht in U- oder L-Form angeordnet, sondern in vier Teilbereiche, die durch ein gemeinsames Montageband miteinander verbunden waren. Das ermöglichte, dass Systemlieferanten in die Fabrik integriert werden und dort in eigener Verantwortung ihre Aggregate und Komponenten verbauen konnten. Durch die Einbindung der Zulieferer in die Endmontage war eine erhebliche Verkürzung der Durchlauf- und Fertigungszeiten möglich, die nicht nur der Produktivität, sondern auch der Qualität zugutekam.

Schließlich setzte Smart im Vertrieb nicht mehr auf die in der Branche üblichen selbstständigen Vertragshändler, sondern auf ein Franchise-System, das einen einheitlichen Markenauftritt am Point-of-Sale sicherstellen sollte. Nicht der individuelle Händler, sondern die Marke sollte im Vordergrund stehen. Sichtbarer Ausdruck der neuen Vertriebsphilosophie waren die Smart-Towers, die nichts mehr mit der traditionellen Vorstellung von einem „Autohaus" zu tun hatten. Die schlanken Türme, in denen die Fahrzeuge ausgestellt wurden, sollten platzsparend und daher für Standorte in Großstädten besonders geeignet sein. Sie wurden zu einem sichtbaren und unverwechselbaren Symbol für die Marke. Was das Marketing anbelangte, war Smart die erste Marke, die einigermaßen professionell das Internet zur Gewinnung und Betreuung der Kunden einsetzte. Eine mehr als 190-seitige Broschüre, die mit einem herkömmlichen „Auto-Prospekt“ überhaupt nichts mehr zu tun hatte, erhielt, wer im Internet seine Adresse hinterlassen hatte. Eine aufmerksamkeitsstarke, aber auch teure Aktion, über die man in Untertürkheim nicht glücklich war. Marketing-Chef Hans Jürg Schär war von der Aktion hingegen begeistert: Allein im September 1997, berichtet er in der Fachzeitschrift „Absatzwirtschaft“, habe man 1,2 Millionen „Hits“ erhalten. „Hits“ waren das, was Marketingspezialisten heute als „Leads“, also Kaufinteressenten, bezeichnen.

Die Marke Smart wollte nicht nur das Automobil und die automobile Wertschöpfungskette revolutionieren. „Not just another car“ hieß es in einer Ankündigung des neuen Autos, mit der signalisiert werden sollte, dass es bei dem neuen zweisitzigen Kleinstwagen auch um eine neue Vision zur Mobilität der Zukunft ging – die Vision eines verkehrsträgerübergreifenden Mobilitätskonzeptes, zugeschnitten auf den Verkehr in urbanen Räumen. „Smart“, so heißt es in einer frühen programmatischen Erklärung zu den Zielen des Projektes, „ist einerseits ein ultra-kompaktes City-Coupé und andererseits ein völlig neues urbanes Mobilitätskonzept, das aus einer Vielzahl von zusätzlichen Erzeugnissen und Dienstleistungen besteht, die den städtischen Individualverkehr effizienter, menschlicher und vernünftiger gestalten.“ So sollten unter dem Namen Smartmove verschiedene Mobilitätsdienstleistungen, wie etwa Sondertarife für das fallweise Mieten eines größeren Autos, ein spezielles Parkmanagement in Großstädten und eine kombinierte Nutzung von Auto und Bahn angeboten werden: „Mobility as a service“ würde man heute sagen – auch das ein Déjá-vu-Erlebnis für Zeitgenossen.

Dass die anfänglich von allen Beteiligten gewollte Unabhängigkeit von Mercedes auch mit Risiken verbunden war, sollte sich schon bald zeigen. Aus der Abgrenzung von Mercedes wurde nach und nach eine Abschottung. Die Entwicklung des City-Coupé zur Serienreife schritt voran – allerdings langsamer als geplant und das mit immer höheren Kosten. Alles sollte neu, alles sollte anders und alles sollte besser sein als das, was man bisher im Automobilbau kannte. Das war im Hinblick auf die Innovationskraft gut so, hatte aber auch seinen Preis. Die ursprünglich auf 1,3 Milliarden D-Mark taxierten Kosten für die Entwicklung des Fahrzeuges, den Aufbau einer Fabrik und die Vermarktung lagen schon bald bei über 2 Milliarden D-Mark. Das anvisierte Preisziel von 12.000 D-Mark geriet nach und nach außer Sichtweite. Die Unruhe im Mutterunternehmen über die ausgabenfreudige Tochter, die sich nur ungern etwas sagen ließ, nahm im Laufe des Jahres 1996 rasant zu. Im Januar 1997 wurde ein bis dahin weithin unbekannter Automobilmanager, der Däne Lars Brorsen zum Vorsitzenden der Geschäftsführung bei der MCC AG ernannt. Er kam vom Automobilzulieferer TRW und sollte vor allem für mehr Kostendisziplin, effektivere Prozesse und eine bessere Kommunikation mit Mercedes sorgen. Vielleicht, so die Meinung des späteren Smart-Chefs Andreas Renschler zu den Turbulenzen, in die Smart allmählich geriet, hatte man zu viel auf einmal gewollt. Dem englischen Smart-Chronisten Tony Lewin sagte er aus einer gewissen zeitlichen Distanz zu dem, was zwischen

1994 und 1997 passierte: „From my point of view it was too much at once at the beginning. New product, new brand, new sales network, new production facility – to do it all at once is a big undertaking."

Als das Smart City-Coupé im September 1997 auf der IAA präsentiert wurde, waren alle froh und glücklich. Es war eine eindrucksvolle, auf sympathische Weise freche Premiere. Auch die Fachpresse, die in ihrer Messeberichterstattung eher die exklusiven, leistungsstarken Fahrzeuge in den Mittelpunkt rückte, war angetan von dem, was das Smart-Team präsentierte. Zwar fehlte es nicht an dem einen oder anderen Spötter, der das Auto als „Trendprodukt für Scherzkekse" oder als „Einkaufswagen für zwei Personen und zwei Kisten Bier" abtat. Die weit überwiegende Mehrheit der Journalisten war jedoch der Auffassung, dass der Smart ein wichtiger Beitrag zur Zukunft der Mobilität in Ballungszentren, ein alltagstaugliches und intelligentes Konzept und „das größte Abenteuer des modernen Automobilbaus" *(*Auto Motor und Sport) sei.

Der Smart hat bei seinem Erscheinen die Welt entzückt, aber nicht erobert. Nur einige Wochen nach der glanzvollen Vorstellung sah die Welt schon wieder ganz anders aus. Der Elchtest mit der A-Klasse schlug hohe Wellen, die auch den Smart zu begraben drohten. Denn es war klar: Mit dem Elchtest war etwas losgetreten worden, was nicht nur Mercedes, sondern die ganze Branche erfassen würde. Niemand im Kreis der Automobilhersteller konnte sicher sein, dass nicht die nächste Auto-Redaktion auch sein Fahrzeug der ungewöhnlichen Stabilitätsprüfung unterziehen würde, und viele befürchteten, dass auch ihre Modelle den Test nicht bestehen, sondern umfallen würden. Bei Smart war das schon fast keine „Befürchtung" mehr: Es war völlig klar, dass das City-Coupé mit seinem hohen Schwerpunkt den Elchtest nicht bestehen würde. Auch wenn noch kein Fahrzeug an Kunden ausgeliefert worden war, war jetzt Not am Mann. Der Verkauf sollte im Frühjahr 1998 beginnen. Das war eine sehr kurze Frist, um noch Änderungen am Fahrwerk oder gar am Aufbau des Fahrzeuges vorzunehmen. Die Nerven bei allen Beteiligten waren bis zum Zerreißen angespannt: Die Mercedes-Manager hatten die A-Klasse am Hals, die Smart-Manager kamen mit der Problemlösung bei ihrem Auto nicht so richtig weiter, wollten sich aber partout nicht helfen lassen, was Jürgen Hubbert später in einem Interview mit der Automotive News Europe zu der bissigen Bemerkung veranlasste: „Perhaps the young team at MCC was too proud to ask us for help." Der Ton wurde rauer, denn jetzt ging es ums Ganze, und persönliche Befindlichkeiten hatten gegenüber der Sache zurückzustehen. Im Dezember 1997 wurde Johann Tomforde als Chef der technischen Entwicklung entlassen. Wenige Wochen später ereilte Finanzchef Christoph Baubin das gleiche Schicksal. Die Revolution fraß ihre Kinder.

Mit Gerhard Fritz, der zuvor für die M-Klasse verantwortlich war, übernahm ein erfahrener Automobilentwickler die technische Leitung des Projektes. Dennoch sollte es noch fast ein Jahr dauern, bis das Smart City-Coupé von der Fahrsicherheit her einen solchen Entwicklungsstand hatte, dass es in Kundenhand übergeben werden konnte. Der Preis für die Basisversion lag mittlerweile bei 16.000 D-Mark. Im Oktober 1998 begann der Verkauf: Statt der ursprünglich für das Gesamtjahr geplanten 80.000 Einheiten wurden bis Ende des Jahres noch knapp 18.000 Fahrzeuge ausgeliefert. Das war alles andere als der erhoffte Traumstart. Im ersten vollen Produktionsjahr 1999 lagen die Verkäufe dann tatsächlich bei 80.000 Einheiten. Viele Journalisten begannen sich zu erinnern: War da nicht einmal von 200.000 Fahrzeugen die Rede gewesen? Nicolas Hayeks Ankündigung holte das Unternehmen ein und der Smart bekam schneller als gedacht ein Loser-Image, das er über die gesamte Laufzeit nie wirklich loswurde.

Im Dezember 1998 kam der lange erwartete und überfällige Schritt: Das Missverständnis zwischen Mercedes-Benz und Nicolas Hayek wurde beendet. Nicolas Hayek stieg nunmehr auch offiziell aus dem Projekt aus und verkaufte seine restlichen Anteile an der MCC AG an Daimler. Bei Daimler war man erleichtert. Natürlich kann man aber auch umgekehrt fragen: Wo würde Mercedes heute stehen, wenn man Hayeks Vorschlägen, den Smart mit einem Elektro- oder doch zumindest mit einem Hybrid-Antrieb zu bauen, gefolgt wäre? War das wirklich nicht zu schaffen gewesen? Hätte man nicht mehr Arbeit in die Entwicklung einer leistungsfähigen Batterie stecken müssen, statt für den Winzling einen Diesel-Motor zu entwickeln? Würde die Krone in Sachen elektrifizierter Antriebe dann heute nicht Toyota oder Tesla, sondern Daimler gehören? Hayek hat die Entwicklung, die das Smart-Projekt unter der Federführung von Daimler genommen hat, als einen Verrat an seinen Ideen verstanden und daraus auch in vielen öffentlichen Äußerungen nach seinem Ausstieg keinen Hehl gemacht. Lange Jahre war er noch auf der Suche nach einem anderen industriellen Partner, der mit ihm die Idee eines „wirklich" revolutionären Kleinwagens verwirklichen würde – vergeblich. Die Entscheidung, den Smart nur noch elektrisch anzubieten, hat er nicht mehr erlebt. Nicolas Hayek ist am 28. Juni 2010 im Alter von 82 Jahren in Biel gestorben.

„Nothing beats success" – wirklich?

Im September 1998 stellt Mercedes-Benz auf dem Pariser Automobilsalon die neue S-Klasse, den W220, vor. Mit diesem Auto kehrte die erste Produktoffensive gewissermaßen an ihren Ausgangspunkt zurück. Die S-Klasse des Jahres 1991, die „Kathedrale auf Rädern", war das Ergebnis einer Entwicklung, die in eine Sackgasse geführt hatte und so nicht weitergehen konnte. Es galt, neue Wege in der Modellpolitik zu beschreiten, um wieder Anschluss an den Markt zu bekommen. Der W140 war insofern ein End- und gleichzeitig auch ein Wendepunkt. „Einen Weg zurück" konnte es – wie es in jenem schlichten Kassiber mit den Unterschriften von Jürgen Hubbert und seinen Kollegen hieß – „jetzt nicht mehr geben". Die neue S-Klasse des Jahres 1998, von den Journalisten genauso wie von den Kunden mit Spannung erwartet, trat kein einfaches Erbe an: Sie sollte nicht nur wie ihr Vorgänger das Repräsentationsbedürfnis östlicher Potentaten befriedigen, sondern auch dem Wunsch von Dax-Vorständen nach einem sozialverträglichen Geschäftsfahrzeug entgegenkommen. Der Spagat gelang. Die Baureihe W220 war kürzer, schmäler, niedriger und trotz mehr Ausstattung 300 kg leichter als ihr Vorgänger. Sie überzeugte mit ihrem nun deutlich sportlicheren Auftreten und mit einer Fülle von neuen technischen Features wie etwa dem Abstandsregelautomaten Distronic, dem Keyless-Go-System und Massagesitzen. Das neue Auto war eine Synthese aus Tradition und Fortschritt: Es hatte, was Technik und Ausstattung anbelangt, Oberklassen-Charakter, markierte aber auch den Stellenwert, den Design und Wirtschaftlichkeit mittlerweile im Konzern gewonnen hatten. Das Flaggschiff wurde zu einem Symbol für den Wandel, den die Marke in den zurückliegenden sieben Jahren durchgemacht hatte.

Helmut Werner hatte am Beginn seiner Amtszeit von fünf Offensiven gesprochen, die er starten und zu Ende bringen wollte. Was wurde erreicht? Im Zuge der Produktoffensive war die Modellpalette umfassend modernisiert und erweitert worden; mit der Kostenoffensive und der Preis-Wert-Strategie war man erheblich wettbewerbsfähiger geworden; die Globalisierungsoffensive war mit der M-Klasse und dem neuen Werk in Tuscaloosa erfolgreich gestartet; Marke und Marketing wurden ungleich professioneller gehandhabt als in der Vergangenheit, das Image deutlich verjüngt; und schließlich hatte sich auch die Unternehmenskultur gewandelt: Statt „Abnicken" von Vorstandsentscheidungen hatte der „konstruktive Konflikt" im Unternehmen Einzug gehalten, nicht immer und überall, aber es schien, als ob die junge Generation im Unternehmen mehr Einfluss bekam. Obwohl die Vorstände und Führungskräfte damals noch Anzüge und Krawatten trugen, im persönlichen Umgang beim distanzierten „Sie" blieben und sich in ihrem Habitus in der Öffentlichkeit nicht viel verändert hatte, war aus Mercedes-Benz nach der großen Krise nach heutigen Begriffen fast schon ein „Start-up"-Unternehmen geworden, die Micro Compact Car GmbH war es. Plötzlich war vieles, fast alles möglich. Es gab keine Denkverbote und Tabus mehr, Außenseiter und Querdenker hatten eine Chance, zumindest gehört zu werden, und die Flut an neuen Modellen und Modellvarianten signalisierte auch nach Außen: Hallo, Mercedes erfindet sich gerade neu! Fast schien es so, als wollte man in wenigen Jahren nachholen, was in den vorausgegangenen zehn Jahren verschlafen worden war. Jeder spürte: Das Unternehmen lebt!

Mit der Produktoffensive wurden neue Kundengruppen erschlossen, alte Mercedes-Fahrer kamen wieder zu ihrer Marke zurück, das Wachstum bei den produzierten und verkauften Stückzahlen war imposant. Gegenüber dem Krisenjahr 1993 hatte sich die PKW-Produktion im Jahr 1998 auf über 900.000 Einheiten fast verdoppelt, der Abstand zu BMW war wieder größer geworden, Audi war noch weit weg. Noch wichtiger war freilich, dass bei Mercedes wieder gutes Geld verdient wurde. Im PKW-Geschäft gingen nach dem Personalabbau und aufgrund der gleichzeitig steigenden Produktion die Gewinne ab dem Jahr 1994 sprunghaft nach oben. Im Jahr 1998 erzielte der Geschäftsbereich einen Operating Profit von knapp 2 Milliarden Euro und übertraf damit das intern gesetzte Renditeziel von 12 Prozent deutlich. Da sich auch das Ergebnis im Nutzfahrzeuggeschäft aufgrund der guten Konjunktur und zahlreicher Kostensenkungsmaßnahmen verbesserte, war Mercedes-Benz wieder die Ertragsstütze im Konzern, die der Geschäftsbereich vor der großen Krise im Jahr 1993 immer gewesen war.

Natürlich gab es auch Baustellen, die noch lange nicht bewältigt waren: Die A-Klasse brachte zwar Stückzahlen, aber keinen Gewinn, zumal nach dem kostenintensiven Debakel bei der Markteinführung. Der Smart wollte nicht recht zum Laufen kommen und kaum jemand konnte sich vorstellen, wie man mit diesem Auto jemals Geld verdienen wollte. Der Kapazitätsrahmen war nach wie vor zu groß, viele Autos wurden mit hohen Nachlässen in den Markt gedrückt, windige Graumarktgeschäfte zehrten nicht nur bei den Händlern am Vertrauen in die Marke. Doch insgesamt war der Turnaround gelungen und Mercedes-Benz war wieder wer in der Welt des Automobils. Selbst die Rennsporterfolge kamen zurück: Am 21. November 1998 siegte Mika Häkkinen beim letzten Rennen der Saison, dem Großen Preis von Japan in Suzuka und wurde Formel 1-Weltmeister – vor Michael Schumacher und dem Ferrari-Team. Es war der erste Grand Prix-Weltmeistertitel für Mercedes-Benz nach mehr als 40 Jahren.

War Mercedes wieder zurück bei alter Größe? Die Frage ist falsch gestellt. Helmut Werner wollte nicht zurück. Er wollte aus Mercedes keine Luxusmarke machen und weder zurück zur Maxime „Das Beste oder nichts" noch zum Grundsatz der „maßvollen Investitionspolitik". Viel zu viel von dem, was die älteren Mitarbeiter als Tradition deklarierten, war ihm eine Last, die es abzuschütteln galt. Werner war kein „Visionär", jedenfalls nicht das, was man gemeinhin dafür hielt. Aber er hatte einen Plan. Die Mercedes-Benz AG sollte ein innovatives, effizientes und schnelles, heute würde man sagen: agiles Unternehmen werden. Sein Ziel war es, mit neuen Produkten einen Wachstumsprozess anzuschieben, der das Unternehmen in eine neue, aus seiner Sicht wettbewerbsfähige Größenordnung führen sollte, nicht „Luxus", sondern „Mass-Premium". Das, davon war er überzeugt, werde nur gelingen, wenn Mercedes global produzieren und noch globaler verkaufen würde.

Natürlich hätte es auch zu seiner Strategie eine Alternative gegeben, so wie es eben zu jeder Strategie Alternativen gibt. Anfang der 1990er-Jahren wurde in Paris ein Konzern mit dem sperrigen Kürzel „LVMH" geschmiedet. Sukzessive wurden oft vergessene und heruntergewirtschaftete Marken übernommen, die Exklusivität von Marken, die bereits zum Konzern gehörten, durch eine rigorose Mengendrosselung gestärkt und daraus der heute größte Luxusmarken-Konzern, die Louis Vuitton Moet Hennessy SE zusammengebaut, mit eiserner Hand geführt von Bernard Arnault. Wie in kaum einem anderen Jahrzehnt hätte man auch in der Autobranche in den 1990er-Jahren einen Luxusmarken-Konzern aufbauen können: Rolls Royce, Bentley, Lamborghini, Aston Martin – alles war zu haben. Ja, sogar Porsche hätte man vielleicht gewinnen können. Doch dieser Gedanke war zu weit weg von den Kategorien, in denen man damals dachte, und außerdem war das mit dem „Zusammenkaufen" von Unternehmen angesichts der Erfahrungen, die man mit dem Technologiekonzern gerade machte, keine Idee, für die man den Aufsichtsrat des Unternehmens hätte gewinnen können.

Auf einem Direktoren-Strategiegespräch, das am 29. März 1996 im Daimler Bildungszentrum auf dem Lämmerbuckel stattfand und das schon ein wenig geprägt war durch den heraufziehenden Streit über die Zukunft der Mercedes-Benz AG, versuchte Helmut Werner die Führungsmannschaft auf einen gemeinsamen Kurs einzuschwören, die „Modernisierer“ zu motivieren und die „Traditionalisten“ mitzunehmen: „Alle wie wir hier sitzen, haben von ihren Vorgängern einen Stern erhalten, der besser ist als alles, was in der Automobilindustrie weltweit angeboten wird. Unsere Aufgabe, meine Aufgabe, besteht nur darin, dieses Talent, das wir von unseren so erfolgreichen Vorgängern erhalten haben, in eine Form zu bringen, die besser ist als das, was wir bekommen haben. Wenn wir diese Aufgabe erledigt haben, dann sind wir erfolgreich gewesen als Einzelpersonen, dann sind wir erfolgreich gewesen als Unternehmen.“ Werner, der Leistungsfanatiker, glaubte an die Kraft des Erfolgs. „Nothing beats success“, rief er seinen Direktoren auf diesem Meeting zu und er glaubte daran, dass der Erfolg auch ihn tragen und vor Angriffen – von welcher Seite auch immer – schützen würde. Mercedes-Benz hatte die Krise von 1993 als Chance für einen Neubeginn genutzt. Aber die Neuausrichtung war, auch das wusste Werner, noch nicht zu Ende gebracht worden. Alles hätte gut werden können. Aber ein Manager im Unternehmen hatte schon wieder eine „Vision“. Pech, dass gerade dieser Manager der Vorstandsvorsitzende der Daimler-Benz AG war: Jürgen E. Schrempp.

Kapitel 8

Machtspiele – Der Beginn der Ära Schrempp

Karl Marx hat einmal geschrieben, dass sich alle großen weltgeschichtlichen Tatsachen zweimal ereignen, das eine Mal als Tragödie, das andere Mal als Komödie. Auch wenn es bei der Geschichte von Daimler nicht um „große weltgeschichtliche Tatsachen" geht: In vielerlei Hinsicht wirken die Jahre zwischen 1995 und 2005 wie eine Wiederholung der Jahre 1985 bis 1995: Ein neuer Manager übernimmt, unter dem Beifall der Medien, den Vorstandsvorsitz bei Daimler. Beide verfallen einer Vision, die sie mit großer Konsequenz und Leidenschaft verfolgen, der eine will den „integrierten Technologiekonzern", der andere die „Welt AG". Schon bald stellen sich bei der Umsetzung Probleme ein. Beide verteidigen ihre Vision, glauben an den Erfolg ihrer Strategie oder tun zumindest so. Der Abgang ist jeweils abrupt und endgültig und beide gehen in die Geschichte von Daimler als der jeweils „größte Kapitalvernichter aller Zeiten" (wohlgemerkt „in Friedenszeiten") ein. Dass die eine Geschichte einer ausgemachten Tragödie gleicht, die andere eher einer Komödie, liegt vor allem an den beiden Protagonisten: der intellektuelle Schwerenöter Edzard Reuter gibt den tragischen Helden, der wohlgelaunte Bauchmensch Jürgen E. Schrempp den verschlagenen Komödianten. Der Abgang von Edzard Reuter ist ein fürchterliches Intrigenspiel, das einen tief verzweifelten Manager zurücklässt. Jürgen E. Schrempp tritt zurück, gibt noch eine letzte telefonische Medienkonferenz und entschwindet mit dem Satz – Originalton Schrempp – „I am a very happy man" in den Ruhestand.

Biedermann und Brandstifter

In Max Frischs gleichnamigem Theaterstück erklärt der Brandstifter Eisenring dem gutgläubigen Herrn Biedermann mit entwaffnender Offenheit: „Die beste und sicherste Tarnung, finde ich, ist immer noch die blanke und nackte Wahrheit. Komischerweise. Die glaubt niemand." Herr Biedermann widerspricht nicht und er macht sich auch keine Sorgen, als Herr Eisenring unter seinen Augen Benzinfässer ins Haus rollt. Ein Brandstifter mit Benzinfässern unter dem Dachboden: Darf man sich da wundern, wenn es irgendwann einmal brennt und die ganze Bude in die Luft fliegt?

Man kann Jürgen Schrempp viel vorwerfen – nur eines nicht: dass er jemals ein Geheimnis aus seiner Einstellung zum Unternehmen und seinem Führungsstil gemacht hätte. Von keinem Daimler-Chef und von keinem Vorstandsvorsitzenden eines anderen Dax-Unternehmens gibt es so viele freche Sprüche und tolldreiste Eskapaden wie von Schrempp. Dass er das neue Daimler-Hauptquartier in Stuttgart-Möhringen öffentlich als „Bullshit Castle" bezeichnete, erregte Gelächter und Kopfschütteln gleichermaßen. Dass er gelegentlich nachts in einer Hotelbar als Mutprobe auch schon mal rohe Eier verspeiste, durfte in keinem der frühen Schrempp-Porträts fehlen. Und dass er bei dem verunglückten Kauf eines Unternehmens so eben mal ein paar Milliarden verpulverte und darauf stolz war, dafür nicht entlassen worden zu sein, machte ihn in den Aufsichtsgremien des Konzerns offensichtlich nicht suspekt. Nein, Jürgen Schrempp hat nie ein Geheimnis aus sich gemacht. Jedermann wusste oder konnte wenigstens wissen, wer der „Junge aus Freiburg" war.

Der Lebensweg von Jürgen E. Schrempp – das „E." in seinem Namenszug war ihm immer besonders wichtig – hat seine Biografen fasziniert, war es doch eine Geschichte, die im Wirtschafts-Deutschland der 1980er-Jahre nicht so häufig vorkam. Schrempp stammte aus einfachen, wenn auch nicht ärmlichen und bildungsfernen Verhältnissen. Immerhin war sein Vater Vorsteher des Prüfungsamtes im Oberschulamt in Freiburg i.Br. Nachdem er die Quarta wegen einer Sechs in Französisch „gerissen" und mit der mittleren Reife die Schule verlassen hatte, begann er in der Daimler-Niederlassung in Freiburg eine Kfz-Mechaniker-Lehre, die er erfolgreich absolvierte. Irgendwann drängte es ihn doch, einen akademischen Abschluss zu machen, und so besuchte er die Offenburger Ingenieurschule, was damals noch ohne Abitur möglich war. Danach ging er wieder zurück zu Daimler, wo er schon bald signalisierte, dass ihn ein Job im Ausland reizen könnte.

Im Jahr 1974 wurde er zunächst Kundendienstmanager, dann technischer Leiter bei der Tochtergesellschaft in Südafrika, dem Land, das zu einem Teil seiner Identität und zum verklärten Resonanzboden seiner „Tellerwäscher"-Karriere wurde. Südafrika ist für einen Außenstehenden, der die Mechanismen in einem großen Konzern nicht kennt, auf den ersten Blick nicht gerade das ideale Sprungbrett für eine Karriere. Tatsächlich war das Land, von der Konzernzentrale aus gesehen, weit vom Schuss, ein relativ kleiner und überdies sehr isolierter Markt. Ungewöhnlich war allenfalls eine kleine Montagefabrik, in der Mercedes-Fahrzeuge mit aus Deutschland stammenden Komponenten und Teilesätzen zusammengebaut wurden. Jürgen Schrempp gehörte zum kleinen Führungskreis der etwas exotisch anmutenden Tochtergesellschaft und so war es fast zwangsläufig, dass es Kontakte mit Vorständen und deren Büros gab. Wie nachhaltig und karrierefördernd diese waren – das hing davon ab, was der Einzelne daraus machte.

Gerhard Prinz, der erste Schrempp-Förderer, war mehrfach in Südafrika. Als er für den notleidenden Fehleinkauf Euclid einen Sanierer brauchte, holte er Schrempp, um das Unternehmen auf Vordermann zu bringen. Über den Schremppschen Sanierungserfolg bei Euclid gehen die Meinungen der Zeitzeugen weit auseinander. Die große „Erfolgsstory" aus dieser Episode haben daraus später auf jeden Fall andere gemacht, als es darum ging, Jürgen Schrempp in der Öffentlichkeit als erfolgreichen Macher und tatkräftigen Manager zu verkaufen.

Nach seinem Intermezzo bei Euclid in Cleveland kehrte er 1985 wieder zurück nach Südafrika, jetzt aber nicht mehr als Kundendienstmanager, sondern als Präsident des Unternehmens. Er bewegte sich geschickt im Spannungsfeld zwischen Weißen und der farbigen Bevölkerungsmehrheit, vermied Bekenntnisse zum Apartheid-System und sorgte dafür, dass farbige Mitarbeiter, im Rahmen der damaligen politischen und rechtlichen Möglichkeiten, im Unternehmen nicht diskriminiert wurden. So erwarb er sich nicht nur die Anerkennung des Sozialdemokraten Edzard Reuter, sondern auch den Respekt der schwarzen Opposition im Lande. Später wurde daraus eine Freundschaft mit Nelson Mandela, dem legendären ersten farbigen Präsidenten von Südafrika, dem 1993 gemeinsam mit dem letztem weißen Präsidenten Südafrikas, Willem de Klerk, der Nobelpreis verliehen wurde. Noch in seinen Erinnerungen schwärmt Edzard Reuter von jener unvergesslichen, von Jürgen Schrempp arrangierten Begegnung mit dem charismatischen Führer der südafrikanischen Freiheitsbewegung im Jahr 1994: „Einen gelösteren, heitereren, warmherzigeren Abend als diesen", schreibt er in seinen Erinnerungen, „habe ich nie zuvor als offizieller Gast eines hochgestellten Staatsmannes erlebt." Der Eindruck saß tief. Die Sympathie für Jürgen Schrempp auch.

Im Jahr 1987 wurde Schrempp als stellvertretendes Mitglied in den Daimler-Vorstand berufen und war dort zuständig für den Vertrieb Nutzfahrzeuge, während die Gesamtverantwortung für den Geschäftsbereich bei Helmut Werner lag. Schon im Jahr 1989 bot ihm Edzard Reuter den Vorstandsvorsitz der Daimler-Benz Aerospace (DASA) an, in der die Luft- und Raumfahrtaktivitäten des Technologiekonzerns gebündelt worden waren. Jürgen Schrempp schien ihm der Richtige für diesen schwierigen Job: jung, unverbraucht, durchsetzungsstark, auch kommunikativ und verbindlich im Umgang mit den Arbeitnehmervertretern. Sowohl in der Reuter-Biographie von Hans Otto Eglau aus dem Jahr 1992 wie auch in seinen eigenen „Erinnerungen" aus dem Jahr

1998 wird über das Treffen, das Reuter arrangierte, um Jürgen Schrempp für diese Aufgabe zu gewinnen, berichtet, wenn auch mit einem bezeichnenden Unterschied. 1992, als Reuter noch glaubte, dass Jürgen Schrempp sein Freund sei, berichtete er dem Biographen, dass man sich bei ihm zu Hause „kräftig einen hinter die Binde gegossen" und Schrempp, als man auseinanderging, zugesagt habe, den Job zu übernehmen. Die Darstellung des gleichen Vorgangs im Jahr 1998, als Reuter wusste, dass Jürgen Schrempp nicht sein Freund war, ist wesentlich prosaischer: Jetzt ist nur noch von einem „intensiven Gespräch" die Rede. Jürgen Schrempp habe sich geziert, aber er, Reuter, habe ihn überzeugen können. Von einem Trinkgelage war jetzt keine Rede mehr. Dass bei der „Überzeugungsarbeit" auch Andeutungen eine Rolle gespielt haben könnten, dass der Vorstandsvorsitz bei der DASA das Sprungbrett für höhere Aufgaben im Konzern sein könnte, wurde nie bestätigt, aber auch nicht dementiert. 1989 wurde Schrempp Vorstandsvorsitzender der DASA – ein ebenso gewaltiger wie riskanter Karrieresprung.

Dass Jürgen Schrempp von Luft- und Raumfahrt nichts verstand, war weder für Reuter noch für den Aufsichtsrat ein Argument gegen ihn. Längst hatte auch bei Daimler das amerikanische Prinzip des „General Managers" Einzug gehalten, das besagte, dass nicht Fachkenntnisse, sondern „Management-Skills" für die erfolgreiche Ausübung einer Führungstätigkeit entscheidend seien. Wer über sie verfüge – so die gängige Meinung – könne jedes Unternehmen erfolgreich führen, egal in welcher Branche. Im Grundsatz ist eine solche Philosophie bei der Auswahl von Spitzenmanagern auch nicht falsch, allerdings nur dann, wenn der „General Manager" klug genug ist, sich die Ratschläge seiner Fachleute anzuhören und sie in seine Entscheidungen mit einzubeziehen.

Die DASA war von Anfang an ein komplexes Gebilde. Die Geschäftsfelder reichten von der Raumfahrt über die Wehrtechnik bis hin zu Antrieben in den Bereichen Luft, Land und Wasser. Viele dieser Geschäftsbereiche funktionierten völlig anders als die, die Jürgen Schrempp bisher kennengelernt hatte. Es gab da keine klassischen „Märkte" mit mehreren Anbietern und vielen Nachfragern. Vor allem in der Wehrtechnik gab es einen großen politischen Einfluss auf die jeweilige Auftragsvergabe. Fast immer ging es um Großaufträge, deren Akquisition und Abwicklung sich oft über viele Jahre hinzog. Überdies war das gesamte Produktportfolio hochspezialisiert und technologisch anspruchsvoll, die vielfältigen Querverbindungen und internationalen Kooperationen bei einzelnen Projekten waren für einen Neueinsteiger nur schwer durchschaubar. Schließlich hatte die DASA zahlreiche Werke und Entwicklungsstandorte, über deren Erhalt die betroffenen Bundesländer mit Argusaugen wachten. Als es dann Anfang der 1990er-Jahre zu einer großen Krise in der internationalen Luftfahrt kam sowie der Zusammenbruch Osteuropas und die Auflösung der Sowjetunion dazu führten, dass die Budgets für Neuanschaffungen in der Wehrtechnik drastisch zurückgefahren wurden, war klar, dass es nicht einfach werden würde, bei der DASA schwarze Zahlen zu schreiben. Schon ein ausgewiesener Fachmann hätte sich in dieser Situation schwergetan, die richtigen strategischen Entscheidungen zu treffen. Wie musste es da erst Jürgen Schrempp gehen, der von all dem wenig bis keine Ahnung hatte?

Sein Stellvertreter bei der DASA war Johann Schäffler, der praktisch sein ganzes Berufsleben in der Luft- und Raumfahrt sowie in der Verteidigungstechnik tätig gewesen und der letzte Vorstandsvorsitzende der MBB gewesen war. Viele und auch er selbst waren der Auffassung, dass er Chef der DASA hätte werden sollen. Jetzt war er nur Stellvertreter eines selbstbewusst auftretenden Seiteneinsteigers geworden. Schäffler galt als schlechter, weil zu detailverliebter Manager, was ihm den Spitznamen „Schrauben - Johann" einbrachte. Aber wie kaum ein anderer kannte er die relevanten Märkte, Produkte und Technologien, in den von ihm verantworteten Geschäftsfeldern. Vor allem aber kannte er auch die Meinungsbildner, Beeinflusser und Entscheidungsträger in den Ministerien und bei internationalen Organisationen. Er war – würde man heute sagen – gut vernetzt und ein geschätzter Gesprächs- und Verhandlungspartner. Man musste kein großer Psychologe sein, um vorherzusagen, dass das Duo Schrempp-Schäffler nicht funktionieren würde. So kam es auch: Im Jahr 1992 musste Schäffler gehen. Sein Nachfolger wurde Hartmut Mehdorn. Auch er ein exzellenter Kenner der Szene, aber – wie er auch später in anderen Spitzenpositionen bei der Deutschen Bahn und bei Airberlin unter Beweis stellte – kein Mann mit Minderwertigkeitskomplexen. Im Streit mit Schrempp verließ er die DASA im Jahr 1995 ohne Abfindung. Schon im Jahr 1991 war auch Helmut Ulke, Chef von Dornier, entlassen worden, weil er dem Vorstandsvorsitzenden wohl zu verstehen gegeben hatte, dass er ihn für eine glatte Fehlbesetzung hielt.

Konsequent hatte sich Schrempp von zwar menschlich schwierigen, aber wichtigen Know-how-Trägern getrennt. An seine Seite holte er stattdessen Manfred Bischoff, der gerade erst Finanzchef der Mercedes-Benz do Brasil geworden war. Er übernahm bei der DASA das Finanzressort. Bischoff war ein gestandener und allgemein anerkannter Daimler-Mann, hatte aber, wie sein Freund Jürgen Schrempp, ebenfalls keine Erfahrung in der Luft- und Raumfahrtbranche. Dass das Führungsduo Schrempp-Bischoff fachlich überfordert war, wurde spätestens beim Kauf des niederländischen Flugzeugherstellers Fokker deutlich, der sich schon bald als eine gewaltige Fehlinvestition herausstellen sollte.

Das Urteil über seine Zeit als Vorstandsvorsitzender der DASA hat Jürgen Schrempp selbst gesprochen: „Unter dem Strich bisher nicht", antwortete er SPIEGEL-Redakteuren in einem Interview im Jahr 1995 freimütig auf die Frage, ob die DASA dem Konzern jemals Gewinn gebracht habe. Und ebenso freimütig antwortete er in einem anderen SPIEGEL-Gespräch auf die Frage, warum er eine so steile Karriere gemacht habe: „Jemand muss sich geirrt haben." Koketterie oder Wahrheit? Jürgen Schrempp lachte sich eines, wenn er Journalisten mit seiner Offenheit verblüffen und in Verlegenheit bringen konnte.

Der Biedermann im Stück ist schnell gefunden. Hilmar Kopper, seit der Ermordung von Alfred Herrhausen im Jahr 1989 Sprecher der Deutschen Bank und Aufsichtsratsvorsitzender der Daimler-Benz AG, war ein gestandener, ob seiner Fachkenntnis und Seriosität weithin geschätzter Banker. Anders als sein eloquenter und weltläufiger Vorgänger hatte er das Bankgeschäft von der Pike auf gelernt. 1954 begann er bei der Deutschen Bank eine Lehre, arbeitete sich dann Stufe um Stufe in der Hierarchie des Unternehmens nach oben und wurde schließlich im Jahr 1977 in den Vorstand berufen. Das war ungewöhnlich in einem Unternehmen, in dem es in den Führungsetagen nur so von promovierten Akademikern und Professoren ehrenhalber wimmelte. Später, in einem Interview mit der ZEIT im Jahr 2013, beschreibt Hilmar Kopper seine Karriere so: „Ich habe nie Karriere machen müssen. Ich habe nur nie Nein gesagt, wenn mir etwas vorgeschlagen wurde, so einfach war das."

Es ist ungerecht, Hilmar Kopper als einen vierschrötigen, ungehobelten und arroganten Banker abzutun, wie es während seiner aktiven Amtszeit oft geschehen ist. Natürlich war seine Bemerkung, dass es sich bei den Verlusten, die die Deutsche Bank im Zusammenhang mit der Insolvenz des Immobilienunternehmers Jürgen Schneider hinnehmen musste, um „Peanuts" handele, nicht gerade von großer sozialer Sensibilität gekennzeichnet. Für einen Normalverdiener sind 50 Millionen D-Mark durchaus kein kleiner Geldbetrag, weshalb Kopper denn auch zu der zweifelhaften Ehre kam, Urheber des Unworts des Jahres 1994 zu werden. Auch sein mitunter genervtes und autoritäres Auftreten gegenüber Unternehmenskritikern auf den Hauptversammlungen von Daimler vermittelte nicht das Bild eines abgeklärten und souveränen Managers. Dennoch war Hilmar Kopper wohltuend solide und bodenständig im Vergleich mit jener Sorte von geldgierigen und Boni jagenden „Bankstern", die wenige Jahre später das Kommando in der Bankenwirtschaft übernahmen und im Jahr 2008 die größte Finanz- und Wirtschaftskrise der Nachkriegszeit auslösten.

Als Sohn eines mennonitischen Gutsverwalters in Westpreußen geboren, war er ein religiös geprägter Mensch, verheiratet und Vater von drei Kindern. Er führte ein bürgerliches Leben, akzeptierte den „Pflichtenkreis", den ihm sein Beruf und seine gesellschaftliche Stellung vorgaben. Man kann sich gut vorstellen, dass jemand diese Form der „Bürgerlichkeit" irgendwann als beengend empfindet und fasziniert ist von einem Menschen, der so ganz anders durchs Leben geht: unabhängig, fröhlich und manchmal auch über die Stränge schlagend. Das Verhältnis zwischen Hilmar Kopper und Jürgen Schrempp lässt sich nur schwer in die gängigen Kategorien des Aktienrechts bringen. Nach Paragraf 111 des deutschen Aktiengesetzes hat der Aufsichtsrat die Aufgabe, den Vorstand „zu überwachen". Aber die „Corporate Governance", die Frage, wie ein Unternehmen geführt wird, hängt nicht von Paragrafen ab, sondern von den Menschen, die diese Paragrafen leben oder auch nicht leben. Kopper hievte Jürgen Schrempp nicht nur in sein Amt. Er begleitete und unterstützte ihn auch während seiner Amtszeit, und zwar selbst dann noch, als den meisten klar wurde, dass Jürgen Schrempp das Unternehmen gegen die Wand fahren würde, wenn man ihn weiter gewähren ließ. Ungewöhnlich genug rebellierten im Jahr 2004 zuerst die Vorstandskollegen gegen ihren Vorsitzenden – und nicht der Aufsichtsratsvorsitzende, der dies von Amts wegen hätte machen müssen, als sich die Mitsubishi-Krise bei Daimler bedrohlich zuspitzte. Kopper, kommentierte einmal ein Journalist, sei nicht Kontrolleur, sondern Fan von Schrempp.

Für Hilmar Kopper war Schrempp, wie er gelegentlich zu dessen Verteidigung sagte, ein „Eins-a-Mensch“ und der „Maximo Leader“. Dass beide Duzfreunde waren, braucht man schon fast nicht mehr zu erwähnen. Wie aber will Duzfreund A Duzfreund B „überwachen“? Das „Du“, dass in jener Zeit in deutschen Unternehmen Einzug hielt, war ein kulturell anderes „Du“ als in amerikanischen Unternehmen. In den USA hat kein Chef damit ein Problem, seinen Duzfreund John, Joe oder Bob zu entlassen, wenn der einen schlechten Job macht. Das „Du“ im amerikanischen Geschäftsleben ist eine persönlich unverbindliche, weithin übliche Anrede untereinander. Im Deutschen war, zumindest in jener Zeit, als diese Geschichte spielt, das „Du“ noch Ausdruck von Vertrauen und Sympathie. Wie also konnte man davon ausgehen, dass Kopper Schrempp „überwachte“, wie er es auftragsgemäß hätte tun müssen?

Am Ende von Max Frischs Farce über die Naivität von Menschen bittet der Brandstifter Eisenring Herrn Biedermann um Streichhölzer. Er bekommt sie willig, Herrn Biedermanns Haus fliegt in die Luft. Auf die Bühne tritt der Chor und ruft drei Mal laut aus: „Weh uns! Weh uns! Weh uns!“

Ein Machtkampf ohne Kampf

Nach dem Katastrophenjahr 1993, in dem nicht nur Mercedes-Benz, sondern auch der gesamte Konzern operativ Verluste machte, wurde die Diskussion um die Nachfolge von Edzard Reuter dringlicher und lauter. Im Grunde gab es nur zwei Kandidaten: Jürgen E. Schrempp und Helmut Werner und so wurde das Rennen um den Vorstandsvorsitz in der Nach-Reuter-Ära von den Zeitgenossen zumeist als ein „Machtkampf“ zwischen Schrempp und Werner beschrieben. War es das wirklich – ein Machtkampf? Eröffnet wurde die Jagd auf den begehrten Posten – wieder einmal – im SPIEGEL. „Der Favorit wird ungeduldig“ war ein Artikel in der Ausgabe Nr. 10 im Jahr 1993 überschrieben. „Jürgen Schrempp“, heißt es dort, „ist mit dem Lauf der Dinge nicht zufrieden: Der Konzern brauche, lässt er gegenüber Vertrauten verlauten, neuen Schub. Und Schrempp, 48, weiß auch, wer den schaffen kann – er selbst. Bis 1995 aber will er nicht mehr warten. Noch in diesem Jahr soll der Führungswechsel stattfinden. Sonst steht Schrempp, daran sind kaum Zweifel möglich, für den Vorstandsvorsitz bei Daimler-Benz nicht mehr zur Verfügung.“ Es war unverkennbar, dass dieser Artikel bewusst platziert war, denn niemand in der deutschen Presselandschaft wäre zu diesem Zeitpunkt auf die Idee gekommen, die Befindlichkeit eines Daimler-Managers, der es eilig hat, Chef zu werden, über mehr als zwei Seiten wortreich zu beschreiben. Irgendetwas spielte sich da im Hintergrund ab und das Hamburger Nachrichtenmagazin wollte der Erste sein, der über die brisante Personalie berichtete.

Die Mitglieder von Aufsichtsräten mögen es normalerweise nicht, wenn sich Kandidaten öffentlich um den Vorstandsvorsitz eines Unternehmens bewerben, und sie lieben es noch weniger, wenn man sie zeitlich unter Druck setzt. Insofern hätte schon allein die Überschrift „Der Favorit wird ungeduldig" für Schrempp tödlich sein müssen. Denn wer sich allzu forsch vordrängt, hat dann, wenn es um die Entscheidung geht, zumeist schlechte Karten. Das wusste natürlich auch Schrempp und das wussten vor allem auch seine Berater, unter denen sich einige PR-Koryphäen mit bekannt guten Kontakten zu einigen Redaktionen von Deutschlands führenden Zeitungen und Magazinen befanden. So ließ der Artikel im Grunde nur eine Interpretation zu: Die Nachfolge von Edzard Reuter war schon entschieden. Der SPIEGEL-Artikel war daher kein Auftakt zu einem Machtkampf, keine Kriegserklärung an Helmut Werner und auch keine Drohung an den Aufsichtsrat, wohl aber eine Ansage an Edzard Reuter. „Der Favorit wird ungeduldig" sollte heißen: Es wird eng für dich, überlege dir, ob du nicht vorzeitig das Handtuch wirfst. „Der Stratege an der Spitze ist offenbar nicht der Mann der Stunde", heißt es im besagten SPIEGEL-Artikel weiter. „Jetzt soll ein Manager ran, der die Ideen in mühevoller Tagesarbeit realisiert. Und als ein Mann dieser Machart schätzt Schrempp sich selbst ein." Viel klarer konnte man die Warnung an Reuter nicht aussprechen. Der aber überhörte sie und musste dann mit seiner traurigen, sich über Wochen und Monate hinziehenden Demontage dafür büßen. Die Deutsche Bank und Jürgen Schrempp hatten sich geeinigt, auch wenn es bis zur „offiziellen" Wahl von Schrempp zum Vorstandsvorsitzenden der Daimler-Benz AG noch ein Jahr dauern sollte.

Wenn die Machtfrage schon entschieden ist, fällt auch der Machtkampf aus. Helmut Werner wusste spätestens nach diesem Artikel, dass die Wahl auf Jürgen Schrempp gefallen war. Er war zwar ein Sportsmann, aber er hatte keine Lust, sich in einen Wettbewerb einzulassen, der gezinkt und schon im Hintergrund entschieden war. So nahm er den Machtkampf und die medialen Spiegelfechtereien gelassen hin. Er wusste, dass Alfred Herrhausens Wort, der ihm die Nachfolge von Reuter zumindest in Aussicht gestellt hatte schon lange nichts mehr galt. Und er wusste auch, dass er nicht der Mann von Hilmar Kopper war. Im Grunde konnte ihm das auch egal sein, denn als Chef der Mercedes-Benz AG regierte er das Herz des Daimler Konzerns. Als Automann, der er mit Leib und Seele war, hatte er – wie er immer sagte – „den besten Job der Welt". Vielleicht kam seiner Gemütsverfassung dabei auch zugute, dass er nicht in formalen Hierarchiestufen dachte, sondern in faktischen Einfluss- und Gestaltungsdimensionen. Als Mercedes-Chef konnte ihm niemand hineinreden, solange er seinen Job gut machte. Das war zumindest sein Kalkül, das dann auch noch drei Jahre aufging, bevor es zu einem wirklichen, finalen Machtkampf zwischen Schrempp und Werner kam.

Man würde die Entscheidung für Jürgen Schrempp als Nachfolger von Edzard Reuter in unzulässiger Weise verkürzen, wenn man sie allein auf die Faszination zurückführen würde, die zwei ältere Herren für „eine tatkräftige, wenn auch durch gewisse persönliche Eigenheiten gekennzeichnete Persönlichkeit" empfanden (so Edzard Reuter in seinen Erinnerungen über Jürgen Schrempp).

Die Deutsche Bank verfügte im Jahr 1993 noch immer über 28,5 Prozent der Daimler-Aktien und war damit der bei Weitem wichtigste Einzelaktionär. Die Irrfahrt des Unternehmens unter Edzard Reuter machte sich mehr und mehr auch direkt in der Bilanz des größten deutschen Bankhauses bemerkbar. Die Dividendenkürzung im Jahr 1993 war ärgerlich, aber nicht schmerzlich. Mehr Sorgen machte der Kurs der Daimler-Aktie, die trotz (oder besser gesagt: wegen) der zahlreichen Akquisitionen nicht von der Stelle kam und im Jahr 1994 deutlich gesunken war. Überdies verfolgte die Deutsche Bank die Strategie, ihre Industriebeteiligungen zu reduzieren. Dahinter stand ein fundamentaler, vor allem aus den USA getriebener Trend, der das Rollenverständnis des Banken-Sektors fundamental veränderte. Waren die Banken in der Vergangenheit „Diener der Realwirtschaft", die Wachstum und Beschäftigung durch eine entsprechende Kreditvergabe und auch durch eigene Engagements bei Industrie- und Dienstleistungsunternehmen fördern sollten, so ging die Entwicklung jetzt dahin, dass die Banken das Geschäft mit Geld und Geldprodukten zur Quelle von Profitabilität machen wollten und damit gewissermaßen zu den „Herren der Realwirtschaft" wurden. Vor allem das Investment Banking, also die Vermittlung und Durchführung von Unternehmensübernahmen sowie der Handel mit Wertpapieren und sekundären Finanzprodukten wie den berühmten und berüchtigten Asset Backed Securities (ABS), wurde zur Königsdisziplin in der Finanzwelt, weil dieser Bereich des Bankgeschäftes ungleich höhere Renditen abwarf als das klassische Einlagen- und Kreditgeschäft. Mit Kauf der britischen Investmentbank Morgan Grenfell im Jahr 1989 war dieser Kurswechsel auch bei der Deutschen Bank unverkennbar eingeleitet worden.

Vorstand, Aufsichtsrat und Aktionäre der Deutschen Bank wollten – simpel gesagt – mehr Profit und höhere Aktienkurse sehen, weil nur dann ein Verkauf der Daimler-Anteile Sinn machte, und zwar nicht irgendwann, sondern bald, am besten gleich. Längst hatte man den Glauben an Edzards Reuters Vision verloren. Es war nicht absehbar, wann und ob überhaupt der „integrierte Technologiekonzern" jene Ertragskraft besitzen würde, die den Automobilkonzern Daimler-Benz in der Vergangenheit ausgezeichnet hatte. Ein neues Geschäftsmodell musste her, das die Interessen der Kapitaleigner in den Mittelpunkt der Unternehmensstrategie stellte, und nicht irgendwelche, weit in der Zukunft liegenden Technologie- und Systemkonzepte. Jürgen Schrempp galt in Frankfurt als der Mann, der einen solchen Wandel schnell und gründlich herbeiführen könnte.

Natürlich war auch den Managern in der Deutschen Bank nicht verborgen geblieben, dass der Kandidat Schrempp eine „durch gewisse persönliche Eigenheiten gekennzeichnete Persönlichkeit" war. Man musste daher Schrempp Kollegen zur Seite stellen, die verlässlich und stark genug waren, um dem impulsiven und manchmal auch etwas nassforschen Vorsitzenden in die Parade fahren oder ihm zumindest seine Grenzen aufzeigen zu können. Als „Einrahmung" von Jürgen Schrempp waren Helmut Werner und Manfred Gentz geplant. Werner galt als ein verlässlicher und tüchtiger Manager, dem man jederzeit vertrauen konnte. Es war wichtig, dass er im Unternehmen blieb und seinen Sanierungskurs bei Mercedes-Benz erfolgreich weiterführen konnte. Er sollte daher volle operative Verantwortung für die Geschäftsbereiche PKW und Nutzfahrzeuge behalten. Der unzuverlässige, mit persönlichen Problemen kämpfende und als Schrempp-Freund bekannte Gerhard Liener sollte hingegen als Finanzchef durch Manfred Gentz ersetzt werden. Manfred Gentz, seit 1970 im Unternehmen, lange Jahre Personalvorstand und zuletzt Chef der Daimler-Benz Interservices (debis), galt als der persönlich integre Manager schlechthin. Er war nicht nur gebürtiger Ostpreuße, sondern er lebte diese Herkunft auch in seinem äußeren Auftreten: Bis zur Selbstverleugnung unauffällig, pflichtgetreu, ohne irgendwelche Eskapaden, aber fachlich kompetent, hartnäckig in der Sache und charakterstark hatte er im und außerhalb des Unternehmens einen untadeligen Ruf. Er sollte dort wieder Finanzdisziplin durchsetzen, wo man in der jüngeren Vergangenheit unsinnige Investitionen, versteckte Quersubventionierungen und überhöhte Beteiligungserwerbe hatte durchgehen lassen. Und er sollte den Aufpasser für das Finanzgebaren des neuen Vorstandsvorsitzenden spielen.

Schrempp trägt die Reutersche Vision zu Grabe und wickelt den Technologiekonzern zügig ab, Werner führt die Profitquelle Mercedes mit Kostendisziplin und attraktiven zusätzlichen Modellen zu neuen Höhen und Gentz sorgt dafür, dass nicht neues, gutes Geld für schlechte Projekte und Visionen hinausgeworfen wird: So stellten sich die „Deutschbanker", wie man die Vorstände der Deutschen Bank in Untertürkheim mit einer Mischung aus Respekt und Ironie bezeichnete, die Daimler-Benz AG nach Edzard Reuters Rückzug vor. Der wilde Mann aus Südafrika sollte sich austoben können, aber eingebunden in ein Gremium, das notfalls auch in der Lage war, die Handbremse zu ziehen. Es war kein schlechtes Personalkonzept, das auch hätte funktionieren können, hätte es einen Aufsichtsratsvorsitzenden gegeben, der die Spielregeln im Umgang der drei Protagonisten miteinander nicht nur definiert, sondern auch deren Einhaltung überwacht und Verstöße gegebenenfalls sanktioniert. Am 24. Mai 1994, ein Jahr nach dem vielsagenden SPIEGEL-Artikel über den ungeduldigen Kandidaten, wurde Jürgen Schrempp vom Aufsichtsrat des Unternehmens mit Wirkung zum 24. Mai 1995 einstimmig zum Vorstandsvorsitzenden der Daimler-Benz AG gewählt. Eine Stunde später war Edzard Reuter eine „Lame Duck". „Niederlage für den Alten", kommentierte gewohnt lakonisch der SPIEGEL die Ereignisse an jenem denkwürdigen Tag.

Die Wahl Jürgen Schrempps zum neuen Vorstandsvorsitzenden fand den Beifall der Medien. Der „richtige Mann" hieß es – wie einst, als Edzard Reuter zum Vorstandsvorsitzenden des Unternehmens gemacht wurde. Was wurden da nicht alles für Geschichten um den neuen starken Mann bei Daimler ausgegraben: Schrempp, der Student, der sich mit Trompetenspielen sein Studium finanziert hat. Schrempp, der Manager, der in Südafrika die Apartheid kritisiert hat. Schrempp, der Athlet, der mit Reinhold Messner auf den Berg steigt. Und so weiter und so fort. Wer die Porträts des frischgekürten Daimler-Chefs las, musste den Eindruck bekommen, dass da ein Übermanager und Übermensch künftig den Daimler-Konzern führen würde. Klar, niemand in der Presse wollte es sich mit dem neuen starken Mann bei Daimler gleich bei dessen Amtsantritt verderben. Also lobte man, was es am neuen Daimler-Chef zu loben gab. Die Erwartungen waren dementsprechend groß: Schrempp, der Macher, werde einen Kurswechsel einleiten, die Traumtänzereien seines Vorgängers beenden und im Technologiekonzern „aufräumen“. Jetzt konnte alles nur noch besser werden.

Jürgen Schrempp wusste, was die Deutsche Bank von ihm erwartete: hohe Dividenden und einen steigenden Aktienkurs. Mit ihm machte ein Begriff Karriere, den vorher nur Wirtschaftsfachleute und Manager kannten: Shareholder-Value. Im „Brief an die Aktionäre und Freunde des Unternehmens“ im Geschäftsbericht für das Jahr 1995 ist das sehr einfach und klar formuliert: „Der Vorstand orientiert sich in erster Linie daran, Ihnen, den Anteilseignern der Daimler-Benz AG, attraktive Renditeaussichten zu bieten.“ Künftig werde der Konzern 12 Prozent Mindestrendite auf das eingesetzte Kapital erbringen und die individuelle Zielrenditen eines jeden Geschäftsbereiches sollten sich daran bemessen, „welche Verzinsung der weltweit beste Wettbewerber erzielt“. Das war ein Bruch mit einer Denkweise, die sich vorrangig an langfristigen Potenzialen, Technologien und Synergien orientiert hatte und die auch geeignet war, hohe „Zukunftsaufwendungen“ zu Lasten der Profitabilität zu erbringen. Wohin das führte, hatte das Jahr 1993 gezeigt, als die „Cash Cow“ Mercedes-PKW schwächelte. Jetzt schlug das Pendel in eine andere Richtung aus: „Profit, Profit, Profit“, soll Jürgen Schrempp bei seinem Amtsantritt geantwortet haben, als er nach seiner „Vision“ für das Unternehmen gefragt wurde.

Noch heute wird der Begriff Shareholder-Value mit dem Namen von Schrempp verbunden, obwohl er weder dessen Erfinder war noch auch als leuchtendes Vorbild dafür dienen könnte, wie man den Wert eines Unternehmens nachhaltig steigert. Der Shareholder-Value wurde – gewollt oder nicht – zum Markenzeichen des neuen Vorstandsvorsitzenden. Freilich lag es auch an ihm, dass der an sich völlig wertfreie terminus technicus in der Öffentlichkeit schnell zum Inbegriff eines ungezügelten Profitstrebens, zum Symbol für Werkschließungen und den Abbau von Arbeitsplätzen wurde. Der Ausbau von sogenannten „Stock Options“, also die Ausgabe von Aktienbezugsrechten, mit denen Vorstände und Führungskräfte motiviert werden sollten, für steigende Aktienkurse des Unternehmens zu sorgen, waren Teil der Shareholder-Value-Philosophie. Als das mit zunehmender Dauer nicht so recht in der Öffentlichkeit ankam, wechselte man einfach die Terminologie: Schon bald war in den offiziellen Dokumenten und Verlautbarungen des Unternehmens nicht mehr vom „Konzept des Shareholder-Value“, sondern vom „Konzept der wertorientierten Führung“ die Rede. Das hörte sich entschieden besser an als der mittlerweile in Diskredit geratene Anglizismus.

Jürgen Schrempps mit Hilfe des SPIEGEL-Artikels im Frühjahr 1993 aufgebaute Drohkulisse hatte funktioniert. Ungeduldig geworden war der „Favorit“ nicht wirklich. Er wusste, dass er den Aufsichtsratsvorsitzenden hinter sich hatte, und er, der „Freiburger Junge“, hatte auch die Arbeitnehmervertreter hinter sich gebracht. Der Machtkampf war ausgefallen, er war gewissermaßen kampflos neuer Vorstandvorsitzender in Deutschlands Vorzeigekonzern geworden. Doch schon bald sorgte er mit mehreren seltsam anmutenden Auftritten für Schlagzeilen.

Sommer der Skandale

Im Juli 1995, etwas mehr als fünf Wochen nach dem Amtsantritt des neuen Vorstandsvorsitzenden, wurde die Welt Zeuge einer der für das Haus Daimler-Benz inzwischen schon fast üblichen negativen Überraschungen. Manche bezeichneten es auch als „Skandal": Jürgen Schrempp kassierte die Gewinnprognose seines Vorgängers Edzard Reuter. Die Korrektur war „extremst" (auch die Verwendung des Superlativs wurde zu einem Markenzeichen von Jürgen Schrempp): Hatte Edzard Reuter auf seiner letzten Hauptversammlung als Vorstandsvorsitzender Ende Mai noch erklärt, das Geschäftsjahr 1995 entwickle sich zufriedenstellend, und zumindest einen Gewinn in Vorjahreshöhe in Aussicht gestellt, so kündigte sein Nachfolger jetzt einen „empfindlichen" Verlust an. Näheres war zunächst nicht zu erfahren. Am Ende waren es 5,7 Milliarden D-Mark – der bis dahin höchste Verlust, den das Unternehmen ausweisen musste. Die Aktionäre und die gesamte Finanzwelt waren in Aufruhr. Wie konnte es sein, dass innerhalb weniger Wochen aus einem ansehnlichen Gewinn ein empfindlicher Verlust wurde? Die Erklärung war sehr einfach: Jürgen Schrempp hatte das gemacht, was wohl jeder andere Manager in seiner Situation auch gemacht hätte und was mittlerweile gang und gäbe ist – er hatte alle Risiken, die er von seinem Vorgänger übernommen hatte, gnadenlos durchkalkulieren lassen und dafür Rückstellungen gebildet. So wurden alle Dollar-Geschäfte statt mit einem Wechselkurs von 1,65 D-Mark mit einem Kurs von 1,45 D-Mark berechnet, was angesichts der damaligen Dollar-Schwäche durchaus vertretbar war. Doch die Ergebniskorrektur beinhaltete auch andere Faktoren, wie sich schon bald zeigen sollte. Denn anfänglich war nur von einem Verlust in der Größenordnung von 2 Milliarden D-Mark die Rede und erst im Laufe des Herbstes 1995 wurden die kalkulierten Verluste immer höher. Es war offensichtlich, dass Schrempp für den Ausverkauf des Technologiekonzerns hohe Rückstellungen bildete.

Für Schrempp war der riesige Verlust im Jahr 1995, so seltsam sich das anhören mag, ein Befreiungsschlag: Er stand nicht in der Verantwortung für das Ergebnis im Geschäftsjahr 1995 und vor allem hatte er jetzt den Rücken frei, um – koste es was es wolle – den „integrierten Technologiekonzern" seines Vorgängers abzuwracken. Gleichzeitig würde er mit größter Wahrscheinlichkeit – alle Risiken waren ja in die Bilanz für das Jahr 1995 hineingeschoben worden – im Jahr 1996 einen Gewinn ausweisen und damit seine Wahl zum Vorstandsvorsitzenden als richtig bestätigen können. Tatsächlich lag der Gewinn für das Geschäftsjahr 1996 dann bei über 2 Milliarden D-Mark, was einer Ergebnisverbesserung von 7,7 Milliarden D-Mark innerhalb eines Jahres entsprach. Edzard Reuter hatte sich später bitter darüber beklagt, wie er mit der Bilanzkorrektur von seinem „Zögling" im Aufsichtsrat und in der Öffentlichkeit vorgeführt wurde. In seinen „Erinnerungen" bezeichnete er die Höhe des ausgewiesenen Verlustes als „nahezu unvorstellbar". „Die Geschichte wird zeigen", räsonierte er desillusioniert, „was an jenem als so grandios gefeierten Umschwung Schein, was Wirklichkeit war." Aber hatte Edzard Reuter nicht selbst im Zusammenhang mit seinem von ihm bevorzugten Nachfolger von einer „tatkräftigen, wenn auch durch gewisse persönliche Eigenheiten gekennzeichneten Persönlichkeit“ gesprochen?

Skandal Nummer 2 folgte ziemlich schnell. Und das war nun ein wirklicher „Skandal“ auf ganz niedrigem Niveau. Die Antwort hört sich an wie die eines Schülers der gymnasialen Oberstufe, der seinem Lehrer einen Fehltritt beim Klassenausflug in Rom beichten muss: „Wir, das heißt meine zwei Begleiter und ich, sind in der vergangenen Woche in Rom gewesen. Das Wetter war unglaublich gut, wir sind abends ins Hotel zurückgegangen und haben gesagt: Da unten auf der Spanischen Treppe trinken wir noch eine Flasche Wein.“ Die Fragen hatte der SPIEGEL gestellt, geantwortet hatte Jürgen Schrempp. Was war passiert? In der Nacht vom 27. auf den 28. Juli 1995 wurden der Vorstandsvorsitzende der Daimler-Benz AG und seine zwei Begleiter – es handelte sich um seine Büroleiterin Lydia Deininger und seinen Assistenten Hartmut Schick – auf der Spanischen Treppe von der römischen Polizei kontrolliert, aber sie hatten keine Pässe dabei. Es gab Streit zwischen den drei deutschen Geschäftsreisenden und den italienischen Polizisten. Ob es dabei auch zu Handgreiflichkeiten kam, ist nie geklärt worden. Schlussendlich musste die Reisegruppe mit auf das Polizeirevier, wo ihre Identität geklärt werden konnte. Danach durften die drei mit einem Taxi in ihr Hotel zurückfahren. Die italienischen Medien und nur wenig später auch die deutschen, waren voll mit Berichten über das nächtliche Techtelmechtel auf der Spanischen Treppe: „Daimler-Chef von der Polizei festgehalten“, berichtete die „Bild“. Die „Hamburger Morgenpost“ fragte hämisch: „Wie blau war der Daimler-Chef?“ Pikant war die Geschichte nicht zuletzt deshalb, weil einige Jahre vorher der damalige Mercedes-Chef Werner Niefer mit einem Bus in Rom einen Unfall verursacht hatte, bei dem eine deutsche Touristin verletzt worden war. Jetzt also wieder Rom. Nicht nur die Boulevard-Zeitungen freuten sich über das Missgeschick von Jürgen Schrempp und weideten die Geschichte gründlich aus.

Der Imageschaden war beträchtlich. Wie war es möglich, dass der Spitzenmanager des Unternehmens, das in der Vergangenheit wie kein anderes für Stil und Distinktion stand, auf der Spanischen Treppe mit zwei Begleitern Wein trinken wollte und dann auch noch lautstark mit drei römischen Polizisten, die nur ihre Pflicht taten, einen Streit anfing? Wäre es da nicht angebracht gewesen, die charakterliche Eignung des Spitzenpersonals kritisch unter die Lupe zu nehmen? Wenn das, was da passiert war, den Tatsachen entsprach: Was war dann noch möglich? Der einzige, für den der Vorfall kein großes Thema war, war der Aufsichtsratsvorsitzende Hilmar Kopper. Den Skandal kleinredend und ins Humoristische hinüberziehend, bezeichnete er den Vorfall später als „römische Anekdote“. Jürgen Schrempp war dennoch zerknirscht: „Ich möchte Mensch bleiben“, gab Jürgen Schrempp den SPIEGEL-Journalisten in besagtem Interview mehr klein- als reumütig mit auf den Weg.

Wiederum nur wenig später folgte Skandal Nummer 3: Das im manager magazin in der Ausgabe Nr. 8/1995 veröffentlichte „Dossier“ des ehemaligen Daimler-Finanzvorstands Gerhard Liener, über das schon an anderer Stelle berichtet wurde, trug wesentlich dazu bei, dass Edzard Reuter seinen Sitz im

Aufsichtsrat niederlegte. Jürgen Schrempp dürfte darüber nicht unglücklich gewesen sein, da er ja vorhatte, das „Lebenswerk“ seines Vorgängers abzuwickeln. Dementsprechend war auch naheliegend, dass er die von Reuter gewünschte „Ehrenerklärung“ ablehnte und dies seinem Förderer gegenüber auch deutlich zum Ausdruck brachte. Der Liener-Skandal ließ jedenfalls tief blicken, mit welchen Machenschaften mittlerweile im Daimler-Konzern gearbeitet wurde, und viele stellten sich die Frage, ob der „Sommer der Skandale“ vielleicht nur ein Vorgeschmack sein würde auf das, was noch kommen sollte?

„Stop the bleeding“: Eine Vision wird abgewickelt

Das erste Opfer war ein Kind, ein Baby. Am 15. März 1996 meldete der niederländische Flugzeughersteller Fokker Konkurs an. Fokker, das war Jürgen Schrempps „Love Baby“, das – wie er später sagte – „Krebs“ hatte. Das Bild, das Schrempp zur Beschreibung des Untergangs von Fokker verwendete, war grausam, grausamer noch als die Realität. Aber auch die war nicht schön.

Daimler hatte Fokker im Jahr 1992 erworben. Das Unternehmen mit deutschen Ursprüngen war viele Jahrzehnte ein Vorzeigeunternehmen mit globaler Ausstrahlung, einer jener wenigen Industriegiganten, die die niederländische Wirtschaft hatte. Fokker war spezialisiert auf den Bau von Regionalflugzeugen und die F-27 gehörte zu den weltweit am meisten verkauften Turboprop-Maschinen. Verhandlungsführer bei den Übernahmegesprächen waren Jürgen Schrempp als Vorstandsvorsitzender der DASA und sein Finanzchef Manfred Bischoff. Die strategische Zielsetzung des Erwerbs war, die Marktposition der DASA im Segment der Regionalflugzeuge zu stärken. Insbesondere erhoffte man sich Synergien mit dem Projekt Do328, das bei Dornier ungeheure Summen an Entwicklungskosten verschlang. Gleichzeitig verfolgten Schrempp und Bischoff das Ziel, die Position der DASA im Kreis der anderen Airbus-Partner zu stärken. Die DASA sollte zum Marktführer unterhalb des Airbus-Programms werden. Beides ging schief. Nicht nur Dornier, auch Fokker war krank – und aus zwei kranken Unternehmen wird, wenn man sie zusammenlegt, noch lange kein gesundes. Außerdem sorgten die unverhohlen zur Schau getragenen Machtambitionen der Deutschen bei Regionalflugzeugen für zusätzliche Verstimmung im Airbus-Konsortium, das ohnehin kein Harmonieverein war.

Größter Aktionär von Fokker war der niederländische Staat, der das Unternehmen schon über Jahre hinweg finanziell unterstützte und daher Interesse an einem Verkauf seiner Anteile hatte. Jürgen Schrempp wollte Fokker, obwohl es auch warnende Stimmen gab. Helmut Mehdorn etwa soll vor dem Kauf mehrfach gewarnt haben, fand aber bei den Verhandlungsführern kein Gehör. Dass Daimler den Zuschlag für Fokker bekam, wurde vor allem der Hartnäckigkeit und dem Verhandlungsgeschick von Jürgen Schrempp zugeschrieben. Der Kaufpreis schien günstig und der DASA-Chef wurde intern wie auch in den Medien gefeiert. Schon bald sollte sich aber zeigen: Nicht

Schrempp hatte die niederländische Regierung, sondern die niederländische Regierung hatte Schrempp über den Tisch gezogen. Fokker war nicht zufällig immer mehr in die roten Zahlen gerutscht. Der Markt für Regionalflugzeuge war heftig umkämpft, die Preise ruinös und die Kosten für Neuentwicklungen enorm hoch. Dass dann noch ein fallender Dollar-Kurs hinzukam, verschärfte die wirtschaftliche Situation zusätzlich. Es ist wie so oft bei Übernahmen: Der Verkäufer weiß mehr über das Unternehmen als der Käufer. Und in diesem Fall war die Informationsverteilung „extremst" asymmetrisch: Der Verkäufer wusste alles, der Käufer wenig bis gar nichts. Die Übernahme von Fokker erscheint so im Nachhinein fast wie eine Blaupause für die spätere Übernahme von Chrysler durch Daimler.

Bei der Übernahme durch Daimler, jenem Unternehmen mit dem „unermesslichen Reichtum", waren alle Fokker-Mitarbeiter optimistisch, dass damit das Überleben ihres wirtschaftlich angeschlagenen Unternehmens gesichert sei. Noch einmal hatte der DASA-Vorstand im Herbst 1995, damals schon unter der Führung von Manfred Bischoff, der Nachfolger von Jürgen Schrempp geworden war, versucht zu retten, was noch zu retten war. Mit einem anspruchsvollen und schmerzhaften Kostensenkungsprogramm wollte das Daimler-Management dafür sorgen, dass die DASA auch noch bei einem Wechselkurs von 1,35 D-Mark Gewinn macht. Das Programm hieß „Dolores", was eigentlich ein Akronym für „Dollar-Low-Rescue" (Rettung bei niedrigem Dollar-Kurs) war. Schon bald wurde das Akronym aber aus dem Spanischen hergeleitet: Dolores bedeutet Schmerzen. Das Programm umfasste den in solchen Fällen fast schon üblichen Mix aus Werkschließungen, Abbau von Arbeitsplatzen und Senkung der Personalkosten. Es sollte die Rettung bringen, doch die Therapie schlug nicht an.

Die entscheidende außerordentliche Aufsichtsratssitzung über die Zukunft von Fokker fand am 22. Januar 1996 in Stuttgart statt. Auf Vorschlag von Jürgen Schrempp beschloss der Daimler-Aufsichtsrat die finanzielle Unterstützung für Fokker einzustellen, nachdem sich die niederländische Regierung nach langwierigen Verhandlungen beharrlich geweigert hatte, sich an der Rettung des Unternehmens finanziell zu beteiligen. Jedem war klar, dass damit das Ende von Fokker besiegelt war. Oder hatte man noch die leise Hoffnung, mit einem solchen Beschluss die niederländische Regierung wieder an den Verhandlungstisch zurückzubringen? Wenn ja, dann war auch das eine Fehleinschätzung, denn – so das Kalkül der niederländischen Politiker – niemand in Holland würde, wenn es zur Insolvenz käme, der eigenen Regierung einen Vorwurf machen, sondern allein dem Daimler-Management, das es nicht geschafft hatte, der „Perle" Fokker wieder ihren alten Glanz zurückzugeben. Jetzt verloren die Niederlande nicht nur eine nationale Industrie-Ikone, sondern – schmerzlicher noch – auch Tausende von Arbeitsplätzen. Bei Daimler summierte sich der Verlust durch die Insolvenz auf 2,3 Milliarden D-Mark. Er habe geweint, als er Fokker, sein „Love Baby", zu Grabe tragen musste, erklärte Jürgen Schrempp später. Ja, er habe geweint, man könne seine Frau fragen.

Die Insolvenz von Fokker hatte ein ebenso spektakuläres wie beschämendes Nachspiel. Es war üblich, dass Daimler am Vorabend seiner Bilanzpressekonferenz Journalisten aus der ganzen Welt zu einem informellen Get-together nach Stuttgart einlud. Das war auch im Jahr 1996 so. Unter den zahlreich erschienenen Pressevertretern war eine Gruppe niederländischer Kollegen, die sich natürlich vor allem für das Thema Fokker interessierten. Zu allem Unglück (für Jürgen Schrempp) war bei dem Treffen auch der SPIEGEL-Reporter Jürgen Leinemann anwesend, der gerade dabei war, ein Porträt über Jürgen Schrempp zu schreiben. Mit Bleistift und Notizblock hatte er Gelegenheit, den Live-Auftritt des Daimler-Chefs zu dokumentieren: „Ich bin der erste Topmann, der 2,3 Milliarden D-Mark verspielt hat und dann auch noch ohne Umschweife sagt: Das war ganz allein meine Schuld", erklärte Schrempp der hellhörig werdenden holländischen Journalistengruppe, zu der sich nach und nach auch die anderen Gäste begaben: „Während andere Manager," so Schrempp weiter mit einer dicken Havanna zwischen den Fingern, „für 50 Millionen entlassen werden, stehe ich noch hier. Finden Sie das arrogant? Ja, ich sehe es Ihnen an! Schreiben Sie es auf." Und weil es damit nicht genug war, bekamen auch noch die verdutzten deutschen Journalisten ihr Fett ab: „Wenn ich euch schon sehe… Ich pfeife doch auf euch. Ihr könnt schreiben, was ihr wollt", herrschte er die verschreckte Schar hochkarätiger Wirtschaftsjournalisten und Meinungsbildner an, bis dann schließlich noch der legendäre Satz folgte: „Daimler-Benz braucht mich mehr als ich Daimler-Benz."

Wer weiß, was noch alles an diesem Abend passiert wäre, hätte ihn sein ebenfalls anwesender Kollege Helmut Werner nicht sanft an der Schulter gefasst und nach draußen geschoben. Man hatte die fürchterliche und beschämende Szene später mit dem Hinweis darauf zu entschuldigen versucht, dass Jürgen Schrempp wohl schon ein oder zwei Bier zu viel getrunken habe. War das aber wirklich eine Entschuldigung? Oder machte es die Sache nicht noch schlimmer: Wie kann der Vorstandsvorsitzende des renommiertesten deutschen Industrieunternehmens betrunken zu einer solchen Veranstaltung gehen? Taten sich da nicht Abgründe auf? Zwangsläufig fühlten sich alle an die Ereignisse auf der Spanischen Treppe in Rom aus dem Vorjahr erinnert. Die Journalisten quittierten den Vorfall mit einem Lächeln, zumal der Abgang von Jürgen Schrempp noch einmal eine treffliche Szene mit Symbolcharakter brachte. Schon vor der Bilanzpressekonferenz war über die wachsende Rivalität zwischen Schrempp und Werner gemunkelt und darüber spekuliert worden, wann es zum großen Krach zwischen beiden kommen würde und wer von den beiden das Unternehmen über kurz oder lang verlassen müsste. Als Werner den noch immer lärmenden Schrempp aus dem Saal schob, ließ es sich der nicht nehmen, noch einmal den Kraftprotz zu spielen: „Wer wen rausschmeißt, wird sich noch zeigen", rief Schrempp in den Saal und goss damit noch zusätzlich Öl ins Feuer in der ohnehin brodelnden Gerüchteküche. Der Skandal schlug nicht nur in den Niederlanden hohe Wellen. Die „römische Anekdote" hatte eine alkoholreiche Fortsetzung gefunden und Jürgen Leinemann freute sich über das perfekte Setting für sein Porträt.

Der Untergang von Fokker zog den Untergang von Dornier nach sich. Es war klar, dass unter den gegebenen Umständen der Regionaljet Do 328 keine Zukunft im Daimler-Konzern mehr habe würde, da er sich ohnehin zu einem

Millionengrab entwickelt hatte. Erneut kam es zu einem Gerangel mit den Dornier-Erben, die noch immer an dem Unternehmen beteiligt waren, erneut waren die Medien voll mit Berichten über die unglückselige Übernahme von Dornier durch Daimler im Jahr 1985. Am 5. Juni 1996 beschloss die Gesellschafterversammlung der Muttergesellschaft, die Dornier GmbH, in der Daimler die Mehrheit hatte, trotz des Widerstands der Dornier-Erben, den Verkauf der Dornier Luftfahrt an den amerikanischen Flugzeughersteller Fairchild Aircraft Inc. Einen Verkaufspreis gab es nicht. Im Gegenteil, damit Fairchild übernahm, musste Daimler noch für die Verluste des Jahres 1996 aufkommen und darüber hinaus Fairchild ein zinsloses Darlehen in Höhe von 300 Millionen D-Mark gewähren. Damit war das Thema „Regionalflugzeuge" und gleichzeitig eines der unglückseligsten Engagements von Daimler-Benz beendet. Die DASA, eines ihrer wichtigsten operativen Geschäftsfelder beraubt, wurde damit zum bloßen Verwalter der Anteile am internationalen Airbus-Konsortium. Immerhin erwies sich diese Beteiligung später noch als ein profitables Geschäft. Im Jahr 1999 fusionierten die Airbus-Partner Aerospatiale Matra S.A. (Frankreich), die CASA (Spanien) und die DASA zur European Aeronautic Defense and Space Company (EADS). Als Dieter Zetsche im April 2013 die Anteile an der Airbus-Muttergesellschaft verkaufte und damit das Kapitel „Luftfahrt" im Daimler-Konzern endgültig beendete, wurde ein Erlös von 2,2 Milliarden Euro erzielt.

„Fix it, sell it or kill it": Die Sprache von Sanierern ist ebenso martialisch wie der Job, den sie machen müssen. Neben den Regionalflugzeugen bei der DASA war die AEG der zweite große Verlustbringer im integrierten Technologiekonzern. Es war daher keine Überraschung, dass die AEG in ihrer bisherigen Struktur und strategischen Ausrichtung – wenn man überhaupt von einer „strategischen Ausrichtung" sprechen konnte – unter Jürgen Schrempp keine Zukunft mehr hatte. Zwar versicherte Edzard Reuter den Aktionären noch im Jahr 1995, dass die AEG auf einem guten Weg sei. Aber das war jetzt wie so vieles nur noch Makulatur. Mit „fix it", also dem Lösen der Probleme, war man nicht weitergekommen. Also ging es jetzt um die Optionen „sell it or kill it". Schritt für Schritt wurde die AEG zerlegt, Werke wurden geschlossen, Geschäftsfelder verkauft. Übrig blieben drei Geschäftsbereiche, die dann als „direkte industrielle Beteiligungen" weitergeführt wurden: die Bahnsysteme in einem Gemeinschaftsunternehmen mit der Schweizer ABB, der Adtranz, die Mikroelektronik in der TEMIC und die Dieselantriebe in der MTU. Am 5. Juni 1996 beschloss die Hauptversammlung der AEG die Verschmelzung mit der Daimler-Benz AG, wodurch diese die Verlustvorträge der AEG steuerlich nutzen konnte. Am 2. Oktober 1996 wurde die AEG im Handelsregister Frankfurt/M. gelöscht. Eines der ältesten und bekanntesten deutschen Industrieunternehmen war damit Geschichte – als Totengräber galt in den Augen der Öffentlichkeit natürlich Daimler. Doch auch die verbliebenen AEG-Geschäftsbereiche hatten im Daimler-Konzern keine lange Zukunft mehr: Die Adtranz wurde 2000 an den kanadischen Bahnkonzern Bombardier verkauft, die TEMIC im Jahr 2001 an Conti und die MTU wurde über einige Zwischenschritte, zu denen unter anderem die Gründung der Tognum AG im Jahr 2006 gehörte, schließlich 2014 vollständig von Rolls Royce Power

Systems übernommen. Heute erinnert im Automobilkonzern faktisch nichts mehr an das gigantische Projekt „integrierter Technologiekonzern". Es wurde bis auf die Grundmauern abgetragen.

Das turbulente und an Ereignissen reiche Jahr 1996 hielt noch einen Aufreger bereit. Am 13. September 1996 hatte der Deutsche Bundestag mit absoluter Mehrheit einen Vorschlag der Regierung Kohl zur Änderung des Entgeltfortzahlungsgesetzes angenommen. Die Änderung sah vor, die Unterstützung im Krankheitsfall von bislang 100 auf 80 Prozent zu reduzieren. Sofort rief der Chef des Arbeitgeberverbandes Gesamtmetall, Werner Stumpfe, die Verbandsmitglieder auf, die Tarifverträge aufzukündigen und den Lohn der kranken Mitarbeiter um 20 Prozent zu kürzen. Personalvorstand Manfred Gentz, von Hause aus Jurist, war der Auffassung, dass das neue Gesetz über den geltenden Tarifverträgen stehe, und erklärte daher, den Vorschlag von Gesamtmetall umzusetzen. Auch von anderen Unternehmen, darunter auch von VW und BMW, gab es die Ankündigung, die neuen gesetzlichen Möglichkeiten anzuwenden und damit die Personalkosten zu reduzieren.

Manfred Gentz hatte die politische Brisanz des Themas freilich falsch eingeschätzt: Er unterschätzte den Protest der Gewerkschaften und überschätzte die Solidarität der Unternehmen. Der Lohnausgleich im Krankheitsfall war einer der großen Erfolge der deutschen Gewerkschaftsbewegung nach dem Zweiten Weltkrieg. Im Jahr 1957 hatte die IG Metall für diese Forderung den längsten Arbeitskampf in ihrer Geschichte geführt. Es war klar, dass man dieses Recht mit Zähnen und Klauen verteidigen würde. Schon nach den ersten Protesten bröckelte die Front der Arbeitgeber und plötzlich, nachdem auch VW und BMW einen Rückzieher gemacht hatten, stand Daimler-Benz allein auf weiter Flur und rückte damit in den Fokus der gewerkschaftlichen Aktivitäten. Mit Protesten und Streikaktionen wurde Daimler unter Druck gesetzt, sich weiter an die alte tarifvertragliche Regelung zu halten, da diese nicht automatisch durch das neue Entgeltfortzahlungsgesetz außer Kraft gesetzt worden sei. Obwohl er als ein harter Hund galt, hielt sich Jürgen Schrempp in der Auseinandersetzung zunächst im Hintergrund und ließ seinen Personalvorstand die Sache ausfechten. Schrempp war in der Tat in einer schwierigen Situation: Als Vorreiter des „Shareholder-Value" konnte er nicht gleich einknicken, wenn es in einem Kampf mit den Betriebsräten und Gewerkschaften hart auf hart ging. Andererseits wusste er um die Bedeutung der Frage und er wusste vor allem, dass er auf die Unterstützung der Arbeitnehmervertreter im Aufsichtsrat angewiesen sein würde. Bemerkenswert unschlüssig agierte er einige Wochen zwischen den Fronten, bis klar war, dass die geplante Absenkung der Lohnfortzahlung nicht durchsetzbar war. Mitte Oktober hisste er die weiße Fahne über dem Daimler-Hauptquartier und gab bekannt, dass auch Daimler seinen kranken Arbeitnehmern weiterhin 100 Prozent Lohnausgleich gewähren werde. Es war eine Niederlage für Jürgen Schrempp, vor allem aber für Manfred Gentz, dessen Position im Daimler-Vorstand fortan merklich geschwächt war.

Im SPIEGEL-Artikel im Jahr 1993 – „Der Favorit wird ungeduldig" – hatte sich Jürgen Schrempp als „Realisierer" empfohlen. Drei Jahre später konnte davon keine Rede mehr sein: der „Realisierer" verwirklichte nicht die Ideen seines Vorgängers, sondern „wickelte ab" – so wie „Abwicklung" in jener Zeit ohnehin ein gängiger Begriff im Zusammenhang mit der Stilllegung ehemaliger DDR-Betriebe war. Ende 1996 war vom integrierten Technologiekonzern praktisch nichts übriggeblieben. Die Sanierung hatte viel Geld gekostet, aber da alles schon in der Bilanz von 1995 verbucht war, störte das wenig. Angesichts der sprudelnden Gewinne bei Mercedes, für die Mercedes-Chef Helmut Werner verantwortlich war, konnte Jürgen Schrempp für das Geschäftsjahr 1996 wieder einen erklecklichen Konzern-Gewinn in Höhe von 2,76 Milliarden D-Mark präsentieren, was ihn im Geschäftsbericht dazu veranlasste, von einem „Meilenstein" zu sprechen: „Die Weichenstellungen der Jahre 1995 und 1996 beginnen sich auszuzahlen, die Voraussetzungen für weitere Ertragssteigerungen sind gelegt." Die Aktionäre konnten zufrieden sein: Für das Geschäftsjahr 1996 wurde je 5 D-Mark-Aktie wieder eine Dividende von 1,10 D-Mark bezahlt. Der Kurs der Daimler-Aktie schnellte um 48 Prozent nach oben und übertraf damit den Anstieg des Dax deutlich. Jürgen Schrempp wurde als Macher gefeiert, der – wie die Nachrichtenagentur dpa kommentierte – den „größten Unternehmensumbau der Nachkriegszeit" bewältigt habe.

„Umbau"? Im Grunde war man zur alten und bewährten Geschäftsstrategie zurückgekehrt: Fokussierung auf das Auto und keine Ausflüge mehr in Märkte und Technologien, von denen man nichts verstand. Jürgen Schrempp hatte als Sanierer ganze Arbeit geleistet und dafür den nicht immer nur positiv gemeinten Titel „Rambo" bekommen. „Stop the bleeding" war der Auftrag, mit dem er als Vorstandsvorsitzender angetreten war. Er hatte ihn erfüllt, auch wenn er dafür sein eigenes „Baby" hatte sterben lassen müssen. Jetzt konnte er neue Aufgaben in Angriff nehmen.

Noch ein Machtkampf

Jürgen Schrempp konnte sich über den Beifall, den er für seine rasche und konsequente Abwicklung der Reuterschen Vision von allen Seiten bekam, nicht wirklich freuen. Er hatte getan, was die Deutsche Bank von ihm gefordert hatte: Er hatte die schlimmsten Verlustquellen gestopft, den integrierten Technologiekonzern geschliffen und den Fokus wieder ganz auf das profitable Autogeschäft ausgerichtet, für dessen Erfolg aber andere, vor allem Helmut Werner und Jürgen Hubbert, verantwortlich waren. Jürgen Schrempp wollte jedoch nicht als „Sanierer" und „Abwickler" in die Geschichte der Daimler-Benz AG eingehen. Er war auf der „Suche nach dem Kick" (SPIEGEL), vor allem aber wollte er sich ein Denkmal setzen. Es wäre naiv, lebensfremd und ungerecht, wenn man solche Motive bei dem Vorstandsvorsitzenden eines Unternehmens nicht gelten lassen würde. Natürlich spielt das Ego in einer solchen Position eine Rolle. Wer Vorstandsvorsitzender eines Dax-Konzerns geworden ist, handelt nicht mehr allein aus finanziellen Gründen. Auch Spitzenfußballer wollen nicht wegen der dafür gezahlten Prämie Fußballweltmeister oder Champions-League-Gewinner werden. Irgendwann beginnt der Grenznutzen des Geldes zu sinken, auch wenn es natürlich immer Manager gegeben hat und noch immer gibt, bei denen die Habgier nicht zu stillen ist. Jürgen Schrempp hatte viel erreicht in seinem Leben, er war ein wohlhabender Mann. Was ihm, wie manchem Fußballer, fehlte, war ein „Titel". Er wollte nicht nur weitere Millionen scheffeln, er wollte auch Ruhm, wie ihn andere große Manager erworben hatten.

In einigen seiner Äußerungen im Jahr 1995 ist von „Multimedia" als einem möglichen neuen Geschäftsfeld für den Daimler-Konzern die Rede. Dazu soll er sich mit dem Filmhändler Leo Kirch und dem Bertelsmann-Chef Mark Wössner getroffen und Gespräche geführt haben. Wirklich ernst zu nehmen war das aber nicht. Der Schiffbruch bei der DASA hatte ihm mehr als deutlich gezeigt, dass er nur in dem Geschäft Geschichte schreiben konnte, von dem er etwas verstand oder zumindest glaubte, etwas zu verstehen: dem Autogeschäft. „Multimedia", so spannend sich das im Zeitalter der aufgehenden Internet-Ökonomie anhörte, war nicht die Welt von Jürgen Schrempp. Um den großen Deal bei Autos zu machen, brauchte er allerdings den uneingeschränkten Zugriff auf die Marke Mercedes-Benz, die aber immer noch und zunehmend erfolgreich als wirtschaftlich und rechtlich eigenständige Aktiengesellschaft geführt wurde. Wer ihm bei seiner Machtübernahme im PKW-Geschäft im Weg stand, war Helmut Werner.

Werner war erfolgreich, hatte viel industrielle Erfahrung und galt als persönlich integer. In der Öffentlichkeit genoss er große und steigende Anerkennung. Den Medien galt er als der Mann, der Mercedes wieder in die Erfolgsspur zurückgebracht hatte. Im Herbst 1996 wurde er von der renommierten „Business Week" als einziger Deutscher unter die 25 besten Manager weltweit gewählt. Im Unternehmen waren die einstigen Ressentiments gegen den „Reifenverkäufer" aus Hannover dem Respekt vor seiner Leistung und seinem Auftreten gewichen. Die erfolgreiche Produktoffensive, das modernisierte Markenimage und die Verbesserung der Position im zunehmend schärfer werdenden Wettbewerb im Premiumsegment verschafften ihm Anerkennung – nicht nur bei den Führungskräften, sondern auch bei den Betriebsräten. Zwar galt Werner als „Hardliner" in Sachen Personalkosten und er war es gewesen, der die Entlassungen in den Krisenjahren 1993 und 1994 durchgesetzt hatte und auch auf seine Kappe nahm. Aber er hatte auch dafür gesorgt, dass Absatz und Produktion stiegen und damit ab 1995 wieder Einstellungen möglich wurden. Schließlich konnten auch die Kapitaleigner nicht übersehen, dass Werner einen guten Job machte und das PKW-Geschäft von Mercedes wieder die Gewinne abwarf, die man aus der Vergangenheit von der Marke gewohnt war.

Was hatte Jürgen Schrempp dagegen in die Waagschale zu werfen? Die DASA hatte er in keinem wesentlich besseren Zustand zurückgelassen, als er sie bei seinem Amtsantritt angetroffen hatte. Unter seiner Führung blieb das Unternehmen ein Verlustbringer, was man sicherlich nicht allein ihm anlasten durfte, wovon man ihn aber auch nicht völlig freisprechen konnte. Das Fokker-Desaster war zu offensichtlich vor allem seine Schuld. Den Rückbau des integrierten Technologiekonzerns hatte er schnell und konsequent umgesetzt. Dazu hatte er mit den gewaltig hohen „Rückstellungen“ des Jahres 1995 den größten Verlust des Unternehmens in einem Geschäftsjahr in Kauf genommen. Das war mutig. Mit seiner Philosophie des Shareholder-Value war er zwar zum Liebling der Börsianer geworden, handelte sich damit aber andererseits auch Kritik von den Gewerkschaften ein, zumal nach seinem etwas undurchsichtigen Taktieren bei der Frage der Entgeltfortzahlung im Krankheitsfall. Darüber hinaus machten ihm seine persönlichen Eskapaden sowie manche flapsigen Äußerungen zu schaffen. Die konnte man zwar mit seinen „persönlichen Eigenheiten“ entschuldigen, aber Kapriolen wie die „römische Anekdote“ und der beschämende Auftritt vor internationalen Journalisten waren nicht das, was man vom öffentlichen Auftreten eines Daimler-Chefs unbedingt erwartete. Kurzum: Schrempp hatte gezeigt, dass er der erwartete Haudegen ist, ein zielstrebiger und durchsetzungsstarker Manager, den das Unternehmen in der Post-Reuter-Ära brauchte. Aber ob er das Unternehmen langfristig in eine gute Zukunft führen würde, darüber gab es dann doch einige Zweifel.

Da die persönliche Konfrontation, der direkte Angriff auf den erfolgreichen und allseits beliebten Helmut Werner gefährlich und hoch riskant war, machte Jürgen Schrempp das, was zum gewöhnlichen personalstrategischen Instrumentarium eines halbwegs intelligenten Managers gehört: Er machte aus einer Personalfrage eine Organisationsfrage. Im Frühsommer 1996 legte Jürgen Schrempp mehrere alternative Konzepte zur künftigen Konzernstruktur vor. Denn nachdem aus dem Technologiekonzern wieder ein reinrassiger Automobilhersteller geworden war, machte die von Edzard Reuter installierte „geschäftsführende Holding“ offenkundig keinen Sinn mehr. Die verschiedenen Entwürfe sollten – so die offizielle Begründung für die vorgeschlagene Vorgehensweise – von Vorstand und Führungskräften kontrovers diskutiert werden. Im Grunde war diese fast schon „basisdemokratisch“ anmutende Herangehensweise an ein außerordentlich brisantes Thema ein Stimmungstest für die Bereitschaft der Führungsmannschaft, die erst vor wenigen Jahren gegründete Mercedes-Benz AG wieder zu begraben. Die Gründung einer „Finanzholding“ war ein Vorschlag: Schlank aufgestellt würde sie die wirtschaftlich und rechtlich selbstständigen Tochtergesellschaften kontrollieren, ohne jedoch in das operative Geschäft einzugreifen. Das war von vornherein nicht ernst gemeint, denn Jürgen Schrempp konnte sich sicher vieles vorstellen, aber nicht, dass er als „Couponschneider“ einer Finanzholding im „Bullshit Castle“ in Möhringen residierte. Ein anderer Vorschlag war, alle bislang selbtständigen Tochtergesellschaften auf die Daimler-Benz AG zu verschmelzen, sodass nurmehr der Daimler-Vorstand, wer auch immer ihm angehören würde, die mittlerweile von 35 auf 25 reduzierten Geschäftsfelder direkt führen würde. Damit wären nicht nur zahlreiche Vorstandsposten weggefallen, sondern auch die jeweiligen Vorstandsvorsitzenden der rechtlich selbstständigen Tochtergesellschaften überflüssig geworden. Man musste kein Kenner der Szene sein, um zu ahnen, dass diese Alternative Jürgen Schrempp ungleich attraktiver erschien als die bestehende „geschäftsführende Holding“ oder gar die „Finanzholding“. Schrempp wollte Chef des von ihm zurechtgestutzten Unternehmens sein und zwar ohne irgendwelche Zwischenebenen, die seinen Durchgriff auf die einzelnen Geschäftsbereiche verhinderten. Überdies gab es gute sachliche Gründe für dieses Konzept: Durch die Zusammenlegung und Auflösung von Firmenzentralen entfiel nicht nur eine Führungsebene, sondern auch viele der im Unternehmen ohnehin wuchernden Stabsstellen. Außerdem – so ein weiteres Argument – würden dadurch die Entscheidungswege verkürzt und die direkt am Markt tätigen Geschäftsbereiche gestärkt. Allerdings war auch klar: Wenn man aus einem integrierten Technologiekonzern wieder einen reinen Automobilhersteller machte, dann brauchte man auch keine eigene Mercedes-Benz AG mehr. Und wenn man keine eigene Tochtergesellschaft für das Fahrzeuggeschäft mehr brauchte, dann brauchte man auch keinen Vorstandsvorsitzenden Helmut Werner mehr. Die Logik war simpel und rein sachlich nicht von der Hand zu weisen. Die Frage war dann nicht, wer Vorstandsvorsitzender einer „wiedervereinigten" Daimler-Benz AG sein würde, sondern nur, ob Helmut Werner in diesem Konzern unter dem Vorstandsvorsitzenden Jürgen Schrempp weiter im Vorstand bleiben sollte oder bleiben wollte. Jeder, der an der Diskussion beteiligt war, wusste um diese Konsequenz. Das Manöver war leicht durchschaubar. Letztlich ging es nicht oder nicht nur um eine neue Konzernstruktur, sondern um die Personalfrage: Schrempp oder Werner.

Helmut Werner wusste, was auf ihn zukam, als im März 1996 in der ZEIT eine kleine Notiz erschien, in der über „die jüngsten Spekulationen um die Zukunft von Mercedes-Chef Helmut Werner" und die „offenbar aus interessierten Daimler-Kreisen genährten Gerüchte über ein vorzeitiges Ausscheiden des 59-Jährigen" berichtet wurde. Seit Edzard Reuters Kampf um den Vorstandsvorsitz hatte noch jede wichtige Personaldiskussion bei Daimler in den Medien begonnen. Neu war lediglich, dass es dieses Mal nicht der SPIEGEL, sondern die ZEIT war, die genutzt wurde, um gegen einen Amtsinhaber ein mediales Kesseltreiben zu starten. Noch im gleichen Beitrag widersprach Hilmar Kopper diesen Gerüchten: „Wir sind doch nicht verrückt", erklärte er dem fragenden ZEIT-Journalisten, „uns von unserem erfolgreichsten Mann zu trennen." Doch Werner machte sich keine Illusionen über die Standhaftigkeit des Aufsichtsratsvorsitzenden und das Rückgrat der anderen Aufsichtsräte – Arbeitnehmervertreter wie Kapitaleigner gleichermaßen.

Im Spätherbst 1996 gab es für die deutsche Wirtschaftspresse nur noch ein großes Thema: Wie geht der Machtkampf bei Daimler aus? Ein Termin für die Entscheidung war gesetzt: Am 22. Januar 1997 würde der Aufsichtsrat über die neue Konzernstruktur und damit auch über die damit zusammenhängenden Personalfragen entscheiden. Jetzt eskalierten die massenhaft aus dem Unternehmen in die Medienlandschaft gestreuten Informationen. Man hasst zwar den Verräter, mag aber den Verrat und so stürzten sich alle Redaktionen auf die jeweils neuen Wasserstandsmeldungen aus dem Konzern, die freilich sehr einseitig nur aus einer Richtung kamen. Zwar war der Begriff „Fake News" damals noch nicht so im Umlauf wie heute, die Sache aber schon. So wurde Helmut Werner ständig mit neuen Gerüchten zur Disposition gestellt. Da wurde über einen „Auflösungsvertrag" berichtet, den Werner angeblich schon unterschrieben habe, da wurde er als Nachfolger von VW-Chef Ferdinand Piëch und schließlich sogar als neuer Chef der Deutschen Bahn aus dem Unternehmen hinauskomplimentiert. Die Propagandamaschine der Jürgen Schrempp direkt unterstellten PR-Abteilung des Konzerns gegen Werner lief derart heiß, dass es irgendwann den seriösen unter den vielen journalistischen Begleitern des Gerangels zu viel wurde. In der Frankfurter Allgemeinen Zeitung vom 16. Dezember 1996 schrieb Christoph Hein: „Das öffentliche Rätselraten um Struktur und Management der Daimler-Benz AG ist an Peinlichkeit kaum zu überbieten. Zum Volkssport gerät es, Gerüchte über den Verbleib eines von Deutschlands Top-Managern zu verbreiten." Während sich Werner gegenüber Hilmar Kopper gebunden fühle, „den Disput nicht in der Öffentlichkeit zu verhandeln", ließe sich Schrempp durch einen „Stab ausgebuffter Medienprofis" öffentlich positionieren und schaffe so Realitäten, an denen auch ein Aufsichtsrat kaum noch vorbeikomme. Werner, so meint der Kommentator, müsse in der Sache gegen Schrempp argumentieren, wenn er nicht ins Hintertreffen geraten wolle.

„In der Sache argumentieren" – genau das war das Problem, das Werner nicht lösen konnte. Denn in der Sache war er ja ganz nahe bei Schrempp. Auch Werner war der Wasserkopf, der sich mittlerweile im „Bullshit Castle" angesammelt hatte, zu groß geworden. Zwei Zentralen – eine in der Mercedes-Benz AG und eine, die sich noch immer „geschäftsführende Holding" nannte – waren zu viel. Man forderte ihn auf, öffentlich eine Alternative zum Konzept von Schrempp zu präsentieren. Als er das nicht konnte, kam er in der Presse zunehmend schlecht weg. Er wehre sich gegen die neue Konzernstruktur – so der Eindruck – aus purem Machterhalt, habe aber selber keine Alternative. Bis zum Schluss hoffte er, dass sich aus dem Aufsichtsrat eine Stimme gegen Schrempp erheben würde. Viele stärkten ihm den Rücken, Karl Feuerstein, der mächtige Betriebsratsvorsitzende, tat es sogar öffentlich. Aber keiner stellte den Vorstandsvorsitzenden Schrempp in Frage, sodass der im Gefühl seiner Stärke öffentlich erklärte, er wäre sogar bereit, zurückzutreten, wenn das nur der Konzernstruktur zum Durchbruch verhelfen würde. Dass es soweit kommen würde, darüber musste er sich angesichts der blinden Unterstützung durch den Aufsichtsratsvorsitzenden Kopper nun wirklich keine Sorgen machen. Also kam es im November 1996 im Daimler-Vorstand zur Kampfabstimmung über den Vorschlag, die Mercedes-Benz AG auf die Daimler-Benz AG zu verschmelzen und sie damit aufzulösen. Der Vorschlag wurde mit 6:1 Stimmen angenommen. Werner hatte verloren. Dass die Entscheidung so klar ausging – so wurde später kolportiert – sei auch darauf zurückzuführen gewesen, dass einige Mercedes-Vorstände mit der Neuorganisation in den Daimler-Vorstand aufrücken würden.

Am 23. Januar 1997 segnete der Aufsichtsrat die neue Konzernstruktur ab. Bezeichnenderweise beinhaltet sie lediglich die Verschmelzung der Mercedes-Benz AG auf die Daimler-Benz AG, während die DASA, die Jürgen Schrempps Freund Manfred Bischoff führte, selbstständig blieb. Helmut Werner hatte da das Unternehmen bereits verlassen. Es sei, sagte er in seinem letzten Interview mit dem SPIEGEL, „ein trauriger Tag gewesen". In den nächsten Jahren arbeitete er eng mit seinem langjährigen Partner und Freund, dem amerikanischen Selfmademan und Industrie-Tycoon Roger Penske zusammen und war noch da und dort als politischer Berater, wie zum Beispiel als Aufsichtsratsvorsitzender für die Expo 2000 in Hannover, tätig. Er starb im Alter von 68 Jahren am 2. Februar 2004 an den Folgen einer heimtückischen Krankheit in der Berliner Charité.

Die ausgeklügelte Führungsstruktur, die bei der Wahl von Jürgen Schrempp zum Vorstandsvorsitzenden im Jahr 1994 vorsah, ihn mit Helmut Werner und Manfred Gentz „einzurahmen", den Mann „mit den persönlichen Eigenheiten" ein Stück weit unter Kontrolle zu halten, gehörte mit der neuen Konzernstruktur der Vergangenheit an. Helmut Werner war weg und Manfred Gentz durch seine unglückliche Rolle bei der Diskussion um die Lohnfortzahlung schwer angeschlagen. Der Vorstand und der Aufsichtsrat standen geschlossen hinter Schrempp. Der erste Akt der Komödie war beendet. Es hatte viel „Action" gegeben, man konnte viel lachen, auch wenn manchem zeitgenössischen Beobachter bei genauerem Hinsehen das Lachen vielleicht im Halse stecken blieb. Denn da gab es auch Abgründe, üble Streiche und manche Ungereimtheiten. Dennoch war die Stimmung unter den Akteuren und im Publikum noch immer gut. Wann war man von einem Dax-Konzern so gut unterhalten worden wie von Daimler in den Jahren 1994 bis 1997?

Mit der Abstimmung für die neue Konzernstruktur und gegen Helmut Werner hatte der Aufsichtsrat mit den Stimmen der Arbeitnehmervertreter Jürgen Schrempp de facto einen Freifahrtschein für seine künftigen Pläne gegeben. Wie hätte ihn der Aufsichtsrat, der ihm gerade das Vertrauen ausgesprochen hatte, bei seinen Plänen zurückpfeifen können, ohne selber das Gesicht zu verlieren? Jürgen Schrempp konnte jetzt das Vorhaben in Angriff nehmen, mit dem er gedachte, in die Geschichte der Automobilindustrie und in die Geschichte von Daimler-Benz einzugehen. Das tat er denn auch – freilich anders, als er und seine willigen Aufsichtsräte sich das vorgestellt hatten.

Kapitel 9

Extremst global – Auf dem Weg zur Welt AG

Im zweiten Akt der Komödie wurde es anzüglich: „Die Braut ist schön und der Bräutigam extremst potent", erklärte Jürgen Schrempp, als in London eine „Hochzeit im Himmel" gefeiert wurde. Auch wenn kein Reis ausgestreut und das Brautpaar nicht mit Konfetti beworfen wurde, war die Stimmung hervorragend. „Nach meiner Einschätzung und nach meiner Erinnerung ist es das erste und einzige Mal, dass eine solche Transaktion so einhellig positiv beurteilt worden ist", erklärte einer der Drahtzieher der Verbindung zwischen Daimler-Benz und der Chrysler Corporation, Eckhard Cordes. Jürgen Schrempp hatte Industriegeschichte geschrieben. Im Jahr seines Triumphes wurde er vom manager magazin zum „Manager des Jahres" gekürt. Er sollte im Laufe der nächsten Jahre noch einige Titel bekommen – schmeichelhafte und weniger schmeichelhafte. Auch in der Ehe zwischen der schönen Braut und dem extremst potenten Bräutigam kehrte nach den Flitterwochen der Alltag ein und schon bald begann es, in der Ehe mächtig zu kriseln.

Gefangen im alten Denken – Überleben durch Größe

Die zweite Hälfte der 1990er-Jahre war nach den großen Umbrüchen und Verwerfungen zu Beginn des Jahrzehnts eine, politisch betrachtet, vergleichsweise ruhige Zeitspanne. Dem Fall des Eisernen Vorhangs, dem Ende des Kalten Krieges und dem Zerfall der Sowjetunion folgten kriegerische Auseinandersetzungen auf dem Balkan, zuerst in Bosnien, dann im Kosovo sowie blutige Auseinandersetzungen in Tschetschenien – traurige, aber lokal begrenzte Konflikte. In Deutschland endete die Ära Helmut Kohl, in den USA sah sich der amtierende Präsident Bill Clinton nach einer Affäre mit einer Praktikantin im Weißen Haus mit einem Amtsenthebungsverfahren konfrontiert und in Russland ging der Stern von Wladimir Putin auf. In Asien kam es zu einer Finanzkrise, die aber schon bald überwunden war. In Europa bereitete man sich auf die Einführung des Euro vor und freute sich über die Osterweiterung der Union. Fast schien es so, also müsste die Weltgeschichte Luft holen, nachdem zu Beginn des Jahrzehnts die mehr als 40-jährige Nachkriegsordnung zwischen den Großmächten zusammengebrochen war. Der US-amerikanische Politikwissenschaftler Francis Fukuyama sprach sogar schon vom „Ende der Geschichte", denn nach dem Zusammenbruch des Kommunismus und dem Sieg der Demokratie sei die Geschichte gewissermaßen an ihr Ziel gekommen.

So zweifelhaft Fukuyamas These im Hinblick auf die große Politik war, so falsch war sie auf jeden Fall für die Welt der Wirtschaft. Dort gab es eine Revolution, die die Welt veränderte. Sie begann wieder in einem kleinen Tal südlich von San Francisco und bestand in der kommerziellen Nutzung des Internets. Binnen weniger Jahre kam es im Silicon Valley zu einer Flut von neuen Geschäftsmodellen und Firmengründungen. Im Jahr 1995 wurde der Suchmaschinenbetreiber Yahoo gegründet, im Jahr 1997 Google. Ebenfalls im Jahr 1997 war Steve Jobs wieder an die Spitze „seines" Unternehmens zurückgekehrt und leitete bei Apple eine neue Ära ein, die mit dem „iPod" im Jahr 2001 ihren ersten Höhepunkt erreichte. Das Internet begann die Welt zu verändern, und zwar nicht nur die Art und Weise, wie Menschen miteinander umgingen, Meinungen und Informationen austauschten, sondern auch die Art und Weise, wie Unternehmen Märkte bearbeiteten und mit ihren Kunden kommunizierten. Zwar meinte Bill Gates, selbst ein Pionier der Digitalisierung, dass das „Internet nur ein Hype" sei, doch das neue Kommunikationsmedium war gekommen, um zu bleiben.

Das Internet wurde zum Gegenstand von Visionen, aber auch zum Ausgangspunkt von phantastischen Spekulationen, die im Jahr 1999 zur Herausbildung der sogenannten Dotcom-Blase führten: Plötzlich wurden Start-ups, die aus nicht viel mehr als aus einer Idee, einer URL und einer gut gemachten Power-Point-Präsentation bestanden, zu Börsenschwergewichten. In den USA explodierte der Nasdaq, in Deutschland der Neue Markt, in Anlehnung an den Dax, kurz Nemax genannt. Schon im März 2000 begann der zu erwartende

Absturz an der Börse. Praktisch über Nacht lösten sich milliardenschwere Vermögenswerte in Nichts auf. Aber das war nicht das Ende des Internets. Am Beispiel der Dotcom-Blase hatte die Unternehmensberatung Gartner einen „Hype-Cycle" entwickelt, der den typischen Verlauf einer revolutionären Innovation nachzeichnen sollte: Von der „Phase der überzogenen Erwartungen", so Gartner, werde der Markt in das „Tal der Enttäuschungen" gestürzt. Schon bald würde er aber auf den „Pfad der Erleuchtung" einschwenken und dann das „Plateau der Produktivität" erreichen, auf dem neue, tragfähige Geschäftsmodelle auf der Basis der neuen Technologie entwickelt würden. So kam es denn auch.

Das Denken in der Automobilindustrie verlief in dieser Zeit indessen weiter in altbekannten, aber durchaus erfolgreichen Bahnen. Zwar waren die deutschen Automobilhersteller in der ersten Hälfte des Jahrzehnts durch den Konjunktureinbruch im Jahr 1993, Währungsturbulenzen und eine einfallslose Modellpolitik arg gebeutelt worden, die Japaner galten als das Maß aller Dinge und ein SPIEGEL-Artikel vermittelte den Eindruck, „eine Hightech-Woge aus Fernost schwemme Europas Autoindustrie wie Treibgut weg". In der zweiten Hälfte der 1990er-Jahre wandelte sich das Bild jedoch total: Die Japaner und Koreaner hingen nicht zuletzt aufgrund der asiatischen Finanzkrise in den Seilen und die deutschen Hersteller galten plötzlich wieder als die Vorreiter in der Branche. Geradezu euphorisch beschreibt DER SPIEGEL in seiner Ausgabe Nr. 37 im Jahr 1997 die Veränderung: Weltweit habe „ein Run auf deutsche Autos eingesetzt" und das Wiedererstarken der deutschen Automobilindustrie sei eine „Gemeinschaftsleistung von Managern, die aufgrund hoher Verluste unter Druck standen, und von Belegschaften, die um ihre Jobs fürchteten". Gemeinsam hätten sie die Konzerne umgekrempelt: „Hierarchien wurden geschleift, die Fabriken entrümpelt, neue Modelle entwickelt", lobten die noch vor gar nicht so langer Zeit pessimistischen Autoren des Hamburger Nachrichtenmagazins die Branche und erklärten die deutschen Automobilhersteller sogar zum „Vorbild für die deutsche Wirtschaft".

Doch das Bild war nicht ganz so rosig, wie es die SPIEGEL-Redakteure unter dem Eindruck der Absatzerfolge jetzt plötzlich zeichneten. Während die Internet-Revolution ihre ersten Schatten auf die Automobilbranche warf und Internetbörsen begannen, in das Verkaufsgeschäft einzudringen und die historisch gewachsene Verbindung zwischen Herstellern, Händlern und Kunden zu durchtrennen, beschäftigten sich die Automobilhersteller weiterhin mit Motoren, Achsen und Lenkgetrieben. Sie sorgten sich um die Auslastung ihrer Werke und pflegten ihre stationären Verkaufs- und Servicestützpunkte. Während die digitale Revolution gewissermaßen schon vor der Haustür stand, lebte die Automobilindustrie noch immer in ihrer „Bricks&Mortar"-Welt. Vor allem ein Thema beschäftigte die Branche: ihre massiven Überkapazitäten. Sie wurden auf rund 30 Prozent der weltweiten Produktionskapazität für Automobile geschätzt – auch eine Folge davon, dass der erwartete Nachfragesog aus Osteuropa nicht so eingetreten war, wie das einige Optimisten geglaubt und vorhergesagt hatten. Aufgrund des Kapazitätsüberhangs, so die damals nahezu einhellig vertretene Meinung, werde es zu einem Verdrängungswettbewerb kommen, in dem nur die größten Hersteller eine Überlebenschance haben würden. Nach einer weithin unbestrittenen Prognose würden mittel- und längerfristig weltweit maximal sechs Automobilhersteller überleben – zwei Europäer, zwei Amerikaner und zwei Asiaten. Die Glorifizierung von Größe, die in der Autobranche schon seit Jahrzehnten gang und gäbe war, erreichte damit einen neuen Höhepunkt im Denken und in den Sandkastenspielen vieler Automobilhersteller.

Tatsächlich war schon seit Anfang der 1990er-Jahre ein Konsolidierungsprozess im Gang, der alle Hersteller mit hineinzuziehen drohte. VW hatte 1986 Seat übernommen, war 1990 bei Skoda eingestiegen und baute überdies Audi mit atemberaubender Geschwindigkeit zu einer global agierenden Premiummarke aus. BMW übernahm im Jahr 1994 den maroden britischen Automobilhersteller Rover mit den dazugehörigen Marken Rover, Landrover und Mini. Überdies kungelten VW und BMW noch um die Übernahme von Rolls Royce und Bentley, wobei es dabei jedoch weniger um „Economies-of-Scale" als um das Prestige ging, die luxuriösesten Automobilmarken der Welt in seinem Portfolio zu haben. Dazu mehrten sich die Allianzen zwischen amerikanischen und japanischen Unternehmen. General Motors bildete eine strategische Allianz mit Subaru, Ford erhöhte seinen Anteil an Mazda. Lediglich Daimler-Benz übte sich noch in vornehmer Zurückhaltung – ein Fehler?

Die strategischen Überlegungen bei Daimler-Benz, die schließlich zur Fusion mit Chrysler geführt hatten, waren alles andere als originell. Sie bewegten sich in den traditionellen Denkmustern der Branche. Sätze wie „Als Folge des zusätzlichen Aufbaus an Fertigungskapazitäten wird der Wettbewerb an Härte und Intensität weiter zunehmen" oder „Sowohl aus Kostengründen als auch im Hinblick auf mögliche Synergien im Bereich Forschung und Entwicklung wächst der Druck auf die Hersteller" oder „Gleichzeitig zeichnet sich im lukrativen Premiumsegment ein zunehmend härterer Wettbewerb ab" hätten auch schon im „Strategiepapier" von Edzard Reuter aus dem Jahre 1985 stehen können. Jetzt standen sie in den Strategiepapieren von Jürgen Schrempps Planungsstäben. Die neuen Strategen leiteten aus ihrer Situationsanalyse die Notwendigkeit ab, „sich zu größeren Unternehmensverbänden zusammenzuschließen". Man wolle – so das ebenso kurze wie bündige Argument für einen „Unternehmenszusammenschluss zwischen Daimler-Benz und Chrysler" – auf die Konsolidierungstendenzen in der Branche „nicht reagieren, sondern sie an vorderster Stelle aktiv mitgestalten."

Chrysler war zunächst nicht der einzige Kandidat, den man für einen Zusammenschluss ins Auge fasste. Im Grunde ging man alle existierenden Konzerne durch, bewertete die Potenziale einer Zusammenarbeit und die Chancen für erfolgreiche Verhandlungen. Am Ende blieben nur Chrysler und Ford übrig. Mit Ford wurde intensiv verhandelt, ohne letztlich ans Ziel zu kommen. Das Problem bei der amerikanischen Nummer 2 war, dass die Familie Ford noch immer einen dominanten Einfluss auf die Geschäftspolitik des Unternehmens hatte und nicht bereit war, diesen aufzugeben. Obwohl die Aussichten auf einen Zusammenschluss gering waren, liefen die Verhandlungen, offensichtlich als mögliche „Drohkulisse" für Chrysler gedacht, bis wenige Wochen vor dem Abschluss mit Chrysler weiter, was das Ford-Management später als einen ziemlichen Affront empfand.

Chrysler galt vor allem aus zwei Gründen als Favorit für eine Zusammenarbeit: Zum einen – so die Begründung – ergänze man sich beim Produktprogramm, zum anderen auch bei der regionalen Marktabdeckung. Daimler war weltweit führend im Premiumsegment, während Chrysler mit seinen Marken eine starke Stellung bei Vans, Geländewagen und Pick-ups im unteren bis mittleren Preissegment hatte. Regional hatte Chrysler eine starke Marktposition in Nordamerika, war aber schwach in Europa. Bei Daimler war es umgekehrt. Die These von der „Komplementarität" der beiden Unternehmen war indessen von Anfang an nicht ganz stimmig, was erstaunlicherweise niemand aufzufallen schien: Zum einen waren beide Unternehmen im Kleinwagensegment schwach, was insofern nicht unbeachtlich war, weil gerade dort ein überdurchschnittlich starkes globales Wachstum, vor allem in den Schwellen- und Entwicklungsländern erwartet wurde. Und beide Unternehmen waren in Asien schwach, wobei Asien weithin unbestritten als der Kontinent galt, auf dem die höchsten Zuwachsraten des Automobilmarktes erwartet wurden, und zwar noch bevor China auf den Plan trat. So blieben zwei wenig beachtete strategische Lücken: das Kleinwagensegment und Asien. Deren Schließung zog schon bald nach dem Zusammenschluss weitere Kooperations- und Übernahmeaktivitäten nach sich.

Dass man mit Chrysler leichter als mit anderen Unternehmen ins Gespräch kam, lag auch daran, dass Chrysler wie Daimler ein von Managern geführtes Unternehmen war. Das galt nicht nur für die Führungsgremien in beiden Unternehmen, sondern auch für die Eigentümer. Es gab da – anders als etwa bei Ford, Toyota, Honda, Peugeot oder Porsche – keine Familie, die einen beherrschenden Einfluss hatte, sondern die Aktionäre waren institutionelle Investoren ohne irgendeine emotionale Bindung an das jeweilige Unternehmen. Das vereinfachte – wie die schwierigen Gespräche mit dem Familienunternehmen Ford gezeigt hatten – mögliche Gespräche über einen Zusammenschluss.

Außerdem hatte es zwischen Daimler, besser gesagt: zwischen der damals noch bestehenden Mercedes-Benz AG und Chrysler im Jahr 1995 schon Gespräche über eine mögliche Kooperation oder auch mehr gegeben. Mercedes-Vorstandschef Helmut Werner hatte die Vorstellung, gemeinsam mit Chrysler den asiatischen Markt zu erschließen. Dazu sollten in einem Joint Venture noch zu definierende, gemeinsame Modelle entwickelt und vertrieben werden. Es war eine komplexe, vielleicht auch etwas lebensferne Konstruktion, die man ins Auge gefasst hatte. Schlussendlich verliefen die unter dem Codenamen „Q-Star" geführten Gespräche im Sande, aber Verbindungen waren geschaffen, Fäden geknüpft und offensichtlich war man auch bei Chrysler einer amerikanisch-deutschen Allianz nicht abgeneigt. Hatte Jürgen Schrempp damit den „Kick" gefunden, den er als Manager suchte?

Die Wundertüte Chrysler und eine „Hochzeit im Himmel“

Am 12. Januar 1998 reiste der Vorstandsvorsitzende der Daimler-Benz AG zu seinem Kollegen Bob Eaton, Chairman von Chrysler, nach Auburn Hills, um zu sondieren, ob es bei Chrysler überhaupt ein Interesse an einem Zusammenschluss mit Daimler-Benz geben würde. Das Gespräch dauerte nur 17 Minuten. Schrempp hatte einige Unterlagen mitgebracht, die die Plausibilität eines Zusammenschlusses belegen sollten. Bob Eaton versprach, sich zu melden.

Chrysler war zu Beginn der Verhandlungen der auf der Basis der ausgewiesenen Geschäftszahlen profitabelste amerikanische Automobilhersteller. Im Jahr 1996 hatte das Unternehmen einen Gewinn von 3,259 Milliarden US-Dollar erzielt, was einer operativen Marge von 7,7 Prozent entsprach. Sie war damit höher als bei Mercedes-Benz mit 5,8 Prozent. Über Jahre hinweg waren Absatz und Umsatz von Chrysler gestiegen. Ohne Zweifel: Das Management in Auburn Hills hatte einen guten Job gemacht. Dennoch war Chrysler eine Wundertüte. Das Unternehmen hatte eine – vorsichtig formuliert – wechselvolle Geschichte. Seit den 1930er-Jahren bildete es zusammen mit General Motors und Ford die legendären „Big Three“, die vor und nach dem Zweiten Weltkrieg den Ton in der Weltautomobilindustrie angaben. Während General Motors als groß und mächtig, aber auch als anonym und unnahbar galt, Ford immer das Image eines soliden, aber auch etwas biederen Familienunternehmens hatte, galt Chrysler als der „Paradiesvogel“ unter den dreien – exzentrisch und laut im Auftritt, wirtschaftlich immer zwischen Himmel und Hölle angesiedelt und mehr als einmal knapp am Konkurs vorbeigeschrammt. Im Jahr 1925 von dem charismatischen Walter P. Chrysler gegründet, gehörte es zur DNA des Unternehmens, Produkte auf dem Markt anzubieten, die anders, spektakulärer, trendiger, manchmal auch provozierender waren als die der Wettbewerber. Das ging manchmal gut, manchmal auch nicht. Allerdings – und das gehörte auch zur Geschichte von Chrysler – galt die Qualität der Produkte, auch das vorsichtig formuliert, nicht als besonders herausragend. Wie ein roter Faden ziehen sich Klagen über die mangelnde Zuverlässigkeit, technische Defekte und die lausige Verarbeitungsqualität durch die Unternehmensgeschichte – mal mehr, mal weniger.

Chrysler war viel stärker als General Motors und Ford vom stark schwankenden amerikanischen Markt abhängig. Während sich die beiden Wettbewerber insbesondere in Europa Standbeine aufgebaut hatten, blieb Chrysler immer auf den nordamerikanischen Markt fokussiert. Bis in die Zeit des Mergers hinein lag der Anteil der Verkäufe in Nordamerika am Gesamtabsatz bei 90 Prozent. Weder in Europa noch in Asien war es Chrysler gelungen, Fuß zu fassen. In Europa versuchte man es mal mit Simca, mal mit Maserati und sogar Lamborghini gehörte kurzzeitig zum Chrylser-Imperium. Mit Fiat gab es schon Ende der 1980er-Jahre Gespräche über eine mögliche engere Zusammenarbeit, die aber im Sande verliefen. Letztlich blieb das alles Stückwerk. Die verlässlichste und am längsten dauernde Partnerschaft hatte man mit Mitsubishi, doch auch da ging es eher darum, Mitsubishi den amerikanischen Markt zu öffnen als umgekehrt Chrysler den asiatischen.

Existenziell und spektakulär war die Krise des Unternehmens im Jahr 1980, als Chrysler nur durch eine staatliche Kreditbürgschaft, den von Präsident Jimmy Carter unterzeichneten „Chrysler Corporation Loan Guarantee Act“, gerettet werden konnte – eine bis dahin in den USA einmalige und im Verständnis vieler Amerikaner unerhörte staatliche Stützungsaktion zugunsten eines Unternehmens. Geführt wurde das Unternehmen damals von Lee Iacocca, der zweifellos einer der eigenwilligsten Automobilmanager aller Zeiten war. Der italienischstämmige Amerikaner war ebenso exzentrisch und arrogant wie diszipliniert und kommunikativ – wenn es sein musste. Er hatte Charisma und führte das Unternehmen in den 1980er-Jahren in einer Kombination aus harten Einschnitten und begeisternden neuen Produkten wieder zurück in die Erfolgsspur. Der „Rettungswagen“ von Chrysler in der Krise Anfang der 1980er-Jahre war der Voyager. Die Verbindung aus Kombi und Transporter, ein Auto, das wie eine Limousine gefahren werden konnte und dennoch das Raumangebot eines Nutzfahrzeugs hatte, war eine Erfindung von Chrysler und der erste Minivan in der Automobilgeschichte. Als das Modell im Jahr 1983 als Plymouth Voyager eingeführt wurde, hatte es eine Alleinstellung im Markt und löste eine riesige Nachfrage aus, die viel Geld in die Kassen des Unternehmens spülte. Mit dem Voyager schrieben Chrysler und Lee Iacocca Automobilgeschichte.

Iacocca hat das Unternehmen in den 1980er-Jahren gerettet, um es dann am Ende des Jahrzehnts in eine neue Krise zu stürzen. Die Produktpipeline war leer und als dann auch noch der amerikanische Automobilmarkt wieder einmal schwächelte, stürzte Chrysler wie so oft in seiner Geschichte ab. 1991 machte Chrysler 800 Millionen Dollar Verlust und der Marktanteil erreichte mit 8,4 Prozent einen historischen Tiefstand. Im Jahr 1992 war die Zeit des Italo-Amerikaners bei Chrysler abgelaufen. Sein Nachfolger als Chairman wurde Bob Eaton, der neue starke Mann im Unternehmen aber war Bob Lutz. Eaton war ein Mann der Verwaltung, der das Unternehmen zuverlässig führen und nach außen seriös repräsentieren konnte. Bob Lutz, in der Schweiz geboren, war dagegen ein ebenso extrovertierter Typ wie Iacocca und ein „Car Guy“, für den es nichts Schöneres gab, als ungewöhnliche, superschöne und superschnelle Autos zu bauen. Mit einer kleinen Gruppe verschworener Autoenthusiasten trat er in den 1990er-Jahren eine Produktoffensive los, mit der Chrysler schließlich seine beiden nordamerikanischen Wettbewerber in Sachen Wachstum und Profitabilität abhängte.

Die Chrysler Group umfasste Anfang der 1990er-Jahre fünf Marken: Chrysler, Dodge, Plymouth, Eagle und Jeep. Die Marke Jeep gehörte erst seit 1987 zu Chrysler, als das Unternehmen die American Motor Corporation (AMC) Renault abgekauft hatte. Der Jeep Grand Cherokee, der 1992 auf der Detroit Motor Show vorgestellt wurde, war es dann auch, der nach der Krise zu Beginn des Jahrzehnts die Wende brachte und in dem schnell wachsenden Markt für Geländewagen als eines der ersten SUV-Modelle reüssierte. Die Marke Jeep und der Grand Cherokee waren ein Glücksfall für Chrysler und sollten es auch bleiben.

Schon in den 1980er-Jahren war Chrysler einer der Vorreiter der „Plattform"-Strategie, also dem Angebot unterschiedlicher Modelle auf der Basis einer gemeinsamen technischen Grundkonstruktion. Jetzt wurde dieses Konzept perfektioniert und Bob Lutz verstand es mit seinem Team, in atemberaubender Geschwindigkeit immer neue Modelle mit unterschiedlichen Labels in den Markt zu drücken. Darunter gab es Modelle, die hohe Stückzahlen brachten, wie der Grand Cherokee oder der Dodge Ram. Darunter waren aber auch Modelle, mit denen man einfach „Image" machen wollte, wie etwa der Supersportwagen Dodge Viper oder der Plymouth Prowler, der als straßentauglicher Hot-Rod hartgesottene Autofans begeisterte. Bob Lutz ging es nach seinen eigenen Worten immer darum, „vor den Trendkurven zu liegen und nicht irgendwelchen festgefahrenen Mustern zu folgen", wobei er dabei weniger an technische Innovationen als an Design und Ausstattung dachte. Gleichzeitig ging es ihm aber auch immer darum, kostengünstig zu produzieren, damit sich die neuen Modelle, die vor allem von ihrem stilistischen Neuigkeitswert lebten, schnell amortisierten. Daher wurde auch an den Entwicklungskosten gespart und in der Beschaffung und Produktion sehr genau auf die Kosten geachtet. So entstand ein Geschäftsmodell, das man durchaus mit dem aus der Modebranche bekannten „Cheap&Chic" vergleichen kann: fashionable Produkte zu niedrigen Preisen. Es war auf jeden Fall ein Geschäftsmodell, das dem von Mercedes-Benz völlig konträr gegenüberstand.

Der konservative, vorsichtig planende Bob Eaton wollte die guten Jahre, die das Unternehmen nach dem Rückzug von Lee Iacocca hatte, nutzen, um Reserven anzulegen, auf die man in schlechten Zeiten wieder zurückgreifen konnte. Er wusste um die Zyklizität des Geschäftes und traute der Blüte, die das Unternehmen mit den vielen neuen Modellen erlebte, nicht wirklich. So hatten sich auf den Chrysler-Konten bis Mitte der 1990er-Jahre über 8 Milliarden Dollar an Barreserven angesammelt. Damit weckte er ungewollt Begehrlichkeiten. Nach amerikanischem Verständnis gehört das Geld von Unternehmen seinen Eigentümern, also den Aktionären und nicht dem Management. 1995 plante Kirk Kerkorian, Chef der Investmentgesellschaft Tracinda und mit 10 Prozent größter Aktionär der Chrysler Corporation, eine „feindliche Übernahme" von Chrysler. Sein Konzept zur Finanzierung der Übernahme machte später Schule: Er wollte nämlich einen Teil des Übernahmebetrags, dessen Volumen bei 23 Milliarden Dollar lag, durch die bei Chrysler angesammelten Barreserven bezahlen. Das übernommene Unternehmen sollte also gewissermaßen seine eigene, feindliche Übernahme finanzieren. Am Ende scheiterte dieser brüske Übernahmeversuch, Kerkorian war aber fortan mit 18 Prozent am Unternehmen beteiligt und entsandte einen Vertreter in das Board von Chrysler.

Zweifellos hat die Übernahmeschlacht mit Kerkorian die Chrysler-Manager beeindruckt und ihnen gezeigt, wie fragil ihre Position war. Chrysler konnte aufgrund seiner hohen Barreserven und seiner gleichzeitig niedrigen Börsenkapitalisierung jederzeit zum Übernahmeobjekt werden. Die Konsequenzen, die das für jeden Einzelnen haben würde, konnte man sich unschwer ausmalen. Die Übernahmeschlacht mit Kerkorian förderte daher die Bereitschaft des Chrysler-Managements, sich einen industriellen Partner zu suchen, um damit nicht nur die Zukunft des Unternehmens, sondern auch sein eigenes Schicksal in der Hand zu behalten. Als der „Bräutigam“ Schrempp am 12. Januar bei Bob Eaton in Auburn Hills seine Visitenkarte abgegeben hatte, war er also auf eine „Braut“ gestoßen, die nicht unwillig war und die sich nun mächtig zu schmücken begann.

Anfang Februar kam der versprochene Anruf von Bob Eaton – die Verhandlungen konnten beginnen. Jürgen Schrempp stellte ein kleines Verhandlungsteam zusammen, was er damit begründete, dass auf keinen Fall etwas nach außen dringen und die Verhandlungen stören sollte. Insbesondere wollte man keine spekulativen Verwerfungen bei den Aktienkursen, da dies eine faire Bewertung der beiden Unternehmen erschwert hätte. Das Daimler-Verhandlungsteam bestand aus Jürgen Schrempp, seiner Büroleiterin Lydia Deininger, Eckhard Cordes, der als Vorstand für die Konzernentwicklung die Verhandlungsführung übernehmen sollte, und dessen Mitarbeiter, dem späteren Chef der Deutschen Bahn, Rüdiger Grube. Es war Jürgen Schrempps „Küchenkabinett“, das ergänzt durch seinen Assistenten Hartmut Schick in den folgenden Jahren zum Machtzentrum von Daimler wurde. Noch einige Jahre nach dem Merger prangte an der Tür eines Besprechungsraums in der Möhringer Konzernzentrale der Name „War Room“, der als Hauptquartier des Übernahmefeldzugs gedacht war. Einziges externes Teammitglied war der Investmentbanker Alexander Dibelius von Goldman Sachs, zu dem ein besonderes Vertrauensverhältnis bestand und der sich selbst als „hired gun“ bezeichnete. Zur Tarnung erhielt das Vorhaben den Decknamen „Gamma“ und die beiden beteiligten Unternehmen die Namen „Cleveland“ für Chrysler und „Denver“ für Daimler.

Im Grunde wurden die Verhandlungen mit Chrysler am Daimler-Vorstand vorbeigeführt. Jürgen Hubbert und Dieter Zetsche, die beiden wirklichen Autoexperten in diesem Gremium, wurden erst Ende März informiert, waren aber auch dann nicht an den Verhandlungsrunden beteiligt. Die Information des Gesamtvorstandes erfolgte am 19. April 1998, also etwas mehr als zwei Wochen vor der offiziellen Bekanntgabe des Mergers. Einen Tag vorher, am 18. April 1998, wurde der Aufsichtsratsvorsitzende Hilmar Kopper „offiziell“ unterrichtet, wobei jedoch als sicher gelten darf, dass er aufgrund seines engen Vertrauensverhältnisses mit Jürgen Schrempp von Anfang an über alles Bescheid wusste. Der Daimler-Aufsichtsrat wurde erst einen Tag vor dem großen Pressetermin in London in einer außerordentlichen Sitzung über den Inhalt des Fusionsvertrages informiert. So wollte man sicher sein, dass auch aus dem breiten Kreis des Aufsichtsrates nichts nach außen dringen würde. Peinlich war nur, dass es tatsächlich doch eine undichte Stelle gegeben haben musste, denn am 6. Mai 1998, also genau am Tag der außerordentlichen Aufsichtsratssitzung, berichtete das „Wall Street Journal“ detailliert über den geplanten Coup. So erfuhren einige Aufsichtsratsmitglieder aus der Zeitung, was der von ihnen kontrollierte Vorstand vorhatte und was ohne massiven Gesichtsverlust aller Beteiligten nicht mehr hätte gestoppt werden können. Dass sich ein Aufsichtsrat solchermaßen vor vollendete Tatsachen stellen ließ, war in der deutschen Unternehmenslandschaft ungewöhnlich.

Die besondere Herausforderung bei den Verhandlungen bestand darin, dass es sich nicht um eine Übernahme, sondern um einen „Mergers of Equals", also einen Zusammenschluss gleichberechtigter Partner handeln sollte. Bei einer Übernahme ist alles einfach: Das kaufwillige Unternehmen macht ein Angebot an die Aktionäre des Unternehmens, das man übernehmen will. Entweder kommt es durch oder es scheitert. Kommt es durch, ist klar, wer die Regeln bestimmt – von der strategischen Ausrichtung bis hin zur Zusammensetzung der Führungsgremien. Ein „Merger of Equals" ist hingegen ein Drahtseilakt, bei dem es immer darum geht, dass jeder Partner den nächsten Schritt mitgeht. Andernfalls gerät der Verhandlungsprozess ins Stocken und je häufiger das passiert, desto größer ist die Wahrscheinlichkeit, dass man wochen- oder gar monatelang umsonst miteinander geredet hat.

Dass ein „Merger of Equals" das Ziel war (oder dass man zumindest so tat, als sei es das, was man wollte), hatte sowohl wirtschaftliche als auch psychologische Gründe. Weder Daimler-Benz noch Chrysler waren in einer akuten Notlage. Der Zusammenschluss sollte zwei erfolgreiche Unternehmen noch erfolgreicher machen und diente nicht der Rettung eines der beteiligten Unternehmen. Aus steuerlichen Gründen sollte die Fusion nach der „Pooling-of-Interest"-Methode erfolgen, was vereinfacht gesagt bedeutet, dass nicht ein Unternehmen das andere kauft, sondern der Zusammenschluss durch einen Aktientausch zustande kommt. Damit mussten weder „stille Reserven" noch ein „Goodwill" ausgewiesen werden. Ein „Goodwill" liegt dann vor, wenn ein Unternehmen ein anderes zu einem Preis kauft, der über dem Buchwert von dessen Aktiva liegt, was bei Übernahmen in der Regel der Fall ist. Ein solcher „Goodwill" muss dann ergebniswirksam „abgeschrieben" werden. Bei einer Übernahme von Chrysler durch Daimler wäre der Gewinn des neuen Unternehmens durch diese Abschreibungen über einen Zeitraum von 20 Jahren mit 1,4 Mrd. Dollar jährlich belastet worden.

Aber es gab auch psychologische Gründe, den Zusammenschluss der beiden Unternehmen als „Merger of Equals" einzufädeln. Daimler hatte vor allem durch seine Marke „Mercedes-Benz" ein ungleich strahlenderes Image als Chrysler und Daimler war überdies das – gemessen am Umsatz – größere Unternehmen. Dennoch wollten die Chrysler-Manager naheliegenderweise auf Augenhöhe verhandeln. Manager können fürchterliche Mimosen sein, wenn sie den Eindruck haben, dass sie nicht ernst genommen werden. Chrysler war ein traditionsreiches, inzwischen wieder hochprofitables Unternehmen. Die Geschwindigkeit bei der Entwicklung und Vermarktung neuer Modelle und die Professionalität in der kostengünstigen Beschaffung von Aggregaten und Komponenten wurden weithin anerkannt. Man hatte seine Stärken und wollte deshalb kein „Bittsteller" oder „Übernahmeobjekt" sein. Dann hätte man sich nicht gegen die feindlichen Übernahmepläne von Kirk Kerkorian wehren müssen. Dass bei dem Merger letztlich auch Nationalgefühle bei der „Siegermacht" USA gegenüber den Deutschen eine Rolle spielten, sollte sich in der Diskussion über den Deal in der amerikanischen Öffentlichkeit noch zeigen. So musste ein erheblicher Teil der Energie bei den Verhandlungen in jene Rituale investiert werden, die Gespräche unter Gleichberechtigten erfordern.

Die offiziellen Verhandlungen begannen auf neutralem Boden, nämlich in Genf am 11. Februar 1998. Sie kamen – gemessen an der fachlichen Komplexität und der emotionalen Brisanz der zu behandelnden Fragen – schnell voran. Aus steuerlichen Gründen einigte man sich darauf, dass das fusionierte Unternehmen gesellschaftsrechtlich als deutsche Aktiengesellschaft geführt und der Firmensitz Stuttgart sein sollte, wobei auch Chrysler weiterhin ein Headquarter in Auburn Hills zugestanden wurde. Weiterhin wurde festgelegt, dass das Unternehmen zunächst mit einer Doppelspitze – Jürgen Schrempp und Bob Eaton – geführt wird und Bob Eaton nach drei Jahren ausscheidet, sodass Jürgen Schrempp dann alleine an der Spitze des Unternehmens stehen würde. Einfach machte es man sich bei der Zusammensetzung des künftigen Vorstands: Alle bisherigen Mitglieder der beiden Vorstände sollten auch – mit einer Ausnahme – im neuen Gremium vertreten sein. Nach dem Zusammenschluss umfasste der Vorstand daher 17 Mitglieder, von denen zehn Deutsche waren. Da ein derart üppig besetzter Vorstand kaum arbeitsfähig ist, wurde eine Art Vorstandsausschuss, der „Chairman´s Integration Council" mit lediglich acht Mitgliedern eingerichtet, in dem die Deutschen mit fünf Mitgliedern wiederum ein Übergewicht hatten. Er sollte für schnelle Entscheidungen bei der notwendigen Unternehmensintegration sorgen.

Ein Thema, das während des gesamten Verhandlungsprozesses heiß diskutiert wurde und nach der Bekanntgabe des Mergers in der deutschen Öffentlichkeit für viel Gesprächsstoff sorgte, war die Vergütungsfrage. Dass amerikanische Spitzenmanager erheblich mehr verdienten als deutsche war hinlänglich bekannt. Bob Eaton kam im Jahr 1997 auf ein Gesamtgehalt von 20 Millionen Dollar – so viel wie der Daimler-Vorstand insgesamt erhielt. Allerdings handelte es sich bei der Vergütung von Eaton weit überwiegend um erfolgsabhängige, aber sehr großzügig bemessene Boni und Aktienoptionen, deren Wert von der Entwicklung der Chrysler-Aktie abhing. Es war klar, dass es nach dem Merger nicht nur zur Angleichung der Gehaltsstrukturen, sondern auch des Gehaltsniveaus auf das Level der amerikanischen Manager kommen sollte. Wenn vielfach eine „Amerikanisierung" von Daimler erwartet, von einigen auch befürchtet wurde, so war es am ehesten auf diesem Gebiet der Fall. Die Daimler-Vorstände hatten die Chance, Einkommen zu erzielen, von denen sie einige Jahre vorher nur hatten träumen können – allerdings nur dann, wenn sie ihre Aktienoptionen bei steigenden Kursen auch vergolden konnten. Damit hielt eine neue Management-Mentalität Einzug in Untertürkheim.

Das zweifellos wichtigste zu klärende Thema im Rahmen der Vertragsverhandlungen war die Bewertung der Unternehmen, denn davon hingen nicht nur die Beteiligungsverhältnisse, sondern auch die Frage ab, ob und in welchem Umfang die Aktionäre von einem Zusammenschluss kurzfristig profitieren würden. In einer Verhandlungsrunde Anfang April in London forderte Bob Eaton einen Preis von 57,50 Dollar je Aktie von Chrysler. Das war gegenüber dem aktuellen Börsenkurs ein Aufschlag von über 30 Prozent und insofern happig. Hat Jürgen Schrempp auf diesen Vorschlag – wie später kolportiert wurde – geantwortet: „Umtauschverhältnisse interessieren mich nicht, ich will einen Deal"? Oder hat Jürgen Schrempp erklärt, dass er nicht bereit wäre, einen höheren Aufschlag als maximal 30 Prozent einzuräumen, wie von anderer Seite berichtet wird? Oder trifft beides zu? Tatsächlich „einigte" man sich auf die von Chrysler geforderten 57,50 Dollar und wartete nun den Verlauf des Börsenkurses ab. Am 15. April erreichte der Chrysler-Kurs an der Börse einen so hohen Tageswert, dass der Aufschlag zum Zielkurs von 57,50 Dollar nur noch 28 Prozent betrug. Also legte man diesen Kurs für die Prämie zugrunde, so dass sowohl Schrempp wie auch Eaton ihr Gesicht behielten.

Erst wenige Tage vor der offiziellen Bekanntgabe wurde dann noch eine besonders heikle Frage geklärt, nämlich wie das neue Unternehmen eigentlich heißen solle. Natürlich schlug Bob Eaton „Chrysler-Daimler-Benz" vor und natürlich gefiel Jürgen Schrempp dieser Vorschlag nicht. Der schlug nun erst mal „Daimler-Benz-Chrysler" vor. Am Ende sah der Kompromiss so aus, dass der Name „Benz" wegfiel und Chrysler einen Vorstandsposten mehr erhielt, wenn auch nur für befristete Zeit. Und um zu demonstrieren, dass nichts die beiden Unternehmen mehr trennen könne, verzichtete man auf den Bindestrich zwischen den beiden Namen: So wurde DaimlerChrysler der Name und zugleich auch das Logo des neu geschaffenen Konzerns.

Am 7. Mai 1998 war es so weit: Der Deal wurde in London vor der versammelten Weltpresse verkündet. Es war das Event, bei dem Jürgen Schrempp von der „schönen Braut" und fast noch mehr von dem „extremst potenten Bräutigam" schwärmte, und es war ein Tag der Superlative: „Heute", erklärte Schrempp, „gründen wir das führende Automobilunternehmen des 21. Jahrhunderts, eines, das das Tempo der Automobilwelt im nächsten Jahrtausend bestimmen wird." Und dann kam noch jener Begriff, der bald zu einem geflügelten Wort werden sollte: Das Zusammengehen von Daimler und Chrysler sei eine „Hochzeit im Himmel". Bob Eaton beschränkte sich in seinem Statement auf einige Gemeinplätze und hielt sich ansonsten im Hintergrund. War ihm die Sache peinlich?

Mit der „Hochzeit im Himmel" war der Ton angeschlagen, der auch in den nächsten Wochen und Monaten die Kommunikation bestimmen sollte. In allen Statements und Interviews fielen die gleichen Schlagworte: Zusammenschluss der ertragsstärksten Automobilhersteller der Welt, Merger of Equals, perfekte Ergänzung hinsichtlich Modellprogramm und Absatzregionen, kostensenkende Synergieeffekte, aber kein Stellenabbau, Wachstum und Steigerung des Shareholder-Value, technologische Stärke und überragendes Wachstumspotenzial, herausragende Führungsmannschaft, führende Position in der Weltautomobilindustrie. Auch ohne Internet, soziale Medien und Influencer schaffte es Daimler, der Welt seine Sichtweise des Zusammenschlusses mit Chrysler einzuimpfen und aufzudrücken.

Die Medienresonanz war überwältigend: „Das ist ein Hammer" titelte DER SPIEGEL, aber auch Wirtschaftsblätter wie das Handelsblatt („Gewaltiger Kursschub erwartet"), die WirtschaftsWoche („Völlig neue Regeln") und Capital („Transatlantische Hochzeit") feierten den Zusammenschluss. Bemerkenswert war dabei, dass viele Kommentatoren den Merger weit über seine Konsequenzen für die beteiligten Unternehmen hinaus als einen Schritt in eine neue Welt interpretierten. „Die Fusion“, so DER SPIEGEL in seiner Ausgabe Nr. 20/1998, „verändert nicht nur den deutschen Vorzeigekonzern – der gesamten Wirtschaft des Landes steht ein Umbruch bevor.“ Gemeint war das Ende der „Deutschland AG“, also jene Verbindung zwischen Industrie und Banken, die über viele Jahrzehnte den Aufstieg Deutschlands zu einer der führenden Wirtschaftsmächte förderte. DaimlerChrysler sei der Schritt Deutschlands in die „Globalisierung“, der die Manager „mächtiger als Staatenlenker“ mache und in der „nationale Regierungen kaum noch eine Rolle spielen“ würden. Auch in der WirtschaftsWoche war davon die Rede, dass Schrempp „völlig neue Regeln gesetzt“ habe, wobei aber nicht recht deutlich wurde, um welche Regeln – außer Größe – es sich handelte. Gleichzeitig sah das Magazin die Wettbewerber jetzt mächtig unter Druck. VW-Chef Ferdinand Piëch, stichelte das Blatt, dürfte nach „Schrempps Blitzaktion“ das Lachen vergangen sein und auch BMW-Chef Pischetsrieder stehe nun unter mächtigem Zugzwang. Immer wieder ist von „Industriegeschichte“ die Rede, die mit dem Zusammenschluss geschrieben wurde. Selbst zwei Wirtschaftsbücher beschäftigten sich mit dem Deal. David Waller, der unter anderem für die Financial Times arbeitete, feierte den Zusammenschluss als „Die Stunde des Strategen“ Jürgen Schrempp, wofür er später, als der Ausgang des Experiments sichtbar wurde, von seinen Kollegen manche Häme einstecken musste. „Siebzehn Minuten, die die Welt veränderten“ ist das einleitende Kapitel seines Berichtes über den DaimlerChrysler-Deal überschrieben. Das war der Einstieg in eine stellenweise unerträgliche Lobhudelei auf die handelnden Akteure, die heute nur noch peinlich wirkt. Auch die beiden FAZ-Journalisten Holger Appel und Christoph Hein, sonst dem Stil des Blattes entsprechend für eine nüchterne Berichterstattung bekannt, gerieten in ihrem Buch „Der DaimlerChrysler-Deal“ ins Schwärmen: „Genial eingefädelt“ würden sich Jürgen Schrempp und Bob Eaton mit ihrem Deal „in das Buch der Industriegeschichte“ einschreiben: Es sei „die Ehe der kreativsten Automobilhersteller“ und die „Gründung der ersten ‚Welt AG‘“. Noch heute fragt man sich, wie zwei ausgezeichnete Journalisten zu einer solchen Fehleinschätzung kommen konnten.

Der Enthusiasmus der Daimler-Protagonisten schien sich aber nicht nur auf die zuerst überraschten, dann euphorisierten Journalisten übertragen zu haben. Der Ministerpräsident des Landes Niedersachsen und nachmalige Bundeskanzler Gerhard Schröder attestierte Jürgen Schrempp „eine reife unternehmerische Leistung“ und Wirtschaftsminister Günter Rexrodt von der FDP befand, dass die Fusion „ein kluger Schritt“ sei. Man darf diese Äußerungen nicht als Ausdruck eines beschränkten wirtschaftlichen Sachverstandes führender Politiker werten, denn auch die erste Garde der deutschen Unternehmensberater von Roland Berger über Herbert Henzler (McKinsey) bis hin zu Tom Sommerlatte (Arthur D. Little) lobten den Deal. Es war tatsächlich so, wie Eckhard Cordes gesagt hatte: Es war das erste und einzige Mal, dass eine solche Transaktion so einhellig positiv beurteilt wurde.

Am 14. Mai 1998 segnete der Aufsichtsrat von Daimler-Benz den Fusionsvertrag mit Chrysler ab. Auch die Arbeitnehmervertreter sowie der Vertreter der

Leitenden Angestellten stimmten für die Fusion. Solange keine Arbeitsplätze gefährdet waren, sahen Betriebsräte und Gewerkschaftsvertreter keinen Grund, dagegen zu sein. Am 18. September 1998 stimmen die Aktionäre auf einer außerordentlichen Hauptversammlung in Stuttgart mit 99,89 Prozent für den Zusammenschluss mit Chrysler. Es war für Jürgen Schrempp ein triumphaler Auftritt: „Heute", so eröffnete er die Veranstaltung, „haben wir die Chance, ein neues Kapitel der Wirtschaftsgeschichte zu schreiben, aus einer Position der Stärke heraus, aus eigenem Entschluss und mit einem Partner unserer Wahl." Außer ein paar der üblichen Nörgeleien von Vertretern der Kleinaktionäre gab es keinen Widerspruch. „Vorstands- und Aufsichtsratschef liegen sich neun Minuten nach elf Uhr nachts auf dem Podium in den Armen", berichtete David Waller, Chronist des Zusammenschlusses, über das Ende der Veranstaltung. Nachdem auch die Chrysler-Aktionäre dem Deal zugestimmt hatten, konnte der Aktienumtausch beginnen. Die für die Anwendung der „Pooling-of-Interest"-Methode notwendige Umtauschquote von über 90 Prozent der Aktien wird nicht nur erreicht, sondern übertroffen: Am 26. Oktober 1998 haben 97 Prozent der Daimler-Aktionäre ihre Anteilsscheine gegen DaimlerChrysler-Aktien getauscht. Ein sensationelles Ergebnis, wenn man bedenkt, dass es sich um Namensaktien handelte, also jeder Aktionär ermittelt und zum Tausch animiert werden musste.

Jürgen Schrempp schien durch den Erfolg seiner Mission und die öffentliche Anerkennung, die ihm überall entgegenschlug, beflügelt und drückte aufs Tempo. Schon Ende August startete bei einem Meeting des neuen Gesamtvorstandes in einem Hotel in West Virginia die Post-Merger-Integration (PMI). Fast 100 zentrale Integrationsaufgaben wurden in 12 miteinander vernetzten Arbeitsgruppen („Issue Resolution Teams") zusammengefasst. Insgesamt befanden sich auf der Liste fast 1.300 Projekte. Rüdiger Grube und sein Pendant von Chrysler, Barry Price, erhielten die Aufgabe, den PMI-Prozess zu steuern. Die Arbeit in den Integrationsteams sollte sich an fünf einfachen Prinzipien orientieren: Priorität für die Aktivitäten, die den höchsten Wert schaffen, Betroffene zu Beteiligten machen, Pragmatismus vor Perfektion, hohes Tempo in der Umsetzung sowie rascher Informationsaustausch zwischen den Teams. Spätestens in zwei Jahren sollte der Integrationsprozess abgeschlossen sein.

Vorrangig ging es beim Start des PMI-Prozesses darum, Quick-Wins, also Projekte anzugehen, die schnelle und öffentlichkeitswirksame Erfolge versprachen. Sie mussten leicht kommunizierbar sein, damit man sowohl gegenüber den Mitarbeitern wie auch gegenüber den Aktionären und den Medien zeigen konnte: Schaut her, der Zusammenschluss funktioniert, wir sind auf dem richtigen Weg. Das Vorzeigeprojekt wurde die Geländewagenfertigung im österreichischen Graz. Dort ließ Chrysler seit 1991 zunächst den Voyager, dann ab 1994 auch den Jeep Grand Cherokee für den europäischen Markt montieren. Allerdings konnten die Kapazitäten aufgrund des schleppenden Chrysler-Absatzes in Europa nicht nachhaltig ausgelastet werden. Umgekehrt hatte Mercedes das Problem, dass die Kapazitäten für die Produktion der M-Klasse in Tuscaloosa nicht ausreichten, um die stürmische Nachfrage nach dem Fahrzeug zu befriedigen. Vor allem das Interesse in Europa war deutlich höher, als man das ursprünglich erwartet hatte. So wurde entschieden, dass die M-Klasse künftig auch in Graz unter einem Dach – aber auf getrennten Montagelinien – mit dem Jeep von Chrysler gefertigt wird. Als Kosteneinsparung durch die Zusammenlegung wurden 280 Millionen Euro berechnet. Das war eindrucksvoll, ließ sich leicht kommunizieren und wurde so zum Standardbeispiel dafür, wie man bei DaimlerChrysler erfolgreich Synergien nutzt. Der PMI-Prozess hatte sein Glanzstück.

Die Ankündigung des Mergers im Frühjahr 1998 hatte Analysten und Investoren elektrisiert und die Kursphantasien fast ins Grenzenlose wachsen lassen. Am 7. Mai, dem Tag der legendären Pressekonferenz in London, schoss die Daimler-Aktie auf 103,39 Euro nach oben. Ende April hatte der Kurs noch bei etwas mehr als 88 Euro gelegen. Ein Kursplus von gut 17 Prozent innerhalb einer Woche war für ein Dax-Schwergewicht in der damaligen Zeit ein sensationeller Anstieg. Auch in den folgenden Wochen konnte sich das Daimler-Papier auf hohem Niveau behaupten. Stolz hieß es im Geschäftsbericht für das Jahr 1998, dass „die Aktie Ende Juli einen neuen historischen Höchststand" erreicht habe. Jürgen Schrempp hatte sein Versprechen eingelöst, den „Shareholder-Value" zu steigern und das Unternehmen in eine neue Größenordnung hineinzuführen. Allerdings musste die Aktie schon im September einen Rückschlag hinnehmen, was nicht nur an der Asienkrise und den finanziellen Turbulenzen in Russland und Lateinamerika lag, die in jenen Tagen die internationalen Börsen erschütterten. Die Ratingagentur Standard&Poor's hatte bekanntgegeben, dass sie die DaimlerChrysler-Aktie nicht in ihren Aktienindex, den S&P 500, aufnehmen werde. Dort – so die Begründung – würden nur amerikanische Börsengesellschaften berücksichtigt. Die Entscheidung war insofern gravierend, weil bestimmte institutionelle amerikanische Investoren nur Aktien von Unternehmen in ihr Portfolio aufnehmen durften, die bei Standard&Poor's gelistet waren. Bis Anfang Oktober sank der Kurs der Daimler-Aktie auf unter 60 Euro und wer an der Kapitalerhöhung bei Daimler im Juni zu einem Kurs von 70 Euro je Aktie teilgenommen hatte, musste bis zum Start der neuen Aktie einen schmerzlichen Verlust hinnehmen. Alle Blicke waren daher auf den ersten Börsentag der neuen, der DaimlerChrysler-Aktie gerichtet.

Am 17. November 1998 war der „Day One": An diesem Tag startete das neue Papier mit dem Börsenkürzel „DCX" in acht Ländern und 21 Börsenplätzen. Mit dem Börsengang war einer der schnellsten Unternehmenszusammenschlüsse in der jüngeren Wirtschaftsgeschichte zustande gekommen. Zwischen dem Beginn der Verhandlungen und dem Abschluss des Fusionsvertrages lagen kaum mehr als 3 Monate, bis zur Einführung der gemeinsamen Aktie waren es, trotz des komplizierten Konstruktes eines Mergers of Equals noch nicht einmal 10 Monate. Billig war das Vorhaben nicht. Eine kaum noch überschaubare Zahl von Rechtsanwälten, Wirtschaftsprüfern und Beratern – alles vom Feinsten – war notwendig, um die zahlreichen Detailfragen zu klären. Dazu kamen die von Anfang an mit eingebundenen Investmentbanker. Insgesamt, so wurde geschätzt, dürfte der Deal eine gute halbe Milliarde Dollar gekostet haben.

Jürgen Schrempp und Bob Eaton eröffneten den Handel mit der DaimlerChrysler-Aktie persönlich mit dem Schlagen der Glocke, wie das an der New

York Stock Exchange üblich war. Begleitet wurde der Börsengang von einer gewaltigen Inszenierung, die Schrempps Neigung zur Theatralik einmal mehr unter Beweis stellte. In der Wall Street wurde die gesamte Modellpalette des neuen Konzerns aufgefahren und mancher New Yorker dürfte sich an diesem Tag gefühlt haben als sei Präsidentschaftswahlkampf oder Nationalfeiertag. In Untertürkheim spielte in der Zentrale eine amerikanische Country-Band und in den Daimler-Kantinen gab es kostenlose Donuts, Cookies und Muffins, während die Chrysler-Mitarbeiter mit Wiener Schnitzel und original schwäbischen Spätzle feiern durften. Obendrein gab es auch noch eine „Smart Watch". Es war ein bombastischer Auftakt – eben „extremst", wie alles an diesem Merger.

Die neue Aktie schloss am ersten Börsentag in Frankfurt mit einem Kurs von 71,20 Euro. Am ersten Jahrestag der Verkündigung des Mergers, am 7. Mai 1999, lag der Kurs bei fast 92 Euro. Der Kurztrip von Jürgen Schrempp am 12. Januar 1998 nach Auburn Hills hatte sich gelohnt. Mit der Fusion von Daimler und Chrysler wurde er in den Olymp der größten Manager aller Zeiten aufgenommen. Mehr ging nicht – oder doch?

Vom Merger of Equals zur Welt AG

„Wir gestalten den Konsolidierungsprozess in der Automobilindustrie. Wir werden ihn weiter anführen und wir werden die sich daraus ergebenden Wachstumschancen für uns nutzen." Jürgen Schrempps Reise war noch nicht zu Ende. Das Jahr 1998 war eines der ereignisreichsten in der mehr als 100-jährigen Geschichte des Unternehmens gewesen. Doch schon im Geschäftsbericht für das Jahr 1999 kündigte der Vorstandsvorsitzende an, den Konsolidierungsprozess in der Automobilindustrie „weiter anführen" zu wollen. Sein Blick richtete sich jetzt nach Asien, denn um ein wirklich globales Unternehmen, eine Welt AG zu sein, brauchte man in der größten und wachstumsträchtigsten Region der Welt einen größeren Fußabdruck als ihn Mercedes-Benz und Chrysler hatten.

Bereits im Jahr 1998 hatte Daimler erste vorsichtige Gespräche mit Nissan über eine mögliche Zusammenarbeit begonnen. Der Zeitpunkt war gut gewählt, denn Nissan war hochverschuldet und stand am Rande des Abgrunds. Schuld daran war nicht nur die 1997 über den asiatischen Kontinent hereingebrochene Finanz- und Wirtschaftskrise. Schuld daran war auch, dass die anderen Automobilhersteller das Konzept des Lean Managements erfolgreich übernommen und gleichzeitig ihre Modellpaletten massiv ausgebaut hatten. So kamen die japanischen Hersteller auf vielen Märkten und in vielen Marktsegmenten, in denen sie bislang ohne große Konkurrenz agieren konnten, unter Druck. Während vor allem die deutschen Hersteller den Druck „von oben" verstärkten, kam auch noch zusätzlicher Druck „von unten", und zwar durch die aufstrebenden südkoreanischen Hersteller, vor allem Hyundai und Kia.

Nissan benötigte dringend einen starken Partner. Dabei war das Unternehmen geostrategisch gar nicht so schlecht aufgestellt. Neben einer starken Marktstellung in Asien verfügte es auch über eine gute Position im nordamerikanischen und im europäischen Markt. Außerdem hatte Nissan nicht nur Personenwagen, sondern auch Geländewagen und leichte Nutzfahrzeuge im Programm, mit denen man sowohl in Asien wie auch in Nordamerika erfolgreich unterwegs war. Doch schon im Frühjahr 1999 beendete Daimler für das Nissan-Management überraschend die Verhandlungen über eine Kapitalbeteiligung von DaimlerChrysler an Nissan. Angesichts der hohen Schuldenlast von Nissan vermuteten viele Beobachter, dass sich Jürgen Schrempp an das Fokker-Desaster erinnerte, wo er ebenfalls bei einem hochverschuldeten Unternehmen eingestiegen und letztlich gescheitert war. Offiziell war die Begründung, dass zunächst die Integration von Daimler und Chrysler höchste Priorität habe. Der Rückzug von Daimler eröffnete dem französischen Automobilhersteller Renault, der ebenfalls an einer Liaison mit Nissan interessiert war, die Chance für einen Zusammenschluss. Der erfolgte dann auch schon im Frühjahr 1999 und entwickelte sich unter dem harten Regiment von Carlos Ghosn zu einer Erfolgsstory.

Im Frühjahr 2000, ein Jahr nach der Beendigung der Verhandlungen mit Nissan, gab es in der Presse erste Meldungen über Gespräche von Daimler mit Mitsubishi Motors. Mitsubishi war nach Toyota und Nissan die Nummer 3 unter den japanischen Automobilherstellern und wie Nissan ebenfalls hoch verschuldet. Neben PKW verkaufte das Unternehmen unter der Marke Fuso auch LKW und Busse, was für DaimlerChrysler nicht ganz uninteressant war. Bereits unter Edzard Reuter hatte es Anfang der 1990er-Jahre Gespräche zwischen Daimler und Mitsubishi gegeben, bei denen es aber nicht nur und nicht einmal vorrangig um Autos ging. Die Mitsubishi-Gruppe war ein typisch japanisches Keiretsu, ein Misch-Konzern, der ohne eine übergeordnete Führung wie zum Beispiel eine Holding allein durch wechselseitige Kapitalbeteiligungen als Unternehmensverbund am Markt agierte. Vergleichbar mit dem damaligen „Technologiekonzern“ Daimler-Benz, reichte das Spektrum der geschäftlichen Aktivitäten von Mitsubishi von Waschmaschinen über Autos bis hin zu Nachrichten- und Satellitensystemen. Reuter hatte eine strategische Allianz im Auge, die verschiedene Technologiebereiche umfassen sollte und von der er sich eine Globalisierung des Unternehmens versprach. Die Verhandlungen zwischen beiden Unternehmen verliefen freilich im Sande, da offensichtlich wurde, dass Mitsubishi vor allem an einer Zusammenarbeit mit Mercedes-Benz interessiert war. Dort aber wusste man nicht, was man mit Mitsubishi hätte anfangen können.

Ein weiterer Anknüpfungspunkt für die Verhandlungen war die langjährige Zusammenarbeit von Mitsubishi und Chrysler. Schon 1970 hatte Chrysler einen Anteil von 15 Prozent an der Mitsubishi Motor Corporation (MMC) erworben, mit dem Ziel, Fahrzeuge der Marke in den USA zu vertreiben. Im Jahr 1986 wurde ein Joint Venture gegründet, die Diamond Star Motors (DSM), die in Normal (Illinois) gemeinsam Fahrzeuge der beiden Marken fertigen sollte. Die DSM wurde 1991 – als Chrysler wieder einmal Geld brauchte – vollständig von Mitsubishi übernommen. 1993 verkaufte Chrysler seine Anteile an der MMC. Trotz der abrupten und nicht ganz harmonisch verlaufenden Trennung konnte man immerhin auf eine lange, gemeinsame Geschichte zurückblicken.

Am 28. Juli 2000 unterzeichneten Jürgen Schrempp und der Präsident von Mitsubishi Motors die Verträge, mit denen DaimlerChrysler einen Anteil von 34 Prozent an der MMC erwarb. Gerne hätte man einen höheren Anteil erworben, dann aber wäre man gezwungen gewesen, die horrenden Schulden von MMC in die eigene Bilanz zu übernehmen. So beließ man es zunächst bei diesem Anteil, wobei DaimlerChrysler die Option hatte, nach drei Jahren den Anteil bei MMC unbegrenzt zu erhöhen. Bereits am 26. Juni 2000 hatte sich DaimlerChrysler zudem einen Anteil von 10 Prozent an Hyundai gesichert, einem Hersteller, dem man eine große Zukunft zutraute und der ebenfalls ins Suchfeld „Asien“ und „Kleinwagen“ passte. Anders als bei Mitsubishi, wo man die industrielle Führung haben wollte, sollte die Beteiligung an Hyundai der Absicherung strategisch angelegter Projekte dienen. Am 8. September 2000 trat Rolf Eckrodt, der zuvor verschiedene Führungsfunktionen im Konzern ausgeübt hatte, die Aufgabe als Chief Operating Officer (COO) bei Mitsubishi an. „Die Allianz mit Mitsubishi Motors und unsere Beteiligung an Hyundai“, erläuterte Schrempp den Aktionären die Gründe für diese Deals, „bieten uns nun – nach Europa und den USA – auch in Asien die Voraussetzung, die wir mit unseren bisherigen Marken und Produkten dort hätten so nicht erreichen können.“

Jürgen Schrempp konnte die Allianzen mit Mitsubishi und mit Hyundai nicht genug loben. Wie für Edzard Reuter gut zehn Jahre vorher die Übernahme von MBB der „entscheidende Baustein“ für die Schaffung eines integrierten Technologiekonzerns war, so wurde für ihn die faktische Übernahme von Mitsubishi zum „entscheidenden Baustein“ für seine Welt AG. Jetzt kam man dem selbstgesteckten Ziel, in Asien einen Marktanteil von 25 Prozent zu erzielen – entsprechend dem Gewicht des Kontinents an den weltweiten Automobilverkäufen – einen großen Schritt näher. Außerdem hatte man mit Mitsubishi einen Partner mit ausgewiesener Kleinwagenkompetenz. Der Mitsubishi Colt war eines der weltweit bekanntesten und am meisten verkauften Fahrzeuge im „Golf-Segment“. Schon bald entstand die Idee, den Nachfolger des Colts mit einigen technischen und optischen Modifikationen auch als viersitzigen Smart anzubieten und damit die Modellpalette der Kleinwagenmarke um eine zweite Baureihe zu erweitern. Im Dezember 2001 wurde der Bau eines Motorenwerks im thüringischen Kölleda bekanntgegeben, in dem Benzinmotoren für Mitsubishi und Smart gebaut werden sollten. Im Mai 2002 folgte die Gründung der Global Engine Alliance mit DaimlerChrysler, Mitsubishi Motors und Hyundai als Partner. Im Rahmen dieses Joint Ventures mit Sitz in den USA sollte eine neue Generation von Vierzylinder-Benzinmotoren entwickelt und produziert werden. Schließlich gelang es auch noch, das Nutzfahrzeuggeschäft von MMC an sich zu ziehen. Dazu wurde die Mitsubishi Fuso Truck and Bus Corporation (MFTBC) Anfang des Jahres 2003 ausgegründet und DaimlerChrysler übernahm zunächst 43 Prozent der Anteile, die nach und nach auf 85 Prozent erhöht wurden. Am 14. März 2003 übernahm DaimlerChrysler auch bei Fuso die industrielle Führung und konnte damit seine bis dahin schwache Position im asiatischen Nutzfahrzeuggeschäft deutlich ausbauen. Fuso sollte die einzige Marke bleiben, die in jener Zeit erworben wurde und sich bis heute im Markenportfolio des Konzerns befindet.

Man hat Jürgen Schrempp später vorgeworfen, dass er bei der Wahl zwischen Nissan und Mitsubishi auf das falsche Pferd gesetzt habe: Während MMC in den nächsten Jahren nur Probleme machte, entwickelte sich Nissan in der Allianz mit Renault prächtig. Eine solche Argumentation verkennt, dass der Wiederaufstieg von Nissan kein Selbstläufer, sondern das Ergebnis einer klugen Strategie und deren kraftvollen Umsetzung durch Renault war. Jürgen Schrempp war kein Carlos Ghosn. Da half auch nicht das Argument, dass man bei MMC „sehr preisgünstig" zum Zuge gekommen war. Beim Kauf eines Unternehmens ist es oft wie beim Kauf eines Gebrauchtwagens: Das „preisgünstigste" Angebot erweist sich oft als das teuerste. Eine glückliche Hand bei der Übernahme von Unternehmen konnte man Jürgen Schrempp am Ende seiner Karriere jedenfalls nicht nachsagen.

Da stand sie nun also, die Welt AG, jenes großartige Gebilde eines wirklich globalen Unternehmens, das die drei großen automobilrelevanten Kontinente abdeckte: Europa, Nordamerika und Asien. Tatsächlich verwechselten viele das, was da auf dem Papier stand und nicht mehr war als der Entwurf eines ehrgeizigen Architekten mit der Realität, mit einem Haus, das bewohnt ist und in dem Leben stattfindet. Mit dem Einstieg bei Mitsubishi hatte DaimlerChrysler, gemessen am Umsatz, zu den beiden damals weltweit größten Automobilherstellern der Welt, General Motors und Ford, aufgeschlossen. Gemessen an den Stückzahlen lag man auf Platz 3. Das Ziel, die Nummer 1 in der Branche und das „weltweit führende Automobil-, Transport- und Dienstleistungsunternehmen im 21. Jahrhundert" zu werden (wie es im Geschäftsbericht 1998 hieß) war in Sichtweite. Der Entwurf war, wie einst bei Edzard Reuter, genial, aber wer genauer hinschaute – und das waren in jenen Tagen die wenigsten – sah nur eine Baustelle oder besser gesagt: viele Baustellen. Jürgen Schrempp befand sich im Sommer des Jahres 2000 im Zenit seiner Karriere – allerdings nur für wenige Monate. Dann ging es bergab und auch das „extremst".

Transatlantische Ehekrise

„Chrysler rutscht tief in die Krise": Die Schlagzeile der Stuttgarter Zeitung am 18. November 2000 kam für die meisten Branchenbeobachter nicht wirklich überraschend. Lapidar heißt es in dem Artikel: „Die Lage der amerikanischen Daimler-Tochter Chrysler ist deutlich schlechter als bisher angenommen. Nach einer Sitzung des Aufsichtsrats hat der Konzern gestern erklärt, das gesamte Geschäft müsse grundlegend neu positioniert und strukturiert werden. Die Daimler-Aktie reagierte auf die Hiobsbotschaft mit einem Kursrutsch und verlor mehr als drei Prozent." Die „Hochzeit im Himmel" war nach lediglich zwei Jahren schon in einer veritablen Krise gelandet.

Nach der Hochstimmung des „Day One", der theatralisch inszenierten Einführung der neuen gemeinsamen Aktie im November 1998, waren die Flitterwochen schon im Frühjahr des Jahres 1999 definitiv zu Ende. Der Ehealltag kehrte ins Unternehmen ein und damit auch die nach einem solchen Zusammenschluss üblichen Rangeleien um Kompetenzen und Planstellen. Reviere wurden abgesteckt, Informationsflüsse blockiert und Statussymbole verteidigt. Im Chrysler-Management gab man sich selbstbewusst, war man im internen Vergleich doch profitabler als die Mercedes-Kollegen und außerdem war es ja keine Übernahme, sondern ein „Zusammenschluss von Gleichen". Tom Stallkamp war vor dem Merger für den Einkauf bei Chrysler verantwortlich und hatte sich dort große Verdienste erworben. Entsprechend seiner Philosophie des „extended enterprise" hatte er die Zulieferer eng und frühzeitig in die Entwicklung neuer Produkte eingebunden und damit Kosteneinsparungen sowohl bei den Lieferanten wie auch bei Chrysler erzielt. Das „Supply Chain Management" bei Chrysler galt in der Branche als vorbildlich. 1998 wurde Stallkamp Nachfolger von Bob Lutz, der nicht mehr ins Unternehmen passte, und er galt als potenzieller Nachfolger von Bob Eaton und nach dem Merger als potenzieller Nachfolger von Jürgen Schrempp.

Während Bob Eaton klar war, dass er nach seiner Ankündigung, in zwei Jahren als Vorstandsvorsitzender zurückzutreten, nicht mehr viel im Unternehmen würde bewegen können, nahm Tom Stallkamp den Merger of Equals ernst und kämpfte um Einfluss auf die Geschäftspolitik des gesamten Unternehmens. Immerhin war nicht der starke „Mr. Mercedes", Jürgen Hubbert, zum Verantwortlichen für das gesamte PKW-Geschäft der Gruppe gemacht worden, sondern er. Doch schon im September 1999 kam das Ende seiner Karriere: Er verließ das Unternehmen im Streit. Was letztlich den Ausschlag gab, dass Stallkamp ging, ist nie bekannt geworden. Es war wohl kein einzelnes Vorkommnis, sondern eher sein Dauerkonflikt mit Eaton, dessen Passivität ihm nach dem Merger nicht gefiel und gegen den er intern wie auch öffentlich opponierte. Seine Entlassung hatte direkt zur Folge, dass der Aktienkurs des Unternehmens binnen weniger Stunden einbrach. Für viele, vor allem für amerikanische Analysten, war das Ausscheiden von Stallkamp der Anfang vom Ende des Mergers of Equals. Und es war das offenkundige Symbol dafür, dass die Deutschen nun endgültig das Ruder bei Chrysler übernehmen würden. Am 30. September 1999 bestätigte der Aufsichtsrat die Entlassung von Stallkamp. Gleichzeitig schieden drei weitere Vorstandsmitglieder aus dem Gremium aus, der Chrysler-Manager Theodor Cunningham sowie die Deutschen Kurt Lauk, bislang verantwortlich für das Nutzfahrzeuggeschäft, und Personalvorstand Heiner Tropitzsch. Der Vorstand wurde von bislang 17 auf 14 Mitglieder verkleinert. Gleichzeitig wurden zwei neue Gremien installiert, die den Zugriff von Daimler auf die jeweiligen Tätigkeitsfelder stärken sollten: der „Automotive Council", der markenübergreifend Technik, Design und Produktion koordinieren, und der „Sales und Marketing Council", der ebenfalls markenübergreifend die Vertriebspolitik und die Vertriebsnetze steuern sollte. In beiden Gremien hatte Daimler personell ein Übergewicht.

Was die reinen Zahlen anbelangte, war die Welt zunächst noch in Ordnung gewesen. Die Bilanz des Jahres 1998 hatten einen Umsatz von 131,78 Milliarden Euro und einen Operating Profit von 8,59 Milliarden Euro ausgewiesen. Die interne Zielgröße, der „Return on Net Asset (RONA)", die vereinfacht gesagt die Verzinsung des eingesetzten Kapitals zum Ausdruck bringt, lag mit 11,6 über dem anvisierten Ziel von 9,2 Prozent. Insgesamt waren bei DaimlerChrysler am 31. Dezember 1998 441.502 Menschen beschäftigt. Das konnte sich sehen lassen. Auch das erste volle Geschäftsjahr des neu gegründeten Unternehmens, das Jahr 1999, gab Grund zur Freude: Der Operating Profit stieg um fast 30 Prozent auf 11,02 Milliarden Euro. Auch wenn darin ein Sonderertrag aus dem Verkauf der noch aus der Reuter-Zeit stammenden Anteile an der Debitel AG enthalten war, war der Gewinn schneller als der Umsatz gestiegen. Die anvisierte Mindestverzinsung des eingesetzten Kapitals wurde jetzt sogar um drei Prozentpunkte übertroffen. Noch ein weiteres Erbe der Reuter-Zeit sorgte für positive Nachrichten: An der neu gegründeten European Aeronautic Defence und Space Company (EADS), die den Airbus herstellte, war Daimler mit 30 Prozent beteiligt und profitierte damit von der guten Geschäftsentwicklung in der Luftfahrt. Was konnte, was durfte man von diesem gewaltigen Gebilde, das sich DaimlerChrysler ohne Bindestrich nannte, nicht noch alles erwarten?

Das alte Jahrhundert ging für das junge Unternehmen DaimlerChrysler in einem merkwürdigen Schwebezustand zu Ende. Auf der einen Seite die mehr als zufriedenstellenden Geschäftsergebnisse, auf der anderen Seite die unverkennbaren Bruchstellen im Integrationsprozess. Zwar erklärte Jürgen Schrempp die ursprünglich auf drei Jahre, dann auf zwei Jahre verkürzte Post-Merger-Integration schon nach einem Jahr für beendet. Aber jedem war klar, dass Daimler und Chrysler noch nicht ein Unternehmen waren, sondern der fehlende Bindestrich zwischen den beiden Unternehmensnamen nach knapp zwei Jahren Ehe eher größer als kleiner geworden war. Solange die Geschäftszahlen stimmten, gab es keinen wirklichen Grund zur Besorgnis. Was aber, wenn Chrysler in den Sog einer rückläufigen amerikanischen Automobilkonjunktur geraten oder sich das enorme Wachstumstempo bei Mercedes-Benz verlangsamen würde? Die ursprüngliche Euphorie, mit der der Merger begonnen hatte, war zwar keiner Ernüchterung, aber doch einer gewissen Nachdenklichkeit gewichen.

Es war, wie wenn ein Orkan auf eine Wellblechhütte zurast – mit dem kleinen, aber gewichtigen Unterschied, dass irgendjemand um die Wellblechhütte eine schützende Mauer aus Beton gebaut hatte, so dass letztlich nicht das ganze Haus, sondern nur das Dach wegflog. Im März des Jahres 2000 platzte die Dotcom-Blase, nachdem das Handeln mit Neuemissionen und hochspekulativen Papieren in den USA schon fast zu einer Art Volkssport geworden war. Jeder wollte an das schnelle Geld, stattdessen machte der Börsen-Crash aus vielen Kleinanlegern binnen weniger Tage arme Leute, die ihr schwer verdientes Barvermögen an der Börse verspielt hatten. Vor allem in den USA erschütterte der Einbruch der Aktienkurse die Gesamtwirtschaft und drückte auf die Stimmung der Konsumenten. Schon immer anfällig für konjunkturelle Schwankungen, gingen auch die Neuwagenverkäufe im Laufe des Jahres rasant zurück.

Bei Chrysler, aber auch bei den anderen großen amerikanischen Automobilherstellern, schien man von alldem nichts mitbekommen zu haben, sondern ließ die Bänder weiter auf Hochtouren laufen. Die amerikanischen Autohändler wurden von ihren Herstellern mit Autos überschwemmt, die auf ihren Höfen bald keinen Platz mehr fanden. Das lange eingeübte Produktionssystem der amerikanischen Automobilhersteller, das sich nicht an der Nachfrage ausrichtete, sondern eher einer Druckbetankung des Marktes glich, zeigte seine hässliche Seite. Die Kundenrabatte gingen steil nach oben. Bis zu 4.500 Euro je Fahrzeug konnten die amerikanischen Käufer bei ihrem Händler heraushandeln. Chrysler, das nach wie vor über 90 Prozent seiner Fahrzeuge in den USA verkaufte, war mit seiner angejahrten Modellpalette davon besonders betroffen. Steigende Rabatte bei rückläufigen Verkäufen – es war absehbar, was da auf Daimler zukommen würde. Hinzu kam noch ein völlig dilettantischer Modellwechsel bei einem der meistverkauften Chrysler-Modelle, dem Voyager. Obwohl man wusste, dass ein neuer Voyager in Kürze in den Markt eingeführt würde, lief die Produktion des alten Modells unverändert auf hohem Niveau weiter. Die Chrysler-Händler ächzten unter dem hohen Bestand an alten, unverkauften Fahrzeugen und sollten nun das neue Modell an die Kunden bringen. Das System kollabierte und Chrysler musste seine am Rande der Insolvenz stehenden Händler mit hohen Verkaufsprämien finanziell unterstützen.

Für Verunsicherung bei den Anlegern sorgten nicht nur die nach und nach erkennbaren Absatzprobleme von Chrysler, sondern fast noch mehr die Tatsache, dass das Daimler-Management davon fast noch mehr überrascht schien als die Öffentlichkeit. Offensichtlich wusste man in Stuttgart lange Zeit nicht, was sich da in Detroit zusammenbraute. Schon im Vorjahr hatte Jürgen Schrempp die Phase der Post-Merger-Integration für beendet erklärt. Allenthalben wurden Berichte über die sagenhaften Informations- und Kontrollsysteme im Konzern verbreitet, die es dem Chef erlauben würden, auf seinem Laptop mit dem drolligen Namen „Clara“ (ein Geschenk des IBM-Chefs Louis Gerstner jr.) jederzeit und überall die aktuellen Kennzahlen über die Entwicklung aller Geschäftsbereiche – auch der von Chrysler – abzurufen. Irgendetwas hatte in diesem Fall aber offensichtlich nicht funktioniert. Jürgen Schrempp war offensichtlich genauso ahnungslos wie seine Kollegen, was sich da in den USA abspielte.

Der Schurke im Stück war Chrysler-Chef Jim Holden. Am 1. April 2000 hatte Bob Eaton, wie bereits länger angekündigt, sein Amt als Vorstandsvorsitzender der DaimlerChrysler AG niedergelegt. Seine Abfindung lag bei 70 Millionen Dollar. Sein Nachfolger Jim Holden, der zuvor für den Vertrieb und das Marketing in Nordamerika zuständig war, war bei den Chrysler-Mitarbeitern allseits beliebt. Zwar hatte er seit Mitte des Jahres immer wieder über die rückläufige Markt- und Absatzentwicklung berichtet, das ganze Ausmaß der negativen Entwicklung aber, milde ausgedrückt, verharmlost.

Ursprünglich sollte Chrysler im Jahr 2000 einen Gewinn von 4,5 Milliarden Euro erwirtschaften. Im Juli wurde die Zahl auf 3,6 Milliarden Euro reduziert, im Oktober auf 2,5 Milliarden Euro. Erst auf einer Sitzung im Oktober räumte Holden schließlich ein, dass man nicht nur im dritten, sondern auch im vierten Quartal rote Zahlen schreiben würde und es für 2001 nicht viel besser aussehen würde. Nicht wenig überrascht war man auch darüber, dass bei Chrysler im Sommer in mehreren Werken die Produktion gestoppt worden war. Auch darüber hatte Holden den Vorstandsvorsitzenden in Stuttgart nicht informiert und von anderer Seite schienen keine Informationen nach Stuttgart zu fließen. Schließlich blieb Holden auch die Antwort auf die Frage schuldig, wie er der katastrophalen Entwicklung schnellstmöglich entgegensteuern wolle. Für die Ausarbeitung eines Sanierungskonzeptes, ließ er Schrempp wissen, brauche er zwei bis drei Monate. Holden, das war offensichtlich, war mit der Aufgabe, die man ihm übertragen hatte, heillos überfordert. Jürgen Schrempp musste handeln und er handelte auch in der gewohnten Manier.

Dass man die Aufsichtsratssitzung, um über die Lage bei Chrysler zu beraten, ausgerechnet auf den 17. November 2000 terminierte, also den „Day One" zwei Jahre zuvor, war ein Lapsus der besonderen Art, den die sonst so umsichtige und einflussreiche Presseabteilung scheinbar nicht verhindern konnte. Denn es war klar, dass jeder Journalist in seiner Berichterstattung einen Vergleich zwischen den markigen Versprechen von damals mit der Situation von heute ziehen würde. Genüsslich berichtete die Stuttgarter Zeitung in ihrer Ausgabe vom 18. November 2000, wie Jürgen Schrempp zwei Jahre zuvor mit dem Daumen nach oben gezeigt und den Börsianern erklärt habe: „Wir sind Bullen, nicht Bären." Und ebenso genüsslich wurde dem die „Katerstimmung in der Möhringer Konzernzentrale" und der traurige Tiefstand der DaimlerChrysler-Aktie an der Frankfurter Börse gegenübergestellt: „Fast mein gesamtes Geld, 250.000 Mark, habe ich auf DaimlerChrysler gesetzt", klagte ein Leser der Stuttgarter Zeitung am Telefon. „Alle haben gesagt, Daimler ist ein solides Unternehmen, und mir geraten, die Aktien zu kaufen." Heute, so heißt es in dem Artikel weiter, bereue er, diesen Ratschlägen gefolgt zu sein, und er „überschüttet die Führungsriege und insbesondere den Vorstandsvorsitzenden mit Schimpfworten, die tief unter die Gürtellinie treffen." Dass es auf der Aufsichtsratssitzung nicht nur um die Rettung von Chrysler gehen würde, sondern auch Köpfe rollen würden, war klar. Jim Holden musste gehen und mit ihm verließ auch Thomas C. Gale den Vorstand. Künftig waren im einstmals fast paritätisch besetzten Vorstand nur noch zwei Vertreter von Chrysler. Was war in ziemlich genau zwei Jahren aus dem Merger of Equals geworden?

Die Berichterstattung über die „Krise bei Chrysler" nahm bald hysterische Züge an. Für viele Beobachter war der Zusammenschluss schon jetzt gescheitert und nicht wenige spekulierten über einen baldigen Rücktritt von Jürgen Schrempp. So stellte das Handelsblatt nüchtern fest: „Für den Daimler-Chef tickt die Uhr." Auch den baldigen Verkauf von Chrysler hielten manche für möglich, was natürlich Unsinn war, denn wer hätte Chrysler in diesem Zustand übernommen, selbst wenn er das Unternehmen geschenkt bekommen hätte? Geradezu absurd war dann eine Meldung am 21. November, also wenige Tage nach der außerordentlichen Aufsichtsratssitzung, als plötzlich kolportiert wurde, dass Toyota bei Daimler einsteigen und dazu zunächst die Anteile der Deutschen Bank und dann den Konzern vollständig übernehmen würde. War aus dem einstigen Konsolidierer praktisch über Nacht selber ein Übernahmekandidat geworden? Tatsächlich war durch den Kurseinbruch der DaimlerChrysler-Aktie die Börsenkapitalisierung so niedrig, dass ein Einstieg für einen Investor hätte interessant sein können. Der Börsenwert des gesamten Konzerns war so niedrig wie der von Daimler alleine vor dem Merger. Toyota dementierte umgehend derartige Nachrichten, die aber immerhin einige Tage lang für Gesprächsstoff auf dem Börsenparkett und in der Medienlandschaft sorgten.

Öffentliche Unterstützung für Schrempp kam aus seiner späteren Wahlheimat München: Roland Berger, der Doyen unter den deutschen Unternehmensberatern, erklärte in der Welt: „Jürgen Schrempp hat alles richtig gemacht", und verwies darauf, dass es für eine Beurteilung der Fusion noch zu früh sei. „Schrempp", so Roland Berger in einem Interview mit der Welt am 22. November 2000, „hat in den letzten zwei Jahren die Grundlagen dafür geschaffen, dass der einzig wirklich globale Automobilkonzern DaimlerChrysler in allen drei großen Automobilmärkten der Welt – Asien, Europa und Amerika – eine führende Position einnehmen kann." War das ein Freundschaftsdienst für den mächtigen Manager? Oder war das wirklich sein Ernst? Wenn ja, dann stellte er sich allerdings selber kein gutes Zeugnis über seine Kenntnisse der Automobilbranche aus.

Das Katastrophenjahr 2000 wurde neben den Problemen bei Chrysler zusätzlich durch einen Fauxpas des Vorstandsvorsitzenden überschattet, der als das „teuerste Interview" in die Geschichte von DaimlerChrysler eingehen sollte. Im Oktober, als die Chrysler-Katastrophe allmählich sicht- und ruchbar wurde, hatte sich Jürgen Schrempp den Fragen der Financial Times gestellt. Das Interview, in der FT-Ausgabe am 30. Oktober 2000 veröffentlicht, war ein weiterer Beleg für den Hang des Daimler-Chefs zu theatralischen Auftritten. In einer Mischung aus Geltungsbedürfnis und Übermut erklärte Schrempp in dem Gespräch, dass von Anfang an geplant gewesen sei, aus Chrysler einen Geschäftsbereich des Daimler-Konzerns zu machen: „Wir konnten das nicht sofort durchsetzen", erklärte er den erstaunten FT-Journalisten. „Dafür", führte er aus, „gab es psychologische Gründe. Wenn ich von Anfang an gesagt hätte, Chrysler wird eine Sparte des Konzerns, hätten alle auf deren Seite gesagt: ‚Keine Chance, dass wir ins Geschäft kommen.'" Und um sein strategisches Geschick besonders hervorzuheben, fügte er noch provozierend hinzu: „Als Schachspieler rede ich normalerweise nicht über den zweiten oder dritten Zug. Die Struktur, die wir jetzt bei Chrysler eingeführt haben, ist die Struktur, die ich von vornherein wollte." De facto hatte er sich damit selber der bewussten und absichtsvollen Lüge bezichtigt, als er den Medien und den Investoren den Merger als einen Zusammenschluss unter Gleichen verkauft hatte.

Wortlaut-Interviews müssen vom Interviewten normalerweise autorisiert, das heißt zur Veröffentlichung freigegeben werden. Wie konnte es sein, dass Schrempp und sein Pressestab, die bei dem Gespräch dabei waren, diese Aussagen freigaben? War es die schiere Lust an der Provokation? So, wie er einst am Vorabend der Bilanzpressekonferenz im Jahr 1996 nach seinem legendären Auftritt als Vernichter von 2,3 Milliarden D-Mark Firmenkapital einige Journalisten angeherrscht hatte: „Ihr findet das arrogant. Ja, dann schreibt es." Manche schrieben das damals tatsächlich, was Schrempp wenig schmeichelhafte Kommentare in den Medien und einen sanften Rüffel seines Aufsichtsratsvorsitzenden einbrachte. Dieses Mal kam er jedoch nicht so billig davon. Chrysler-Investor Kirk Kerkorian und viele Kleinaktionäre fühlten sich von dem Daimler-Manager hinters Licht geführt. Wenn sie gewusst hätten, so ihre Argumentation, dass Daimler Chrysler übernehmen wolle und keine gleichberechtigte Partnerschaft anstrebe, dann wäre der Preis für das Unternehmen natürlich höher gewesen. Clevere Rechtsanwälte strengten eine Sammelklage der Kleinanleger an. In einem Vergleich im Sommer 2003 erklärte sich Daimler bereit, den Kleinaktionären 300 Millionen US-Dollar zu bezahlen. Da Daimler wie üblich eine Versicherung hatte, die das Unternehmen und seine Führungskräfte gegen Fehler aus ihrer Managementtätigkeit absicherte, eine sogenannte „Directors&Officers Liability", ging man davon aus, die Kosten für diese Fehlleistung des Chefs auf die Versicherer abwälzen zu können. Das gelang auch, freilich erst nach langen und zähen Verhandlungen: Im Jahr 2007 überwiesen die beteiligten Versicherungsunternehmen den geforderten Betrag für das „300-Millionen-Interview". Der einzige, der leer ausging, war Großaktionär Kirk Kerkorian, der sich nicht der Sammelklage angeschlossen hatte, sondern juristisch seinen eigenen Weg ging: Im September 2007 wies ein US-Gericht die Milliarden-Schadensersatzforderung von Kerkorian gegen Daimler in letzter Instanz ab. Die Begründung dafür war für Daimler jedoch wenig schmeichelhaft: „Als erfahrener Investor", so zitiert die Welt vom 19. September 2007 aus dem Urteil, „habe Kerkorian erkennen müssen, dass der Ausdruck ‚Fusion unter Gleichen' eine Marketing-Phrase gewesen sei."

Mit der Aufsichtsratssitzung vom 17. November 2000 begann jene Beschwichtigungs- und Durchhaltepolitik, die auch die zweite Hälfte der Amtszeit von Edzard Reuter geprägt hatte. In einem Brief, den alle DaimlerChrysler-Aktionäre im Dezember 2000 erhielten, wurden die Argumente zurechtgelegt, die sich dann über die nächsten Jahre fast gebetsmühlenhaft wiederholten: „Obwohl die Chrysler-Group zur Zeit vor großen Herausforderungen steht, sind wir zuversichtlich ... Wir haben nun entscheidende Schritte zur Verbesserung der Profitabilität bei Chrysler eingeleitet ... Wir sind sicher, dass wir die gegenwärtige schwierige Übergangsphase aufgrund unserer starken finanziellen Position überwinden werden ... Wir haben eine klare Strategie." Beschönigungen, Ankündigungen und Versprechungen – damit sollten die Öffentlichkeit und die Anleger beruhigt werden. Offensichtlich lullten solche Aussagen aber nur den Aufsichtsrat ein, der sich auch dann noch nicht zu einem radikalen Schnitt aufraffen konnte, als sichtbar wurde, dass bei einer Fortsetzung der eingeschlagenen Strategie mehr auf dem Spiel stand als nur die Zukunft von Chrysler. Der Aufsichtsrat, so heißt es in einer Presseerklärung nach der Sitzung am 17. November 2000, habe „nochmals nachhaltig die globale strategische Ausrichtung des Unternehmens begrüßt." Auch Erich Klemm, seit 1999 Gesamtbetriebsvorsitzender und Mitglied des Aufsichtsrates, sah keinen Grund für Zweifel an dem eingeschlagenen Weg. In einem

Interview einen Tag nach der Aufsichtsratssitzung stärkte er Jürgen Schrempp den Rücken: „Die strategische Ausrichtung halte ich nach wie vor für richtig. Es war richtig, diese beiden großen Unternehmen zusammenzubringen, obwohl sich das eine oder andere als schwieriger als erwartet herausstellt." So ging es weiter bis zum Jahr 2004, bis endlich die globale strategische Ausrichtung in ihrer bisherigen Form erstaunlicherweise nicht von den Kontrolleuren, sondern vom Top-Management des Konzerns in Frage gestellt wurde.

Das erste Geschäftsjahr des neuen Jahrhunderts schloss der Konzern mit einem gegenüber dem Vorjahr halbierten Gewinn von 5,213 Milliarden Euro ab. Chrysler hatte immerhin noch einen kleinen Überschuss aus der ersten Hälfte des Jahres retten können: Nach einem Gewinnbeitrag von rund 5 Milliarden Euro im Vorjahr wurde für das Jahr 2000 ein Überschuss von 500 Millionen Euro ausgewiesen. Freilich machte sich niemand Illusionen: Die Stunde der Wahrheit würde erst mit der Vorlage der Bilanz für das Jahr 2001 kommen.

Dieter Zetsche war ein in der Öffentlichkeit bereits bekannter Mann, als er in der turbulenten Aufsichtsratssitzung am 17. November 2000 zum Chef von Chrysler bestimmt wurde. Er war zuletzt Entwicklungs- und Vertriebschef bei Mercedes-Benz-PKW, dann wurde ihm die Leitung des Nutzfahrzeugbereichs übertragen. Jetzt also Chrysler. Unterstützt werden sollte er durch Wolfgang Bernhard, der sich im Konzern in verschiedenen Aufgaben, unter anderem als Produktmanager für die S-Klasse und Chef der AMG, hatte profilieren können. Dass Schrempp ausgerechnet Dieter Zetsche und Wolfgang Bernhard die Sanierung von Chrysler übertrug, hatte nicht nur fachliche Gründe. Zetsche und Bernhard waren mit ihrem „amerikanischen" Hintergrund – Zetsche hatte die amerikanische Nutzfahrzeugtochter Freightliner geleitet, Bernhard war einige Jahre bei McKinsey – besonders geeignet, eine so heikle Mission zu übernehmen. Beide hatten sich in ihren bisherigen Aufgaben als kompetente und durchsetzungsstarke Manager ausgezeichnet. Überdies galt Zetsche als großes Kommunikationstalent, was vor allem in den Diskussionen mit den Gewerkschaften und den amerikanischen Medien hilfreich sein konnte.

Bereits im Januar 2001 legten Dieter Zetsche und Wolfgang Bernhard ihren „Restrukturierungsplan" für Chrysler vor. Er enthielt die in solchen Fällen üblichen Maßnahmen: Personalabbau, Werkschließungen, Kostensenkungen. Bereits ab Januar setzte man bei den Lieferanten Preisnachlässe von 5 Prozent durch. Weitere 10 Prozent waren bis zum Jahr 2003 geplant. „Stop-the-Bleeding" lautete wieder einmal die Devise. Aber die Restrukturierung hatte auch ihren Preis, vor allem der Abbau von 26.000 Arbeitsplätzen, rund ein Fünftel der Belegschaft, führte zu hohen Restrukturierungskosten. Die „Bilanz des Grauens" für das Jahr 2001 wies für die Chrysler Group einen Verlust von 5,281 Milliarden Euro aus.

Das drückte auch den Konzern in die Verlustzone. Die Bilanz des Jahres 2001 verzeichnete einen Konzernverlust von über 1 Milliarde Euro. Dementsprechend wurde die Dividende von 2,35 Euro auf 1 Euro je Aktie gekürzt, was Jürgen Schrempp, den Vorreiter des Shareholder-Value-Gedankens, in arge

Verlegenheit gegenüber den Aktionären des Unternehmens brachte. Auf der Hauptversammlung im April 2002 forderte Jörg Pluta von der Deutschen Schutzvereinigung für Wertpapierbesitz (DSW) „Gewinne statt unendlicher Möglichkeiten" und bezog sich dabei auf einen aufwändig inszenierten Werbefilm des Star-Regisseurs Roland Emmerich, der in der Salzwüste bei Salt Lake City gedreht worden war und die gesamte Modellpalette des DaimlerChrysler-Konzerns in Form einer Unendlichkeitsschleife zeigte. Kritisiert wurde aber auch, dass Jürgen Schrempps Vertrag auf einer Aufsichtsratssitzung Ende September 2001 vorzeitig verlängert worden war. Die Nibelungentreue des Aufsichtsrats, einschließlich der Arbeitnehmervertreter, zu ihrem Vorstandsvorsitzenden kannte offensichtlich trotz der katastrophalen Geschäftszahlen keine Grenze.

Dieter Zetsche war ein viel zu erfahrener und kluger Manager, als dass er nicht wusste, dass man mit Beschäftigungsabbau und Werkschließungen allein kein Unternehmen nachhaltig retten kann. „Mittel- und langfristig liegt die Zukunft des Unternehmens", erklärte er im Januar 2001 in einem Interview mit der ZEIT, „nicht in der Kostenreduzierung, sondern in überzeugenden Produkten." Offensichtlich schwebte ihm eine Produktoffensive vor, wie sie Mercedes-Benz in den 1990er-Jahren gestartet und erfolgreich umgesetzt hatte. Das Problem war nur: Woher nehmen, wenn nicht stehlen? De facto hatte Chrysler keinen Entwicklungsbereich, wie ihn Zetsche von Mercedes kannte. Da gab es keine langfristig angelegte Produktplanung mit klar definierten, technischen Entwicklungszielen und Meilensteinplänen. Die Entwicklungsabteilung bei Chrysler glich eher einem Hollywood-Studio, in dem fahrbare Requisiten für einen Actionthriller oder ein Road Movie zusammengebaut wurden. Die Ausgaben für Forschung und Entwicklung lagen weit unter den branchenüblichen drei Prozent vom Umsatz – ein Sachverhalt, der im Übrigen weithin bekannt und auch den an den Fusionsverhandlungen mit Chrysler beteiligten Daimler-Managern hätte bewusst sein müssen. Unter Bob Lutz funktionierte das Cheap&Chic-Modell: Autos, die gut aussahen und billig produziert wurden. Bei Mercedes gab es niemand, der Cheap&Chic konnte. Der einzige in der Branche, der sich darauf verstand, war später der Fiat-Chef Sergio Marchionne. Deshalb hat Fiat-Chrysler von Anfang an funktioniert, während DaimlerChrysler scheiterte. Bob Lutz hatte sein Geschäftsmodell virtuos gehandhabt und damit Chrysler erfolgreich und sogar zum zeitweise profitabelsten Automobilunternehmen der Welt gemacht. Aber schon der Nachfolger des Voyager, dessen verunglückte Markteinführung ganz wesentlich zum Zusammenbruch des Chrysler-Imperiums geführt hatte, zeigte, dass man damit nicht mehr durchkommen würde. Der Voyager des Jahres 2000 war technisch nicht mehr als ein „Face-Lifting", während die japanischen Hersteller, vor allem Honda, immer stärker in den Van-Markt eindrangen und Chrysler unter Druck setzten. Gleiches galt auch für das SUV-Segment, in dem der Jeep Grand Cherokee zwar eine treue Kundschaft hatte, aber die Japaner mittlerweile die Trends setzten.

Das letzte Auto aus der Ära von Bob Lutz war der PT Cruiser, der bereits im Januar 1999 auf der Detroit Motor Show präsentiert worden war, aber erst ein Jahr später in Produktion ging. Das Auto war vor dem Hintergrund des

Zusammenschlusses von Daimler und Chrysler einer der Stars der Messe. Mit seinem originellen Design, einer Mischung aus Kombi und Van, verpackt in einen Retro-Look, versprach das Auto mehr Spaß, als es seinen Besitzern dann wirklich machte. Schon bald stand „PT" nicht mehr – wie ursprünglich gemeint – für „Personal Transportation", sondern für „Pity Cruiser", was frei übersetzt „Mitleids-Schlitten" bedeutete. Gemessen an seinem Gewicht von 1,5 Tonnen war das Auto mit den gängigen Benzinmotoren hoffnungslos untermotorisiert. Die später für den europäischen Markt eingebauten Mercedes-Diesel-Motoren waren zwar durchzugsstärker, im schlecht gedämmten PT Cruiser aber laut und brummelig. Vor allem aber ließ die Verarbeitungsqualität mehr als zu wünschen übrig. Undichte Motoren und Getriebe sowie die störungsanfällige Elektrik und Elektronik verleideten manchem Besitzer die Freude an diesem Showcar. Dass das Auto beim NCAP-Sicherheitstest nur 3 Sterne bekam, tat ein Übriges. Irgendwie war der PT Cruiser ein für damalige Zeit typisches Chrysler-Produkt: Tolles Design, großzügiger Innenraum, schöne Haptik – das Auto hatte serienmäßig ein Lederlenkrad –, aber lausige Qualität und gewöhnungsbedürftige Fahreigenschaften.

Dieter Zetsche war nicht zu beneiden: Es gab bei Chrysler keine Schubladen, in denen die Baupläne für neue Modelle lagen. Andererseits kam auch er nicht an der Tatsache vorbei, dass die Entwicklung substanziell neuer Modelle mindestens drei Jahre dauern würde. Soviel Zeit hatte er aber nicht. So war der Gedanke naheliegend, dass man Mercedes „anzapfen" müsste, um schnell eine wettbewerbsfähige Modellpalette anbieten zu können. Doch die Diskussion darüber war schwierig, denn die Strategie „Mercedes-Technik für Chrysler-Fahrzeuge" war für jeden Mercedes-Manager eine Horrorvorstellung. Jürgen Schrempp war klar, dass er durch bloßes Reden die Mercedes-Leute nie dazu bringen würde, Chrysler technisch zu unterstützen. So führte er, um selber mehr Zugriff auf das Automobilgeschäft zu bekommen, das Executive Automotive Committee (EAC) ein. Es löste den alten Automotive Council ab, der tatsächlich mehr eine Plauderbude gewesen war als ein wirkliches Steuerungsgremium. Das EAC sollte die Einführung neuer Produkte und Technologien steuern und koordinieren. Jürgen Schrempp selbst leitete es zusammen mit Mercedes-Chef Jürgen Hubbert. Natürlich war sich jeder im Konzern bewusst, wie heikel ein Technologietransfer zwischen Mercedes- und Chrysler war. Zumeist wurde das jedoch nur von der Mercedes-Seite aus gesehen, nämlich dass die Marke Mercedes verwässert werden könnte. Der potenzielle Technologietransfer hatte aber auch noch eine andere Seite: Mercedes-Technik war teuer. Wie passten teure Mercedes-Aggregate und -Komponenten in Produkte, die sich im Massenmarkt verkaufen und noch einen Gewinn abwerfen sollten? Daher waren auch die Manager bei Chrysler von der Verwendung von Mercedes-Komponenten nicht begeistert. Das Gerangel um Synergie-Effekte zwischen Mercedes und Chrysler war zeitraubend und enervierend und führte erst ganz allmählich zu konkreten Ergebnissen. So war in Sachen Modellpolitik zuerst einmal viel Improvisation angesagt. Face-Lifts, punktuelle technische Verbesserungen und da und dort eine neue Variante mussten zunächst das Angebot grundlegend neuer Modelle ersetzen. Dazu kam noch das eine oder andere Konzeptfahrzeug, das man zwar nicht verkaufen konnte, mit dem man aber immerhin im Gespräch blieb oder sich, etwa auf Messen, ins Gespräch bringen konnten. Dieter Zetsche wusste, dass manchmal auch das Klappern zum Handwerk gehörte. Große Anstrengungen wurden unternommen, um die nach wie vor vorhandenen Qualitätsprobleme in den Griff zu bekommen. So gelang es, im Ranking des „Initial Quality Survey" des einflussreichen Beratungsunternehmens J.D.PowerCustomer nach und nach aufzusteigen.

Nachdem das Jahr 2001 von Maßnahmen zur Kostensenkung und zur Steigerung der Produktivität geprägt war, begannen sich 2002 die ersten Effekte des Sanierungsprogrammes zu zeigen. Trotz des weiterhin schwierigen und extrem wettbewerbsintensiven Umfeldes stieg der Absatz bei Chrysler leicht um 2,4 Prozent auf 2,82 Millionen Einheiten. Da die Zahl der Chrysler-Beschäftigten nach dem harten Einschnitt im Jahr 2001 mit über 20.000 Entlassungen weiter auf 95.800 Mitarbeiter reduziert wurde, hatten es Zetsche und Bernhard geschafft, Chrysler wieder in die schwarzen Zahlen zu bringen: Unter dem Strich stand in der Bilanz für das Jahr 2002 ein Operating Profit von 609 Millionen Euro, was bedeutete, dass man das Ergebnis bei Chrysler binnen eines Jahres um mehr als 6 Milliarden Euro gedreht hatte. Eine große Leistung, die viele hoffen ließ, dass das Schlimmste jetzt überwunden sei. „Chrysler ist über dem Berg", titelte die Welt am 27. Juli 2002 und bezog sich dabei auf Dieter Zetsche, der im Gespräch mit der Zeitung meinte: „Wir befinden uns nicht mehr in einem Überlebenskampf."

Auch Jürgen Schrempp konnte etwas aufatmen, denn die Ergebnisverbesserung bei Chrysler kam natürlich auch dem Konzernergebnis zugute. Nach dem Vorjahresverlust von über einer Milliarde Euro wies DaimlerChrysler im Geschäftsjahr 2002 wieder einen Gewinn von immerhin 6,85 Milliarden Euro aus. Postwendend wurde die Dividende von einem Euro auf 1,50 Euro erhöht, was angesichts der Ankündigungen zu Beginn des Mergers weiterhin Anlass für spöttische Kommentare zur Leistung des Vorstandschefs gab. Eine Abrechnung der besonderen Art veröffentlichte das Wirtschaftsmagazin Capital in seiner Ausgabe Nr. 8 im Sommer 2002. In seinem mit „Das Debakel" überschriebenen Dossier konnte Walter Hillebrand auch auf interne Dokumente des Konzerns zurückgreifen, die ihm offensichtlich zugespielt worden waren. Schrempp, so seine Analyse, verfehle seine selbst definierten Profitabilitätsziele und habe im Jahr 2001 überdies 180 Millionen Euro aus den Gewinnrücklagen entnehmen müssen, um die Dividendensumme von einer Milliarde Euro bezahlen zu können. Aus der „Hochzeit im Himmel" sei „in Rekordzeit die Hölle auf Erden" geworden. Schrempp ließ sich durch derartige Angriffe freilich nicht aus der Ruhe bringen: „Die Strategie ist richtig", beschied er in einem Interview mit der Stuttgarter Zeitung am 1. Juni 2002 die fragenden Journalisten.

Die Hoffnung im Jahr 2002, Chrysler sei über dem Berg, trog, die Achterbahnfahrt ging im Jahr 2003 weiter. Hohe Rabatte auf dem umkämpften nordamerikanischen Markt und fehlende volumenträchtige Modellneuheiten bescherten erneut ein Verlustjahr. Der Absatz ging auf 2,64 Millionen Fahrzeuge zurück – der niedrigste Stand seit dem Merger. Bilanziell wurde ein

Minus von rund 500 Millionen Euro ausgewiesen, wobei man das Ergebnis dadurch optisch aufwertete, dass man auf ergebnisbelastende „Sondereffekte" in Höhe von 469 Millionen Euro hinwies, sodass es gelungen sei, „aus dem laufenden Geschäft ein ausgeglichenes Ergebnis zu erzielen." Auch die Beschäftigten mussten leiden: Deren Zahl sank weiter auf jetzt nur noch 93.000 Mitarbeiter. Im Jahr des Zusammenschlusses, 1998, hatte Chrysler noch über 123.000 Beschäftigte.

Die Vorstöße in Richtung Mercedes zeitigten im Jahr 2003 ein erstes konkretes Ergebnis. Beim Chrysler Crossfire nutzte man beherzt die Technik der ersten Modellgeneration des SLK und konnte so nach nur 18 Monaten einen technisch und optisch ansprechenden Sportwagen präsentieren. Das Fahrzeug wurde – wie der SLK – bei Karmann in Osnabrück produziert, was die Produktionskosten zusätzlich reduzierte. Es war jedoch klar, dass mit einem solchen Fahrzeug keine großen Stückzahlen zu machen waren. Tatsächlich „verglühte" der Crossfire schon zwei Jahre nach der Markteinführung, obwohl man 2004 noch zusätzlich eine Roadster-Variante eingeführt hatte. Für das Jahr 2004 war die Einführung von neun neuen Modellen, darunter auch einer großen Limousine, dem 300C, geplant: „Mit dieser Strategie", heißt es im Ausblick im Geschäftsbericht für das Jahr 2003, „sollen trotz hoher Aufwendungen für die Einführung der neuen Produkte bereits ab dem Jahr 2004 wieder zunehmende Ergebnisbeiträge erwirtschaftet werden." Tatsächlich stiegen im Jahr 2004 die Absatzzahlen und Chrysler konnte wieder einen Gewinn ausweisen. Doch dafür knirschte es nun an einer anderen Stelle in der Welt AG, und zwar ganz gewaltig.

Asiatische Turbulenzen

Wer nur die Überschriften im Geschäftsbericht liest, könnte meinen, da sei eine tolle Erfolgsgeschichte geschrieben worden: „Strategische Weichen in Asien gestellt" (2000), „Turnaround-Maßnahmen verbessern Ergebnissituation" (2001), „Ergebnissituation weiter verbessert" (2002), „Europa-Geschäft erstmals profitabel" (2003). Umso überraschender dann die kurze und nüchterne Mitteilung im Geschäftsbericht des Jahres 2004: „Bezüglich unserer Beteiligung bei Mitsubishi Motors haben wir uns entschieden, keine weitere finanzielle Unterstützung zu leisten." Nein, eine Erfolgsgeschichte war das Engagement bei Mitsubishi weiß Gott nicht. Schon der Einstieg begann mit einer Katastrophe. Die Unterschriften unter den Verträgen waren kaum trocken, da wurde im Sommer 2000 bekannt, dass die Mitsubishi Motors Company (MMC) betrogen hatte. Jahrelang waren die japanischen Behörden hinters Licht geführt worden, indem Kundenreklamationen nicht ordnungsgemäß dokumentiert worden waren, um unliebsame Rückrufaktionen zu vermeiden. Später sollte sich herausstellen, dass die Betrügereien bis ins Jahr 1977 zurückreichten. Nicht nur der Image-, sondern auch der finanzielle Verlust durch diesen Skandal waren beträchtlich. Es gab eine „Kultur der Vertuschung“ bei Mitsubishi, wie der spätere Fuso-Chef Wilfried Porth, einmal bemerkt hat. Sie brachte auch für ihn noch eine böse Überraschung.

Während Dieter Zetsche und Wolfgang Bernhard in den USA versuchten, Chrysler wieder auf Kurs zu bringen, kämpften Rolf Eckrodt und Ulrich Walker in Japan einen verzweifelten Kampf, Mitsubishi in die schwarzen Zahlen zu bringen. Rolf Eckrodt war ein Daimler-Urgestein und hatte zuletzt das Gemeinschaftsunternehmen mit der ABB, die Adtranz, geleitet, in die Daimler die Bahnaktivitäten der AEG eingebracht hatte. Ulrich Walker war Assistent bei Jürgen Hubbert gewesen und sollte als Controller mehr Licht in die finanzielle Situation des japanischen Konzerns bringen. Das „Restrukturierungsprogramm“ der beiden folgte der bekannten Logik: Personalabbau, Werksschließungen und Kostensenkungen in allen Bereichen, um den Abfluss an finanziellen Mitteln zu stoppen. Gleichzeitig sollten neue Produkte entwickelt werden, um das Unternehmen auf Wachstumskurs und in die schwarzen Zahlen zu bringen. Doch als sich die Situation gerade zu stabilisieren begann, kamen neue schlechte Nachrichten, dieses Mal aus Nordamerika. Jahrelang hatte sich die dortige Vertriebsgesellschaft „mit günstigen Krediten für junge Kunden aus ethnischen Minderheiten“, so berichtet die Financial Times Deutschland am 20. Februar 2004, steigende Absatzzahlen erkauft. Als sich die wirtschaftliche Situation in den USA verschlechterte, konnte die wirtschaftlich schwache Klientel ihre Raten nicht mehr bezahlen. Die faulen Kredite mussten abgeschrieben werden und gleichzeitig wurden die hausinternen Regeln für die Kreditvergabe verschärft, was freilich zur Folge hatte, dass der Absatz auf diesem für die MMC wichtigen Markt in der Folgezeit regelrecht einbrach. Erneut rutschte das Unternehmen in die roten Zahlen.

Der Einstieg bei Mitsubishi hatte nicht nur das Ziel, damit die Präsenz auf dem asiatischen Markt auszubauen, sondern auch ein Unternehmen mit Kleinwagen-Kompetenz im Konzern zu haben. So war es naheliegend, dass verschiedene Aktivitäten gestartet wurden, um mit MMC in den unteren Marktsegmenten Synergie-Effekte mit den anderen Konzerntöchtern zu realisieren. Naheliegenderweise kam die Premium-Marke Mercedes-Benz dafür nicht in Frage. Marken- und produktpolitisch lag es näher, Synergien zwischen Chrysler und Mitsubishi zu suchen. Hier konnte man auch mit gemeinsamen Plattformen arbeiten, ohne dass die Gefahr bestand, das Image der einen oder der anderen Marke zu verwässern. Tatsächlich sahen sowohl der Turnaround-Plan von Dieter Zetsche wie auch der von Rolf Eckrodt genau das vor. Aber Mitsubishi hatte mehr mit sich selbst zu kämpfen und so blieben viele Ansätze für eine engere Zusammenarbeit der Konzerntöchter in der Konzeptionsphase stecken. Das wichtigste Plattform-Projekt realisierte Mitsubishi schließlich nicht mit Chrysler, sondern mit Smart: Der 2004 auf den Markt kommende viersitzige Smart ForFour war im Prinzip baugleich mit dem Mitsubishi Colt. Außerdem wurde im Jahr 2002 eine Motoren-Allianz zwischen Chrysler, Mitsubishi und Hyundai geschmiedet, die Global Engine Allicance LLC., deren Ziel es war, einen kostengünstigen Vierzylinder-Benzinmotor zu entwickeln, der von allen Marken eingesetzt werden konnte. Die Produktion wurde dann auch tatsächlich in einer gemeinsamen Fabrik in den

USA gestartet und später von Chrysler weitergeführt. Der große Durchbruch bei der Entwicklung von Fahrzeugen mit einer gemeinsamen Plattform blieb jedoch aus.

Die schließlich am längsten im Daimler-Konzern verbliebene Sparte von Mitsubishi war ein Bereich, der anfänglich gar nicht im Fokus der strategischen Allianz stand, nämlich das Nutzfahrzeuggeschäft. Daimler war der größte LKW-Hersteller der Welt und wenn das so bleiben sollte, war ein verstärktes Engagement in Asien unabdingbar. Dazu fehlten Daimler die richtigen Produkte, denn weder die LKW europäischer noch die amerikanischer Bauart waren für die asiatischen Märkte geeignet. In Asien waren vor allem mittelschwere und technisch einfache Fahrzeuge ohne teuren Komfort für die Fahrer gesucht. Das konnten weder die LKW von Mercedes-Benz noch von Freightliner bieten. Fuso deckte im Jahr 2000 mit seinem Modellprogramm das gesamte Spektrum vom Transporter bis zum schweren LKW ab, wobei der Absatzschwerpunkt die mittelschweren LKW waren. Ein auch in Europa bekanntes Modell war der Canter. Die Marke Fuso hatte in Japan einen Marktanteil von über 30 Prozent und war auch in anderen südostasiatischen Märkten bekannt und weit verbreitet. Im Jahr 2001 verkaufte Fuso insgesamt 140.000 LKW und Busse.

Die Übernahme von Fuso vollzog sich in mehreren Etappen, wobei die Ausgründung („Spin-off") aus dem Mitsubishi-Konzern im Jahr 2003 ein wichtiger Schritt war. Doch kaum hatte Daimler die Mehrheit an der „Mitsubishi Fuso Truck and Bus Corporation (MFTBC)" übernommen, wurde bekannt, dass auch im Nutzfahrzeuggeschäft über Jahre hinweg Qualitäts- und Sicherheitsmängel an den Fahrzeugen vertuscht und notwendige Rückrufaktionen unterlassen worden waren. Fast eine Million Fahrzeuge, praktisch der gesamte Bestand von Fuso-Nutzfahrzeugen in Japan musste in die Werkstätten gerufen werden. Die Serie der „Übernahme-Pleiten" unter der Ägide von Jürgen Schrempp schien sich nahtlos fortzusetzen. Im Jahr 2004 wurde zur Behebung der Mängel und möglicher Schadensersatzforderungen von Kunden in der Daimler-Bilanz eine Rückstellung von fast einer halben Milliarde Euro gebildet, was das Ausmaß des Skandals deutlich macht. Es sollte jedoch nicht ganz so schlimm kommen, wie es zunächst aussah. Daimler forderte von Mitsubishi Schadensersatz und erhielt ihn: Neben rund 250 Millionen Euro wurde ein Mitsubishi-Anteil von 20 Prozent am Unternehmen auf Daimler übertragen, sodass sich der Anteil von Daimler an der MFTBC im Jahr 2005 auf dann 85 Prozent erhöhte. Bei Daimler begann man nun zügig mit der Integration von FUSO in den Nutzfahrzeugbereich und konnte den Absatz der Marke nach und nach wieder erhöhen. „Mitsubishi Fuso gewinnt Kundenvertrauen zurück", hieß es im Daimler-Geschäftsbericht für das Jahr 2006 und gleichzeitig konnte man über eine Absatzsteigerung auf 186.000 Fahrzeuge berichten, was einem „Happy End" eines mehr als riskanten Übernahmemanövers gleichkam. Mitsubishi war im Jahr 2006 aber schon lange kein Thema mehr im Daimler-Konzern. Im Jahr 2004 wurde die Krise bei Mitsubishi zugleich zum Anfang vom Ende der Karriere von Jürgen Schrempp.

Kapitel 10

In der Nischenfalle – Die zweite Produktoffensive

„Jeder hat so lange recht, bis er nicht mehr recht hat." Der Satz stammt zwar von einem Schriftsteller, aber vielleicht gilt er auch für die Führung von Unternehmen. Manager finden oft eine „Erfolgsformel", die ihr Unternehmen voranbringt, Wachstum generiert, Beschäftigung sichert und die Gewinne sprudeln lässt. Alles scheint wie von ganz alleine zu funktionieren, wenn man einer solchen Wunderformel folgt. Die Erfolgsformel der ersten Produktoffensive war simpel:

mehr Modelle + besseres Image = mehr Verkäufe = mehr Gewinn

Das hat funktioniert und warum sollte es nicht weiter funktionieren? Jürgen Hubbert wollte der ersten Produktoffensive eine zweite folgen lassen:

noch mehr Modelle + ein noch besseres Image = noch mehr Verkäufe = noch mehr Gewinn

Dieses Mal funktionierte es nicht. Mit der ersten Produktoffensive hatte die Marke Mercedes-Benz Anschluss an die wichtigsten gesellschaftlichen Trends der 1980er-Jahre, nämlich Individualisierung und Hedonismus, gefunden. Hinter der zweiten Produktoffensive stand keine Idee, mit der man den Markt hätte bewegen können. Am Ausgangspunkt der ersten Produktoffensive galt Mercedes als Sanierungsfall. Als Qualitätsprobleme die zweite Produktoffensive unter sich begruben, war Mercedes wieder ein – Sanierungsfall.

Von der ersten zur zweiten Produktoffensive

„Mit dem neuen SL, der seit Herbst 2001 an die Kunden ausgeliefert wird, hat das Geschäftsfeld den 1993 gestarteten ersten Zyklus der Produktoffensive abgeschlossen. Seither hat sich der Absatz des Geschäftsfeldes mehr als verdoppelt. Mercedes-Benz verfügt nun über eine der jüngsten Modellpaletten im Premiumsegment mit einem Durchschnittsalter von 2,6 Jahren. Mit dem zweiten Zyklus der Produktoffensive, der im Jahr 2002 startet, wollen wir für die Marke Mercedes-Benz neue Marktsegmente erschließen und so mit unseren Premiumfahrzeugen weiter profitabel wachsen.“ Der Rück- und Ausblick im Geschäftsbericht für das Jahr 2002 versprach für das Geschäftsfeld Mercedes-Benz-PKW Kontinuität und Wachstum. Obwohl auf den Daimler-Konzern verschmolzen, war Mercedes-Benz auch unter dem neuen Dach der DaimlerChrysler AG ein Unternehmen im Unternehmen geblieben und alle – Führungskräfte wie Mitarbeiter – gingen davon aus, dass das auch künftig so sein werde. Nach Werner Niefer und Helmut Werner war jetzt Jürgen Hubbert der neue „Mr. Mercedes“. Seit der Umstrukturierung des Konzerns im Jahr 1997 im Konzernvorstand, galt er neben Jürgen Schrempp als der zweite starke Mann im Unternehmen. Durch den Erfolg der ersten Produktoffensive hatte er sich den Ruf eines gleichermaßen kreativen wie auch umsetzungsstarken Managers erworben. Jetzt leitete er das Geschäftsfeld, von dem Wohl und Wehe des Gesamtkonzerns noch immer abhingen. Nur kurz hatten einige gemeint, Chrysler sei eine zweite, dem Geschäftsfeld Mercedes-Benz-PKW ebenbürtige Säule. Nach dem spektakulären Einbruch von Absatz und Gewinn im Jahr 2001 glaubte das niemand mehr: Chrysler war aus einer vermeintlichen „Perle“ ein Sanierungsfall geworden. Für viele altgediente Daimler-Leute war damit die Rangordnung im Unternehmen wieder hergestellt, auch wenn ein Stratege wie Rüdiger Grube nicht müde wurde, zu verkünden, dass Chrysler genauso zum Konzern gehöre wie Mercedes-Benz, und damit die aufkommenden Trennungsspekulationen vertreiben wollte. Nicht nur bei dieser Einschätzung sollte sich Grube täuschen. Vorläufig leistete – so sah man das jedenfalls in Untertürkheim – Mercedes für die Kollegen in Auburn Hills gnädige Entwicklungshilfe und niemand war ernsthaft der Auffassung, dass Chrysler Mercedes jemals das Wasser reichen könnte. Die Mercedes-Mannschaft war eine selbstbewusste Truppe, auch wenn ihr Anführer, Jürgen Hubbert, sich taktisch klug immer auf die Seite von Jürgen Schrempp schlug. Er stellte die Machtfrage nicht, wohl wissend, dass er bei einem Aufsichtsratsvorsitzenden Hilmar Kopper damit ohnehin keine Chance gehabt hätte. Mercedes-Benz – die „Geldmaschine“, wie sie vom Capital-Autor Walter Hillenbrand in seinem DaimlerChrysler-Dossier genannt wurde – hatte seine Rolle in der schönen neuen Welt AG gefunden: Es war die Hauptrolle und damit war man bis auf Weiteres zufrieden. Nichts ging ohne Mercedes. Jürgen Schrempp wusste das und verhielt sich entsprechend.

Nach den wild bewegten Jahren der Modernisierung und des Aufbruchs schien das Geschäftsfeld PKW etwas durchatmen zu wollen. Die beiden letzten großen Modellpremieren waren im Jahr 1998 die neue A-Klasse und die neue M-Klasse, beides Modelle, für die es keine Vorgänger gab und die, je auf ihre Weise, die erste Produktoffensive prägten: die A-Klasse brachte Stückzahlen, die M-Klasse auch Gewinn. Das war auch durchaus so geplant. Mit dem Volumen der A-Klasse konnte man den gewaltigen Verwaltungs- und Vertriebsapparat finanzieren, mit dem Gewinn der M-Klasse die notwendigen Zukunftsaufwendungen. Überdies brachte die ebenfalls im Jahr 1998 eingeführte neue S-Klasse, der sportlich-innovative W 220, traditionell viel Geld in die Kasse. Die wirtschaftlichen Kennzahlen für das Jahr 1999 waren glänzend: Erstmals verkaufte die Marke über eine Million Fahrzeuge, der Umsatz stieg um knapp 17 Prozent auf über 38 Milliarden Euro, der Gewinn sogar um mehr als ein Drittel auf 2,703 Milliarden Euro. Auch die Zahl der Beschäftigten stieg weiter: Am Jahresende hatte der Geschäftsbereich 99.459 Mitarbeiter – 4,5 Prozent mehr als im Vorjahr und fast 25 Prozent mehr als im Jahr 1995. Alle – Management, Aktionäre und Betriebsräte – konnten zufrieden sein.

Zu Beginn des neuen Jahrzehnts war die Pipeline völlig neuer Modelle erst einmal leer und die Produktentwicklung in den folgenden Jahren konzentrierte sich auf die ohnehin fällige Erneuerung der vorhandenen Baureihen. Am 21. März 2000 hatte die neue C-Klasse der Baureihe W203 im Event-Center in Sindelfingen Weltpremiere, musikalisch umrahmt von der britischen Stargeigerin Vanessa Mae und ihrem eigens für die Veranstaltung komponierten Song „The Power of C". Am 31. Juli 2001 feierte der neue SL-Roadster in den Hamburger Deichtorhallen Premiere. Im Jahr 2002 folgte die neue E-Klasse mit der Baureihenbezeichnung W211, die auf der International Motor Show im Januar in Brüssel debütierte und ab März in den Verkaufsräumen der Händler stand. Die Premiere der zweiten Generation der CLK-Modelle hatte man sich für den gewohnt eleganten Genfer Automobilsalon im März des gleichen Jahres aufgespart. Im Jahr 2003 rollten weitere Varianten der bekannten Modellreihen auf die Straße: die T-Modelle der E-Klasse und die CLK-Cabriolets.

Alle Nachfolgemodelle waren respektable, innovative und formschöne Autos. Zahlreiche technische Neuerungen fanden Eingang in die Serie: das aktiv geregelte Fahrwerk („Active Body Control"), eine neue Benzindirekteinspritzung aus dem Hause Mercedes, das schlüssellose Fahrberechtigungssystem Keyless-Go, das vorausschauende Sicherheitspaket „Pre-Safe" und – erstmals im neuen SL verbaut – das elektrohydraulische Bremssystem Sensotronic Brake Control (SBC). Keines der Autos enttäuschte oder wurde von der Fachpresse gar zerrissen. Kritiker monierten allenfalls die aus ihrer Sicht übertriebene formale Ähnlichkeit der Kernbaureihen der S-, E- und C-Klasse. Tatsächlich musste man je nach Blickwinkel schon genau hinschauen, um auf der Straße die Fahrzeuge zu unterscheiden. Viele empfanden die C-Klasse als eine „verkleinerte" Kopie der S-Klasse und die neue E-Klasse rückte nicht nur von der Anmutung, sondern auch von der Größe sehr nahe an das Spitzenmodell der Marke heran. Eine solche „Selbstähnlichkeit" von Modellen ist zwar ein probates Mittel, um die Wiedererkennbarkeit zu erhöhen und die Identität einer Marke sichtbar zu machen. Sie führt jedoch auch leicht zu einer ungewollten Uniformität des Modellprogramms, die in Langeweile umschlagen kann. So verstärkten die fast geklont wirkenden neuen Modelle ungewollt den Eindruck, dass bei den verkürzten, durchgetakteten Modellwechseln bei Mercedes auch ein wenig Routine mit am Werk war.

Es war klar, dass es nach der ersten Welle an neuen Modellen zwischen 1993 und 1998 schwer werden würde, auf dem eingeschlagenen Wachstumspfad zu bleiben. Große Nischen hatte man erfolgreich besetzt, die Nachfolgemodelle der etablierten Baureihen waren technisch, optisch und auch mit Blick auf das Preis-Leistungs-Verhältnis ein großer Schritt nach vorne gewesen, was angesichts der teilweise angestaubten und spartanisch ausgestatteten Vorgängermodelle nicht wirklich schwierig gewesen war. Doch mit all den neuen Produkten in der ersten Produktoffensive hatte man natürlich auch die Messlatte höher gelegt und jetzt – so hatten einige Beobachter den Eindruck – gingen Mercedes ein wenig die Ideen für gleichermaßen faszinierende wie auch volumenträchtige neue Modelle aus. Die Nachfolgebaureihen der im Markt befindlichen Modelle hatten keinen so hohen Neuigkeitswert mehr und der Wow-Effekt, der sich bei einem Modell wie dem ersten SLK eingestellt hatte, war weg. So löste das einzige wirklich neue Modell in jenen Jahren, das C-Klasse Sportcoupé, das im Frühjahr 2001 in den Markt eingeführt wurde, eher Kopfschütteln aus: eine „abgeschnittene“ C-Klasse mit Steilheck, bei deren Entwicklung man sich offensichtlich am BMW 3er Compact orientiert hatte. Leider sah das Auto genauso verstümmelt aus wie das Vorbild. Preislich war das Auto, das die sportlichen Ambitionen der Marke dokumentieren sollte, als „Einstiegsmodell“ positioniert, was den Eindruck noch verstärkte, dass dieses Fahrzeug nur noch bedingt etwas mit dem Premiumanspruch der Marke zu tun hatte. Dementsprechend war der anfängliche Erfolg des Modells nicht nachhaltig: Nach hohen Verkaufszahlen unmittelbar nach der Markteinführung folgte schon bald der Absturz. Im Jahr 2007 wurde die Produktion in das brasilianische Werk Juiz de Fora verlegt und 2011 die Produktion des Nachfolgemodells CLC eingestellt.

Für Irritationen sorgte auch der „Vaneo“, der im September 2001 auf der IAA in Frankfurt vorgestellt worden war. Das Auto war ein Zwitter aus PKW und Nutzfahrzeug. Das hatte man schon einmal, im Jahr 1996, mit der V-Klasse versucht: ein Van, der zugleich auch als Transporter angeboten wurde. Der Versuch scheiterte. Jetzt versuchte man es mit einem Auto, das sowohl ein „Premiumprodukt im stark wachsenden Bereich der Compact Vans“ sein sollte wie auch ein praktischer und funktionaler Kleinst-Lieferwagen für Handwerker und andere Gewerbetreibende. Das Konzept ging auch dieses Mal nicht auf: Für die PKW-Kunden war das Auto stilistisch langweilig und zu wenig komfortabel, für die Nutzfahrzeugkunden schlicht zu teuer. Schon wenige Monate nach der Markteinführung wurde deutlich, dass die anvisierten Stückzahlen nie erreicht werden würden. Nach knapp vier Jahren und lediglich 55.000 verkauften Einheiten wurde die Produktion im Werk Ludwigsfelde im Jahr 2005 wieder eingestellt. Erst 2012 wagte man sich mit dem Citan, einer Gemeinschaftsentwicklung mit dem Kooperationspartner Renault, wieder in dieses Marktsegment.

Gemessen an den gewaltigen Zuwächsen der vorausgegangenen Jahre, stiegen die Verkaufszahlen im PKW-Geschäft seit dem Jahr 2000 nur noch leicht an. Im Jahr 2003 wurden knapp 1,23 Millionen Fahrzeuge verkauft, nachdem es im Jahr 2000 1,16 Millionen gewesen waren. Das entsprach einem Zuwachs von bescheidenen 6 Prozent – und das in drei Jahren. Zweifellos lag das auch an der allgemeinen Marktentwicklung, die nach dem Platzen der Dotcom-Blase alles andere als berauschend war. Sowohl in Nordamerika wie auch in Westeuropa – den damals noch immer weitaus bedeutendsten Absatzregionen – stagnierten die Automobilmärkte oder gingen sogar zurück. Hinzu kam, dass auch die Wettbewerber, die man mit der ersten Produktoffensive mächtig beeindruckt hatte, wieder stärker wurden. BMW war mit dem ersten SUV der Marke, dem X5, ein großer Wurf gelungen, der in Formgebung und Fahrverhalten deutlich sportlicher war als die M-Klasse. Und schon bereitete der Wettbewerber aus München die Markteinführung eines zweiten, kompakteren SUV vor, der schließlich im Jahr 2003 als X3 auf den Markt kam. Auch der Wettbewerb durch Audi wurde immer stärker und fühlbarer. Dort war es der Audi A3 und der Audi A4 Avant, die Druck auf den Absatz der A- bzw. der C-Klasse machten.

Vor allem lagen die nur geringen Absatzzuwächse aber an einem Strategiewechsel bei Mercedes selbst, der ein wenig auf die von Ola Källenius eingeleitete strategische Neuausrichtung im PKW-Geschäft vorausweist: Jürgen Hubbert verlagerte den Schwerpunkt der Modellpolitik auf „Performance" und „Luxus". Gewiss war das auch als Gegenbewegung zum „Downgrading", also die Erweiterung des Angebotes in den unteren Fahrzeugklassen in den 1990er-Jahren, gedacht. Mit leistungsstärkeren und höherwertigen Fahrzeugen, so die Überlegung, sollte die vielleicht etwas in Schieflage geratene Balance zwischen Stückzahlen und Exklusivität der Premium-Marke Mercedes wieder hergestellt werden. Außerdem konnte man mit leistungsstarken und großen Fahrzeugen gutes Geld verdienen, mehr auf jeden Fall als mit einer A-Klasse oder auch einer spartanisch ausgestatteten C-Klasse. Vielleicht spielte bei dieser Wendung ins Luxuriöse aber auch der persönliche Ehrgeiz des neuen „Mr. Mercedes" eine Rolle, der mit technischen Spitzenleistungen auf sich aufmerksam machen wollte – und wo ging das besser als im High-End-Bereich des Automobilmarktes?

Am 1. Januar 1999 hatte Daimler die Mehrheit bei der AMG übernommen und stellte damit die Weichen für eine zügige Erweiterung des Angebotes an Performance-Fahrzeugen. In jeder Baureihe, mit Ausnahme der A-Klasse, waren schon bald die leistungsgesteigerten AMG-Varianten zu bekommen. So war der im Jahr 2002 in den Markt eingeführte E 55 AMG mit 476 PS die stärkste Mercedes-Benz E-Klasse, die jemals angeboten wurde. Mit dem CL 65 AMG – er hatte über 600 PS – stieß man in jenen Jahren nicht nur leistungsmäßig, sondern auch preislich in ganz neue Dimensionen vor. Es war, als wollte Mercedes nicht nur Formel-1-Weltmeister, sondern auch PS-Weltmeister auf der Straße werden.

Zu einem noch größeren Thema als die bloße Leistungssteigerung von Fahrzeugen wurde der Einstieg in das Luxus-Segment. Anlass dazu war die Übernahme der beiden weltweit führenden Luxusmarken Rolls Royce und Bentley im Jahr 1998, der ein heftiges Gerangel zwischen VW und BMW um die Namensrechte von Rolls Royce vorausgegangen war. Letztlich einigte man sich darauf, dass BMW die Marke Rolls Royce erhielt und VW die Marke Bentley. Damit war Bewegung in die letztlich kleine, aber natürlich sehr imageträchtige Nische der Luxuslimousinen gekommen. Unter den deutschen Herstellern konnte allein Mercedes mit den Spitzenmodellen der S-Klasse in diesem Segment reüssieren. Jetzt war die Gefahr groß, dass Rolls Royce und Bentley mit der finanziellen Power von Großkonzernen im Rücken ihre Modellpalette ausweiten und damit Mercedes gewissermaßen „von oben" angreifen könnten. Die Frage war, wie Mercedes auf diese Herausforderung reagieren sollte.

Unter dem Eindruck der Übernahmeaktivitäten von VW und BMW hatte der Daimler-Vorstand schon im Jahr 1998 den Beschluss gefasst, die Marke Maybach wiederzubeleben. Der Beschluss war intern nicht unumstritten. Jedem war klar, dass der Aufbau der Marke Maybach, die selbst in Deutschland nur noch unter Auto-Enthusiasten und Oldtimer-Fans bekannt war, viel Geld kosten würde. Außerdem war die Entwicklung eines wirklich eigenständigen Fahrzeugs unter dem Markennamen Maybach finanziell betrachtet ein gewagtes Unterfangen, angesichts eines Marktes, der weltweit kaum mehr als 5.000 Fahrzeuge pro Jahr umfasste. Trotz hoher Preise war in diesem Segment kaum Geld zu verdienen, wenn man nicht auf Aggregate von Serienfahrzeugen mit größeren Produktionszahlen zurückgreifen konnte. Der finanzielle Niedergang von Rolls Royce und Bentley hatte das eindrücklich belegt. Also musste ein Kompromiss zwischen der Eigenständigkeit der Produkte und der Notwendigkeit, Aggregate und Komponenten aus der Großserie zu verwenden, gefunden werden.

Freilich gab es hinter dem Projekt nicht nur ein finanzielles, sondern auch ein marketingpolitisches Fragezeichen: Bentley und vor allem Rolls Royce waren weltweit bekannte, hochgeschätzte Marken, deren Heritage und Flair man niemandem erklären musste. Wie konnte man mit Maybach vom Image her mit diesen Wettbewerbern auf Augenhöhe kommen? Alternativ zur Wiederbelebung der Marke Maybach wurde daher auch über eine Aufwertung der S-Klasse durch eine Wiederbelebung der alten Submarke Pullman nachgedacht. Den Zusatz erhielten in den 1960er- und 1970er-Jahren Fahrzeuge der S-Klasse, deren Radstand verlängert wurde und die vor allem als Repräsentationslimousinen von Staatshäuptern bekannt waren. Wäre es nicht sinnvoller, die Spitzenmodelle der S-Klasse als „Mercedes Pullman" zu verkaufen – ein Name, der jahrzehntelang für höchste Exklusivität und Qualität im Automobilbau gestanden hatte? Waren nicht fast alle gekrönten und ungekrönten Häupter dieser Welt Pullman gefahren? Und konnte man damit nicht den gleichen, vielleicht sogar einen besseren Image-Effekt erzielen als mit der international unbekannten Marke Maybach?

Die unterschiedlichen Auffassungen zu dieser Frage gingen nicht nur quer durch den Vorstand, sondern auch durch das gesamte Unternehmen. Auch der Vorstandsbeschluss im Jahr 1998 hatte dieser Diskussion kein Ende gesetzt, bedeutete aber eine klare Richtungsentscheidung, die dann auch umgesetzt wurde. Im Juli 2002 feierte der Maybach nach einer aufwändig inszenierten Fahrt mit der „Queen Elizabeth“ von Southampton nach New York in der nordamerikanischen Metropole seine Weltpremiere. Allein dieses Ereignis verschlang eine Summe, die für die komplette Markteinführung einer volumenstarken Baureihe gereicht hätte. Weitere kostspielige Präsentationen und teure Sponsoringaktivitäten folgten, um die vergessene Marke wieder bekannt zu machen. Im Werk Sindelfingen wurde eigens ein hochwertig ausgestatteter Showroom, das „Center of Excellence“ gebaut, in dem der Maybach der kleinen Schar von Kaufinteressenten in exklusiver Umgebung gezeigt werden konnte. Für die Marke Maybach war nur das Beste gut genug.

Doch die Reaktionen der potenziellen Kunden waren keineswegs so uneingeschränkt positiv, wie man das erwartet hatte. Bei vielen Freunden der Marke Mercedes löste der Maybach Irritationen aus. Gerade dort, wo man die aufnahmefähigsten Märkte vermutete – in den reichen Staaten und Emiraten des Nahen Ostens, aber auch in einigen asiatischen Märkten und nicht zuletzt in Nordamerika –, verstanden viele Mercedes-Fahrer nicht, warum sie von der Spitzenmarke Mercedes zu der unbekannten Marke Maybach wechseln sollten. War die S-Klasse nun das ultimative Spitzenprodukt des Hauses oder der Maybach? Hinzu kam, dass der Maybach durchaus erkennbar ein Mercedes war. Anders als der Rolls Royce Phantom, der in der Wahrnehmung der Kunden ein völlig anderes Auto als ein BMW 7er war, erinnerte beim Maybach schon die Formgebung an eine aufgewertete S-Klasse. Für die Mitarbeiter an der Verkaufsfront war es daher keine leichte Aufgabe, die Eigenständigkeit des Maybach überzeugend zu vermitteln und von der S-Klasse abzugrenzen, ohne deren Image zu beschädigen.

So kam es, wie es kommen musste und wie man es eigentlich auch hätte wissen müssen: Der Maybach wurde zu einem Flop. War im Geschäftsbericht des Jahres 2001 noch davon die Rede, dass man in der eigens eingerichteten Maybach Manufaktur eine Produktionskapazität von 1.500 Einheiten vorgesehen habe, so wurde diese Zahl im Geschäftsbericht des Folgejahres bereits auf 1.000 Einheiten reduziert, versehen mit dem Hinweis, dass diese Kapazität „für das Jahr 2003 bereits vollständig mit Aufträgen belegt“ sei. Warum dann im Jahr 2003 nicht 1.000, sondern nur 600 Fahrzeuge an Kunden ausgeliefert wurden, ist eine der vielen Ungereimtheiten, die die Geschichte des Maybachs begleiteten. Bereits im Jahr 2004 sanken die Verkäufe auf 500 und im darauffolgenden Jahr auf nur noch 300 Einheiten. Der Versuch, über neue Varianten den Absatz in Richtung der anvisierten Stückzahlen zu bringen, scheiterte. Bis einschließlich 2006 waren lediglich 1.700 Fahrzeuge, also nur etwas mehr als das ursprünglich für ein Jahr geplante Produktionsvolumen, verkauft worden. Um auch nur annähernd an die Gewinnschwelle zu kommen, hätte man bis dahin mindestens 6.000 Einheiten verkaufen müssen. Finanziell war das ganze Projekt ein Debakel, über dessen Kosten stets Stillschweigen bewahrt wurde. Realistischerweise darf man annehmen, dass es kaum weniger als 3 Milliarden Euro waren, die über die Jahre hinweg für den Maybach ausgegeben worden waren. Als auch der chinesische Markt nicht die gewünschten Absatzzahlen brachte, wurde die Produktion des Maybachs im Jahr 2012 eingestellt und das ultralange Spitzenmodell der S-Klasse später als Mercedes-Maybach-Pullman angeboten.

Viel Bewegung war um den Jahrhundertwechsel auch in das Segment der Supersportwagen gekommen. Im Jahr 1998 hatte der VW-Konzern die Marke Lamborghini und die Markenrechte von Bugatti Automobiles übernommen. Auch bei Aston Martin – die Marke gehörte seit 1987 zum Ford-Konzern – regte sich wieder Leben. Auf Basis des Jaguar XJS – auch diese Marke gehörte damals Ford – brachte man den DB7 auf den Markt und stattete das Fahrzeug seit dem Jahr 1999 mit einem 12-Zylinder-Motor aus. Das Auto wurde in der Folge zum bis dahin bestverkauften Modell von Aston Martin. Porsche rüstete bei seinen Turbo-Modellen leistungsmäßig weiter auf und konnte nicht nur vergleichsweise hohe Stückzahlen, sondern noch höhere Profite erzielen. Ferrari war und blieb ohnehin die unbestrittene Nummer eins bei Supersportwagen, zumal man mit Michael Schumacher als Fahrer in den Jahren 2000 bis 2004 fünfmal hintereinander die Formel-1-Weltmeisterschaft gewinnen konnte.

Mercedes versuchte, mit seinem Engagement bei AMG dem Trend zu mehr Performance zu folgen, und konnte sich, was die reinen Leistungsdaten der Fahrzeuge anbelangte, durchaus mit dem einen oder anderen höher positionierten Wettbewerber messen. Supersportwagen waren die AMG-Modelle aber trotzdem nicht. Es mangelte nicht nur an der Optik, sondern auch an der Exklusivität. Da Mercedes nicht hinter den anderen zurückstehen wollte, wurde gemeinsam mit dem Formel-1-Partner McLaren ein eigenständiger Supersportwagen, der SLR, entwickelt und im September 2003 auf der IAA in Frankfurt vorgestellt. Ohne Zweifel war der SLR ein ebenso leistungsstarkes wie formschönes Fahrzeug. Vor allem die Flügeltüren – eine Anlehnung an den legendären SL aus dem Jahr 1953 – sorgten unter den Fans schneller Autos für Aufmerksamkeit und Begeisterung. Das Auto war ein wahrer Technologieträger und kostete, je nach Ausstattung, zwischen 450.000 und knapp 500.000 Euro. Bei der Vorstellung in Frankfurt wurde darauf hingewiesen, dass die Produktion auf 3.500 Einheiten limitiert sei. Das wäre nicht notwendig gewesen. Tatsächlich blieb auch bei diesem Fahrzeug – trotz zahlreicher, immer neuer Varianten – der Absatz hinter den Erwartungen zurück. Bis zum Produktionsende im Jahr 2009 wurden etwas mehr als 2.100 Einheiten verkauft. Zweifellos brachte der SLR Image, gerechnet hat sich aber auch dieses Projekt nicht.

Angesichts des verlangsamten Wachstums bei den Alltagsautos und den glücklosen Ausflügen ins Luxus- und Supersportwagensegment nahm die Nervosität an der Konzernspitze, vor allem bei Jürgen Schrempp, deutlich zu. Zwar lieferte der Geschäftsbereich PKW seit dem Jahr 2001 zuverlässig Jahr für Jahr einen Gewinn von rund 3 Milliarden Euro in der Konzernzentrale ab, Jürgen Schrempp war das aber zu wenig. Eine Dividende von 1,50 Euro je Aktie war nicht das, was vor allem die Alt-Aktionäre erwarteten, die die Daimler-Aktie noch zu Kursen von über 50 oder gar 70 Euro gekauft hatten. Hatte Schrempp nicht vor Jahren, als er gefragt wurde, welche Vision er habe, geantwortet: „Profit, Profit, Profit“? Davon war nichts zu sehen. Jürgen Hubbert kam zunehmend unter Druck – was auch daran lag, dass der Geschäftsbereich Nutzfahrzeuge, das Stiefmütterchen im Konzern, das immer im Schatten der erfolgreichen Brüder und Schwestern im Geschäftsbereich PKW stand, erstaunliche Fortschritte in Sachen Profitabilität machte.

Brummifahrer auf der Überholspur

Der Geschäftsbereich Nutzfahrzeuge hatte seit der großen Krise im Jahr 1993 bewegte Zeiten hinter sich. Wie bei den PKW war auch im Nutzfahrzeugbereich Mitte der 1990er-Jahre eine Produktoffensive gestartet worden. Im Jahr 1995 wurde der Transporter Sprinter in den Markt eingeführt, der ein überragender Erfolg wurde – nicht nur wegen der Stückzahlen, sondern weil sich damit endlich auch Geld verdienen ließ. Noch im gleichen Jahr folgte der Klein-Transporter Vito, der wie sein Vorgänger MB 100 im Werk in Vittoria in Spanien produziert wurde. Im September 1996 kam der Großraum-Transporter Vario, der seinen Vorgänger mit dem sperrigen Namen T2 in der Gewichtsklasse zwischen 4,8 und 7,5 t zulässigem Gesamtgewicht ablöste. Damit war das Transporterprogramm binnen zwei Jahren runderneuert worden. Mit einer neuen Generation von schweren LKW in Europa beschritt man im Jahr 1996 – wie zuvor bei den Transportern – auch marketingtechnisch einen neuen Weg. Hießen die LKW-Baureihen früher wenig einfallsreich Schwere Klasse (SK) oder Mittelschwere Klasse (MK), so versah man die Modelle jetzt mit Produktnamen. Die neue schwere Klasse hieß jetzt Actros, was Kraft, Zuverlässigkeit und Solidität ausdrücken sollte. Und so stand er denn auch auf der Nutzfahrzeug-IAA im September 1996 auf dem Messestand von Mercedes: Ein unübersehbares Statement für einen neuen Auftritt des Marktführers in der Königsklasse der LKW.

Als sich endlich Mitte der 1990er die internationale Wirtschaftslage besserte, sich die Transportmärkte erholten, gingen auch die Absatzzahlen im Nutzfahrzeugbereich steil nach oben: Hatte man im Krisenjahr 1993 gerade noch 253.000 Nutzfahrzeuge aller Art weltweit ausgeliefert, so waren es 1995 schon 320.000. Weitere zwei Jahre später wurde die Schwelle von 400.000 Einheiten überschritten und im Jahr 1999 waren es dann schon fast 555.000 Fahrzeuge. Sechs Jahre hintereinander war man von einem Absatzrekord zum nächsten geeilt. Nach und nach begann sich dieses Volumenwachstum auch in der Bilanz auszuwirken und so wurde im Geschäftsbericht 1997 – entgegen der Gewohnheit, für das Nutzfahrzeuggeschäft keine Zahlen zum wirtschaftlichen Ergebnis zu veröffentlichen – über einen Gewinn von 481 Millionen. D-Mark berichtet, der dann im Folgejahr auf fast eine Milliarde stieg. Es schien, als hätte man die schwersten Jahre bei den „Truckern“ hinter sich und mit der Produktoffensive und dem Volumenwachstum eine Formel gefunden, um das Geschäft nachhaltig profitabel zu machen.

Doch die Ernüchterung folgte auf dem Fuß: Als zu Beginn des neuen Jahrzehnts die Märkte in eine neue Schwächephase eintauchten und sich vor allem in Nordamerika das Wirtschaftsklima stark eintrübte, zeigte sich erneut die Schwäche des Geschäftsbereichs, nämlich seine extreme Konjunkturanfälligkeit. Im Grunde hatte sich strukturell nichts geändert. Die Kosten waren nach wie vor zu hoch und die Produktion zu unflexibel. Überraschend war das im Grunde nicht, denn der personelle Verschleiß war in der zweiten Hälfte der 1990er-Jahre enorm: Binnen weniger Jahre hatte der Geschäftsbereich vier in Charakter und Führungsstil völlig unterschiedliche Chefs. Helmut Werner hatte die Aufgabe 1993 an Bernd Gottschalk übergeben, der zuvor das LKW-Werk in Brasilien geleitet hatte. Schon im Juli 1996 legte der sein Amt wegen „unterschiedlicher Auffassungen über die organisatorische Gestaltung des Nutzfahrzeuggeschäftes" nieder. Ein Jahr später wurde er Präsident des Verbandes der Automobilindustrie (VDA). Auf Bernd Gottschalk folgte Kurt Lauk, der als Seiteneinsteiger vom Energieversorgungsunternehmen Veba kam. Lauk war ein versierter Finanzmann und Controller, verfügte aber über keine Erfahrung im Nutzfahrzeuggeschäft. Bei einer der großen Vorstandsrochaden im September 1999 verlor er seinen Posten und schied aus dem Unternehmen aus. Nachfolger von Lauk wurde Dieter Zetsche, der aus seiner Zeit als Präsident der Mercedes-Benz Argentinia und als Chef von Freightliner über eine ausgezeichnete Expertise im Nutzfahrzeuggeschäft verfügte. Er war allerdings noch kaum ein Jahr im Amt, als er seine neue, von Jürgen Schrempp verordnete Aufgabe bei Chrysler in Auburn Hills übernahm. Eine strategische Neuausrichtung des Geschäftsbereichs und deren Umsetzung war bei einem solchen Personalkarussell nicht möglich.

„Wie ein Brummifahrer sieht Cordes nicht aus", hieß es in einem durchaus wohlwollenden Porträt des LKW-Chefs in der Autobild, als der die Nachfolge von Zetsche antrat. „Cordes", heißt es in dem Artikel weiter, „ist der Stratege" – auch das war zweifellos richtig. Eckhard Cordes, Schrempp-Intimus, sollte es richten. Doch zuerst hieß es auch für ihn: Feuerwehr spielen. In dem Maße, wie die Absatzzahlen konjunkturbedingt zurück- und die Rabatte wieder nach oben gingen, wurden bei den Nutzfahrzeugen im Jahr 2001 wieder tiefrote Zahlen geschrieben, nachdem im Jahr 2000 immerhin noch ein Gewinn von über 1 Milliarde Euro ausgewiesen worden war. Die alte Diskussion über die Zukunft des Nutzfahrzeuggeschäfts im Daimler-Konzern ging wieder los. Ein Vertreter der Kleinaktionäre hatte einen Vorschlag, wie es weitergehen sollte: „DWS-Fondmanager Klaus Kaldemorgen", heißt es in einem Bericht über die Hauptversammlung am 10. April 2002 in Berlin, „forderte das DaimlerChrysler-Management auf, die defizitäre Nutzfahrzeugsparte aus dem Konzern auszugliedern". „Vielleicht", meinte er wörtlich, „wäre es sinnvoll, die Sparte separat an die Börse zu bringen." Der „Stratege" Cordes hatte einen anderen Plan. Schon bald ließ er erkennen, wo er die künftigen Schwerpunkte für die Neuausrichtung des Geschäftsbereichs setzen wollte: den Ausbau der Marktpräsenz in Asien sowie die stärkere Vernetzung der internationalen Entwicklungs- und Produktionsaktivitäten zur Verbesserung der Kostenposition. Auf die „Ausgliederung der Nutzfahrzeugsparte" mussten die Aktionäre noch 20 Jahre warten.

„Turning Scale into Profit" – Größe in Profitabilität umsetzen – lautete die Devise von Eckhard Cordes, der er in den nächsten Jahren konsequent folgte. Der Ausbau der Marktpräsenz in Asien war ihm durch die Übernahme von Fuso im Rahmen des Mitsubishi-Deals gewissermaßen „geschenkt" worden. Schwieriger war die internationale Vernetzung, bei deren Umsetzung er auf die Widerstände der auf ihre Eigenständigkeit pochenden Entwicklungsingenieure stieß. Dennoch ließ er sich von seinem Ziel, Produkte und Technologien zu vereinheitlichen, nicht abbringen. So schuf er einen zentralen Bereich, der den etwas sperrigen Namen „Produktentstehung" trug und in dem die Aktivitäten der Produktplanung, der Produktentwicklung, der Produktionsstrategie sowie des Einkaufs weltweit zusammengeführt wurden. Damit sollte schon bei der Entstehung eines neuen Fahrzeugs eine kostensenkende Vereinheitlichung von Aggregaten, Komponenten und Teilen auf internationaler Ebene erreicht werden. Gleichzeitig wurde ein „Truck Executive Committee" eingerichtet, das das LKW-Geschäft künftig weltweit koordinieren und steuern sollte.

Sein Konzept war langfristig ausgerichtet, aber wo immer möglich sollten die Vorteile einer global ausgerichteten Vernetzungsstrategie auch schon kurzfristig genutzt werden. So wurde im Jahr 2001 der Sprinter auch in den USA unter dem Markennamen Freightliner angeboten, was ein durchaus mutiger Schritt war, denn niemand konnte sagen, ob ein europäischer Transporter in Nordamerika akzeptiert werden würde. Das Vorhaben gelang. Ebenfalls im Jahr 2002 wurden die in Brasilien gefertigten Sattelzugmaschinen mit dem Markennamen Axor in den europäischen Markt eingeführt. Auch das war mutig, denn bislang hatte man in Brasilien lediglich LKW für den lokalen und regionalen lateinamerikanischen Markt gefertigt. Auch dieses Vorhaben gelang: Der „Axor" wurde, wie es im Geschäftsbericht 2002 heißt, „von unseren Kunden vor allem aufgrund der Wirtschaftlichkeit und der hohen Transportleistung sehr gut aufgenommen". Schließlich wurden in der neuen mittelschweren LKW-Baureihe Business Class M2 von Freightliner Motoren und Getriebe von Mercedes-Benz eingesetzt, was ungewöhnlich war, weil die nordamerikanischen LKW-Hersteller diese Aggregate üblicherweise bei spezialisierten nordamerikanischen Zulieferern einkauften. Der internationale Produktionsverbund, von dem man lange Jahre geträumt hatte, begann, Realität zu werden.

Zu seiner Hartnäckigkeit kam auch noch Glück dazu, das Glück des Tüchtigen, wenn man so will. Cordes hatte mit vielen Einzelmaßnahmen den Verlust des Jahres 2001 reduziert. Dann, ab dem Jahr 2003, begann sich die Wirtschaftslage zu verbessern, es wurde wieder mehr transportiert und die Nachfrage nach Nutzfahrzeugen stieg. Der Geschäftsbereich kam wieder in die schwarzen Zahlen. 855 Millionen Euro Operating Profit bei einem Umsatz von 38,5 Milliarden Euro Umsatz war zwar nicht die Welt, konnte sich aber sehen lassen. Im Jahr 2004 stieg der Absatz um über 42 Prozent auf 712.000 Nutzfahrzeuge aller Art, was zwar auch an der erstmaligen Einbeziehung der Fuso-Verkäufe lag, aber weit überwiegend die Folge der verbesserten Marktsituation und Wettbewerbsfähigkeit war. Der Gewinn kletterte auf 1,332 Milliarden Euro, bevor das Undenkbare passierte: Im folgenden Jahr –

wann hatte es das zuletzt gegeben – war der Gewinn des Geschäftsbereichs Nutzfahrzeuge höher als im PKW-Geschäft. Der Stern von Cordes begann zu steigen und spätestens jetzt galt er als ein ernstzunehmender Kandidat für die Nachfolge von Jürgen Schrempp, wann auch immer diese anstehen würde.

Und der Stern von Jürgen Hubbert? „Mr. Mercedes“ war in der Defensive. Wann immer er gefragt wurde, verwies er auf die zweite Produktoffensive, die einen Wachstumsschub bei Absatz und Ertrag bringen würde: „Im Rahmen der zweiten Modelloffensive“, lässt er in den Geschäftsbericht des Jahres 2003 schreiben, „wird die Mercedes Car Group ihr Produktangebot in den kommenden Jahren nicht nur kontinuierlich erneuern, sondern auch nochmals erheblich verbreitern.“ Ziel sei es, „Absatz, Umsatz und Operating Profit bis zum Jahr 2006 deutlich zu steigern“. Das war ein Versprechen, das er nicht mehr einlösen musste. Die zweite Modelloffensive war tot, noch bevor sie eigentlich begonnen hatte, und Jürgen Hubbert wurde im Juni 2004 in den Ruhestand verabschiedet, etwas später als ursprünglich geplant, dann aber unter ganz traurigen Umständen.

Just another car

„Not just another car“ war einst die Losung, unter der das Team um Johann Tomforde antrat, um die Welt der Mobilität zu revolutionieren. Viel sollte davon nicht übrigbleiben. Im Oktober 1999 wurde Andreas Renschler neuer Chef der Marke Smart. Er folgte auf Lars Brorsen, der – ungewöhnlich genug – einen Tag vor Beginn der IAA in Frankfurt seinen Rücktritt bekanntgegeben hatte. Die offizielle Stellungnahme des Konzerns zu diesem überraschenden Rückzug war, wie in diesen Fällen üblich, wenig aufschlussreich: Man habe sich, hieß es in einer Pressemitteilung vom 13. September 1999, wegen „unterschiedlicher Auffassungen über die künftige Strategie der Marke“ getrennt. Was das genau bedeutete, blieb im Unklaren. Jürgen Schrempp versprach, man werde als Nachfolger „einen der besten Manager ins Rennen schicken“. Renschler, damals 41 Jahre alt, kam als „rising star“ zu Smart: Er hatte die M-Klasse konzipiert, das Werk in Tuscaloosa zum Laufen gebracht und er galt überdies als Kumpel des Vorstandsvorsitzenden. Schrempp hatte nicht zu viel versprochen und jedem war klar, dass es mit Renschler bei der Marke Smart einen Neuanfang geben würde.

Smart war schon vor seiner Markteinführung eine Hängepartie und sollte es bis auf Weiteres bleiben. Als das Smart City Coupé im Oktober 1998 in den Smart Towern zum Verkauf bereitstand, bildeten sich vor den Verkaufsräumen keine langen Schlangen. Der Verkaufsstart war zäh, sehr zäh. Nicht nur die Diskussionen um die Sicherheit des Fahrzeugs hatten Wirkung gezeigt, sondern auch die Preise, die aufgerufen wurden. Für ein zweisitziges, daher nur eingeschränkt nutzbares Fahrzeug waren rund 15.000 D-Mark eine stolze Summe. Dafür bekam man bei anderen Herstellern italienischer, französischer oder fernöstlicher Provenienz ein Auto mit vier Sitzen, mehr Leistung und einem größeren Kofferraum. Dass es schwer werden würde mit einem zweisitzigen Kleinstwagen Geld zu verdienen, war jedem, der an dem Projekt beteiligt war, von Anfang an klar. Auch Smart würde die alte Branchenregel „big cars big profits, small cars small profits“ nicht außer Kraft setzen können. Wolfgang Reitzle, damals noch Entwicklungschef bei BMW und bekannt dafür, sich gelegentlich auch mal pointiert zum Wettbewerber aus Stuttgart zu äußern, prognostizierte 1994, Jahre vor Beginn der Serienproduktion, süffisant, dass Daimler mit Smart weniger Gewinn machen werde als mit dem Schiebedach für eine S-Klasse. Sollte er etwa recht behalten?

Das Interesse an dem neuen Auto war groß, die Kaufbereitschaft nicht. Das von Nicolas Hayek in einem Interview ausgeplauderte Verkaufsziel von 200.000 Einheiten pro Jahr, das mittlerweile intern auf 140.000 Fahrzeuge reduziert worden war, war in einer solchen Situation nicht unbedingt hilfreich, denn es sorgte für eine permanente öffentliche Diskussion um die Marke. Als klar wurde, dass weder das eine noch das andere Ziel erreicht werden würde, machte schnell das Wort vom „Flop“ die Runde, was für kein neues Auto ein gutes Verkaufsargument ist. Das „Verkaufen-Müssen“ lastete auf dem jungen, in vielen Dingen noch unerfahrenen Vertriebsteam, und der Druck wurde täglich größer. Für zusätzliche Aufregung sorgte ein in der Presse umlaufendes, zwar offiziell nie bestätigtes, aber gleichwohl glaubhaftes Ultimatum von Jürgen Schrempp im Mai 1999: Würden im Jahr 1999 nicht mindestens 80.000 Autos verkauft werden, soll er den Verantwortlichen gedroht haben, „drehe ich den Geldhahn zu“. Am 1. April 1999 kam Klaus Fricke, bis dato Chef des renommierten Sitzherstellers Recaro, für den glücklosen Hans Jürg Schär als neuer Vertriebschef. Schär war zwar ein exzellenter Marketingmanager aus der Schule von Nicolas Hayek. Aber er war kein Autoverkäufer und wollte es auch nicht sein. Wie die Smart-Watch, die damals noch ein hochbegehrtes Accessoire für junge und junggebliebene, auf jeden Fall stilbewusste Menschen war, sollte auch der Smart ohne lästige Preisverhandlungen und ausgiebige Probefahrten an den Mann oder die Frau gebracht werden. Jetzt, wo es um „Hardselling“, um das In-den-Markt-Drücken eines offensichtlich doch nicht so begehrten Produktes ging, war er nicht mehr der Richtige auf seinem Posten. Mit ihm verließ der letzte der oft als „die drei Musketiere“ bezeichneten Gründer der Marke Smart das Unternehmen.

Klaus Fricke, der aus seiner früheren Tätigkeit im Verkauf bei Daimler und BMW viel Vertriebserfahrung mitbrachte, tat das, was jeder Manager in einer solchen Situation tut: Er startete eine aufwändige Werbekampagne, sorgte für attraktive Leasing-Angebote und drückte hoch rabattierte Fahrzeuge über Flottenkunden in den Markt. Einige davon landeten beim Elektronikhändler Media Markt, der die Fahrzeuge in Hamburg zum Preis von 11.111 D-Mark inklusive Handy und Freisprecheinrichtung als Marketing-Gag anbot. Das war zwar so nicht geplant und sorgte für viel Ärger mit den deutschen Smart-Händlern, die im Grunde alle überinvestiert waren. Aber es war auch nicht zu vermeiden, wenn man den Markt so mit Fahrzeugen überschwemmte, wie es im Frühsommer 1999 der Fall war. Letztlich schlug die verabreichte Medizin erwartungsgemäß an. Die Verkaufszahlen gingen innerhalb weniger Wochen sprunghaft in die Höhe. Schon im Juni 1999 belegte der Smart im Kleinwagensegment Rang drei in der deutschen Zulassungsstatistik. Am Jahresende war das Ziel, 80.000 Fahrzeuge zu verkaufen, erreicht, die wirtschaftliche Bilanz aber dennoch bedrückend. Zwar wurden für den Smart nie Ergebniszahlen veröffentlicht, klar war aber, dass die Verluste in diesem Jahr in einer deutlich dreistelligen Millionenhöhe lagen. Dann kam Renschler.

Andreas Renschler, der über 1,90 Meter große Hüne, passte nicht nur rein äußerlich schwer zu einem Winzling wie dem Smart. Er verkörperte auch eine andere Managementkultur, als sie bislang bei der stets als etwas schräg geltenden Tochtergesellschaft geherrscht hatte. Bei seinem ersten öffentlichen Auftritt als Smart-Chef, berichtet die ZEIT am 18. November 1999, rutschte ihm ein Satz heraus, der durchaus programmatisch zu verstehen war: „Es gibt bei Smart keine Veranstaltung mehr, die heißt: Jugend forscht." Das war eine Ansage, die wenig Spielraum für Interpretationen ließ: Renschler wollte die Experimentier-Mentalität, das mitunter kreative, mitunter aber auch wilde Chaos durch mehr Professionalität, mehr Effizienz, freilich auch durch mehr Mainstream ersetzen. Smart – so sein Plan – sollte ein ganz normales Automobilunternehmen werden, mit einer stabilen Führungsstruktur, effektiven und effizienten Prozessen sowie einer klaren Gewinnorientierung. Andererseits war er freilich intelligent genug, um zu verstehen, dass er das junge, durch die nicht enden wollenden Diskussionen um die Zukunft der Marke verunsicherte Team nicht nur gedanklich, sondern auch emotional abholen musste, wenn er seine Ziele erreichen wollte. Und so ging es in seinem Strategieprogramm „Fit for Future", das er schnell ins Leben gerufen hatte, nicht nur um Effizienzsteigerungen und Kostensenkungen, sondern auch um ein neues Markenimage, neue Produkte und neue Märkte. Er wollte Aufbruchsstimmung verbreiten und er wusste auch: Nichts ist motivierender als Erfolg!

Die Ernennung von Andreas Renschler hatte noch einen Nebeneffekt, der Jürgen Schrempp nicht unangenehm, vielleicht sogar beabsichtigt war. Formal gehörte Smart in den Geschäftsbereich Mercedes-Benz-PKW, und der lag in der Gesamtverantwortung von Jürgen Hubbert. Der hatte sich auch immer wieder in das operative Geschäft und die strategische Ausrichtung von Smart eingeschaltet. Mit Renschler und seinem direkten Draht zu Jürgen Schrempp verlor er naheliegenderweise Einfluss auf die Tochter. Die Entscheidungen über die Zukunft von Smart liefen mehr und mehr an ihm vorbei. Nach wie vor galt er als einer der Urheber des Debakels, entscheidend eingreifen konnte er jedoch nicht mehr – eine für ihn frustrierende Situation.

Der neue Smart-Chef machte von Anfang an mächtig Dampf. Smart sollte heraus aus der Verlierer-Ecke und auf die Überholspur wechseln. Kurzfristig ging das vor allem über mehr Vertriebspower. Ganz oben auf der Agenda von Renschlers „Fit-for-Future"-Programm stand die Erweiterung des Händlernetzes und da brach er denn auch gleich mit einem Tabu. Die ursprünglich strikte Limitierung der Zahl der Franchisepartner, mit der man einen ruinösen Preiswettbewerb zwischen den Smart-Händlern hatte verhindern wollen, wurde nach und nach gelockert. Mercedes-Händler, die man ursprünglich nicht als Vertragspartner haben wollte, um eine „Mercedisierung der Marke Smart“ zu vermeiden, wurden nun eingeladen und aufgefordert, Smart-Partner zu werden, wovon dann auch reichlich Gebrauch gemacht wurde. Die Zahl der Vertriebsstützpunkte von Smart stieg allein in Deutschland von 40 im Jahr 2000 auf 110 im Jahr 2003. Gleichzeitig erweiterte man auch die regionale Ausdehnung der Marke. Wurde der Smart anfänglich nur in neun europäischen Märkten angeboten, so waren es Ende 2003 bereits 30 Märkte. Außer in Westeuropa wurde der Smart nun auch in zahlreichen mittel- und osteuropäischen Ländern verkauft. Außerdem erschloss man schrittweise die für Kleinwagen als besonders aufnahmefähig geltenden asiatischen Märkte. In die USA traute man sich mit einem derart extremen Kleinwagen noch nicht, aber mit Kanada und Mexiko waren auch zwei der Zielmärkte auf dem amerikanischen Kontinent.

Der Erfolg ließ nicht auf sich warten. Bereits im Jahr 2000 wurde endlich die magische Grenze von 100.000 verkauften Autos überschritten. Im Jahr 2001 ging es weiter um beachtliche 14 Prozent auf 116.000 verkaufte Fahrzeuge nach oben. Wichtige Wachstumstreiber waren die Cabrio-Version und der direkteinspritzende Diesel-Motor. Er machte den Smart mit einem Verbrauch von 3,4 Litern zum damals politisch laut geforderten Drei-Liter-Auto und erzielte auf Anhieb einen Anteil von gut einem Fünftel am gesamten Absatz der Marke.

Renschler war es mit seiner offenen, kämpferischen und manchmal auch schwäbisch-spitzbübischen Art gelungen, nicht nur im Unternehmen, sondern auch in der Öffentlichkeit einen Stimmungswandel einzuleiten. Im Jahr 1999 überwogen in der Berichterstattung über die Zukunft der Marke noch die negativen Meldungen und Kommentare. Darunter war ein besonders bösartiger Beitrag im manager magazin vom September 1999, der von „Missmanagement, Marketingtricks und Milliardenverlusten“, kurzum einem großen „Desaster“ sprach und ziemlich unverhohlen den Kopf von Jürgen Hubbert forderte. Mit dem neuen Mann an der Spitze wandelte sich das Bild jetzt zusehends. Die Automotive News Europe feierte die Marke Smart schon im November 2000 als „Europe's fastest-growing brand“, das Handelsblatt vom 26. April 2001 stellte fest: „Der Smart kommt immer besser in Fahrt“, und in einer Titelstory der Fachzeitschrift Automobil-Produktion, ebenfalls im April 2001, hieß es anerkennend: „Aufwind dank smarter Restrukturierung“.

Wer im April 2001 die Automobilmesse in Leipzig besuchte, wurde Zeuge einer weiteren Revolution bei Smart. Bereits im März 2001 war auf dem Genfer Automobilsalon der Smart Crossblade vorgestellt worden, ein offener Zweisitzer, bei dem man auf die Windschutzscheibe und die Seitentüren verzichtet hatte. Das Auto sah eher wie ein Show Car für Surfer oder Beach-Volleyballerinnen aus als ein Serienfahrzeug. Wohlweislich beschränkte man die Produktion auf 2.000 Einheiten mit einer fortlaufenden Nummerierung, denn ein nachhaltiger Verkaufserfolg wäre einem derart extrem konzipierten Auto wohl nicht beschieden gewesen. Aber Stückzahlen waren auch nicht der vorrangige Zweck dieses Autos. Es sollte Aufmerksamkeit erregen und die Marke im Gespräche halten. Zur allgemeinen Überraschung der Journalisten posierte in Leipzig eine junge Frau neben und auf dem Crossblade, die man eher bei Lamborghini oder einem Edel-Tuner erwartet hätte: Verona Feldbusch. Telegen und sexy lächelte sie ihr Lächeln in die Kameras und ließ einige andere Marken ganz alt aussehen. Freilich stellte sich mancher der Journalisten, von denen nicht wenige die Entwicklung der Marke Smart von ihren Anfängen an begleitet hatten, auch die Frage, was wohl die Gründerväter zu dieser Inszenierung gesagt hätten.

Es war offensichtlich, dass Andreas Renschler wegwollte aus der intellektuellen Müsli-Ecke, in der die Marke irgendwie festsaß. Der Smart, der ursprünglich als Teil eines „urbanen Mobilitätskonzeptes" positioniert wurde, sollte zum Spaßmobil für ein urbanes und feierwütiges Autopublikum werden, etwa so, wie es in den Ausgehvierteln in Rom und anderen italienischen Großstädten schon der Fall war: Weg vom Öko-Image der frühen Jahre, hin zu Lifestyle und Lebensfreude. Dementsprechend ging es auch dem ursprünglichen Marken-Slogan „reduce to max", den viele im Unternehmen als viel zu kompliziert und verkopft empfanden, an den Kragen: Ab dem Jahr 2002 lautete der Slogan „Open your mind", womit man „die Offenheit und den Mut querzudenken", wie es Renschler einmal formuliert hat, zum Ausdruck bringen wollte. Und das ebenfalls neue Logo – ein stilisierter Kreis mit herausragendem Dreieck – sollte zum Symbol für den Aufbruch in eine neue Zukunft werden. Die Smart-Werbung ergab sich dem Trend zum Hedonismus, griff tief in die Kiste des damals populär werdenden Guerilla-Marketings und ließ auch schon mal ein nacktes Pärchen in einen Pool springen mit der frechen Botschaft: „There is just one rule: Change the rules." Um die Marketing-Wende modellpolitisch zu untermauern wurde noch im März 2002, zusammen mit dem Fahrzeugveredler Brabus, ein 50:50-Joint-Venture, die smart-Brabus GmbH gegründet. Damit wollte man – wie es im Geschäftsbericht hieß – „dem Wunsch zahlreicher smart-Fahrer, ihr Fahrzeug weiter zu individualisieren und aufzuwerten", entsprechen. Bereits im Jahr 2002 wurde die „smart-Brabus 1st edition" angeboten, ein exklusives Sondermodell in limitierter Stückzahl mit 70 PS, Brabus Monoblock-Felgen und Doppelrohrauspuff. Die Nachfrage nach dem neuen Modell war erfreulich und trug nicht unerheblich zur beabsichtigten Umpositionierung der Marke bei.

Es liegt auf der Hand, dass es bei der Neuausrichtung von Smart auch Verluste gab. Was durch die Professionalisierung und Verspaßung verlorenging, war die gesellschaftliche Relevanz und jener Hauch von Idealismus, der dem Projekt am Anfang so viel Sympathien eingebracht hatte. Man wollte nicht nur ein neues Auto, sondern auch die Welt verbessern, ganz so wie das Elon Musk dann viele Jahre später für sich und Tesla mit seinem Mission-Statement „To build a better future" in Anspruch genommen hat. Opfer der veränderten strategischen Ausrichtung wurde die Idee, mit dem Smart neue, innovative Mobilitätsdienstleistungen, wie etwa die vergünstigte Miete eines größeren Autos oder bevorzugte Parkplätze in Parkhäusern, anzubieten. Das unter der Sub-Brand „smartmove" ursprünglich vorgesehene und angekündigte Mobilitätskonzept „verpuffte in den fröhlichen Bezirken des werblichen Nirgendwo", wie es in jenem bereits zitierten Artikel im manager magazin vom September 1999 hieß. Was übrig blieb, war der Internet-Zugang aus dem Auto und der Einbau eines Apple iPod, was der Marke immerhin den Status gab, bei der Digitalisierung des Autofahrens ganz vorne mit dabei zu sein.

„Bringen Sie die Straße zum Beben“: Man kann nicht sagen, dass die wichtigste modellpolitische Neuerung jener Jahre mit leisen Tönen angekündigt wurde. Die Anzeigen zum Verkaufsstart des Smart-Roadster im Frühjahr 2003 ließen es nicht nur optisch, sondern auch verbal krachen. Das neue Modell, in zwei Varianten – offen und geschlossen – angeboten, markierte den Übergang von Smart vom Ein- zum Mehrproduktunternehmen, ein Übergang, der im Jahr 2004 mit einem viersitzigen Modell seine Fortsetzung finden sollte. Der Smart-Roadster löste allenthalben Begeisterung aus: ein trendiger Mini-Sportwagen mit puristischem Design, sportlichem Handling und durchaus beachtlichen Fahrleistungen. Mit einem 82 PS starken 3-Zylinder Motor erreichte das Auto immerhin eine Spitzengeschwindigkeit von 175 km/h. Da man 40 Prozent Gleichteile aus dem Smart City Coupé verwendet hatte, war der Aufwand für die Entwicklung des Fahrzeugs überschaubar gewesen. Die Aufnahme im Markt war besser als erwartet: Die ursprüngliche Planzahl von 8.000 Einheiten wurde im Jahr 2003 mit über 20.000 verkauften Einheiten weit übertroffen. Das war nicht nur gut für die Auslastung der Fabrik in Hambach, sondern auch für die Ertragslage. Denn nicht nur das Auto, sondern auch die Preisstellung war mit 15.000 Euro für die Basisversion plus zahlreichen aufpreispflichtigen Sonderausstattungen als durchaus sportlich anzusehen. So brachte das Jahr 2003 einen weiteren Absatzzuwachs auf jetzt 125.000 Einheiten und einen Umsatzschub um 20 Prozent auf 1,3 Milliarden Euro.

Schon von Anbeginn an – noch mit Nicolas Hayek als Teilhaber – geisterte die Idee durch das Projekt, irgendwann einmal auch ein viersitziges Modell auf den Markt zu bringen. Mit einem Viersitzer, so die Überlegung, würde sich der potenzielle Kundenkreis erheblich erweitern und damit das Unternehmen Smart auf eine breitere wirtschaftliche Grundlage gestellt werden. Was anfänglich bloß eine Idee war, wurde schnell zur Notwendigkeit. Die Dringlichkeit des Vorhabens nahm zu, als erkennbar wurde, dass man allein mit dem City-Coupé und dem Roadster in absehbarer Zeit nicht den Break-even, also die Gewinnschwelle, erreichen würde. Da die Entwicklung eines viersitzigen Modells viel Geld kosten würde, war schon bald klar, dass man dafür einen Kooperationspartner benötigen würde. Lars Brorsen hatte die Idee schon früher gehabt. Er favorisierte den PSA-Konzern, was keine schlechte Wahl war, denn PSA verfügte mit seinen Marken Peugeot und Citroën über ein hohes Maß an Kompetenz im Kleinwagensektor. Bei seinen Gesprächen mit den Franzosen war er aber wohl zu weit vorgeprescht, was ihn im September 1999 den Job gekostet hatte. Die Überlegungen in der Welt AG gingen nämlich in eine andere Richtung. Nachdem es im Oktober 2000 zum Schulterschluss mit Mitsubishi gekommen war und der neue Partner einen Nachfolger für sein Erfolgsmodell Colt benötigte, war eine Zusammenarbeit mit Smart bei der Entwicklung eines viersitzigen Fahrzeugs naheliegend.

Das Z-Car, wie das neue Modell anfänglich intern bezeichnet wurde, begann schon bald Gestalt anzunehmen. Die Entwicklungsaufträge wurden zwischen den beiden Unternehmen verteilt und aus Kosten- wie aus Kapazitätsgründen wurde ein gemeinsamer Produktionsstandort festgelegt. Das Fahrzeug sollte in Born in den Niederlanden in einer Fabrik produziert werden, die vorher gemeinsam von Mitsubishi und Volvo betrieben worden war, nach der Auflösung der Allianz zwischen den beiden Unternehmen aber dem japanischen Konzern allein gehörte. Schließlich ging man auf die Suche nach einem Standort für ein gemeinsames Motorenwerk. Fündig wurde man im thüringischen Kölleda, wo später die Benzinmotoren für die beiden Modelle produziert wurden, während die Diesel-Motoren für den Smart ForFour aus Stuttgart-Untertürkheim kommen sollten. Natürlich stieß der Gedanke, ein gemeinsames Auto mit Mitsubishi zu entwickeln, intern wie auch extern auf viele Vorbehalte. Smart galt als etwas spleenige Lifestyle-Marke. Wie passte dazu das eher biedere und langweilige Image einer Marke wie Mitsubishi? Drohte da nicht eine gefährliche „Verwässerung" der Marke Smart? Und würde am Ende nicht ein Produkt auf den Markt kommen, das zwar kein Colt, aber auch kein wirklicher Smart war? Von Anbeginn an war es daher das Ziel, beide Produkte so weit wie möglich zu differenzieren. Der Smart Viersitzer sollte als ein eigenständiges Modell von den Käufern erkannt und nachgefragt werden. Also wendete man den alten Grundsatz aller Plattform-Strategien an: Unsichtbare Teile konnten identisch, die sichtbaren mussten aber deutlich zu unterscheiden sein. Außerdem galt es, die markenprägenden Merkmale des Smart City-Coupés, das, was man in der Fachsprache die „Brand Spikes" nennt, auf das neue Modell zu übertragen: die Tridion-Sicherheitszelle, den Material-Mix aus Stahlblech und Kunststoff, das Zwei-Farben-Konzept und das poppige Interieur.

Als das Fahrzeug im Januar 2004 in Rom der internationalen Presse vorgestellt wurde, war die Aufnahme durchaus positiv: ein schickes, qualitativ gut gemachtes und an der einen oder anderen Stelle auch durchaus originelles Auto. Aber es war eben doch nur ein Auto. So war die Marke jetzt dort gelandet, wo sie eigentlich nicht hinwollte. Die Botschaft „not just another car" war Geschichte, der Smart ForFour war „just another car". Das war für manchen eingefleischten Smart-Fan der ersten Stunde schmerzlich, aber die industrielle Logik eines Großkonzerns hatte sich schließlich durchgesetzt. Aber was wäre die Alternative gewesen? Wenn das Auto jetzt auch noch zu einem Erfolg werden würde, hätte Andreas Renschler die Marke gerettet und sein zweites Meisterstück im Konzern abgeliefert.

„Fehler in der Autoelektronik enden häufig so"

Ob der eine oder andere Kunde noch die alte Mercedes-Anzeige aus dem Jahr 1991 im Kopf hatte? Die Anzeige mit dem gut gekleideten Geschäftsmann, der bei Nacht am Straßenrand steht, weil sein Auto liegengeblieben ist und jetzt mit ausgestrecktem Daumen hofft, per Anhalter weiter zu kommen. „Fehler in der Autoelektronik enden häufig so", hatte es in der Überschrift geheißen und im Text war noch die Belehrung nachgereicht, dass solche Fehler „für die

Betroffenen sehr ärgerlich" sein können. Damit hatte man die Elektronik, vor allem aber den Wettbewerber BMW, an den Pranger stellen wollen, der gerne und mit wachsendem Erfolg elektronische Systeme und Komponenten in seinen Fahrzeugen einsetzte, während – wie es in der Anzeige weiter hieß – Mercedes „der allgemeinen Elektronik-Begeisterung immer sehr reserviert gegenüber" gestanden habe. Jetzt war es umgekehrt: Nicht BMW, sondern Mercedes stand im Regen, weil „Fehler in der Autoelektronik" für „die Betroffenen sehr ärgerlich" waren. Im Jahr 2004 holte Mercedes die Vergangenheit ein – schmerzlich und gnadenlos.

Dabei hatte das Jahr eigentlich nicht schlecht begonnen: Auf dem Genfer Automobilsalon im März hatte der Mercedes CLS Premiere. Das Auto war ein großer Wurf. Mit ihm gelang es der Marke wieder einmal, ein neues Marktsegment zu begründen, nämlich das der viertürigen Coupés. Das Fahrzeug faszinierte vor allem durch seine Formgebung: Die „schmale Fenstergrafik mit rahmenlosen Seitenscheiben", wie man die seitliche Silhouette des Autos in Werbeprospekten beschrieb, machten das Auto zu einer Design-Ikone. Es strahlte eine Eleganz und Sportlichkeit aus, die Freunde der Marke begeisterten und ihre Gegner neidvoll staunen ließen. Das Auto war ein Statement, ein Imageträger, was auch die beiden strategischen Wettbewerber in München und Ingolstadt, die so etwas nicht zu bieten hatten, in arge Verlegenheit brachte. Erst einige Jahre später reagierten Audi mit dem A7 (2010) und BMW mit dem Gran Coupé (2012) auf den anhaltenden Erfolg, den der CLS in den nächsten Jahren hatte.

Schon bald nach der glänzenden Messepremiere des CLS kehrte der Alltag ein. Als ob man in wenigen Jahren nachholen wollte, was man über Jahrzehnte versäumt hatte, hielt Anfang der 2000er-Jahre die Elektronik in einem immer größeren Umfang Einzug in die Mercedes-Modelle. Mit hohem Tempo wurde versucht, den Wettbewerber aus München nicht nur ein-, sondern auch zu überholen. Fast schien es so, als sei die alte Technikverliebtheit in den Konzern zurückgekehrt. Schon bald zeigte sich nämlich, dass Mercedes nicht alle technischen Risiken, die mit dem Einsatz elektronischer Bauteile und Steuerungen nun einmal verbunden sind, beherrschte. Die Klagen von genervten Kunden über Störungen in der Bordelektronik, Probleme mit den Bremsen und liegengebliebene Fahrzeuge häuften sich nicht nur bei den Mercedes-Autohäusern und -Niederlassungen, sondern sie begannen auch die Leserbrief-Spalten der einschlägigen Fachmagazine zu füllen. Dass man in der aufkommenden Diskussion einige prominente Lieferanten für die Qualitätsprobleme bei Mercedes-Fahrzeugen verantwortlich machte, mochte in der Sache in dem einen oder anderen Fall berechtigt gewesen sein. Ein feiner Zug war es nicht und Schuldzuweisungen an Dritte kommen bei den Medien und in der Öffentlichkeit eigentlich nie gut an, was auch jetzt der Fall war. Mercedes war nicht nur in Erklärungsnot, sondern es musste auch gehandelt werden. Doch einmal mehr wurde versucht, die Probleme auszusitzen und mit allerhand „Service"-Lösungen den nicht mehr wegzudiskutierenden Fehlern und Mängeln Herr zu werden.

Zum Symbol der Qualitätsprobleme wurde die elektronische SBC-Bremse im neuen SL im Jahr 2001. „Als Weltneuheit hält die elektro-hydraulische Hochdruckbremse SBC (Sensotronic Brake Control) Einzug im SL", heißt es in dem reich bebilderten Buch der beiden Auto-Journalisten Wolfgang Peters und Jürgen Zöllter über die „Beschleunigung der Marke Mercedes-Benz". „Das intelligente Bremssystem", erläutern die beiden Journalisten die Funktionsweise der SBC-Bremse, „überträgt Bremsbefehle des Fahrers über elektrische Impulse an einen Computer. Dieser ermittelt für jedes einzelne Rad den optimalen Bremsdruck und leitet den Bremsvorgang wohldosiert ein. SBC sorgt auf diese Weise für eine situationsgerechte Zuteilung von Bremskräften, was sich besonders beim Hineinbremsen in Kurven fahrstabilisierend und den Bremsweg verkürzend auswirkt." Soweit die Theorie. In der Praxis bereitete die gemeinsam mit Bosch entwickelte Bremse schon bald Probleme. Bei den Fahrzeugen, so die offizielle Sprachregelung, könne sich die elektronische SBC-Bremskontrolle aufgrund „unvorhergesehener Signale" abschalten. In der Folge falle die Bremse dann nicht völlig aus, aber das Bremsen erfordere einen höheren Kraftaufwand und der Pedal- und Bremsweg werden länger. Doch mancher Fahrer wurde in der alltäglichen Praxis mit dieser Situation nicht fertig: „Es gab wegen der Bremse", so das lapidare Eingeständnis des Unternehmens, „Unfälle mit geringen Sachschäden."

Seit dem Jahr 2002 wurde die SBC-Bremse auch in die neue E-Klasse, den W211, verbaut, wodurch sich die Verbreitung der „Weltneuheit" natürlich sprunghaft erhöhte und sich gleichzeitig die Gefahr von Unfällen multiplizierte. Dennoch, erst als sich im Jahr 2004 die Probleme nicht mehr wegdiskutieren ließen, sah man sich zur bis dahin größten Rückrufaktion in der Geschichte von Mercedes-Benz genötigt: 680.000 Fahrzeuge der SL- und E-Klasse mussten in die Werkstätten. Und als ob dies nicht genug wäre, kam es schon ein Jahr später zu einer weiteren, noch größeren Rückrufaktion. Jetzt waren sogar 1,3 Millionen Fahrzeuge betroffen. Die SBC-Bremse musste nachbearbeitet werden und dazu kamen noch Probleme mit dem Spannungsregler bei der Lichtmaschine und der Software für die Stromversorgung, die ebenfalls beseitigt werden mussten. „Mega-Rückruf bei Mercedes-Benz" titelte die AUTO BILD und im SPIEGEL ist kurz und knackig von einer „Blamage für Benz" die Rede. Der Imageschaden war – wie einst mit dem Bonanza-Effekt in den 1980er-Jahren, an den sich nun viele auch wieder erinnerten – beträchtlich. Vor allem auch das lange Zuwarten und Verschleppen der notwendigen Rückrufaktion, war für viele ein unverzeihlicher Fehler bei einer Marke, die traditionell wie keine andere für Sicherheit und Zuverlässigkeit stand. Ab dem Jahr 2006 wurde die einst hochgelobte „Weltneuheit" bei der E-Klasse nicht mehr eingebaut.

Der Imageschaden war das eine, der finanzielle Schaden das andere. Nicht allein durch die Qualitätsmängel und deren Beseitigung hatte Mercedes wieder einmal ein massives Kostenproblem. Unter der Führung von Helmut Werner hatte bei Mercedes ein strenges Kostenmanagement Einzug gehalten. Nach seinem Ausscheiden im Januar 1997 und vor allem, nachdem es bei Mercedes wieder sichtbar besser lief, ließ auch die Kostendisziplin nach. Obwohl die Mercedes Car Group im Jahr 2004 kein Auto mehr als im Jahr 2001 produzierte, war die Zahl der Beschäftigten in diesem Zeitraum um 3.600 Mitarbeiter gestiegen. 3.600 Mitarbeiter mehr bedeuten in der Automobilindustrie rund

500 Millionen Euro zusätzliche Kosten. Ein wichtiger Kostentreiber war vor allem die weiter zunehmende Variantenvielfalt. Jede neue Variante, die in den Markt eingeführt wurde, bedeutete zusätzliche Kosten in der Entwicklung, in der Produktion und auch im Vertrieb. Nicht immer standen diesen zusätzlichen Kosten aufgrund der zunehmenden Kannibalisierung zwischen den Modellen und auch dem einen oder anderen Flop zusätzliche Erlöse gegenüber. Auch der Trend zur Performance-Steigerung erforderte seinen Tribut: Die Konstruktionen wurden immer aufwändiger, da der Antriebsstrang und das Fahrwerk auch für jene leistungsmäßigen Grenzbereiche ausgelegt werden mussten, die zwar von den meisten Kunden nicht ausgetestet wurden, in denen aber die Fahrzeugkomponenten und -systeme trotzdem zuverlässig funktionieren mussten. Und schließlich schlugen auch die teuren Ausflüge ins Luxus-Segment, die zwar viele Ressourcen beanspruchten, aber nicht die entsprechenden Erträge brachten, negativ zu Buche. Doch auch hier fehlten energische Gegenmaßnahmen mit der Folge, dass der Ertragsdruck im PKW-Geschäft auch von dieser Seite mächtig zunahm.

Und die zweite Produktoffensive? Von der war bis auf Weiteres nichts zu sehen. Das schon im Januar 2002 auf der Detroit Motor Show als Vision GST präsentierte Konzeptfahrzeug war zwar zur „Vision R“ weiterentwickelt worden und stand, neben einer kompakteren Variante des gleichen Konzeptes, der Vision B, im September 2004 auf dem Pariser Automobilsalon. Aber auf der Straße war bis zum Jahr 2004 keines der beiden Autos angekommen. Viele sahen in den beiden Konzeptfahrzeugen den Versuch von Mercedes, nachdem alle Nischen besetzt waren, die „Nische in der Nische“ zu finden. Die Zweifel, dass die „Premium Sport Tourer“, wie das neue Segment genannt wurde, das große Geschäft werden würden, waren nicht nur außerhalb, sondern auch innerhalb des Unternehmens groß. Schon bald sollte sich zeigen, dass die Vision R, also die spätere R-Klasse, tatsächlich floppte und die Vision B, also die spätere B-Klasse, sich zwar gut verkaufte, aber dafür vor allem die A-Klasse kannibalisierte. Im Grunde war die zweite Produktoffensive zu Ende, noch bevor sie richtig begonnen hatte.

Für Insider nicht überraschend, für die Öffentlichkeit aber wie ein Paukenschlag, war das im Rahmen der üblichen Finanzberichterstattung ausgewiesene Ergebnis des Geschäftsbereichs Mercedes-Benz-PKW im dritten Quartal 2004: Der Gewinn lag bei 302 Millionen Euro und damit um über 60 Prozent unter dem des vergleichbaren Vorjahresquartals. Die Daimler-Welt war wieder einmal in Aufruhr, denn schon bald zeigte sich, dass dies noch nicht der Tiefpunkt war: Im vierten Quartal musste der Geschäftsbereich einen um 97 Prozent niedrigeren Operating Profit gegenüber dem Vorjahr ausweisen und der Gewinn betrug jetzt gerade noch 20 Millionen Euro. Die Wellen schlugen hoch, denn noch immer war das PKW-Geschäft im Grunde die Säule, auf der der gesamte Konzern ruhte. „Der glanzlose Stern“, kommentierte das manager magazin den „unerwartet heftigen Gewinneinbruch“ bei der erfolgsverwöhnten Kernsparte Mercedes, und viele schauten mit Sorge auf das Jahr 2005.

Die Nachfolgefrage und das Kandidatenkarussell

Natürlich wusste man an der Konzernspitze schon sehr viel früher über die negative Ergebnisentwicklung Bescheid. Jürgen Schrempp handelte. Am 18. Februar 2004 wurde in einer Sitzung des Aufsichtsrats Wolfgang Bernhard zum Nachfolger von Jürgen Hubbert berufen. Obwohl sein Vertrag noch bis Mai 2005 lief, sollte er schon am 1. Mai 2004 seinen Posten räumen. Jürgen Hubbert hatte eine starke, lange Jahre unumstrittene Führungsposition bei Daimler. Er galt als der Vater der ersten Produktoffensive. Er feierte großartige Erfolge im Markt. Und last not least: Er glänzte viele Jahre mit Spitzenwerten bei der Profitabilität des von ihm verantworteten Geschäftsbereichs. Ein Freund von Jürgen Schrempp war er deshalb trotzdem nicht. Zu unterschiedlich waren die Charaktere, Werthaltungen und Einstellungen der beiden Manager. Der stets an der Sache orientierte, feinsinnige Hubbert konnte mit dem kumpelhaften und lauten Auftreten seines Vorstandsvorsitzenden nichts anfangen. Von der Fusion mit Chrysler erfuhr auch er, der erste Mann im Automobilgeschäft des Konzerns, erst, als die Sache schon praktisch unter Dach und Fach war. Besonders treffen musste ihn außerdem, dass nicht ihm, sondern seinem Pendant auf der Chrysler-Seite, Tom Stallkamp, im neuen Konzern zunächst einmal die Gesamtverantwortung für das PKW-Geschäft übertragen wurde. War seine vorzeitige Abberufung als Chef der PKW-Sparte von Mercedes die Rache von Schrempp an Hubbert, weil sich dieser gegen eine stärkere Verzahnung von Chrysler und Mercedes gesperrt hatte?

Selbst nach diesem Affront zeigte sich Jürgen Hubbert nach außen weiterhin loyal zum Konzern und dessen Strategie. Auf die Frage, ob Mercedes nicht unter dem Geldabfluss für die Chrysler-Sanierung leide, antwortete er in einem großen, ganzseitigen Interview mit der Frankfurter Allgemeinen Zeitung am 7. März 2004, also wenige Tage nach seiner faktischen Entmachtung: „Ach, wissen Sie, es wird immer so getan, als sei Mercedes in seinen Möglichkeiten begrenzt, weil Chrysler so viel Geld braucht. Dabei wird nie berücksichtigt, dass Chrysler viel Geld in die Fusion eingebracht hat. Unterm Strich ist das noch immer ein positives Ergebnis. Chrysler hat nie zu unseren Lasten gelebt. Mercedes-Benz hat immer das investiert, was notwendig war." Und auf die Frage, wie er seinen Nachfolger Wolfgang Bernhard sehe, antwortete er, anständig wie immer: „Als meinen Wunschkandidaten."

Bernhard, der an der Sanierung von Chrysler mindestens einen genauso großen Anteil hatte wie Zetsche, sollte seine neue Aufgabe am 1. Mai antreten. Es wäre auch so gekommen, hätte Bernhard in der kurzen Phase zwischen seiner Bestellung durch den Aufsichtsrat und seinem Amtsantritt nicht einen entscheidenden Fehler gemacht: Er spielte den Chef, obwohl er noch gar nicht Chef war. Seine Feststellung, dass Mercedes ein „Sanierungsfall" sei, musste Jürgen Hubbert tief verletzen. Dass bei Mercedes „Blut fließen müsse", eine weitere Aussage, die in die Öffentlichkeit drang und nie bestätigt, allerdings auch nie dementiert wurde, brachte verständlicherweise den Betriebsrat gegen ihn auf. Aber das alles wäre wohl noch zu regeln gewesen, hätte Bernhard nicht in den dramatischen Tagen im April 2004, über die noch zu berichten sein wird, auch noch gegen Jürgen Schrempp rebelliert, als es um weitere Finanzhilfen für Mitsubishi ging. Damit hatte er sich praktisch mit allen relevanten Entscheidungsträgern im Unternehmen angelegt: dem Vorstandsvorsitzenden, dem Aufsichtsrat und den Betriebsräten. So kam es zu einer Entscheidung, die man getrost als ein einmaliges Kuriosum in der Geschichte eines Dax-Konzerns bezeichnen darf: Zwei Tage vor seiner Amtsübernahme entschied der gleiche Aufsichtsrat, der ihn am 18. Februar 2004 zum Nachfolger von Jürgen Hubbert berufen hatte, in einer eilig zusammengerufenen Aufsichtsratssitzung in New York, dass er eben dies nicht werden würde. Hubbert – so die Entscheidung des Aufsichtsrates – würde bis auf Weiteres die Mercedes Car Group führen. Die Entscheidung war ein Hammer, der die Corporate Governance, die Führung des Unternehmens durch die dazu berufenen Organe, in ein ganz schlechtes Licht rückte. Der Verfall der einstigen Reputation des Unternehmens ging offensichtlich Hand in Hand mit dem Verfall der Unternehmenskultur. Wolfgang Bernhard verließ das Unternehmen und rückte im Februar 2005 in den Vorstand der Volkswagen AG ein.

Die Blitzentscheidung des Aufsichtsrates war allerdings nur ein kurzer Aufschub. Das Ende der Karriere von Jürgen Hubbert rückte näher – und es sollte ein bitterer Abgang werden. Jürgen Schrempp wollte einen neuen Mercedes-Chef und er fand ihn in seinem Vertrauten und langjährigen Mitstreiter Eckhard Cordes. Am 22. Juli 2004 bestellte der Daimler-Aufsichtsrat Cordes einstimmig zum Leiter der Mercedes Car Group. Sein Nachfolger im Geschäftsbereich Nutzfahrzeuge wurde Smart-Chef Andreas Renschler und dessen Nachfolger bei Smart Ulrich Walker. Das Personalkarussell drehte sich immer schneller, nur Jürgen Schrempp behauptete sich aller gegenteiliger Spekulationen zum Trotz auf seinem Posten.

Eckhard Cordes hatte sich für seine neue Aufgabe offensichtlich viel vorgenommen, denn seine Bestandsaufnahme über den Zustand der Mercedes Car Group war nicht weniger drastisch als die des verhinderten Hubbert-Nachfolgers Wolfgang Bernhard. „Mit Blick auf das Wettbewerbsumfeld“, erklärte er in einem Gespräch mit dem britischen Buch-Autor Leslie Butterfield, „würde ich die heutige Situation als noch kritischer einschätzen als 1992.“ Er vermied zwar den Begriff „Sanierungsfall“, aber 1992 war das Jahr vor der großen Mercedes-Katastrophe. Die Marke Mercedes, „unser wertvollstes Gut“, habe durch die Qualitätsprobleme bereits gelitten. Auch die Frage der „Verwässerung“ der Marke durch die A-Klasse „müsse beantwortet“ werden: Fahrverhalten, Aussehen und Innenausstattung dieses Fahrzeugs seien nicht „Mercedes-like“. Und schließlich müsse die Ausuferung der Modellpalette beendet werden: „Ich habe den Eindruck“, so Cordes, „dass die Menschen in diesem Unternehmen die Orientierung verloren haben. Sie wissen nicht mehr so recht, wofür wir stehen und wie unsere Vision aussieht.“ Mit feinen, aber für jeden, der sich im Unternehmen auskannte, leicht interpretierbaren Nadelstichen demontierte er seinen Vorgänger: Innovationen, erklärte er, müssten wieder mehr an der „Relevanz für den Kunden“ gemessen werden als in der Vergangenheit. „Qualität, Kosten und Effizienz“ sollten wieder stärker in den Fokus rücken und nicht technische Spielereien oder High-Performance-Projekte wie das Engagement bei McLaren, das er denn auch schnell beendete.

Cordes wurde in den Medien als ein zielstrebiger, analytischer und gleichzeitig durchsetzungsstarker Manager für seine klaren Ansagen gelobt. Seine aktive Rolle bei der Übernahme von Chrysler taugte nach den Erfahrungen der letzten Jahre zwar nicht mehr dazu, seine außerordentlichen Fähigkeiten als „Stratege" zu belegen. Dafür konnte er jetzt aber auf die Erfolge verweisen, die er bei der Sanierung der maroden Nutzfahrzeugsparte erzielt hatte. „Der ewig Unterschätzte" titelte die Frankfurter Allgemeine Zeitung am 29. Juli 2004 und lobte seine „enorme Disziplin, ohne verbissen zu wirken." In Anlehnung an die berühmte Figur des Tom Ripley in den Romanen von Patricia Highsmith feierte das manager magazin in seiner Ausgabe vom November 2004 Cordes als den „talentierten Herrn Cordes", der ebenso wie Ripley die außerordentliche Fähigkeit habe, in viele Rollen zu schlüpfen: So habe er sich als „Abwickler", „Unterhändler", „Sanierer" und „Welt-Manager" einen Namen gemacht und werde nicht umsonst von vielen Unternehmen „umworben". Auch das alte Schema vom „richtigen Mann zur richtigen Zeit" tauchte wieder auf. Nach dem technikverliebten Hubbert, „der sich über die Drehmomentkurve eines Motors begeistern" konnte, komme jetzt ein Mann, „der sich mehr für den Return on Capital Employed" interessiere: „Vielleicht", resümieren die Daimler-Experten beim „SPIEGEL", „braucht die Marke gerade jetzt einen an der Spitze, der nicht von der Begeisterung für neue Modelle getrieben wird, sondern Kosten und Gewinn stärker im Blick hat."

Im Unternehmen selbst galt Eckhard Cordes, trotz seiner erfolgreichen Arbeit in der Nutzfahrzeugsparte, bei vielen als ein Fremdkörper, der mit seinem stets korrekten Äußeren an einen McKinsey-Berater erinnerte und auch gerne die belehrende Attitüde eines solchen annahm. Viele hielten ihn für arrogant und rücksichtslos, vielen war er zu glatt und zu Schrempp-hörig. Dazu trug auch bei, dass er schon bald nach seinem Amtsantritt mit dem ebenso erfolgreichen wie selbstbewussten Leiter der Mercedes Benz Vertriebsorganisation Deutschland, Eckhard Panka, in Clinch geriet und ihn mit „Erkenntnissen" über persönliche Vorteilsnahmen und Graumarktgeschäfte aus dem Amt drängte. Mit der Ernennung zum Mercedes-Chef hatte Cordes einen großen Sprung in der Karriereleiter gemacht. Spätestens jetzt galt er intern wie auch extern als der heißeste Kandidat auf die Nachfolge von Jürgen Schrempp.

„Jürgen Hubbert schien alles andere als glücklich zu sein. Als der DaimlerChrysler-Aufsichtsratsvorsitzende Hilmar Kopper ihm für sein Lebenswerk dankte, stand Mr. Mercedes mit verkniffener Miene auf, verbeugte sich knapp vor den Aktionären und setzte sich wieder. Kein Lächeln, nicht einmal die Andeutung war erkennbar." Und der Verfasser fährt fort: „Als unwürdig empfanden es Beobachter, dass Konzernchef Jürgen Schrempp Hubbert in seiner Rede mit keiner Silbe erwähnte." Der Bericht in der Welt über die Verabschiedung von Jürgen Hubbert auf der Hauptversammlung am 6. Juni 2004 trägt die Überschrift: „Bitterer Abschied für Mr. Mercedes". Ja, es war ohne Zweifel ein bitterer, unwürdiger Abschied, aber Stil, Respekt und Dankbarkeit standen in jenen turbulenten Tagen im Jahr 2004 bei DaimlerChrysler nicht eben hoch im Kurs.

Jürgen Hubbert gehörte dem Unternehmen 40 Jahre an, spätestens seit der Übernahme der Leitung des Geschäftsbereichs PKW im Jahr 1998 hatte er maßgeblichen Einfluss auf die Geschäftspolitik des Konzerns. Seine beste Zeit waren zweifellos die Jahre der ersten Produktoffensive, in der er teilweise gemeinsam, teilweise im Widerspruch zu Helmut Werner seine Stärken wirklich ausspielen konnte: sein Gespür für neue Modelle und seine Präzision bei der Umsetzung von Strategien und Projekten. Am Ende verhagelten ihm zwei Dinge den Abschied, von denen man glaubte, dass er sie blind im Griff hätte: Technik und Qualität. Jürgen Hubbert ist am 12. Januar 2021 gestorben. Ola Källenius hat nachgeholt, was Schrempp nicht für notwendig hielt. Auf der virtuellen Hauptversammlung am 31. März 2021 würdigte er Jürgen Hubbert als eine große Führungspersönlichkeit und einen guten Freund: „Er war ‚Mister Mercedes‘ und wird es in unserer Erinnerung immer bleiben.“

Kapitel 11

A very happy man – Das Ende der Ära Schrempp

Der Komödie dritter Teil beginnt mit einer Tragödie: Nach Chrysler kollabierte nun auch noch Mitsubishi. DaimlerChrysler sah immer mehr aus wie der „integrierte Technologiekonzern" Edzard Reuters: zerrupft und zerrissen. Das wunderbare Gebilde, die Welt AG, begann sich aufzulösen. Nach und nach wurde Jürgen Schrempp das Heft des Handelns aus der Hand genommen. Auch der zweite Versuch, den Konzern zu neuer Größe zu führen, war grandios gescheitert. Der Konzern wankte, aber der Vorstandsvorsitzende verließ das Unternehmen als glücklicher Mann. Jeder Komödiant weiß: Der letzte Witz muss sitzen.

Showdown in Ut

Am 28. Juli 2005 erhielt die Presse eine Ad-hoc-Mitteilung, die – gemessen an ihrer Bedeutung – vielen Journalisten als ausgesprochen „dünn" vorkam: „Der Aufsichtsrat der DaimlerChrysler AG", heißt es darin, „hat in seiner heutigen Sitzung die folgenden Beschlüsse gefasst: Prof. Jürgen E. Schrempp, Vorstandsvorsitzender der DaimlerChrysler AG, scheidet zum 31. Dezember 2005 nach über 44 Berufsjahren aus dem Unternehmen aus. Dr. Dieter Zetsche, Leiter des Geschäftsfeldes Chrysler Group, wird zum 1. Januar 2006 für die Dauer von fünf Jahren zum Vorstandsvorsitzenden der DaimlerChrysler AG bestellt." Als „dünn" wurde die Nachricht vom Ende der Ära Schrempp deshalb empfunden, weil sie – wie in solchen Fällen eigentlich üblich – weder einen Dank für geleistete Dienste noch gute Zukunftswünsche für den ausscheidenden Vorstandsvorsitzenden enthielt. War Jürgen Schrempp am Ende doch in Ungnade gefallen?

Der „Rücktritt" von Jürgen Schrempp war nicht der Sache nach, wohl aber mit Blick auf den Zeitpunkt überraschend. Intern wie extern war er schon im April 2004 erwartet worden, einem April, der es in Sachen Entscheidungskapriolen im Hause Daimler in sich hatte. Am 7. April 2004 war Jürgen Schrempps Vertrag als Vorstandsvorsitzender vom Aufsichtsrat bis zum Jahr 2008 verlängert worden. Trotz aller Probleme, die sich im Konzern aufgehäuft hatten, war das allgemein erwartet worden. Einmal mehr übte sich der Aufsichtsrat in Langmut mit einem Vorstandsvorsitzenden, der zwischenzeitlich alles andere als souverän agierte.

Am 19. April 2004, fand eine der routinemäßigen Vorstandssitzungen statt, die zwischenzeitlich wieder in Untertürkheim – in „Ut", wie das Kürzel für den Standort intern hieß – und nicht mehr im „Bullshit Castle" in Möhringen durchgeführt wurde. Die Tagesordnung enthielt an diesem Tag einen brisanten Punkt: Soll DaimlerChrysler dem japanischen Partner Mitsubishi eine weitere Kapitalhilfe gewähren? Ja oder Nein, beides würde weitreichende Konsequenzen haben. Ein Ja bedeutete, nochmals viel Geld in ein Unternehmen zu stecken, das bei seiner Restrukturierung nicht so richtig vorankam und in dem sich immer neue Löcher auftaten. Ein Nein würde heißen, dass Daimler de facto bei Mitsubishi aussteigt und damit die Vision von der Welt AG begräbt. Jürgen Hubbert und Finanzvorstand Manfred Gentz äußerten sich kritisch. Die wirtschaftliche Lage des Konzerns sei schwierig genug und die Aussichten auf eine nachhaltige Besserung der Lage bei Mitsubishi mehr als unsicher. Es wird diskutiert und Jürgen Schrempp, um dessen Kopf es bei der ganzen Diskussion unausgesprochen auch geht, hält sich angesichts der gewichtigen, kritischen Stimmen mit einer klaren Stellungnahme zurück. Eine Entscheidung wird nicht getroffen, sondern auf die gemeinsame Sitzung von Vorstand und Aufsichtsrat am 22. April 2004, verschoben. Dort kommt es zum Eklat: Wolfgang Bernhard prescht vor und erklärt, dass er gegen weitere Hilfen für Mitsubishi sei. Das Argument, dass die Allianz mit Mitsubishi auch für die Zukunft von Chrysler sehr wichtig sei, wischt er vom Tisch: Chrysler sei auf die Zusammenarbeit mit dem japanischen Partner nicht angewiesen. Jürgen Schrempp sei angesichts einer derart dezidiert vorgetragenen Meinung eines seiner Vorstandskollegen „irritiert" gewesen, wie es in einem Bericht des wie immer gut informierten SPIEGELs in seiner Ausgabe Nr. 19/2004 hieß. Der Aufsichtsrat und insbesondere der Aufsichtsratsvorsitzende fühlten sich angesichts der offenkundigen Uneinigkeit im Vorstand damit überfordert, eine Entscheidung zu treffen. Daher wurden die anwesenden Vorstände gebeten, sich zu einer Sitzung zurückzuziehen und sich auf eine gemeinsame Linie zu einigen, über die dann der Aufsichtsrat abstimmen könne. Die Einigkeit kam nicht zustande, aber immerhin eine Abstimmung: Mit acht gegen drei Stimmen lehnte der Vorstand eine weitere Kapitalspritze für Mitsubishi ab. Nur Schrempp und seine beiden treuesten Gefolgsleute, Eckhard Cordes und Rüdiger Grube, stimmten dafür. Der Showdown war nicht mehr aufzuhalten: Schrempp musste das Abstimmungsergebnis im Aufsichtsrat präsentieren und damit im Prinzip seine Niederlage eingestehen. Bedeutete das sein Ende? Nicht in allen, aber sicher in den meisten Großkonzernen hätte ein solches Misstrauensvotum gegen den Chef dessen freiwilligen oder erzwungenen Rücktritt zur Folge gehabt. Doch bei Daimler tickten die Uhren anders. Lag es daran, dass der Aufsichtsrat Schrempp schwerlich zum Rücktritt auffordern konnte, nachdem er dessen Vertrag gerade erst verlängert hatte? Oder lag es einmal mehr an der unverbrüchlichen Männerfreundschaft zwischen dem Aufsichtsratsvorsitzenden und dem Vorstandsvorsitzenden? Jürgen Schrempp blieb Chef, vollzog eine Wende um 180 Grad und machte sich plötzlich zum Fürsprecher eines Ausstiegs bei Mitsubishi. Stattdessen wurde auf einer weiteren Aufsichtsratssitzung am 29. April in New York jene seltsam anmutende Rücknahme der Ernennung von Wolfgang Bernhard zum neuen Mercedes-Chef beschlossen, die – so wurde später immer wieder versichert – überhaupt nichts mit seiner spektakulären Wortmeldung gegen die Mitsubishi-Hilfen in der vorausgegangenen Sitzung des Kontrollgremiums zu tun hatte.

Der Gesichtsverlust für Jürgen Schrempp war enorm und die Ereignisse in Stuttgart schlugen in den Medien wie erwartet hohe Wellen: „Supermanns harte Landung", titelte der STERN, „Chaostage in Bullshit Castle", hieß es im SPIEGEL und „Der Hüne ist angezählt", meinte die Süddeutsche Zeitung. Jürgen Schrempp gab sich in mehreren Interviews im Anschluss an die wilden Tage im April jovial: Er, den man einst als „Rambo" tituliert hatte, präsentierte sich der Presse als weichgespülter Moderator auf dem Stuhl des Vorstandsvorsitzenden und lobte die gute Diskussionskultur im Vorstand: Zwar gestand er in einem Interview mit dem manager magazin im Juni 2004 ein, dass der „Vorgang" in den Details „sicher ungewöhnlich" sei. Aber er sei auch ein „Beispiel guter Corporate Governance". Schrempp blieb im Amt. Die Palastrevolution war zwar nicht niedergeschlagen, aber wenigstens beendet worden. Zum ersten Mal hatten viele Beobachter das Gefühl, dass Jürgen Schrempp tatsächlich an seinem Amt hing und er vielleicht Daimler doch mehr brauchte als Daimler ihn.

Angesichts derartiger Turbulenzen geriet ein Thema in den Hintergrund, das die deutsche Öffentlichkeit über Jahre beschäftigt hatte und das für viele zum Symbol für Unfähigkeit und Schlamperei wurde, allenfalls vergleichbar mit dem Skandal um die Eröffnung des Berliner Flughafens: Toll Collect. Im Jahr 2002 hatte sich DaimlerChrysler gemeinsam mit der Deutschen Telekom und dem französischen Mautbetreiber Cofiroute an der Ausschreibung für den Aufbau und den Betrieb eines satellitengestützten Systems zur Erhebung von Straßenbenutzungsgebühren von LKW auf deutschen Autobahnen beworben. Tatsächlich erhielt das deutsch-französische Konsortium, das als Toll Collect GmbH firmierte, am 20. September 2002 den Zuschlag. Die Erhebung von Straßenbenutzungsgebühren war in Deutschland ein Novum. Vor allem aber wollte die rot-grüne Bundesregierung unter Bundeskanzler Gerhard Schröder aus dem Mauterfassungssystem ein technologisches Vorzeigeprojekt machen: Zum ersten Mal sollten Straßenbenutzungsgebühren nicht über stationäre Mautstellen, sondern satellitengestützt erhoben und abgerechnet werden. Das Projekt war technisch anspruchsvoll – so anspruchsvoll, dass schon bald erste Schwierigkeiten auftraten. Der politische Skandal begann, als Toll Collect die ursprünglich für den 31. August 2003 geplante Einführung verschieben musste und keinen neuen und vor allem verbindlichen Einführungstermin nennen wollte. Für den Bund bedeutete dies einen Einnahmenausfall von 156 Millionen Euro monatlich. Die Oppositionsparteien CDU/CSU und FDP machten die Politik für das vermeintliche Scheitern des Projektes verantwortlich und sprachen von einem „Desaster“ (so der stellvertretende FDP-Fraktionschef Rainer Brüderle) oder von einer „kläglichen Lachnummer“ (Dieter Althaus von der CDU). Umgekehrt schlugen Regierungspolitiker auf die beteiligten Unternehmen ein. Bundeswirtschaftsminister Wolfgang Clement von der SPD zeigte sich überrascht, dass „Weltspitzenunternehmen“ (womit wohl vor allem DaimlerChrysler gemeint war) sich derartige technologische Schwächen erlaubten, und nannte das Ganze eine „unternehmerische Katastrophe“. Die Auseinandersetzungen um Toll Collect bedeuteten für DaimlerChrysler nicht nur einen Image-Schaden. Für das Geschäftsjahr 2003 bezifferte Daimler-Finanzvorstand Manfred Gentz die bilanziellen Belastungen durch Toll Collect auf 250 Millionen Euro, für das Geschäftsjahr 2004 sogar auf 472 Millionen Euro. Wieder einmal hatte man sich bei einem Ausflug auf fremdes Terrain die Finger verbrannt. Endlich, am 1. Januar 2005, nach einer weiteren personellen Rochade, startete das satellitengestützte System, wenn auch noch nicht mit allen Funktionsumfängen, aber immerhin stabil und fehlerfrei. Viel später, am 1. September 2018, nachdem es auch noch Vorwürfe wegen eines möglichen Abrechnungsbetruges gegeben hatte, übernahm der Bund das Unternehmen. Nach einem mehr als 14-jährigen Schiedsgerichtsverfahren mussten Daimler und die Telekom eine Schadensersatzzahlung von 3,2 Milliarden Euro leisten, was den Operating Profit von Daimler im Jahr 2018 nochmals mit 418 Millionen Euro belastete.

Für Entlastung in der Diskussion um die Zukunft des Vorstandsvorsitzenden sorgte die überraschend gute Bilanz, die Schrempp für das Jahr 2004 vorlegen konnte. Fast alle Analysten hatten aufgrund der Qualitätsprobleme im PKW-Geschäft und der Sonderbelastungen aus dem Toll-Collect-Debakel mit einem deutlichen Gewinnrückgang gerechnet. Stattdessen wies der Jahresabschluss für das turbulente Jahr 2004 einen leicht gestiegenen Operating Profit aus, nämlich 5,754 Milliarden gegenüber 5,686 Milliarden Euro im Vorjahr. Ausgerechnet die beiden Sorgenkinder im Konzern, Chrysler und die Nutzfahrzeuge, retteten mit guten Zahlen das Konzernergebnis: Chrysler hatte einen Gewinn von 1,427 Milliarden Euro, der Nutzfahrzeugbereich einen Überschuss von 1,332 Milliarden Euro erzielt. Auch wenn sich der Gewinn bei der Mercedes Car Group auf 1,666 Milliarden Euro halbiert hatte, kamen die Zahlen an der Börse zunächst gut an, da man Schlimmeres erwartet hatte. Am Jahresende notierte die Daimler-Aktie bei 35,26 Euro. Das waren zwar 5 Prozent weniger als am Jahresende 2003, aber fast 9 Prozent mehr als beim Jahrestiefstand der Aktie Ende Oktober.

So deutete Anfang des Jahres 2005 eigentlich nichts auf einen bevorstehenden Führungswechsel hin. Jürgen Schrempp hatte sich mittlerweile wie sein Vorgänger darin geübt, eine schwierige Situation in mildes Licht zu tauchen und baldige Besserung zu versprechen. In einem Interview mit dem Wall Street Journal am 4. März 2005 erklärte er, dass man auf einem guten Wege sei, „einer der erfolgreichsten Autokonzerne zu werden“. Gegenüber der Financial Times Deutschland versicherte er am gleichen Tag, dass man alles im Griff habe und im SPIEGEL-Interview am 4. April 2005 versprach er selbstbewusst: „Wir werden das drehen.“ Auf der Hauptversammlung am 6. April 2005 in Berlin gab es sogar noch einen kleinen Triumph für ihn: Zwar sparten die Vertreter einiger Fondsgesellschaften wie üblich nicht mit Kritik und Rücktrittsforderungen. Am Ende wurde der Vorstand jedoch mit 94,5 Prozent der Stimmen entlastet, nachdem es im Jahr vorher nur 88,5 Prozent gewesen waren. Die Aktionäre gingen mit einer Dividende von 1,50 Euro nach Hause und alles deutete darauf hin, dass Jürgen Schrempp seinen Vertrag pflichtgemäß bis zum Jahr 2008 erfüllen würde. Doch der Schein trog. Gerade als man den Eindruck hatte bekommen können, Schrempp habe die vielleicht schwierigste Phase seiner bisherigen Amtszeit überwunden, trafen auch schon neue Hiobsbotschaften aus den USA ein: Bei Chrysler gingen die Rabatte wieder nach oben und die Verkäufe nach unten. Gleichzeitig waren bei Mercedes zwar technische Lösungen für die Elektronikprobleme gefunden worden, aber für die fälligen Service- und Rückrufaktionen musste mehr Geld bereitgestellt werden, als man erwartet hatte. Die Daimler-Aktie ging wieder auf Tauchstation und Ende April 2005 war der Kurs unter die 30-Euro-Marke gerutscht.

Josef Ackermann, seit dem Jahr 2002 Sprecher der Deutschen Bank, verfolgte das Engagement seines Hauses bei DaimlerChrysler zunehmend kritisch. Er hatte eine klare Strategie: Raus aus allen industriellen Engagements, rein in das hochprofitable Investment Banking. Noch immer war die Deutsche Bank der größte Einzelaktionär bei Daimler, aber bei dem aktuell niedrigen Aktienkurs zu verkaufen, war nicht sinnvoll. Andererseits bestand wenig Hoffnung, dass unter einem Vorstandsvorsitzenden Jürgen Schrempp der Kurs der Daimler-Aktie nachhaltig steigen würde. Zu oft hatten sich die optimistischen Prognosen von Schrempp nicht erfüllt, zu oft hatte er in den vergangenen Jahren seine Versprechen nicht einhalten können. Ackermann, der kühle „Banker“, der charmant parlieren und süffisant spotten konnte, und der lebenslustige Haudegen aus Freiburg waren zutiefst wesensfremd. Daraus konnte sich keine „Männerfreundschaft" entwickeln. Schrempp war an der Börse für Analysten und Anleger unglaubwürdig, ja geradezu zu einer „Unperson" geworden. Eine „Investment-Story" konnte man mit ihm als Protagonisten jedenfalls nicht mehr verkaufen. So entschied sich das Schicksal von Schrempp, wie schon das seines Vorgängers, nicht in Stuttgart, sondern in Frankfurt: Jürgen Schrempp musste weg, weil es mit ihm für die Deutsche Bank keinen profitablen Ausstieg aus dem Daimler-Engagement gab. Hilmar Kopper wurde unter Druck gesetzt, mit seinem Duzfreund über einen freiwilligen Rücktritt zu sprechen. Einige meinten zu wissen, dass der Druck direkt von Ackermann kam, dem das endlose Hin und Her in Stuttgart auf die Nerven ging. Jetzt konnte auch Hilmar Kopper, der ja schon seit dem Jahr 1997 nicht mehr dem Vorstand der Deutschen Bank angehörte, keinen Schutz mehr bieten. Die Zeit war reif für einen Führungswechsel im Hause Daimler.

Wie entschlossen das Bankinstitut das Ziel verfolgte, seine DaimlerChrysler-Aktien zum bestmöglichen Preis loszuschlagen, zeigte sich dann am Tag des offiziellen Rücktritts von Schrempp. Die Bekanntgabe seines Ausscheidens löste, wie nicht anders zu erwarten und von der Deutschen Bank auch durchaus so geplant, einen Höhenflug der DaimlerChrysler-Aktie aus. Das war bitter für einen Vorstandsvorsitzenden, der angetreten war, den Shareholder-Value zu steigern, aber gut für das Frankfurter Institut. Die Aktie stieg am 28. Juli 2005 um 10 Prozent auf über 40 Euro und die Deutsche Bank nutzte diesen Anstieg sofort, um ein Paket von 35 Millionen DaimlerChrysler-Aktien bei institutionellen Anlegern zu platzieren, was den Frankfurter Bankern einen Erlös von 1,4 Milliarden Euro und einen Vorsteuergewinn von 300 Millionen Euro bescherte. Immerhin konnten sich über den Anstieg auch die geplagten Kleinaktionäre freuen – soweit sie ihre Aktien nicht schon vorher verkauft hatten.

Die Entscheidung für Dieter Zetsche als Nachfolger von Schrempp führte noch einmal zu personellen Turbulenzen. Eckhard Cordes hatte sich durchaus berechtigte Hoffnungen gemacht, nach dem Ausscheiden von Schrempp zum Zuge zu kommen, und angeblich hatte es sogar entsprechende Zusagen seines Ziehvaters gegeben, was dieser aber nie bestätigt hat. Cordes hatte im Nutzfahrzeugbereich einiges bewegt, das chronisch defizitäre Geschäftsfeld in die schwarzen Zahlen geführt. Dann hatte man ihn, wenn auch erst im zweiten Anlauf, zum Nachfolger von Jürgen Hubbert als Leiter des nach wie vor wichtigsten Geschäftsbereichs im Konzern, der Mercedes-Benz-PKW gemacht. Seine Ambitionen waren daher nur allzu verständlich. Doch die Nähe zu Schrempp wurde ihm jetzt zum Verhängnis. Der Aufsichtsrat wollte nur allzu offensichtlich einen harten Schnitt. Als die Entscheidung anders ausging, als er das erwartet hatte, fühlte er sich hintergangen, woraus er auch öffentlich keinen Hehl machte. Seinem Wunsch nach Vertragsauflösung wurde mit den in diesen Fällen üblichen Worten des Bedauerns entsprochen. Nach Wolfgang Bernhard verließ ein weiterer, wenn auch in großen Teilen des Unternehmens ungeliebter Spitzenmanager den Konzern.

Zehn Jahre lang hatte Jürgen Schrempp Daimler geführt. Genauso lange wie sein Vorgänger. Und genau wie sein Vorgänger hatte er grandios begonnen und war dann ebenso grandios gescheitert. Ganz offensichtlich war Daimler in den zwanzig Jahren zwischen 1985 und 2005 anfällig für Visionäre und Visionen. Edzard Reuter hatte gern und viel über sich selbst gesprochen, über sein Selbstverständnis als politischer Bürger und als Manager, über seine Stärken und gelegentlich auch über seine Schwächen. Angesichts seines Verständnisses für komplexe wirtschaftliche Zusammenhänge, seines wachen Sinns für gesellschaftliche und politische Entwicklungen sowie seiner brillanten rhetorischen Fähigkeiten ist es irgendwie nachvollziehbar, dass er es an die Spitze von Daimler-Benz geschafft hatte. Warum dies auch Jürgen Schrempp gelungen war, bleibt, so viel man heute über ihn weiß, im Grunde ein Rätsel.

Überlebensgroß: Jürgen Schrempp

Im Herbst des Jahres 2003, wenige Monate vor der Palastrevolution in Untertürkheim, erhielt Jürgen Schrempp zwei Auszeichnungen. Die erste stammte vom baden-württembergischen Ministerpräsidenten Erwin Teufel. Schrempp wurde wegen seiner Verdienste um den Wirtschaftsstandort Baden-Württemberg mit dem Ehrentitel eines „Professors" ausgezeichnet, eine Auszeichnung, die als letzter Daimler-Manager Joachim Zahn in den 1970er-Jahren erhalten hatte. Die zweite Auszeichnung erhielt Schrempp vom amerikanischen Wirtschaftsmagazin Businessweek: Sie wählte ihn zum „schlechtesten Manager des Jahres 2003", weil er keines seiner hochfliegenden Ziele erreicht habe. Wohl kein Manager seiner Generation ist so oft zitiert, interviewt und porträtiert worden wie Jürgen Schrempp. Selbst eine Biographie zwischen zwei Buchdeckeln wurde über ihn verfasst.

Trotz oder vielleicht gerade wegen seiner medialen Überpräsenz gibt es eigentlich nur zwei Bilder von Jürgen Schrempp: Das eine Bild zeigt einen durchsetzungsstarken, gewieften und mit allen Wassern gewaschenen Manager, der überdies noch ein unprätentiöser, vor Humor und Energie sprühender Zeitgenosse war. Auf dem anderen Bild ist er ein großmäuliger Versager, ein skrupelloser Verfechter des Shareholder-Value und gleichzeitig der „größte Kapitalvernichter aller Zeiten". Held oder Versager? Jürgen Schrempp soll einmal gesagt haben, es gäbe für ihn kein Grau, sondern nur Schwarz oder Weiß. Offensichtlich hielten sich auch seine journalistischen Begleiter an diese Maxime.

Aber wer war er dann? Unter allen Porträts kommt ihm vielleicht das von Jürgen Leinemann unter dem Titel „Wer bin denn schon ich?" im Jahr 1996 im SPIEGEL veröffentlichte am nächsten. Es kommt ihm nahe, weil es auf die unzählige Male wiederholten Stereotypen wie „Rambo", „Steilwand-Schrempp" und „Maximo Lider" verzichtet oder zumindest auf Distanz geht. „Zur Persönlichkeit hat sich nichts an dem Manne gerundet", schreibt Leinemann und er bezieht sich auf die Posen, die Schrempp einzunehmen versteht: der kühle

Analytiker, der Trends und Herausforderungen richtig zu deuten versteht, der tatkräftige Manager, der die Welt aus den Angeln hebt, der souveräne Unternehmensführer, der innerlich so unabhängig ist, dass er sogar mit den eigenen Fehlern kokettieren kann, und schließlich der sympathische „Junge aus Freiburg", den man „anpacken kann" und der „immer sagt, was er denkt". Umgeben von einem Team professioneller PR-Berater ist – vor allem in seinen Anfangsjahren als Vorstandsvorsitzender – sein Hang zur Selbststilisierung nicht zu übersehen. Die dicke Zigarre und die eckige Brille gehören da genauso zu ihm wie die weit ausladenden Gesten und seine verbale Aggressivität. Es schien ihm Spaß zu machen, Anekdoten, Sprüche und Selbsteinschätzungen zu verbreiten oder verbreiten zu lassen, als ob darin irgendetwas zu finden sei, was ihn als Spitzenmanager qualifizieren würde.

Hinter diesen Bildern entdeckt Leinemann einen anderen Schrempp, einen unsicheren Mann, der vor einem Publikum „intellektuell seltsam hilflos" wirkt, wenn er für seine in Stein gemeißelten Sätze nicht das Kopfnicken bekommt, das er an dieser Stelle erwartet hat, oder wenn jemand seine großräumigen Gesten, seine zum Waschbrett gefaltete Stirn, sein zur Schau gestelltes Selbstbewusstsein durchschaut und ihm das mit einem mitleidigen Lächeln gezeigt hat. „Gierig", heißt es am Schluss von Leinemanns Porträt, „saugt er sich Ruhe aus der Zigarette. In solchen Augenblicken ist Jürgen Schrempp ein unvergesslicher Industrie-Schauspieler." Tatsächlich haftete den öffentlichen Auftritten von Jürgen Schrempp immer etwas Schauspielerhaftes an. An jenem legendären Abend vor der Bilanzpressekonferenz im Jahr 1996, als der unheilvolle Satz fiel, dass Daimler-Benz ihn mehr brauche als er Daimler-Benz, spielte er tatsächlich den Schauspieler: Er nahm seinen Konkurrenten Helmut Werner in den Arm, himmelte ihn mit den Worten an: „Du siehst verdammt gut aus", und sprach dann, wie auf einer Laienbühne, scherzhaft zur Seite (aber so, dass es natürlich alle hören konnten): „Alles gestellt." Auch wer ihm in seinen guten Jahren auf Veranstaltungen oder Meetings begegnete, hatte oft den Eindruck, dass die Ernsthaftigkeit seiner Reden und Gebärden nur der jeweiligen Situation geschuldet war, dass er sich beherrschen musste, um nicht laut hinauszuprusten und den Anwesenden zu sagen, dass sie lächerlich seien, er das alles nicht ernst nehme und das wirkliche Leben doch wo ganz anders stattfinde.

Der Führungsstil von Jürgen Schrempp beruhte auf seiner persönlichen Ausstrahlung, auf seinem Charisma, dessen Wirkung aber zwangsläufig auf sein engstes Umfeld begrenzt war. Das funktionierte in Südafrika, in einer kleinen Tochtergesellschaft, hervorragend. Es funktionierte auch noch in seiner Vertriebsverantwortung im Geschäftsbereich Nutzfahrzeuge, wo er eine kleine, verschworene Truppe zu führen hatte. Es funktionierte schon weniger bei der DASA, einem Moloch aus gefühlt unendlich vielen verschiedenen Geschäftsfeldern und Produkten. Und es funktionierte gar nicht mehr, als er Daimler mit der Übernahme von Chrysler und der Allianz mit Mitsubishi zur Welt AG machen wollte. Schrempp war natürlich kein Dummer. Sonst wäre er nicht so weit gekommen. Er wusste, wie man Menschen um sich scharen und sie hinter sich bringen konnte. Er war ein Kommunikationstalent und er spielte auf dem gesamten Klavier emotionaler Motivationstechniken. Aber je länger seine Amtszeit dauerte, desto offensichtlicher wurde, dass er sich in der komplexen, anonymen und kalten Welt des Topmanagements verlor. Er hatte nicht die Qualität, um ein Unternehmen wie Daimler erfolgreich zu führen. Was ihm fehlte, waren nicht so sehr analytisch-konzeptionelle Fähigkeiten, also eine bestimmte „theoretische Intelligenz", die man anderen Unternehmensführern damals so gerne nachgesagt hat und die man bis zum Scheitern von Edzard Reuter für eine wichtige Eigenschaft eines erfolgreichen Managers in einer zunehmend komplexeren Welt hielt. Was ihm fehlte, war eher das, was man als „praktische Intelligenz" bezeichnen kann: die Fähigkeit, zielgerichtet und gleichzeitig spontan in das, was in einem Unternehmen passiert, einzugreifen. Es gibt Fußballtrainer, die können ganz hervorragend einen „Matchplan" entwickeln und ihn ihren Spielern vortragen. Wenn dann aber im Spiel unvorhergesehene Ereignisse eintreten – man bekommt ein frühes Gegentor oder der Gegner tritt mit einer anderen Taktik an als gedacht –, dann versagen sie, weil sie nicht in der Lage sind, ein „Spiel zu lesen". Sie stehen am Spielfeldrand mit verschränkten Armen und sehen zu, wie der wunderschöne „Matchplan" und mit ihm die Mannschaft auf dem Platz untergehen. Jürgen Schrempp hatte für die Fusion mit Chrysler einen „Matchplan", ob er von ihm stammte oder von seinen Beratern, sei dahingestellt. Als er spürte, dass sein „Matchplan" nicht aufgehen würde, als Chrysler immer mehr ins Wanken geriet, war er nicht fähig, aktiv ins Geschehen einzugreifen, jene Stellhebel zu identifizieren, die umgelegt werden mussten, um das Unternehmen wieder auf Kurs zu bringen. Er stand am Spielfeldrand mit verschränkten Armen, machte die Rettung von Chrysler nicht zur Chefsache, sondern schickte mit Dieter Zetsche und Wolfgang Bernhard zwei junge und ehrgeizige Manager in die USA, um zu retten, was noch zu retten war. Im Grunde war schon dies seine Abdankung als Vorstandsvorsitzender und es mutet noch immer wie ein Wunder an, dass er sich bis zum Mai 2005 auf seinem Posten halten konnte.

Immer wieder versuchte er, Probleme auf einer persönlichen Ebene zu lösen. Symptomatisch dafür waren die Verhandlungen mit Chrysler. Während die Amerikaner die Besprechungen stets korrekt und distanziert in ihren Büroräumen in Auburn Hills abhielten, suchte Schrempp den ungezwungenen Kontakt, weil er glaubte, den Integrationsprozess damit beschleunigen zu können. So fand eines der Post-Merger-Gespräche auf Einladung des Vorstandsvorsitzenden im Bierhaus West, einem damals bei Daimler-Managern beliebten schwäbisch-gemütlichen Restaurant in Stuttgart, ein Ende, was bei den amerikanischen Gästen eher Befremden als Begeisterung auslöste. Die Amerikaner hielten lieber Distanz, waren es gewohnt, Berufs- und Privatleben streng zu trennen, weshalb sie auch die Beziehung zwischen Schrempp und seiner Frau nicht so richtig verstanden. Schrempp war in seiner Amtsführung extrem von seinem emotionalen Umfeld abhängig. Er musste sich persönlich wohlfühlen, Menschen um sich haben, die ihn bewunderten, ihm sympathisch waren und denen er vertrauen konnte, daher kam seine Neigung, den Konzern mit einem „Küchenkabinett" zu regieren, dem nur ein sehr kleiner Personenkreis, darunter auch seine Büroleiterin und Frau, angehörte. „Wer nicht zu den Partys der Schrempps eingeladen wird, hat keine Chance, in diesem Unternehmen Karriere zu machen“, sagte einmal ein führender Mercedes-Manager, der aus dem inneren Kreis des Schremppschen Universums herausgefallen war. Der Wunsch nach persönlicher Nähe schloss allerdings nicht aus, dass Schrempp ebenfalls auf eine sehr persönliche Art andere Menschen beschimpfen oder demütigen konnte: „Der kann einem lächelnd die größten Gemeinheiten ins Gesicht sagen“, meinte einmal sein langjähriger Vorstandskollege und Freund, Klaus Mangold.

Dass die Welt AG scheitern und Chrysler noch viel Geld kosten würde, war schon bei Schrempps Abgang absehbar. Weit bedeutsamer als die finanziellen Belastungen war jedoch die Beschädigung der Unternehmenskultur. „Wenn Jürgen Schrempp Vorstandsvorsitzender wird“, prophezeite einer seiner hausinternen Gegner schon vor seiner Ernennung, „dann hat dieses Unternehmen in fünf Jahren keine Kultur mehr.“ Der Stil und das Auftreten von Schrempp in der Öffentlichkeit, seine tolldreisten Eskapaden und flotten Sprüche, seine proletenhaften Rüpeleien und verbalen Entgleisungen, aber auch seine großspurigen Ankündigungen und seine später zur Schau getragene Überheblichkeit machten das Unternehmen zunehmend zum Gespött in der „Peerschaft“, was auch mancher Mitarbeiter ganz direkt und ganz persönlich zu spüren bekam. Was, so fragten viele auch durchaus wohlmeinende Begleiter des Unternehmens, ist aus Daimler geworden? Wie weit war das weg vom öffentlichen Auftreten eines Joachim Zahns oder auch eines Edzard Reuters? Intern sorgte das „Küchenkabinett“ bei vielen Managern auf den oberen Führungsebenen für Frustration und Resignation. Kompetenz und Engagement waren, so empfanden das viele Leistungsträger, nicht mehr gefragt, sondern Opportunismus und Anbiederung. Solange Schrempp erfolgreich war, wurde das hingenommen, als er das nicht mehr war, wuchs die interne Opposition und die Bereitschaft, Anweisungen von oben einfach auch nicht mehr zu befolgen.

Die mit dem Chrysler-Deal eingeleitete „Amerikanisierung“ hat zweifellos viel Gutes im Unternehmen bewirkt. Es hat Daimler weltoffener, multikultureller und auch schneller gemacht. Der Umgang der Manager untereinander wurde härter und sicher auch ein Stück weit professioneller. Die schwäbische Verbindlichkeit, die manchmal auch dazu führte, dass Fehler unter den Teppich gekehrt wurden, musste einem Führungsstil weichen, in dem ein kennzahlenorientiertes Reporting und kurz getaktete Maßnahmenkataloge in den Vordergrund gerückt wurden. Auch wenn das Shareholder-Value-Gehabe manchmal etwas aufgesetzt wirkte, so trug es doch dazu bei, das Unternehmen transparenter und zielorientierter zu machen. Die Kehrseite dieser „Amerikanisierung“ war, dass sich die innere Spaltung des Unternehmens noch vertiefte. Zum Auslöser vieler Konflikte wurde die Festlegung von Englisch als Unternehmenssprache, die dazu führte, das Karrierechancen nicht mehr allein von der Fach-, sondern auch von der Sprachkompetenz eines Mitarbeiters abhingen. Schon bald ging die alte Manager-Garde in den Abwehr-Modus und vor allem die Mercedes-Truppe sammelte sich um Jürgen Hubbert, der vielen als Garant gegen die befürchteten Ein- und Übergriffe von Schrempps Gefolgsleuten galt.

Wie aufwühlend und verändernd diese Jahre waren, zeigt auch die Diskussion um die angemessene Höhe der Managergehälter, als deren Urheber Schrempp gelten darf. Dass man bei Daimler nicht schlecht verdiente, war weithin bekannt. Doch die Chrysler-Manager verdienten, vor allem durch ihre Stock Options, ungleich mehr als ihre Stuttgarter Kollegen. So wurde der Chrysler-Deal auch zum Vehikel, um die Gehälter der deutschen Vorstände und oberen Führungskräfte deutlich anzuheben. Das sorgte zwar in den Führungsetagen für Unterstützung von Schrempp, führte aber zu zunehmendem Unmut bei den Mitarbeitern, vor allem von dem Zeitpunkt an, als die Geschäfte nicht mehr so gut liefen und über die Senkung der Personalkosten diskutiert wurde. Bald galten auch die Daimler-Manager als „Fat Cats", die – so der Protest nicht nur von Betriebsräten, sondern auch von Kleinaktionären – horrende Gehälter einstrichen und auf der ganzen Linie versagten. Geld und Karriere verdrängten Stolz und Loyalität im Unternehmen.

Viele Weggefährten, aber auch Außenstehende haben, nachdem sich das Desaster zuerst bei Chrysler, dann bei Mitsubishi abzeichnete, bei Jürgen Schrempp eine zunehmende Arroganz und Zurückgezogenheit festgestellt. Klaus Mangold erklärte das damit, dass Schrempp misstrauischer geworden sei, da er sich oft missverstanden gefühlt habe. War das der einzige Grund? Hatte Schrempp nicht einfach auch ein wenig resigniert? Haderte er mit dem Schicksal, der fehlenden „Fortune", die ja auch dazugehört, wenn ein Projekt wie das der Welt AG hätte erfolgreich sein sollen? Er spulte sein Programm ab, gab brav Interviews, in denen er seine Strategie verteidigte und Besserung versprach. Er wurde zunehmend dünnhäutig und auch zum Spötter – jetzt nicht mehr seiner selbst, wie er es noch in seinen erfolgreichen Jahren war, sondern zum Spötter gegenüber anderen. Seine Autorität war mächtig angekratzt. Wie sehr er sich verändert hatte, zeigte seine Reaktion auf seine katastrophale Abstimmungsniederlage im Vorstand und im Aufsichtsrat in Sachen Mitsubishi. Der „junge" Schrempp hätte sich nach dieser Pleite in Pose geworfen und erklärt: „Ich halte das für Fehlentscheidungen und ich stelle mein Amt zur Verfügung. Aber ich bin der Einzige, der diese Entscheidungen umsetzen kann und ich verspreche allen: Ich werde aus diesen Fehlentscheidungen einen Erfolg machen." Der „alte" Schrempp bemühte sich demgegenüber in zahllosen Interviews, die Sache zu einem Vorzeige-Beispiel für gelebte „Demokratie" in einem Unternehmen zu machen. Im manager magazin vom Juni 2004 darauf angesprochen und direkt gefragt, ob er überhaupt noch Rückhalt im Topmanagement habe, antwortete er: „Ja, selbstverständlich. Es gab übrigens keine Abstimmung. Ich habe nur an jeden Kollegen die Frage gerichtet, zu welcher Option er tendiert. Immerhin haben wir bewiesen, dass das, was immer kolportiert wird – Schrempp diktiere den Vorstand, es gelte nur die Meinung Schrempps –, eine Mär ist." Das wäre für den „jungen" Schrempp, der einst damit geprahlt hatte, Milliarden versenkt zu haben und dennoch im Amt zu bleiben, eine jämmerliche Antwort gewesen. Spätestens mit diesem Interview hatte der „alte" Schrempp den „jungen" Schrempp begraben.

Es gehört zur persönlichen Tragik von Jürgen Schrempp, dass er nicht an irgendwelchen widrigen, unberechenbaren äußeren Umständen oder an einem perfide agierenden, internen Konkurrenten gescheitert ist, sondern an sich selbst: An den Versprechungen, die er auf dem Höhepunkt seiner Karriere bei der Fusion mit Chrysler im Jahr 1998 gemacht hatte und die er nicht einhalten konnte. Und er war an seiner Unfähigkeit gescheitert, den Karren aus dem Dreck zu ziehen, als wirklich Not am Mann war. Jürgen Schrempp wollte der sympathische „Junge aus Freiburg" sein, der zum Chef des größten deutschen Unternehmens aufgestiegen war und schließlich als Übermanager die Weltautomobilindustrie umkrempeln wollte. Vielleicht ist hinter dieser Rolle der Mensch verschwunden und Jürgen Schrempp hat sich mit dem verwechselt, was er selbst und was andere aus ihm gemacht haben. Vielleicht hätte Hilmar Kopper dafür sorgen können, dass sein Vorstandsvorsitzender nicht die Bodenhaftung verliert, aber der „68-jährige Kopper kontrolliert Schrempp nicht – er bewundert ihn", schrieb die Süddeutsche Zeitung in den wilden April-Tagen des Jahres 2004. Ob man ein ganzer Kerl ist oder ein blutleerer Technokrat: Am Ende zählt nur der Erfolg.

Als das Aus gekommen war, hat sich Jürgen Schrempp noch einmal aufgerafft und ist zu alter Form aufgelaufen. Er übte Rache an den Medien, die ihn nach seiner Auffassung erst auf den Thron gehoben und dann wieder heruntergestoßen hatten. Seine Rache war nicht intellektuell verbrämt wie die seines Vorgängers. In seiner letzten Medienkonferenz, direkt nachdem der Führungswechsel bekanntgegeben worden war, bezeichnete er seinen Rückzug als „Masterpiece" und das „Timing" als exzellent. Und dann rief er allen, die glaubten, er würde verärgert und verbittert abtreten, noch sein berühmt gewordenes „I am a very happy man" zu. Das war nun in der Tat noch einmal großes Kino. Seinen Sinn für Theatralik hatte er nicht verloren. Noch heute kann – wer will – auf der Website von „Prof. Dr. Jürgen E. Schrempp" nachlesen, dass er „a keen sense of humor" besitze.

Warum ist der Merger gescheitert?

Schrempp war weg, Chrysler aber noch immer da. Die Perspektiven für die amerikanische Tochter hatten sich im Jahr 2004 aufgehellt, um sich dann im Laufe des Jahres 2005 wieder zu verfinstern und sich im Jahr 2006 dann völlig einzutrüben. Aus einem Gewinn im Jahr 2005 wurde im Jahr 2006 ein Verlust: Binnen eines Jahres hatte sich das Ergebnis bei Chrysler um über 2,5 Milliarden Euro verschlechtert. Spätestens jetzt musste eigentlich jeder einsehen, dass Chrysler nicht stabil und nachhaltig auf Wachstumskurs zu bringen war. Obwohl die Trennung von Chrysler formal erst im Jahr 2007 vollzogen wurde, begann mit dem Ausscheiden von Jürgen Schrempp das erwartete Sterben auf Raten. Schon bald nach seinem Amtsantritt stellte Dieter Zetsche, der Chrysler wie kein anderer im Konzern kannte, die Weichen organisatorisch und personell so, dass die Trennung von Chrysler nur davon abhing, einen möglichst günstigen Zeitpunkt und einen einigermaßen zahlungswilligen „Käufer" zu finden. Um die Preise nicht zu verderben, mied man natürlich das Wort „Trennung“. Aber wer sehen konnte und sehen wollte, sah, dass DaimlerChysler keine Zukunft hatte und das Streben nach neuer Größe durch eine globale Allianz mit dem nordamerikanischen Konzern gescheitert war.

In einer kaum noch überschaubaren Zahl von Analysen und Kommentaren, wissenschaftlichen und weniger wissenschaftlichen Arbeiten wurde die Frage erörtert, wie es zum Scheitern eines Projektes kommen konnte, das anfänglich nicht nur wirtschaftliche Laien, sondern auch herausragende Experten und Berater, Journalisten und Analysten, Manager und Politiker aller Couleur begeistert hatte. Schnell war eine ebenso oberflächliche wie unangreifbare Begründung für das Scheitern der „Hochzeit im Himmel“ gefunden: Die Kultur der beiden Unternehmen, hieß es landauf, landab, habe nicht zusammengepasst. Eine solche Erklärung ist beim Scheitern von Unternehmensfusionen nie falsch und sie ist es auch in diesem Fall nicht. Chrysler kam, nicht nur geographisch, aus einer anderen Welt als Daimler. Chrysler war durch und durch ein amerikanisches Unternehmen, Daimler durch und durch deutsch. Chrysler war Massenmarkt, Daimler Premium. Bei Chrysler wurde von Quartal-zu-Quartal gedacht, bei Daimler in langen Zeiträumen. Waren das die Barrieren für eine schnelle Integration und die Hebung von Synergieeffekten?

Von Goethe gibt es den wunderbaren Spruch, dass, wer das erste Knopfloch verfehle, mit dem Zuknöpfen nicht zu Rande komme. Die Probleme der DaimlerChrysler-Allianz waren nicht nur Kultur- und Integrationsprobleme. Die kamen erst, als man schon zusammen war. Tatsächlich war das Scheitern des Projektes schon bei seiner Anbahnung absehbar. Wäre man systematisch vorgegangen, so wie es in Lehrbüchern steht, hätte man das ganze Vorhaben nach einer in solchen Fällen üblichen „Due Diligence“, also einer „sorgfältigen Prüfung“, eindampfen müssen. Die DaimlerChrysler-Fusion war von persönlichen Motiven getragen, die zu zwei gravierenden Fehleinschätzungen, man könnte auch sagen Täuschungen, führten. Die erste Fehleinschätzung lag darin, dass man Chrysler für ein hochprofitables Unternehmen hielt und das Chrysler-Management auch alles tat, um diese Illusion aufrechtzuerhalten, die zweite, dass sich alle Beteiligten immer wieder versicherten, man mache einen Merger of Equals, obwohl keine der beiden Verhandlungsparteien das wirklich wollte.

Chrysler war kein hochprofitables, auf jeden Fall kein nachhaltig hochprofitables Unternehmen. Gewiss, die Chrysler Group hat in der zweiten Hälfte der 1980er-Jahre hohe Gewinne gemacht. Aber im Grunde war das Unternehmen damals, wie der Wirtschaftsjournalist Thomas Ramge das einmal ebenso plastisch wie drastisch bezeichnet hat, „ein frisch lackiertes Wrack“. Leonhard Knoll, zum Zeitpunkt der Fusion Vorstand beim Verein zur Förderung der Aktionärsdemokratie, erklärt im Rückblick ebenso unverblümt, dass Chrysler für ihn im Jahr 1998 „ein innerlich marodes Unternehmen“ war, „das die aktuelle Bilanz auf Kosten der eigenen Zukunft aufgehübscht hat“. Ein paar Jahre später, so Knoll weiter, hätte man Chrysler für „einen symbolischen Dollar kaufen können“.

Chryslers Produktstrategie und Geschäftsmodell ist an anderer Stelle erläutert worden. Alles in diesem Unternehmen war auf schnelle, spektakuläre Markterfolge ausgerichtet. Das Design und die Auslegung der Fahrzeuge waren stark, die technische und qualitative Substanz schwach. Es wäre nicht schwer gewesen, das festzustellen. Jürgen Schrempp hätte dazu lediglich den Auftrag geben müssen, zwei oder drei Chrysler-Modelle aus der laufenden Produktion zu kaufen und die Fahrzeuge im Entwicklungsbereich in Untertürkheim zu zerlegen. Das war und ist in der Automobilindustrie kein ungewöhnlicher Vorgang, um Wettbewerber bewerten zu können. Hätte man das gemacht, wäre man schnell sehr viel schlauer gewesen, warum Chrysler in den 1990er-Jahren so hohe Gewinne machte. Doch im Verhandlungsteam, das Jürgen Schrempp für die Gespräche mit Chrysler zusammengestellt hatte, gab es keinen Automobil-Ingenieur. Es wurde auch keiner herangezogen, stattdessen ließ man sich von ganzen Heerscharen von Wirtschaftsprüfern, Juristen und Investmentbankern beraten, wie man die Verträge ausgestalten sollte, um mit Chrysler zu einem Merger of Equals zu kommen. Der Vertragsgegenstand selber, die Chrysler Corporation, blieb erstaunlicherweise ungeprüft außen vor. War es Gutgläubigkeit, war es Dilettantismus oder einfach nur Leichtfertigkeit? Fahrlässig war es auf jeden Fall.

So war es nicht überraschend, dass das aufgebauschte Gebäude beim ersten Windstoß zusammenbrach. Als sich die Automobilkonjunktur in den USA abkühlte, der Wettbewerb intensiver wurde, blätterte der Lack am „frisch lackierten Wrack“ ab und die Durstrecke begann. Kurzfristig konnten daran auch Dieter Zetsche und Wolfgang Bernhard nichts ändern und so blieb Chrysler im Grunde bis zum bitteren Ende der „Hochzeit im Himmel“ ein Sanierungsfall. Die deutschen Chrysler-Manager taten was sie konnten, aber wenn Chrysler aufgeholt hatte, waren die Japaner schon wieder einen Schritt voraus. Das Rennen war nicht zu gewinnen.

Die zweite Fehleinschätzung am Beginn der Gespräche zwischen den beiden Unternehmen war eine Täuschung auf Gegenseitigkeit. Dass Jürgen Schrempp keinen Mergers of Equals wollte, war schon vor der Fusion klar. Um das zu wissen, hätte es nicht des teuren Geständnisses bedurft, das er später im Interview mit der Financial Times ablegte. Der Zusammenschluss unter Gleichen sollte ein Angebot für die stolzen Chrysler-Manager sein und ja, natürlich hatte diese Konstruktion auch gesellschafts- und steuerrechtliche Vorteile. Im Grunde war das Geschwafel von den gleichberechtigten Partnern von Anfang an eine Tarnung für eine Übernahme. Während die wirklichen Absichten von Jürgen Schrempp schnell klar waren, hielt sich noch lange die Meinung, dass die Chrysler-Manager tatsächlich einen solchen Merger of Equals gewollt hätten und dass es Jürgen Schrempp in seiner gewohnt genialen Art gelungen sei, aus ihnen innerhalb kürzester Zeit Daimler-Vasallen zu machen. Tatsächlich wollte auch das Chrysler-Management keinen Merger of Equals, sondern eine Übernahme. Den Grund konnte man an den gewaltigen Aktienoptionen ablesen, die aus dem kompletten Chrysler-Vorstand reiche, teilweise sehr reiche Leute gemacht haben. Natürlich gab Bob Eaton seine Position in den Verhandlungen nicht leichtfertig preis. Er wusste, dass Schrempp den Deal unbedingt wollte, und er war bereit, den Deal zu machen. Aber er wusste auch, wie er Daimler zur Ader lassen konnte.

Nahezu alle zeitgenössischen Kommentatoren lobten Schrempps Verhandlungsgeschick und waren der Auffassung, dass Schrempp Eaton und das Chrysler-Verhandlungsteam über den Tisch gezogen habe. Tatsächlich war es genau umgekehrt: Die Chrysler-Manager, allen voran Bob Eaton, haben Schrempp und dessen Verhandlungsteam über den Tisch gezogen. Sie wussten sehr genau, dass sie bei einem Zusammenschluss auf Augenhöhe einen besseren Schnitt machen würden als bei einem Verkauf des Unternehmens an Daimler, von dem allenfalls die Chrysler-Eigentümer profitiert hätten. Die Nachgiebigkeit von Bob Eaton im Verhandlungsprozess, die im Laufe der Zeit immer offenkundiger wurde, basierte nicht auf dem Verhandlungsgeschick von Jürgen Schrempp, sondern auf den finanziellen Interessen des Chrysler-Managements. Bob Eaton war auch viel zu klug, um nach der Fusion lange auf seinem Posten zu bleiben. Er ließ sich gerne „hinausdrängen“, wusste er doch, dass es unter dem neuen Management nicht lange dauern würde, bis die Bombe platzte und das „frisch lackierte Wrack“ offen zu Tage lag. Im Grunde folgte der DaimlerChrysler-Deal nicht irgendeiner industriellen, sondern allein einer persönlichen Logik, und zwar nicht nur der von Jürgen Schrempp, sondern auch der von Bob Eaton: Eaton wollte sich sein Engagement bei Chrysler vergolden lassen, was er auch geschafft hat. Schrempp wollte als der große Industrielenker in die Geschichtsbücher eingehen, was er zwar auch geschafft hat – wenn auch nicht ganz so, wie er sich das vorstellte.

Wenn der Zusammenschluss von zwei Unternehmen auf falschen Voraussetzungen beruht, wenn sich Käufer und Verkäufer gegenseitig etwas vormachen, dann kann daraus nichts Gedeihliches werden. Wer das erste Knopfloch verfehlt, kommt mit dem Zuknöpfen nicht zu Rande. Das Gebilde, das sich DaimlerChrysler nannte, trat mit einem gewaltigen Rucksack an Täuschungen, versteckten Lasten und offenkundigen Schwächen an, die in ein paar Jahren nicht zu beseitigen waren. Jeder Manager macht Fehler. Gute Manager machen den gleichen Fehler nur einmal. Jürgen Schrempp hat den gleichen Fehler gleich dreimal gemacht: zuerst mit Fokker, dann mit Chrysler und schließlich auch noch mit Mitsubishi. Dreimal wurde ein Unternehmen übernommen und dreimal endete das Engagement in einem Desaster. Das konnte weder Zufall noch Pech sein.

„Liebe Anteilseigner, man liest heute oft, dass neben einzigartigen Marken, faszinierenden Produkten und flexiblen Prozessen auch Größe ein wichtiger Wettbewerbsvorteil im Automobilgeschäft sei. Dies ist nur zum Teil richtig. Denn man muss reine Größe bei Stückzahlen auch in zählbare Größenvorteile umsetzen.“ Jürgen Schrempps Worte an die „Aktionärinnen und Aktionäre“ im Geschäftsbericht für das Jahr 2003 lesen sich fast wie eine rhetorische Figur von Edzard Reuter, der es geliebt hatte, irgendeinen Popanz aufzubauen, den er dann intellektuell überlegen wegzukicken pflegte. Die Aussage von Schrempp war insofern besonders dreist, weil es doch gerade er war, der immer wieder „Größe“ nicht nur als Wettbewerbsvorteil, sondern sogar als unabdingbare Voraussetzung für das Überleben von Daimler genannt hatte. Oder war es nicht er gewesen, der erklärt hatte, dass maximal sechs Automobilhersteller der Welt überleben würden? Und hatte nicht er dieses Argument immer wieder ins Feld geführt, um die Welt AG als alternativlos hinzustellen? Nur wenige Wochen nach Schrempps rhetorischem Kniff geriet die Daimler-Welt in heftige Turbulenzen. Sie waren der Anfang vom Ende – nicht nur für die Welt AG, sondern auch für die Karriere von Jürgen Schrempp. Nein, „reine Größe" war kein Wettbewerbsvorteil. Ja, man muss „Größe bei Stückzahlen auch in zählbare Größenvorteile" umsetzen. Genau das aber hatte Schrempp nicht geschafft.

Die Ära Schrempp ging im Jahr 2005 zu Ende. War es eine Komödie, war es eine Tragödie? Peter Ustinov, Schauspieler und Regisseur, hat einmal gesagt: „Eine Komödie ist in Wirklichkeit eine schiefgegangene Tragödie und eine Tragödie eine schiefgegangene Komödie."

Kapitel 12

Alte Lasten, neue Herausforderungen – Der Beginn der Ära Zetsche

Der Versuch von Jürgen Schrempp, Daimler zu neuer Größe zu führen, war gescheitert. Zurückgeblieben war der Torso einer Welt AG. Die meisten Führungskräfte und Mitarbeiter waren ernüchtert, demoralisiert und der großen Visionen müde. Bloß keine Abenteuer mehr, lautete die Devise. Man hatte genug von den weit ausgreifenden Plänen, den gebetsmühlenhaft wiederholten Erfolgsmeldungen und den flotten Sprüchen, die sich immer wieder als leere Worthülsen erwiesen hatten. Von dem lächerlichen Ziel, weltweit größter Automobilhersteller zu werden, war man weiter entfernt denn je. Mehr noch: Im Jahr 2005 hatte BMW Mercedes von Platz 1 im Premiumsegment verdrängt. Viele im Unternehmen empfanden das als ein gleichermaßen epochales wie demütigendes Ereignis. Dieter Zetsche hat diese Stimmung gespürt. Als er Vorstandsvorsitzender wurde, wusste er, dass kein Visionär, sondern ein Macher gefragt war. Es galt, die Mannschaft aufzurichten und das Unternehmen wieder auf Kurs zu bringen. Schon das war schwer genug.

„Aufräumen" – ein schwerer Anfang

Am 29. September 2005 kam Dieter Zetsche von einer Aufsichtsratssitzung in den USA zurück, duschte kurz, zog sich um und fuhr dann zu einer Betriebsversammlung nach Sindelfingen. Es war das erste Mal seit vielen Jahren, dass ein Konzernchef selbst an dieser Veranstaltung teilnahm. Jeder wusste, dass es keine Routineveranstaltung werden würde, und jedem war klar, dass er nicht nur angenehme Botschaften verkünden würde. Die Lage bei Mercedes war aufgrund der Qualitäts- und Absatzprobleme ernst, sehr ernst: Zetsches Talent als „Sanierer" war gefordert. Er musste schnell und entschlossen handeln, wenn die Dinge nicht völlig außer Kontrolle geraten sollten. Zetsche hielt es mit Machiavellis berühmten Rat, die größten Grausamkeiten gleich zu Beginn einer Herrschaft zu begehen. Später hat er diese Phase seiner Amtszeit als „Aufräumen" bezeichnet.

Dieter Zetsche war ein echtes Daimler-Gewächs. Zum Zeitpunkt seiner Wahl zum Vorstandsvorsitzenden war er schon fast 30 Jahre im Unternehmen. Nach seiner Zeit als Entwicklungsingenieur im Nutzfahrzeugbereich in Untertürkheim ging er 1987 nach Brasilien und wurde dort als Entwicklungschef Mitglied der Geschäftsleitung der Mercedes-Benz do Brasil. Als es in der Tochtergesellschaft in Argentinien brannte, wurde er Präsident der Mercedes-Benz Argentina. Schon 1991 folgte der nächste Einsatz als Krisenmanager: Jetzt stand die bedeutende, für den Konzern ungeheuer wichtige, nordamerikanische LKW-Tochter Freightliner in Flammen. Erneut war es Zetsche, der das Unternehmen wieder in die schwarzen Zahlen brachte. 1992 wurde er in den Vorstand der Mercedes-Benz AG berufen, wo er im Geschäftsbereich PKW das Entwicklungs-Ressort übernahm. Mercedes-Chef Helmut Werner kannte Zetsche aus seiner Zeit als Vorstand für den Geschäftsbereich Nutzfahrzeuge und er hatte ihm bei der Sanierung von Freightliner den Rücken gestärkt. Vor allem gefiel ihm an Zetsche dessen offene, kritisch-konstruktive Art, die er sich von einem Manager wünschte. Er erkannte Zetsches Talent nicht nur als tüchtigen Ingenieur, sondern auch als einen guten Verkäufer und begnadeten Kommunikator. Im Jahr 1995 berief ihn der Aufsichtsrat zum Vorstand für den gesamten Mercedes-Benz-Vertrieb. Im Jahr 1999 folgte der nächste Krisenjob: Als Mitglied des Vorstands der DaimlerChrysler AG übernahm er die Gesamtverantwortung für den Geschäftsbereich Nutzfahrzeuge, bevor ihn Jürgen Schrempp schon im Jahr 2000 zum Himmelfahrtskommando nach Auburn Hills schickte, um Chrysler zu sanieren.

Bei einigen seiner Gegnern hatte er den Ruf, Karriere nach dem Hubschrauber-Prinzip gemacht zu haben: Er schwebe mit Lärm ein, wirble Staub auf und noch ehe man beurteilen könne, was er denn tatsächlich bewegt habe, sei er wieder weg. Das war nicht nur falsch, es war auch ungerecht. Zetsche wählte sich seine Aufgaben nicht selbst aus. Er ging dorthin, wo man ihn hinschickte. Als „Mann für alle Fälle" charakterisierte ihn die Frankfurter Allgemeine

Zeitung im Juli 2005 kurz nach seinem Aufstieg zum Daimler-Chef. Nicht nur intern, auch im Gespräch mit Journalisten nahm Zetsche kein Blatt vor den Mund und suchte nicht zu beschönigen, was ohnehin nicht zu beschönigen war. Seine Analysen waren vielleicht nicht so geschliffen wie die von Edzard Reuter und seine Statements nicht immer so vollmundig wie die von Jürgen Schrempp, aber er brachte die Dinge auf den Punkt und verlor nie den Bezug zur Realität. Wie kaum ein anderer Manager im Unternehmen konnte er auf Erfahrungen und Erfolge auf den verschiedenen Stationen seiner Laufbahn verweisen. Allein die Tatsache, dass er einen großen Teil seines Berufslebens im Ausland verbracht hatte, unterschied ihn von seinen Kollegen im Vorstand und gab ihm eine Weltläufigkeit, die nicht viele im Konzern vorzuweisen hatten. Nicht zu Unrecht bezeichnete ihn Hilmar Kopper einmal als „Kind der Globalisierung".

Zetsche hatte einen jugendlichen, unkonventionellen Habitus, dessen Aura man sich nur schwer entziehen konnte. Zu Recht galt Zetsche im Unternehmen und auch außerhalb als ein unprätentiöser und den Menschen zugewandter Manager. Er besaß Humor und die bei Managern nicht eben weit verbreitete Fähigkeit, auch mal über sich selbst lachen zu können. So hatte er kein Problem damit, im amerikanischen Fernsehen als Comicfigur „Dr. Z" aufzutreten, um den Amerikanern mit schwerem deutschen Akzent die Vorteile des Zusammenschlusses zwischen Daimler und Chrysler zu erklären. Dass er auf einem Messestand gelegentlich zur Gitarre griff, sich bei Chrysler beim Mittagessen in der Gemeinschaftskantine mit den Arbeitern in die Schlange stellte und mit seinem Walrossbart gelegentlich öffentlich kokettierte, rundete das Bild von einem Manager ab, der sich nicht abschottete, sondern den Kontakt und das Gespräch mit Mitarbeitern und der Öffentlichkeit suchte. Als eine kommunikative Glanzleistung galt sein Auftritt bei einer Betriebsversammlung von Chrysler im Jahr 2001, als er den anwesenden Arbeitern und Angestellten erklärte, dass ein Fünftel der Belegschaft seinen Job verlieren würde, und er am Ende seiner Rede dennoch Beifall bekam. Zetsche verstand es, eine schlechte mit einer guten Nachricht zu verbinden: Chrysler würde schon bald wieder glänzen und zu alter Stärke zurückfinden, versprach er, und alle waren begeistert. David E. Cole, Leiter des Center for Automotive Research in Ann Arbour meinte hinterher in der USA Today: „Ich glaube, die Leute erwarteten Adolf Hitler und sie bekamen Martin Luther. Er kam nicht, um die Welt zu erobern, sondern um sie zu retten."

Aber gab es nicht auch noch einen anderen Dieter Zetsche? Dieter Zetsche, der harte Sanierer, der radikal Arbeitsplätze abbaute und Tausende von Menschen auf die Straße setzte? Dieter Zetsche, der perfide Zyniker, der überforderte Mitarbeiter gnadenlos in den Senkel stellte und am ausgestreckten Arm verhungern ließ? Und schließlich auch: Dieter Zetsche, der erfolgshungrige Manager, der nach ganz oben wollte und bei der Wahl seiner Mittel nicht zimperlich war? Dieter Zetsche war nicht weltfremd. Er wusste, dass Härte notwendig war, wenn man in einem Unternehmen wie Daimler etwas bewegen und nach oben kommen wollte. Schnelligkeit und Konsequenz kennzeichneten seinen Management-Stil, wenn es um die Sanierung oder strategische Neuausrichtung eines Unternehmens oder eines Geschäftsbereiches ging. Er war zielstrebig, wollte den Erfolg und wusste sich durchzusetzen. Das ging nicht immer ohne Blessuren ab – für ihn selber nicht und auch nicht für andere. Manche hielten ihn deshalb für einen eiskalten und berechnenden Karrieristen. Ganz frei von Makeln war seine junge Karriere nicht, aber wessen Vorstandskarriere war das schon?

Dennoch war sein Prinzip – freundlich im Umgang, hart in der Sache – bei ihm kein bewusstes Täuschungsmanöver. Er wollte mit seiner Freundlichkeit nicht die Härte, zu der er fähig war, verdecken. Seine Freundlichkeit war genau so ehrlich gemeint wie seine Härte. Beides ging deshalb zusammen, weil er trotz aller Zugewandtheit innerlich immer Distanz zu den Menschen hielt. Er war kumpelhaft, aber er mimte nie den Kumpel. Einen betrunkenen, herumkrakeelenden Zetsche konnte man sich beim besten Willen nicht vorstellen. Obwohl er gern unter Menschen war, blieb er verschlossen: Selten, eigentlich nie gab er einen Einblick in sein Gefühls- und Seelenleben. Bei gesellschaftlichen Anlässen folgte er dem Gespräch, gab irgendwann einen ironischen Kommentar, alle lachten und dann überließ er die Gruppe wieder sich selber. Vielleicht war auch das der Grund, warum er bei Festen und Feiern gerne Bier ausschenkte oder Würstchen auflegte: So konnte er den bei solchen Veranstaltungen häufigen und meistens peinlichen Verbrüderungswünschen entgehen. Während sein Vorgänger immer einen Hang zum Schauspieler hatte, war Dieter Zetsche authentisch und daher glaubwürdig. Das machte einen Teil seiner Beliebtheit aus, die er – obwohl in seinem Selbstwertgefühl nicht abhängig von der Meinung anderer – durchaus genoss.

Mit seiner Wahl zum Vorstandsvorsitzenden tat sich für Zetsche schon bald eine vermeintlich pikante Personalie auf. Schon einen Tag nach der Wahl Zetsches hatte der Chef von Mercedes-PKW, Eckhard Cordes, enttäuscht und wütend den Aufsichtsrat um die Auflösung seines Vertrages gebeten. So stand Zetsche als Vorstandsvorsitzender von DaimlerChrysler zunächst einmal ohne Mercedes-Chef da und einige Medien fragten, wen er wohl zum Nachfolger von Cordes machen würde? Das war natürlich naiv, denn im Grunde war der Rücktritt von Cordes für ihn ein Glücksfall. Zetsche hatte nie vor, einen anderen zum Mercedes-Chef zu machen als sich selbst. Er hatte genug Machtinstinkt, um zu wissen: Würde er einen Kollegen zum Mercedes-Chef machen, hätte er sich selbst einen Konkurrenten und möglichen Widersacher in den Vorstand geholt. Als Daimler-Chef ohne einen direkten Zugriff auf Mercedes wäre er ein Herrscher ohne Reich gewesen. Im September 2005 bestätigte der Aufsichtsrat seine Doppelfunktion. Er hatte damit alle Fäden in der Hand, um den Konzern wieder auf Kurs zu bringen.

Dieter Zetsche hatte immer ein gutes Gefühl für die Bedeutung von Symbolen und Gesten. Instinktiv wusste er, dass Manager nicht nur danach beurteilt werden, was sie tun und leisten, sondern auch danach, wie sie auftreten, wie sie sich verhalten und wie sie sich kleiden. Er verfolgte daher bewusst ein Kontrastprogramm gegenüber seinem Vorgänger, der sich, je länger er im Amt war, immer mehr abkapselte. Zetsche wollte – so wie er das bei Chrysler und eigentlich auch schon vorher immer getan hatte – nah bei den Menschen sein, ihnen signalisieren, dass er nicht abgehoben sei und sich auch nicht verstecke, wenn es unangenehm werden kann. Schon kurz nach seinem Amtsantritt hatte er entschieden, sein Büro aus dem ungeliebten Möhringen nach Untertürkheim zu verlegen, dorthin, wo der Ursprung des Unternehmens war, wo – wenn nicht Autos – dann doch wenigstens das Herzstück eines Autos, der Motor, gebaut wurde, wo Gabelstapler die Wege kreuzten und es in der Gießerei hämmerte und dampfte. Das war ein Signal, das so auch weithin verstanden wurde und in keinem der späteren Zetsche-Porträts fehlen durfte.

Auch der Besuch der Betriebsversammlung in Sindelfingen hatte Symbolcharakter. Schon im Januar 2005 war noch von seinem Vorgänger ein Programm zur Effizienzsteigerung und Erlösoptimierung namens CORE auf den Weg gebracht worden. CORE stand für „Costs down, Revenue up, Execution", also kurz gesagt: „Kosten runter, Umsatz rauf, machen". Es umfasste eine Vielzahl von Maßnahmen entlang der gesamten Wertschöpfungskette, von der Entwicklung über die Produktion bis hin zum Vertrieb. Ziel war es, im Jahr 2007 eine Umsatzrendite von 7 Prozent zu erzielen. Maßnahmen zum Beschäftigungsabbau waren darin nicht enthalten, doch es war klar, dass die Umsetzung des Programms auch Arbeitsplätze kosten würde. Genau darum sollte es in der Rede von Zetsche in Sindelfingen gehen. Sie war als Signal gedacht und wurde zum Ausgangspunkt einer jahrelangen Feindschaft zwischen dem Vorstandsvorsitzenden Dieter Zetsche und dem Betriebsratsvorsitzenden Erich Klemm.

Im Jahr 2004 hatte Klemm einen aus seiner Sicht großen Erfolg erzielt, nämlich den Abschluss einer Vereinbarung, die bis zum Jahr 2012 betriebsbedingte Kündigungen ausschließen und damit die Arbeitsplätze bei Daimler sicherer machen sollte. Es war ein Beschäftigungspakt, wie er damals begann in Mode zu kommen. Das Konzept war immer das gleiche: langfristige Standort- und Beschäftigungssicherung gegen kostenwirksame Zugeständnisse bei Arbeitszeitregelungen oder Lohnzuschlägen. Auch der Beschäftigungspakt „Zukunftssicherung 2012" entsprach diesem Modell: Ausschluss betriebsbedingter Kündigungen und dafür Maßnahmen im Arbeits- und Entgeltbereich, die zu einer Kosteneinsparung von mittelfristig 500 Millionen Euro führen sollten.

Als Dieter Zetsche vor die kampferprobte Belegschaft des Werkes Sindelfingen trat, lobte er zunächst deren Einsatz und Können, wofür er, wie der Chronist der Stuttgarter Zeitung am 30. September 2005 berichtet, Beifall erhielt. Dann kam jedoch der große Knall: In den deutschen Werken müssten, so Zetsche, 8.500 Stellen gestrichen werden, davon allein 3.100 in Sindelfingen. Dennoch bestehe kein Anlass zur Sorge, niemand werde entlassen, die Vereinbarung zur Beschäftigungssicherung werde eingehalten. Der Abbau erfolge ausschließlich über Frühpensionierungen und Ausscheidungsvereinbarungen. Dafür würde der Konzern 950 Millionen Euro zur Verfügung stellen. Viele der Anwesenden fragten sich, ob sie richtig gehört hatten, und der Kommentator der Frankfurter Allgemeinen Zeitung bezeichnete die Ankündigung von Zetsche in der Ausgabe vom 29. September 2005 als eine „bittere Niederlage für Erich Klemm". Bitter, so heißt es dort weiter, sei die Niederlage vor allem deshalb, weil er für die Vereinbarung „im eigenen Lager Prügel einstecken musste", da viele der Auffassung gewesen seien, er habe bei den Verhandlungen über den Beschäftigungspakt zu weitreichende Zugeständnisse an den Konzern gemacht. So oder ähnlich sahen das auch die Beschäftigten: Wozu eine Vereinbarung zur Beschäftigungssicherung, wozu die Opfer, wenn die Führungsspitze am Ende doch macht, was sie will und Arbeitsplätze abbaut? Klemm musste erklären, dass die unter seiner Führung ausgehandelte Beschäftigungssicherung zwar betriebsbedingte Entlassungen, aber keine freiwilligen Frühpensionierungen und Ausscheidungsvereinbarungen verhindern kann. Aber wen interessierte, wer verstand das? Dieter Zetsche hatte mit seiner Ankündigung den Betriebsratsvorsitzenden in einen echten Erklärungsnotstand gebracht.

Erich Klemm ging auf die Barrikaden und verweigerte in der Aufsichtsratssitzung am 16. Dezember 2005 gemeinsam mit den anderen Arbeitnehmervertretern die Zustimmung zur operativen Unternehmensplanung bis zum Jahr 2008, was einem Eklat gleichkam. Da, so seine Argumentation, durch den geplanten Stellenabbau „Personalengpässe entstehen, die Prozesse und Abläufe gefährden und damit zu erheblichen Belastungen für die Beschäftigten führen" würden, könne er mit seinen Kollegen dem vorgelegten Plan nicht zustimmen. Das hatte angesichts der Mehrheitsverhältnisse im Aufsichtsrat zwar keine reale Bedeutung, aber damit hatte er dem Vorstand den Fehdehandschuh hingeworfen. Wenig später ging er mit Dieter Zetsche auch öffentlich ins Gericht. Im SPIEGEL erklärte er, dass Zetsche sein Sparprogramm „mit bisher nicht dagewesener Brutalität" durchsetze und damit die Identifikation der Mitarbeiter mit dem Unternehmen gefährde. Viele Mitarbeiter würden klagen, dass dies „nicht mehr meine Firma" sei. Damit war das Tischtuch zwischen dem Vorstandsvorsitzenden und dem Vorsitzenden des Gesamtbetriebsrates endgültig zerschnitten. Einige Jahre später sollte die Dauerfehde zwischen den beiden einen für Dieter Zetsche höchst unangenehmen Höhepunkt finden.

Am 25. Januar 2006 gab es eine weitere Versammlung bei DaimlerChrysler. Dieses Mal war es nicht in einem Werk, sondern in der Konzernzentrale und dieses Mal waren nicht Arbeiter die Teilnehmer, sondern Führungskräfte. Nur der Redner und sein Thema bleiben gleich: Dieter Zetsche kündigte einen Abbau von 6.000 Arbeitsplätzen in der Verwaltung an. Im Herbst 2005 hatte der Daimler-Vorstand ein neues Managementmodell erarbeitet, das – wie es in einer Pressemitteilung hieß – die „Organisation schneller, flexibler, schlanker und effizienter" machen sollte. Im Grunde ging es dabei darum, Verwaltungsfunktionen wie Finanzen, Controlling und Personal, die bislang noch in den „operativen Einheiten" angesiedelt waren, zu zentralisieren. Künftig sollten sich die Geschäftsbereiche auf ihre Kernprozesse, also Entwicklung, Produktion und Verkauf, konzentrieren. Damit, so die Hoffnung, sollten Doppelarbeiten vermieden und Arbeitskräfte eingespart werden. Dieter Zetsche war auch auf dieser Versammlung der „große Kommunikator": Er lobte, er beklagte, er zeigte Verständnis und am Ende applaudierte die versammelte Mannschaft, wie damals im Jahr 2001 bei Chrysler: „spärlich zwar, aber immerhin" wie der nach wie vor gut informierte SPIEGEL berichtete. Insgesamt sollte mit dem Beschäftigungsabbau eine Milliarde Euro pro Jahr eingespart und das „Benchmark"-Niveau, also das Kostenniveau des Klassenbesten, erreicht werden.

Smart: Krise als Normalfall

Noch an einer anderen Baustelle, die er von seinen Vorgängern übernommen hatte, musste Dieter Zetsche arbeiten: Smart. Am 11. Mai 2005 hatte die Presseabteilung von DaimlerChrysler eine Mitteilung mit der dürren Überschrift „Betriebsrat und Geschäftsführung von smart einigen sich auf Interessenausgleich" versandt. Sie beinhaltete die traurige Nachricht, dass der Plan von Andreas Renschler, Smart zu einem „richtigen Automobilunternehmen" zu machen, gescheitert war. „Der Vorstand der DaimlerChrysler AG", hieß es in der Mitteilung, „hat am 31. März ein neues Geschäftsmodell für den Geschäftsbereich smart der Mercedes Car Group beraten. Mit dem neuen Geschäftsmodell wird die Kleinwagenmarke auf eine betriebswirtschaftlich solide Basis gestellt." Durch das Restrukturierungsprogramm sollten 600 Millionen Euro eingespart werden, was indirekt ein Hinweis war, wie hoch die Verluste bei Smart in den letzten Jahren waren. Vorgesehen sei ein Personalabbau von 1.350 auf rund 760 Mitarbeiter in der Unternehmenszentrale in Böblingen. Das solle sozialverträglich geschehen, indem denjenigen Mitarbeitern, denen keine adäquate Stelle im DaimlerChrysler-Konzern angeboten werden könne, eine neue Stelle in einem „Placement Center" außerhalb des Konzerns vermittelt würde. Die Geschäftsleitung von Smart gab sich kleinmütig: „Wir werden alles dafür tun, dass keine Mitarbeiterin und kein Mitarbeiter in die Arbeitslosigkeit entlassen werden muss." Der Betriebsrat stimmt dem Restrukturierungsprogramm zähneknirschend zu: „Wir sind in einer sehr kurzen Zeit", erklärte er, „zu einem für beide Seiten zufriedenstellenden Ergebnis gekommen." Von Selbstvertrauen und Optimismus, den Renschler dem Unternehmen zeitweise eingehaucht hat, war nichts mehr zu spüren.

Der Knackpunkt für Smart war das neue, viersitzige Modell, der Smart ForFour. Das Auto war von der Fachpresse eigentlich positiv aufgenommen worden. Es bekam gute Kritiken und die meisten Auto-Tester befanden, dass es ein ernstzunehmender Wettbewerber für die in diesem Segment dominierenden Modelle wie den VW Polo oder den Ford Fiesta sei. Bei Smart selbst hatte man jedoch die Messlatte etwas höher gelegt. Im Jahr 2001 hatte BMW den neuen Mini in den Markt eingeführt. Es war eines der wenigen, damals beliebten Retro-Fahrzeuge, das seine historischen Wurzeln nicht verleugnete, aber gleichzeitig einen durch und durch modernen Lifestyle-Charakter hatte. Der Erfolg des Modells war sensationell: Schon im ersten vollen Produktionsjahr, 2002, verkaufte BMW über 140.000 Minis. Im Jahr 2004 waren es knapp 190.000 und im Jahr 2005 wurde dann die Marke von 200.000 Einheiten übertroffen. Besonders bemerkenswert war dieser Erfolg, weil der Preis des Minis weit über dem der gängigen Wettbewerber lag. BMW war es gelungen, seine Premium-Philosophie auf den Kleinwagen mit den englischen Wurzeln zu übertragen. Beeindruckt durch diesen Erfolg wollte das Smart-Management unter Andreas Renschler auch den ForFour als Premium-Auto positionieren. So orientierte man sich bei der Preisstellung am Mini, übersah jedoch, dass der Mini etwas hatte, was der Smart ForFour nicht hatte und auch gar nicht haben konnte: Tradition und Mythos. Stattdessen tat sich der ForFour von Anfang an schwer, sein Image als „Bruder" des Mitsubishi Colt loszuwerden. So nahm das Drama seinen Lauf. Um etwa 1.500 Euro teurer als ein vergleichbarer VW Polo, blieb der erwartete Markterfolg aus. 80.000 Einheiten im Jahr sollten verkauft werden. Der Verkauf startete im April 2004 und man konnte in diesem Jahr noch 59.000 Fahrzeuge absetzen, was leicht über der Planung lag. Doch im Jahr 2005 stiegen die Verkäufe nicht, sondern sanken: Am Ende des Jahres hatte man nur 43.700 Einheiten absetzen können. Hinzu kam, dass man mit zahlreichen Rabatt- und Leasingaktionen die angestrebte Preisposition deutlich verfehlte. Der Smart ForFour erwies sich schon kurz nach seiner Markteinführung als ein Millionen-Grab.

Ursprünglich hatte es geheißen, dass Smart im Jahr 2004 die Gewinnzone erreichen würde. Aufgrund der Investitionen für das zusätzliche viersitzige Modell verschob Renschler das Ziel auf das Jahr 2006. Jetzt drohte eine Verschiebung auf den Sankt-Nimmerleins-Tag. Das weitreichende und schmerzhafte Restrukturierungsprogramm vom Frühjahr 2005 sollte das verhindern. Die Umsetzung fiel Ulrich Walker zu, der zwischenzeitlich die Leitung von Smart von Renschler übernommen hatte, nachdem dieser Chef der Truck Group geworden war. Walker war zuvor bei Mitsubishi und dort als Vize von Rolf Eckrodt für das Kooperationsprojekt mit Smart verantwortlich gewesen. Jetzt musste er ein Projekt zu Ende bringen, an dessen Entstehen er selbst beteiligt war. Doch schon bald wurde klar, dass der erste Sanierungsplan nicht ausreichen würde, um die Probleme bei Smart in den Griff zu bekommen. Jetzt musste Dieter Zetsche ran. Im Frühjahr 2006 folgte das zweite, nochmals verschärfte Restrukturierungsprogramm. Nachdem die Produktion des Roadsters bereits im Jahr 2005 beendet worden war, ereilte nun auch den ForFour dieses Schicksal. Im Juli liefen die letzten Viersitzer in den Niederlanden vom Band. Beschlossen wurde außerdem, die vollständige Integration von Smart in die Mercedes-Organisation und damit die faktische Auflösung der Smart GmbH. Dem zweiten Restrukturierungsprogramm fielen nochmals 300 Arbeitsplätze zum Opfer.

Und dann folgte noch eine der größten modellpolitischen Fehlentscheidungen in der jüngeren Geschichte der Daimler AG, die nur deshalb so wenig bekannt wurde, weil es nicht eine Entscheidung war, etwas zu tun, sondern etwas nicht zu tun: Man beschloss, den schon lange angekündigten Kompakt-SUV von Smart, der auch schon einen Namen hatte – er sollte Smart ForMore heißen – nicht zu bauen. Das Auto war im Grunde schon fertig und hätte schnell in Serie gehen können. Geplant war die Produktion im Werk Juiz de Fora in Brasilien, für das man nach dem Scheitern mit der A-Klasse-Produktion eine Ersatzlösung suchte. Die Bilder, die später auftauchten, zeigen ein Fahrzeug, das ohne viel Dazutun zu einem Markterfolg hätte werden müssen, denn schon 2005 war absehbar, dass das Segment der kompakten SUV in den nächsten Jahren boomen würde. Der ForMore sollte im Jahr 2006 auf den Markt kommen – ein Jahr vor dem VW Tiguan, der von Anbeginn ein Riesenerfolg wurde. Es gehört wenig Phantasie dazu, sich vorzustellen, dass der kleine, schicke SUV die Marke Smart vom Absatzvolumen her in eine neue

Größenordnung katapultiert und damit das Überleben der Marke gesichert hätte. Intern wurde die Entscheidung, den ForMore nicht zu produzieren, damit begründet, dass man keine Wettbewerbssituation mit einem ebenfalls in Planung befindlichen Mercedes-Kompakt-SUV, dem späteren GLK, habe schaffen wollen. Das war freilich nur ein Vorwand, denn der ForMore und der GLK unterschieden sich in Größe und Design deutlich voneinander. Tatsächlich wollte niemand im Unternehmen ein neues Risiko mit einem zusätzlichen Smart-Modell eingehen. Man hatte sich mit dem ForFour die Finger verbrannt. Wer gab die Garantie, dass dies mit dem geplanten SUV nicht wieder passieren würde? Am Ende fehlte der Mut, eine Wette auf die Zukunft einzugehen, auch wenn sie in diesem Fall nur ein geringes Risiko bedeutet hätte. Jetzt, im Jahr 2022, kündigt Smart einen kleinen, elektrobetriebenen SUV an, der der Marke neue Käufer erschließen soll.

In einem Interview mit der Frankfurter Allgemeinen Sonntagszeitung am 5. November 2006 versuchte Smart-Chef Ulrich Walker noch einmal Optimismus zu verbreiten: Er kündigte einen Nachfolger für den Smart ForTwo für das Jahr 2007 sowie den Eintritt in den US-Markt für das Jahr 2008 an und versprach: „Smart bleibt Smart und will kein kleiner Mercedes sein." Was hätte er auch anderes sagen sollen? Schon wenige Tage später gab der Konzern bekannt, dass Ulrich Walker als Smart-Chef zurücktreten und die Verantwortung für das Mercedes-Geschäft in China, Taiwan und Korea übernehmen werde. Smart blieb weiter ein Sorgenkind im Konzern. Im Grunde bestätigten die Probleme eine These des Harvard-Professors Clayton M. Christensen, dass große Unternehmen mit kleinen, innovativen Geschäftseinheiten nicht zurecht kommen.

Mit dem Sparprogramm für Mercedes und der Restrukturierung bei Smart, die beide mit einem nicht unerheblichen Abbau von Arbeitsplätzen verbunden waren, hatte Zetsche den zwar notwendigen, aber zugleich auch unangenehmsten Teil seiner neuen Aufgabe hinter sich gebracht. Jetzt, im Jahr 2006, konnte und musste endlich der Neustart beginnen, den sich alle von ihm erhofften. Die Welt meinte es gut mit ihm. Die Weltwirtschaft florierte und auf dem Weltautomobilmarkt ging es nach oben. Nach einem schweren Anfang schien er jetzt leichtes Spiel zu haben, zumal er von den neuen Modellen profitierte, die noch unter der Ägide von Jürgen Hubbert entwickelt und im Jahr 2005 in den Markt eingeführt worden waren: die zweite Generation der M-Klasse, die neue S-Klasse sowie die beiden neuen Kinder der zweiten Produktoffensive, nämlich die B- und die R-Klasse. Zusätzliche Impulse gab es durch die neue GL- und CL-Klasse sowie die modellgepflegte E- und SL-Klasse. Große Sensationen versprachen die neuen Modelle zwar nicht, aber die Ausstattung mit neuen elektronischen Systemen wurde, trotz der Probleme, die man in den vorangegangenen Jahren hatte, fortgesetzt. Vor allem bei der S-Klasse hielten zahlreiche Innovationen Einzug. Mittlerweile hatte man auch bei der Qualitätssicherung dazugelernt: Die elektronischen Systeme funktionierten und die zeitweise explodierenden Garantie- und Kulanzkosten gingen deutlich zurück.

Der konjunkturelle Rückenwind und die zahlreichen neuen Modelle sorgten dafür, dass die Verkaufszahlen bei Mercedes wieder Freude machten: Der Absatz stieg zwar in 2006 über das Gesamtjahr gesehen nur um 3 Prozent auf 1,252 Millionen Einheiten, aber die Verkäufe der besonders ertragsstarken Modelle der S- und M-Klasse wuchsen weit überdurchschnittlich um 51 bzw. 85 Prozent. Auch bei den Kosteneinsparungsprogrammen war man „voll im Plan", wie es im Geschäftsbericht für das Jahr 2006 heißt. Das Ziel, an den inländischen Produktionsstandorten 8.500 Beschäftigte abzubauen, wurde sogar übertroffen: Zwischen dem 1. Oktober 2005 und dem 30. September 2006 waren rund 9.300 Mitarbeiter „freiwillig" aus dem Unternehmen ausgeschieden und „im vierten Quartal des Jahres 2006 nahmen weitere 400 Beschäftigte das Ausscheidens-Angebot an" (Geschäftsbericht 2006). Nach seinem Amtsantritt tat Dieter Zetsche das, was schon sein Vorgänger vorexerziert hatte: Da er für das Geschäftsjahr nur teilweise die Verantwortung trug, packte er alle Risiken und natürlich auch den Restrukturierungsaufwand – sprich: die zu erwartenden Ausgleichszahlungen an die ausscheidenden Mitarbeiter – in die 2005er-Bilanz mit dem Ergebnis, dass der Geschäftsbereich PKW einen Verlust von etwas mehr als 500 Millionen Euro auswies. Damit war die Basis für einen eindrucksvollen Turnaround im folgenden Jahr gelegt: Tatsächlich erzielte die Sparte im Geschäftsjahr 2006 einen Gewinn von 2,5 Milliarden Euro und die Umsatzrendite lag bei 3,5 Prozent. Das war zwar noch deutlich weniger als die für das Geschäftsjahr 2007 angepeilten 7 Prozent, aber die Richtung stimmte. Zu der aufgehellten Stimmung passte es, dass im Juli 2006 in Stuttgart-Untertürkheim das neue Mercedes-Benz-Museum eröffnet wurde. Es war das größte Automobil-Museum der Welt und damit der ältesten Automobilmarke der Welt angemessen. Architektur, Exponate und das Ausstellungskonzept waren vom Feinsten. Der Festakt zur Eröffnung des Museums fand im Glanz wiedergewonnener Stärke und Reputation statt: „Der Stern", versicherte der Vorstandsvorsitzende, „beginnt wieder zu strahlen."

Ende einer Ehe

„Wir sind davon überzeugt, eine Lösung gefunden zu haben, die insgesamt den größten Wert schafft – für Daimler und für Chrysler. Mit dieser Transaktion haben wir die Voraussetzungen für einen Start für Chrysler und für Daimler geschaffen." Dieter Zetsches Kommentar zur Trennung von Daimler und Chrysler war eine schmeichelhafte Umschreibung für die Tatsache, dass Daimler kapitulierte und Chrysler einer mehr als ungewissen Zukunft entgegengehen würde. Die Pressemitteilung vom 14. Mai 2007 hatte den Duktus einer Scheidungserklärung und war das unrühmliche Ende einer Ehe, die im Himmel geschlossen worden war. Gewiss, es hatte gute Zeiten in dieser Ehe gegeben. Doch die Beziehung hatte sich totgelaufen und vor allem dem „potenten Bräutigam" (Schrempp) mit zunehmender Dauer keine Freude mehr gemacht. Die Synergien zwischen beiden Unternehmen, so Zetsche, seien ausgeschöpft, darüber hinausgehende Möglichkeiten zur Zusammenarbeit begrenzt: „Es war klar, dass wir eine Lösung finden mussten. Gleichzeitig ist mir persönlich – angesichts meiner Verbundenheit mit Chrysler – diese Entscheidung nicht leichtgefallen.“ Es entbehrt nicht einer gewissen Ironie, dass Dieter Zetsche, der Chrysler „gerettet“ hatte und nicht zuletzt wegen seines „Sanierungserfolgs“ Vorstandvorsitzender der DaimlerChrysler AG geworden war, jetzt die Trennung von Chrysler verkündete. Nach ziemlich genau neun Jahren hieß es: aus, Ende, vorbei.

Man kann Dieter Zetsche sicher nicht vorwerfen, dass er es nicht versucht hätte. Im Jahr 2004 hatte er neun neue Modelle in den Markt gebracht, in den Jahren 2005 und 2006 folgten weitere 16 Neuvorstellungen. Die Produktoffensive rollte und sie brachte auch eine Verbesserung der technischen Substanz der Fahrzeuge. So glänzte eines der Vorzeigemodelle von Chrysler, der Voyager des Jahrgangs 2004, der zeitweise unter argen Wettbewerbsdruck der japanischen Hersteller gekommen war, mit einem neuartigen, flexiblen Sitz- und Ladesystem. Stow ‚n‘ Go, so hieß das Konzept, erlaubte es, alle drei Sitzreihen einzeln oder zusammen mit ein paar wenigen Handgriffen zusammenzuklappen und im Boden zu versenken. So erhielt man innerhalb weniger Minuten eine Ladefläche und einen Stauraum von sage und schreibe 4.550 Litern. Die pfiffige Lösung gefiel den Amerikanern und die Absatzzahlen des Voyager gingen in der Folge wieder nach oben. Doch Chrysler litt weiter unter seiner großen Abhängigkeit vom nordamerikanischen Automobilmarkt. Im Jahr 2005 kamen gleich mehrere Faktoren zusammen, sodass die Wolken über Chrysler immer dunkler wurden. Seit den frühen 2000er-Jahren begannen die Öl- und damit die Benzinpreise zu steigen. Die amerikanischen Autokäufer, die an niedrige Kraftstoffpreise gewöhnt waren, begannen sich umzuorientieren. Statt großer Geländewagen und Pick-up-Trucks verlagerte sich der Markt in Richtung kompakter Fahrzeuge – ein Segment, in dem Chrysler wie die anderen nordamerikanischen Hersteller nicht viel zu bieten hatte. Hinzu kam, dass auch die Zinsen stiegen, sodass die in den USA üblichen Kredite für den Kauf eines neuen Autos teurer wurden. Die Automobilkonjunktur schwächte sich im Jahresverlauf deutlich ab und die Lager der Händler begannen sich zu füllen. Niemand hatte den Mut, die Produktion herunterzufahren und rechtzeitig an die sinkende Nachfrage anzupassen. Wieder einmal waren es die Manager von General Motors, dem noch immer größten Automobilhersteller der Welt, die die Nerven verloren: Um den Absatz anzukurbeln, begann man eine neue Rabattschlacht, von der eigentlich jeder wusste, dass sie zu nichts führen würde. Am Ende zogen die anderen Automobilhersteller nach, sodass keiner mehr verkaufte als vorher, sondern jeder nur schlechtere Preise im Markt erzielte.

Die krisenhafte Zuspitzung der Lage auf dem nordamerikanischen Automobilmarkt zwang auch Chrysler zum Handeln. Am Ende des Jahres 2005 standen auf den Höfen der Chrysler-Händler zig-Tausende unverkaufte Autos. Bei Chrysler setzte der übliche Mechanismus zur Krisenbewältigung ein: Um die hohen Bestände an unverkauften Fahrzeugen bei den Händlern abzubauen, wurden die Produktion massiv zurück- und gleichzeitig die Kundenrabatte nach oben gefahren. Es entstand eine Situation, die jener im Krisenjahr 2001 aufs Haar glich, was zu der berechtigten Frage Anlass gab, ob man denn bei der Sanierung und Neustrukturierung von Chrysler nichts dazugelernt hatte. Das Betriebsergebnis rauschte mit hoher Geschwindigkeit in den roten Bereich. Internationale Ausgleichsmechanismen, wie bei General Motors, Ford oder den Japanern, deren Absatz global viel stärker streute als der von Chrysler, waren nicht vorhanden. Noch in einem seiner letzten Interviews als Chrysler-Chef, im Frühjahr 2005, erklärte Dieter Zetsche den Redakteuren von auto motor und sport, wie wichtig es für die Marke Chrysler sei, die Verkäufe in Märkten außerhalb von Nordamerika zu erhöhen, um nicht jedes Mal in ein tiefes Tal zu stürzen, wenn der US-Markt ins Stottern geriet. Aber da war es schon zu spät. Die Erschließung neuer Märkte ist eine komplexe und kostspielige Aufgabe. Notwendig sind dazu nicht nur Modelle, die für die jeweiligen Märkte geeignet sind, sondern auch ein gut organisiertes und leistungsfähiges Vertriebs- und Servicenetz sowie ein hoher Bekanntheitsgrad und ein prägnantes Markenimage. All das fehlte Chrysler außerhalb von Nordamerika und so wurde auch die Einführung der Marke Dodge in den europäischen Markt, die man noch im Juni 2006 versuchte, ein Flop. Fiat hat das Problem der mangelnden internationalen Ausrichtung von Chrysler später dadurch zu lösen versucht, indem es Chrysler-Produkte in Europa als Fiat- oder Lancia-Modelle verkaufte. Das war eine Option für Fiat. Aber Chrysler-Modelle in Europa als Mercedes anzubieten, war gänzlich unvorstellbar.

So gingen die Dinge den Gang, den sie gehen mussten. Am 14. Februar 2007 präsentierten Dieter Zetsche und Chrysler-Chef Tom LaSorda auf der DaimlerChrysler-Jahrespressekonferenz in Auburn Hills einen „Recovery and Transformation Plan“, der Chrysler binnen drei Jahren wieder in die schwarzen Zahlen führen sollte. Neben der Stilllegung eines Chrysler-Werkes in Newark und der Reduzierung der Belegschaft um weitere 13.000 Mitarbeiter sah der Plan drei strategische Initiativen vor: Fortsetzung der Produktoffensive, Ausbau der globalen Präsenz und Aufbau von Partnerschaften, um Kosten einzusparen und zusätzliche Wachstumspotenziale zu erschließen. Das war alles gut durchdacht und auch gut gemeint: Aber glaubte wirklich noch jemand daran, dass Daimler Chrysler retten könne?

Viel größere Aufmerksamkeit als die zahlreichen Einzelmaßnahmen, die man sich ausgedacht hatte, fand bei Journalisten wie Analysten gleichermaßen eine vage Formulierung in der Pressemitteilung zum „Recovery Plan“: „Daimler prüft weitere strategische Optionen mit Partnern“. Hieß das, dass sich Daimler von Chrysler trennen würde? Auf der Hauptversammlung am 4. April 2006 erklärte Dieter Zetsche, dass „alle Optionen“ offen seien, was in dem von Spekulationen aufgeheizten Umfeld praktisch einer Bestätigung der Verkaufsabsichten gleichkam. Wenige Wochen später war es dann offiziell: „Daimler verkauft Chrysler“ titelte, gewohnt nüchtern, die Frankfurter Allgemeine Zeitung am 14. Mai 2007. Der Käufer war das amerikanische Investment-Unternehmen Cerberus Capital Management, dessen Namen gleich zu weitreichenden Interpretationen einlud. Cerberus ist in der griechischen Mythologie der „Höllenhund“, der verhinderte, dass die Toten wieder ins Reich der Lebenden zurückkehren. Beraten wurde das Unternehmen pikanterweise von Wolfgang Bernhard, der nach seinem Intermezzo bei Volkswagen gerade ohne Festanstellung war. Der alte Spruch, dass man sich im Leben meistens zwei Mal begegnet, hatte sich für die beiden „Chrysler-Retter" Zetsche und Bernhard damit auf überraschende Weise bewahrheitet. Aber es sollte nicht das letzte Mal sein, dass sich beide wieder trafen. Der „Deal" zwischen Daimler und Cerberus war einfach gestrickt: Cerberus übernahm 80,1 Prozent der neu gegründeten Chrysler Holding LLC, Daimler behielt 19,9 Prozent. Die Investmentgesellschaft zahlte 5,5 Milliarden Euro in das neue Unternehmen ein, wovon Daimler 1 Milliarden Euro erhielt. Umgekehrt verpflichtete sich Daimler, das Industriegeschäft der Chrysler Group komplett schuldenfrei zu übergeben und der neuen Gesellschaft ein Darlehen zu gewähren. Am wichtigsten war jedoch für Daimler, dass die Verpflichtungen der Chrysler Group für Pensionen und Gesundheitsfürsorge, die auf 17 Milliarden Euro geschätzt wurden, vollständig in der neu gegründeten Gesellschaft verblieben. Damit glaubte man, sich von dem Risiko befreit zu haben, einspringen zu müssen, falls Chrysler seinen Verpflichtungen gegenüber den Mitarbeitern nicht würde nachkommen können. Eine Hoffnung, die – wie sich schon bald zeigen sollte – trog.

Jürgen Schrempp äußerte sich nicht zu dem Verkauf. Hilmar Kopper hatte sich schon auf der Hauptversammlung Anfang April aus dem Spiel genommen und war als Vorsitzender des Aufsichtsrates abgetreten. Auch er äußerte sich nicht zum gescheiterten Merger of Equals, der ohne ihn sicher nicht zustande gekommen wäre. So verfügten die Medien über die uneingeschränkte Deutungshoheit über den Vorgang. Nur wenige beließen es bei einem schlichten Bericht über den Verkauf und seine Modalitäten. In den Meinungsspalten der Tageszeitungen und Wochenmagazine fehlte es nicht an polemischen Kommentaren zu einem „Debakel", das ein „Lehrstück über den Größenwahn von Managern" (Süddeutsche Zeitung v. 19.05.2007) sei. Vom „grandiosen Scheitern", einem „gigantischen Flop" war ebenso die Rede wie von einer „Hochzeit des Grauens" und dem „teuersten Betriebsunfall der Welt". Daimler, so empfanden es viele, hatte sich wieder einmal kräftig blamiert.

Der Verkauf von Chrysler war ein historischer Wendepunkt in der jüngeren Daimler-Geschichte. Seither hat es keine ernsthaften Avancen mehr gegeben, einen anderen Automobilhersteller zu übernehmen oder mit ihm zu fusionieren, ganz zu schweigen von Ausflügen in andere Branchen. All die abenteuerlichen Theorien, dass Daimler viel zu klein wäre, um alleine überleben zu können, all die Ängste, man könnte zum Übernahmekandidaten werden, wenn man allein bliebe, spielten plötzlich keine Rolle mehr. Dieter Zetsche gab die neue strategische Marschroute aus: „Wir wollen der weltweit führende Hersteller von Premium-Fahrzeugen und Premium-Services sein – in jedem Marktsegment, in dem wir weltweit tätig sind. Und wir wollen eine Kultur der Spitzenleistung leben, basierend auf gemeinsamen Werten, einer großartigen Geschichte von Innovations- und Pionierleistungen und – mit Mercedes-Benz – der stärksten Automobilmarke der Welt." Die Rückkehr zum angestammten Geschäft erleichterte nicht nur die Führungskräfte und Mitarbeiter, sondern beflügelte auch die Daimler-Aktie. Notierte sie zu Beginn des Jahres 2006 bei 46 Euro, so hatte schon der Hinweis auf die „strategischen

Optionen“ bei der Bilanzpressekonferenz im Februar genügt, um sie auf über 50 Euro zu hieven. Die Aussagen bei der Hauptversammlung brachten einen weiteren Schub auf über 60 Euro. Und als dann wenige Wochen später bekannt gegeben wurde, dass sich Daimler tatsächlich von Chrysler trennt, kratzte die Aktie an der 70-Euro-Marke – so hoch, wie seit dem Frühjahr 2000 nicht mehr.

Der Verkauf von Chrysler hatte noch ein Nachspiel, das sich schnell in eine Provinzposse verwandelte: DaimlerChrysler brauchte nach dem Wegfall von „Chrysler“ einen neuen Namen. Eine Rückkehr zur alten „Daimler-Benz AG“ wollte Dieter Zetsche mit seinem wachen Sinn für Symbole nicht. Wäre ein Wiederaufleben des alten Firmennamens nicht auch als ein Rückschritt interpretiert worden? Zetsche wollte mit der Trennung von Chrysler aber Aufbruchstimmung verbreiten und da konnte Nostalgie nur schaden. Schon bald hatte man sich dazu entschieden, künftig kurz und prägnant als „Daimler AG“ zu firmieren. Dagegen liefen nun die Nachfahren von Karl Benz Sturm: „Daimler ohne Benz, ist wie ein Auto ohne Motor“, protestierte Heidemarie Hirsch, geborene Benz in der Welt. Der „badisch-schwäbische Namensstreit“ eskalierte, als auch der Gemeinderat der Stadt Mannheim – traditionell die Heimat der „Benz‘ler“ – gegen den Wegfall des Namensbestandteils Benz eine Resolution verabschiedete. Schließlich musste sogar Dieter Zetsche selbst in die Diskussion eingreifen und die Gründe für die neue Namensgebung erläutern. Als Entgegenkommen an die Benz-Gemeinde wurde schließlich beschlossen, alle bisherigen „Daimler-Werke“ in „Mercedes-Benz-Werke“ umzubenennen. Damit sollte es mit diesem Streit auch sein Bewenden haben und hatte es denn auch tatsächlich. Auf einer außerordentlichen Hauptversammlung der DaimlerChrysler AG am 4. Oktober 2007 wurde nicht nur die Trennung von Chrysler abgesegnet, sondern auch beschlossen, dass das „neue“ Unternehmen „Daimler AG“ heißen soll.

Das Ende einer Ehe ist häufig auch das Ende eines Irrtums. Aber selbst bei der Trennung können noch Irrtümer auftreten. Bei Daimler war man davon ausgegangen, dass man bei dem Verkauf von Chrysler an Cerberus alles sauber geregelt hatte. Als das Unternehmen jedoch die restliche Beteiligung von 19,9 Prozent im Jahr 2008 verkaufen wollte, sah das ganz anders aus. Chrysler war mittlerweile durch die Finanzkrise schwer angeschlagen und Cerberus versuchte alles, um möglichst viele der unvorhergesehenen Belastungen auf Daimler abzuwälzen. Bevor es im April 2009 mit Cerberus zu einer Einigung über den Verkauf der restlichen Anteile kam, musste Daimler noch einmal tief in die Tasche greifen. Ein von Daimler gewährter Kredit wurde von Chrysler nicht zurückbezahlt und überdies musste man nun doch über einen Zeitraum von drei Jahren 450 Millionen Euro in die Chrysler-Pensionskasse einzahlen. Dass die Chrysler-Beteiligung zwischenzeitlich wertlos geworden war, hatte man schon im Jahr 2008 eingesehen und den Wert des Aktienpaketes auf null gesetzt.

Wie viel Daimler der Irrtum mit Chrysler gekostet hat – darüber ist viel spekuliert und gerechnet worden. Einige redeten von 100 Milliarden Euro. Das Unternehmen selbst hat sich dazu, aus verständlichen Gründen, nie geäußert.

Jürgen Pieper, Auto-Analyst beim Bankhaus Metzler, bezifferte den Schaden auf 40 Milliarden Euro inklusive der Investitionen, die Daimler über Jahre hinweg bei Chrysler getätigt hat. Doch das Geld war nur die eine Seite der Schlussbilanz. Auf der anderen Seite lasteten die Management-Kapazität, die jahrelang in das Gelingen des Vorhabens investiert wurde, die Erosion der Unternehmenskultur durch den endlosen Streit über die Strategie der Welt AG und schließlich auch der Reputationsverlust, den das Unternehmen hinnehmen musste. Es ist schwer, diese Belastungen zu quantifizieren, aber manchmal wiegen immaterielle Faktoren schwerer als materielle. Dennoch konnte das Unternehmen von Glück sagen, dass es die Trennung im Jahr 2007 und nicht später vollzogen hat. Die hereinbrechende Finanzkrise hätte nicht nur Chrysler, sondern auch den gesamten Konzern in die Tiefe gerissen und wäre wahrscheinlich das Ende der Daimler AG gewesen, jedenfalls in der Struktur, in der das Unternehmen dann noch einige erfolgreiche Jahre vor sich hatte. Dieter Zetsche schien nicht nur Fortune, sondern auch einen siebten Sinn für den richtigen Zeitpunkt von Entscheidungen zu haben.

Finanzkrise: Der Weltuntergang findet nicht statt

Die geladenen Gäste waren gerade beim Aperitif, als in einem kleinen Restaurant am Ufer des Genfer Sees das Licht ausging. Es war der erste Pressetag beim Genfer Automobilsalon im März 2009. Wie andere Hersteller hatte auch Opel Journalisten und Freunde des Hauses eingeladen, informell und im kleinen Kreis über neue Technologien und Modelle der Marke zu sprechen. Dass an diesem Abend ausgerechnet bei Opel das Licht ausging, war eine Panne mit Symbolcharakter. Denn das Unternehmen kämpfte wieder einmal ums Überleben. Der Europa-Chef von General Motors, Carl Peter Forster, und Opel-Chef Hans Demant waren bei dem Treffen nicht dabei: Sie mussten nach Berlin, um für Unterstützung für ihr angeschlagenes Unternehmen zu werben. Wer den 79. Genfer Automobilsalon besuchte, erlebte freilich noch ganz andere Überraschungen als ein Abendessen im Dunkeln. Die Genfer Hotels, in Messezeiten trotz horrender Preise zumeist bis auf das letzte Zimmer ausgebucht, buhlten um Gäste, der Besucherstrom auf der Messe war, verglichen mit früheren Jahren, ein Rinnsal, und auf den Messeständen standen tief verunsicherte Manager, die Stirn in Falten gelegt, und auf die Frage, wie es weitergeht, mit einem Schulterzucken antwortend. Der Genfer Salon, üblicherweise ein Ort für Glitz und Glamour, war in diesem Jahr ein Ort der Tristesse. Es schien, als ob in der ganzen Branche bald die Lichter ausgehen würden.

„Wir waren auf ein schweres Unwetter vorbereitet und sind mitten in einen Tsunami hineingeraten", gestand später, als das Unwetter vorbei war, der Präsident der Ratingagentur Moody's, Brian Clarkson. Der Verlauf und der Ausgang der Finanzkrise lesen sich wie eine Illustration von Ludwig Erhards These, dass 50 Prozent der Wirtschaft Psychologie sei – wobei es auf dem Höhepunkt der Krise 100 Prozent waren und es nur noch um Psychologie ging. Politiker, Ökonomen und Manager hatten nach den Jahren eines robusten Wirtschaftswachstums verlernt, Krisen größeren Ausmaßes für möglich zu halten. Die Unfähigkeit, das vermeintlich Undenkbare zu denken und mit ins Kalkül zu ziehen, war ein, vielleicht sogar der wichtigste Grund, warum alles viel schlimmer kam, als es hätte kommen müssen. Im Laufe des Jahres 2007 war der Schatten, den die in den USA schwelende „Hypothekenkrise" auf die Weltwirtschaft warf, immer größer geworden. Zunächst geriet in den USA eine Reihe von Hypothekenfinanzierern in Schwierigkeiten, in Großbritannien erwischte es die Northern Rock Bank, und in Deutschland kamen die Industriekreditbank und die Landesbank Sachsen unter Druck. Die als einstmals so sicher geltenden Asset Based Securities (ABS), in denen Hypothekenkredite unterschiedlicher Qualität gebündelt und im Kapitalmarkt platziert worden waren, verloren an Wert, schlimmer noch: Niemand wusste, wie hoch der Wert der hochkomplexen und intransparenten Finanzprodukte überhaupt noch war. Denn unter der tätigen Mithilfe der amerikanischen Ratingagenturen hatten auch Pakete mit Krediten zweitklassiger Bonität, sogenannte Subprime-Kredite, erstklassige Ratings erhalten. Die Notenbanken reagierten mit der Bereitstellung zusätzlicher Liquidität und konnten damit für eine gewisse Beruhigung der Märkte sorgen. Im April 2008 gab sich der Chef von Lehman Brothers optimistisch: „Das Schlimmste", so meinte er, „ist überstanden." Und im Mai 2008 erklärte der Chef der Deutschen Bank, Josef Ackermann, vollmundig: „Ich meine, dass wir am Beginn des Endes der Krise sind." Zweckoptimismus oder Irreführung der Öffentlichkeit? Die eigentliche Krise stand erst noch bevor und sie kam mit Macht. Das Jahresgutachten 2008 der „Fünf Wirtschaftsweisen", das am 12. November 2008 veröffentlicht wurde, war überschrieben mit „Finanzsystem auf der Intensivstation" und es diagnostizierte einen „völligen Vertrauensverlust" zwischen den Banken und anderen Akteuren in der Finanzwelt.

Auslöser für die rasante Talfahrt der Weltwirtschaft war der Zusammenbruch des renommierten amerikanischen Bankhauses Lehman Brothers am 15. September 2008. Danach war nichts mehr, wie es vorher war. Weder die amerikanische Regierung noch die amerikanische Notenbank hatten, obwohl der Zusammenbruch vermeidbar gewesen wäre, eingegriffen. Ihre Begründung: Der Zusammenbruch von Lehman Brothers sei zwar bedauerlich, aber kein „systemisches Risiko". Das war eine der folgenschwersten Fehleinschätzungen in der jüngeren Wirtschaftsgeschichte. Denn in der Folge herrschten in der Finanzwelt nur noch Unsicherheit, Lähmung und blinde Panik. Der Geldhandel zwischen den Banken trocknete praktisch von einem Tag auf den anderen aus, die Kreditvergabe kam zum Erliegen und die Aktienkurse brachen innerhalb weniger Tage um 20, 30 Prozent ein. Die Psychologie des Misstrauens hatte die Herrschaft übernommen. Viele hofften, dass die Krise auf die Finanzwelt begrenzt bleiben würde. Doch das war natürlich eine Illusion. Es war nur eine Frage der Zeit, wann die Finanzkrise auf die Realwirtschaft überspringen würde und auch da ging es schneller und heftiger, als viele dachten. Die Finanzkrise „infizierte" die Realwirtschaft nicht, sondern warf sie regelrecht zu Boden. Schon wenige

Wochen nach der Lehman-Pleite zeigten alle relevanten Konjunkturindikatoren nach unten: Die Nachfrage der privaten Konsumenten ging massiv zurück, Investitionspläne wurde zusammengestrichen und laufende Investitionsvorhaben gestoppt, die Auftragseingänge in der Industrie brachen ein und schon bald kam es in vielen Branchen zu Kurzarbeit und Entlassungen. Die Zirkulation von Waren und Geld kam für einige Wochen praktisch zum Erliegen.

Statistisch betrachtet war es der stärkste Einbruch der Weltwirtschaft seit dem Ende des Zweiten Weltkriegs. Aber im Grunde war es keine Krise mehr, es war ein Massaker, was da stattfand. In einem bis dahin unvorstellbaren Ausmaß wurden reale und finanzielle Vermögenswerte vernichtet. 2800 Milliarden Dollar waren nach einer Schätzung der Bank von England bis Herbst 2008 durch die Finanzkrise vernichtet worden und da war die Krise noch nicht zu Ende. Auch wer nicht wusste, was Asset Based Securities, Subprime-Kredite und Ratingagenturen waren und wie das alles miteinander zusammenhing, verstand, dass er Angst um sein Geld haben musste. In Deutschland wurden 500-Euro-Scheine ebenso knapp wie Schließfächer, in denen man sein Geld sicher verwahren konnte. Aus Bankern waren in den Medien und Internetforen längst „Bankster" geworden. Der Münchener Erzbischof Reinhard Marx beschrieb in jenen Tagen, wie er sich den Teufel im Traum vorstellte: „Er trug einen Geschäftsanzug mit Nadelstreifen und Krawatte." Die Angst vor einer neuen Weltwirtschaftskrise machte sich breit, beängstigende Vergleiche mit dem Jahr 1929 wurden gezogen. „Schwarzer Herbst" titelte DER SPIEGEL am 13. Oktober 2008 und spielte damit auf den „Schwarzen Freitag" des Jahres 1929 an. „Niemand", so die SPIEGEL-Autoren, „hat eine Antwort auf die Frage, ob er irgendwo einen Boden sieht, auf den alles, was einstürzt, fallen kann. Ein Boden, wie tief auch immer gelegen, wäre ein Ende, ein Abschluss, von dort kann man neu aufbauen. Aber es ist kein Boden in Sicht. Man kann fallen und fallen und fallen." Die Pessimisten hatten die Deutungshoheit über die Krise übernommen. Doch auch sie irrten: Der Weltuntergang fand nicht statt.

In einer Mischung aus Angst, Tatkraft und Skrupellosigkeit brachten die Regierungen und Notenbanken die Abwärtsspirale zum Stillstand. Über Jahrzehnte gepredigte Grundsätze der Geld- und Fiskalpolitik wurden innerhalb von wenigen Tagen über den Haufen geworfen. Die Welt sollte nicht wie 1929 durch eine unsinnige Sparpolitik in die Katastrophe getrieben werden. Unter Nichtbeachtung aller Regeln einer seriösen Haushaltsführung wurden schuldenfinanzierte, milliardenschwere Konjunkturprogramme aufgelegt und umgesetzt. Die Regierungen gaben weitreichende Garantien und Bürgschaften für Banken und in einzelnen Fällen beteiligten sie sich direkt an notleidenden Kreditinstituten ohne Ansehen von deren Überlebensfähigkeit. Die Notenbanken öffneten die Schleusen, versorgten die Banken mit Geld ohne Ende und ließen die Zinsen purzeln. Hatte es früher geheißen: „Too big to rescue" (zu groß, um gerettet zu werden), so hieß es jetzt: „Too big to fail" (zu groß, um zu scheitern). Der Begriff des „systemischen Risikos" inflationierte: Nach dem Zusammenbruch von Lehman Brothers wurde praktisch jedes größere Unternehmen mit dem Prädikat „systemrelevant" geadelt. Kaum jemand widersprach, zumal sich bald zeigte, dass „schnelle Hilfe doppelte Hilfe" war.

Krisenlasten und Krisenmanagement: Daimler rudert

Die Finanzkrise drückte den Automobilmarkt in die tiefsten Tiefen. Wer nicht weiß, ob er morgen seinen Job oder sein Geld oder vielleicht sogar beides verlieren wird, hat im Normalfall keine Lust, ein neues Auto zu kaufen. In den USA war der Automobilmarkt schon im Jahr 2008 um fast 20 Prozent auf rund 13 Millionen Fahrzeuge zurückgegangen. Im Jahr 2009 sank er um weitere 35 Prozent auf ein für Zeitgenossen unvorstellbar niedriges Niveau: Gerade noch 10,4 Millionen PKW, Geländewagen und Pick-ups fanden einen Käufer in einem Markt, der normalerweise für 16 bis 17 Millionen Autos gut war. Am 1. Juni 2008 meldete der größte Automobilhersteller der Welt, General Motors, in den USA Insolvenz an und wurde in der Folge praktisch verstaatlicht. In Europa begann der Einbruch später, war dann aber nicht weniger heftig. Im letzten Quartal des Jahres 2008 sanken die Neuwagenverkäufe um 20 Prozent. Und im Frühjahr 2009 ging es noch einmal weiter nach unten. Es war der stärkste Markteinbruch seit 1993. Auch in Deutschland sanken die Neuzulassungen in jenem „schwarzen Herbst" mit einer hohen zweistelligen Rate. Im November 2008 waren die Verkäufe im größten Automobilmarkt Europas um über 17 Prozent zurückgegangen. Kaum jemand wagte eine Prognose für das kommende Jahr. Schlimmer noch als bei den PKW war die Situation auf den Nutzfahrzeugmärkten. Viele Spediteure und Handelsunternehmen legten einen Teil ihrer Flotte still und keiner wäre auf die Idee gekommen, in einer solchen Situation einen neuen LKW oder einen neuen Transporter zu kaufen. Hinzu kam die Krise in der Bauindustrie, die ebenfalls ein traditionell wichtiger Abnehmer für LKW war. In den USA halbierten sich die Nutzfahrzeugverkäufe zwischen 2007 und 2009 auf nur noch knapp 200.000 Einheiten. Auch hier folgte Europa nur wenig später und auch hier wurde gegen Ende des Krisenjahres 2008 der Notstand ausgerufen.

Bei Daimler war das Jahr vor der großen Krise, das Geschäftsjahr 2007, ein gutes, ja – gemessen an der Umsatzrendite – sogar das beste Jahr im laufenden Jahrzehnt gewesen. Der Lärm um die Trennung von Chrysler übertönte zwar fast die positive Geschäftsentwicklung, aber dann ließen die außergewöhnlich guten Zahlen doch aufhorchen. Mit einer Umsatzrendite von 8,8 Prozent wurde nicht nur die Zielvorgabe des Anfang 2005 beschlossenen CORE-Programmes übertroffen, sondern auch zum ersten Mal seit vielen Jahren der interne Mindestverzinsungsanspruch für das eingesetzte Kapital von 7 Prozent. Auch wenn einige Sonderfaktoren wie der Verkauf von 7,5 Prozent der noch immer im Besitz der DaimlerChrysler AG befindlichen Anteile an der Muttergesellschaft von Airbus, der EADS, sowie die Anpassung der Abschreibungen an die verlängerte Nutzungsdauer der Produktionsanlagen das Konzernergebnis positiv beeinflussten, kam doch der wesentliche Teil der Gewinnsteigerung um 74 Prozent auf 8,810 Milliarden Euro aus dem operativen Geschäft. Im PKW-Geschäft machten sich der leichte Absatzanstieg und die eingeleiteten Kostensenkungsmaßnahmen bemerkbar. Der Gewinn der Sparte stieg um 167 Prozent auf 4,853 Milliarden Euro im Jahr 2007.

Als Dieter Zetsche im Januar 2006 sein „neues Managementmodell" vorstellte, hatte das auch Konsequenzen für das Geschäftsfeld Nutzfahrzeuge: Die Geschäftsfelder Transporter und Busse wurden vom LKW-Bereich abgespalten und in einem neuen Geschäftsfeld mit anderen, nicht-automobilen Aktivitäten zusammengeführt, das künftig „Van, Bus, Other" hieß. Das LKW-Geschäft firmierte künftig hausintern als „Truck Group". Sachliche Gründe für diese Trennung waren für Außenstehende nicht zu erkennen und so machte schon bald die Meinung die Runde, dass Zetsche damit dem vielleicht ein bisschen allzu selbstbewussten Renschler die Flügel stutzen und dessen Macht- und Einflussbereich begrenzen wollte. Aber die Truck Division war mit einem Umsatz von rund 32 Milliarden Euro und über 80.000 Beschäftigten nach wie vor ein Geschäftsbereich, der genug Spielraum bot, um sich profilieren zu können. Andreas Renschler wollte „Chef" sein und so führte er „seine" Truck Group schon damals gewissermaßen als Unternehmen im Unternehmen. Im Jahr 2007 schaffte er etwas, was es seit undenkbaren Zeiten nicht mehr gegeben hatte: Trotz rückläufiger Absatzzahlen konnte er durch ein geschicktes Kostenmanagement den Gewinn der Truck Group um 15 Prozent auf über 2 Milliarden Euro steigern und eine Umsatzrendite von 7,5 Prozent erzielen – ein Wert, den viele im hart umkämpften Nutzfahrzeuggeschäft nicht für möglich gehalten hatten. War die Abspaltung des LKW-Geschäfts vielleicht doch keine so schlechte Idee? Vorläufig wagte sich niemand daran, auch nicht Andreas Renschler, einen solchen Plan auf die Tagesordnung zu setzen.

Irgendwie schien im Jahr 2007 bei Daimler alles zu passen. Daimler war wieder in die Erfolgsspur zurückgekehrt und so war auch der Ausblick auf das Jahr 2008 von Optimismus gekennzeichnet: „Ausgehend von den Erwartungen der Geschäftsfelder", hieß es im Geschäftsbericht 2007, „rechnen wir für den Daimler-Konzern für das Jahr 2008 mit einem EBIT aus dem laufenden Geschäft deutlich über dem Niveau des Vorjahres." Und die obligatorische Chancen-Risiken-Betrachtung las sich wie ein Copy&Paste aus einem der Geschäftsberichte der Vorjahre: „Chancen und Risiken können sich aus der Entwicklung der Wechselkurse und der Rohstoffpreise ergeben sowie aus den von uns unterstellten Einschätzungen zum Markterfolg unserer Produkte." Von einer möglichen Finanzkrise keine Spur. Kein Wunder, dass es im Jahr 2008 ein böses Erwachen gab.

Wer die Finanzkrise der Jahre 2008/09 mit der Ölkrise des Jahres 1973/74 und deren Auswirkungen auf Daimler vergleicht, kann ermessen, wie wenig die Daimler AG mit der früheren Daimler-Benz AG noch gemein hatte . Das Ausmaß des Markteinbruchs bei beiden Krisen war ähnlich, der psychologische Knacks bei der Krise 1973/74 vielleicht sogar noch größer als 2008/09, beendete die Ölkrise doch eine mehr als zwei Jahrzehnte dauernde, beispiellose Wachstumsstory und die Illusion, Öl werde es auf immer genug geben. In der Ölkrise gerieten alle Automobilhersteller ins Straucheln – alle bis auf einen, und der hieß Daimler-Benz. Doch das war lange her. Der „Mythos von der Unzerstörbarkeit", der das Unternehmen damals umgeben hatte, war zerstört, die Lieferzeiten wie der „unermessliche Reichtum" hatten sich in Luft aufgelöst. In den Jahren 2008/09 gerieten alle Automobilhersteller ins Straucheln –

alle, auch die Daimler AG. Das Jahr 2008 hatte noch erwartungsgemäß gut begonnen. Schon im Juli kam es aber zu einer ersten Gewinnwarnung. Statt 8 Milliarden wurde das Gewinnziel für den Konzern auf 7 Milliarden Euro reduziert. Nach der Lehman-Pleite gingen Auftragseingänge und Verkäufe stark zurück. Im Oktober folgte die zweite Gewinnwarnung: Statt 7 Milliarden Euro sollten es jetzt nur noch 6 Milliarden Euro sein. Doch wieder unterschätzte man die Dynamik des Markteinbruchs: Das Ergebnis sauste tief in den Keller, sodass der Gewinn für das Gesamtjahr 2008 nur noch 2,730 Milliarden Euro betrug. Im PKW-Geschäft hatte sich das Ergebnis auf etwas mehr als 2 Milliarden Euro halbiert, obwohl der Absatz um lediglich 1,5 Prozent zurückgegangen war – ein deutlicher Hinweis darauf, dass man versucht hatte, mit steigenden Kundennachlässen den Absatzrückgang aufzuhalten. Bei den Trucks konnte man noch einen Gewinn von 1,6 Milliarden Euro über die Ziellinie retten, während die Zahlen bei Transportern und Bussen bereits tiefrot waren. Im Dezember vereinbarten Geschäftsleitung und Betriebsrat Kurzarbeit. Im Schatten der Finanzkrise ging unter, dass das Team McLaren-Mercedes in einem spektakulären Rennen in Brasilien Formel-1-Weltmeister geworden war. Der Fahrer, der die Weltmeisterschaft erst in der letzten Runde entschied, wurde zum bis dahin jüngsten Formel-1-Weltmeister aller Zeiten und hieß Lewis Hamilton. Doch darüber konnte sich mit Blick auf das Jahr 2009 eigentlich niemand so richtig freuen.

Jetzt wurde es auch für Daimler zunächst einmal richtig grausam. Auftragspolster gab es schon lange nicht mehr und so wurde auch Mercedes im PKW-Geschäft vom Abwärtstrend voll mitgerissen. Das LKW- und Transportergeschäft war ohnehin im freien Fall. So gab es im ersten Quartal 2009 einen Verlust von 1,3 und im zweiten Quartal von einer Milliarde Euro. Das war noch schlechter als viele Analysten erwartet hatten, sodass die Daimler-Aktie mächtig unter die Räder kam. Bluten mussten auch die Mitarbeiter. Im April 2009 wurde mit dem Betriebsrat ein Sparpaket vereinbart, das unter anderem eine Verkürzung der Arbeitszeit um 8,75 Prozent ohne Lohnausgleich vorsah. Außerdem wurde eine für Mai geplante Tariferhöhung von 2,1 Prozent auf den Oktober verschoben und die Ergebnisbeteiligung von 1.900 Euro zunächst einmal nicht an die Mitarbeiter ausbezahlt. Immerhin erhielten die Beschäftigten als Gegenleistung für diese Einschnitte für den Zeitraum zwischen dem 1. Mai 2009 und dem 30. Juni 2010 eine Arbeitsplatzgarantie. Offensichtlich verstand jeder im Unternehmen, was die Stunde geschlagen hatte und dass es galt, das Geld zusammenzuhalten. Niemand wusste, wie lange der Stillstand auf den Automobilmärkten noch anhalten und wie tief die Absatzzahlen noch fallen würden.

Der Weg aus der Finanzkrise war fast so verrückt wie der Weg in die Finanzkrise. Die jenseits aller bisherigen Regeln eingeleiteten Rettungsmaßnahmen begannen im Laufe des Jahres 2009, Wirkung zu zeigen. Jeder konnte sich ausrechnen, dass diese Art der Krisenbewältigung noch Folgen haben würde, wie etwa die ausufernde, jede Grenze übersteigende Staatsverschuldung. Oder die Aufblähung der im Umlauf befindlichen Geldmenge. War das nicht ein hohes Risiko für die Stabilität von Währungen und Wechselkursen? Wer solcherart langfristige Bedenken äußerte, wurde erstmal ignoriert. Oder er wurde auf den Vater der modernen, schuldenfinanzierten Konjunkturpolitik, John M. Keynes, verwiesen, der auf die Frage nach den langfristigen, gefährlichen Folgen der von ihm empfohlenen Rezeptur lakonisch geantwortet hatte: „In the long run we are all dead." Der Zweck heiligt auch in der Wirtschaftspolitik die Mittel und alle Wirtschaftspolitiker hofften, dass man der einen Verrücktheit nur durch eine andere Herr werden könne. Freilich mussten die politisch Verantwortlichen dabei manche Kröte schlucken: Sie mussten mit Steuergeldern Banken retten, die eben noch ihre Führungskräfte mit großzügigen Boni an den Profiten, die mit zweifelhaften Finanzprodukten erzielt wurden, beteiligt hatten. Die Finanzkrise war auch eine moralische Krise: die moralische Krise eines ungezügelten Kapitalismus.

Allmählich löste sich, wie die Fünf Wirtschaftsweisen in ihrem Jahresgutachten 2009/10 feststellten, zur Jahresmitte 2009 die Weltwirtschaft aus der „Schockstarre", in die sie durch die Gewalt der Finanzkrise versetzt worden war. Nach und nach rappelten sich die Volkswirtschaften wieder auf, selbst die arg gebeutelte US-amerikanische Wirtschaft begann sich, nicht zuletzt durch ein 700 Milliarden Dollar schweres Konjunkturprogramm, zu stabilisieren. In Europa begannen sich im Laufe des Jahres 2009, Produktion und Beschäftigung von ihren Tiefstständen zu Beginn des Jahres zu lösen. Im Aktienmarkt kehrte ein gewisser Optimismus zurück. Nachdem der Dax im Jahr 2008 noch mehr als 40 Prozent seines Wertes verloren hatte, kletterten die Kurse im Jahr 2009 auf Jahressicht um 23 Prozent nach oben. Erleichterung machte sich breit. Alle hatten das Gefühl, noch einmal mit einem blauen Auge davongekommen zu sein.

Natürlich galten die Automobilhersteller in den großen Produktionsländern als „systemrelevant". Bei dieser Bewertung spielten nicht nur die hohen Beschäftigtenzahlen eine Rolle, sondern auch die weitreichende Ausstrahlung, die die Automobilindustrie auf andere Branchen hat. Dementsprechend enthielten viele Konjunkturprogramme, die in der Krise auf den Weg gebracht worden waren, sektorspezifische Förderungen für den Automobilmarkt. Berühmt wurde, ob ihres Erfolges, die deutsche „Umweltprämie", die im Volksmund aber nur als „Abwrackprämie" bezeichnet und von der Gesellschaft für deutsche Sprache zum Wort des Jahres 2009 gewählt wurde. Sie war Bestandteil eines Rettungspaketes, das von der deutschen Bundesregierung unter der Führung von Angela Merkel und dem damaligen Finanzminister Peer Steinbrück Anfang des Jahres 2009 geschnürt worden war. Es sah vor, dass Besitzer eines Fahrzeugs, das mindestens 9 Jahre alt war, für den Kauf eines Neu- oder Jahreswagens eine Prämie von 2.500 Euro erhalten sollten. Voraussetzung war allerdings, dass das Altfahrzeug verschrottet wurde. Die Wirkung der Prämie war phänomenal: Lag die Anzahl der Anträge zunächst noch bei bescheidenen 22.000, so stieg deren Zahl binnen weniger Wochen auf über eine Million. Obwohl das Budget im Laufe des Jahres von 1,5 Milliarden auf über 5 Milliarden Euro erhöht wurde, waren die bereitgestellten Mittel am 2. September 2009 aufgebraucht. Einzelne Hersteller gerieten angesichts der überwältigenden Nachfrage in Lieferschwierigkeiten. Vor allem die Anbieter von kleineren Fahrzeugen profitierten von der Aktion. Am Ende des Jahres lagen die Neuwagenverkäufe in Deutschland um 23,2 Prozent über dem Vorjahr bei 3,807 Millionen PKW. Manche Kritiker der Prämie meinten, die Bundesregierung habe in ihrer Angst vor der großen Autokrise wohl ein wenig zu viel des Guten getan.

Auch in den Ländern, die auf Verkaufshilfen verzichtet hatten, begannen sich die Automobilmärkte im Laufe des Jahres 2009 zu stabilisieren. Von großen Wachstumsraten wollte zwar keiner sprechen. Aber der Stimmungswandel war spürbar. Als die Branche im September 2009 auf der Internationalen Automobilausstellung in Frankfurt zusammenkam, war die Verunsicherung noch immer da. Einige Hersteller fehlten ganz, die anderen kamen mit gedämpften Erwartungen. Mit neuen Modellen hoffte man die Kauflust anzufachen: „Zwischen Krise und Aufbruch" titelte die Frankfurter Allgemeine Zeitung, als die Ausstellung am 14. September 2009, fast auf den Tag genau ein Jahr nach dem Zusammenbruch von Lehman Brothers, startete. Der Verband der Automobilindustrie (VDA) erwartete dem schwierigen Umfeld angemessen 750.000 Besucher. Am Ende waren es 850.000 – kein wirklich gutes, aber doch ein optimistisch stimmendes Ergebnis.

Bei Daimler folgte auf ein schlechtes erstes Halbjahr eine bessere zweite Jahreshälfte. Über das ganze Jahr gesehen sank der Absatz dennoch um 13,4 Prozent auf 974.700 Millionen Fahrzeuge – so wenig wie zuletzt im Jahr 1998. Anders als mancher Volumenhersteller profitierten Mercedes und andere Premiumhersteller nicht von den staatlichen Kaufhilfen, da die Kaufprämien bei teureren Autos kaum ins Gewicht fielen. Auch bei den Trucks gelang die Trendwende, doch am Ende des Jahres lagen die Verkäufe immer noch um 45 Prozent unter denen des auch nicht gerade überwältigenden Vorjahres. Zwischenzeitlich war das im Frühjahr verabschiedete Kostensenkungsprogramm nochmals verschärft worden. Nicht zwei, sondern vier Milliarden Euro sollten jetzt eingespart werden. Bluten mussten nun auch die Führungskräfte, die nicht nur auf eine Gehaltserhöhung, sondern auf 5 bis 10 Prozent ihres bisherigen Gehaltes verzichten mussten. Schließlich konnte der Verlust auf 1,513 Milliarden Euro begrenzt werden. Der Geschäftsbereich PKW lag mit 500 Millionen Euro im Minus, die LKW-Sparte mit einer Milliarde. Zusätzlich belastet wurde das Konzernergebnis durch die Aufwendungen für die endgültige Abwicklung des Chrysler-Engagements. Das tat zwar weh, aber im Grunde war es natürlich ein Glücksfall, dass man Chrysler rechtzeitig vor dem Markteinbruch in den USA noch losgeworden war. Wäre Daimler 2009 noch Alleineigentümer von Chrysler gewesen, hätte die amerikanische Regierung dem Unternehmen wohl kaum 4 Milliarden Dollar Finanzhilfen gewährt, um dessen Überleben zu sichern.

16.800 Arbeitsplätze waren in der Krise verloren gegangen. Die Aktionäre mussten im Jahr 2009 auf eine Dividende verzichten. Da kam es mehr als gelegen, dass im Frühjahr des Jahres die Aabar Investments PJSC aus Abu Dhabi bei Daimler einstieg. Die staatliche Investmentgesellschaft erwarb im Zuge einer Kapitalerhöhung einen Anteil von 9,1 Prozent am Grundkapital, wodurch dem Konzern 1,95 Milliarden Euro neues Eigenkapital zuflossen. Noch eine weitere Allianz, aus der dann allerdings nur eine kurze Episode wurde, machte in diesem Jahr von sich reden: Am 19. Mai stieg Daimler bei dem damals noch weithin unbekannten Elektropionier Tesla ein. Das Unternehmen erwarb für bescheidene 50 Millionen US-Dollar einen Anteil von 10 Prozent an Tesla. Bereits im Juli 2009 wurden 40 Prozent dieses Anteils an den neuen Großaktionär Aabar Investments PJSC weiterveräußert, sodass bei Daimler ein Anteil von 6 Prozent an der Tesla Motors Inc. verblieb. Die Hoffnung, mit diesem Anteil gemeinsam mit Tesla größere Projekte realisieren zu können, erfüllten sich allerdings nicht: Elon Musk war wohl am Geld, aber nicht an einer technischen Kooperation interessiert. Finanziell betrachtet war die Beteiligung an Tesla dennoch ein Erfolg: Im Herbst 2014 wurde der Anteil an dem mittlerweile börsennotierten Unternehmen für immerhin 600 Millionen Euro verkauft – ein für Daimler damals außerordentlich erfreulicher Zufluss an flüssigen Mitteln.

Der Nebel lichtete sich. Wie die anderen Automobilhersteller hatte auch die Daimler AG die Finanzkrise überlebt. Selbst bei Opel waren die Lichter nicht ausgegangen. Im März 2010 traf sich die Branche wieder in Genf. Der Glamour kehrte ebenso zurück wie das alte Selbstvertrauen. Über 100 neue Modelle feierten Premiere. Der Weltuntergang hatte nicht stattgefunden – auch nicht bei Daimler.

Im Zwischenreich von Stimmungen

„Die Erfindung von Daimler und Benz hat die Welt zum Besseren verändert – und sie wird dies auch weiter tun. Als Erfinder haben wir dabei den Anspruch, auch die Zukunft der Mobilität von der Spitze weg zu gestalten: mit faszinierenden Marken, grünen Technologien und neuen Geschäftsideen. Wir haben noch viel vor!" Am 29. Januar 2011 feierte die Daimler AG mit einem Festakt in Stuttgart-Untertürkheim das 125-jährige Jubiläum des Automobils. Nichts erinnerte an die verunglückte 100-Jahr-Feier im Januar 1986. Auf eine große Bühnenshow wurde ebenso verzichtet wie auf eine Live-Übertragung im Fernsehen. Statt des Bundespräsidenten kam die Bundeskanzlerin und mit ihr viele Freunde und Wegbegleiter des Hauses wie Franz Beckenbauer, Boris Becker und Michael Schumacher. Die Promi-Dichte war hoch und Dieter Zetsche gut gelaunt. Seine Ankündigung, dass man noch viel vorhabe, wurde von Angela Merkel gerne aufgegriffen: „Das A und O dessen, was Daimler und Benz uns lehren: niemals stillstehen, immer weitermachen, immer wieder träumen und immer wieder zu neuen Ufern aufbrechen." Die Botschaft tat wohl. Schon ein halbes Jahr vor dem Jubiläum hatte man in die Geschichtskiste gegriffen und einigermaßen überraschend den noch wenige Jahre zuvor verfemten Wahlspruch Gottlieb Daimlers „Das Beste oder nichts" auf den Thron gehoben: Er wurde nicht nur zum Leitspruch für das Unternehmen, sondern jetzt sogar zum offiziellen Claim der Marke mit dem Stern. Damit, so hieß es in einer offiziellen Pressemitteilung des Hauses, wolle man den Führungsanspruch der Marke Mercedes-Benz unterstreichen.

Grund zum Feiern gab es genug, denn das vorausgegangene Geschäftsjahr 2010 gehörte zu einem der erfolgreichsten in der Unternehmensgeschichte. „Dieter Zetsche will hoch hinaus", meldete die Stuttgarter Zeitung am 14. April 2010 in einem Bericht über die an diesem Tag stattfindende Hauptversammlung in Berlin. „Wir wollen", wird Zetsche zitiert, „2010 etwa doppelt so schnell wachsen wie der globale PKW-Markt." Das gelang zwar nicht ganz, denn der Weltautomobilmarkt explodierte geradezu und verzeichnete mit einem Zuwachs von 12 Prozent eine Wachstumsrate, wie sie die Branche schon lange nicht mehr erlebt hatte. Aber immerhin stieg der Absatz bei Mercedes um überdurchschnittliche 17 Prozent. Zetsche hatte die Messlatte etwas zu hoch gelegt. Dafür übte er sich bei der Ergebnisprognose in Tiefstapelei: So kündigte er für das Jahr 2010 einen Konzerngewinn „von mehr als 2,3 Milliarden Euro" an. Am Ende des Jahres waren es über 7 Milliarden Euro, denn nicht nur bei den PKW, sondern auch bei den Nutzfahrzeugen waren die Zahlen wieder in Ordnung. Die Umsatzrendite im PKW-Geschäft erreichte mit 8,7 Prozent fast den Rekordwert des Jahres 2007 (9,1 Prozent) und Andreas Renschler hatte bei den Trucks aus einem Minus von 5,5 Prozent eine Rendite von plus 5,5 Prozent gemacht. Der Turnaround nach den drastischen Rückgängen in der Finanzkrise war gelungen.

Zwei weitere Nachrichten sorgten in diesem Jahr für große Aufmerksamkeit: Im 7. April 2010 gab das Unternehmen „eine weitreichende strategische Kooperation" mit Renault-Nissan bekannt. Zwar wurde die Nachricht nach dem gerade abgeschlossenen Chrysler-Kapitel sowohl innerhalb wie auch außerhalb des Unternehmens nicht ohne Bangen aufgenommen, aber Zetsche konnte beruhigen: Es war weder ein Merger of Equals noch eine Übernahme geplant, sondern schlicht und ergreifend eine technologische Zusammenarbeit auf bestimmten Gebieten, die mit einer kleinen wechselseitigen Kapitalbeteiligung abgesichert werden sollte. Und dann kehrte ein alter Bekannter zurück: Wolfgang Bernhard wurde wieder in den Daimler-Vorstand berufen. Dort übernahm er ab dem 18. Februar 2010 die Verantwortung für den Bereich Produktion und Einkauf im Geschäftsfeld Mercedes-Benz Cars. Es schien, als würden beide – Daimler und Bernhard – nicht voneinander lassen können.

„Daimler-Chef Zetsche peilt 2011 neue Rekorde an": Die Überschrift zur Daimler-Hauptversammlung am 13. April 2011 kündete vom neu gewonnenen Selbstvertrauen des Unternehmens und des Vorstandvorsitzenden. Die weltweiten Automobilmärkte waren trotz der mittlerweile heraufziehenden Schulden- und Eurokrise weiter auf Wachstumskurs. „2011 wollen wir da weitermachen, wo wir 2010 aufgehört haben", erklärte Zetsche den Aktionären und versprach: „Wann immer möglich werden wir noch eine Schippe drauflegen." Das gelang auch: Der Konzerngewinn für das Geschäftsjahr 2011 lag mit 8,76 Milliarden Euro um 20 Prozent über dem Vorjahr. Produktion und Absatz in allen Geschäftsbereichen waren weiter gewachsen. Die Umsatzrendite im PKW-Geschäft stieg von 8,7 auf beachtliche 9,0 Prozent. Die

Aktionäre erhielten eine Dividende von 2,20 Euro nach 1,85 Euro im Vorjahr und die Beschäftigten, die nach Jahren des Verzichts schon im Jahr 2010 eine Ergebnisbeteiligung von 3.150 Euro erhielten, konnten sich im Jahr 2011 über eine Sonderzahlung von 4.100 Euro freuen.

Doch aller Erfolge zum Trotz wollte im und um das Unternehmen herum nicht so recht Stimmung aufkommen. Gründe dafür gab es. Da war zum einen der Wettbewerber aus München. BMW hatte in der zweiten Hälfte der 1990er-Jahre etwas den Anschluss verloren. Während Mercedes mit der ersten Produktoffensive glänzte, kämpfte BMW mit der völlig verunglückten Übernahme von Rover. Alle Versuche, aus Rover ein wettbewerbsfähiges Unternehmen zu machen, scheiterten. Im Frühjahr 2000 wurde Rover für einen symbolischen Preis von 10 Pfund an einen Finanzinvestor verkauft. Analysten schätzten, dass BMW der Rover-Deal etwa 10 Milliarden D-Mark gekostet hatte. Immerhin hatte man sich die Marke Mini gesichert und das war ein Pfund, mit dem man in den Folgejahren im Kleinwagensegment wuchern konnte. Bernd Pischetsrieder, der die Übernahme unbedingt gewollt hatte, musste BMW verlassen und mit ihm auch der hochgelobte Wolfgang Reitzle, was viele nicht verstanden. Unter dem anfänglich unterschätzten neuen Vorstandsvorsitzenden Professor Joachim Milberg kämpfte sich BMW mit einer exzellenten Modellpolitik nach und nach zurück in den Markt. Während Daimler versuchte, seine sperrige Tochter Chrysler zu sanieren, rückte BMW mit seinen Absatz- und Ergebniszahlen immer näher an Mercedes heran. Im Jahr 2005 war es dann soweit: Zum ersten Mal verkaufte BMW mehr Autos als Mercedes und war damit neuer Marktführer im Premiumsegment. Viele empfanden das als einen epochalen Einschnitt, vor allem als schon bald klar wurde, dass dies nicht ein einmaliges Ereignis bleiben würde. Jahr für Jahr baute BMW seinen Vorsprung auf Mercedes aus, hatte überdies mit dem Mini einen um Strecken erfolgreicheren Kleinwagen im Angebot als Mercedes mit dem Smart und überdies auch noch die weltweit exklusivste Luxusmarke Rolls Royce, während Daimler mit dem Maybach nicht so recht vorankam. Besonders schmerzlich war, dass BMW nicht nur bei den Stückzahlen, sondern auch bei der Profitabilität an Mercedes vorbeizog. Über Jahrzehnte hinweg war Mercedes deutlich profitabler als BMW gewesen, was nicht zuletzt an der starken Position von Mercedes in der Oberklasse mit der außerordentlich gewinnträchtigen S-Klasse lag. Doch BMW holte auch hier auf. Die Verschiebungen im Absatzmix hin zu den ertragsstarken SUV und das ausgeprägte Gespür der Münchener für Effizienz und Kosten führten schließlich dazu, dass BMW Mercedes auch beim Gewinn überholte: Im Jahr 2011 wies BMW eine geradezu sensationell anmutende Umsatzrendite von 10,8 Prozent aus. Dagegen nahmen sich die 9 Prozent bei Mercedes, was gewiss kein schlechter Wert war, fast schon bescheiden aus. Über Jahre hinweg – nur unterbrochen durch die Finanzkrise – konnten sich die BMW-Aktionäre über steigende Dividenden und Aktienkurse freuen. Mit anderen Worten: Nicht Daimler, sondern BMW war mittlerweile der Liebling der Börsen.

Die diffuse Stimmung in Stuttgart hatte aber auch interne Gründe. Da war zunächst die Modellpolitik. Das Segment der Premium Sports Tourer, das

Jürgen Hubbert in den Mittelpunkt der zweiten Produktoffensive gestellt hatte und von dem man sich große Wachstumsraten erhoffte, erwies sich als Fehlspekulation. Die R-Klasse, die – wie es in einer Ankündigung hieß – „die Vorteile der sportlichen Limousine, des Kombis, des Vans und des Sport Utility Vehicles (SUV) zu einem eigenständigen Profil" vereinen sollte, erwies sich von Anfang an als Flop. Es war wie so oft bei Flops kein qualitativ schlechtes, dafür aber völlig am Markt vorbei gedachtes Auto. Im Grunde sollte die R-Klasse eine Reiselimousine mit einem großzügigen Raumkonzept und einer erhöhten Sitzposition für vielreisende Geschäftsleute oder Großfamilien auf dem technischen Niveau einer S-Klasse sein. Nur schwer verständlich war aber für viele Kaufinteressenten, warum die hintere Sitzbank nur Einzelsitze aufwies, so dass allenfalls vier Personen bequem in dem fünf Meter langen Fahrzeug reisen konnten. Bereits ein Jahr nach der Markteinführung wurde dieser Fehler korrigiert und die zweite Sitzreihe mit einer durchgehenden Sitzbank angeboten, was aber das Auto auch nicht retten konnte. Aufgrund seines hohen Aufbaus wirkte der Sports Tourer alles andere als sportlich und der hohe Einstiegspreis machte die R-Klasse für Familien nur schwer erschwinglich. Letztlich erwies sich das Auto nicht als der erhoffte „Trendsetter in der Automobilindustrie", als das es noch im Geschäftsbericht für 2006 angepriesen worden war. Im Jahr 2012 wurde das Auto vom Markt genommen und in der Frankfurter Allgemeinen Zeitung in einem Nachruf als „Dieter Zetsches Rohrkrepierer" bezeichnet, was nicht fair war, denn nicht Zetsche, sondern sein Vorgänger war für das unglückliche Konzept dieses Fahrzeugs verantwortlich. Die B-Klasse, der zweite Premium Sports Tourer, wurde im Markt zwar gut aufgenommen, doch von den meisten Käufern nicht als ein eigenständiges Fahrzeug, sondern schlicht als eine größere A-Klasse wahrgenommen. Tatsächlich war für die B-Klasse das Sandwich-Konzept der A-Klasse übernommen worden, sodass das Auto technisch wie auch optisch eine große Ähnlichkeit mit dem kleineren Modell aufwies. Im Jahr 2004 waren von der A-Klasse allein 143.000 Einheiten verkauft worden. Im Jahr 2011 wurden von der A-Klasse und der B-Klasse zusammen 192.000 Fahrzeuge verkauft, was schon erahnen lässt, dass der Kannibalisierungs-Effekt zwischen den beiden Baureihen extrem hoch war.

Das wirkliche Wachstum im Automobilmarkt fand in jenen Jahren nicht bei den Sports Tourern statt, sondern bei den SUV, die immer mehr Freunde gewannen. Damit hatte man bei Mercedes offensichtlich nicht gerechnet. Zwar wurde bereits im Jahr 2006 ein weiterer Geländewagen, der GL, eingeführt, doch der war aufgrund seiner Größe vorrangig für den nordamerikanischen Markt gedacht und kam in Europa nie über den Status eines Nischenfahrzeugs hinaus. Erst im Jahr 2008 kam dann der GLK, der im stark wachsenden Mid-Size-Segment des SUV-Marktes reüssieren sollte. Das Auto kam spät, einen Wimpernschlag vor dem Audi Q5, aber 5 Jahre nach dem BMW X3, der, wie es in einem zeitgenössischen Vergleichstest zwischen den drei Modellen heißt, schon seit dem Jahr 2003 „in dieser Klasse abräumt". Mit seinem kantigen Design war der GLK zwar eine auffällige Erscheinung, aber ohne besondere technische Finessen. Obwohl man damit schon in der ersten Hälfte der

2000er-Jahre nicht nur positive Erfahrungen gemacht hatte, ging die Suche nach der „Nische in der Nische“ weiter. Im Jahr 2008 versuchte man es noch einmal mit dem Sport-Coupé auf Basis der C-Klasse, dessen herausragendes Merkmal – auch wenn man es in Stuttgart nicht gern hörte – das „Stummelheck“ war. Doch schon im Jahr 2011 wurde die Produktion mangels Nachfrage eingestellt und stattdessen ein C-Klasse Coupé in den Markt eingeführt. Ein weiteres Nischenfahrzeug war der Shooting Brake. Der überraschende und in diesem Ausmaß nicht erwartete Erfolg des CLS hatte die Produktmanager ermutigt, eine solche Variante anzubieten. Gedacht war die im Jahr 2012 vorgestellte Baureihe X 218, wie sie werksintern hieß, als ein Crossover-Modell aus Coupé und Kombi. Das Auto sorgte für Aufsehen und polarisierte, sorgte aber nicht für große Stückzahlen.

Ansonsten gab es in den Jahren zwischen 2006 und 2011 die in der Branche üblichen Modellwechsel und Modellpflegen. Im Jahr 2007 wurde die neue C-Klasse (Baureihe 204) in den Markt eingeführt und im Jahr 2009 die neue E-Klasse (Baureihe 212), mit der das Vier-Augen-Gesicht endgültig ad acta gelegt wurde. Beworben wurde das neue Modell mit dem Slogan „Willkommen zu Hause. Die neue E-Klasse“, ein Slogan, der gemessen am modernen Design des Fahrzeugs dann doch schon etwas arg hausbacken daherkam. Zum optischen Highlight der Baureihe wurde das im Jahr 2010 eingeführte E-Klasse Cabrio. Im gleichen Jahr kam es auch zur Neuauflage des Erfolgsmodells CLS, das jetzt natürlich nicht mehr den Neuigkeitswert hatte, wie das bei der Erstauflage als sensationell empfundene Designkonzept. Das Jahr 2011 brachte dann nochmals eine Welle von Modellwechseln mit der dritten Generation der M-Klasse (W 166) und der zweiten Generation der B-Klasse (W242/246), bei der man nun auf die Sandwich-Bauweise verzichtete, um mehr Gleichteile mit anderen Baureihen einsetzen zu können. Ebenfalls im Jahr 2011 folgte die dritte Generation des SLK (R 172), die deutliche stilistische Anleihen am Super-Sportwagen SLR aufwies, aber die Käufer nicht mehr in dem Maße mobilisieren konnte, wie man das von den vorausgegangenen Modellgenerationen sagen konnte.

Technisch waren jene Jahre durch die weitere elektronische Aufrüstung der Fahrzeuge mit zahlreichen Assistenzsystemen geprägt, die teils der Sicherheit, teils dem Komfort oder auch beidem dienten. Die Reihe immer neuer Kürzel und Anglizismen nahm kaum noch ein Ende: DISTRONIC PLUS, PRE-SAFE, ACTIVE BODY CONTROL, ATTENTION ASSIST, INTELLIGENT LIGHT SYSTEM, DIRECT CONTROL, NECK-PRO, COMMAND, ADAPTIVE BRAKE ... Für die Kunden wurde es immer schwieriger, nicht nur was das Modellprogramm, sondern auch was die Ausstattung der Fahrzeuge anbelangte, den Überblick zu behalten. Schwerer als mit der „Digitalisierung“ der Fahrzeuge tat man sich erstaunlicherweise bei der traditionellen Automobiltechnik. Mit dem starken Anstieg der Rohöl- und Kraftstoffpreise, der im Grunde schon im Jahr 2001 begonnen hatte, hatte das Thema „Kraftstoffverbrauch“ für die Kunden wieder einen steigenden Stellenwert beim Kauf eines neuen Autos bekommen. BMW hatte mit einem Paket an Maßnahmen zur Kraftstoffeinsparung technisch vorgelegt und das Ganze auch noch mit dem werbewirksamen

Slogan „Efficient Dynamics“ gut verpackt. Mercedes folgte, wobei es Jahre dauerte, bis endlich ein einprägsamer Begriff gefunden wurde: Nach BlueTEC und TrueBlueSolutions hieß das Technik-Paket seit 2008 „BlueEFFICIENCY“. Es umfasste Optimierungen beim Gewicht, bei der Aerodynamik, Rollwiderstand sowie beim Antrieb und Energiemanagement. Mit einer neuen Generation von 4-Zylinder-Motoren, deren Produktion im Oktober 2008 startete, den beiden ersten Hybrid-Modellen der S- und M-Klasse (S 400 HYBRID/ML 450 HYBRID) sowie einer neuen Generation von 6- und 8-Zylinder-Motoren ab dem Jahr 2010 konnte man die Verbräuche signifikant um 20 Prozent reduzieren und damit den Rückstand in der Motorentechnik gegenüber den wichtigsten Wettbewerbern allmählich aufholen. Doch so war es in Vielem: Man holte auf, ohne zu überholen. Die Rückstände, Versäumnisse und Altlasten aus der Chrysler-Zeit lasteten eben noch immer auf dem Unternehmen.

Ein Problemfall blieb der Smart. Nach der Einstellung des ForFour im Jahr 2006 und der Entscheidung, den Kompakt-SUV ForMore nicht zu bauen, war die Marke wieder zum Ein-Produkt-Unternehmen geworden. Im April 2007 begann die Auslieferung der zweiten Generation des Zweisitzers, der dann ab dem Jahr 2008 auch in den USA angeboten wurde. Der Vertrieb erfolgte jedoch nicht über die dortige Tochtergesellschaft, sondern über die United Auto Group (UAG), einem der größten Automobilhändler in Nordamerika, dessen Inhaber der langjährige Geschäftsfreund von Daimler, Roger Penske, war. Der Start verlief mit 24.600 verkauften Fahrzeugen im Jahr 2008 vielversprechend. Doch schon im Jahr 2009 gingen die Verkäufe auf 14.600 Einheiten zurück und im Jahr 2010 waren es dann nur noch 5.900 Autos. So wurde die Zusammenarbeit mit der UAG im Jahr 2011 beendet und der Vertrieb von der Mercedes-Benz of North America übernommen. Das 10-jährige Jubiläum der Marke Smart am 3. September 2008 wurde dem wirtschaftlichen Erfolg des Autos entsprechend bescheiden gefeiert. Immerhin erreichte der Absatz im Jubiläumsjahr 139.000 Fahrzeuge, nachdem die Verkaufszahlen davor und danach um die 100.000 Einheiten schwankten. Mit dem Start des Carsharing-Projektes car2Go in Ulm im Jahr 2009 und der Vorstellung des Smart ForTwo electric drive gelang es, das Auto noch einmal in die Schlagzeilen zu bringen. Ein weiterer „Neuanfang“ für die Marke war da aber schon durch die Zusammenarbeit mit Renault beschlossen. Es sollte nicht der letzte bleiben.

Insgesamt brachte die Modellpolitik jener Jahre bei Mercedes viele neue, gut gemachte Modelle, aber wenig wirklich Spektakuläres hervor. Zwar hatte man die leidige Qualitätsdiskussion, die in den Jahren 2004 und 2005 so viel Sorgen gemacht und so viel Geld gekostet hatte, beenden können. Aber gute Qualität war für eine Premiummarke zu wenig, um sich in den Vordergrund spielen zu können. So war der SLS Flügeltürer von AMG das zweifellos spektakulärste Auto der ersten sieben Amtsjahre von Dieter Zetsche. Natürlich war das 2009 in den Markt eingeführte Auto kein Volumenträger, aber doch eines jener Ausrufezeichen, die eine Premiummarke braucht, um im Gespräch zu bleiben. Währenddessen starb ein anderes Luxusauto mitsamt der ganzen Marke einen Tod auf Raten. Das „Projekt“ Maybach, von Anfang an ein ebenso überflüssiges wie verlustreiches Vorhaben, wurde durch einen Vorstandsbeschluss im Herbst 2011 beendet. Zuvor hatte es nicht an Versuchen gefehlt, mit immer neuen Varianten und Sondermodellen noch irgendetwas zum Positiven bewegen zu können. Doch im Jahr 2010 wurden gerade mal 200 Maybach-Fahrzeuge verkauft, über die gesamte Produktionsdauer seit dem Jahr 2002 waren es 3.000 Einheiten – noch nicht einmal so viel wie BMW zwischenzeitlich in einem Jahr an Rolls Royce verkaufte. Das letzte Maybach-Sondermodell hieß Zeppelin, was einen unfreiwilligen Symbolcharakter hatte: Zeppelin – das war jenes große, bauchige Luftschiff, dessen Geschichte nach einem schweren Unglück am 6. Mai 1937 in Lakehurst im amerikanischen Bundesstaat New Jersey tragisch endete.

Mercedes war aus der Finanzkrise wie Phönix aus der Asche aufgestiegen. Doch das waren andere Automobilhersteller auch. „Wir haben noch viel vor", hatte Dieter Zetsche beim Festakt zum 125-jährigen Jubiläum des Automobils im Januar 2011 angekündigt. Doch vorläufig spürte niemand etwas davon, dass – wie Angela Merkel das so schön formuliert hatte – Daimler auf dem Weg zu „neuen Ufern" sei.

Die Entdeckung Chinas

Schon im Jahr 2006 war China auf einer Weltkarte nicht zu übersehen. Das bevölkerungsreichste Land der Erde war auch keine „terra incognita" mehr – zumindest nicht für Audi und für BMW. Allein in Stuttgart-Untertürkheim schien man zu glauben, das „Reich der Mitte" links liegen lassen zu können. Tatsächlich kann man die Geschichte von Daimler bis zum Jahr 2006 schreiben, ohne China überhaupt zu erwähnen. Audi produzierte damals schon seit vielen Jahren in China und verkaufte im Jahr 2006 80.000 Autos. BMW hatte im Jahr 2004 mit dem Start einer eigenen Produktion mit seinem Joint-Venture-Partner Brilliance begonnen. Und Mercedes? Mercedes konnte im Jahr 2006 gerade mal 16.400 Autos in China verkaufen – an den Aufbau einer eigenen Produktion in dem Riesenland dachte niemand. China spielte in den strategischen Überlegungen des Konzerns bis dahin so gut wie keine Rolle. Dabei war der chinesische Automobilmarkt seit Anfang der 2000er-Jahre dramatisch von 700.000 Einheiten auf über 3 Millionen Einheiten im Jahr 2006 gestiegen und damit so groß wie der deutsche Markt. Hat Daimler den Boom auf dem chinesischen Markt im Gegensatz zu seinen beiden Wettbewerbern in München und Ingolstadt verschlafen?

Die Annäherung des Konzerns an den chinesischen Markt ist in ihren Anfängen eine Mischung aus Fehleinschätzungen, Mutlosigkeit und falschen strategischen Weichenstellungen. Dabei war Daimler direkt und indirekt schon früh in China präsent: Im Jahr 1994 wurde in Beijing eine „Family Car"-Ausstellung durchgeführt, auf der Mercedes „eine speziell für den zukünftigen chinesischen Markt entwickelte Studie eines Kompaktwagens, das ‚Family Car China' (FCC)" präsentierte, wie es in einer Presseinformation aus dem Jahr 1994 hieß. Im Grunde handelte es sich um ein modifiziertes A-

Klasse-Konzeptfahrzeug, das von einem 3-Zylinder-Benzinmotor mit 1,3 Liter Hubraum und einer Leistung von 55 PS angetrieben werden sollte. Die Präsentation blieb jedoch ohne Folgen, nicht zuletzt deshalb, weil sich schon bald zeigte, dass die Chinesen von einem deutschen Hersteller von Luxusautos keinen untermotorisierten, popligen Kompaktwagen haben wollten, sondern genau jene Fahrzeuge, die dieser Hersteller auch in Europa, Nordamerika und anderswo auf der Welt anbot.

Nach der Übernahme von Chrysler im Jahr 1998 und dem Ziel, eine Welt AG zu werden, rückte Asien stärker in den Fokus von Daimler. Doch strategisch richtete man sich eher auf die traditionellen Absatzmärkte wie Japan und Südkorea aus und nahm einige der anderen größeren und wachstumsträchtigen Märkte Südostasiens in den Blick – aber nicht China. Die Übernahme von Mitsubishi und die Zusammenarbeit mit Hyundai waren keine Allianzen zur Eroberung des chinesischen Marktes. Dabei hatte Daimler mit dem Zusammenschluss mit Chrysler auch ein amerikanisch-chinesisches Joint Venture, die Beijing Jeep Corporation, übernommen. Gegründet worden war das Joint-Venture bereits im Jahr 1984 zwischen der American Motor Corporation (AMC), zu der auch die Marke Jeep gehörte, und der Beijing Automobile Works (BAW), die wiederum ein Tochterunternehmen der Beijing Automotive Industry Holding Corporation (BAIC) war. Mit der Übernahme von AMC durch Chrysler und der Übernahme von Chrysler durch Daimler gehörte das kleine Joint Venture nun plötzlich zum großen DaimlerChrysler-Konzern. Strategische Bedeutung wurde diesem chinesisch-amerikanisch-deutschen Gemeinschaftsunternehmen nicht beigemessen. Wohl niemand hätte damals geahnt, dass daraus einmal das größte Produktionswerk für Mercedes-Benz-PKW weltweit werden würde.

Nachdem immer klarer wurde, dass man – wenn auch aus unterschiedlichen Gründen – mit Mitsubishi und Hyundai auf die falschen Partner in Asien gesetzt hatte, setzte sich mehr und mehr auch die Erkenntnis durch, dass man möglicherweise die falschen Märkte anvisierte. Befördert wurde diese Erkenntnis nicht nur durch das starke Wachstum des chinesischen Marktes, sondern auch durch den offensichtlichen Erfolg, den der Volkswagen-Konzern mit seiner Marke Audi in diesem Markt hatte. Audi hatte schon im Jahr 1988 mit dem ältesten chinesischen Automobilhersteller, der First Automobile Works (FAW), einen Lizenzvertrag geschlossen, der es FAW erlaubte, im Werk Changchun im Nordosten Chinas den Audi 100 aus Teilesätzen, die von Audi aus Deutschland geliefert wurden, zu montieren. Als die Volkswagen AG und FAW 1995 eine Zusammenarbeit vereinbarten, wurde die Audi-Fertigung in dieses Joint Venture integriert. Ab 1996 wurde das Spitzenmodell von Audi, der Audi 200, mit einem wachsenden Anteil an lokalen Zulieferungen gefertigt und im Jahr 2000 begann die Produktion des Audi A6, der in China schnell zum meistverkauften Premiumfahrzeug wurde und den Grundstein für die schnelle Expansion von Audi in China legte. Zum Erfolg des Modells trug nicht zuletzt die Tatsache bei, dass das Fahrzeug mit einem verlängerten Radstand angeboten wurde. Damit trug man der Tatsache Rechnung, dass ein Auto in dieser Klasse anders als in Europa oder auch in Nordamerika in

China ein „Chauffeur-Fahrzeug“ war, das im Fond ausreichend Platz für den Fahrgast bieten musste. Schon im Jahr 2003 folgte als zweites Modell der Audi A4. Die „Lokalisierungsstrategie“ war ein Erfolg, wie die ständig steigenden Absatzzahlen zeigten. Unterdessen beschäftigte sich auch BMW intensiv mit dem chinesischen Markt und im Jahr 2003 konkretisierten sich die Pläne zum Aufbau einer lokalen Fertigung des BMW 3er. Wie alle industriellen Aktivitäten war auch dies nur über die Gründung eines Joint Ventures mit einem heimischen Unternehmen möglich. BMW wählte als Partner den privaten chinesischen Automobilhersteller Brilliance. Im Mai 2004 wurde ein neugegründetes Werk in Shenyang mit einem „mittelfristigen Produktionsziel von 30.000 BMW-Fahrzeugen pro Jahr“ (BMW-Geschäftsbericht 2004) eröffnet. Schon bald lagen auch die Absatzzahlen von BMW in China weit über denen von Mercedes.

Die Marke Mercedes-Benz verfügte auch in China als Inbegriff deutscher Ingenieurskunst über eine außergewöhnliche Strahlkraft. Der Mercedes-Stern konnte das wachsende Bedürfnis der chinesischen Wirtschaftselite nach Status und Prestige wie kaum eine andere Marke befriedigen. Das Tor nach China war für Mercedes im Grunde weit geöffnet – man musste nur durchgehen. Aber trotz der Erfolge der beiden Wettbewerber gab es bei Daimler viele Zweifler, ob man in China in einem größeren Umfang investieren sollte. Jürgen Schrempp, der mit seiner zusammenbrechenden Welt AG alle Hände voll zu tun hatte, konnte und wollte den Bock nicht umstoßen. So blieb das Engagement in China lange Zeit in der Schwebe.

China war in den 2000er-Jahren ein Eldorado für die Freunde von „Fakes“, also gefälschten Markenprodukten. In den großen Städten, vor allem in Beijing und Shanghai, konnte man an jeder Ecke gefälschte Rolex-Uhren, gefälschte Louis-Vuitton-Taschen oder auch gefälschte Piqué-Hemden von Ralph Lauren kaufen. Schon bald wurden solche Artikel beliebte Mitbringsel von Geschäftsleuten und Touristen, die China in wachsendem Maße bereisten. Das Unwesen mit gefälschten Produkten machte auch vor dem Automobilbereich nicht Halt und so konnte man in China in jenen Jahren Autos sehen, die unverkennbar Kopien westlicher Vorbilder waren. Berühmt wurde das Plagiat eines BMW X5 namens Shuanghuan CEO, der im Straßenbild Chinas gar nicht einmal so selten anzutreffen war und der sogar nach Deutschland importiert werden sollte. Es bedurfte eines längeren Rechtsstreits, bis dem deutschen Importeur mit Namen „Münchener China Automobile“ die Einfuhr dieses Fahrzeugs untersagt wurde und er schließlich die betreffenden Fahrzeuge vernichten musste. Der fehlende Schutz geistigen Eigentums in China war für jedes Unternehmen, das damals mit dem Gedanken spielte, in China zu produzieren, ein Risiko. Bei einer „Luxusmarke“ wie Mercedes war dieses Risiko besonders hoch. Die riesigen Mengen von gefälschten Mercedes-Sternen, die von China aus weltweit in Umlauf gebracht wurden, lassen die Zurückhaltung von Daimler gegenüber China ein Stück weit begreiflich erscheinen. Dennoch war nicht zu übersehen, dass der chinesische Markt ein riesiges Potenzial hatte – auch und gerade für Premiummarken. Aufgrund der eigenen Unschlüssigkeit stand Mercedes lange Zeit als einzige der drei großen deutschen Premiummarken ohne chinesischen Partner und ohne eigene Fertigung in China da. Erst am 3. Mai 2004 anlässlich eines Staatsbesuchs des chinesischen Premierministers Wen Jiabao wurde ein „Projektvorschlag" zwischen der DaimlerChrysler AG und der Beijing Automotive Industry Holding Company (BAIC), also dem Partner von Chrysler, vereinbart. Er sah die Fertigung der E- und C-Klasse mit einer jährlichen Produktionskapazität von 25.000 Fahrzeugen vor. Unterzeichnet wurden die Verträge zur Gründung des Joint Ventures im Herbst des gleichen Jahres. Der Deal wurde in den Medien als ein längst überfälliger Schritt begrüßt und „nach den jüngsten Rückschlägen im Asiengeschäft" – gemeint war der Ausstieg bei Mitsubishi – als Erfolg für Jürgen Schrempp verbucht. Doch die Umsetzung des „Projektes" dauerte lange. Der ursprünglich für das Jahr 2005 geplante Produktionsbeginn musste immer wieder verschoben werden. Im September 2006 begann dann endlich die Produktion der E-Klasse in China und damit eine Erfolgsgeschichte, die den Daimler-Konzern in den folgenden Jahren in mehr als einer Hinsicht verändert hat.

Es gehört zu den unbestreitbaren Verdiensten von Dieter Zetsche, dass er nach seiner Berufung zum Vorstandsvorsitzenden die chinesische Karte zu spielen begann und mächtig Druck machte, um das Wachstumstempo auf dem weltweit am schnellsten expandierenden Automobilmarkt zu forcieren. Er wusste, dass die künftige Weltmarktführerschaft im Premiumsegment nicht in Europa und auch nicht in Nordamerika, sondern in China entschieden werden würde. Noch vor dem Ausbruch der Finanzkrise, die China kaum tangierte, begannen die Mercedes-Verkäufe in China mit zweistelligen Zuwachsraten zu steigen. Alle Bedenken wegen Patentschutz und Fakes wurden weggewischt. Mercedes wollte wachsen und wo ging das besser und schneller als in China? Was jetzt begann, war eine der verrücktesten Aufholjagden, die es in der Automobilindustrie, jedenfalls in der deutschen Automobilindustrie, je gegeben hat. Im Jahr 2009 wurden in China 67.000 Mercedes-Benz-PKW verkauft, BMW lag bei 90.600 und Audi mit 158.941 nach wie vor deutlich in Führung. Für die S-Klasse war China sensationellerweise schon im Jahr 2009 der wichtigste Markt weltweit, was natürlich auch am krisenbedingten Einbruch der Verkaufszahlen in den USA und Europa lag. Im folgenden Jahr, 2010, stieg der Mercedes-Absatz um sagenhafte 140 Prozent auf 160.000 Fahrzeuge, nicht zuletzt, weil das Unternehmen jetzt auch endlich die E-Klasse als Chauffeur-Fahrzeug mit verlängertem Radstand anbot.

Den gestiegenen Stellenwert von China in der Strategie des Konzerns zeigte die wachsende Präsenz auf den beiden großen Automobilmessen in Beijing und Shanghai. So feierte der GLK seine Premiere im April 2008 in Shanghai, was auch eine Referenz an die chinesischen Gastgeber war. Mit dem Ausbau des Angebots an Finanzdienstleistungen schuf man sich einen weiteren Hebel zur Absatzsteigerung. Seit Februar 2009 bot die Mercedes-Benz Auto Finance China (MBAFC) als erster Autofinanzierer auch das Leasing von Fahrzeugen an. Parallel zu den wachsenden Aktivitäten im PKW-Bereich, wurde im Januar 2009 eine Kooperationsvereinbarung zum Bau von mittelschweren und schweren LKW mit der Foton Motor Corporation geschlossen. Daimler wollte in China als Unternehmen wahrgenommen werden, das sich langfristig und in allen Bereichen im Land engagiert. Zwischenzeitlich waren auch die PKW-Kapazitäten gemeinsamen mit der BBAC auf 100.000 Einheiten aufgestockt worden.

Im Jahr 2011 hatte Mercedes, was die PKW-Verkäufe anbelangt, fast schon zu BMW aufgeschlossen: Während die Münchener 233.000 Fahrzeuge absetzen konnten, lag Mercedes mit 223.000 Einheiten nur knapp dahinter und Audi war mit 313.000 verkauften Autos zumindest in Sichtweite. Es schien nur eine Frage der Zeit, bis Mercedes an BMW vorbeiziehen und Audi auf den Füßen stehen würde. Doch das Jahr 2012 brachte einen Rückschlag. Insider hatten ihn befürchtet, für Außenstehende blieb er zunächst unverständlich. China war zwischenzeitlich auch für Daimler keine „terra incognita" mehr, aber ein wenig hatte man sich doch in der manchmal etwas komplizierten chinesischen Welt verheddert.

Die mit den vier Ringen

Wenn man Anfang der 1990er-Jahre Fachleute gefragt hätte, wer den beiden Premiumchampions Mercedes und BMW gefährlich werden könnte, hätten wahrscheinlich die meisten Lexus genannt, einige vielleicht auch Volvo, Jaguar oder Infinity. Audi hatte damals kaum jemand auf seiner Watchlist. Zwar hatte das Unternehmen mit einigen technischen Finessen auf sich aufmerksam gemacht, dem permanenten Allrad-Antrieb zum Beispiel oder der reichlichen Verwendung von Aluminium zur Gewichtsreduktion. Mit dem Audi quattro feierte man überdies auf Rallyes mit Walter Röhrl als Fahrer große Erfolge. Die Handschrift des passionierten Ingenieurs und Vorstandsvorsitzenden Ferdinand Piëch war überall spürbar. Andererseits war da das gefällige, aber doch etwas konventionell-langweilige Design, der nüchterne Auftritt der Marke in der Werbung und auf Messen sowie auch die Nähe zum Mutterkonzern VW. Eberhard von Kuenheim, Vorstandsvorsitzender von BMW, soll einmal gesagt haben: „Solange Audis in den gleichen Verkaufsräumen stehen wie Volkswagen, brauchen wir vor denen keine Angst zu haben." Ein Hauch von nüchterner Biederkeit umwehte die Marke. „Premium" jedenfalls sah anders aus.

Hinzu kam, dass die Marke auf ihrem Weg, ein globaler Mitspieler zu werden, in den 1980ern einen gewaltigen Rückschlag erlitten hatte, und zwar ausgerechnet auf dem größten Markt für hochwertige und luxuriöse Fahrzeuge, den USA. 1986 lief im amerikanischen Fernsehsender CBS eine Reportage mit dem Titel „Out of Control". Gezeigt wurde, wie der Audi 5000, so hieß der Audi 100 damals in den USA, unbeabsichtigt beschleunigte. Schon in den Jahren davor war es immer wieder zu Beschwerden und Vorwürfen gegen das Unternehmen gekommen. Mehrfach wurden tödliche Unfälle auf die „unbeabsichtigte Beschleunigung" des Audi-Modells zurückgeführt. Bei Audi war man verzweifelt, denn eine technische Ursache für dieses Verhalten des Fahrzeugs war nicht zu entdecken. Stattdessen hatte man die Vermutung, dass die Fahrer Bremse und Gaspedal, die für amerikanische Verhältnisse beim Audi relativ eng beieinander waren, verwechselten und es dann zu entsprechenden Beschleunigungsvorgängen kam. Doch bevor man dies aufklären konnte, hatten sich längst amerikanische Verbraucheranwälte der Sache angenommen und die in den USA bekannt hohen Schadensersatzklagen eingereicht. Audi wollte Recht behalten – statt mit den vermeintlich Geschädigten und ihren Anwälten irgendeinen Vergleich auszuhandeln, bestritt man die Vorwürfe. Der CBS-Beitrag war eine Reaktion auf die hartnäckige Weigerung des VW-Konzerns, Schadensersatzzahlungen zu leisten. Die Folgen waren gravierend: Nachdem Audi langsam, aber stetig seine Marktposition in den USA verbessert und im Jahr 1985 immerhin 74.000 Fahrzeuge in den USA verkauft hatte, brach der Absatz nach dem TV-Bericht schlagartig ein. Audi musste seinen Versuch, gegenüber amerikanischen Verbraucheranwälten Recht zu behalten, teuer bezahlen: Anfang der 1990er-Jahre konnte Audi in den USA nur noch 12.000 Fahrzeuge verkaufen. Aus dem Beispiel hätte der VW-Konzern viel lernen können, als sich Behörden, Verbraucheranwälte und Gerichte auf die „Defeat Devices“ in den Diesel-Fahrzeugen des Konzerns stürzten. Doch das Lernen aus der eigenen Geschichte gehört nicht zu den Stärken von Großkonzernen.

Irgendwann entdeckte jemand in Ingolstadt, dass im Premiumsegment nicht nur gute, technisch außergewöhnliche Produkte zählen, sondern auch Image ein wichtiger Erfolgsfaktor ist. So begann im Jahr 1994 der Aufbruch und die Neuausrichtung der Marke, angeführt von dem jungen und ehrgeizigen Vorstandsvorsitzenden von Audi, Rupert Stadler, der auch schon mal mit harten Bandagen um einen Platz an der Sonne kämpfte. Der Marken-Claim „Vorsprung durch Technik“, den man einer alten Werbekampagne für den legendären NSU Ro 80 entliehen hatte, war gut und brauchbar. Es galt, ihn mit Leben zu füllen. Die Marke wurde neu positioniert: technikorientiert, sportlich und sympathisch sollte sie sein. Mit einem neuen Marken-Logo – den vier Ringen statt dem veralteten Marken-Signet – und mit neuen Modellbezeichnungen sollte die Modernisierung der Marke sichtbar gemacht werden: Audi A4 statt Audi 80 und Audi A6 statt Audi 100 hießen von nun ab die beiden wichtigsten Baureihen.

Als nächstes wagte man mit dem Audi A8 den Sprung ins Oberklassen-Segment, wohl wissend, dass man gegen die Mercedes S-Klasse und den BMW 7er stückzahlmäßig würde nicht allzu viel ausrichten können. Aber damals waren Oberklassen-Limousinen noch immer Imageträger für eine gesamte Marke. So galt es, gerade bei diesem Modell Akzente zu setzen. Der A8 war das erste Serienfahrzeug mit einer Vollaluminium-Karosserie und die erste Luxuslimousine mit Allrad-Antrieb. Schon früher als die anderen Premiumhersteller, die um den Dieselantrieb in Oberklassenfahrzeugen einen großen Bogen machten, bot Audi den A8 außerdem auch mit einem 8-Zylinder-TDI-Motor an. Das ließ über den Kreis der eingefleischten Audi-Fans hinaus aufhorchen.

Das Design der Fahrzeuge wurde vereinheitlicht, modernisiert und geschärft. Die Werbung wurde cool und sollte doch emotional sein. Der alte TV-Spot, in dem ein Audi auf einer schneebedeckten Skisprungschanze mühelos nach oben fährt, wurde ebenso Kult wie der „Wackel-Elvis" an der Windschutzscheibe. Die Erfolge beim legendären Langstreckenrennen von Le Mans waren ungleich besser in Szene gesetzt als die Rallye-Erfolge der 1980er-Jahre. Le Mans hatte noch immer einen Klang und mit den turbo-aufgeladenen, direkteinspritzenden Benzinmotoren konnte man eine weitere technische Duftmarke setzen. Und schließlich bekam auch der Audi-Vertrieb ein neues Gesicht. Statt in VW-Verkaufsräumen standen die Audis nun in markenexklusiven Händlerbetrieben mit einer damals futuristisch anmutenden, aber ganz zum anvisierten Image passenden Hangar-Architektur. So wurde die Marke jetzt auch am Point-of-Sale erlebbar.

Was BMW in den 1980er-Jahren gelungen war, der Aufstieg zur globalen Premiummarke, gelang Audi im Verlauf der 2000er. Ziemlich unumwunden machte Rupert Stadler deutlich, wohin er Audi führen wollte: nicht nur auf Augenhöhe mit den Wettbewerbern – da war er ja schon –, sondern an die Spitze des Premiumsegments. Es gab mittlerweile nur noch wenige Fachleute, die das nicht für möglich hielten. Zwar hinkte Audi, was die verkauften Stückzahlen anbelangte, den beiden Wettbewerbern aus Stuttgart und München lange Zeit hinterher. Im Jahr 2000 verkaufte Mercedes bereits über 1 Million Fahrzeuge, BMW 820.000, Audi lag bei lediglich 643.000 Fahrzeugen. Doch schon im Jahr 2006 hatte sich das Bild verändert: BMW war mit 1,185 Millionen Einheiten Nummer 1 im Premiumsegment, Mercedes lag bei 1,149 Millionen und Audi nur noch knapp unter der Millionengrenze. In den folgenden Jahren begann sich die Lücke zu den beiden scheinbar übermächtigen Wettbewerbern weiter zu schließen, denn wie kein anderer Premiumhersteller profitierte Audi vom Wachstum des chinesischen Marktes. Audi nutzte das frühe Engagement des VW-Konzerns, um im Windschatten der Volumenmarke VW eine starke und bald schon dominierende Position im schnell wachsenden Premiumsegment des politisch noch kommunistischen, wirtschaftlich aber auch sehr kapitalistischen Landes aufzubauen.

Im Jahr 2011 wurde es ernst. Aus dem Zweikampf um den Spitzenplatz bei Premiumautomobilen war ein Dreikampf geworden. BMW lag bei den Verkaufszahlen über das ganze Jahr hinweg an der Spitze. Am Jahresende hatte man 1,380 Millionen Fahrzeuge verkauft, inklusive Mini sogar 1,665 Millionen. Da auch Mercedes Quartal für Quartal Absatzsteigerungen melden konnte, stellten sich jetzt viele auf ein Kopf-an-Kopf-Rennen zwischen BMW und Mercedes ein. Da meldete sich im Dezember 2011, kurz vor Weihnachten, Rupert Stadler in einem Gespräch mit dem Handelsblatt zu Wort: Audi, so Stadler, werde in diesem Jahr weltweit erstmals mehr Autos verkaufen als Mercedes. „An diesem Fakt ist nicht mehr zu rütteln", erklärte er stolz den Handelsblatt-Redakteuren. Der Vorsprung von Audi per November sei für Mercedes nicht mehr einzuholen. Tatsächlich hatte Audi am Jahresende 1,302 Millionen Autos verkauft, weniger als BMW, aber mehr als Mercedes. Die 1,279 Millionen Einheiten, die die Marke mit dem Stern im Jahr 2011 absetzen konnte, waren zwar ein neuer Rekord, es reichte eben nur für den dritten Platz. Die Kraft der „Bundesligatabellen“ begann zu wirken. Trotz glänzender Verkaufszahlen war in Untertürkheim mit dem Erreichten niemand so richtig zufrieden. Hinzu kam, dass Audi nicht nur bei den Stückzahlen, sondern auch beim Gewinn glänzte. Dabei machte sich die Einbindung von Audi in den VW-Konzern bemerkbar, denn während BMW und Mercedes gemessen am Weltmaßstab noch immer kleine Player waren, konnte Audi bei Motoren und Getrieben von den günstigen Entwicklungs- und Produktionskosten eines Konzerns profitieren, der sich anschickte, die weltweite Nummer eins im Autogeschäft zu werden. So erreichte Audi im Jahr 2011 eine Umsatzrendite von 11,0 Prozent, die höher war als bei Mercedes und sogar höher als bei BMW. Rupert Stadler triumphierte und legte im Interview mit dem Handelsblatt noch eine Schippe drauf: Bis 2015 wolle Audi BMW auch bei den Stückzahlen überholen und Weltmarktführer im Premiumsegment werden. „Audi“, resümierte das Handelsblatt, „gibt sich mit Silber nicht zufrieden.“ Ein Branchenbeobachter meinte zum Dreikampf der drei deutschen Premiumgiganten süffisant: „Das könnte auf dem obersten Treppchen ziemlich eng werden.“

Seuchenjahr 2012

Am 1. Januar 2012 startete Dieter Zetsche in das siebte Jahr seiner Amtszeit. Zeit, eine Bilanz zu ziehen, hatte er nicht. Er stand unter Druck, und zwar gewaltig.

Das Jahr 2012 hatte eigentlich mit einem Paukenschlag, und zwar mit einem positiven Paukenschlag, begonnen: Auf dem Genfer Automobilsalon Anfang März wurde die neue A-Klasse, der W176, präsentiert. A-Klasse? Nein, das war kein einfacher „Modellwechsel“, wie man ihn zum Beispiel vom Golf kannte, keine bloß evolutionäre Weiterentwicklung eines bewährten Modells. Die neue A-Klasse war ein völlig anderes Auto als das Vorgängermodell – sowohl technisch wie auch optisch. Ohne Zweifel: Das Auto war einer der Stars auf einer Messe, die mit vielen neuen und extravaganten Autos bestückt war. Die Idee hinter dem neuen Modell war klar: Eroberung. „A steht für Angriff“, erklärte Dieter Zetsche auf der Pressekonferenz in Genf und betonte das Ziel, mit dem Fahrzeug „ein klares Statement zur neuen Dynamik der Marke Mercedes-Benz“ abzugeben. Sportlich, emotional, dynamisch – vor allem aber „cool“ sollte die neue A-Klasse wirken, um damit BMW und Audi im Kompaktwagensegment alt aussehen zu lassen. 18 Zentimeter tiefer als der Vorgänger, Diamantgrill und Zentralstern, Doppel-Lamellen links und rechts, zusätzliche seitliche Lufteinlässe und ein Dachspoiler gaben dem Auto die gewünschte sportlich-dynamische Anmutung. Es war sicht- und spürbar, dass die Sportwagentochter AMG von Anfang an in die Entwicklung des neuen Modells mit einbezogen worden war. Rote Bremssättel und rote Akzente an der Front- und Heckschürze sollten Power und Performance signalisieren.

Auch das oft als primitiv und billig kritisierte Interieur der ersten A-Klasse war deutlich aufgewertet worden. Die Instrumentierung und die galvanisierten Oberflächen der Zierelemente sollten einen „cool touch“ vermitteln. Bei den Sitzen und Stoffen wurde auf eine hohe Wertanmutung geachtet.

Wohl bei kaum einem anderen Modell stand das Design so sehr im Vordergrund wie bei der neuen A-Klasse. Sie war das Gesellenstück von Gordon Wagener, der 2009 die Leitung des Mercedes-Designs übernommen hatte. Galt das Design der von seinem Vorgänger Peter Pfeiffer gestalteten Modelle als „zeitgemäß“ und „gefällig“, manche bezeichneten es auch als „mutlos“ und „langweilig“, so verfolgte Wagener einen expressiven, zweifellos auch ein wenig polarisierenden Designstil. „Mit unserer Designphilosophie der sinnlichen Klarheit“, erläuterte er einmal seinen Ansatz, „haben wir eine Formensprache entwickelt, mit der wir unsere Produkte perfekt in Szene setzen: Sie müssen hot&cool sein, das meint, sie müssen schön, sexy und zudem modern und technisch sein.“ Mercedes, in Sachen Design lange Zeit im Schatten von BMW und Audi, gewann an Profil und viele sahen in Mercedes plötzlich einen Trendsetter. Die A-Klasse begründete Wageners Aufstieg bei Daimler. Einige Jahre später, am 1. November 2016, wurde er auf die neu geschaffene Position des „Chief Design Officer“ berufen.

Aber nicht nur beim Design, sondern auch bei der Technik gab die A-Klasse die Richtung der künftigen Modellentwicklung vor. Der Frontantrieb wurde zwar beibehalten, die „Sandwich“-Bauweise aber war passé. Die technische Vereinheitlichung zur Kostenoptimierung wurde weiter vorangetrieben: Die A- und B-Klasse bauten jetzt auf der gleichen modularen Frontantriebsarchitektur (MFA) auf. Antrieb und Fahrwerk zeigten den von einem Journalisten identifizierten „Mercedes-Trend zu gesteigerter Fahrdynamik“. Man wollte sich in Sachen Performance und Sportlichkeit nicht hinter den beiden Wettbewerbern verstecken. Erstmals wurde die A-Klasse auch als AMG angeboten: Mit dem A 45 AMG, ausgestattet mit einem 2-Liter-Turbomotor mit 360 PS, konnte es nun auch der Nachwuchs richtig krachen lassen.

Natürlich gab es intern wie auch extern Stimmen, die die neue A-Klasse kritisch sahen. Es war kaum vorstellbar, dass die bisherigen Fahrer der A-Klasse Gefallen an dem neuen Modell finden würden. Die Kombination aus erhöhter Sitzposition, praktischem Einsteigen, guter Übersichtlichkeit und großem Stauraum hatte seine Anhänger – vor allem unter „älteren Herren mit weißem Schopf“, wie es in einem Testbericht der Frankfurter Allgemeinen Zeitung hieß. Die aber, so die Kritik des Testers, wolle Mercedes offensichtlich nicht mehr bedienen. Die Kritik ging an der Sache vorbei: Die neue A-Klasse sollte nicht „alte“ Mercedes-Kunden – „alt“ in einem durchaus doppelten Sinn – „bedienen“, sondern sie sollte neue, vor allem junge Kunden für die Marke begeistern. So war auch die Marketing-Kampagne mit viel Social Media und Roadshow ganz auf diese Zielgruppe ausgerichtet. Auch die damals hoch populäre deutsche Fußballnationalmannschaft um Bastian Schweinsteiger, Toni Kroos und Mesut Özil wurde in die Markteinführungskampagne einbezogen.

Anzeigen und Plakate zeigten die Konterfeis der Fußballhelden, die zwei Jahre später mit dem Gewinn der Fußballweltmeisterschaft Geschichte schrieben.

Der Erfolg des neuen Autos war beeindruckend: Noch bevor das Fahrzeug in den Showrooms stand, gab es viele begeisterte Kommentare und am Ende des Jahres konnte man über einen Auftragsbestand von 90.000 Bestellungen berichten. „Alle wollen zu den ersten gehören, die mit dem Auto fahren", freute sich Dieter Zetsche in einem Interview mit der ZEIT, was in diesem Fall auch wirklich keine Übertreibung war. 40 Prozent der A-Klasse-Käufer in Deutschland kamen von anderen Marken. Die Eroberungsstrategie war aufgegangen, Dieter Zetsche seinem Ruf als junger, dynamischer Manager offensichtlich gerecht geworden.

Schon wenige Tage nach der Weltpremiere der neuen A-Klasse in Genf folgte der zweite Paukenschlag: Am 29. März wurde im Beisein des ungarischen Ministerpräsidenten Viktor Orbán das neue Mercedes-Werk in Kecskemét eröffnet. Schon im Juni 2008 hatte der Daimler-Vorstand beschlossen, in Ungarn ein neues Werk zu bauen. Es sollte dazu beitragen, „die Portfolioerweiterung im Kompaktsegment von bisher zwei auf künftig vier Modelle nachhaltig wirtschaftlich zu gestalten", wie es in der offiziellen Ankündigung des Unternehmens hieß. Schon seit Jahren hatten die Automobilhersteller ihre Lieferanten aufgefordert, einen Teil ihrer Fertigung in sogenannte „Low-Cost"-Länder zu verlagern. Nun vollzog Daimler selber diesen Schritt. Die Signalwirkung war beträchtlich. Denn obwohl Osteuropa mittlerweile für viele Automobilhersteller eine wichtige Produktionsbasis geworden war, hatte man von Daimler eine derartige Produktionsverlagerung nicht unbedingt erwartet. Niemand hätte sich noch wenige Jahre zuvor vorstellen können, einen Mercedes zu kaufen, der in Osteuropa produziert wurde. Doch die Zeiten hatten sich verändert. Die Angst vor einer Standortflucht des Konzerns aus Deutschland machte kurzzeitig die Runde. Die Eckdaten für das neue Werk – mehr als 800 Millionen Euro Investition, 2.500 Arbeitsplätze und eine Produktionskapazität von über 100.000 Einheiten – verunsicherten vor allem die Beschäftigten im Werk Rastatt, in dem bislang exklusiv die Modelle der A- und B-Klasse gebaut wurden. Daimler beruhigte: Auch in Rastatt würden 600 Millionen Euro in die Modernisierung der Produktion investiert werden. Gleichwohl war klar, dass Mercedes damit seine Flexibilität erhöhte und bei etwaigen Neuanläufen die Werke Rastatt und Kecskemét gegeneinander ausspielen konnte. Der Betriebsrat machte – was hätte er auch anders tun können – gute Miene zu einem Spiel, von dem niemand genau vorhersagen konnte, wie es ausgehen würde. Zunächst wurde in Kecskemét nur die B-Klasse gefertigt, bereits im Januar 2013 folgte das neue viertürige Coupé der A-Klasse-Modellfamilie, der „CLA".

Am 4. April 2012 fand die Hauptversammlung in Berlin statt. Eigentlich hätte es für Dieter Zetsche eine entspannte Veranstaltung werden können: Die Geschäftszahlen für das Jahr 2011 waren gut, für das erste Quartal 2012 konnte er über eine Gewinnsteigerung berichten und auch sonst waren die Aussichten für das laufende Geschäftsjahr nicht schlecht. Mit der neuen, begeisternden A-Klasse im Rücken hätte das ein Heimspiel werden müssen. Doch es kam anders.

Auf die immer wieder geäußerte Kritik, Mercedes sei gut, aber BMW verkaufe mehr Autos, hatte Zetsche noch im Januar 2011 anlässlich der Detroit Motor Show gegenüber dem amerikanischen Wirtschaftsmagazin Forbes gekontert: „Sales are not our No. 1 priority", und damit einer alten Argumentationslinie die Treue gehalten, dass bei Daimler zuerst die Profitabilität und dann die Verkaufszahlen kommen würden. Intern stimmte das allerdings nur noch bedingt, denn auch bei Daimler ging es mittlerweile um Stückzahlen und um das Ziel, immer mehr Autos zu verkaufen. Aber mit seiner Antwort konnte er immerhin das alte Image von Mercedes als hochprofitables Unternehmen aufrechterhalten. Doch schon im Frühsommer 2011 verabschiedete der Daimler-Vorstand ein neues Strategieprogramm mit dem schlichten Namen „Mercedes-Benz 2020". Der Inhalt des Programmes war ebenso simpel wie ambitiös: „Wir haben das Ziel, hinsichtlich Profitabilität und Absatz die Nummer 1 im Premiumsegment zu werden. Wenn wir die Führung unter den Premiumherstellern beanspruchen, dann müssen wir auch die Führung beim Volumen übernehmen", erklärte Dieter Zetsche anlässlich der 64. IAA in Frankfurt/M. im September 2011 den anwesenden Journalisten und er fügte noch hinzu, dass er dieses Ziel bis spätestens 2020 erreichen wolle. Das war eine folgenschwere Ankündigung, die nun auch offiziell als ein Strategiewechsel gedeutet werden konnte und auch so gedeutet wurde. Zugleich aber – und das war etwas, was er möglicherweise unterschätzte – machte ihn diese Aussage zu einem Gefangenen. Von nun ab wurde er an diesem Ziel gemessen. Es gab kein Entkommen mehr. Journalisten, Analysten und Investoren nahmen ihn beim Wort und sie waren natürlich nicht bereit, jetzt bis zum Jahr 2020 zu warten, ob er denn sein Ziel erreichen oder verfehlen würde. Ständig würden sie verfolgen, ob der Abstand zu den relevanten Wettbewerbern in diesem Jahr oder gar in diesem Quartal größer oder kleiner geworden ist.

Zu spüren bekam Zetsche die Folgen seiner Ankündigung schon auf der Hauptversammlung. Nach einem Jahr, in dem Mercedes vom zweiten auf den dritten Platz in der Bundesliga-Tabelle der Verkaufsstückzahlen zurückgefallen war, fehlte es nicht an spitzen Bemerkungen gegen den Vorstandsvorsitzenden. Ingo Speich, Sprecher des Großaktionärs Union Investment, ging mit Zetsche hart ins Gericht: „Nicht Daimler", so Speich, „sondern BMW und Audi sind heute im Premiumsegment das Maß aller Dinge." Und er beklagte, dass sich die Daimler-Aktie im Jahr 2011 um 20 Prozent schlechter als die von BMW entwickelt habe. Das zurückliegende Jahrzehnt, so Speich weiter, sei für den einstmals größten Premiumhersteller der Welt eine „verlorene Dekade" gewesen. So oder ähnlich ging es weiter. Nicht nur auf der Hauptversammlung, sondern auch in Interviews und Pressekonferenzen wurde immer wieder die Frage gestellt, woran es liege, dass Daimler BMW und Audi im Hinblick auf Wachstum und Profitabilität offensichtlich hinterherhinkte. War man strategisch falsch aufgestellt? Hatte man irgendetwas verschlafen? Oder waren die anderen einfach nicht doch besser? Dieter Zetsche reagierte zunehmend genervt. Hatte er Daimler nicht in einer außerordentlich schwierigen Situation übernommen und trotz der Turbulenzen durch die Finanzkrise wieder auf Kurs gebracht? Warum würdigte man nicht die Fortschritte, die das Unternehmen unter seiner Führung gemacht hatte? Warum mokierte man sich immer nur über die Defizite, die es sicher noch immer gab und die er ja auch nicht wegredete? Warum hielt man ihm immer wieder die Zahlen und Erfolge der beiden Wettbewerber vor die Nase, die ja unter ganz anderen Voraussetzungen als Daimler in die zweite Hälfte der 2000er-Jahre gestartet waren und sich zum Beispiel von keiner Altlast wie Chrysler befreien mussten? Dieter Zetsche, der große Kommunikator, der unprätentiöse und schalkhafte „Dr. Z“ wurde dünnhäutig. Wer ihm zu nahe kam, wer auch nur ansatzweise Kritik äußerte, musste damit rechnen, unwirsch angeblafft oder mit zynischer Ironie auf die Seite geschoben zu werden. Als Zeichen der Stärke wertete das niemand.

„Whatever it takes“ – es waren die wichtigsten drei Worte des Jahres 2012, vielleicht sogar die des ganzen Jahrzehnts. Gesagt hatte sie der Präsident der Europäischen Zentralbank, Mario Draghi, in einer Rede auf einer Investoren-Veranstaltung im September 2012. Es waren erlösende Worte, denn über Wochen und Monate hatte sich eine gewaltige Spekulation gegen den Euro auf den internationalen Finanzmärkten aufgebaut. Als Folge der staatlichen Konjunkturprogramme zur Bekämpfung der Finanzkrise war die Staatsverschuldung in Europa dramatisch angestiegen. Einigen südeuropäischen Ländern – allen voran Griechenland, aber auch Portugal, Italien und Spanien – drohte der Staatsbankrott. Zu vermeiden war er nach Einschätzung vieler Experten nur durch den Austritt dieser Länder aus der europäischen Währungsgemeinschaft. Das aber hätte das Ende des Euro bedeutet. Das „Endspiel um den Euro“, wie es in einem Bericht von tagesschau.de am 2. Januar 2012 heraufbeschworen wurde, entschied Draghi mit seinem berühmten Satz „Within our mandate, the *ECB* is ready to do *whatever it takes* to preserve the euro“. Als klar war, dass die EZB alles tun würde, um den Euro zu retten, beruhigte sich die Spekulation, die Zinsen für Staatsanleihen der besonders gefährdeten Staaten gingen zurück, der Bankensektor stabilisierte sich und die europäische Wirtschaft insgesamt kam wieder in ruhigeres Fahrwasser. So umstritten Draghis bedingungsloses Commitment für den Euro auch war, am Ende waren es die richtigen Worte zur richtigen Zeit.

Doch bis diese Worte gesprochen worden waren, hatten die Turbulenzen um den Euro längst auch die europäischen Automobilmärkte in Mitleidenschaft gezogen. Der ohnehin nach der Finanzkrise nicht so recht in Schwung gekommene europäische Automobilmarkt ging weiter zurück. Zunächst erfasste er die Volumenhersteller: Fiat klagte über die mangelnde Auslastung seiner Werke, Opel geriet wieder einmal in Schieflage und Peugeot schloss eine Fabrik komplett und baute Tausende von Arbeitsplätzen ab. Doch schon bald zeigten sich auch im Premiumsegment Bremsspuren. Der Wettbewerb wurde härter, die Rabatte gingen wieder nach oben, die verkauften Stückzahlen nicht. So robust das Unternehmen früher war, so anfällig war Daimler jetzt. Hinzu kamen noch zwei hausgemachte Probleme: Die beiden für die Profitabilität des Unternehmens besonders wichtigen Baureihen, die E-Klasse und die S-Klasse, standen am Ende ihres Lebenszyklus, die Absatzzahlen gingen zurück, sodass teure Programme zur Abstützung der Verkaufszahlen gefahren werden mussten. Der Erfolg der neuen A-Klasse war erfreulich, aber die A-Klasse konnte nicht das an Gewinn ersetzen, was bei den beiden anderen Baureihen verloren ging.

Auch in China, auf das man sich in den letzten Jahren als zuverlässigen Wachstumsbringer verlassen konnte, lief nicht alles zum Besten. Zum ersten Mal seit Anfang der 2000er-Jahre, also seit Chinas Aufbruch, eine wirtschaftliche Weltmacht zu werden, schwächelte die Wirtschaft und in der Folge auch der Automobilmarkt. Es war ein Schwächeln auf hohem Niveau, aber erstmals seit vielen Jahren war die Wachstumsrate nur einstellig. Das Hauptproblem für Daimler war freilich auch in diesem Markt ein hausgemachtes. Das Wachstum der Marke Mercedes in China war seit dem Jahr 2006 gigantisch gewesen aber es überdeckte ein strukturelles Problem, das man zunächst nicht gesehen oder jedenfalls gewaltig unterschätzt hatte. Über Jahre hinweg hatte Daimler in China parallel mit zwei Vertriebsorganisationen gearbeitet: die eine verkaufte die importierten, die andere die im Land hergestellten Fahrzeuge. Der Vertrieb für die importierten Fahrzeuge wurde anfänglich über den Mercedes-Generalimporteur in Hongkong abgewickelt, dem man die Vertriebsrechte für „Mainland China" in völliger Verkennung des Potenzials, über das dieser Markt verfügte, übertragen hatte. Die im Land produzierten Fahrzeuge wurden über das Joint Venture mit der BAIC verkauft. Die Folge der Konkurrenz zwischen beiden Vertriebsorganisationen war, dass die chinesischen Händler mit Fahrzeugen zugestellt wurden, da jede der beiden Vertriebsorganisationen so viel wie möglich verkaufen wollte. So entstand die paradoxe Situation, dass ausgerechnet die exklusivste Marke, und Mercedes war in China immer noch die exklusivste Premiummarke, die höchsten Rabatte an Kunden gewährte. Auf Dauer kostete das nicht nur viel Geld, sondern schadete auch dem Image der Marke. Es war als würde man eine Tasche von Louis Vuitton billiger bekommen als von Kors. Für eine Neuordnung des Vertriebs war es daher angesichts des mittlerweile erreichten Absatzvolumens höchste Zeit. Der Konflikt wurde dadurch gelöst, dass der Vertrieb in einer Gesellschaft, der Beijing Mercedes-Benz Sales Service Co. Ltd., zusammengeführt wurde und sich die BAIC daran mit 50 Prozent beteiligte. Allerdings hatte die Neuordnung zur Folge, dass zunächst Altbestände bei den Händlern abverkauft werden mussten und damit der Absatz von Mercedes an seine Handelsorganisation ins Stocken geriet. So musste Mercedes nach Jahren explosionsartig gestiegener Verkäufe im Jahr 2012 einen Absatzrückgang hinnehmen, was auch zur Folge hatte, dass der Abstand zu den beiden strategischen Wettbewerbern wieder zunahm: Während der Absatz von Mercedes um rund 7 Prozent auf 208.000 Fahrzeuge zurückging, konnte BMW seine Verkäufe auf 327.300 und Audi sogar auf über 400.000 Einheiten steigern. Das war nicht das, was Analysten und Investoren erwartet hatten, und auch nicht das, was Dieter Zetsche versprochen hatte.

Das dritte Quartal war ernüchternd und so kam es, wie es kommen musste: „Daimler muss überstürzt Gewinnwarnung geben", titelte der Spiegel am 24. Oktober 2012, wobei sich das „überstürzt" darauf bezog, dass Daimler die Gewinnwarnung aufgrund einer E-Mail-Panne in den USA früher als geplant veröffentlichen musste. Überraschend war sie nicht, denn bereits im

September hatte das Unternehmen darüber informiert, dass Mercedes sein Ergebnisziel für 2012 – ein Gewinn auf Vorjahresniveau – nicht erreichen würde. Die Gewinnwarnung war deshalb besonders schmerzlich, weil sowohl BMW als auch Audi ihre Absatz- und Ergebnisziele fast genau zur gleichen Zeit bekräftigten. Porsche spielte ohnehin ertragsseitig in einer anderen Liga und verzeichnete im „schwierigen" Jahr 2012 einen Absatzanstieg um 17 Prozent. Wieder einmal stand Dieter Zetsche als der große Verlierer da. Die Daimler-Aktie ging auf Talfahrt und lag am Jahresende mit 41,32 Euro knapp 15 Prozent unter ihrem Jahreshöchststand am 15. März.

Scheinbar wie aus dem Nichts entwickelte sich vor diesem Hintergrund eine Personaldiskussion, die dadurch eine besondere Brisanz bekam, dass Dieter Zetsches Vertrag als Vorstandsvorsitzender der Daimler AG am 31. Dezember 2013 endete. Das war zwar noch eine Weile hin, aber es war üblich, dass solche Verträge ein Jahr vor ihrem Auslaufen verlängert werden. Was eigentlich ein Routine-Vorgang ist, entwickelte sich schon bald zu einem Drama und wäre fast zur Tragödie geworden.

Die Demütigung eines Kämpfers: Die „Vertragsverlängerung light"

Dieter Zetsche hatte das Jahr 2012 als ein „Übergangsjahr" bezeichnet. Jetzt, im Jahr 2013 sollte und würde alles besser werden. Doch schon am 6. Februar 2013, zwei Wochen vor der Entscheidung über seine Vertragsverlängerung, erschien in der WirtschaftsWoche eine große Daimler-Geschichte: „Zetsche ist Meister der Ankündigungen", hieß es darin und dann wurden detailliert die Fehler, Versäumnisse und unerfüllten Versprechen von Zetsche während seiner Amtszeit aufgeführt. Fast sah es so aus, als würden die Autoren die Entlassung des Vorstandsvorsitzenden ihrer Leserschaft erläutern wollen. Wusste die Presse mehr als der Protagonist des Dramas? Auch andere, vor allem Analysten und Investoren, äußerten Zweifel, ob es mit Zetsche weitergehen könne: Nicht wenige hielten ihn für „lahm" und „verbraucht". Das Wort vom „Neuanfang" machte die Runde, ein Neuer mit mehr „Frische" und „Dynamik" sollte her. Natürlich wusste Dieter Zetsche, dass er in der Kritik stand, aber irgendwie unterschätzte er den Widerstand gegen seine Vertragsverlängerung, wie er später selber gestand. Der Journalist Lorenz Wagner, der die Möglichkeit bekam, Zetsche ein Jahr lang zwischen Sommer 2012 und Sommer 2013 zu begleiten, hat im Magazin der Süddeutschen Zeitung ein feines Psychogramm aus der vielleicht schwierigsten beruflichen Phase seines Protagonisten gezeichnet. „Zerfahren, einsilbig, reizbar" erscheint er ihm in jenem schicksalhaften Winter 2012/2013. Ein „schnurrbärtiges Sorgenbündel", das sich einsam fühlt und auf dem ein ungeheurer Druck lastet: „Es heißt, je mächtiger du bist, desto freier bist du, sagt Dieter Zetsche. Wahr ist eher das Gegenteil." Doch aufgeben kommt für ihn nicht in Frage: „Hinwerfen wäre Verrat an der Firma," erklärt er seinem Porträtisten. Es wäre wohl auch und vor allem ein Verrat an sich selber gewesen, denn er glaubte an die Richtigkeit seiner Strategie und er war davon überzeugt, dass der Wendepunkt in Sichtweite ist.

In einer Sitzung des Präsidiums des Aufsichtsrates am 6. Februar 2013, dem unter anderem der Aufsichtsratsvorsitzende Manfred Bischoff und sein Stellvertreter, Gesamtbetriebschef Erich Klemm, angehörten, erklärte der Arbeitnehmervertreter auch im Namen seiner Kollegen, dass sie einer Vertragsverlängerung für Dieter Zetsche nicht zustimmen würden. Natürlich hätte die Vertragsverlängerung mit dem doppelten Stimmrecht des Aufsichtsratsvorsitzenden dennoch durchgesetzt werden können. Das aber sollte vermieden werden, denn ohne Zustimmung der Arbeitnehmervertreter hätten sich die Fronten zwischen Vorstand und Betriebsrat weiter verhärtet und es wäre unter Umständen zu einer gefährlichen Blockade von Entscheidungen und zu Auseinandersetzungen ohne Ende gekommen. Also musste ein Kompromiss gefunden werden.

Als die Aufsichtsräte ihre Beratungen über die Zukunft von Dieter Zetsche aufnahmen, waren ihnen die Geschäftszahlen für das Jahr 2012 bekannt. In der Konzernbilanz stand ein Gewinn von 8,62 Milliarden Euro, nur zwei Prozent weniger als im Vorjahr. Das war nicht so viel wie ursprünglich angekündigt, aber mehr, als man nach der Gewinnwarnung im Oktober hatte erwarten dürfen. Zwar fanden seine Kritiker auch hier noch ein Haar in der Suppe, denn – so die Argumentation der Zetsche-Gegner – der ausgewiesene Gewinn enthielt auch einen Sonderertrag aus dem Verkauf von 7,5 Prozent der Anteile an der Airbus-Muttergesellschaft EADS in Höhe von 700 Millionen Euro. Doch selbst den herausgerechnet, war das Ergebnis für ein „Übergangsjahr“ ordentlich und auf jeden Fall kein Grund, den Vorstandsvorsitzenden in die Wüste zu schicken.

Das Problem, das der Betriebsrat mit Zetsche hatte, lag naheliegenderweise auf einer anderen Ebene als der des erzielten Gewinns, mit dem vielleicht die Kapitalanleger nicht zufrieden waren, aber nicht die Arbeitnehmervertreter im Aufsichtsrat. Dass Dieter Zetsche mit dem Betriebsrat in einer Art Dauerclinch lag, war ein offenes Geheimnis. Das hatte schon mit seinem ersten Auftritt bei der Betriebsversammlung im September 2005 begonnen, als er ohne vorherige Abstimmung mit dem Gesamtbetriebsrat den Abbau von mehreren Tausend Arbeitsplätzen verkündet hatte. Erich Klemm hatte das nicht vergessen, dass er ihn damit zum „Verlierer“ beim Thema Beschäftigungssicherung bei Daimler gemacht hatte. Beim Sparprogramm während der Finanzkrise mussten die Mitarbeiter erhebliche Gehaltseinbußen hinnehmen, die der Betriebsrat angesichts der bedrohlichen Situation in einem Akt unternehmerischer Mitverantwortung mitgetragen hatte. Doch schon mitten in der Krise war die Entscheidung für den Aufbau eines neuen Werkes in Ungarn gefallen, eine Entscheidung, die nicht im Sinne des Betriebsrates war, die er aber schließlich ebenfalls akzeptiert hatte. Dann kam, im Herbst 2009, die Auseinandersetzung um die Produktionsverlagerung der C-Klasse in die USA. „Aufruhr in Sindelfingen“, berichtete DER SPIEGEL am 1. Dezember 2009: „Tausende Daimler-Mitarbeiter haben dagegen protestiert, die Produktion der C-Klasse in die USA zu verlagern. 3.000 Arbeitsplätze wären dadurch gefährdet. Und Gesamtbetriebsratschef Erich Klemm wird mit den Worten zitiert: „Wir werden unsere Arbeitsplätze nicht kampflos ins Nirwana verschwinden lassen."

Das Projekt war Teil einer größer angedachten Umstrukturierung des internationalen Produktionsnetzwerks, das sich mit der wachsenden Bedeutung des chinesischen Marktes in eine neue Dimension hineinentwickelte. Tatsächlich hatte der Vorstand beschlossen, die Produktion der C-Klasse im Werk Sindelfingen zu beenden und einen Teil der Produktion nach Tuscaloosa zu verlagern. Der größere Teil der Produktion sollte jedoch in Bremen gebündelt werden, wo die C-Klasse ebenfalls schon seit Beginn produziert wurde. Im Gegenzug sollte die Montage des SL von Bremen nach Sindelfingen verlagert werden. Dennoch war klar, dass diese Verlagerung nicht ausreichen würde, den Beschäftigungsverlust durch die Produktionseinstellung der C-Klasse in Sindelfingen zu kompensieren. Auch in Bremen war man nicht wirklich glücklich darüber, künftig das „Kompetenzzentrum" für die C-Klasse zu sein. Denn wer garantierte dafür, dass die Produktion der C-Klasse, die zwischenzeitlich auch in China und schon seit Langem in Südafrika gefertigt wurde, nicht irgendwann ganz ins Ausland verlegt werden würde. Die Verunsicherung war groß, der Protest lautstark. Am Ende kam es dann aber doch zu einer Verständigung. Bereits am 10. Dezember 2009 konnten die Stuttgarter Nachrichten berichten, dass sich Vorstand und Betriebsrat von Daimler „auf ein Zukunftskonzept für den größten PKW-Standort im Konzern geeinigt" haben. Trotz der Verlagerung werde im Werk Sindelfingen auf betriebsbedingte Kündigungen bis Ende 2019 verzichtet und durch neue Tätigkeiten, wie die interne Fertigung von Werkzeugen sowie von Sitzen, die Arbeitsplätze im Werk gesichert. Auch Erich Klemm war zufrieden, auch wenn er sich einen Hieb gegen Zetsche nicht verkneifen konnte: „Wir sind froh, dass wir trotz der aus unserer Sicht falschen Entscheidung des Vorstands die Arbeitsplätze in Sindelfingen über einen so langen Zeitraum sichern konnten", erklärte er nach einer Betriebsversammlung in Sindelfingen der Presse.

Schon bald nach der Gewinnwarnung im September 2012 kündigte Zetsche, gewissermaßen als Ergänzung zum Wachstumsprogramm „Mercedes-Benz 2020", unter dem Titel „Fit for Leadership" ein weiteres Effizienzprogramm an, mit dem bis zum Jahresende 2014 rund 2 Milliarden Euro eingespart werden sollten. Es war klar, dass es dabei auch wieder um Gehalts- und Arbeitszeitfragen, letztlich auch um Arbeitsplätze gehen würde. Erneut fühlte sich der Betriebsrat vor den Kopf gestoßen, weniger wegen der infrage stehenden Programme und Maßnahmen, die Zetsche seit seinem Amtsbeginn auf den Weg gebracht hatte, sondern wegen der Art und Weise, wie Zetsche mit den Arbeitnehmervertretern umging. Der Betriebsrat fühlte sich zu wenig informiert, zu wenig in Entscheidungen eingebunden, zu sehr unter Druck gesetzt, kurzum: Er fühlte sich von Zetsche nicht ernst genommen. Der Umgangston zwischen Management und Betriebsrat bei Daimler war in der Vergangenheit mitunter rau, aber meistens herzlich gewesen. Man respektierte sich gegenseitig, verstand die Aufgabe und die Zwänge, in denen sich die jeweils andere Seite befand. Jetzt war der Umgangston fast immer rau, aber nicht mehr herzlich. Selbst unter den Führungskräften, sonst meist treue Parteigänger des Vorstandsvorsitzenden, wuchs der Unmut über den Chef. Seine barsche, manchmal auch ironische Art, brachte viele Manager gegen ihn auf und die meisten gingen ihm so weit wie möglich aus dem Weg, wenn sie nicht das Privileg hatten – wie zum Beispiel die Smart-Chefin Annette Winkler –, schon lange einen guten und persönlichen Draht zu ihm zu haben. „Erfolgreiche Unternehmen entwickeln Strategien gemeinsam mit den Vertretern der Arbeitnehmer", erklärte Erich Klemm der Deutschen Presseagentur und es war klar, dass es genau das war, was er bei Dieter Zetsche vermisste: den partnerschaftlichen Dialog. Der über Jahre hinweg aufgestaute Unmut über Zetsche entlud sich jetzt, als es um die Vertragsverlängerung ging. Wollte man ihn wirklich hinausdrängen oder wollte man ihm einfach mal einen Denkzettel verpassen?

Zu allem Überfluss schwebte über Zetsche die dunkle Wolke eines – wenn man so will – „Amtsenthebungsverfahrens". Es war nur eine kleine Notiz in jenem Teil des Geschäftsberichts, den ohnehin kaum jemand liest. Im „Konzernanhang" des Berichts für das Geschäftsjahr 2004 findet sich unter der Rubrik „Rechtliche Verfahren" auf Seite 154 die folgende Information: „Die US-amerikanische Börsenaufsichtsbehörde (Securities and Exchange Commission ‚SEC') unterrichtete die DaimlerChrysler AG im August 2004, dass sie in Bezug auf das Unternehmen eine Untersuchung im Hinblick auf die Einhaltung des US Foreign Corrupt Practises Act eröffnet hat. Die Untersuchung erfolgt aufgrund einer ‚whistleblower'-Beschwerde, die ein ehemaliger Mitarbeiter der hundertprozentigen Tochtergesellschaft des Konzerns, DaimlerChrysler Corporation, dessen Vertrag Anfang dieses Jahres gekündigt worden ist, beim US-amerikanischen Arbeitsministerium (Department of Labor) nach dem Sarbanes-Oxley-Act eingereicht hat. DaimlerChrysler übermittelt Informationen an die SEC und kooperiert mit ihr in der Untersuchung." Ein Jahr später erfährt der geneigte Leser an der gleichen Stelle, worum es dabei ging: „DaimlerChrysler hat festgestellt, dass in einer Reihe von Jurisdiktionen, primär in Afrika, Asien und Osteuropa unsachgemäße Zahlungen erfolgten. DaimlerChrysler hat im Zusammenhang mit seiner eigenen internen Untersuchung potentielle Steuerverbindlichkeiten von DaimlerChrysler identifiziert und an Steuerbehörden in verschiedenen Jurisdiktionen freiwillig nachträglich berichtet." Und schließlich: „DaimlerChrysler hat festgestellt, dass bestimmte Verbindlichkeiten, die sich auf konsolidierte Tochtergesellschaften beziehen, im Rahmen der Konsolidierung nicht eliminiert wurden."

Im Klartext: Es ging um Bestechung, Steuerhinterziehung und schwarze Kassen. „Jahrelang", resümiert der Focus in einem detailliert recherchierten Bericht in seiner Ausgabe Nr. 36/2006, „arbeitete der Autoriese offenbar mit illegalen Methoden." Aufgezählt werden dubiose Geschäfte in Nigeria, Rumänien, Serbien, dem Iran, der Elfenbeinküste und Polen. Insgesamt soll DaimlerChrysler nach den Erkenntnissen der SEC zwischen 1998 und 2008 in mindestens 22 Ländern hochrangige Regierungsbeamte bestochen haben, um an lukrative Aufträge für Lastwagen, Transporter, Busse und auch PKW heranzukommen. „Die Praxis bei Daimler, sich durch das Zahlen von Bestechungsgeldern an ausländische Regierungsbeamte Aufträge zu sichern, war in wichtigen Sparten und Tochtergesellschaften verbreitet und durch das Top-Management gedeckt", hieß es später in der Anklageschrift.

Bereits in den 1990er-Jahren und später hatte es „Unregelmäßigkeiten" im Daimler-Vertrieb gegeben. In den meisten Fällen handelte es sich dabei um sogenannte „Graumarktgeschäfte", bei denen Automobilhersteller an ihren Vertragshändlern vorbei Fahrzeuge in den Markt drücken. Dabei bediente man sich in der Regel der Hilfe von freien Händlern, die die mit hohen Rabatten eingekauften Fahrzeuge in Märkten absetzen sollten, in denen es keine oder eine nur schwache Vertriebsorganisation gab. Daimler griff zu dieser Maßnahme, als sich aufgrund der Überproduktion hohe Bestände an unverkauften Fahrzeugen aufgebaut hatten. Vor allem die in viel zu hohen Stückzahlen produzierte S-Klasse, der legendäre W140, wurde über ominöse Vermittler in die Staaten der zerfallenden Sowjetunion geliefert, wo sich das Fahrzeug bei mächtigen Politikern und reichen Geschäftsleuten großer Beliebtheit erfreute. Einer breiteren Öffentlichkeit bekannt wurden die Graumarktgeschäfte bei Mercedes durch einen Prozess, der im Jahr 2002 gegen einen Spediteur wegen Betrugs und Steuerhinterziehung vor dem Stuttgarter Landgericht geführt wurde. Vor allem der Buchautor und Sprecher der Kritischen Daimler-Aktionäre, Jürgen Grässlin, trug dazu bei, dass Daimler wegen dieser Geschäfte an den Pranger gestellt wurde. Der Spediteur hatte nach eigenen Angaben mit wohlwollender Unterstützung in großem Stil Graumarktgeschäfte für Mercedes abgewickelt. Im November 2001 kam es bei ihm wegen des Verdachts von Umsatzsteuerhinterziehung zu einer umfassenden Hausdurchsuchung. Er und ein Mitarbeiter wurden verhaftet und die Anklage später auch noch um den Punkt „Betrug zum Nachteil der DaimlerChrysler AG" erweitert. Aufgrund seiner früheren Verantwortung als Vertriebsvorstand wurde auch Dieter Zetsche am 9. Dezember 2002 vor Gericht geladen, um Auskunft über die Graumarktaktivitäten bei Mercedes und eine mögliche Zusammenarbeit mit dem angeklagten Spediteur zu geben. Laut Prozessbeteiligten soll er dabei erklärt haben, dass er 1995, als er bei Mercedes-Benz Vertriebsvorstand wurde, die als „Parallelmarktgeschäfte" bezeichneten Aktivitäten beendet habe. Außerdem erklärte er, von den Graumarktaktivitäten des Spediteurs nichts gewusst zu haben. Nachdem die Verurteilung des Stuttgarter Landgerichts durch den Bundesgerichtshof zugunsten des Spediteurs aufgehoben worden war, erstattete dieser nun wiederum am 15. März 2005 Anzeige gegen Zetsche wegen „uneidlicher Falschaussage". Zetsche, so der Spediteur, habe von diesen Geschäften gewusst oder zumindest wissen müssen. Die Staatsanwaltschaft am Stuttgarter Landgericht lehnte eine Anklageerhebung gegen Zetsche ab, wurde aber vom Bundesgerichtshof zurechtgewiesen. In einem Interview mit den Stuttgarter Nachrichten von Anfang Oktober 2005 konzidierte Zetsche, dass Graumarktgeschäfte bei Daimler üblich seien: „Ich habe nie behauptet, dass es keine Graumarktgeschäfte gibt. Diese existieren auch bei Daimler. Davon wussten alle – mich eingeschlossen. Sie sind allerdings auch nicht strafbar." Erst im Mai 2010 wurde das Verfahren gegen Zetsche schließlich eingestellt, nachdem es über Jahre hinweg mal mehr, mal weniger Gegenstand der Berichterstattung über den Daimler-Konzern gewesen war.

Gemessen an den Vorwürfen der New Yorker Börsenaufsicht waren die Vorgänge um Graumarktgeschäfte freilich harmlos. Die amerikanische Börsenaufsichtsbehörde war bekannt dafür, dass sie sowohl bei der Untersuchung wie auch bei der Verhängung von Strafen nicht zimperlich ist. In einer Korruptionsaffäre bei Siemens hatte die SEC eine Strafe von 600 Mio. Euro verhängt. Überdies kann die SEC in solchen Fällen auch die verantwortlichen Vorstände zur Rechenschaft ziehen, auch wenn diese nicht direkt etwas mit solchen Geschäften zu tun hatten. Mit anderen Worten, es ging in diesem Verfahren auch um den Kopf von Dieter Zetsche. Die Ermittlungen und die Versuche, die Sache gütlich beizulegen, zogen sich über mehrere Jahre hin. Endlich im Jahr 2010 konnte der Konzern Entwarnung geben. Der Vergleich mit der SEC und dem US-Justizministerium beinhaltete die Zahlung einer Geldbuße in Höhe von 93,6 Millionen US-Dollar und eine Gewinnabschöpfung von 91,4 Millionen US-Dollar. Insgesamt kosteten die Vergehen also rund 185 Millionen US-Dollar. Personelle Konsequenzen an der Unternehmensspitze wurden nicht gefordert. Schon im Laufe der internen Ermittlungen waren 45 Daimler-Mitarbeiter, darunter einige hochrangige Manager, entlassen worden. Allerdings wurde Daimler dazu verpflichtet, eine interne Compliance-Organisation aufzubauen, die Verstöße wie die geahndeten künftig verhindern sollte. Weiterhin musste man den ehemaligen US-Bundesrichter und Direktor des FBI, Louis J. Freeh, als „Post Settlement Monitor" akzeptieren. Freeh sollte für die Dauer von drei Jahren die Einrichtung eines Compliance- und Ethik-Programms bei Daimler kontrollieren. Noch im Jahr 2010 beendete Daimler die Börsennotierung in New York. Im Jahr 2011 wurde ein eigenes Vorstandsressort „Integrität und Recht" eingerichtet und am 16. Februar 2011 mit der früheren Bundesverfassungsrichterin Christine Hohmann-Dennhardt besetzt. Die Aufsicht über Daimler wurde allerdings erst am 31. März 2013 beendet. So lange stand Dieter Zetsche unter „behördlicher" Beobachtung. Mussten die Aufsichtsräte das bei ihrer Entscheidung miteinbeziehen oder war das einfach nur aufgebauscht worden, um Zetsche zu schaden?

Am 21. Februar 2013, etwas mehr als zwei Wochen nach der Sitzung des Präsidiums, in der der Sprecher der Arbeitnehmervertreter, Erich Klemm, erklärt hatte, dass er und seine Kollegen eine Vertragsverlängerung ablehnten, kam der Aufsichtsrat zusammen, um über diese gewichtige und mittlerweile auch in der Öffentlichkeit breit diskutierte Personalie abzustimmen. Alles war offen, zumal ein potenzieller Nachfolger für Zetsche bereitstand. Nachdem Andreas Renschler im Oktober 2004 die Leitung des Geschäftsfelds Nutzfahrzeuge übernommen hatte, entwickelte er sich vom talentierten Jungmanager zum erfahrenen Unternehmenslenker.

Es war ein offenes Geheimnis im Unternehmen, dass Dieter Zetsche und Andreas Renschler nicht so recht miteinander konnten, nicht zuletzt deshalb, weil sich beide natürlich Hoffnungen darauf gemacht hatten, Nachfolger von

Jürgen Schrempp zu werden. Möglicherweise hätte er auch tatsächlich eine Chance auf die Schrempp-Nachfolge gehabt, wenn der wie geplant bis 2008 an der Spitze des Unternehmens geblieben wäre. Der vorzeitige Abgang von Schrempp kam für Renschler, der gerade erst in den Vorstand aufgerückt war, zu früh. Schon damals war klar: Würde Zetsche bis zur Pensionsgrenze Vorstandsvorsitzender bleiben, hätte der nur fünf Jahre jüngere Renschler schon aus Altersgründen keine Chance mehr, Vorstandsvorsitzender von Daimler zu werden.

Am Ende kam es auf der mit Spannung erwarteten Aufsichtsratssitzung zu einem Ergebnis, das die Bild-Zeitung süffisant eine „Vertragsverlängerung light" nannte. Zetsche verdankte sie vor allem der Loyalität und dem Verhandlungsgeschick von Manfred Bischoff. Bischoff war bis dahin als Aufsichtsratsvorsitzender im Gegensatz zu seinem umstrittenen Vorgänger kaum öffentlich in Erscheinung getreten, was bei dieser Funktion eher als Lob denn als Kritik anzusehen war. Jetzt, als er gefordert war, zeigte er, dass er diese Aufgabe mit Umsicht und Konsequenz ausübte. Er und die Kapitalvertreter wollten Zetsche an der Spitze des Unternehmens. Ein Kompromiss mit den Arbeitnehmervertretern war deshalb so schwer zu finden, weil es denen nicht nur darum ging, ihren Unmut mit dem Führungsstil des Vorstandsvorsitzenden zum Ausdruck zu bringen, sondern ihm auch öffentlich einen Denkzettel zu verpassen. Schließlich einigte man sich darauf, dass der Vertrag von Dieter Zetsche nicht wie üblich um fünf Jahre, sondern nur um drei Jahre verlängert wird. Offiziell wurde die Verkürzung damit begründet, dass man sich aus Gründen der guten Unternehmensführung dazu entschlossen habe, „Vorstandsverträge bei Wiederbestellungen nur noch um drei Jahre zu verlängern, wenn die Vorstände 60 Jahre alt sind oder dieses Alter während der Laufzeit des Vertrages erreichen." Das wäre durchaus nachvollziehbar gewesen, denn bei BMW galt sogar die strikte Regel, Vorstände mit 60 Jahren in die Rente zu schicken. Aber obwohl Stillschweigen vereinbart worden war, trugen einige Insider nach Art des Hauses den Streit nach außen. Es war zu offensichtlich, dass es nicht nur um eine Machtdemonstration, sondern auch um eine Demütigung von Zetsche ging. Erich Klemm konnte einen Erfolg verbuchen, aber eine Kröte musste er dann doch noch schlucken, denn ein auf den ersten Blick weiteres Zugeständnis an die Arbeitnehmervertreter zeitigte ein vorhersehbares, aber ungewolltes Ergebnis: Wolfgang Bernhard sollte als Produktionschef, wo es besonders viele Berührungs- und Reibungspunkte mit dem Betriebsrat gab, abgelöst werden. Also nahm man eine Personalrochade vor: Wolfgang Bernhard wurde Chef der Truck Group, Andreas Renschler Produktionschef. Für den vom Betriebsrat ungeliebten Bernhard war dies ein Aufstieg, für den beim Betriebsrat angesehenen Renschler faktisch eine Degradierung. Denn der war plötzlich nur noch „Funktional"-Vorstand und de facto Dieter Zetsche unterstellt. Es war klar, dass Renschler damit nicht leben konnte und nicht leben wollte. Im Januar 2014 bat er um Auflösung seines Vertrages, verließ das Unternehmen und wurde ein Jahr später Mitglied des Vorstands bei der Volkswagen AG, verantwortlich für den Geschäftsbereich Nutzfahrzeuge.

Was hat das Gerangel um die Vertragsverlängerung aus Dieter Zetsche gemacht? Hat es ihn verändert, ihn innerlich beschädigt oder umgekehrt neu motiviert? Wollte er es jetzt erst recht seinen Kritikern und Gegnern zeigen? Dass mit ihm eine Wandlung vorgegangen war, war unverkennbar. Dieter Zetsche war zwar kein ganz anderer geworden, aber er fand allmählich das Gleichgewicht zwischen „Herzlichkeit“ und „Härte“ wieder, das ihn so lange ausgezeichnet und stark gemacht hatte. Er wurde offener, kommunikativer, näherte sich wieder an das Bild an, das von ihm bei seinem Amtsantritt gezeichnet worden war – und er hatte gelernt, was Demut heißt. Als sich die ersten Erfolge seiner Strategie einstellten, sah man ihn auch wieder öfter lachen. Waren die Erfolge die Ursache für sein Lachen oder das Lachen die Ursache für seine Erfolge? Dass sich auch sein Umgang mit dem Betriebsrat entkrampfte, machte seine Rede zur Verabschiedung von Erich Klemm als Gesamtbetriebsratsvorsitzenden Anfang Mai 2014 deutlich. Schon allein die Bemerkung, dass er sich auf diese Veranstaltung gefreut habe, war ein mit versteckter Ironie versehener Hinweis, dass man sich irgendwie dann doch zusammengerauft hatte. Die Aufgabe, an den bis ins Persönliche gehenden Streit zwischen Klemm und Zetsche zu erinnern, übernahm bei der Veranstaltung Klemms Nachfolger Michael Brecht: Wenn in einer Beziehung etwas nicht stimme, sei meistens nicht nur einer schuld. Aber das waren die Schlachten von gestern, für die Zetsche kein Ohr mehr hatte.

Im Jahr 2013 setzte sich nach der Vertragsverlängerung und den vielen bissigen Kommentaren, die er angesichts der holprigen Vertragsverlängerung über sich hatte ergehen lassen müssen, sein Leidensweg zunächst noch fort. Schon zu Jahresbeginn hatte er von einem weiteren „Übergangsjahr“ gesprochen. Das kam vor allem bei den Analysten überhaupt nicht gut an. Auf der Bilanzpressekonferenz am 7. Februar 2013 gab er einen im Ganzen zuversichtlichen Ausblick auf das laufende Geschäftsjahr: Das „Konzern-EBIT“ sollte die „Größenordnung des Vorjahres erreichen“, Mercedes-Benz Cars nur leicht unterhalb des Vorjahres liegen und die „übrigen automobilen Geschäftsfelder“, also LKW, Transporter und Busse das Vorjahresergebnis übertreffen. Das war, namentlich was die Ergebnisprognose für das PKW-Geschäft anbelangte, nicht berauschend, aber im Rahmen der allgemein ohnehin nicht sehr hochgespannten Erwartungen. Doch die Geschäfte im ersten Quartal 2013 liefen schlecht. Am 10. April 2013 fand in Berlin die Hauptversammlung statt. Zetsches Rede war routiniert, aber nicht begeisternd: Er wiederholte das Ziel, die Konkurrenz dauerhaft schlagen zu wollen, die Notwendigkeit, effizienter zu werden, und er versprach „13 zusätzliche Modelle ohne Vorgänger“ bis zum Jahr 2020. Aber dann wurden die Aktionäre und Medienvertreter doch hellhörig, als er erklärte, dass man angesichts des Geschäftsverlaufs in den ersten Monaten die Ergebnisprognose für das Gesamtjahr „überprüfen“ müsse. War das schon wieder eine Gewinnwarnung? „Daimler zweifelt an Prognose – Aktionäre zweifeln an Zetsche“, hieß daraufhin die Schlagzeile im Wall Street Journal.

Tatsächlich wurde dann am 24. April 2013 ganz offiziell eine Gewinnwarnung ausgegeben. Aufgrund der weiter schwächelnden europäischen Automobilmärkte und der nachlassenden Nachfrage in China müsse man die Gewinnziele für das Geschäftsjahr 2013 revidieren. Der Konzerngewinn werde das Vorjahresniveau nicht wie ursprünglich angekündigt erreichen. Noch einmal musste Dieter Zetsche die ganze Bandbreite an Kritik, die ihn jetzt schon seit zwei Jahren begleitete, über sich ergehen lassen, vor allem der Rückstand gegenüber BMW und Audi wurde ihm erneut mit ätzender Penetranz angekreidet. Die Aktie reagierte und fiel auf 38,65 Euro, nachdem sie zu Jahresbeginn noch bei deutlich über 40 Euro gestanden hatte. Immerhin waren die meisten Börsenprofis der Überzeugung, dass nun der Tiefpunkt der Entwicklung erreicht sei, und rieten „bereits investierten Kapitalanlegern" zum Halten des Papiers.

Der Wendepunkt in der Performance der Marke Mercedes-Benz und der Karriere von Dieter Zetsche lässt sich auf den Tag genau datieren: Es ist der 15. Mai 2013. An diesem Tag präsentierte das Unternehmen in der Auslieferungshalle für das Flaggschiff von Airbus, den A 380, sein eigenes Flaggschiff: die neue S-Klasse. Es war eine aufwändige, spektakuläre Inszenierung in Hamburg-Finkenwerder, die die über 600 Gäste erlebten. Die neue S-Klasse kam direkt mit dem Flugzeug aus Stuttgart und wurde dann, begleitet von zwanzig anderen Mercedes-Modellen und einem Feuerwerk, in die Auslieferungshalle gefahren. Dort entstieg Alicia Keys als erste Passagierin dem neuen Modell und verzückte mit zwei Songs („How it feels to fly" und „Girl on fire") das Premierenpublikum. Gemeinsam mit seinen Vorstandskollegen Dr. Thomas Weber für die Technik und Dr. Joachim Schmidt für den Vertrieb präsentierte Dieter Zetsche das neue Modell. Er war locker, eloquent und in sichtlich aufgeräumter Stimmung. Er wusste, dass von diesem Modell viel, sehr viel abhängen würde. Die S-Klasse als „Rettungswagen" zu bezeichnen, wie das einst bei der C-Klasse der Fall war, hätte er sich nicht gewagt. Aber ihm war klar, wenn dieses Auto nicht begeistern würde, würde es sehr schwer werden, sein Rennen gegen BMW zu gewinnen. Am Ende der Veranstaltung bedankte er sich bei den „Kundinnen und Kunden, die die S-Klasse zum erfolgreichsten Luxusautomobil der Welt gemacht haben", bei dem „gesamten S-Klasse-Team, das einen tollen Job gemacht hat" und bei den Gästen: „Danke, dass Sie dabei waren, und wenn Sie gefragt werden, wie die Weltpremiere war, sagen Sie hoffentlich: S-Klasse."

Hatte er damit nicht allen gezeigt, dass er nicht „lahm" und „verbraucht", sondern „frisch" und „dynamisch" ist wie eh und je? Obwohl Dieter Zetsche zwischenzeitlich acht Jahre im Amt war, bedeutete der 15. Mai 2013 einen Neuanfang für ihn. Er hatte angekündigt, jetzt hatte er geliefert – zunächst ein tolles neues Auto und bald schon auch bessere Geschäftszahlen.

Kapitel 13

„Feuern aus allen Rohren" – Die dritte Produktoffensive

Es sah aus wie ein Anfang, aber es war ein Ende. Die alte Erfolgsformel wurde wieder ausgegraben: Mehr Modelle plus besseres Image, ist gleich mehr Absatz, ist gleich mehr Gewinn. Es hätte gut gehen können und es ging auch gut – jedenfalls einige Jahre. Das Unternehmen eilte von Rekord zu Rekord, alte Bestmarken in Sachen Stückzahlen und Gewinn wurden pulverisiert, die Wettbewerber distanziert. Doch dann begannen sich die Spielregeln auf dem Automobilmarkt zu ändern und auf die neuen Fragen, die gestellt wurden, passten die alten Antworten nicht mehr. Es galt, das Unternehmen neu auszurichten und auf das 21. Jahrhundert vorzubereiten. Jeder Wandel ist die Chance auf neue Größe. Dieter Zetsche hat das erkannt. Aber ob er nun zu viel oder zu wenig wollte: Die Veränderungen waren schneller als das Unternehmen.

Erster werden

„Sehr verehrte Aktionärinnen und Aktionäre, sehr verehrte Aktionärsvertreterinnen und -vertreter, meine Damen und Herren", so begrüßte Dieter Zetsche die Teilnehmer an der Hauptversammlung des Unternehmens am 9. April 2014 in Berlin, um dann den „Aktionärinnen und Aktionären" zu danken: „Üblicherweise enden meine Ausführungen mit einem Dank für Ihr Vertrauen. In diesem Jahr möchte ich bewusst damit beginnen: Ich möchte Ihnen ausdrücklich danken für Ihr Vertrauen in unsere langfristige Strategie. Denn auch wenn sich unser Geschäft beschleunigt hat – gerade in der Automobilindustrie geht es nicht ohne langen Atem. Die Produkte und Technologien, von denen wir heute profitieren, gehen zurück auf strategische Entscheidungen der Vergangenheit. Sie haben uns auf diesem Weg unterstützt und damit maßgeblich zum Erfolg von Daimler beigetragen. Dafür danke ich Ihnen im Namen des gesamten Vorstands." Der Einstieg in seine Rede, der Dank für Vertrauen und Unterstützung war natürlich nicht frei von Ironie. Wie viele Jahre war er von den Aktionären und Aktionärsvertretern getriezt und getreten, wegen des Rückstands auf BMW und Audi kritisiert und sein „Ankündigungsmanagement" durch den Kakao gezogen worden? Anlässlich seiner Vertragsverlängerung wurde er aus Aktionärskreisen als „lahm" und „verbraucht" diskreditiert. Jetzt war der richtige Zeitpunkt für eine kleine und feine Rache gekommen – nicht bösartig, sondern unter der Maske der Höflichkeit gut versteckt, aber doch ein Tritt vor das Schienbein der „sehr verehrten Aktionärinnen und Aktionäre" und vor allem der „sehr verehrten Aktionärsvertreterinnen und -vertreter".

Nach einem zunächst schwachen Jahresauftakt wurden die Erwartungen der Börsianer im Jahr 2013 Quartal für Quartal übertroffen. Zwar erhöhte sich der Umsatz im Gesamtjahr 2013 um lediglich 3 Prozent, doch der Gewinn stieg um 23 Prozent auf über 10 Milliarden Euro, was ein deutlicher Indikator dafür war, dass das ungeliebte Kostensenkungsprogramm „Fit for Future" wirkte. So stieg der Aktienkurs in einem ohnehin günstigen Börsenumfeld um überdurchschnittliche 52 Prozent auf 62,90 Euro am 30. Dezember 2013, dem höchsten Stand seit mehr als fünf Jahren. Darüber hinaus durften sich die Anteilseigner über eine leicht erhöhte Dividende auf 2,25 Euro freuen. Doch das sollte nur der Anfang einer Rallye sein: Ein sichtlich gut gelaunter Dieter Zetsche versprach auf der Hauptversammlung, nachdem man hervorragend in das Jahr 2014 gestartet war, dass der Konzerngewinn „aus dem laufenden Geschäft im Jahr 2014" deutlich steigen werde. Sogar Ingo Speich, Fondsmanager bei Union Investment, der in den Vorjahren ein ebenso eloquenter wie hartnäckiger Zetsche-Kritiker gewesen war, schwenkte um: „Daimler ist aufgewacht, das Altherren-Image gehört der Vergangenheit an". Das war dann vielleicht zu diesem Zeitpunkt ein Tick zu optimistisch, aber es zeigte: Dieter

Zetsches versteckte Kritik an der ständigen Schwarzmalerei aus Aktionärskreisen war verstanden worden.

Die neue S-Klasse hatte die Wende gebracht. Jetzt ging es Schlag auf Schlag und eine Erfolgsstory begann, die erst im Jahr 2018 zu Ende gehen sollte. Es schien, als hätte jemand auf einen Knopf gedrückt: Neue Modelle kamen wie auf dem Fließband auf den Markt, alte Absatzrekorde wurden pulverisiert, der Gewinn stieg auf historische Höchststände. Dieter Zetsche zeigte, dass er es mit seinem Strategieprogramm „Mercedes 2020", das anfänglich von vielen belächelt wurde, ernst meinte: Er wollte Mercedes-Benz wieder zur Nummer eins im Premiumsegment machen, fast – möchte man sagen – um jeden Preis. Die weltweite Nachfrage nach Premiumautomobilen entwickelte sich im Zuge einer allgemeinen Konjunkturerholung in den Industrieländern und einem boomenden chinesischen Markt glänzend. Dazu kamen ungewohnte Schwächen der Wettbewerber: Technisch wie auch im Design fehlten bei BMW und Audi wirklich neue, zugkräftige Modelle. Aber das schmälert nicht den Erfolg, den Mercedes hatte, denn die Triebkraft für den Erfolg jener Jahre war nicht eine günstige Marktentwicklung oder schwächelnde Wettbewerber, sondern zuerst und vor allem eine neue, gut vorbereitete und umgesetzte Produktoffensive.

Es war die dritte Produktoffensive seit Mitte der 1990er-Jahre. Die erste Produktoffensive war das Ergebnis eines starken Willens und des Aufbäumens gegen ein drohendes Absinken ins Mittelmaß. Sie brachte viele neue Modelle, die man Mercedes damals nicht zugetraut hätte, machte aus dem „Oberklassenspezialisten einen Full-Line-Premiumhersteller" (Helmut Werner) und veränderte damit den Blick auf die Marke. Die zweite, von Jürgen Hubbert initiierte Produktoffensive litt unter den Belastungen durch den in Schieflage geratenen Chrysler-Deal, setzte aber auch modellpolitisch einen falschen Schwerpunkt: Das Segment der Premium Sports Tourer war eher im Sinken als im Steigen begriffen, der Wachstumsschub durch die B- und die R-Klasse blieb aus. Die eigentlich schon mit der neuen A-Klasse im Jahr 2012 losgetretene dritte Produktoffensive war mit Sicherheit die am besten geplante. Zetsche wollte nicht die Fehler seiner Vorgänger wiederholen. Die neuen Modelle sollten nicht nur zielgenau in Marktsegmenten positioniert werden, die große Wachstumschancen versprachen. Die Ausdehnung der Modellpalette sollte auch nicht in einem Kosten-Chaos enden, was bei immer mehr Modellen und einer immer größeren Variantenvielfalt ein großes Risiko darstellt. Darüber hinaus musste die Produktoffensive in eine Globalisierungsstrategie eingebunden werden, die den neuen Gegebenheiten auf dem Weltautomobilmarkt Rechnung trug: Nicht mehr die Triade-Märkte – Westeuropa, USA und Japan – waren das Maß aller Dinge, sondern zuerst und vor allem China. Es galt, Produkte zu entwickeln, die den spezifischen Anforderungen der chinesischen Kunden gerecht wurden und die nach und nach auch in China selbst produziert werden konnten. All diese Vorbereitungen hatten Zeit gekostet, Zeit, die man Dieter Zetsche nicht hatte geben wollen. Schließlich war in der Planung alles – Produkte, Kosten und Märkte – fein aufeinander abgestimmt, sodass es jetzt, im Jahr 2012, endlich losgehen konnte. Dieter Zetsche gab das

Kommando: „Feuern aus allen Rohren", lautete seine Devise, eine Devise, die dem Unternehmen für einige Jahre einen mächtigen Schub gab.

Lange hatte man bei Daimler einen großen Bogen um jede Art von „Vereinheitlichung" gemacht, weil man die Einzigartigkeit jeder Baureihe, jedes Modells sicherstellen wollte. Doch mit der Ausdehnung der Modellpalette drohten die Kosten ins Uferlose zu steigen. Ferdinand Piëch hatte das schon früh erkannt. Er hat die Nutzung von Plattformen zwar nicht erfunden – das waren die Amerikaner – aber er handhabte das „Hütchen-Spiel", also das überstülpen von verschiedenen „Blechkleidern" über ein standardisiertes Fahrwerk schon seit Ende der 1990er-Jahre virtuos und konsequent. Das machte er nicht nur innerhalb der Marke Volkswagen, sondern auch zwischen den verschiedenen Marken des Konzerns, sodass letztlich ein Audi A3 die gleiche Plattform hatte wie ein VW Golf oder ein Skoda Octavia. Freilich: In dem Maße, wie dieses „Hütchen-Spiel" bekannt wurde, wurde es auch verdächtig: War das nicht eine „Mogelpackung", die gleiche VW-Konzerntechnik, je nach Marke, zu unterschiedlichen Preisen zu verkaufen? Eine „riskante Tour", befand nicht nur das manager magazin in einem Beitrag zu Piëchs Plattformstrategie im Jahr 1999. Auch Wettbewerber konnten es sich nicht verkneifen, die Plattformstrategie zumindest indirekt anzugreifen: „Wir fertigen Maßanzüge, keine Meterware", erklärte zum Beispiel der damalige BMW-Chef Joachim Milberg zu diesem Thema. So wurde in der Branche der etwas anrüchig gewordene Begriff „Plattform-Strategie" durch andere Bezeichnungen ersetzt. Schon bald sprach man im Volkswagen-Konzern nicht mehr von „Plattformen", sondern von einem „Modularen Längsbaukasten" und einem „Modularen Querbaukasten", was in der Sache nichts wirklich Neues war, weil auch das eine weitgehende Vereinheitlichung der Technik für verschiedene Modelle bedeutete. Aber es hörte sich auf jeden Fall besser an.

Auch bei Daimler hielt man sich lieber an den unverdächtigen Begriff „Modulstrategie" und so ist im Geschäftsbericht für das Jahr 2013 von einem „Ausbau unserer Modul- und Architekturstrategie" als einem wichtigen Baustein für das Wachstumsprogramm „Mercedes-Benz 2020" und vom Effizienzprogramm „Fit for Future" die Rede. Bei der Bilanzpressekonferenz am 7. Februar 2013 erläuterte Dieter Zetsche sein Hütchen-Spiel: „Mit zwei grundlegenden Fahrzeug-Architekturen für Front- und Heckantrieb sowie rund 100 standardisierten Modulen entwickeln und produzieren wir unsere neuen Baureihen deutlich effizienter als ihre Vorgänger: Wir erzielen durch eine größere Zahl an Gleichteilen höhere Skaleneffekte. Wir standardisieren unsere Montageabläufe. Und – für den Kunden besonders relevant: Wir bringen innovative Technologien schneller und baureihenübergreifend in die Fahrzeuge – und das in bester Qualität. Ab sofort gibt es bei Mercedes kein neues Fahrzeug mehr, das nicht von der Modulstrategie profitiert. 2018 werden wir diesen Ansatz über alle Baureihen und Derivate hinweg umgesetzt haben – mit entsprechend positiven Effekten auf unsere Materialkosten."

Die Probe für die neue „Modul- und Architekturstrategie" war da schon gemacht, und zwar bei der neuen A-Klasse, die Anfang 2012 vorgestellt worden war. Dort war ein Paradigmenwechsel allerdings auch besonders notwendig. Dieter Zetsche wusste, dass er BMW bei verkauften Stückzahlen nur würde überholen können, wenn es gelänge, den Absatz im volumenstarken Kompaktsegment deutlich zu steigern. Im Jahr 2011 verkaufte Mercedes 192.000 A- und B-Klassen. Das war deutlich weniger als bei der Marke BMW, die im gleichen Jahr über 300.000 Kompaktmodelle verkaufen konnte. Allein der BMW X1, auf den Mercedes bis dahin noch keine Antwort hatte, brachte es auf rund 126.500 Einheiten. Schon früh war daher klar, dass aus der A-Klasse eine Modellfamilie werden musste. Mit der als Solitär-Fahrzeug konzipierten A-Klasse in Sandwich-Bauweise war dies nicht möglich. Also musste das gesamte Fahrzeugkonzept so geändert werden, dass alle Modelle und Modellvarianten eine einheitliche „Architektur" aufwiesen. Mit dem „CLA" wurde im Jahr 2013 ein erstes Derivat in den Markt eingeführt, das mit fast 60.000 verkauften Einheiten im Premierenjahr sofort zu einem Verkaufsschlager wurde. Im März 2014 folgte der „GLA", der als direkter Wettbewerber zum BMW X1 positioniert wurde und ebenfalls einen erheblichen Volumenzuwachs brachte. Der Erfolg war messbar: Schon im Jahr 2014 hatte man BMW im Kompaktwagensegment hinter sich gelassen, obwohl BMW mittlerweile die 2er-Baureihe als Konkurrenten zur B-Klasse in den Markt eingeführt hatte. Während Mercedes 472.000 Kompaktmodelle absetzen konnte, waren es bei BMW rund 460.000. Aus dem deutlichen Rückstand war ein – wenn auch knapper – Vorsprung geworden. Mit dem im Jahr 2015 präsentierten CLA Shooting Brake, also der vom CLS bekannten Kombination aus Coupé und Kombi, setzte man schließlich ein weiteres Ausrufezeichen im Kompaktsegment, das zwar keine großen Stückzahlen, aber ein hohes Maß an medialer Aufmerksamkeit brachte und die Rolle der A-Klasse als Trendsetter in ihrem Segment stärkte.

Das Hütchen-Spiel wurde nach und nach über alle Baureihen ausgerollt. Jedes Modell wurde zur Modell-Familie ausgebaut, sei es die C-Klasse (Limousine, Kombi, Coupé, Cabrio), die E-Klasse (sie erhielt mit dem All-Terrain noch ein spezielles Derivat, das man gegen den Audi Allroad stellen konnte) oder die S-Klasse (Limousine, Coupé, Cabrio, Mercedes-Maybach S600). Kein Kundenwunsch sollte unerfüllt bleiben, keine Lücke für die Wettbewerber offengelassen werden. Das „Feuern aus allen Rohren" beeindruckte nicht nur die Wettbewerber, sondern auch die Kunden. Vor allem die Geschwindigkeit, mit der Mercedes neue Modelle in den Markt drückte, war faszinierend, auch wenn sich nach und nach mancher Kunde von der Modellvielfalt bei seiner Kaufentscheidung fast schon überfordert fühlte.

Klotzen, nicht kleckern hieß auch die Devise bei den SUVs, die das Wachstumssegment im Automobilgeschäft schlechthin wurden. Mercedes hatte mit der M-Klasse das Konzept sportlicher, alltagstauglicher und komfortabler Geländewagen im Jahr 1997 begründet, dann aber den Anschluss verloren. BMW hatte früher als Mercedes erkannt, dass SUVs in kompakteren Größen aufgrund des einfacheren Handlings und der geringeren Unterhaltskosten ein zunehmend interessantes und volumenstarkes Marktsegment werden würden. Mit dem X3, der im Jahr 2003 in den Markt eingeführt wurde, und dem im Jahr 2009 vorgestellten X1 hatten die Münchener jeweils über einen längeren Zeitraum eine Alleinstellung auf dem Markt. Je populärer das SUV-Segment wurde, desto größer wurde der Wunsch nach Individualisierung. Auch hier war BMW Mercedes einen Schritt voraus: Mit der Kombination aus Geländewagen und Coupé im BMW X6, der schon im Jahr 2008 in den Markt eingeführt worden war, und dem kleineren X4 im Jahr 2014, traf BMW den Geschmack sportlich-ambitionierter Fahrerinnen und Fahrer, bevor Mercedes Vergleichbares anzubieten hatte. Um Nummer eins zu werden, musste man daher schnell handeln. Schon bald bildete das SUV-Segment den Schwerpunkt der dritten Produktoffensive. Kurzerhand wurde das Jahr 2015 zum „Jahr des Geländewagens" ausgerufen, ein Jahr, in dem nahezu das gesamte Geländewagenprogramm modernisiert und gleichzeitig mit dem GLE Coupé um ein weiteres Modell erweitert wurde. Vor allem die Ablösung des stets etwas sperrig wirkenden GLK durch den gefälligeren GLC brachte einen starken Wachstumsimpuls. Mit dem GLC Coupé, das im September 2016 das Licht der Welt erblickte, wurde eine der nur noch wenigen Lücken im Modellprogramm geschlossen. Im Jahr 2016 konnte man Vollzug melden: Auch bei den Geländewagen hatte Mercedes nun BMW hinter sich gelassen. Verkaufte BMW im Jahr 2016 645.000 Geländewagen, so waren es bei Mercedes jetzt 712.000. Der Vorsprung wuchs im Jahr 2017 auf über 100.000 Fahrzeuge: Während Mercedes 823.000 Einheiten verkaufen konnte, waren es bei BMW lediglich rund 706.700. Es wurde genau Buch geführt.

Im Vergleich zu den vielen spektakulären Neuheiten wurden zwei Modelle, von denen einmal eine besondere Faszination ausging, allerdings zu Mauerblümchen: Hübsch anzusehen, aber in den Showrooms und bei den Verkaufszahlen nur noch in der zweiten oder gar dritten Reihe. Über den Mercedes SL schien die Zeit irgendwie hinweggegangen zu sein. Die Gattin des Herrn Generaldirektors, die zum Bridge-Spielen mit ihren Freundinnen mit ihrem „Sportwägelchen" fuhr, gab es nicht mehr, und das gutsituierte Ehepaar, das seine Sommerferien im Ferienhaus in Ascona verbrachte, fuhr jetzt auch lieber in einem dieser modernen und bequemen „Geländewagen" als in dem engen und unpraktischen SL. Es war nicht so, dass man bei Mercedes den SL hatte fallenlassen. Erst im Jahr 2012 war eine neue, die sechste Generation der Baureihe, der R231, der Öffentlichkeit präsentiert worden. Aber außer das Fahrzeug mit immer höheren PS-Spitzenleistungen auszustatten, war niemand etwas wirklich Neues eingefallen, wie man dieser Baureihe zu einer Renaissance verhelfen könnte. So wurde der SL mehr und mehr zu einer „verblassenden Ikone", wie es in einem Artikel der Fachzeitschrift „Automobilproduktion" im März 2015 hieß.

Auch der SLK hatte einst für Aufsehen gesorgt. Im Jahr 2016 feierte er sein 20-jähriges Jubiläum und erhielt dann auch gleich entsprechend der veränderten Nomenklatur den neuen Namen „SLC" und noch einmal eine kleine Modellpflege, deren auffälligste Neuerung ein „serienmäßiger Diamantgrill" war. Wie der SL litt auch der SLC daran, dass es kein Auto für China war. Überhaupt war der chinesische Markt kein Sportwagenmarkt, und wenn, dann nur für Super-Sportwagen auf höchstem Leistungs- und Preisniveau.

Stückzahlen waren mit dem SLC in China nicht und in anderen Märkten immer weniger zu machen. Das Ende ist bekannt: Im Februar 2019 beschloss der Mercedes-Vorstand daher, die Produktion des SLC in Bremen im Frühjahr 2020 einzustellen.

Statt der angejahrten Sportwagen aus dem Mercedes-Stall sorgte ein High-End-Modell aus der Abteilung AMG im Sportwagensektor für Aufsehen: Auf dem Pariser Automobilsalon im Herbst 2014 wurde der AMG GT vorgestellt, der zwar nicht ganz so spektakulär wie der AMG Flügeltürer war, dafür aber deutlich günstiger. Von den Medien wurde das Auto sofort als das identifiziert, was es wohl auch sein sollte: ein direkter Konkurrent zum Porsche 911. Auch bei der viertürigen Variante, die im Jahr 2018 vorgestellt wurde, war Porsche das Angriffsziel, das in diesem Fall Porsche Panamera hieß. Das Prinzip, das sich durch die ganze dritte Produktoffensive zog, nämlich die relevanten Wettbewerber in jedem Segment anzugreifen, war auch hier unverkennbar. Freilich: Porsche war Porsche und da machte es sich dann gerade bei diesen High-End-Modellen bemerkbar, dass Porsche halt doch eine exklusivere Marke als Mercedes war.

Der Erfolg, den die neuen Mercedes-Modelle in den Jahren 2012 bis 2017 fast durchgängig hatten, hatte viele Gründe. Der wichtigste von allen war das Design. Dass Design als Erfolgsfaktor in Zeiten einer immer stärkeren technischen Angleichung der Produkte wichtiger werden würde, war keine wirklich neue Erkenntnis. Doch erfolgreiches, wettbewerbsdifferenzierendes Design erfordert auch Mut zum Risiko. Gordon Wageners Designstil, das „Hot&Cool“, war expressiv und manchem Feingeist vielleicht auch zu expressiv, um nicht zu sagen „prollig“. Aber es traf den Geschmack der Zeit und die Designwende bei Mercedes kam zum genau richtigen Zeitpunkt, nämlich dann, als sich die Formensprache bei Audi und BMW von Modellgeneration zu Modellgeneration nur noch zu wiederholen schien. Mercedes bot etwas Neues, Andersartiges und das war in einem zunehmend neuerungssüchtigen Markt ein großer Wettbewerbsvorteil. Mit der im März 2016 am Vorabend des Genfer Automobilsalons gestarteten „Dreamcars“-Kampagne wollte man den Wettbewerb in dieser zunehmend wichtigen Disziplin des Automobilbaus distanzieren, was auch gelang. Das Mercedes-Design war im Trend und die Kunden begannen in Sachen „schöne Autos“ umzudenken.

Auch Performance blieb ein Thema. Schon Jürgen Hubbert hatte die bei Mercedes früher manchmal zur Schau getragene Zurückhaltung abgelegt, Autos mit über 400 PS zu bauen. Gewiss, die Marke betonte auch jetzt immer wieder ihre „gesellschaftliche Verantwortung“ und ihr Ziel, Spitzenreiter bei der Entwicklung „grüner Technologien“ zu sein. Aber was, wenn die Kunden leistungsgesteigerte Fahrzeuge wollten und wenn das oberste Unternehmensziel die Steigerung der verkauften Stückzahlen war? Außerdem ließ sich mit Performance gutes Geld verdienen, mehr jedenfalls als mit abgemagerten Kompaktfahrzeugen. Die Marke AMG wurde daher immer mehr zu einer Cashcow im Unternehmen. Im Jahr 2017 umfasste das Modellangebot von AMG immerhin 60 Modelle und das Absatzvolumen lag „erstmalig deutlich im sechsstelligen Bereich“ (Geschäftsbericht 2017). Die vollständige Übernahme der AMG im Jahr 2005 hatte sich jedenfalls als eine gute Investition erwiesen.

Deutlich voran ging es bei Mercedes im Rahmen der dritten Produktoffensive schließlich mit einem Wachstumsfeld, das mehr und mehr in das Blickfeld der Automobilhersteller rückte: Connectivity. Auch in diesem Bereich war BMW Vorreiter gewesen. Mit dem Ausstattungspaket „Connected Drive“, das im Jahr 2008 in den Markt eingeführt wurde, bot BMW internetbasierte Dienste zur Information und zur Unterhaltung wie etwa die Smartphone-Integration oder verschiedene Concierge-Services im Auto an, die man bei anderen Herstellern bis dahin vergeblich suchte. Im März 2014 stellte Daimler die Dienstleistungsmarke „Mercedes me“ vor, unter der nicht nur fahrzeugbezogene Dienste angeboten wurden, sondern im Rahmen der Vertriebsoffensive „Best Customer Experience“ auch neue Formen des Kundenkontaktes. Der Kundenkontakt, so das Ziel, sollte künftig nicht mehr ausschließlich über die Handelsorganisation gehen, sondern direkt und digital möglich sein. „Mercedes me“, heißt es dazu im Geschäftsbericht 2014, „ist der bequeme Zugang zu bestehenden, aber auch künftigen Dienstleistungsangeboten des Unternehmens“. Das Angebot bestand aus fünf digitalen Modulen, die von der Überwachung und Steuerung des Fahrzeugs per Smartphone bis hin zum Zugang zu den alternativen Mobilitätsangeboten des Konzerns reichten. Neu an „Mercedes me“ waren auch innenstadtnahe „Mercedes me“-Stores, in denen ein direkter persönlicher Kundenkontakt unabhängig von konkreten Kaufabsichten des Besuchers möglich sein sollte. Im Sommer 2014 entstand der erste „Mercedes me“-Store in zentraler Lage in Hamburg mit Touchscreens und Konfigurationstools, um die Modellpalette zu erkunden, sowie einem Lounge- und einem Bistrobereich. Auch die ersten Versuche in Richtung Online-Vertrieb wurden Ende 2013 zunächst in der Mercedes-Benz-Niederlassung Hamburg, ab Anfang 2014 auch in Warschau gestartet. Dort konnte direkt ein Leasing-Vertrag ohne Zwischenschaltung eines Mercedes-Händlers online abgeschlossen werden. Die digitale Experimentierfreude war groß und im Hinblick auf die Konnektivitätsdienste konnte das Unternehmen von einer hohen Freischaltquote durch die Nutzer sowie von einer „Viertelmillion Kundenkontakte“ über die hauseigene Internet-Plattform berichten.

Mercedes war bei seiner Aufholjagd auf BMW gut unterwegs. Die Produktoffensive übertraf, was die verkauften Stückzahlen anbelangte, die Erwartungen. Die Marke war jetzt in allen – in wirklich allen – Segmenten präsent und überließ dem Wettbewerber nicht mehr wie früher eine Spielwiese, auf der er sich austoben konnte. BMW spürte den Druck und dabei hatte Mercedes auch noch einen weiteren Trumpf in der Hinterhand, den man noch nicht ausgespielt hatte.

Die chinesische Karte

„Dort“, erklärte Dieter Zetsche auf der Bilanzpressekonferenz am 5. Februar 2014, „entscheidet sich, wer im Premiumbereich das Rennen macht.“ Mit „dort“ war China gemeint, jener Markt, auf dem Mercedes im Jahr 2012 wieder deutlich hinter seine Wettbewerber Audi und BMW zurückgefallen war und wo jetzt ebenfalls aus allen Rohren gefeuert werden sollte. Unbeschadet einer kleinen Schwächephase waren die Wachstumsaussichten auf dem inzwischen größten Automobilmarkt der Welt glänzend, nicht zuletzt im Premiumsegment. Zetsche hatte noch im Jahr 2012 eine wichtige Weichenstellung und Personalentscheidung für China getroffen: Bis dahin einmalig in der Geschichte des Unternehmens wurden die Aktivitäten in einem Markt in einem Ressort gebündelt und am 13. Dezember 2012 Hubertus Troska zum Vorstand für „Greater China“ berufen. Troska war von Oktober 2003 bis August 2005 Chef der AMG, hatte aber den größten Teil seiner Karriere, ähnlich wie Dieter Zetsche, im Nutzfahrzeugbereich verbracht. Zuletzt leitete er das LKW-Geschäft in Europa und Lateinamerika. Seine Berufung zum China-Vorstand war eine Überraschung, da es ja vor allem im PKW-Geschäft aufzuholen galt. Aber Zetsche hatte eine gute Wahl getroffen. Troska verstand, dass man in China nicht mit der Brechstange, sondern nur im Dialog mit den chinesischen Partnern zum Erfolg kommen würde. „Respekt vor dem, was der Partner will“: Das war sein Grundsatz, ein Grundsatz, mit dem er in den folgenden Jahren außerordentlich erfolgreich war.

Die China-Strategie unter Troska basierte auf zwei Säulen: mehr Modelle und mehr lokale Produktion. Noch zu Beginn des Jahrzehnts konzentrierte sich das Fahrzeugangebot im chinesischen Markt auf einige wenige Modelle, vor allem die S-, E- und die C-Klasse. Es war klar, dass nur mit einem deutlich verbreiterten Angebot der Absatz angekurbelt werden konnte. So wurden im Jahr 2013 sieben neue Modelle, darunter auch die A-Klasse, die schon im Jahr 2011 als Concept A-Class auf der Automobilmesse in Shanghai Weltpremiere gefeiert hatte, in den Markt eingeführt. Im darauffolgenden Jahr kamen weitere neun neue Modelle hinzu, unter anderem eine Langversion der neuen C-Klasse. Im „Jahr des Geländewagens“ 2015 wurden der GLE und der GLA in das Angebot für China aufgenommen, nachdem sich mittlerweile auch im „Reich der Mitte“ SUVs einer wachsenden Popularität erfreuten. Außerdem hatten weitere 13 neue Modelle Premiere. Im Jahr 2016 folgten weitere zehn neue Modelle, sodass nun praktisch das komplette Modellprogramm auch in China verfügbar war.

Um das Engagement in China abzusichern, war ein massiver Ausbau der lokalen Produktion unabdingbar. Mit der Beijing Automotive Industrie Co., Ltd. (BAIC) hatte Daimler einen strategischen Partner gefunden, der willens und in der Lage war, den beschleunigten Expansionskurs, den das Unternehmen in China einschlagen wollte, mitzugehen. Die Beijing Benz Automotive Co., Ltd. (BBAC), das Joint Venture, das Daimler gemeinsam mit der BAIC betrieb, wurde über die Jahre hinweg massiv ausgebaut. Beim Staatsbesuch des chinesischen Staatspräsidenten Xi Jinping war im Frühjahr 2014 in Anwesenheit von Bundeskanzlerin Merkel eine Vereinbarung zum weiteren Ausbau der Produktionskapazitäten mit einem Investitionsvolumen von insgesamt 4 Milliarden Euro unterzeichnet worden. Bereits im Jahr 2013 war man weit über seinen Schatten gesprungen, als man gemeinsam mit der BBAC das erste PKW-Motorenwerk außerhalb Deutschlands in Betrieb genommen hatte. Produziert wurden sowohl 4- als auch 6-Zylinder-Motoren. Von der einstigen Angst vor einem Know-how-Abfluss an den chinesischen Partner, die so lange die Geschäftsaktivitäten von Daimler in China gehemmt hatte, war keine Rede mehr. Jedem im Haus war mittlerweile klar geworden, dass man ohne einen Ausbau der lokalen Produktion auf diesem Markt nicht mit BMW und vor allem mit Audi würde konkurrieren können. Vielleicht war die Angst vor irgendwelchen „Mercedes-Fakes“ auch deshalb nicht mehr so groß, weil sich Daimler als erster westlicher Automobilhersteller mit 12 Prozent an seinem chinesischen Partner direkt beteiligte und damit einen stärkeren Einfluss auf dessen Geschäftspolitik bekam.

Nach und nach stieg die Zahl der in China gefertigten Modelle: Im Jahr 2014 wurde die Produktion des GLA aufgenommen und im Jahr 2015 folgte als weiteres Volumenmodell der GLC. Mit dem immer wieder betonten Grundsatz „Made in China, for China“ signalisierte man allerdings auch, dass nicht geplant sei, von China aus Fahrzeuge in andere Märkte zu exportieren. Der Anteil der lokal gefertigten Modelle an den gesamten Verkäufen auf dem chinesischen Markt ging jedenfalls deutlich nach oben: Kamen zu Beginn des Jahrzehnts kaum mehr als ein Drittel der verkauften Fahrzeuge aus heimischer Produktion, so waren es im Jahr 2014 schon fast die Hälfte und im Jahr 2017 rund zwei Drittel. Für die deutschen Standorte blieben nur die Zulieferungen von Aggregaten und Komponenten, freilich auch das mit rückläufiger Tendenz.

Der Volumenschub durch die Verbreiterung der angebotenen Modellpalette und die zunehmende lokale Produktion war gewaltig: Wurden im Jahr 2012 208.000 Autos verkauft, so waren es zwei Jahre später schon 293.000 und weitere zwei Jahre später, im Jahr 2016, 465.000 Einheiten. Seit dem Jahr 2015 war China weit vor den USA und Deutschland der größte Markt für Mercedes. „Darum lieben Chinesen plötzlich den Mercedes-Stern“, titelte die Welt in einem Beitrag vom 6. Dezember 2015 und attestierte dem Daimler-Management, dass es seine einstigen „China-Probleme“ im Griff habe. Im Jahr 2017 folgte ein weiterer Anstieg der Verkaufszahlen auf 595.200 Fahrzeuge, womit man jetzt BMW auf diesem wichtigen Markt, wenn auch nur knapp, überholen konnte. Lediglich der Platzhirsch Audi konnte weiterhin mehr Fahrzeuge absetzen. Allerdings war der Vorsprung auf zuletzt 2.000 Einheiten geschmolzen, nachdem er im Jahr 2012 noch bei über 200.000 Fahrzeugen gelegen hatte.

Zu Beginn des Jahres 2016 konnte Zetsche Vollzug melden. Mercedes hatte seine Wettbewerber aus München und Ingolstadt überholt. Die Marke Mercedes-Benz hatte ihren Absatz gegenüber dem Vorjahr nochmals um 9 Prozent steigern können und damit erstmals die magische Grenze von zwei Millionen verkauften Autos überschritten. Exakt waren es 2.053.500 Einheiten. BMW brachte es auf 2.003.359 und Audi auf 1.867.738 verkaufte Fahrzeuge. Aber auch bei der Umsatzrendite konnte sich das Unternehmen im Wettbewerbsvergleich sehen lassen: Bei Mercedes-PKW lag sie bei 9,1 Prozent, BMW brachte es auf 8,9 Prozent, während Audi mit 5,1 Prozent deutlich abgefallen war. Nicht nur größter, sondern auch profitabelster Premiumhersteller: Vier Jahre früher als angekündigt, hatte Zetsche den ersten Platz auf dem Treppchen zurückerobert und BMW und Audi auf die Ränge verwiesen.

Auf der „Ordentlichen Hauptversammlung der Daimler AG“ am 29. März 2017 in Berlin stand – zwei Jahre nach seiner linkischen Kritik an den Teilnehmern der Veranstaltung – ein sichtlich aufgeräumter und lockerer Dieter Zetsche vor den „sehr geehrten Aktionärinnen und Aktionären“. „Die Ideen, das Können und das Herzblut der Mitarbeiter“, erklärte er den Anwesenden ungewohnt pathetisch, „machen Daimler seit über 130 Jahren zum Pionier der Mobilität. Noch nie waren wir dabei so erfolgreich wie heute. Bei Absatz, Umsatz und Ergebnis gab es neue Bestwerte. Bei der Profitabilität lagen wir insgesamt erneut auf Zielniveau.“ Es hätte für Dieter Zetsche die entspannteste Hauptversammlung seiner ganzen Amtszeit als Vorstandsvorsitzender werden können. Noch im Vorjahr hatten sich seine Kritiker an Themen abgearbeitet, die niemand wirklich interessierten. Auch für die Journalisten hatte es damals nur wenig zu berichten gegeben, sodass selbst in seriösen Blättern ein Ereignis in den Mittelpunkt rückte, das für einen erheblichen Aufreger gesorgt hatte: Ein Aktionär hatte mehrfach Würstchen vom Buffet zum Mitnehmen eingepackt, was eine andere Anteilseignerin erboste und zu einem verbalen Schlagabtausch führte, sodass der Versammlungsleiter, Aufsichtsratschef Manfred Bischoff, sogar die Polizei rufen musste. In diesem Jahr hatte man daher vorsorglich die Zahl der Würstchen von 12.500 auf 15.000 erhöht, sodass es zu keinem Streit in der Mittagspause kam. Stattdessen ging es im Versammlungssaal nicht um Würstchen, sondern um die Wurst: Der Dieselskandal hatte mittlerweile auch Daimler erreicht und so war die Freude über die glänzende Bilanz dann doch etwas getrübt. Auch Ingo Speich von der Union Invest meldete sich wieder zu Wort und wollte wissen, ob auch Daimler ein Dieselgate drohe: „Die Aktionäre“, forderte er, „haben ein Recht auf volle Transparenz, denn es geht um ihr Geld.“ Eine Antwort bekam er nicht, denn – so die Begründung – zu laufenden Verfahren könne man sich nicht äußern. Die „sehr geehrten Aktionärinnen und Aktionäre“ gingen daraufhin satt, aber nachdenklich nach Hause.

„Do epic shit“

Wer bei Google den Begriff „Daimler Jahrespressekonferenz 2016“ eingibt, findet das Standbild eines Videos, auf dem Dieter Zetsche neben seinen Kollegen Wolfgang Bernhard und Bodo Uebber sowie seinem Pressesprecher Jörg Howe sitzt. Alle Herren sind dunkel gekleidet, Bernhard und Uebber tragen eine gedeckte Krawatte, Howe eine rote. Dieter Zetsche hat die Arme verschränkt und er trägt im Gegensatz zu den anderen Herren keine Krawatte. Es war das erste Mal, dass er bei einem so hochoffiziellen Anlass wie der Bilanzpressekonferenz auf dieses Kleidungsstück verzichtete. Mit seinem Gespür für Gesten und Symbole wollte er mit dem Verzicht auf das zur Berufskleidung eines Daimler-Vorstands gehörende Accessoire ein Zeichen setzen. Sein neues Outfit – das dunkelblaue Sakko, das offene weiße Hemd, die Jeans und die Sneakers – sollte ein Symbol für den tiefgreifenden kulturellen Wandel sein, den er bei Daimler angestoßen hatte. Ein Jahr später, bei der Jahrespressekonferenz 2017 – die personelle Besetzung auf der Bühne ist die gleiche wie im Jahr zuvor – tragen auch die anderen Herren keine Krawatte mehr. Dieter Zetsches Beispiel hatte im Unternehmen Schule gemacht.

Wie einflussreich der Daimler-Chef als Stil-Ikone war, sollte sich schon bald zeigen, als sich nach und nach auch andere Vorstände deutscher DAX-Unternehmen der Krawatte entledigten – selbst die von Volkswagen und BMW. Oliver Bäte, Chef der Allianz, erschien bei der Hauptversammlung seines Unternehmens im Mai 2016 sogar in roten Turnschuhen. Es war die Zeit, als deutsche Politiker, Manager und Journalisten, oft zusammen, ins Silicon Valley pilgerten, um zu sehen, wie dort die Welt neu erfunden wurde. Dabei ging es nicht allein um Technologie, sondern auch um neue, vielversprechende Geschäftsmodelle und unkonventionelle Führungsstile. „Disruption“ und das dazugehörige Adjektiv „disruptiv“ wurden schnell zum modischen und inflationär gebrauchten Buzz-Word auf Kongressen und Konferenzen. So wie die Alten einmal sagten: „Et in Arcadia ego“, und damit ihre antiken Bildungserlebnisse in Italien meinten, hieß es jetzt: „Et in Silicon Valley ego“. Jeder meinte, das Paradies oder die Zukunft gesehen zu haben. Bücher und Berichte über das Silicon Valley hatten Konjunktur und nicht wenige sagten den Schlüsselbranchen der deutschen Wirtschaft, vor allem der Automobilindustrie, ihren baldigen Untergang voraus, wenn sie nicht schleunigst handeln würde: „Wenn die Automobilindustrie nicht aufpasst“, so einer der einflussreichsten Silicon-Valley-Kenner jener Tage, der Buchautor Christoph Keese in einem Interview mit der „Initiative D 2030“, „wird sie von dem entscheidenden Business abgeschnitten.“

Tatsächlich kamen um das Jahr 2015 herum ungewöhnlich viele beunruhigende Nachrichten aus Übersee: Anfang des Jahres 2015 verdichteten sich die schon länger umlaufenden Gerüchte, dass Apple an einem Auto arbeite, gewissermaßen einem „iCar“, mit dem das Unternehmen die Welt des Automobils revolutionieren wolle, so wie es einst mit dem iPhone die Welt der Mobiltelefonie revolutioniert hatte. Niemand wusste etwas Genaues und Apple selbst wollte das Projekt nicht bestätigen, aber ein Dementi gab es auch nicht. Das Projekt hieß „Titan“ und mehrere Hundert Apple-Mitarbeiter und auch einige angeworbene Experten aus der Automobilindustrie, so wurde gemunkelt, sollten damit befasst sein. Ob es tatsächlich um ein richtiges Auto ging oder um eine IT-Plattform für Autos – alles war Spekulation. Dennoch machte in den Medien das Wort vom „iPhone auf Rädern“ die Runde. Auch Google arbeitete an einem Auto. Im Gegensatz zu Apple machte die Muttergesellschaft von Google, Alphabet, daraus auch kein Geheimnis. Im Gegenteil: Im März 2014 stellte das Unternehmen ein „autonom" fahrendes Fahrzeug der Presse vor. Es sah zwar eher wie ein rollendes Ei als ein Auto aus, aber es war vollgepfropft mit Lidar- und Radarsensoren, erkannte Verkehrsschilder und Hindernisse und bewegte sich wie von Geisterhand geführt über die Teststrecke. Im Dezember 2016 wurde die Tochtergesellschaft Waymo gegründet, die schon bald als Technologieführer in Sachen „autonomes Fahren" galt. Zu den beunruhigenden Nachrichten von den beiden Nasdaq-Giganten kam im Juli 2015 die Meldung, dass der amerikanische Online-Fahrvermittlungsdienst Uber eine große Finanzierungsrunde abgeschlossen habe, um seine aggressiven Expansionspläne finanziell auf eine breitere Basis zu stellen. 50 Milliarden US-Dollar, bestätigte das Unternehmen, seien zusammengekommen. Uber vermittelte schon länger über eine App private Autofahrten mit freiberuflich tätigen Fahrern, die deutlich günstiger waren als herkömmliche Taxis. Schon bald, erwarteten viele Experten, könne „Ride Hailing", wie das Konzept in der Fachsprache genannt wurde, den individuellen Besitz eines Autos ablösen. Und dann war da auch noch Tesla. Im Jahr 2015 durchbrach der Elektropionier mit seinem Model S erstmals die Schallmauer von 50.000 verkauften Autos und stellte im September des gleichen Jahres ein weiteres Modell, das Model X, vor. Es war der erste vollelektrische SUV mit einer Reichweite von über 500 Kilometern. Was Größe, Fahrleistungen und Ausstattung anbelangte, musste sich das Auto nicht hinter irgendwelchen Verbrenner-SUV verstecken. Imposant war vor allem das 17" Display, das zentral im Sichtfeld des Fahrers platziert wurde. Ähnliches konnte damals kein anderer Hersteller bieten. Mit dem Model X hatte Tesla den Beweis angetreten, dass die kleine Elektro-Schmiede, die sich im Jahr 2009 nur durch die Beteiligung von Daimler und Toyota finanziell über Wasser halten konnte, das Potenzial hatte, zu einem ernstzunehmenden Wettbewerber im Automobilmarkt zu werden.

Angesichts einer solchen Ereignis- und Nachrichtendichte wurden die etablierten Automobilhersteller hellhörig und begannen ihr traditionelles Geschäft mit neuen Augen zu sehen. „Digitalisierung", „Disruption" und „Transformation" ersetzten innerhalb weniger Monate Begriffe wie „Evolution", „Optimierung" und „Reengineering" in einer Branche, die bislang vor Selbstbewusstsein gestrotzt hatte. Viel zitiert und plagiiert wurde in jenen Tagen ein Statement von Audi-Chef Rupert Stadler in einem Interview mit dem Focus am 16. Juli 2016: „Die Automobilindustrie", so seine Prognose, „wird sich in den nächsten zehn Jahren stärker wandeln als in den vergangenen 100."

Was den Automobilmanagern an den Nachrichten über neue Wettbewerber Angst machte, war nicht so sehr die Finanzkraft, das Image und die technologische Kompetenz der neuen Mitspieler im Markt, sondern deren Geschäftsmodell, das ganz eindeutig darauf abzielte, die Schnittstelle zum Kunden zu besetzen. Sie wollten, so die Befürchtung, mit ihrer Bekanntheit und Reichweite der erste Ansprechpartner in Sachen Mobilität werden und die Automobilhersteller aus dem direkten Kundenkontakt verdrängen mit der Folge, dass die Industrie zum Anhängsel von Internetplattformen werden könnte. Schnell wurden Szenarien durchgespielt, in denen Automobilhersteller zu bloßen Lieferanten von „Mobility Providern“ wie Uber werden würden – mit austauschbaren Produkten und Technologien, „Blechbiegern“, die sich im Markt nur noch über den niedrigsten Preis behaupten können.

Also galt es, sich direkt ein Bild von dem zu machen, was da in Amerika passierte und vor allem *wie* es passierte. Wie immer, wenn Menschen ins vermeintlich gelobte Land aufbrechen, sehen sie vor allem das Positive und übersehen das Negative (oder wollen es sogar absichtlich übersehen). Es war vor allem die Unternehmenskultur, die so anders war als in deutschen Unternehmen und die viele faszinierte: die Kreativität und Experimentierfreude, die Begeisterungsfähigkeit und das Durchhaltevermögen. Die Schattenseiten des Lebens und vor allem Arbeitens im Silicon Valley wurden erst einige Jahre später thematisiert: der brutale Leistungsdruck auf die Mitarbeiter, die alle von der großen Karriere und den lukrativen Aktienoptionen träumten, die totale Vereinnahmung nicht nur während der Arbeits-, sondern auch während der Freizeit und schließlich auch die männliche Dominanz, die nicht selten in sexuelle Übergriffe auf Frauen ausartete.

Im Januar 2016 startete bei Daimler die Initiative „Leadership 2020“. Sie wurde als Ergänzung und Unterstützung für das Wachstumsprogramm „Mercedes-Benz 2020“ verstanden und sollte das Unternehmen schneller und offener, aber natürlich auch effizienter und innovativer machen. Der Abbau von Hierarchien sollte zu „kürzeren Entscheidungswegen“ führen und „flexiblere Formen der Zusammenarbeit“ ermöglichen. In globalen Workshops wurden acht Führungsprinzipien definiert: Kundenorientierung, Pioniergeist, Lernen, Agilität, Sinn, Befähigung, Wir wollen gewinnen und Co-Kreation. Sie sollten in Zukunft das Verhalten von Führungskräften und Mitarbeitern bestimmen. Feedback-Kultur, Schwarmorganisation und digitale Transformation waren einige der Gamechanger, mit denen man diese Prinzipien im Unternehmen umsetzen wollte. „Es ist wichtig“, erklärte Personalvorstand Wilfried Porth in einem Gespräch mit der WirtschaftsWoche am 1. November 2016, „dass die Energie aus der Mannschaft kommt.“

„Führungskraft Helmut Lange“, dessen Name von der Redaktion geändert werden musste, fand das in einem Bericht über den Kulturwandel bei Daimler in der Südwest Presse vom 4. März 2018 gut: „Wer heute eine Idee hat, muss nicht mehr kündigen wie bislang, als Kollegen zu Porsche oder BMW wechselten, sondern kann sie im Unternehmen umsetzen“, lobte er. Für ihn ist der Prozess des Kulturwandels glaubwürdig. Warum aber musste die Redaktion seinen Namen ändern, um ihn zitieren zu dürfen?

Immer wieder fällt der Begriff „Start-up-Kultur“. Sie möchte man im Unternehmen fördern. Im Juli 2016 gab Dieter Zetsche selbst den Startschuss für die „Start-up-Autobahn“, eine Innovationsplattform, die „Entrepreneure aus dem Mobilitätsbereich“ fördern sollte und die in Kooperation mit der Forschungsfabrik „Arena 2036“, der Universität Stuttgart und dem „US-Accelerator“ Plug&Play betrieben wurde. Schon seit dem Jahr 2010 gab es das „Knowledge College“, dessen Ziel es war, mit gemeinsamen Workshops frühzeitig mit „Talenten von morgen“ in Kontakt zu kommen. Im Frühjahr 2017 wurde das

Programm erweitert: In einem Workshop „Start-up-Kultur“ sollten die Teilnehmer „eine eigene Geschäftsidee bis zum Pitch“ entwickeln. Noch früher wurde das Innovationslabor „Lab1886“ ins Leben gerufen, dessen Datum („1886“) an die Start-up-Unternehmer Karl Benz und Gottlieb Daimler erinnern sollte. Das Lab1886 galt als Innovationsschmiede, mit der Aufgabe, das Unternehmen mit neuen Ideen und Geschäftsmodellen zu versorgen. In der Abfolge von „Ideation, Inkubation und Kommerzialisierung“ sollten neue Geschäftsmodelle schnell realisiert oder auch verworfen werden. Daimler war stolz, dass das Lab1886 im Jahr 2017 den ersten Platz unter den „führenden Innovations-Labs in Deutschland“ belegte.

„Do epic shit“, prangte auf einem T-Shirt, das Dieter Zetsche bei der Vorstellung des neuen Sprinter am 6. Februar 2018 trug. Gleichzeitig mit dem neuen Fahrzeug präsentierte eine im Geschäftsfeld Van eingesetzte Arbeitsgruppe neue Geschäftsideen zum Lieferverkehr der Zukunft. „Lasst uns geile Dinge machen“: Das war der inoffizielle Slogan der Macher im Silicon Valley. Die Automobilbranche war im Wandel. Warum sollte man also nicht auch im „Neckar Valley“ geile Dinge machen?

Dieter Zetsche hat die Daimler-Kultur verändert. Alles wurde offener, kommunikativer, vielleicht auch ein wenig lässiger und lustiger. Aber wie tief reichte der Kulturwandel tatsächlich? Daimler hatte Jahre hinter sich, in denen die einstige Unternehmenskultur schwer beschädigt, manchmal auch mit Füßen getreten worden war. Das konnte man nicht ungeschehen machen. Immerhin war es gelungen, einige der gröbsten Verstöße gegen einige der grundlegendsten Regeln, die ein Unternehmen zusammenhalten, zu begrenzen, zum Beispiel das permanente Zuspielen von internen Informationen an die Presse. Die Vorstände präsentierten sich als Team und waren sich ihrer Vorbildrolle wieder stärker bewusst. Das strahlte nach außen, aber auch nach innen ab. Aber hatte sich die Situation für den Einzelnen, in seinem konkreten, täglichen Arbeitsumfeld auch verändert? Hatte er sich selbst verändert? „Kulturellen Wandel kann man schwer messen“, erklärte Dieter Zetsche am Ende seiner Amtszeit. Dennoch meinte er, feststellen zu können, dass das Unternehmen „schneller und flexibler“ geworden sei: „Wir fördern noch stärker Kreativität, Pioniergeist und individuellen Freiraum.“ Aber er fügte auch hinzu: „Wir sind längst noch nicht fertig.“

Jahrespressekonferenz am 11. Februar 2020: Viele der Initiativen zum Kulturwandel bei Daimler sind zwischenzeitlich Geschichte. Wieder sitzen vier Herren auf dem Podium. Ola Källenius zum ersten Mal als Vorstandsvorsitzender, daneben seine Kollegen Martin Daum und Harald Wilhelm. Alle drei sitzen da mit dunklem Anzug und offenem Hemdkragen. Auch Jörg Howe, der Pressesprecher, ist dabei. Heute trägt er wieder eine Krawatte – eine rote.

CASE – vom „Macher“ zum „Visionär“?

„Ich habe bei Daimler noch nie eine größere Aufbruchsstimmung erlebt.“ Mitten im Erfolg der neuen Produktoffensive, der Eroberung des chinesischen Marktes und des Sprungs auf Platz eins im Premiumsegment, gab sich Dieter Zetsche im Geschäftsbericht für das Geschäftsjahr 2016 angriffslustig. Das „Feuern aus allen Rohren“ machte ihm Spaß, aber als geübter Schütze wusste er auch: Wer aus allen Rohren schießen will, braucht Nachschub – keine Platzpatronen, sondern scharfe Munition. So sah er in dem vermeintlichen Angriff der amerikanischen IT-Giganten auf das traditionelle Geschäftsmodell der Automobilhersteller nicht nur eine Gefahr, sondern auch eine Chance. In einem Interview mit dem Mittelstandsportal Deutsche Unternehmensbörse (DUB) im August 2015 antwortete Dieter Zetsche auf die Frage, welche Herausforderung nach seiner Auffassung die größte für Daimler sei: „Wir stehen vor der Neuerfindung des Automobils. Diese Entwicklung wollen wir mitgestalten und vorgeben.“ Was die Konkurrenz durch neue, branchenfremde Anbieter anbelangt, zeigte er sich beeindruckt „von den Leistungen dieser Firmen auf ihren Gebieten“ und von deren „finanzieller Macht“. Aber, so Zetsche weiter, es gebe gegenüber Apple und Google keine „Angststarre“: „Wir wissen auch, was wir können.“ Ob die IT-Konzerne am Ende „Konkurrenten“ oder „Partner“ der Automobilhersteller würden, sei noch nicht ausgemacht. Doch eines sei klar: „Wir wollen keine Lieferanten werden, die keinen direkten Kundenkontakt mehr haben und Hardware an Dritte liefern.“

Schon im Frühjahr 2016 gibt Dieter Zetsche die künftige Marschroute des Konzerns aus: „Um die Zukunft der Mobilität von der Spitze aus zu gestalten, haben wir im besten Jahr unserer Firmengeschichte den größten Wandel angestoßen. Denn die Automobilindustrie steht vor mehreren fundamentalen Umbrüchen. Connectivity, autonomes Fahren, Sharing und Elektromobilität – jedes dieser Themen hat das Potenzial, unsere Branche auf den Kopf zu stellen. Unser Anspruch ist klar: Daimler will in allen vier Feldern führen.“ Das war ein großer Anspruch: „In allen vier Feldern führen“. War das angesichts der Stärke der neuen Wettbewerber nicht doch ein wenig hoch gegriffen?

Anlässlich ihres 100-jährigen Bestehens stellte die BMW Group im Frühjahr 2016 ihre Strategie „Number One > Next“ vor. Die vier Stoßrichtungen ihrer Strategie wurden mit dem Kürzelwort „ACES“ bezeichnet: A stand dabei für „autonomes Fahren“, C für „Connectivity“, E für „Elektrifizierung“ und S für „Services“. Nicht minder selbstbewusst als Dieter Zetsche erklärte der BMW-Vorstandsvorsitzende Harald Krüger auf der Bilanzpressekonferenz seines Unternehmens am 16. März 2016: „Die BMW Group hat sich in ihrer 100-jährigen Geschichte immer wieder neu erfunden und als technologischer Vorreiter die Entwicklung unserer Industrie und der Mobilitätswelt vorangetrieben“, um dann anzukündigen: „Wir führen die BMW Group in eine neue Ära, um die Transformation der individuellen Mobilität und unserer Branche aktiv zu gestalten und nachhaltig zu prägen.“

Durch eine einfache Umstellung lässt sich die Kürzelkombination ACES in die Kürzelkombination CASE verwandeln und CASE – das war dann auch der Name für das Strategieprogramm bei Daimler, das sich in den folgenden Jahren wie ein roter Faden durch alle Veröffentlichungen, Statements und Vorträge von Daimler-Vorständen zog. Weit lagen offensichtlich die Einschätzungen der beiden Erzrivalen aus München und Stuttgart wie auch ihre Ziele im Hinblick auf den angestrebten Transformationsprozess ihrer Unternehmen nicht auseinander. Bahnte sich da ein neuer Wettbewerb zwischen Daimler und BMW an -- dieses Mal nicht um Stückzahlen, sondern um die künftige Vorherrschaft bei den zentralen technologischen und wirtschaftlichen Handlungsfeldern der Branche? Der Wettbewerb fand statt, aber anders als bei dem Kampf um die Spitzenposition im Premiumsegment war fraglich, ob es dieses Mal einen Sieger geben würde.

„Die Zukunft der Mobilität von der Spitze aus gestalten“: Das klang schon fast ein wenig nach einer „Vision“, der Vision, aus einem Automobilhersteller einen Mobilitätskonzern zu machen, nicht nur „Blech“ zu biegen, sondern „unsere Branche auf den Kopf zu stellen“, wie Dieter Zetsche bei der Bilanzpressekonferenz am 2. Februar 2017 formuliert hat. Hatte sich der „Macher“ zum „Visionär“ gewandelt?

Im März 2018 stellte Daimler in der neuen A-Klasse der Baureihe W177 ein Infotainment-System vor, das das Unternehmen selber als eine „Revolution“ bezeichnet. Tatsächlich war „MBUX“ – die Mercedes-Benz User Experience – ein großer und eindrucksvoller Technologiesprung, der durch die „Verschmelzung von realer und virtueller Welt“, wie es in einem Pressetext hieß, „neue Dimensionen in den Bereichen Komfort, Sicherheit und modernem Luxus“ erschloss. Schon einmal war die A-Klasse Innovationsträger in Sachen Konnektivität: Die Baureihe W176 war 2012 das erste Mercedes-Modell mit einer nahtlosen Integration des iPhone gewesen. Schon damals wollte man vor allem jüngere Kunden erreichen. Klar, dass man dann auch eine Lösung für das wichtigste mobile Device der jungen Generation brauchte. Damit hatte Mercedes die einstmals wie in Stein gemeißelte Innovationsreihenfolge, die hieß: „Neue Technologien kommen zuerst in die teuren Oberklasse-Modelle und dann in die unteren Fahrzeugklassen“, verändert. Digitale Angebote sollten jetzt zuerst den als jünger vermuteten Käufern der Kompaktklasse angeboten werden.

„Connectivity“ wurde schnell als die Basis und der Schlüssel für alle anderen bei CASE adressierten Handlungsfelder identifiziert: Ohne Konnektivität kein autonomes Fahren, keine flexiblen Shared Services und auch keine intelligente Nutzung von Elektrofahrzeugen. Das Thema „Connectivity“ avancierte daher zu einem der wesentlichen Forschungs- und Technologiefelder im Konzern.

Welche strategische Bedeutung man dem neuen Infotainment-System zuschrieb und wie sich die Zeiten verändert hatten, wurde auch daran deutlich, dass MBUX bereits auf der Consumer Electronics Show (CES) in Las Vegas, dem Hotspot für alle neuen digitalen Technologien, Anfang Januar 2018, also drei Monate vor der „Premiere“ auf dem Automobilsalon in Genf, präsentiert worden war. Vor all den ausgewiesenen IT-Fachleuten und Besuchern der CES war das gewissermaßen der „digitale Härtetest". In Genf drängte die Präsentation von MBUX das Auto, in dem es erstmals verbaut wurde, in den Hintergrund. Fast konnte man den Eindruck gewinnen, dass hier nicht ein neues Auto mit einem innovativen Infotainment-System in den Markt eingeführt wird, sondern ein innovatives Infotainment-System mit einem neuen Auto. Dieter Zetsche feierte das neue Tool: Mit MBUX, erklärte er selbstbewusst, „konnten wir die Vernetzung bei Mercedes auf ein völlig neues Niveau heben". Die Lernfähigkeit des Systems durch den Einsatz künstlicher Intelligenz, die Erweiterung der Navigationsdarstellung mit Hilfe der Augmented-Reality-Technologie, die Aktualisierbarkeit „over the air" und die Vorhersage-Funktionen, die auf der Basis der Nutzerhistorie wussten, was der Nutzer gerne tun würde, galten als einzigartig und wegweisend. Vor allem aber das „natürliche Sprachverstehen" faszinierte: Man musste nicht mehr im Befehlston sagen „Bitte Temperatur auf 24 Grad erhöhen", sondern es genügte ein schlichtes „Mir ist kalt" und das System steuerte die Temperatur selbsttätig auf die voreingestellten 24 Grad. Hinzu kam schließlich die deutlich vereinfachte Benutzerführung durch den „Dreiklang aus Touchscreen, Touchpad auf der Mittelkonsole und Touch-Control Buttons im Lenkrad", sowie die brillianten 3D-Darstellungen, bei denen erstmals die als besonders leistungsfähigen Nvidia-Grafik-Chips der neuesten Generation, die sonst nur bei Spielkonsolen verwendet wurden, zum Einsatz kamen. Die Presse würdigte den Fortschritt in Sachen Infotainment: „Die neue A-Klasse", war in einem Messebericht der Welt vom 6. März 2018 zu lesen, „kommt in diesem Frühjahr mit dem modernsten Cockpit und dem fortschrittlichsten Bediensystem im Hause Mercedes auf den Markt."

Die Kundenakzeptanz von MBUX war von Anfang an enorm hoch. Die Mischung aus nützlicher Information und spannenden und unterhaltsamen Spielereien kam bei einem zunehmend digital-affinen Publikum an. Gegenüber den Aktionären vergaß Dieter Zetsche auf der Hauptversammlung im Mai 2019 nicht zu erwähnen, dass sich MBUX für den Konzern auch finanziell lohne: Zwei Drittel aller A-Klassen-Kunden würden die aufpreispflichtige High-End-Version von MBUX beststellen. War das der Weg in Zukunft?

Auch an den Wettbewerb hatten die Entwickler bei MBUX gedacht. Auf die Frage: „Hey Mercedes, was hältst Du von BMW?", antwortete das System herablassend: „Sehen ganz nett aus. Aber nur in meinem Rückspiegel." Bei einem im Juli 2020 veröffentlichten ADAC-Vergleichstest, bei dem elf Fahrzeuge der Kompaktklasse in den Kategorien Infotainment, Navigation, Konnektivität und Bedienkomfort getestet wurden, musste sich Mercedes BMW dann allerdings doch geschlagen geben: Der BMW M135i xDrive lag in der Endabrechnung, wenn auch nur knapp, vor dem Mercedes-Benz A250e Progressive. Auch wenn man ihn am liebsten im Rückspiegel sieht: Der Wettbewerber schlief nicht.

Autonomer Stillstand

Kann ein autonomes Auto erkennen, wenn es in eine Sackgasse fährt? Ja, selbstverständlich. Können Manager erkennen, ob sie mit dem „autonomen Auto“ in eine Sackgasse fahren? Nein.

Am 8. Januar 2015 stellte Daimler – natürlich auf der Consumer Electronics Show (CES) in Las Vegas – das Forschungsfahrzeug F 015 vor. Es sollte zeigen, wie ein Auto im Zeitalter des autonomen Fahrens aussehen könnte. Mit einer Länge von über 5 Metern, einer monolithisch anmutenden Karosserie und mit großflächigen LED-Leuchtmodulen an Front und Heck wirkte das Auto wie von einem anderen Stern. Das „erste automobile Raumschiff“ schwärmte die BILD.

Konnektivität war Pflicht. Die Kür im CASE-Programm hieß: autonomes Fahren. „Wer nur an die Technik denkt, hat noch nicht erkannt, wie das autonome Fahren unsere Gesellschaft verändern wird“, sagte Dieter Zetsche, auf die Frage, warum man ein solches Konzeptfahrzeug gebaut hatte. „Das Auto wächst über seine Rolle als Transportmittel hinaus und wird endgültig zum mobilen Lebensraum.“ Im Mittelpunkt des Interieur-Designs stand ein variables Sitzsystem mit vier drehbaren Loungechairs. Die Fahrgäste konnten sich so vis-à-vis unterhalten, spielen oder eine Besprechung durchführen. Sollte das Fahrzeug manuell gefahren werden, was natürlich weiterhin möglich war, konnten die Sitze gedreht werden, wobei das Lenkrad dann automatisch aus der Armaturentafel herausfuhr. Die Bedienung des Fahrzeuges erfolgte über Gesten, Eye-Tracking oder die Berührung der hochauflösenden Bildschirme. Futuristisch war auch das „Saloon Doors“-Türkonzept mit gegenläufig öffnenden Türen, wobei die Front- und Fondportale unabhängig voneinander betätigt werden konnten.

Der F 015 wurde zu einem der Highlights der Messe, und er war ein großes Versprechen. In seiner Rede auf der Hauptversammlung am 1. April 2015 erklärte Dieter Zetsche das autonome Fahren zu einem Entwicklungsschwerpunkt von Daimler in den nächsten Jahren. Es gelte, so Zetsche, „die Spitzenposition in diesem Bereich“ zu stärken. Spitzenposition? In diesem Bereich? Der für das Unternehmen reklamierte Führungsanspruch hatte einen historischen Hintergrund, den nur wenige seiner Zuhörer verstanden haben dürften. Bereits im Jahr 1986 startete auf Initiative von Daimler-Benz das europäische Forschungsprogramm „Prometheus“. Prometheus war eine Abkürzung für eine etwas sperrige Projektbezeichnung: „Programm für ein europäisches Transportwesen mit höchster Effizienz und unerreichter Sicherheit“. Eines der Teilprojekte des von der Europäischen Union geförderten Gemeinschaftsprojektes, an dem neben allen großen europäischen Automobilherstellern auch Automobilzulieferer, IT-Unternehmen sowie Universitäten und andere Forschungseinrichtungen teilnahmen, hieß „Rechnersehen“. Gemessen an den heutigen Anglizismen hört sich das etwas altbacken an, aber es ging in diesem Teilprojekt tatsächlich schon um „autonom“ fahrende Autos. Daimler präsentierte die Ergebnisse im Februar 1992 im Rahmen eines Workshops in

Fellbach bei Stuttgart: „Aus dem Fahrzeug", heißt es in einer Presseinformation zu dieser Veranstaltung, „beobachtet eine Kamera den vorausliegenden Straßenverlauf. Die Videobilder werden von einem Bordrechner ausgewertet. Durch die Erkennung der Fahrbahnmarkierungen gelingt es, das Fahrzeug automatisch auf seiner Spur zu halten. Ebenso ist es möglich, Hindernisse zu identifizieren und Ausweichmanöver durchzuführen." Wer Glück hatte, durfte das auf der alten, damals gerade stillgelegten Trasse der A8 am Aichelberg in einem Mercedes-Transporter auch wirklich erleben: Den Laderaum voll mit Rechnern, fand das Fahrzeug wie mit Geisterhand seinen Weg auf die Albhochfläche. Im Grunde waren das die Anfänge eines computerunterstützten autonomen Fahrens – wenngleich mit noch unzulänglichen technischen Mitteln und Möglichkeiten.

Im September 2009 verblüffte Daimler die Autowelt mit einer bemerkenswerten Testfahrt. Sie führte auf der historischen Route von Bertha Benz von Mannheim nach Pforzheim. Das Auto war eine „S-Klasse Intelligent Drive". Sie legte diese nicht ganz einfache Wegstrecke mit Autobahnfahrten, Landstraßen und Stadtverkehr voll autonom zurück. Natürlich war noch ein Sicherheitsfahrer mit an Bord. Journalisten wurden eingeladen, die Teststrecke mitzufahren. Es war – wie der Redakteur der Frankfurter Allgemeinen Zeitung anmerkte – die erste autonome Langstreckenfahrt durch Deutschland: „Ein bisschen gespenstisch – aber alles andere als enttäuschend", schrieb er durchaus anerkennend über die Geisterfahrt in seinem Bericht. Daimler forcierte das Thema aber auch intern weiter: Im Herbst 2014 erhielt das Unternehmen als einer der ersten Automobilhersteller die offizielle Lizenz des US-Bundesstaates Kalifornien, dort selbstständig fahrende Fahrzeuge auf öffentlichen Straßen zu testen. Zwei Jahre später folgte die Lizenz für den Bundesstaat Nevada. Die Voraussetzungen, „die Spitzenposition in diesem Bereich" zu stärken, waren also gegeben.

Das autonome Fahren war für Daimler nicht nur für das PKW-Geschäft, sondern fast noch mehr wegen dessen Einsatzmöglichkeiten bei Nutzfahrzeugen interessant. Mit autonom fahrenden LKW wäre es möglich, so die Überlegungen im Konzern, die Ruhezeiten für Fahrer und damit auch die Stillstandszeiten der Fahrzeuge zu reduzieren. Im städtischen Verteilerverkehr konnte autonomes Fahren die Lieferanten und Paketzusteller entlasten und selbst bei Bussen war eine Automatisierung und damit Kostenentlastung für die chronisch defizitären Unternehmen des Öffentlichen Personennahverkehrs denkbar. Schon im Sommer 2014 hatte Daimler den autonom fahrenden „Mercedes-Benz Future Truck 2025" auf einem Kongress zur Zukunft des Güterverkehrs in Magdeburg vorgestellt. Ausgestattet mit einem „Highway Pilot" bewegte sich der Truck auf einem Teilabschnitt der Autobahn A 14 bei einer realistischen Fahrsituation mit einer Geschwindigkeit von 85 km/h vollkommen autonom. In einem Mercedes-Benz Future Bus wurde 2016 ein City Pilot eingesetzt, der sich teilautomatisiert auf einer 20 km langen Strecke im Stadtverkehr in Amsterdam bewährte. Serienmäßig erfolgte im Jahr 2018 der Einsatz des Assistenzsystems „Active Drive Assist" im neuen Actros und ermöglichte damit ein zumindest teilautonomes Fahren im Alltagsbetrieb. Im

März 2019 startete eine Kooperation mit Torc Robotics, einem Unternehmen, das als Pionier auf dem Gebiet des automatisierten Fahrens galt, um einen vollautomatisierten LKW zu entwickeln und zu vermarkten. Gleichzeitig wurde, um dem Thema einen entsprechenden Stellenwert im Konzern zu geben, die „Autonomous Technology Group“ eingerichtet. Wiederum auf der CES in Las Vegas präsentierte der Konzern vier Jahre nach dem F 015 im Januar 2019 den „Vision Urbanetic Van“. Interessant war dieses Konzept vor allem deshalb, weil auf einem elektrisch angetriebenen Chassis entweder ein „People-Mover-Modul“ für die Personenbeförderung oder ein „Cargo-Modul“ für den Güterverkehr in der Stadt aufgebaut werden konnte. Es war offensichtlich, dass man gerade bei diesem Thema Synergien zwischen den Sparten Pkw und Nutzfahrzeuge nutzen konnte und auch nutzen wollte.

Schon bald ging es im PKW-Bereich jedoch nicht nur um autonom fahrende Autos, sondern um die komplette Neugestaltung automobiler Mobilität. Das Wort von den „Roboter-Taxis“ machte die Runde. Darunter verstanden Experten autonom fahrende Autos, die von Privatpersonen individuell und temporär durch den Zugriff über eine Smartphone-App genutzt werden können. Es war (und es ist) eine großartige, aber auch anspruchsvolle Vision: Die Verbindung von Carsharing und autonomem Fahren könnte – wie es einer der Vordenker auf diesem Gebiet, Johan Jungwirth, einmal bezeichnet hat – den „Führerschein überflüssig machen“ und jedem die Möglichkeit geben, individuell mobil zu sein. Doch der Weg dorthin war, als diese Gedanken zunächst in Fachkreisen und dann in einer breiteren Öffentlichkeit diskutiert wurden, noch weit und ein konkreter Zeithorizont für die Realisierung im öffentlichen Verkehr nur schwer abschätzbar.

Es war klar, dass der F 015, so wie er in Las Vegas vorgestellt worden war, nie gebaut werden würde. Aber es zeigte die Ernsthaftigkeit, mit der man sich mit dem autonomen Fahren und seinen Konsequenzen für die Automobilnutzung beschäftigte. Jetzt galt es zunächst einmal Kilometer zu fahren und das bedeutete auch: Jetzt wurde es für den Konzern aufwändig und teuer. Nur durch Testfahrten ließen sich die notwendigen Erfahrungen im Hinblick auf die Optimierung der Technik und der Algorithmen sammeln, nur so konnte das autonome Fahren bei unterschiedlichen Fahr- und Umfeldzuständen sicher gestaltet werden. Waymo, die Google-Tochter, war von 2016 an fleißig unterwegs und hatte im August 2018 schon mehr als 16 Millionen Testkilometer zurückgelegt. Damit war das Unternehmen allen anderen weit voraus.

Dieter Zetsche ließ sich in seinem Optimismus nicht beirren. Bereits in einem Interview anlässlich der Vorstellung des F 015 im Jahr 2015 erklärte er, dass die „wesentlichen Technologien“ für das autonome Fahren „schon serienreif“ seien: „Wir haben die Sensoren. Wir haben die Rechnerkapazitäten. Die Vernetzung ist Stand der Technik“. Zwar fehle noch das sichere autonome Fahren in schwierigen Umfeldsituationen, wie etwa bei Regen und Schnee, aber das sei machbar. Viel wichtiger sei eine schnelle rechtliche Klärung der Haftungsfragen: „Das“, so Zetsche, „bestimmt den zeitlichen Ablauf sogar noch stärker als die Technologie.“ So kündigte er im Geschäftsbericht für das Geschäftsjahr 2017 mutig an, dass man „in den frühen 2020er-Jahren die ersten selbstfahrenden Taxis auf die Straße bringen wolle." Noch optimistischer war Finanzchef Bodo Uebber bei der Bilanzpressekonferenz im Februar 2018, als er erklärte: „Wir sind bestens vorbereitet, um in das sehr attraktive Geschäft mit Robo-Taxis einzusteigen". Das war mehr als mutig, denn zu diesem Zeitpunkt konnte nun wirklich niemand seriös sagen, wie groß dieser Markt in einer überschaubaren Zukunft sein würde und welche Margen man in diesem Geschäft überhaupt würde erzielen können. Das Ankündigungsmanagement hatte sich wieder einmal heiß gelaufen, mit der Folge, dass die hochgespannten Erwartungen nach und nach wieder abgekühlt werden mussten.

Vorläufig ging es in der Serie mit der Teilautomatisierung der vorhandenen Baureihen weiter. Im Jahr 2016 erhielt die neue E-Klasse zahlreiche neue und zusätzliche Assistenzsysteme, die den Fahrer bei schwierigen Fahraufgaben, wie etwa dem Einparken, unterstützten, freilich aber auch bei anderen Herstellern zu haben waren. Im Jahr 2017 folgte die S-Klasse, die im Zuge einer Modellpflege ebenfalls mit neuen Assistenzsystemen, wie einer streckenbasierten Geschwindigkeitsanpassung, aufgerüstet wurde. Die Society of Automotive Engineers (SAE) hatte im Jahr 2014 eine Klassifikation für die verschiedenen Stufen des autonomen Fahrens entwickelt, die schon bald weltweit anerkannt und verwendet wurde. Stufe 1 („assistiert") bedeutet, dass der Fahrer die Fahraufgabe ausführt und bei bestimmten Funktionen von Assistenzsystemen unterstützt wird, zum Beispiel durch einen Tempomat. Bei Stufe 2 („teilautomatisiert") behält der Fahrer weiterhin die volle Verantwortung, kann aber einzelne Funktionen, wie zum Beispiel das Einparken, an ein System delegieren, das das entsprechende Manöver selbsttätig ausführt. Bei Stufe 3 („hochautomatisiert") muss der Fahrer das Fahrzeug nicht mehr dauerhaft überwachen, aber bei einer entsprechenden Warnmeldung eingreifen können, wenn das unterstützende System an seine Grenzen gerät, wie zum Beispiel bei einem Spurwechsel bei Schneefall. Bei Stufe 4 („vollautomatisiert") kann der Fahrer die komplette Fahraufgabe an das System abgeben, er kann aber vom System aufgefordert werden, die Fahraufgabe wieder zu übernehmen, wenn dies notwendig erscheint. Bei Stufe 5 („fahrerlos") ist kein Fahrer mehr erforderlich, alle mit dem Autofahren verbundenen Aufgaben werden auf dieser Stufe automatisch durchgeführt. Das, was es damals zu kaufen gab, bewegte sich weit überwiegend auf den Stufen 1 und 2. Das Ziel war, schnell die Stufen 3 und vielleicht sogar 4 zu erklimmen.

Je mehr man sich in das Thema hineinarbeitete, desto schneller stiegen die Kosten. So bildeten sich in der Autoindustrie Koalitionen, die sich früher kaum jemand vorstellen konnte. Im Jahr 2016 taten sich Daimler, BMW und Audi zusammen, um den amerikanischen Kartenhersteller HERE zu kaufen. Das Unternehmen war ein Spezialist für hochpräzise digitale Karten, wie sie für das autonome Fahren benötigt werden. Die Übernahme von HERE war der Versuch, dort ein wenig Unabhängigkeit zu behalten, wo die IT-Konzerne, basierend auf ihrem Know-how-Vorsprung, ein Druckpotenzial auf die Automobilindustrie aufbauen könnten. Daimler tat sich überdies im Jahr 2017 mit Bosch zusammen. Die beiden Kooperationspartner wollten die Stufe 3 überspringen und gleich „vollautomatisierte" oder „fahrerlose" Autos auf den Markt bringen. Konkret ging es um „die gemeinsame Entwicklung von Software und Algorithmen für ein vollautomatisiertes Fahrsystem" in einem urbanen Umfeld: „Die Idee dahinter: Das Fahrzeug kommt zum Fahrer, nicht der Fahrer zum Fahrzeug. Innerhalb eines festgelegten Stadtgebietes können sich Nutzer per Smartphone ein Car-Sharing-Auto oder ein Robotertaxi ordern, das fahrerlos zu ihnen kommt", wird das Konzept im Geschäftsbericht für das Jahr 2017 beschrieben. Aber erst im Dezember 2019 starteten die beiden Unternehmen im kalifornischen San José dann wirklich ein Pilotprojekt für einen „automatisierten Mitfahrservice", um mit „Roboter-Taxis", die man schon im Frühjahr 2018 als „attraktiven Markt" bezeichnet hatte, überhaupt erst einmal praktische Erfahrungen zu sammeln. Als Basisfahrzeug wurde eine automatisierte S-Klasse eingesetzt, die über eine App gebucht werden konnte und es erlaubte, an einem definierten Abholort zuzusteigen, um sich dann vollautomatisch an sein Ziel führen zu lassen. Freilich musste das System von einem mitfahrenden „Sicherheitsfahrer" überwacht werden und der Nutzerkreis wurde von Anfang an limitiert.

Vielleicht war es der Smart Vision EQ ForTwo, der im September 2017 auf der IAA in Frankfurt vorgestellt wurde, den man als künftiges „Roboter-Taxi" hätte einsetzen können. Autonom und mit anderen Flottenfahrzeugen im Schwarm vernetzt, sollte sich das Konzeptfahrzeug durch die Stadt bewegen und vorausschauend jene Orte ansteuern, an denen es als nächstes benötigt wird. Der vorgestellte Showcar war kompromisslos auf das autonome Fahren hin konstruiert. So verzichtete man auf Lenkrad und Pedale, was bei einem Auto, das irgendwann einmal vollkommen alleine fahren sollte, zweifellos konsequent war. Irritiert waren dann aber nicht nur die Tester von der Fachzeitschrift auto motor und sport darüber, dass das Auto keinen Kofferraum und keinen Cupholder hatte. Das autonome Auto als „Lebensraum"?

Der Optimismus im Hinblick auf die Serienreife autonom fahrender Autos wurde schon bald gedämpft. Immer wieder kam es bei Testfahrten oder auch im Realbetrieb zu Crash-Situationen. Die Zahl der Unfälle mit autonomen Testfahrzeugen in Kalifornien stieg von 29 im Jahr 2017 auf fast 70 Kollisionen im Jahr 2018. Auch wenn die Roboterautos in den wenigsten Fällen schuld waren, nährten die Unfälle doch eine gewisse Skepsis. Vor allem, als ein Fahrer mit einem Tesla Autopiloten in Florida im Jahr 2016 tödlich verunglückte und sich ähnliche Unfälle später wiederholten, wurden die Fragen nach der Zuverlässigkeit der eingesetzten Technologien lauter. Dieter Zetsche versicherte den irritierten Aktionären auf der Hauptversammlung am 5. April 2018, dass man bei Daimler alles tun werde, um „die Sicherheit auf den Straßen weiter zu verbessern". Ein zentrales Prinzip dabei seien Redundanzen: „Alles wird mehrfach gesichert. Wir arbeiten mit Kameras, Radarsensoren, Laser-Scannern und hochpräzisen Karten. Sollte ein System ausfallen, greift ein anderes." Das war beruhigend, aber auch beunruhigend: Denn wie wollte man mit einer solch ausgeklügelten und aufwändigen Sicherheitsstrategie die Kosten im Griff behalten?

Auf der Jahrespressekonferenz im Frühjahr 2019 war nur noch kurz vom autonomen Fahren die Rede, über den „attraktiven Markt" für Roboter-Taxis wurde gar nicht mehr gesprochen. „Eine gute Basis haben wir uns auch beim autonomen Fahren erarbeitet", kommentierte Dieter Zetsche den Stand der Aktivitäten und er berichtete, dass Daimler als erster internationaler Hersteller die Genehmigung zur Erprobung vollautomatisierter Fahrzeuge in Beijing erhalten habe und dass man noch in diesem Jahr in San José gemeinsam mit Bosch den ersten vollautomatisierten Shuttle-Service auf die Straße bringen werde. Er schloss die kurze Passage zu diesem Thema mit dem Bekenntnis: „Wir sind überzeugt: Das autonome Fahren macht den Verkehr sicherer und die Mobilität in der Stadt noch komfortabler." Gemessen an den früheren, euphorischen Ankündigungen war das eine eher lapidar anmutende Aussage. Es schien, dass der einstige revolutionäre Impetus für die „Neuerfindung des Automobils" an Schwung verloren hatte.

Schon bald wurde die Flamme für das autonome Fahren noch ein wenig mehr abgeregelt. So wurde im Juli 2019 eine weitere Kooperation bekanntgegeben: „Einen Meilenstein auf dem Weg zum automatisierten Fahren setzen wir in Zusammenarbeit mit der BMW Group. Gemeinsam mit BMW wollen wir die nächste Technologiegeneration für Fahrassistenzsysteme und automatisiertes Fahren auf Autobahnen sowie automatisierte Parkfunktionen entwickeln", gab das Unternehmen bekannt. Geplant sei unter anderem, „eine skalierbare Architektur für Fahrerassistenzsysteme inklusive Sensoren" zu entwickeln. Ab dem Jahr 2024 sollten die gemeinsam entwickelten Systeme für Privatkunden verfügbar sein. Schon die Ankündigung der Zusammenarbeit mit dem Rivalen aus München war eine Überraschung: Kooperation statt Kompetition war offenkundig angesagt. Noch überraschender war freilich das Angebot, dass die Kooperation offen sei für weitere Industriepartner und dass man die Ergebnisse der Zusammenarbeit anderen Automobilherstellern auf dem Weg der Lizenzierung anbieten werde. Es war offenkundig: Beiden Unternehmen liefen die Kosten davon und die Zusammenarbeit zielte vorrangig darauf ab, Entwicklungskosten zu sparen.

Mehrfach wurde die Allianz in den entsprechenden Mitteilungen an die Medien als „strategisch" und „langfristig" angekündigt. Doch schon im Juni 2020 gab es eine neue, überraschende Wende: „Mercedes setzt für künftige Autos auf Nvidia-Computer", heißt es in der Stuttgarter Zeitung vom 25. Juni 2020. NVIDIA als der weltweit führende Anbieter von Grafikprozessoren, die sich besonders gut für den Einsatz von Systemen der Künstlichen Intelligenz (KI) eignen, galt jetzt als der ideale Partner. Die Zusammenarbeit mit der BMW Group wurde laut Pressemitteilung „in bestem partnerschaftlichen Einvernehmen" beendet. Auch das gemeinsame Projekt mit Bosch in San José werde bis auf Weiteres „zurückgestellt". Ola Källenius hatte die Prioritäten bei CASE offensichtlich neu gewichtet und das autonome Fahren nicht als Durchfahrtstrecke zu neuen Horizonten der Mobilität, sondern als Sackgasse identifiziert – zumindest vorläufig.

Der „Mobilitätskonzern“ findet nicht statt: Car2Go und sein Ende

Am 26. März 2009 begann auf dem altehrwürdigen Münsterplatz in Ulm die Zukunft. So jedenfalls sah man das bei Daimler. Spektakulär aufgereiht standen im Schatten des höchsten Kirchturms der Welt 200 Smart ForTwo mit der Aufschrift „Car2Go“. Nach einem einjährigen internen Testlauf konnten die Fahrzeuge jetzt öffentlich gegen eine Gebühr von 19 Cent pro Minute genutzt werden: „200 gute Gründe für die Neuentdeckung des Autofahrens in der City“, machte eine Pressemitteilung des Konzerns zum Start des neuen Mobilitätskonzeptes neugierig. Das „S“ im Strategieprogramm CASE sollte zum Vorzeigeprojekt für den Konzern werden. Lange Zeit war es das auch. Das Angebot kam an, nicht nur in Ulm, sondern in vielen anderen Städten und schon bald war Daimler der größte Carsharing-Anbieter der Welt. Aber irgendwann ging Daimler auch beim Carsharing die Luft aus.

Im Grunde war die Idee des Carsharings im Jahr 2009 natürlich nichts wirklich Neues. Schon in den 1990er-Jahren hatte sich in Deutschland eine Carsharing-Szene entwickelt. Zumeist waren das private, ökologisch orientierte Initiativen, bei denen – oft in Vereinen oder genossenschaftlich organisiert – die Mitglieder Autos gemeinsam nutzten. Das Ziel war, die Menschen vom Auto in einem ersten Schritt zu entwöhnen. Stand das eigene Auto vor der Tür, wurde es auch immer genutzt und zumeist war das auch billiger, als zusätzlich noch mit dem ÖPNV zu fahren. Mit Carsharing sollte ein Denkprozess angestoßen werden, in dem das Band zwischen Besitz und Nutzung durchschnitten wurde: „Brauche ich jetzt wirklich ein Auto oder kann ich diesen Weg nicht auch zu Fuß, mit dem Rad oder mit einem öffentlichen Verkehrsmittel zurücklegen?“, sollten sich die Menschen fragen, um dann idealerweise festzustellen, dass man eben nicht für jede Wegstrecke ein eigenes Auto benötigt. Dass mit dem Autoteilen überdies Parkflächen in den Großstädten eingespart werden konnten und Carsharing auch billiger war als der Unterhalt eines eigenen Autos, waren zwei weitere gewichtige ökologische wie auch ökonomische Gründe für diese neue Form der Mobilität. Die Nutzerzahlen blieben freilich überschaubar. Die mangelnde Verfügbarkeit von Fahrzeugen, das umständliche Handling des Mietvorganges und mitunter auch der zweifelhafte Zustand der strapazierten Kollektivautos hielten viele davon ab, sich auf Carsharing einzulassen. Bei den Betreibern gab es viel guten Willen, aber wenig Professionalität, sieht man von wenigen Ausnahmen wie etwa dem Schweizer Carsharingbetreiber „mobility“ ab.

Auch bei Daimler war das Thema Carsharing nicht wirklich neu. Am 21. Juli 1995 fand in Sindelfingen ein Workshop der Mercedes-Benz AG unter der Überschrift „Mobile Zukunft“ statt. In einem Presse-Meeting sprach Mercedes-Chef Helmut Werner davon, dass Mobilität und Umweltverträglichkeit keine Gegensätze sein müssten und „Mobilitätsprodukte“ für den Markterfolg eine wichtige Rolle spielen würden. Er kündigte sogar schon die Weiterentwicklung des Automobilherstellers Mercedes-Benz zum „Systemanbieter“ für Mobilität an. Das waren für ein Unternehmen, das wie kaum ein anderes für den Besitz und den Besitzerstolz beim Auto stand, ungewöhnliche Töne. „Mercedes", titelte die Stuttgarter Zeitung im Juli 1995, „will ‚Mobilität' verkaufen", wobei man den Begriff „Mobilität" in Anführungszeichen setzte, wohl um anzudeuten, dass das in jener Zeit dann doch noch ein etwas abstrakter Gedanke war.

Es war kein Zufall, dass die Veranstaltung im Vorfeld der geplanten Markteinführung des Smart City-Coupés stattfand. Denn der Smart sollte ja nicht „just another car" sein, sondern ein „urbanes Mobilitätskonzept". Man wollte Mobilität und insbesondere automobile Mobilität neu denken. Dazu passte auch ein spektakuläres Pilotprojekt, das bereits im Frühjahr 1995 unter der Überschrift „Pool Leasing" gemeinsam mit Porsche gestartet wurde. Die Idee dabei war, dass Mitarbeiter der beiden Unternehmen flexibel unterschiedliche Fahrzeuge der beiden Marken im Rahmen eines Leasing-Vertrages nutzen konnten: Im Winter zum Beispiel einen allradgetriebenen Kombi zur Fahrt in den Skiurlaub, im Sommer dann einen offenen Sportwagen. Hundert ausgewählte Testpersonen sollten ein Jahr lang das Angebot nutzen können. Das Konzept fand bei den Mercedes- und Porsche-Mitarbeitern reges Interesse und bereits im gleichen Jahr startete Mercedes-Benz in Großbritannien ein weiteres Pool-Leasing-Projekt, dieses Mal nicht nur für Mitarbeiter, sondern auch für Kunden des Unternehmens.

Bei Smart scheiterte die Carsharing-Idee an den harten Realitäten des Automobilgeschäfts. Auch das Pool Leasing kam über das Versuchsstadium nicht hinaus. Nach dem Ausscheiden von Helmut Werner bei Mercedes gab es größere, weltumspannende Pläne, um aus Daimler einen Global Player zu machen. Innovative Mobilitätskonzepte galten schon bald als Spielereien, die nur Geld kosteten und auf dem Weg zum Weltkonzern nichts brachten. So gerieten diese frühen Ideen für eine „Shared Mobility" im Konzern zuerst aufs Abstellgleis und dann in Vergessenheit.

Carsharing war also im Jahr 2009 keine neue Idee und doch war Car2Go eine Revolution. Musste der Carsharing-Nutzer bis dahin das Fahrzeug nach der Nutzung wieder an exakt der gleichen Station abgeben, an der er es abgeholt hatte, so war es bei Car2Go erstmals möglich, das Auto einfach dort abzustellen, wo man wollte. Der nächste Nutzer würde es da übernehmen und einfach abstellen, wo er seine Fahrt beendete. Der Übergang vom stationsbasierten Carsharing zum Free-Floating war für die Nutzer ein erheblicher Gewinn an Flexibilität und Bequemlichkeit. Möglich geworden war ein solches Konzept durch die zwischenzeitlich massenhafte Verbreitung des Smartphones. Mit ihm war es möglich, die Standorte verfügbarer Fahrzeuge zu orten, und zugleich eröffnete es durch einen einfachen Identifikationsvorgang den unkomplizierten Zugang zum Auto. So erschloss das Free-Floating dem Carsharing ganz neue, zusätzliche Zielgruppen, die eine solche Art der Mobilität nicht nur „grüner", sondern auch cooler fanden. Schon bald lag die Zahl der Nutzer von Free-Floating-Systemen um ein Vielfaches über der von Nutzern stationsbasierter Anbieter.

Der Start von Car2Go in Ulm übertraf die Erwartungen bei Weitem: „Wir sind vom bisherigen Erfolg unseres Pilotprojektes absolut überwältigt", erklärte Projektleiter Robert Henrich im Juli 2009. Hatte man ursprünglich mit maximal 8.000 Nutzern gerechnet, waren es bis zum Jahresende 18.000 Teilnehmer, die über 235.000 Mietvorgänge zwischen 30 und 60 Minuten durchführten. Dementsprechend zügig ging es mit dem Ausbau der Aktivitäten voran. Besonders mutig war der Start in Nordamerika: Bereits im November 2009 startete man ein Pilotprojekt in Austin/Texas und ein Jahr später ein weiteres Projekt im kanadischen Vancouver. Weitere Standorte in Deutschland und in Europa wurden in rascher Folge aufgebaut. Im Jahr 2012 war Car2Go in 18 Städten in Europa und Nordamerika präsent und hatte 270.000 Kunden. Schon ein Jahr später waren es in mittlerweile 25 Städten fast 600.000 Nutzer. Im Jahr 2014 überschritt man bei den Nutzerzahlen schließlich die Millionen-Grenze und durfte sich „als souveräner Marktführer im Bereich flexibler Auto-Kurzzeitmieten" (Geschäftsbericht 2014) titulieren. Freilich zeigte sich in diesem Jahr auch, dass nicht alle Standorte langfristig überlebensfähig waren. Ausgerechnet in Ulm, wo alles begann, wurden die Aktivitäten aus wirtschaftlichen Gründen beendet. Ulm, so die offizielle Begründung, sei für ein solches Projekt zu klein. Mitte des Jahres wurden auch die Aktivitäten in Birmingham und London beendet. Zumindest bei London konnte es nicht an der Größe gelegen haben. Die „Tradition des privaten Autobesitzes", hieß es in diesem Fall, sei in Großbritannien einfach zu stark.

Wohl selten war Daimler so nah am Zeitgeist wie mit der Einführung von Car2Go. Die altehrwürdige Marke Mercedes-Benz machte eine Idee salonfähig, die letztlich darauf hinauslief, das individuell genutzte Auto abzuschaffen. So war es auch nicht überraschend, dass einige konservative Aktionäre ihre Bedenken und Vorwürfe kundtaten. Sie zeigten sich besorgt, dass Daimler sein eigenes Geschäftsmodell – den Verkauf von Fahrzeugen – untergrabe. Doch Dieter Zetsche hielt auf der Hauptversammlung am 1. April 2015 dagegen: Es nütze nichts, „Verteidigungslinien" gegen neue Ideen aufzubauen, und überdies hielten sich diejenigen, die wegen Car2Go auf einen eigenen Smart verzichten, und diejenigen, die einen Smart kauften, weil sie ihn bei Car2Go getestet hatten, die Waage. Ansonsten überwogen bei weitem Zustimmung und Sympathien. Politiker aller Couleur lobten den Konzern und die Medien sprachen anerkennend davon, dass sich Daimler vom „Automobilhersteller zum Mobilitätsanbieter" wandle, eine Formel, die Dieter Zetsche zwischenzeitlich öfter verwendete und die er daher auch nicht ungern hörte. Kaum ein Bericht, kaum ein Kongress, auf dem Daimler nicht als Vorreiter der Shared Mobility präsent war. Ein PR-Erfolg, der mächtig auf das Image-Konto des Konzerns einzahlte, war Car2Go allemal.

Aus der Vermischung und gegenseitigen Verstärkung realer Aktivitäten, wissenschaftlicher Expertise und medialer Berichterstattung entwickelte sich die öffentliche Diskussion um Shared Mobility zu einem Hype, der Anfang der 2010er-Jahre seinen Höhepunkt erreichte. Im Jahr 2009 war in San Francisco der Fahrdienstleister Uber gestartet, 2010 in Tel Aviv Gett und schließlich im Jahr 2012 ebenfalls in San Francisco Lyft. Die drei Unternehmen, vor allem

Uber unter seinem charismatischen Gründer Travis Kalanick, entwickelten ein Geschäftsmodell, das bald unter den Namen Ride-Hailing für großes Aufsehen sorgte. Anfänglich war Ride-Hailing einfach eine App, mit der entgeltliche Mitfahrten vermittelt wurden. Da in den USA der Zugang zum Taxi-Markt nicht so streng geregelt ist wie in Deutschland und Europa, fanden sich schon bald zahlreiche Autobesitzer, die ihre Fahrdienste gewerbsmäßig anboten und die Preise von herkömmlichen Taxis unterboten. Ride-Hailing wurde zu einer boomenden Mobilitätsdienstleistung in den amerikanischen Ballungszentren und schon bald versuchte Uber, auch in Europa Fuß zu fassen. Unternehmensberatungen prognostizierten einen Milliarden-Markt für Mobilitätsdienstleistungen und warnten vor erheblichen Nachfrageeinbrüchen im Automobilmarkt durch die Ausbreitung neuer Nutzungsformen. Im Jahr 2010 hatte die Unternehmensberatung Arthur D. Little in einer damals vielzitierten Studie über die „Zukunft der Mobilität" die Automobilhersteller aufgefordert, „das etablierte Geschäftsmodell auf den Prüfstand zu stellen und neue innovative Wege zur Erfüllung der Mobilitätsbedürfnisse der Zukunft zu finden".

Die Warnungen von Beratern, Wissenschaftlern und Politikern, dass sie schon bald keine oder erheblich weniger Autos verkaufen könnten, blieben in der Automobilindustrie nicht ungehört. Kaum ein Hersteller, der nicht reagierte. Im Juni 2011 startete BMW mit Drive Now ein Carsharing-Modell, das in direkter Konkurrenz zu Car2Go stand. Mit dem Mini als Basisfahrzeug, erzielte BMW von Anfang an hohe und rasant steigende Nutzerzahlen. VW versuchte sich ab Dezember 2011 etwas zögerlich mit dem Carsharing-Dienst Quicar, der dann aber Anfang 2016 mangels Erfolgs wieder eingestellt wurde. Im Dezember 2016 gab VW dann die Gründung der Mobilitätsmarke Moia bekannt, mit der – wie es auf der Pressekonferenz hieß – bis zum Jahr 2025 ein „substanzieller Teil des Konzern-Umsatzes" erwirtschaftet werden sollte. Darüber hinaus stieg VW im Mai 2016 bei dem israelischen Ride-Hailing-Dienst Gett ein, wohl vor allem, um von dessen Know-how zu profitieren. Vergleichsweise bescheiden waren die Aktivitäten bei Audi. Dort wurde im Dezember 2016 am Flughafen München ein Pilotprojekt mit dem Namen „Audi on demand" gestartet, das die Kurzzeitmiete von Audi-Fahrzeugen ermöglichte. Im Mai 2016 kaufte sich Toyota bei Uber ein und General Motors hatte schon seit Längerem eine Beteiligung an Lyft.

Die Euphorie über die Zukunftsaussichten der Shared Mobility war groß und bei Daimler wurden, ermuntert durch den Erfolg von Car2Go, zielstrebig weitere Aktivitäten entwickelt und zugekauft, um tatsächlich vom Automobilhersteller zum Mobilitätsunternehmen zu werden. Im Jahr 2011 hatte man mit der Entwicklung einer eigenen Mobilitätsplattform begonnen. Die App moovel sollte ihren Nutzern helfen, optimal von A nach B zu kommen. Sie bündelte die Angebote unterschiedlichster Mobilitätsanbieter – egal ob mit oder ohne Auto. Am 11. Juli 2012 startete ein Pilotprojekt in Stuttgart. Weitere folgten und seit Anfang 2015 konnten man sich nicht nur Routen berechnen und Verkehrsmittel vorschlagen lassen, sondern auch direkt Bahn- und Taxifahrten buchen und bezahlen. Im Jahr 2009 hatten zwei Freunde in Hamburg eine App entwickelt, die zuerst „1TocuTaxi“, schon bald aber „myTaxi“ hieß. Sie sollte das Finden eines Taxis erleichtern und ganz bewusst arbeitete man vor dem Hintergrund der strengen Regulierung des Taxi-Marktes in Deutschland nur mit lizenzierten Taxifahrern zusammen. Im Jahr 2012 beteiligte sich Daimler an myTaxi, im Jahr 2014 wurde dann das ganze Unternehmen und gleichzeitig auch der nordamerikanische Fahrdienstvermittler RideScout übernommen. Schon bald war myTaxi in anderen europäischen Ländern vertreten und die Nutzerzahlen gingen steil nach oben. Im Dezember 2013 stieg Daimler bei dem Chauffeurservice Blacklane ein. Auch Blacklane war ein Start-up-Unternehmen, 2011 in Berlin gegründet. Das Angebot richtete sich überwiegend an Geschäftsreisende, die vor Ort einen Chauffeur haben wollten. Dabei konnte zwischen den Fahrzeugkategorien Business Class, Business Van und First Class gewählt werden. Im Jahr 2013 war das Unternehmen in 130 Städten und 45 Ländern vertreten. Schließlich beteiligte sich Daimler 2013 auch noch an Flixbus. Dabei spielte sicher auch eine Rolle, dass Daimler einer der führenden Anbieter bei Reisebussen war und einen Fuß in diesem anfänglich rasant wachsenden Markt haben wollte.

So war bis zum Jahr 2014 ein kleines Firmenimperium zusammengekommen, mit dem Daimler in allen relevanten Segmenten des Marktes für Mobilität vertreten war: Vom Carsharing über das Ride-Hailing, vom mobilen Plattformgeschäft bis zum Busfernreise-Verkehr. War das schon der Schritt vom Automobilhersteller zum Mobilitätsanbieter? Am 26. September 2014 gab Robert Henrich, ehemals Leiter von Car2Go und mittlerweile zum Chef der neugegründeten moovel GmbH aufgestiegen, dem manager magazin ein bemerkenswertes Interview. Auf die Frage: „Wollen Sie so eine Art Amazon der Mobilität werden?“, antwortete er sehr bestimmt mit „Absolut“. Das war ein ambitioniertes Ziel für einen Geschäftsbereich, der im Jahr 2014 ein Umsatzvolumen von 100 Millionen Euro anvisierte, was einem Anteil von knapp 0,1 Prozent am Gesamtumsatz der Daimler AG in diesem Jahr entsprach. Man wolle, so Henrich weiter, „für Daimler ein signifikantes profitables Geschäftsfeld“ und keine „Rundungsdifferenz“ sein. Aber Henrich, der wenig später zur VW-Mobilitätsmarke Moia wechselte, war ein viel zu guter Kenner der Szene, um nicht zu wissen, dass es ein langer Weg sein würde, um eine dominante Marktstellung aufzubauen: „Ein Marktplatz“, erklärte er seiner Gesprächspartnerin, „ist dann attraktiv, wenn er viele Angebote aggregiert. Und es ist kein Zufall, dass es *ein* Google, *ein* Ebay und *ein* Amazon gibt. Vielleicht gibt es noch einen zweiten und dritten. Aber es ist ein globaler Markt und am Ende gibt es eine begrenzte Anzahl von möglichen Gewinnern.“

Henrich hatte damit einen wichtigen Punkt angesprochen: Die Plattform-Ökonomie tendiert zum Monopol. Und um eine solche Monopolstellung zu erreichen, muss man viel, sehr viel investieren, nicht so sehr in die Technologie, sondern vor allem in die Bekanntheit. Wie sollte Daimler diese gewaltigen Investitionen in ein neues Geschäftsfeld stemmen, wo man gerade in der größten Produktoffensive in der Geschichte des Unternehmens steckte? Das Geschäftsfeld Mobilitätsdienstleistungen warf keine Gewinne ab und es war auch nicht absehbar, wann es das tun würde. Auch die anderen Player in diesem Markt verdienten im Grunde kein Geld. Aber Uber&Co. konnten auf den riesigen Markt für Wagniskapital zurückgreifen und im Rahmen immer neuer Finanzierungsrunden Milliarden-Beträge zur Finanzierung ihres Wachstums hereinholen. Wer aber war bereit, für ein Geschäftsfeld, das in einem Unternehmen der Old Economy angesiedelt war, Wagniskapital zur Verfügung zu stellen? Im Grunde war das Ziel, Mobilitätsanbieter zu werden mit den finanziellen Ressourcen, die Daimler zur Verfügung standen, eine Illusion. Entweder man brachte die Aktivitäten, die ja, was die Nutzerzahlen anbelangte, durchaus erfolgreich waren, als selbstständiges Unternehmen an die Börse oder man musste einen anderen Weg finden, damit die investierten Millionen nicht ganz verloren waren.

Zunächst ging die Expansion weiter: Erstmals konnte ab März 2015 der komplette Mietvorgang bei Car2Go mit dem Smartphone abgewickelt werden. Im Jahr 2016 startete der Carsharing-Dienst in der chinesischen 30-Millionen-Metropole Chongqing. Insgesamt hatte Car2Go jetzt über 2 Mio. Nutzer. MyTaxi übernahm im Juli 2016 den britischen Fahrdienstvermittler Hailo und bei Blacklane wurde der Anteil im Rahmen einer weiteren Finanzierungsrunde auf 31 Prozent erhöht. Im Jahr 2018 hatte MyTaxi weltweit in 110 Städten 390.000 angeschlossene Fahrer und 21,3 Millionen Nutzer. Die Mobilitäts-App moovel startete im Juni 2015 eine Kooperation mit Flinkster, dem Carsharing-Dienst der Deutschen Bahn. Ab 2017 wurden verstärkt White-Label-Lösungen angeboten, bei denen regionale Verkehrsverbünde die moovel-Technik unter eigenem Namen verwenden konnten. Auch das Ticketing wurde insbesondere in den USA forciert. Schließlich bekam die moovel-App in Stuttgart noch eine besondere Variante: Bei Feinstaub-Alarm in der Stadt konnten VVS-Einzeltickets über die App zum halben Preis erworben werden. Die Zahl der Nutzer lag im Jahr 2018 bei 6,2 Millionen Menschen.

Die hohen Kundenzahlen, die die verschiedenen Dienste über die Jahre hinweg erreichten, nutzten allerdings wenig, solange man sie nicht „kapitalisieren“ konnte. Die direkten Einnahmen aus der Inanspruchnahme der Dienste waren zu gering. Da wäre es naheliegend gewesen, die bei der Nutzung generierten Kundendaten an Dritte weiterzuverkaufen. Das aber konnte und wollte Daimler im Unterschied zu den nordamerikanischen Plattform-Unternehmen nicht. Es galt, für die erfolgreiche und doch chronisch defizitäre Mobilitätssparte eine Lösung zu finden. Sie wurde im Jahr 2017 wieder in Form einer Kooperation mit BMW gefunden. Offensichtlich hatte BMW mit seinen Mobilitätsdiensten das gleiche Problem wie Daimler, auch wenn der damalige BMW-Vertriebsvorstand Ian Robertson im Jahr 2014 bei einem Vortrag bei der British Chamber of Commerce in München erklärt hatte, BMW habe mit seinem Carsharing-Dienst Drive Now die Gewinnschwelle erreicht. Ganz so weit konnte es damit aber nicht her sein, sonst hätte die BMW Group, die bei ihren Carsharing-Aktivitäten mit Sixt liiert war, wohl kaum die Chance für eine Zusammenarbeit mit Daimler ergriffen. Das neu gegründete Unternehmen Your Now mit Sitz in Berlin startete im Januar 2019 seine Aktivitäten. Es bot Mobilitätsdienstleistungen in fünf Bereichen an: Carsharing (Share Now), Ride-Hailing (Free Now), mobile Fahrtenplanung (Reach Now), Parking-Dienste (Park Now) sowie Lademanagement für Elektrofahrzeuge (Charge Now). Ende des Jahres 2019 hatte das Joint Venture weltweit 90 Millionen Nutzer. „Mit ganz viel Now gegen die Uber-Konkurrenz", titelte dazu im Februar 2019 der IT-Onlinedienst Golem auf seiner Website. Doch die Konsolidierung der Aktivitäten in diesem Geschäftsfeld war damit noch nicht abgeschlossen.

Mit der Einbringung der operativen Mobilitätsaktivitäten in das Gemeinschaftsunternehmen mit BMW mündete nach dem zweiten Baustein der CASE-Strategie, dem autonomen Fahren, auch der dritte Baustein, die Shared Services, in einer Kooperation. Das war unter finanziellen Gesichtspunkten keine schlechte Lösung. Aber es bedeutete auch, dass man in diesem Geschäftsfeld keine eigenständigen strategischen Wettbewerbsvorteile mehr würde realisieren können, sondern – wenn überhaupt – nur noch zusammen mit dem Kooperationspartner. Die Vision vom Mobilitätskonzern stand schon am Ende der Amtszeit von Dieter Zetsche auf mehr als wackeligen Beinen und Ola Källenius schien wenig überzeugt, die Aktivitäten fortzuführen oder gar wieder auszubauen.

Der lange Weg in die Elektromobilität, erste Staffel

„Elektromobilität ist wie eine Ketchup-Flasche: Wir wissen, dass etwas kommt. Aber wir wissen nicht, wann und wie viel." Ola Källenius, damals noch Vertriebschef des Unternehmens, hatte beim Automobilkongress des Instituts für Automobilwirtschaft (IFA) im Oktober 2016 in Nürtingen die Lacher auf seiner Seite. Bei einem großen, genau genommen: dem größten Hersteller von Ketchup fand man den Scherz nicht ganz so lustig und beklagte sich bei Daimler, dass die eigenen Ketchup-Flaschen absolut zuverlässig funktionieren würden. Dieter Zetsche beantwortete die Beschwerde gewohnt souverän: In seiner Weihnachtsbotschaft für die Mitarbeiter, die ihn in der Kantine des Unternehmens zeigte, schaffte er es nach mehrmaligem Klopfen das Ketchup auf seine Pommes zu bringen – ohne sich dabei zu bekleckern. Bei der Elektromobilität war das etwas schwieriger.

Wenige Wochen vor der philosophischen Bemerkung von Ola Källenius, im September 2016, hatte Daimler auf dem Automobilsalon in Paris die Elektro-Marke „EQ" aus der Taufe gehoben. „Endlich", meinten viele Journalisten und gingen davon aus, dass nun Schlag auf Schlag die immer wieder angekündigten Elektroautos von Mercedes auf die Straße kommen würden. Doch der vierte Baustein von CASE, die Elektromobilität, bereitete Daimler noch immer Kopfzerbrechen. Wann würde wie viel aus der Ketchup-Flasche kommen? Wann und wieviel rein elektrische Modelle sollte man auf den Markt bringen? Oder hatte man den Trend in die Elektromobilität nicht schon verschlafen? „Ich arbeite seit 40 Jahren in der Automobilbranche und kann mich an kein Jahr erinnern, in dem so eine Sorge nicht geäußert wurde", antwortete Dieter Zetsche den Journalisten der BILD am Sonntag am 17. Dezember 2016 auf genau diese Frage. Und er ergänzte: „Dabei ist die deutsche Automobilbranche in dieser Zeit immer erfolgreicher geworden." War das selbstgefällig? Eine Antwort auf die Frage war es jedenfalls nicht. Tatsächlich hatte die Geschichte der Elektromobilität bei Daimler schon vor mehr als 40 Jahren begonnen.

Wenn Porsche-Chef Wendelin Wiedeking gefragt wurde, ob Porsche die Elektromobilität verschlafen habe, antwortete er in der Regel, dass ja niemand geringeres als Unternehmensgründer Prof. Dr. h.c. Ferdinand Porsche das erste Elektroauto entwickelt habe. Er meinte das Lohner-Porsche-Elektromobil mit Radnabenmotor, das im Jahr 1900 auf der Pariser Weltausstellung als kleine technische Sensation präsentiert wurde und heute im Porsche-Museum in Stuttgart-Zuffenhausen besichtigt werden kann. Bei Daimler musste man nicht ganz so weit zurückgehen, um zu belegen, dass man sich schon lange vor Elon Musk mit Elektroautos befasst hatte. Im März 1971 stellte Mercedes-Benz auf einem internationalen Symposium für Elektro-Straßenfahrzeuge den LE 306 vor. Bei dem Fahrzeug handelte es sich um einen Elektrotransporter mit einem für damalige Verhältnisse ungewöhnlichen Batteriewechselsystem. Dabei wurde die komplette, 860 kg schwere Batterie auf der einen Seite des Fahrzeugs herausgezogen, während auf der anderen Seite eine vollgeladene Batterie hineingeschoben wurde. Das Ganze nannte sich „Durchschiebe-Querwechseltechnik". Die Idee des Batteriewechsels wurde im Jahr 2007 von Shai Agassi und seinem Unternehmen Better Place wieder aufgegriffen. Erfolg war dem Vorhaben aber nicht beschieden: Im Jahr 2013 ging Better Place in die Insolvenz, nachdem Renault die Partnerschaft mit dem Unternehmen aufgekündigt hatte. Der Mercedes-Benz LE 306 war von vorneherein als – heute würde man sagen – „Konzeptfahrzeug" geplant und wurde im Jahr 1972 der Gesellschaft für Elektrischen Straßenverkehr (GES) für einen Großversuch mit Elektrofahrzeugen übergeben. Er fand mit einem elektrischen Posttransporter im Jahr 1980, dem 307E, sogar noch einen Nachfolger.

Lange Zeit ist der Elektroantrieb weder bei Daimler noch anderswo ein großes Thema. Das größte Problem auf dem Weg zu einem alltagstauglichen Elektroauto war von Anfang an die Batterietechnik. Die damals üblichen Bleiakkumulatoren waren als Antriebsbatterien untauglich: zu groß und zu schwer, um damit vernünftige Reichweiten zu erzielen. Außerdem waren die Betankungszeiten extrem lang. Notwendig waren Akkus mit einer hohen Energiedichte, Betriebssicherheit und Zyklenfestigkeit, die überdies auch noch bezahlbar sein mussten. Davon war man in den 1970er-Jahren weit entfernt. Als die erste Ölpreiskrise die Angst auslöste, fossile Kraftstoffe könnten schon bald nicht mehr bezahlbar und in den Mengen verfügbar sein, die die westlichen Industriegesellschaften benötigten, hieß daher die Antwort nicht „Elektroauto", sondern zunächst einmal „Optimierung des Verbrennungsmotors". Kleiner, effizienter und damit verbrauchssparsamer sollten die Fahrzeuge werden. Die Benzin-Direkteinspritzung oder Mager-Konzepte, also Motoren mit einem besonders „mageren" Gemisch, galten als Zukunftslösungen. Bei Daimler setzte man vor allem auf den Diesel-Antrieb, den das Unternehmen als weltweit einziger Hersteller auch im PKW-Bereich stets weiterentwickelt hatte, während andere Hersteller aus dieser Antriebstechnik nach und nach ausgestiegen waren. Darüber hinaus begann die Entwicklung von alternativen

Kraftstoffen, die auch in Verbrennungsmotoren eingesetzt werden konnten. Vor allem „Alkoholkraftstoffen" wie Methanol und Ethanol wurde ein großes Potenzial zur Einsparung von konventionellem, fossilem Kraftstoff zugeschrieben. An einem Großversuch im Jahr 1979, der vom Bundesministerium für Forschung und Technologie (BMFT) gefördert wurde, nahm Daimler mit einer Flotte von 80 Versuchsfahrzeugen teil, bei dem sowohl die Beimischung als auch die ausschließliche Verwendung alternativer Kraftstoffe getestet wurde. Ölkrise hin, Ölkrise her – schon bald sollten jene recht bekommen, die sich in die alte Weisheit flüchteten, dass nichts so heiß gegessen werde, wie es gekocht wird. Als in den USA und Kanada eifrig versucht wurde, Öl aus Ölsanden zu gewinnen, wurde den arabischen Regierungen bewusst, dass ihr Ölembargo und der dadurch ausgelöste sprunghafte Anstieg der Ölpreise ein strategischer Fehler gewesen war. Außerdem hatten die gestiegenen Rohölpreise die Förderung in Regionen profitabel gemacht, in denen sie vor 1974 nicht rentabel war, vor allem vor den Küsten Norwegens und Schottlands. Das „Nordseeöl" verdrängte das OPEC-Öl und so entschlossen sich die arabischen Staaten, zur Verteidigung ihres Marktanteils ihre Förderung ebenfalls wieder zu erhöhen, was deutlich sinkende Rohölnotierungen an den internationalen Rohstoffbörsen zur Folge hatte.

Unterdessen begann das erste große „Umweltthema" vor allem in Deutschland hohe Wellen zu schlagen. „Der Wald stirbt", titelte am 16. November 1981 DER SPIEGEL. Es war eine der folgenreichsten Geschichten des Hamburger Nachrichtenmagazins. Sie trat eine hitzige politische Diskussion los, die sich fast über ein ganzes Jahrzehnt hinzog und die sich tief in das kollektive Gedächtnis der Nation eingeprägt hat. „In Westdeutschlands Wäldern", beginnt der Bericht, „tickt eine Zeitbombe: Ein großflächiges Tannen- und Fichtensterben ist, wie Fachleute befürchten, erstes Vorzeichen einer weltweiten Umweltkatastrophe von unvorstellbarem Ausmaß. Denn der Auslöser des stillen Wald-Untergangs, saure Niederschläge aus den Schloten von Kraftwerken und Raffinerien, bedroht nicht nur Flora und Fauna, sondern auch die menschliche Gesundheit." Kronzeugen dieses apokalyptisch anmutenden Befundes waren der Münchener Forstbotaniker Professor Peter Schütt und der Göttinger Bodenkundler Professor Bernhard Ulrich. Beide sahen wenig Hoffnung, dass sich die Schäden an Fichten und Tannen noch reparieren ließen. Ulrich sprach das vermeintliche Todesurteil: „Die ersten großen Wälder werden schon in den nächsten fünf Jahren sterben. Sie sind nicht mehr zu retten." Was nach dem SPIEGEL-Artikel folgte, war in den Worten späterer Kommentatoren „Alarmismus", „Panikmache" und „Hysterie". Fast täglich zeigte das Fernsehen Bilder von lichten Baumkronen, pathologischen – sprich: verfaulenden – Nasskernen im Innern der Stämme und verseuchten Waldböden. Experten meldeten sich mit immer neuen Schreckensbefunden zu Wort – mal aus dem Schwarzwald, mal aus dem Bayrischen Wald und sogar aus Ostfriesland. Der beliebte Fernsehunterhalter Max Schautzer moderierte die Umweltshow „Unser schöner Wald soll leben", Prominente meldeten sich mit Mahnungen und Aufrufen in Illustrierten zu Wort. Im europäischen Ausland beobachtete man das Treiben in Deutschland mit einer Mischung aus Anteilnahme und Spott. Die Franzosen versuchten gar nicht erst den Begriff in ihre Sprache zu übersetzen, sondern nannten das Ganze einfach „Le Waldsterben".

Am 14. Februar 1983, drei Wochen vor der Bundestagswahl, legte DER SPIEGEL noch einmal kräftig nach: „Wir stehen vor einem ökologischen Hiroshima", heißt es in der Überschrift und im Artikel ist dann gar von einem „ökologischen Holocaust" die Rede. Es war ein Rundumschlag gegen alle, die Zweifel daran hegten, dass der deutsche Wald verloren sei, und die nicht glauben wollten, dass der Oberharz bald „so kahl ist wie heute schon das Erzgebirge". Es ging nun nicht mehr nur um das Sterben der Wälder, sondern nach Auffassung des BUND um die „Verkarstung und Versteppung" Deutschlands: „Im Jahr 2000", wird Gerd Billen vom BBU zitiert, werde Westdeutschland „in weiten Teilen versteppt sein." Mehr und mehr rückte nun auch das Auto in den Mittelpunkt der Diskussion: Nicht allein das vor allem von Kraftwerken emittierte Schwefeldioxid, jene „satanische Substanz", von der im ersten SPIEGEL-Artikel 1981 die Rede war, sondern auch Stickoxide seien für die Versauerung der Böden verantwortlich: „Diese Stoffe", so DER SPIEGEL, „entstammen unter anderem den Auspufftöpfen von Fahrzeugen, wie sie die deutsche Autoindustrie noch immer für den Inlandsmarkt baut." Das Waldsterben wurde zum Steigbügel für die GRÜNEN, die bei der Wahl 1983 mit 5,6 Prozent der Stimmen erstmals den Sprung in den Deutschen Bundestag schafften. Die von Helmut Kohl geführte Koalition aus CDU, CSU und FDP reagierte: Sie wolle die Grenzwerte für den Stickoxidausstoß von Autos massiv senken, um so den deutschen Wald zu retten.

Die Elektromobilität spielte in dieser ganzen Diskussion so gut wie keine Rolle. Niemand in Deutschland oder auch anderswo glaubte, dass Elektroautos in einer überschaubaren Zukunft eine ernsthafte Alternative zum Verbrenner sein könnten. Auf der Hannover Messe im April 1982 stellte Daimler zwar ein T-Modell mit Elektroantrieb und einer 600 kg schweren Nickel-Eisen-Batterie vor, aber das war eher eine Spielerei als ein ernstgemeintes Angebot zur Senkung der Schadstoffemissionen. Die Politik forderte den serienmäßigen Einbau von Katalysatoren, wie das in den USA schon länger der Fall war. Dagegen liefen nun die Automobilhersteller und vor allem ihr Verband, der VDA, Sturm und es entwickelte sich ein zähes Gerangel um die technische und ökonomische Sinnhaftigkeit der Katalysatortechnik. Der VDA warnte vor höheren Anschaffungs- und Wartungskosten sowie einem möglicherweise steigenden Kraftstoffverbrauch. Außerdem sei nicht klar, wie haltbar die Katalysatoren seien und es fehle ein flächendeckendes Angebot an bleifreiem Kraftstoff. Ein Rückgang der Automobilnachfrage sei daher ebenso wenig auszuschließen wie – stets das letzte Argument aller Lobbyisten – ein Verlust von Arbeitsplätzen.

Für Daimler war die Diskussion um das Waldsterben und die Einführung geregelter Katalysatoren eine riesige Chance, sich als Vorreiter in Sachen Umweltschutz zu profilieren. Kein anderer Hersteller war technisch so gut vorbereitet, um den geregelten Katalysator zur Serienausstattung seiner Fahrzeuge zu machen. Schon im Jahr 1967 hatte der erzkonservative republikanische Gouverneur von Kalifornien und spätere US-Präsident, Ronald Reagan, eine Institution ins Leben gerufen, die fortan nicht nur die Umweltpolitik in Kalifornien und den USA, sondern weltweit beeinflusste: den California Air Resources Board, abgekürzt CARB. Der CARB sollte Maßnahmen entwickeln, um die extreme Luftverschmutzung in den kalifornischen Großstädten, insbesondere in Los Angeles, zu reduzieren. Schon Mitte der 1970er-Jahre hatte der CARB durchgesetzt, dass Autos mit Katalysatoren ausgestattet werden mussten, um die Luftqualität zu verbessern. Schrittweise wurden die Vorschriften weiter verschärft, sodass Anfang der 1980er-Jahre in Kalifornien Katalysatoren eine Standardtechnologie zur Reduktion der Abgasemissionen geworden waren. Mercedes lieferte solche Autos in die USA, wusste also, wie man mit der Katalysator-Technik umzugehen hatte. Sie auf europäische Verhältnisse anzupassen, war nur ein kleiner Schritt. Statt eine Umweltoffensive zu starten, begab sich Daimler jedoch ins Lager der „Unwilligen", stärkte mit den anderen Automobilherstellern dem VDA den Rücken und manövrierte sich damit ebenfalls ins politische Abseits. Denn am Ende funktionierte alles ganz wunderbar: Die Automobilhersteller bauten Katalysatoren in ihre Autos ein, die Ölindustrie sorgte für bleifreies Benzin und die Stickoxydemissionen gingen zurück. Was übrig blieb, war ein Kollateralschaden für die Reputation des VDA und der deutschen Automobilhersteller.

Erst Anfang der 1990er-Jahre kam wieder Bewegung in die Elektro-Diskussion: In Kalifornien wurde auf Basis des „Clean Air Act" im Jahr 1990 ein „Zero Emission Mandate" beschlossen, das vorsah, dass bis 1998 mindestens zwei und bis 2003 mindestens zehn Prozent aller verkauften Fahrzeuge Null-Emissionen haben sollten. Das war nach Lage der Dinge nur mit batterieelektrischen Autos zu erreichen. Das Gesetz wurde zwar später zurückgenommen, aber alle Automobilhersteller waren zunächst einmal mächtig unter Druck, sich mit der Entwicklung von alltagstauglichen Null-Emissions-Fahrzeugen – und als solche galten auch damals schon eigentlich nur Elektroautos – zu beschäftigen. Vor diesem Hintergrund startete in Deutschland im Jahr 1992 auf der Insel Rügen ein Großversuch, der vom Bundesministerium für Forschung und Technologie (BMFT) initiiert und in Anwesenheit der damaligen Umweltministerin Angela Merkel eröffnet wurde. „Mercedes-Benz", berichtet die Unternehmenschronik, „beteiligt sich mit 20 Fahrzeugen, von denen je zehn auf dem Typ 190 und dem Transporter MB 100 D basieren." Von 1992 bis 1995 wurden von allen eingesetzten Elektroautos 1,3 Millionen Testkilometer abgespult. Viel kam dabei nicht heraus. Die „Öko-Bilanz war enttäuschend", wie es in einem zeitgenössischen Bericht über das Projekt hieß, weil der Strom hauptsächlich aus Kohlekraftwerken kam. Die Reichweiten waren lausig und wegen Mängeln in der Steuerungselektronik waren die Fahrzeuge ausgesprochen unzuverlässig. Der Großversuch bestätigte eher die Vorbehalte gegen Elektroautos, als dass er deren Durchbruch vorbereitete.

So ganz ließ das Thema den Konzern aber doch nicht ruhen. Im Jahr 1970 hatten Daimler und Volkswagen gewissermaßen als „Ersatz" für die geplante Vollfusion beider Unternehmen die Deutsche Automobil-Entwicklungsgesellschaft gegründet. Dort wurde in den 1990er-Jahren eifrig an Batterietechnologien wie der Nickel-Cadmium- oder der Nickel-Metallhydrid-Batterie gearbeitet, bevor die Gesellschaft im Jahr 1998 aufgelöst wurde. Bei der damals zum Konzern gehörenden AEG arbeitete man außerdem an der Natrium-Nickelchlorid-Zelle, der sogenannten ZEBRA-Batterie, die später dann tatsächlich auch in Fahrzeugen eingesetzt wurde. Auf der IAA 1993 stand eine Elektro-C-Klasse mit einer Natrium-Nickelchlorid-Hochtemperaturbatterie. Im März 1998 wurde ein A-Klasse-Versuchsfahrzeug mit ZEBRA-Batterie im Rahmen eines Innovationssymposiums im Stuttgarter Mercedes-Forum vorgestellt. Der große Durchbruch ließ jedoch auf sich warten und das Batterie-Know-how wanderte langsam, aber stetig nach Asien ab, wo miniaturisierte Lithium-Ionen-Akkus in Mobiltelefone und Laptops eingebaut wurden. Auch die immer wieder erhobene Forderung von Nicolas Hayek, den Smart auch in einer Elektro-Variante anzubieten, blieb ungehört. Obwohl man im März 1994 den Eco-Sprinter und Eco-Speedster, die Vorläufer des Smart ForTwo, auch mit Elektro- und Hybridantrieb der Öffentlichkeit präsentiert hatte, stellten sich die Daimler-Manager, als es um das Serienfahrzeug ging, gegen Hayeks Forderung: Mit kleinen, hocheffizienten Verbrennungsmotoren, so das Argument, ließe sich aus dem Smart ein ökologisch vorbildliches Auto machen. Dabei blieb es dann auch – zumindest bis zum Jahr 2007. Es war tatsächlich ein langer Weg in die Elektromobilität.

Grün, grüner, Diesel

„Sehen, was morgen bewegt“: Die IAA im Jahr 2007 sollte die „grünste IAA“ aller Zeiten werden. Schon bei ihrer traditionellen Eröffnungsrede mahnte die bald als „Klima-Kanzlerin“ titulierte Regierungschefin Angela Merkel die Industrie: „Wir haben keine andere Wahl, als auf den Klimawandel zu reagieren“, und sie forderte die Branche auf, „an jeder Stelle des Automobils“ daran zu arbeiten, den CO2-Ausstoß zu reduzieren.

Der Appell hatte einen Grund. Am 2. Februar 2007 hatte das „Intergovernmental Panel on Climate Change“ (IPCC) seinen vierten Uno-Weltklima-Report vorgestellt. Er war der bis dahin eindringlichste Bericht des Experten-Gremiums zum Klimawandel und dessen Folgen. Der Klimawandel könnte, so die Forscher, bis zum Jahr 2100 zu einem Temperaturanstieg von bis zu 6,4 Grad führen und damit den Meeresspiegel um einen halben Meter ansteigen lassen. Die Entwicklung zu stoppen, sei nicht mehr möglich, es könne nur noch darum gehen, seine Folgen abzumildern. Und: Die Klimaexperten ließen keinen Zweifel daran, dass die Erderwärmung durch den Menschen verursacht sei: Sie sei „in erster Linie auf das Verbrennen von Benzin, Öl und Gas zurückzuführen, wodurch der Kohlendioxidgehalt in der Atmosphäre“ ansteige. Der IPCC-Bericht rüttelte auf, wurde wochenlang in den Medien, dann auch in der Politik diskutiert. Fast alle waren sich einig: Wir müssen handeln!

Es war klar, dass die Automobilindustrie und vor allem die deutsche Automobilindustrie auf ihrer „Hausmesse" auf den Klimabericht der UNO reagieren musste. Was sie denn auch tat: „An den Pressetagen", berichtete ein bekannter Auto-Journalist, „starteten die Autohersteller einen schon absurd anmutenden Wettbewerb um das vorbildlichste Umwelt-Image." VW präsentierte das Stadtauto „Up", Audi den „besten Hybrid aller Zeiten" (allerdings nur als Konzept-Fahrzeug), BMW reüssierte mit seinen „Efficient Dynamics"-Modellen und bei Mercedes entschied man sich, den Messeauftritt ganz unter das Motto „Road to Future" zu stellen und mit der schieren Zahl an umweltverträglichen Konzepten die Medien und die Besucher von der Umwelt-Kompetenz des Sterns zu überzeugen. Vorgestellt wurden – so die Pressemitteilung – „19 besonders sparsame und saubere Modellneuheiten" mit Antriebstechnologien, „die je nach Fahrzeugklasse, Einsatzprofil und Kundenwunsch einzeln oder kombiniert eingesetzt" werden können. So standen also auf dem Mercedes-Stand in der Festhalle Bluetec-Diesel, Bluetec-Hybride, direkteinspritzende Benzin-Motoren, Benzin-Hybride, Fahrzeuge mit Start-Stopp-Funktion, eine B-Klasse mit Erdgasantrieb, ein Smart ForTwo electric drive und eine B-Klasse mit Brennstoffzelle. Die Vielfalt war beeindruckend, warf aber auch schon damals Fragen auf: Kann sich Mercedes-Benz zwischen den verschiedenen Antriebstechnologien nicht entscheiden? Wird man diese Vielfalt allein von den Kosten her langfristig durchhalten können? Wie sieht denn nun aus Sicht von Daimler das „klimagerechte Auto" tatsächlich aus? „Die Menge der Baustellen", konstatierte etwas verzweifelt der Kommentator der Frankfurter Allgemeinen Zeitung am 13. September 2007, „ist kaum zu überblicken". Die „Road to Future", die man auf der IAA 2007 präsentierte, glich weniger einer Autobahn als einer geschlängelten Landstraße mit vielen Kurven und Abbiegungen. Es galt, rasch Klarheit zu schaffen und Prioritäten zu setzen.

Schon wenige Monate nach dem Modell-Wirr-Warr auf der Messe präsentierte das Unternehmen seine „Roadmap zur nachhaltigen Mobilität", die Ordnung in die Umweltstrategie bringen sollte. Die künftige Antriebsstrategie sollte gemäß dem Geschäftsbericht für das Jahr 2007 auf drei Säulen basieren: erstens der konsequenten Weiterentwicklung und Optimierung der Verbrennungsmotoren, zweitens der Erforschung, Entwicklung und Bereitstellung alternativer Kraftstoffe sowie drittens dem Fahren mit emissionsfreien Brennstoffzellen- und Elektroantrieben. Eine ähnlich gestrickte Strategie brachte man unter dem Titel „Shaping Future Transportation" auch für den Nutzfahrzeugbereich auf den Weg. Daimler – so sollten diese Programme signalisieren – hatte die umweltpolitischen Herausforderungen verstanden und war bereit, in neue Technologien zu investieren, und Dieter Zetsche betonte, dass Daimler der „Motor für nachhaltige Mobilität" sein wolle.

Die zweite Säule der „Roadmap", der Einsatz von alternativen Kraftstoffen, brach schon nach kurzer Zeit krachend zusammen. Daimler hatte sich immer wieder mit alternativen Kraftstoffen beschäftigt, doch die meisten Technologien, wie etwa die Alkoholkraftstoffe, erwiesen sich als nicht tragfähig. Der Konflikt mit der Nahrungsmittelproduktion war zu offenkundig, als dass man diesen Ansatz weiterverfolgen konnte. Als ein interessantes Konzept für einen klimaneutralen Betrieb von Fahrzeugen mit Verbrennungsmotoren galt schon Anfang der 2000er-Jahre die Herstellung von flüssigen Kraftstoffen aus Biomasse, BTL genannt („Biomass-to-Liquid"). Im Mai 2003 hatte Daimler im Rahmen einer Umwelt-Pressekonferenz den nach eigenen Angaben „weltweit ersten synthetischen Diesel-Kraftstoff" präsentiert. Das Konzept erschien vielversprechend, da das beim Fahrzeugbetrieb emittierte CO2 zuvor aus der Luft aufgenommen wurde, sodass der Antrieb CO2-neutral war. Ein Unternehmen, das bei der Entwicklung synthetischer Kraftstoffe in besonderer Weise auf sich aufmerksam gemacht hatte, war Choren Industries, das 1990 im sächsischen Freiberg gegründet wurde. Es betrieb eine Anlage zur Herstellung von Kraftstoffen aus Holzabfällen. Konflikte mit der Nahrungskette („Tank oder Teller") waren hier ausgeschlossen. Außerdem versprach der Biosprit der zweiten Generation eine deutlich höhere Ausbeute als die bei der Herstellung von Kraftstoffen aus Mais oder Raps. Mit den Begriffen „SunFuel" und „SunDiesel" hatte man überdies werbewirksame Bezeichnungen für die neuartigen Kraftstoffe gefunden. Neben Shell beteiligten sich im Jahr 2007 auch Daimler und VW an dem Unternehmen. „Damit", kündigte Daimler im Geschäftsbericht für das Jahr 2007 an, „wollen wir die breite Markteinführung des klimafreundlichen synthetischen BTL-Kraftstoffs ‚SunDiesel' beschleunigen." Doch das Engagement erwies sich als Flop. Zwar erschien zur Eröffnung der Pilotanlage im April 2008 sogar die Bundeskanzlerin und sprach von einem „Schmuckstück", doch der Übergang von der klein- zur großindustriellen Produktion gelang wegen ständiger technischer Probleme nicht. Außerdem schafften es die Betreiber nicht, die Herstellungskosten auf ein wettbewerbsfähiges Niveau zu bringen. Trotz öffentlicher Fördergelder geriet das Unternehmen in Schieflage und musste am 9. Juli 2011 Insolvenz anmelden. Der finanzielle Schaden war für Daimler überschaubar. Die Hoffnung, mit einem klimafreundlichen Kraftstoff eine kostengünstige Möglichkeit zur Minimierung der CO2-Emissionen gefunden zu haben, musste aber begraben werden. Schon im Jahr 2008 fehlte unter den drei Säulen der im Jahr 2007 definierten „Roadmap zur nachhaltigen Mobilität" die „Erforschung, Entwicklung und Bereitstellung hochwertiger und alternativer Kraftstoffe". Sie wurde still und ohne weitere Erklärung durch eine andere Säule ersetzt: die „weitere Effizienzsteigerung durch bedarfsgerechte Hybridisierung in unterschiedlichen Ausbaustufen".

Im Jahr 2007 erschien in einem für solche Publikationen bekannten Verlag ein gut geschriebenes und schön bebildertes Auto-Buch mit dem Titel „Kennzeichen D". Das „D" stand nicht für „Deutschland" und auch nicht für „Daimler". Es stand für „Diesel", aber das war eigentlich auch gleichgültig, denn kein anderes Land war so eng mit dem Diesel verbunden wie Deutschland und in der deutschen Automobilindustrie hatte kein anderes Unternehmen so konsequent an dieser Antriebstechnik festgehalten und sie Jahr um Jahr weiterentwickelt wie Daimler. Vielleicht hing das auch ein wenig mit der Geschichte zusammen: Daimler war der erste Automobilhersteller, der einen Diesel-PKW auf den Markt gebracht hatte, den Mercedes-Benz 260 D im Jahr 1936. Der war von Anfang an zum „Liebling der Taxibetreiber" geworden, wie es in dem lesenswerten Diesel-Buch hieß. Auch nach dem Zweiten Weltkrieg blieb Daimler dem Diesel treu, bei LKW und Transportern war das selbstverständlich, bei den PKW aber über viele Jahrzehnte die große Ausnahme. In gewisser Weise gehörte der Diesel zur DNA der Marke.

Das Buch feierte das 70-jährige Jubiläum der „Mercedes-Benz Dieseltechnologie" und zeigte an eindrucksvollen Beispielen, wie Daimler „mit vielen Innovationen dazu beigetragen hat, den Diesel-Antrieb bis zu seinem heutigen Stand zu entwickeln. Der „Selbstzünder", so die Verfasser weiter, präsentiere sich „70 Jahre nach der Premiere im Mercedes-Benz 260 D heute als leistungsstarker und wirtschaftlicher Hightech-Antrieb mit dem Potenzial, künftig auch die international strengsten Abgaslimits zu erfüllen." Im Jahr 2007 hätte dem kaum jemand widersprochen. Die Auffassung, dass Diesel-Fahrzeuge stinkende, laute und lahme Kisten seien, durfte spätestens seit Mitte der 1990er als überholt gelten. VW hatte mit seinen direkteinspritzenden TDI-Dieseln und Daimler mit dem Common-Rail-System Diesel-Fahrzeugen zu einem ausgesprochen dynamischen Fahrverhalten verholfen und sie auch deutlich sauberer gemacht als die früher üblichen Saugmotoren. Die Notwendigkeit, die klimarelevanten CO2-Emissionen zu reduzieren, machte den Diesel noch interessanter als er ohnehin war. Denn der Diesel-Motor verbraucht systembedingt weniger Kraftstoff als ein Benziner und obwohl der Diesel „dicker" ist als Benzin, ist der CO2-Ausstoß dennoch niedriger als bei einem Fahrzeug mit Otto-Motor. Dieselmotoren, so der damalige Daimler-Entwicklungschef Thomas Weber, seien daher „unverzichtbar", wenn der „verkehrsbedingte CO2-Ausstoß weiter sinken soll".

Als Glanzstück für einen verbrauchssparsamen und umweltverträglichen Diesel galt der im Herbst 2007 vorgestellte E 300 Bluetec, der nach Unternehmensangaben „sauberste Diesel der Welt in seiner Klasse". Bereits zwei Jahre zuvor hatte man auf der Detroit Motor Show einen E 320 Bluetec präsentiert, der die widerspenstigen amerikanischen Autofahrer von den Vorteilen des Dieselantriebs überzeugen sollte. Er erfüllte die weltweit strengste US-Abgasnorm BIN 8 und demonstrierte auf einer werbewirksam inszenierten Langstreckenfahrt von Los Angeles zur Autoshow nach Detroit mit einem Verbrauch von 5,8 Litern auf 100 Kilometern zugleich die Sparsamkeit dieses Antriebskonzepts. Es sollte freilich der letzte und vergebliche Versuch zur Popularisierung des Diesels in den USA sein.

Das Label Bluetec stand für ein Paket von Maßnahmen, das den Diesel so sauber wie einen Benziner machen sollte. Es war bereits im Jahr 2004 bei den Mercedes-Benz Nutzfahrzeugen eingeführt worden und sorgte dafür, dass die ab dem Jahr 2009 geltenden Euro-5-Normen für LKW erfüllt wurden. Ein erster Baustein des Bluetec-Konzeptes waren innermotorische Maßnahmen, wie die Reduktion der Verdichtung und die Verwendung spezieller Piezo-Injektoren, wodurch die Rohemissionen reduziert werden konnten. Der zweite Baustein war der Einsatz eines Oxydationskatalysators, der den Ausstoß von Kohlenmonoxid und unverbrannten Kohlenwasserstoffen senkte. Der dritte Baustein diente der Reduktion der Partikelemissionen durch einen Partikelfilter, für den keine zusätzlichen Additive notwendig waren. Das Kernstück des Konzeptes war aber die Kombination eines Nox-Speicher-Kat mit der Selective Catalytic Reduction (SCR), wodurch die Stickoxid-Emissionen signifikant um 80 Prozent reduziert werden konnten. Das Paket war eindrucksvoll und brachte den Diesel aus dem Schussfeld der Umweltschützer, die sich mit dieser Antriebstechnologie nie so richtig anfreunden konnten. Nichts schien damals jedenfalls dagegen zu sprechen, bei der notwendigen Reduktion des CO2-Flottenverbrauchs auch weiterhin auf den Diesel zu setzen.

„Den Diesel so sauber wie einen Benziner und den Benziner so sparsam wie einen Diesel machen" – das war ein in diesen Tagen vielzitierter Wahlspruch, der die „Optimierungsstrategie" für Verbrennungsmotoren bündig auf den Punkt brachte. Letzteres sollte unter dem Label BlueEfficiency demonstriert werden. Die ersten BlueEfficiency-Modelle waren der C 180 Kompressor und der C 200 CDI der im Januar 2007 neu in den Markt eingeführten C-Klasse. Neben der Verbesserung der Antriebstechnik umfasste das Paket auch Maßnahmen zur Gewichtsreduktion, zur Verringerung des Rollwiderstandes und der Aerodynamik sowie beim Energiemanagement. Ein technisches Kabinettsstückchen war die elektropneumatische Lüfterjalousie, mit der sich die „Kühlluftmenge des Motors bedarfsgerecht begrenzen" ließ, wie es in einer technischen Beschreibung hieß, und die damit den Gesamtluftwiderstand des Fahrzeugs reduzierte. Insgesamt gelang es mit dem BlueEfficiency-Paket, den Kraftstoffverbrauch um durchschnittlich 12 Prozent zu reduzieren.

Zu einer Sensation geriet ein anderes Antriebskonzept, das auch auf der Diesel-Technologie basierte: der „Diesotto". Technisch basierte das Konzept auf dem Prinzip der „homogenen Kompressionszündung", das heißt der Benzin-Motor arbeitete im Teillastbereich mit einer Selbstzündung unter sehr hohem Druck, wie sie aus dem Diesel bekannt ist. Das Ergebnis war ein Antrieb, bei dem auf die aufwändige Abgasnachbehandlung wie beim Diesel verzichtet werden konnte und der dennoch sehr niedrige, dem Diesel vergleichbare Verbrauchswerte aufwies. Vorgestellt wurde das Konzept in einem Forschungsfahrzeug, dem F 700, im Jahr 2007. In einem Mercedes realisiert wurde es freilich nie, da der Übergang von der Fremd- zur Selbstzündung nicht so funktionierte, wie man sich das vorgestellt hatte, und der Motor am Ende gegenüber den millionenfach produzierten Otto- und Dieselmotoren einfach auch zu teuer war. Statt Daimler brachte im Jahr 2018 Mazda sein Modell Mazda3 mit einer „Spark-Controlled-Compression-Ignition-Technik (SCCI)" auf den Markt, die ziemlich genau dem Diesotto-Konzept entsprach. So blieb die Wortkombination „Diesotto" eine heftige, aber nur kurze Episode in der neueren Technikgeschichte des Konzerns.

Der Diesel, weiterentwickelt und optimiert, galt bis auf Weiteres als die beste Technologie, um dem Klimawandel begegnen und die Grenzwerte für die CO2-Emissionen einhalten zu können. Obwohl die Uhren in China anders tickten und die Amerikaner partout keinen Gefallen an den Selbstzündern fanden, schien der große europäische Markt doch über ein ausreichendes Potenzial zu verfügen, um die bewährte Technik weiter anzubieten. Dass man mit den komplexen Diesel-Motoren auch gutes Geld verdienen konnte, war ein offenes Geheimnis. Evolution oder Disruption? Was die Antriebstechnologie anbelangt, blieb man bei der Evolution. Damit wäre man sicher noch ein wenig länger gut gefahren. Doch die Diesel-Technik als die grünste aller konventionellen Antriebstechnologien wurde ausgerechnet von denen gegen die Wand gefahren, die am meisten davon profitierten.

Irrtum oder Inkonsequenz: Die Brennstoffzelle

„Wir wollen als erster Hersteller ein Auto mit Brennstoffzellenantrieb auf den Markt bringen – und das möglichst um die Jahrtausendwende." Jürgen Schrempp war wieder einmal mutig gewesen: Seine Ankündigung auf der Internationalen Automobilausstellung in Frankfurt am 18. September 1997 weckte große Erwartungen. Jürgen Hubbert war eine solch vollmundige Ankündigung nicht ganz geheuer und so korrigierte er die Zeitleiste, die sein Chef vorgegeben hatte, umgehend. Zwar bekräftigte er das Ziel, erster bei dieser neuen Technologie sein zu wollen, um dann aber hinzuzufügen: „Die Ziellinie sehe ich nicht vor dem Jahr 2005." Damit begann der lange Reigen an Ankündigungen und Verschiebungen, die die Geschichte der Brennstoffzellentwicklung bis in die heutige Zeit begleiten. Im November 2000 warf Jürgen Schrempp eine neue Zahl in den Raum: „Das erste Angebot eines Serienmodells erfolgt, laut Schrempp, bereits im Jahr 2004", berichtete die Frankfurter Allgemeine Zeitung in ihrer Ausgabe vom 7. November 2000. „Ein A-Klasse-Modell", hieß es in dem Bericht weiter, „wird mit dem neuen Motor ausgerüstet und auf den Markt gebracht." Am 8. Oktober 2002 folgte eine neue Ankündigung: Mercedes testet in „30 Pkw der A-Klasse den schadstofffreien und sehr leisen Brennstoffzellenantrieb", berichtete die Welt und Vorstandsmitglied Jürgen Hubbert erklärte, mit einer größeren Stückzahl sei „ab etwa 2010 zu rechnen" – ein Datum, das auch Ferdinand Panik, Leiter der Brennstoffzellenforschung bei Daimler, in einem Vortrag auf der f-cell Konferenz am 14. Oktober 2002 in Stuttgart nannte. Das Jahr 2010 verstrich, ohne dass ein Serienauto mit Brennstoffzelle angeboten worden wäre, da kündigte Dieter Zetsche im Juni 2011 für 2014 die Großserienproduktion von Fahrzeugen mit Brennstoffzelle an. Doch auch das war noch nicht das letzte Wort: Am 6. Februar 2013 berichtete die WirtschaftsWoche: „Alles Makulatur, nicht ein Jahr früher, sondern drei Jahre später, also 2017, hieß es vorige Woche aus Stuttgart, sei Daimler so weit." Tatsächlich wurde auf der IAA 2017 der „GLC Fuel Cell" der Öffentlichkeit vorgestellt, allerdings nur als „Vorserienmodell". Ein Jahr später erfolgte dann die Auslieferung, aber nicht als „Großserienmodell", sondern nur an ein paar wenige, ausgewählte Flottenkunden. Wenn ein Unternehmen so lange an einer Technologie forscht, wie Daimler das bei der Brennstoffzelle getan hat, und wenn es dann die Markteinführung immer weiter nach hinten schiebt und sich schließlich ganz davon verabschiedet: War es dann inkonsequent oder hat es sich schlicht und ergreifend geirrt?

Es gibt kaum eine Technologie, die so lange und so eng mit dem Namen Daimler verknüpft ist wie die Brennstoffzelle. Und es gibt kaum eine Technologie, die Daimler so stark gehemmt hat, zügig in Fahrzeuge mit batterieelektrischem Antrieb zu investieren. In einer Brennstoffzelle reagiert Wasserstoff mit Sauerstoff und erzeugt dabei elektrischen Strom, mit dem ein Elektromotor betrieben werden kann. Bei diesem elektrochemischen Prozess entstehen keine Abgase, sondern nur Wärme und Wasserdampf, der als chemisch reines Wasser aus dem Auspuff tropft. Wird der Wasserstoff regenerativ gewonnen, arbeitet die Brennstoffzelle praktisch emissionsfrei, und da das Auto von einem Elektromotor angetrieben wird, handelt es sich auch bei Brennstoffzellen-Autos um Elektrofahrzeuge. So wurde das erste fahrbereite Brennstoffzellen-Auto, das am 13. April 1994 der internationalen Presse im Forschungszentrum in Ulm vorgestellt wurde, zurecht als „New Electric Car", abgekürzt: NECAR, präsentiert. Der umgebaute Transporter MB 100, Vorläufer des Vito, war eine Überraschung gewesen, denn die anwesenden Journalisten hatten damit gerechnet, dass sie das gerade erst erweiterte Forschungszentrum des Konzerns, nicht aber ein innovatives, im Automobilbau bis dahin unbekanntes Antriebskonzept bestaunen dürfen. Waren sie Zeugen der Geburtsstunde einer Technologie geworden, die die Welt des Automobils von Grund auf verändern würde? Die Medienresonanz war riesig und die Brennstoffzellentechnik fortan von Daimler kommunikativ „besetzt".

Vorausgegangen war die Entwicklung von Fahrzeugen, die direkt mit Wasserstoff betankt wurden. Nachdem BMW mit seinem wasserstoffbetriebenen 520h in den von zwei Ölkrisen geplagten 1970er-Jahren für Aufsehen gesorgt hatte, intensivierte auch Daimler seine Forschung in diesem Bereich. Auf der IAA 1977 präsentierte Daimler zwei mit Hybrid-Speicher ausgerüstete Versuchsfahrzeuge: einen PKW, den 280E mit Benzin-Wasserstoff-Mischbetrieb, und einen Stadtbus mit reinem Wasserstoffantrieb. Beide Fahrzeugkonzepte liefen dann auch im Rahmen eines vom Bundesministerium für Forschung und Technologie (BMFT) geförderten Versuchsprogrammes zwischen 1984 und 1988. Daimler stellte fünf Mercedes-Benz 280TE im Benzin-Wasserstoff-Mischbetrieb und fünf Transporter vom Typ 310 im reinen Wasserstoffbetrieb in Berlin zur Verfügung. Da es schwierig war, eine alltagstaugliche Speicherung von Wasserstoff im Fahrzeug zu finden, verlor die Idee des reinen Wasserstoffantriebs in den späten 1980er-Jahren jedoch an Bedeutung. Die Speicherung des Wasserstoffs in Metallen oder Metalllegierungen benötigte viel Platz und war schwer, die Speicherung von flüssigem Wasserstoff andererseits führte zu Verdampfungen mit der Folge, dass ein längere Zeit geparktes Wasserstofffahrzeug mit leerem Tank dastand. Auch bei BMW fuhr man die entsprechenden Aktivitäten im Laufe der Jahre zurück, erklärte aber erst im Jahr 2009 offiziell den Ausstieg aus der Wasserstofftechnologie.

Der NECAR 1 war unschwer als ein reines Forschungsfahrzeug zu erkennen: Die gesamte Ladekapazität des Transporters wurde von dem rund 800 Kilogramm schweren Brennstoffzellensystem ausgefüllt. Es bot lediglich dem Fahrer und einem Beifahrer Platz. Die Brennstoffzelle wurde mit gasförmigem Wasserstoff betrieben, der in voluminösen Tanks mitgeführt werden musste.

Die Reichweite betrug 130 Kilometer und das Fahrzeug erzielte eine Spitzengeschwindigkeit von 90 km/h. Das war nicht überwältigend, aber immerhin war ein Anfang gemacht. Das Brennstoffzellensystem kam vom kanadischen Unternehmen Ballard Power System, das 1979 von Geoffrey Ballard gegründet worden war und sich auf die Entwicklung und Herstellung von Brennstoffzellen spezialisiert hatte. Ballard blieb über viele Jahre ein wichtiger Partner von Daimler. 1997 wurde eine langfristig angelegte Kooperation vereinbart, 1998 erwarben Daimler und Ford Anteile an Ballard. In Nabern, am Fuße der Schwäbischen Alb unweit von Stuttgart, wurde im Juli 1997 ein Entwicklungszentrum für die Brennstoffzellentechnik eröffnet, das später von Daimler, als Ford wieder ausgestiegen war, alleine weitergeführt wurde.

Schon im Jahr 1996, zwei Jahre nach dem NECAR 1, präsentierte Daimler den NECAR 2. Das Basisfahrzeug war eine V-Klasse. Durch die Komprimierung des Brennstoffzellensystems und die Unterbringung der beiden Wasserstofftanks im Hubdach des Fahrzeugs konnten die sechs Sitzplätze erhalten werden. Die Reichweite lag nun bei 250 Kilometern und die Höchstgeschwindigkeit konnte auf 110 km/h gesteigert werden. Ein wirklicher Quantensprung war dann der NECAR 3, der auf der IAA 1997 der Öffentlichkeit präsentiert wurde. Es war das Fahrzeug, das Jürgen Schrempp zu seiner euphorischen Prognose von der „Jahrtausendwende“ veranlasst hatte. Das Basisfahrzeug war jetzt ein PKW, nämlich die eben neu in den Markt eingeführte A-Klasse. Durch ihren Sandwichboden eignete sich das Modell in besonderer Weise für die Unterbringung des Brennstoffzellensystems. Weltweit erstmalig verfügte das Fahrzeug über eine bordeigene Wasserstofferzeugung: Aus Methanol wurde im Fahrzeug durch einen Reformer Wasserstoff erzeugt. Mit 38 Liter Methanol erreichte das Auto nun eine Reichweite von rund 400 Kilometern. Die Höchstgeschwindigkeit lag bei 120 km/h. Zwar konnte durch die Betankung mit Methanol Platz eingespart werden, da man auf die Wasserstoff-Tanks verzichten konnte. Andererseits beanspruchte der Reformer zusätzlichen Raum, so dass die A-Klasse mit Brennstoffzelle nur zwei Sitzplätze hatte. Mit dem NECAR 4, der 1999 in Washington vorgestellt wurde, kehrte man wieder zum alten Konzept, eines direkt mit Wasserstoff betriebenen Brennstoffzellenfahrzeugs zurück. Erstmalig konnte die gesamte Technik im Sandwichboden des Fahrzeugs untergebracht werden. Nur der Wasserstofftank führte zu einer leichten Reduzierung des Kofferraumvolumens. Die Leistungsdaten des Modells waren eindrucksvoll: 450 Kilometer Reichweite und eine Spitzengeschwindigkeit von 145 km/h. Spätestens jetzt konnte sich Daimler zurecht als „Technologieführer“ im Bereich der Brennstoffzelle fühlen, was man von Anfang an angestrebt hatte.

Im Jahr 2000 folgte dann der NECAR 5, dessen Präsentation am 7. November 2000 in Anwesenheit von Bundeskanzler Gerhard Schröder in Berlin stattfand. Jürgen Schrempp nutzte das auch gleich zu einem Seitenhieb gegen seinen Erzfeind Ferdinand Piëch. Der NECAR 5 konnte wieder mit Methanol betankt werden, da es gelungen war, den Platzbedarf für den Reformer so weit zu minimieren, dass dieser mit dem gesamten Brennstoffzellensystem in den Sandwichboden der A-Klasse passte. Damit konnte man nun tatsächlich ein

Modell vorstellen, das das gleiche Raumangebot hatte wie eine konventionell angetriebene A-Klasse. Der NECAR 5 erzielte mit 25 Liter Methanol eine Reichweite von 450 Kilometer und eine Spitzengeschwindigkeit von 150 km/h. Jürgen Schrempp konterte den Wettbewerber, der gerade heftig für das Ein-Liter-Auto warb: „Damit“, erklärte er kategorisch, „kann ein Schlussstrich unter die Debatte gezogen werden, wer das Drei- oder Ein-Liter-Auto baut. DaimlerChrysler redet nicht nur vom Ein-Liter-Auto, sondern baut ein Null-Liter-Auto, das ohne einen Liter Benzin auskommt.“

Nach diesem politisch eindrucksvollen Auftritt wurde es um das Brennstoffzellen-Auto stiller. Mag sein, dass daran die Probleme zuerst mit Chrysler, dann mit Mitsubishi schuld waren. Das Unternehmen musste sparen und das konnte auch am Forschungsbereich nicht spurlos vorbeigehen. Dennoch präsentierte das Unternehmen am 7. Oktober 2002 in der Konzernzentrale in Möhringen eine Langversion der Brennstoffzellen-A-Klasse, mit der der Schritt vom Forschungsfahrzeug zur Kleinserie vollzogen werden sollte. Der Mercedes-Benz F-Cell, wie das Fahrzeug nun hieß, entsprach technisch weitgehend dem NECAR 5, wurde nun aber so konstruiert, dass es unter seriennahen Bedingungen produziert werden konnte. Ab 2003 wurde, wie es in der Unternehmenschronik heißt, „eine Testflotte von 60 Fahrzeugen im Rahmen von internationalen Kooperationen in Europa, USA, Japan und Singapur in Praxistests erprobt“. Würde die Serienfertigung also tatsächlich nach Abschluss dieser Tests im Jahr 2004 beginnen?

Es wurde nicht nur entwickelt, es wurde auch ausgiebig getestet, allein und mit Partnern. Dabei beschränkte man sich nicht nur auf die Brennstoffzelle im PKW, sondern lotete das Potenzial dieser Antriebstechnik auch in Bussen und Transportern aus. Am 26. Mai 1997 wurde in Stuttgart der NEBUS O 405 N vorgestellt, der erste Linienbus mit Brennstoffzellenantrieb mit einer Reichweite von 250 Kilometer. Im Dezember 1999 begann der Praxiseinsatz im regulären Linienverkehr bei der Hamburger Hochbahn AG. Ende 2002 startete das von der EU geförderte Projekt „Clean Urban Transport for Europe“ (CUTE), das die Praxiserprobung von Brennstoffzellen-Bussen in 9 europäischen Großstädten, darunter London, Madrid und Amsterdam, vorsah. Mercedes lieferte dafür ab dem Jahr 2003 Citaro-Stadtbusse mit Brennstoffzellen. Der Bedarf an Testfahrzeugen war groß, welche Stadt wollte sich nicht mit einem „Demonstrationsprojekt“ für einen umweltverträglichen öffentlichen Personennahverkehr profilieren? Obwohl die Brennstoffzelle für kaum ein anderes Verkehrsmittel so geeignet war wie für Stadtbusse, blieben Großaufträge allerdings aus. Den chronisch finanzschwachen Großstädten war die Umwelt zwar lieb, aber die Brennstoffzellen-Busse schlichtweg zu teuer. Am 30. April 2008 berichtete Daimler über eine „neue Rekordmarke“ bei der Brennstoffzellen-Busflotte: „Zusammen sind die 36 Busse mehr als zwei Millionen Kilometer gefahren und haben dabei etwa sieben Millionen Fahrgäste befördert.“ Waren das beeindruckende oder doch nicht eher enttäuschende Zahlen, nachdem man mindestens schon fünf Jahre alltagstaugliche Linienbusse im Angebot hatte?

Die ersten beiden Brennstoffzellen-Forschungsfahrzeuge, der NECAR 1 und der NECAR 2, waren Transporter gewesen. Auch dort wurde die Entwicklung fortgesetzt und Testfahrzeuge „in Kundenhand“ übergeben. Im Jahr 2001 begann eine Praxiserprobung mit dem Mercedes Sprinter beim Versanddienstleister Hermes. Im Jahr 2003 folgte ein Testprogramm mit dem Paketzustelldienst UPS, das von der nordamerikanischen Umweltbehörde „Environmental Protection Agency“ (EPA) unterstützt wurde. Auch bei den PKW ging es im Jahr 2004 mit Tests und Erprobungen weiter: Schon im Juni erhielten die Deutsche Telekom und das Energieunternehmen Vattenfall Europe vier A-Klasse F-Cell für ihren Fuhrpark. Im November stellte Daimler im Rahmen des vom Bundesverkehrsministerium initiierten Demonstrationsprojektes „Clean Energy Partnership (CEP)“ weitere fünf Brennstoffzellen-PKW zur Verfügung. Die Übergabe war mit der Eröffnung der weltweit größten Wasserstofftankstelle in Berlin verbunden. Schließlich wurde die A-Klasse F-Cell auf einer Teststrecke bei Barcelona einem 24-Stunden-Dauertest unterzogen, um deren Zuverlässigkeit und Belastbarkeit auch unter extremen Bedingungen zu demonstrieren. Drei Fahrzeuge legten dabei mit einer Durchschnittsgeschwindigkeit von 120 km/h problemlos 8.500 Kilometer zurück. Doch das Jahr 2004, für das Jürgen Schrempp im November 2000 die Serienproduktion eines Brennstoffzellen-PKW angekündigt hatte, ging ereignislos zu Ende. Das Brennstoffzellen-Auto in Großserie blieb bis auf Weiteres ein Versprechen.

Es war ruhig um die teure Technologie geworden, wohl auch, weil sich der Konzern nach dem Scheitern von DaimlerChrysler neu aufstellen musste und man dann wegen der Finanzkrise andere Sorgen hatte. Umso größer war die Überraschung, als auf der 63. Internationalen Automobilausstellung in Frankfurt am 17. September 2009 die B-Klasse F-Cell Weltpremiere feierte. Nach wie vor galt das Konzept als zukunftsträchtig und als ein wichtiger Schritt auf dem Weg zu einer „emissionsfreien Mobilität“. Die B-Klasse F-Cell sei – so der begleitende Pressetext – „der erste unter Serienbedingungen gefertigte Brennstoffzellen-PKW“. Tatsächlich markierte das Fahrzeug gegenüber der A-Klasse F-Cell von 2004 Verbesserungen bei allen relevanten Leistungskennzahlen: Die Größe des Brennstoffzellensystems konnte um 40 Prozent gesenkt, die Leistung um 30 Prozent von 65 kW auf 100 kW gesteigert werden. Der Verbrauch wurde um 16 Prozent reduziert und die Reichweite um sensationelle 150 Prozent von 160 auf 400 Kilometer vergrößert. War das der lang erwartete Durchbruch? In den Verkauf kam das Auto nie. Es wurde ausgewählten Persönlichkeiten, wie etwa der deutsch-amerikanischen Filmschauspielerin Diana Kruger, zur Verfügung gestellt und die Produktion „unter Serienbedingungen“, wie es die Daimler-Presseabteilung etwas sibyllinisch formulierte, auf 60 Fahrzeuge begrenzt.

Anlässlich des 125-jährigen Unternehmensjubiläums am 29. Januar 2011 dann ein weiterer Blick in die Zukunft: Daimler präsentierte das Forschungsfahrzeug F125!, bei dem die Brennstoffzelle mit einem Plug-in-Hybrid kombiniert wurde, was bei einer Systemleistung von über 200 kW eine Reichweite von 1.100 Kilometern ermöglichen sollte. Ausprobieren konnte das freilich niemand, das Fahrzeug blieb bis auf Weiteres ein Konzept. Gleichzeitig war das

Jubiläum der Startschuss für eine Weltumrundung mit der Brennstoffzellen-B-Klasse, dem Mercedes-Benz F-Cell World Drive. Einmal mehr sollte die Alltagstauglichkeit dieses Antriebskonzeptes unter Beweis gestellt werden. Doch auch diese Demonstrationsfahrt blieb bis auf Weiteres folgenlos.

Auch der von Dieter Zetsche angekündigte Termin für eine Großserienproduktion von Brennstoffzellen-Fahrzeugen, nämlich das Jahr 2014, war verstrichen, als endlich im Jahr 2017 der GLC F-Cell als Vorserienmodell auf der IAA in Frankfurt stand. Es schien, als wollte er nicht abtreten, ohne dass doch noch ein Brennstoffzellen-Fahrzeug von Mercedes in den regulären Verkauf käme. Im Grunde war der GLC F-Cell nicht einfach ein Brennstoffzellen-Auto, sondern ein Hybrid aus Brennstoffzellen- und batterieelektrischem Antrieb. Das Auto erzeugte nicht nur Strom mittels Brennstoffzelle, sondern konnte auch direkt mit Strom betankt werden, es war also ein „innovativer Plug-in-Brennstoffzellenantrieb“, wie Daimler das Konzept selbst beschrieb. Das Modell war ein kleines technisches Wunderwerk, denn das „intelligente Zusammenspiel zwischen Batterie und Brennstoffzelle“ sorgte für eine hohe Reichweite und kurze Betankungszeiten. Neben 400 Kilometer wasserstoffbasierter Reichweite kamen noch weitere 50 Kilometer durch die Batterie hinzu. Das Auto hatte eine Leistung von 217 PS, eine (abgeregelte) Höchstgeschwindigkeit von 160 km/h und war praktisch emissionsfrei. Auch bei den Kosten war man einen großen Schritt weitergekommen: Der Einsatz des besonders teuren Platinums in der Brennstoffzelle konnte um 90 Prozent reduziert werden. War das jetzt der Durchbruch? In den freien Verkauf kam auch dieses Auto nicht, es wurde ausschließlich in einem „Full-Service-Mietmodell“ an „ausgewählte Kunden“, vorrangig bekannte Persönlichkeiten und Unternehmen, in einer sehr begrenzten Stückzahl ausgeliefert. Ola Källenius hat die Frage, ob die Brennstoffzelle ein Irrtum oder ihre schleppende Markteinführung eine Folge von Inkonsequenz war, auf seine Weise beantwortet: Als er bei seinem Amtsantritt mit einem großen Besen durch das Unternehmen ging, erwischte es auch den GLC F-Cell.

Der lange Weg in die Elektromobilität, zweite Staffel

Auf der vermeintlich „grünsten“ aller Automobilausstellungen in Frankfurt im Jahr 2007 waren 7 der 19 von Mercedes präsentierten Modelle Hybride. Jetzt, im Jahr 2008, deutete alles auf eine „Hybrid-Offensive“ der Marke mit dem Stern hin: „Ab dem Jahr 2009“, hieß es im Geschäftsbericht, „werden wir jährlich mindestens ein neues Hybridmodell auf den Markt bringen.“ Unbestrittener Markt- und Meinungsführer in Sachen Hybrid-Technik war Toyota. Der Prius, der schon 1997 als erstes Hybrid-Großserienmodell in den Markt eingeführt worden war, hatte den Ruf der Marke als „Hybrid-Marke“ begründet. Kein anderer Hersteller verfügte über ein so großes Angebot an Hybrid-Fahrzeugen. Auch die Modelle der Premiummarke Lexus wurden nach und nach „hybridisiert“. Die eindrucksvollen Verbrauchswerte der Fahrzeuge machten das Unternehmen in den Augen vieler zum technologischen Vorreiter in Sachen sauberer Antriebe und Reduktion der klimarelevanten CO2-Emissionen.

Die deutschen Automobilhersteller standen der Kombination aus einem Verbrennungs- und Elektromotor zunächst eher skeptisch gegenüber. Trotz der Ankündigung, in den nächsten Jahren verstärkt Hybrid-Modelle auf den Markt zu bringen, erklärte Dieter Zetsche in einem Interview im September 2009, dass der Hybrid „keineswegs die Antwort auf alle Fragen" sei. Zum einen galt die Technik als teuer, da man ja zwei Antriebsquellen in die Fahrzeuge einbauen und aufeinander abstimmen musste. Zum anderen zeigten zahllose Vergleichstests zwischen Diesel- und Hybridfahrzeugen, dass der Diesel verbrauchsseitig nicht schlechter, je nach Streckenwahl sogar besser war, als ein vergleichbar motorisierter Hybrid. Hybride hatten zwar Vorteile in der Stadt, wo die Fahrzeuge nicht nur weniger verbrauchten, sondern auch geringere Schadstoffemissionen aufwiesen. Auf Langstreckenfahrten schnitten Hybride, die damals fast ausschließlich als Benzin-Hybride angeboten wurden, jedoch deutlich schlechter ab. Andererseits konnten Benzin-Hybride weltweit verkauft werden, also auch in den Märkten, in denen – aus welchen Gründen auch immer – Diesel keine oder eine nur geringe Akzeptanz fand. Dennoch hatte im Jahr 2007 kein deutscher Hersteller einen Vollhybrid in seinem regulären Verkaufsprogramm – auch Daimler nicht.

Dabei hatte das Unternehmen bereits im Jahr 2004, damals noch als DaimlerChrysler, eine Allianz mit General Motors zur Entwicklung eines Two-Mode-Hybridantriebssystems auf den Weg gebracht, der sich im September 2005 BMW anschloss. Beim Two-Mode-System sollte der Hybridantrieb im Hinblick auf die unterschiedlichen Einsatzbedingungen („modes") von Fahrzeugen optimiert werden. Insbesondere sollte der Kraftstoffverbrauch bei höheren, konstanten Geschwindigkeiten, also vor allem bei Autobahnfahrten, gegenüber herkömmlichen One-Mode-Hybriden minimiert werden. Als wenige Tage nach der Bekanntgabe der „Global Hybride Cooperation" auf der Internationalen Automobilausstellung am 15. September 2005 die neue S-Klasse Weltpremiere feierte und dabei auch zwei Hybrid-Studien, die „Vision S 350 Direct Hybrid" und die „Vision S 320 Bluetec Hybrid", vorgestellt wurden, schien bei Daimler tatsächlich das Zeitalter der Hybrid-Technik anzubrechen. Dem war nicht so. Zwar feierte vier Jahre später, im April 2009 auf der New York International Auto Show, der ML 450 Hybrid mit dem Two-Mode-Hybrid-System Weltpremiere, doch war dies zugleich auch das Ende der Hybrid-Allianz. Das System funktionierte zwar vorzüglich und machte die M-Klasse zeitweise zum verbrauchsgünstigsten Geländewagen in der Oberklasse. Aber die Technik war teuer, in Relation zum Verbrauch eines Diesels zu teuer. So beschränkte man den Verkauf von Anfang an auf die USA, wo der 6-Zylinder-Hybrid aber genauso viel kostete wie der bei den Amerikanern immer noch bevorzugte konventionelle 8-Zylinder-Benziner. Große Absatzzahlen waren daher nicht zu erwarten und stellten sich auch im weiteren Verlauf nicht ein.

So kam es im Oktober 2008 zum zweiten Anlauf in Sachen Hybrid-Technik: Auf dem Automobil-Salon in Paris feierte die S-Klasse 400 Hybrid Premiere. Sie wurde sofort zum „CO2-Champion" in der Luxusklasse gekürt. Es war der weltweit erste Hybrid mit einer Lithium-Ionen-Batterie und der Verbrauch bei einer Systemleistung von 299 PS mit 7,9 Litern beeindruckte. Bei der Vorstellung des Fahrzeugs auf der Shanghai Motor Show im April des folgenden Jahres fiel zum ersten Mal der Begriff vom „grünen Luxus". „Green Luxury" sei die Hybrid-S-Klasse, erklärte Dieter Zetsche bei der Präsentation des Modells und versprach mehr davon. Das Auto war für die überseeischen Märkte interessant, nicht aber für das Diesel-verliebte Europa: Wie ein im Sommer 2009 gefahrener Vergleichstest der Fachzeitschrift Auto Bild zeigte, hatte der Norm-Verbrauch von 7,9 Litern wenig mit der Realität zu tun und am Ende des Testzyklus verbrauchte der S 400 Hybrid rund 2 Liter mehr Kraftstoff als der S 350 Diesel. Einmal mehr ging der Diesel im Vergleich mit einem Hybrid als Sieger hervor. Zwar entfielen ein Fünftel der S-Klassen-Bestellungen auf den Hybrid, aber das war bei einem Fahrzeug, das insgesamt kaum mehr als 100.000-mal im Jahr verkauft wurde, in absoluten Zahlen zu wenig, um die Kosten für die Entwicklung der anspruchsvollen Technologie wieder hereinzuspielen. Dementsprechend wuchsen die Zweifel an der technischen und ökonomischen Sinnhaftigkeit einer weiteren Hybridisierung von Benzinfahrzeugen, zumal der Verbrauch bei Oberklassenfahrzeugen, in den Märkten, in denen eine Hybridisierung Sinn machen würde, also vor allem für China und die USA, für die Kaufentscheidung eine geringe Rolle spielte. Dort, wo der Verbrauch wichtig war, also vor allem in Westeuropa, hatte man hingegen mit dem Diesel eine Option, die ungleich kostengünstiger als die Hybridisierung von Benzinern war. Sollte man also nicht besser – um den Abstand zu Benzin-Hybriden noch zu vergrößern – Diesel statt Benziner hybridisieren?

Auf dem Genfer Automobilsalon präsentierte Mercedes im März 2012 tatsächlich einen Diesel-Hybrid, den E 300 BlueTec Hybrid. Mit einem Verbrauch von 4,1 Litern auf 100 Kilometern war er „das sparsamstes Oberklassenmodell der Welt". Angetrieben wurde das Auto von einem 4-Zylinder-Diesel mit 204 PS und einem Elektromotor mit 27 PS, also einer Systemleistung von immerhin 231 PS. Das neue Modell wurde ab Juni 2012 sowohl als Limousine wie auch als T-Modell an Kunden ausgeliefert. So stimmig sich das Konzept des Fahrzeugs aus technischer Sicht darstellte, so schwierig war es unter wirtschaftlichen Gesichtspunkten. Hybrid war teurer als ein Fahrzeug, das ausschließlich mit Verbrennungsmotor betrieben wurde und ein Diesel-Motor war teurer als ein Otto-Motor, Diesel-Hybrid also das teuerste, was es in der Welt der Antriebstechnologie gab. Wieder fuhr die Auto Bild einen Vergleichstest „Mercedes gegen Mercedes": der E 300 BlueTec Hybrid gegen einen reinen Diesel, den E 250 CDI. Das Ergebnis war ernüchternd: Der Diesel-Hybrid war im Test nur zwei Zehntel sparsamer als sein konventioneller Zwillingsbruder: 5,5 Liter gegenüber 5,7 Liter, dafür aber 3.750 Euro teurer. Das Fazit des Testers war hart, aber ehrlich: „Der Berg kreißte – und gebar eine Maus." Der gewöhnliche Diesel könne praktisch alles genauso gut wie der

Hybrid, koste aber viel weniger. „Deshalb“, so der Test-Experte, „gewinnt er hier.“ Die potenziellen Käufer sahen das wohl ähnlich und so blieb der Diesel-Hybrid bis auf Weiteres ein Ladenhüter.

Mit der zunehmenden Elektrifizierung und insbesondere der Leistungssteigerungen bei den Batterien, tauchte am Horizont ein neues Hybridisierungskonzept auf, das schnell das Interesse aller Oberklassenhersteller erregte: der Plug-in-Hybrid. Anders als Vollhybride konnten Plug-in-Hybride auch über das Stromnetz mit einem Ladekabel betankt werden und galten daher schnell als „Elektroautos“, was marketingtechnisch zunehmend gut ankam. Die rein elektrische Reichweite der ersten Plug-in-Hybride (abgekürzt: PHEV) lag zwar bei lediglich 30 bis 50 Kilometern, die aber – unabhängig woher der Strom herkam – als emissionsfrei galten. Auf dem Prüfstand ließen sich daher vor allem für große und leistungsstarke Fahrzeuge sensationelle Verbrauchs- und CO2-Werte erzielen. Nachdem Porsche den Panamera als PHEV im Jahr 2013 in den Markt eingeführt hatte, präsentierte auch Daimler den S-Klasse 500 Plug-in-Hybrid, der allerdings erst ein Jahr später in den Verkauf kam. „Die S-Klasse als Drei-Liter-Auto“, versprach die Ankündigung der Presseabteilung und Entwicklungschef Thomas Weber bestätigte: „Die S-Klasse wird so zu einem echten Drei-Liter-Auto mit großzügigem Platzangebot und überragendem Antriebskomfort.“ Der damals noch gültige Neue Europäische Fahrzeugzyklus (NEFZ), mit dem die Normverbräuche aller neu in den Markt eingeführten Autos einheitlich gemessen wurde, kam dem Plug-in-Konzept mit einem hohen Anteil an Langsamfahrten entgegen. Auf einem erheblichen Teil des Prüfzyklus fuhr das Auto daher rein elektrisch. In der Praxis sah es freilich anders aus: Gerade Oberklassenlimousinen werden nicht überwiegend in der Stadt und in langsamem Tempo gefahren, sondern auf Langstrecken mit höheren Geschwindigkeiten. So ermittelten denn auch die Tester verschiedener Fachzeitschriften bei ihren Fahrten erheblich höhere Verbräuche, nämlich von über 7 Litern auf 100 Kilometern. Das war für eine schwere Luxuslimousine noch immer ein guter Wert. Aber es waren eben nicht die auf dem Prüfstand gemessenen 3 Liter. Jahre später stellten autokritische Tester fest, dass bei keinem anderen Antriebskonzept die Differenz zwischen Normverbrauch und tatsächlichem Verbrauch so groß sei, wie bei PHEV-Fahrzeugen.

Das hielt niemand davon ab, auf Plug-in-Hybride zu setzen. Das Konzept reduzierte den Flottenverbrauch und verschaffte dem Käufer ein gutes Gewissen, umweltverträglich unterwegs zu sein. Außerdem hatte ein Plug-in gegenüber batterieelektrischen Fahrzeugen einen unschätzbaren Vorteil: Die Fahrzeuge hatten eine Reichweite, die der eines konventionell angetriebenen Fahrzeuges entsprach, die damals viel zitierte „Reichweiten-Angst“ musste daher mit einem PHEV niemand haben. Zwar waren die Absatzzahlen anfangs noch verhalten, aber das Konzept war ausbaufähig. Als das Europäische Parlament am 25. Februar 2014 einen Gesetzentwurf verabschiedete, der eine Verringerung der CO2-Emissionen von bislang 130 g/km auf 95 g/km bis zum Jahr 2021 vorsah, war klar, dass kein Oberklassenhersteller auf PHEV-Modelle mit ihren extrem niedrigen Normverbräuchen verzichten konnte, leisteten sie doch – anders als normale Hybride – einen signifikanten Beitrag, um die CO2-Flottenemissionen zu reduzieren. So erklärte denn auch Dieter Zetsche auf der Hauptversammlung am 1. April 2015: „Bis auf Weiteres ist der Plug-in-Hybrid die beste Lösung“, und er versprach, dass man bis man zum Jahr 2017 im Schnitt alle vier Monate ein neues Modell mit dieser Antriebstechnik auf den Markt bringen werde. Mit dem Plug-in-Hybrid war man – zwar ökologisch etwas zweifelhaft – nun zumindest mit einem Bein in der Welt der Elektromobilität.

Eingeklemmt zwischen der Optimierungsstrategie von Verbrennungsmotoren und den unzähligen Anläufen für ein serientaugliches Brennstoffzellen-Fahrzeug, führte die Entwicklung von rein batterieelektrischen Elektroautos auch nach der Verkündigung der „Roadmap“ im Jahr 2008 zunächst weiterhin ein Schattendasein. Das einzige Elektroauto, das auf der IAA im Jahr 2007 auf dem Mercedes-Stand präsentiert wurde, war der Prototyp eines rein elektrischen Smart. Der Smart ForTwo ev – „ev“ stand für „electric vehicle“ – war schon ein Jahr zuvor auf der International Motor Show in London präsentiert worden und wurde dann im Rahmen eines Großversuchs als Testfahrzeug in London, wenig später auch in Berlin und einigen italienischen Großstädten eingesetzt. Alles deutete darauf hin, dass Daimler das Thema der batterieelektrischen Elektromobilität vorläufig auf kleiner Flamme weiterbrutzeln lassen würde.

Da war es schon fast eine Sensation, als das Unternehmen am 19. Mai 2009, mitten in der Finanzkrise, bekannt gab, dass es eine Beteiligung an Tesla erworben habe. Tesla? Man darf sich Tesla im Jahr 2009 nicht vorstellen wie Tesla im Jahr 2020. Das Unternehmen war damals noch nicht einmal an der Börse gelistet und wenige, wahrscheinlich niemand, konnte ahnen, dass Tesla einmal mehr wert sein würde als alle drei deutschen Automobilhersteller zusammen. Benannt nach dem österreich-ungarischen Elektroingenieur Nikola Tesla, war das Unternehmen nicht viel mehr als ein kleines Start-Up mit einem ebenso smarten wie großmäuligen Chef. Tesla bot zu diesem Zeitpunkt nur ein Modell an: den Roadster. Das Fahrzeug war schick, beschleunigte von 0 auf 100 km/h in 3,9 Sekunden und kostete rund 100.000 Dollar. Obwohl eigentlich nicht mehr als eine elektrische Lotus Elise, machte der Roadster schnell Furore: „Burn rubber not Gasoline“, hieß die für ein Auto, das schon bald als Ikone umweltverträglichen Autofahrens gelten sollte, recht martialische Werbebotschaft. Elon Musk war der erste, der verstanden hatte, dass man Elektroautos als sportliche High-Tech-Produkte und nicht als Müsli-Autos im Markt positionieren musste, um erfolgreich zu sein. Knapp 1.000 Autos wurden pro Jahr verkauft, zu wenig, um Geld zu verdienen. Im März 2009 hatte der Elektro-Pionier bereits das Konzept für ein neues Modell vorgestellt. Es war eine sportliche, fünfsitzige Limousine, mit der der Absatz des Unternehmens auf ein neues Level gehoben werden sollte. Bis dahin bedurfte es noch einer Menge Entwicklungsarbeit, dem Aufbau einer großserientauglichen Produktion und – viel Geld.

Daimler interessierte sich weniger für die Autos, die Tesla produzierte und in der Pipeline hatte, sondern vor allem für die Batterie, deren Konstruktion nichts weniger als genial war. Statt sich auf eine langwierige Batterieentwicklung einzulassen, verwendete Tesla handelsübliche und damit preiswerte Lithium-Ionen-Batterien, die zusammengeschaltet wurden und zumindest theoretisch eine Reichweite von 340 Kilometern versprachen. Die Ladezeit betrug 3,5 Stunden. Tesla brauchte Geld, Daimler wollte schnelles Know-how. „Tesla", begründete Dieter Zetsche den mutigen Schritt, bei Musk einzusteigen, „ist das einzige Unternehmen, das heute für den Kunden elektrisch betriebene Autos anbietet, die im täglichen Einsatz mit hervorragenden Eigenschaften aufwarten können. Wir haben hier einen Partner, der in diesem spezifischen Gebiet schon Kundenerfahrung hat." In den Medien wurde der Einstieg von Daimler als ein „vielleicht historischer Tag" gefeiert. Wie schon bei der Brennstoffzelle, als Daimler sich an Ballard beteiligte, sollte eine strategische Allianz den Weg in die Serienproduktion für Elektroautos eröffnen.

Doch ganz wollte man sich in Stuttgart nicht auf den zwar charismatischen, aber doch immer auch etwas sprunghaften Elon Musk verlassen. So war Daimler schon im Jahr 2008 bei der Li-Tec Battery GmbH, einem Tochterunternehmen von Evonik, eingestiegen, das sich als eines der wenigen Unternehmen in Deutschland auf die Herstellung von Batteriezellen spezialisiert hatte. Im Jahr darauf gründeten die Evonik und Daimler ein Joint Venture, die Deutsche Accumotive, die komplette Batteriesysteme bauen sollte. Dazu wurde im sächsischen Kamenz eine Fabrik aufgebaut, die im Jahr 2012 den Betrieb aufnahm und in den folgenden Jahren nach und nach erweitert wurde. Schon bald galt es, eine Grundsatzentscheidung zu treffen: Sollte man lediglich Batterien oder auch die Batteriezellen herstellen? In der Politik wurde eine nationale Batteriezellenfertigung als eine wesentliche Voraussetzung für die Erhaltung des Automobilstandorts Deutschland angesehen, da andernfalls die totale Abhängigkeit von asiatischen Zell-Produzenten befürchtet wurde. Daimler entschied sich gegen die Batteriezellenfertigung und stellte die entsprechenden Aktivitäten bei der Li-Tec Battery GmbH im Jahr 2015 ein. Dieter Zetsche begründete diese Entscheidung damit, dass Batteriezellen ein „Allerweltsprodukt" und die Kosten für deren Herstellung am Standort Deutschland viel zu hoch seien. Demgegenüber – ergänzte Entwicklungsvorstand Thomas Weber – seien effiziente Batterien „integraler Teil der Fahrzeugarchitektur und kein Produkt von der Stange". Fortan galt die Batterieherstellung als eine „Kernkompetenz", nicht aber die Herstellung der dafür benötigten Batteriezellen. Im Jahr 2016 investierte Daimler 500 Millionen Euro in den Ausbau von Kamenz und begann gleichzeitig mit dem Aufbau eines weltweiten Netzes von Batteriefabriken. Mit der Gründung der Mercedes-Benz Energy GmbH startete man außerdem die Entwicklung und den Vertrieb von stationären Energiespeichern und die Nutzung von elektroautomobilen Batterien als 2nd-Use-Batteriespeicher. Damit – so das Ziel – sollte der gesamte Kreislauf von der Herstellung bis zur Wiederverwendung und dem Recycling von Antriebsbatterien industriell abgedeckt werden. Im Jahr 2011 wurde noch ein weiteres Joint Venture gemeinsam mit der Robert Bosch GmbH gegründet:

die EM-Motive. Das Unternehmen sollte Antriebselektromotoren für Elektro- und Hybridfahrzeuge entwickeln und produzieren.

Damit hatte man die Wertschöpfungskette von der Batterie bis zu den Motoren im Griff – was fehlte, waren nur noch die Autos. Im Sommer 2011 präsentierte Daimler eine batterieelektrische A-Klasse, die A-Klasse E-Cell. Noch mit der alten Sandwich-Bauweise konnte die Antriebsbatterie auf dem Fahrzeugboden montiert werden – fast so, als sei das von Anfang an so geplant gewesen. Abgeregelt auf 150 km/h lag die Reichweite bei etwas mehr als 200 Kilometern. Es war klar, dass das Auto keine große Zukunft haben würde, denn zwischenzeitlich war die neue A-Klasse fast schon fertig und es war nicht davon auszugehen, dass die alte A-Klasse in einer elektrischen Version weiter gebaut werden würde. So wurden von dem Modell nur 500 Einheiten an ausgewählte Kunden verleast. Der große Wurf in Sachen Elektromobilität war die A-Klasse E-Cell nicht und mehr und mehr stellten sich viele, auch wohlwollende Beobachter des Unternehmens, die Frage: Kann oder will Daimler nicht? Es war wohl eher Letzteres. Der Markt für Elektromobilität war ein zwar wachsender, aber kleiner Markt. Mercedes wollte seine Position als Marktführer im Premiumsegment von BMW zurückerobern, also konzentrierte man sich auf jene Modelle und Marktsegmente, die große Stückzahlen versprachen. Außerdem gab die wirtschaftliche Performance des Elektro-Pioniers Tesla wenig Anlass dazu, die Aktivitäten in diesem Geschäftsfeld zu erhöhen. Quartal für Quartal wies Tesla Verluste aus, was es erleichterte, jene, die mehr Tempo bei der Elektromobilität forderten, zu bremsen. Warum sollte man viel Geld in die Elektromobilität investieren, wenn man bei Oberklassenlimousinen und Geländewagen deutlich mehr verdienen konnte? Natürlich war auch bei Daimler niemand so ignorant, um nicht zu sehen, dass sich da möglicherweise ein neuer Trend aufbaute. Aber noch war nichts zu erkennen, was wie ein Elektro-Boom ausgesehen hätte.

Eine neue Überraschung brachte das Jahr 2012: Am 30. März gaben der chinesische Batteriehersteller BYD und Daimler auf einer Veranstaltung in Shenzen bekannt, unter dem Markennamen „DENZA“ gemeinsam ein batterieelektrisches Fahrzeug zu entwickeln, das im Jahr 2013 auf den Markt kommen sollte. Das Projekt schien erfolgversprechend, denn BYD verfügte über ein großes Know-how in der Batterietechnologie und bei elektrischen Antriebssystemen. Demgegenüber konnte Daimler seine Erfahrung im Automobilbau einbringen. So jedenfalls die Idee. Außerdem galt China als der Wachstumsmarkt für Elektroautos schlechthin. Der Optimismus war groß: DENZA, so die Urheber der Idee, sei „auf dem richtigen Weg, Vorreiter bei Elektrofahrzeugen in China zu werden“, hieß es in einer Pressemitteilung der beiden Partner. „Dieser Wagen soll China elektrisieren“, titelte die Bild-Zeitung, als das Modell schließlich mit einem Jahr Verspätung im April 2014 auf der Automobilmesse in Beijing der Öffentlichkeit präsentiert wurde. Der DENZA erfüllte die hochgespannten Erwartungen nicht und blieb weit hinter den ursprünglich geplanten Verkaufszahlen zurück. Für ein chinesisch anmutendes Auto war das Modell schlicht zu teuer.

In Europa rückte unterdessen der Smart immer stärker in den Fokus, wenn es um den rein batterieelektrischen Antrieb ging. Es war offensichtlich, dass der Elektroantrieb in einem Auto, das überwiegend in hochbelasteten Großstädten eingesetzt wurde und keine große Reichweite benötigte, Sinn machte. Im Juni 2012 hatte der erste „smart electric drive" der Baureihe 451 ED 3 Premiere. Nachdem die vorausgegangenen Modelle nur an einen begrenzten Abnehmerkreis verleast wurden, war dies nun das erste batterieelektrische Auto von Daimler, das ohne Beschränkungen im Markt angeboten wurde. Das Auto konnte gekauft, die Batterie aber nur geleast werden, womit man den Käufern die Angst vor den Kosten eines Batteriewechsels nehmen wollte. Der Lithium-Ionen-Batteriepack, der in den Vorläufermodellen noch von Tesla zugeliefert wurde, kam jetzt von der Deutschen Accumotive und ermöglichte eine Reichweite von 145 Kilometern. „Elektromobilität is coming home", mochte sich mancher dabei gedacht haben, der noch die Anfänge von Smart im Kopf hatte.

Der Markterfolg des elektrischen Smart war überschaubar, was er freilich mit anderen Modellen teilte. In Deutschland konnten im Jahr 2012 nur 1.900 Einheiten abgesetzt werden, was aber immerhin einen Marktanteil von 30 Prozent bei elektrischen Fahrzeugen bedeutete und das Auto zum Marktführer machte. Aber ein Großteil der Kunden waren Unternehmen, die Smart auch gerne dazu nutzten, ihr „grünes" Image aufzupolieren. Die Zurückhaltung der privaten Kunden verstärkte die im Haus ohnehin spürbare Skepsis gegenüber batterieelektrischen Fahrzeugen, zumal die Nachfrage nach dem bereits im Jahr 2010 in den Markt eingeführten Kleintransporter Vito E-Cell ebenfalls hinter den ohnehin bescheidenen Erwartungen zurückgeblieben war.

„Elektrisch fahren ohne Kompromisse", versprach eine Pressemeldung vom Oktober 2014. Es ging um die B-Klasse Electric Drive. Weltpremiere hatte das Auto im März 2013 auf der New York International Auto Show. Es war das erste elektrische Modell der Marke Mercedes, das frei verkauft wurde, zunächst ab April 2014 in den USA, dann ab November 2014 auch in Deutschland. Den Anstoß, dieses Modell auf den Markt zu bringen, hatte der Wettbewerber aus München gegeben. Nach einer mehrjährigen Marketing-Kampagne, mit der man die neue Submarke i für Elektrofahrzeuge im Markt platzierte, stellte BMW am 29. Juli 2013 gleichzeitig in New York, London und Beijing seinen BMW i3 vor. Das Auto war ein Purpose-Design-Fahrzeug, was so viel heißen sollte, dass es speziell für den Elektroantrieb konstruiert worden war. Die Spannung war groß, der Markt für den i3 vorbereitet. Im November 2013 war Verkaufsstart, das Interesse an dem neuen Modell riesengroß. BMW hatte Mercedes mit seinem innovativen Zero-Emission-Modell unter Druck gesetzt.

Und die B-Klasse? Die elektrische B-Klasse war kein schlechtes Auto. Der elektrische Antriebsstrang einschließlich der Batterie kam fast vollständig von Tesla. Wollte man die Reichweite über die angegebenen 200 Kilometer hinaus steigern, konnte man ein Range-Plus-Paket hinzubuchen, wodurch sich die Reichweite auf 230 Kilometer erhöhte. Eine echte Innovation war das radarunterstützte, rekuperative Bremssystem, wodurch die für die Reichweite wichtige Energierückgewinnung optimiert wurde. Außerdem hatte man auch daran gedacht, dass der Fahrer einer elektrischen B-Klasse sich vielleicht von einem Fahrer einer B-Klasse mit Verbrennungsmotor unterscheiden möchte. Dazu gab es ein „Electric Art“-Paket, das unter anderem unterschiedliche Schriftzüge und Zierelemente enthielt. Das Auto entwickelte sich schnell zu einem Flop. Am Preis allein konnte die schwache Nachfrage nicht liegen, denn die B-Klasse war zwar teuer, aber auch der BMW i3 war kein Billigangebot. Lag es daran, dass man nicht so richtig wusste, was man argumentativ dem BMW i3 entgegenhalten konnte, oder glaubte man schlichtweg selber nicht an den Erfolg des Autos? Zweifellos war BMW mit seinem Purpose Design gegenüber dem Conversion Design von Mercedes im Vorteil: Der i3 war ein neues, eigenständiges Auto, die B-Klasse ein zum Elektroauto umgebauter Verbrenner. Aber der mangelnde Erfolg der B-Klasse lag zweifellos auch daran, dass durch die lange, geschickt aufgebaute Marketingkampagne jeder auf den i3 wartete, während sich – zugespitzt gesagt – für die elektrische B-Klasse mangels Werbung im Grunde niemand interessierte. Schon im August 2017 wurden Verkauf und Produktion der elektrischen B-Klasse eingestellt. Ein Auto, das nicht Fisch und nicht Fleisch war, hatte im Markt für emissionsfreie Fahrzeuge keine Chance.

Vielleicht hatte der Flop auch etwas Gutes: Spätestens jetzt war jedem im Unternehmen klar, dass man mit einer derart lauwarmen Produkt- und Marketingstrategie, wie man sie bei der B-Klasse verfolgt hatte, nicht erfolgreich sein konnte. Im September 2016 wurde der Bock umgestoßen oder – wie es Dieter Zetsche formulierte – „in Sachen Elektromobilität der Schalter umgelegt“. Auf der Automobilmesse in Paris wurde die Elektro-Marke EQ aus der Taufe gehoben und zugleich ein Konzeptfahrzeug vorgestellt, das nur wenig später das Kürzel EQC erhielt. Die „Studie im Look eines sportlichen SUV-Coupés“ sollte – wie es im Pressetext hieß – „einen Ausblick auf eine neue Fahrzeuggeneration mit batterieelektrischem Antrieb“ geben. Noch in dieser Dekade, so die Ankündigung, sollte das neue Modell in Produktion gehen. Man war also offensichtlich nicht mehr gewillt, auf den „Plop“ aus der Ketchup-Flasche zu warten, sondern drückte jetzt selbst auf Tube. Für den Sinneswandel gab es viele Gründe – einer davon war für das Unternehmen nicht sehr ehrenhaft.

Kapitel 14

Ein Abschied in Demut – Das Ende der Ära Zetsche

Vergangenheitsbewältigung und Zukunftsgestaltung gehen in der Praxis oft nur schwer zusammen. Wie schon am Anfang sah sich Dieter Zetsche auch am Ende seiner Amtszeit mit dieser Aufgabe konfrontiert. Zu Beginn seiner Amtszeit galt es, die Schäden und Beschädigungen seines Vorgängers zu beseitigen und gleichzeitig Mercedes wieder in die Erfolgsspur zu bringen. Das ist ihm gelungen. Am Ende drohte ihn der Dieselskandal zu überrollen und die Umsetzung seines anspruchsvollen Strategieprogramms CASE zu überfordern. Erst ganz am Schluss schien er das Heft des Handelns wieder in die eigenen Hände zu bekommen. Das letzte Auto, das er der Weltpresse präsentierte, war ein Elektroauto.

Im Würgegriff des Dieselskandals

Es gibt Sätze, die können einen Menschen über Wochen, Monate, Jahre begleiten. Einmal ausgesprochen, werden sie in den Redaktionen von Zeitungen und Rundfunkanstalten archiviert, bleiben in den Köpfen der Menschen hängen und das Internet vergisst sowieso nichts. Einen dieser Sätze hatte Dieter Zetsche in einem Interview mit der Frankfurter Allgemeinen Sonntagszeitung im September 2015 ausgesprochen: „Wir halten uns grundsätzlich an die gesetzlichen Vorgaben und haben keinerlei Manipulationen vorgenommen."

Am Freitag, den 18. September 2015, dem „schwarzen Freitag für VW", wie er später genannt wurde, trat die Chefin der US-Umweltbehörde EPA vor die Presse und klagte Volkswagen wegen Verstößen gegen den „Clean Air Act" an. Konkret ging es darum, dass Volkswagen eine Manipulationssoftware eingesetzt haben soll, die erkennt, ob ein Fahrzeug auf dem Prüfstand steht und die dann die Motoreinstellungen so beeinflusst, dass die Abgaswerte reduziert werden. Mit Hilfe eines solchen „Defeat Devices" sollten, so der Vorwurf, die niedrigen Schadstoff-Grenzwerte auf dem Prüfstand eingehalten werden, während im Alltagsbetrieb deutlich mehr Schadstoffe ausgestoßen wurden. Der Zeitpunkt für die Veröffentlichung dieser Erkenntnisse war gut gewählt: Gerade hatte in Frankfurt die Internationale Automobilausstellung begonnen und VW stand im Rampenlicht der Weltpresse. Zunächst sah es so aus, als handele es sich dabei um ein Scharmützel zwischen der EPA und VW, das allerdings – davon waren alle sofort überzeugt – VW nicht nur Image, sondern auch viel Geld kosten würde. Doch schon zwei Tage später gab VW den Betrug offen zu. Die Diskussion um das Fehlverhalten bei VW nahm jetzt richtig Fahrt auf und am 20. September 2015 fragte die WELT am Sonntag: „Haben auch andere Hersteller ihre Fahrzeuge manipuliert?"

Bis ins Jahr 2017 hatte Daimler wenig von dem gespürt, was bald mit „Dieselgate" einen passenden Namen bekommen hatte. Alle hatten noch die Erklärung von Dieter Zetsche im Ohr, die er kurz nach Bekanntwerden des Skandals der Frankfurter Allgemeinen Sonntagszeitung im September 2015 gab. Und nur wenig später hatte er auf einem Automobilkongress des Instituts für Automobilwirtschaft (IFA) Anfang Oktober 2015 gesagt: „Wir haben nie betrügerische Software eingesetzt und werden das auch in Zukunft nicht tun." Zetsches Wort galt – und möglichen Verdächtigungen trat die Presseabteilung des Konzerns energisch entgegen. So hieß es in einer Pressemitteilung vom 16. Dezember 2015 mit der Überschrift „Fahrzeuge von Mercedes-Benz entsprechen in vollem Umfang den geltenden Vorschriften": „Wir weisen darauf hin, dass wir uns jederzeit rechtliche Schritte vorbehalten, sollten Falschbehauptungen oder unberechtigte Vorwürfe das Ansehen unseres Unternehmens beschädigen." Damit schien von Daimler alles zu diesem unappetitlichen Thema gesagt zu sein.

Sowohl die Medien wie auch die Behörden gaben keine Ruhe. Sollte wirklich nur VW im großen Stil manipuliert haben? Am 7. April 2016 beauftragte der damalige Verkehrsminister Alexander Dobrindt das Kraftfahrt-Bundesamt (KBA) damit, 53 Modelle verschiedener Automobilhersteller, inländischer wie ausländischer Provenienz, auf mögliche Abgas-Manipulationen hin zu prüfen. Tatsächlich wurden bei fast allen Fahrzeugen, auch bei den Mercedes-Modellen, Unregelmäßigkeiten festgestellt. So wurden „Abschaltvorrichtungen für die Abgasreinigung bei bestimmten Temperaturen" (ZEIT vom 22. April 2016) gefunden. Die Kontrollaktion endete für die betroffenen Hersteller glimpflich, weshalb Dobrindt später heftig kritisiert wurde: Die Unternehmen verpflichteten sich zu einem freiwilligen Rückruf und einer Anpassung der Software bei insgesamt 630.000 Fahrzeugen, wovon auf VW 293.000 und auf Daimler 247.000 entfielen. Wenig später, im Mai 2016, wurde sowohl im ARD Politmagazin Monitor wie auch im SPIEGEL über Ungereimtheiten beim Abgasverhalten von Opel-Dieselfahrzeugen berichtet. Die „Enthüllungen" hatten jedoch keine großen Folgen. Offensichtlich war dem Unternehmen nichts nachzuweisen. Unterdessen geriet in den USA der weltweit größte Hersteller von Dieseleinspritzsystemen, die Robert Bosch GmbH, in den Verdacht, VW bei der Manipulation seiner Modelle geholfen zu haben. Bosch reagierte schnell und zahlte schon im Dezember 2016, wenige Monate nachdem die Vorwürfe aufgetaucht waren, im Rahmen eines Vergleichs mit den klagenden Verbrauchern und Automobilhändlern eine Entschädigung in Höhe von 300 Millionen US-Dollar.

Bei Daimler blieb weiterhin alles ruhig – bis zum 23. Mai 2017. „Bundesweite Durchsuchungen bei Daimler", meldeten die Stuttgarter Nachrichten und berichteten darüber, dass 23 Staatsanwälte und rund 230 Einsatzkräfte des Landeskriminalamtes Baden-Württemberg elf Objekte in Baden-Württemberg, Berlin, Niedersachsen und Sachsen „nach beweiserheblichen Unterlagen und Datenträgern" durchsucht hätten. Belegt werden sollte der „Verdacht des Betruges und der strafbaren Werbung" im Zusammenhang mit der Manipulation von Diesel-Motoren. Verdächtigt wurden „bekannte und unbekannte" Daimler-Mitarbeiter, jedoch keine Vorstände. Daimler ließ wissen, dass man in der Sache „vollumfänglich mit den Behörden" kooperieren werde. Ganz überraschend kam die Razzia wohl nicht. Denn schon im Geschäftsbericht für das Jahr 2016 hieß es: „Daimler ist derzeit behördlichen Anfragen, Ermittlungen und Untersuchungen sowie Rechtsstreitigkeiten, bezogen auf umweltrechtliche, kapitalmarktrechtliche, strafrechtliche sowie weitere Gesetze und Vorschriften im Zusammenhang mit Dieselabgasemissionen, ausgesetzt." Detailliert werden dann die laufenden „behördlichen" Verfahren, unter anderem auch das der Stuttgarter Staatsanwaltschaft, genannt. In den USA reichte die Bandbreite der ermittelnden Behörden vom Justizministerium über die Umweltschutzbehörden EPA und CARB bis hin zur Börsenaufsichtsbehörde SEC. Gleichzeitig geriet Daimler ins Visier der auf Sammelklagen spezialisierten amerikanischen Verbraucheranwälte, von denen Steve Berman, der eine Klage beim Bezirksgericht New Jersey eingereicht hatte, als einer der gewieftesten galt. Im Geschäftsbericht 2017 warnte daher Daimler schon einmal, dass das Unternehmen bei einem ungünstigen Ausgang der Verfahren mit

Rückrufaktionen, Geldstrafen und Schadensersatzzahlungen rechnen müsse, die „erhebliche nachteilige Auswirkungen auf unsere Ertrags-, Finanz- und Vermögenslage haben könnten".

Dieter Zetsches früheres Dementi, nicht manipuliert zu haben, wurde angesichts der wachsenden Untersuchungen und Klagen mehr und mehr angezweifelt. Angesprochen auf das Diesel-Thema erklärte er schließlich beim Genfer Automobilsalon im März 2017, dass die Automobilhersteller in der Vergangenheit Fehler gemacht hätten, indem sie die gesetzlichen Spielräume auf den Prüfständen der Genehmigungsbehörden in unterschiedlicher Bandbreite ausgenutzt hätten: „Da ist einiges falsch gelaufen", räumte er ein, ohne seine Aussagen zu konkretisieren. Doch allein das Eingeständnis, dass „Fehler" gemacht worden seien, ließ neue Spekulationen ins Kraut schießen.

Was da falsch gelaufen war, sollte sich nach und nach zeigen. Daimler wehrte sich stets dagegen, mit VW in einen Topf geworfen zu werden. Tatsächlich hatte Daimler keine „Defeat Devices" eingesetzt, die erkannten, wann ein Fahrzeug auf dem Prüfstand war, und dann für eine optimale Abgasreinigung sorgten. Bei Daimler ging es vor allem – wie schon die KBA-Untersuchungen im April 2016 gezeigt hatten – um die sogenannten Thermofenster, also Funktionen, die es den Herstellern ermöglichen, das Abgasreinigungssystem an unterschiedliche Außentemperaturen anzupassen. Sie zählen zwar zu den „Abschalteinrichtungen", sind aber dann „nicht unzulässig", wenn, wie es in der entsprechenden EU-Verordnung Nr. 715/2007 heißt, „die Einrichtung notwendig ist, um den Motor vor Beschädigung oder Unfall zu schützen und um den sicheren Betrieb des Fahrzeugs zu gewährleisten". Der Haken bei der Regelung ist allerdings, dass in der Verordnung nicht festgelegt wurde, wie groß diese Fenster konkret sein dürfen. Dementsprechend unterschiedlich fiel die Rechtsprechung aus, mit der Folge, dass später der Europäische Gerichtshof angerufen werden musste, um die Sache abschließend zu klären. Daimler machte jedenfalls bis auf Weiteres geltend, dass die Anpassung der Abgasreinigung an unterschiedliche Außentemperaturen notwendig sei, um den Motor vor Beschädigung zu schützen.

Auch nach der Razzia am 23. Mai 2017 kam Daimler nicht zur Ruhe: Am 31. Mai meldete die Süddeutsche Zeitung, dass die Staatsanwaltschaft gegen einen Mitarbeiter ermittle, der versucht haben soll, bei der durchgeführten Untersuchung „brisante Unterlagen zurückzuhalten". Und am 13. Juli berichteten mehrere Medien, mit Bezug auf den Durchsuchungsbeschluss der Stuttgarter Staatsanwaltschaft, dass man den Verdacht habe, dass Daimler zwischen 2008 und 2016 eine Million Fahrzeuge mit unzulässig hohem Schadstoffausstoß verkauft habe. „Die Luft wird dünn für Daimler", heißt es am gleichen Tag bei SPIEGEL-Online. Gewissermaßen als Kontrapunkt zu den Verdächtigungen und Vorwürfen stellte Daimler am 18. Juli 2017 einen umfassenden Zukunftsplan für Diesel-Antriebe vor. „Wir sind davon überzeugt", wird Dieter Zetsche in einer Pressemitteilung des Konzerns zitiert, „dass der Diesel nicht zuletzt wegen seiner niedrigen CO2-Emissionen auch künftig ein fester Bestandteil im Antriebsmix sein wird." Gleichzeitig gab das Unternehmen bekannt, dass man einen freiwilligen Rückruf für über drei Millionen Mercedes-Benz-Fahrzeuge starten werde. Die Kosten der Aktion wurden auf 220 Millionen Euro beziffert. „Der Dieselskandal", kommentierte das manager magazin, „hat Daimler inzwischen voll miterfasst."

Mitten in die aufgewühlte Diskussion um den Diesel platzte dann am 22. Juli 2017 auch noch eine groß aufgemachte Titelstory des SPIEGEL: „Das Kartell – Die heimlichen Absprachen der Autokonzerne". Es war eine brisante Geschichte, in deren Mittelpunkt die Größe der „AdBlue-Tanks" stand, die für die effektive Nachbehandlung von Dieselabgasen durch die selektive katalytische Reduktion (SCR) notwendig waren. Der Vorwurf: VW und seine Konzerntochter Audi sowie Daimler und BMW hätten sich darüber abgestimmt, wie groß die Tanks für AdBlue sein sollten. Große Tanks wären teuer gewesen, also hätten sich die Unternehmen auf den Einbau kleinerer Tanks verständigt. Die darin enthaltene Menge AdBlue aber reiche nicht aus, um die Abgase ausreichend reinigen zu können. „Die Dieselaffäre", so die Autoren, „ist kein Versagen einzelner Unternehmen. Sie ist das Ergebnis einer jahrelangen Kungelei deutscher Hersteller." Damit aber nicht genug: Die deutschen Hersteller – unter Einbezug von Porsche – hätten sich bei den als „5er-Kreise" bezeichneten Zusammenkünften, auch noch über andere Themen abgestimmt und damit „heimlich den Konkurrenzkampf auf vielen Gebieten der Fahrzeugentwicklung ausgeschaltet."

Schon vor Erscheinen des Artikels hatte die EU-Wettbewerbskommission mit Ermittlungen über eine illegale Zusammenarbeit der deutschen Automobilhersteller begonnen. Im Oktober 2017 wurden „Nachprüfungen in den Geschäftsräumen von BMW, Daimler, Volkswagen und Audi" durchgeführt, so eine Pressemitteilung der EU-Kommission, und im September 2018 wurde schließlich ein förmliches Ermittlungsverfahren eingeleitet. Am 5. April 2019 ergänzte die EU-Kommission die „Beschwerdepunkte", zu denen die zu kleinen AdBlue-Tanks gehörten, auch noch um den Vorwurf, die Automobilhersteller hätten versucht, die Einführung von Ottopartikelfiltern „zu vermeiden oder zumindest hinauszuzögern".

Bei Daimler war die Aufregung groß, denn schon im Jahr 2014 war man Beschuldigter in einem Kartellverfahren, in dem es um Preisabsprachen bei LKW ging. Mitangeklagt waren MAN, Volvo/Renault, Iveco und Scania, doch MAN stellte sich als „Kronzeuge" zur Verfügung und kam so schadlos aus dem Verfahren heraus. Demgegenüber verhängte die EU-Kommission gegen die anderen Mitglieder des Kartells im Jahr 2016 eine Strafe in Höhe von 2,9 Milliarden Euro, von denen gut 1 Milliarde Euro auf Daimler entfiel. Hinzu kam eine Sammelklage von LKW-Kunden, die Schadensersatz forderten, da sie aufgrund der Absprachen überhöhte Preise bezahlt hätten. Solchen Ärger wollte man sich dieses Mal ersparen. VW hatte auf die neuerlichen Kartellvorwürfe schnell reagiert und sich als „Kronzeuge" angeboten, in der Hoffnung, wie MAN, ohne Strafe davonzukommen. Auch Daimler stellte sich als „Kronzeuge" zur Verfügung. Gewohnt bissig formulierte DER SPIEGEL dazu: „In diesem Fall konkurrierten Daimler und Volkswagen nun tatsächlich miteinander." Schlussendlich hatte Daimler – aus Sicht der EU-Kommission – die Nase vorn und kam straffrei davon. Gegen VW und BMW wurde hingegen im Juli 2021 eine Geldbuße von 875 Millionen Euro verhängt.

Unterdessen zog die politische Diskussion um den Diesel immer größere Kreise. Bei einem von Bundeskanzlerin Angela Merkel am 2. August 2017 einberufenen Diesel-Gipfel sagten die deutschen Hersteller zu, freiwillig einen Großteil ihrer Euro-5- und teilweise auch Euro-6-Diesel-Pkw über Software-Updates nachzurüsten. Eine Hardware-Nachrüstung, wie sie vor allem von Umweltschützern und Politikern gefordert wurde, lehnten sie wegen des hohen technischen Aufwands und der unsicheren Haftungslage ab. Stattdessen verpflichten sie sich, in einen geplanten Fonds für „Nachhaltige Mobilität für die Stadt" 750 Millionen Euro einzuzahlen. Damit sollten die Städte bei ihren Maßnahmen zur Luftreinhaltung unterstützt werden. Darüber hinaus starteten alle Hersteller großzügige Prämienprogramme, mit denen Diesel-Besitzern der Kauf eines neuen Fahrzeugs erleichtert werden sollte. Zeitweise schien es, als würde sich die Lage an der Diesel-Front beruhigen. Aber dieser Eindruck täuschte.

Noch ein Seuchenjahr

Am 6. April 2018, einen Tag nach der Hauptversammlung in Berlin, begann für Dieter Zetsche sein letztes Arbeitsjahr bei Daimler. Dass es ein schwieriges Jahr werden würde, wusste er. Dass es so schwierig werden würde, wie es dann der Fall war, konnte auch er nicht ahnen.

Das Jahr hatte schon nicht gut begonnen. Ende Januar 2018 gab es neue, ebenso aufwühlende wie abstoßende Nachrichten aus der Branche: In den USA wurden laut Medienberichten von einem obskuren Institut Versuche mit Affen durchgeführt, die in speziell dafür eingerichteten Kammern über mehrere Stunden Luft mit Diesel-Abgasen ausgesetzt wurden. „Zur Beruhigung", so berichtet die Süddeutsche Zeitung am 26. Januar 2018, „durften sie Cartoons anschauen." Ziel dieses grausamen Tierversuchs war es, die Auswirkungen von Schadstoffemissionen auf die menschliche Gesundheit zu erforschen. Speziell sollte in diesem Fall der Nachweis geführt werden, dass Diesel-Abgase bei Weitem nicht so schädlich seien, wie bislang angenommen. Auftraggeber für dieses Experiment war die „Europäische Forschungsvereinigung für Umwelt und Gesundheit im Transportsektor (EUGT)", eine Institution, die im Jahr 2007 von BMW, Daimler, Volkswagen und Bosch gegründet worden war und von diesen Unternehmen finanziert wurde.

Die Versuche lagen schon einige Jahre zurück. Sie wurden 2014 durchgeführt. Aber war das nicht die Zeit, in der die deutschen Hersteller versuchten, den „Clean Diesel" in den USA populär zu machen? Und war dies nicht ein Jahr vor dem Bekanntwerden von „Dieselgate"? Alle beteiligten Unternehmen reagierten betroffen und konsequent: Sie stellten die Mitarbeiter, die für diese

Aktivitäten in ihren Unternehmen zuständig waren, frei. Die EUGT selbst befand sich ohnehin seit 2017 in der Abwicklung. Dennoch war die Empörung in der Öffentlichkeit groß und es verfestigte sich das Bild, dass die deutschen Automobilhersteller den Diesel auf Teufel komm raus reinwaschen wollten, um den Wettbewerbsvorsprung, den man bei dieser Technologie hatte, zu retten. Bei der Bilanzpressekonferenz, die wenige Tage nach der Veröffentlichung dieses neuen Skandals in Stuttgart stattfand, distanzierte sich Zetsche gleich zu Beginn von den Machenschaften dieser seltsamen Vereinigung. Was da passiert sei, so erklärte er, stehe „im Gegensatz zu unseren Werten bei Daimler", und er versprach eine lückenlose Aufklärung der Vorkommnisse. Danach freilich kein Wort mehr zum Thema „Dieselskandal" – zumindest nicht in seiner Rede. Doch die anwesenden Journalisten bohrten nach, stellten Fragen zu den Affen-Tests, der Nachrüstung von Diesel-Fahrzeugen und dem möglichen Imageschaden. Wirklich Neues gab es nicht. Die in den Medien und auch aus Teilen der Politik immer wieder geforderte Hardware-Nachrüstung für alte Diesel-Fahrzeuge lehnte Zetsche weiterhin ab: „Beim Diesel bleibt viel im Dunkeln", hieß es daraufhin in der Stuttgarter Zeitung.

Wenige Wochen vor der Hauptversammlung gab der Konzern in einer Pflichtmitteilung bekannt, dass der chinesische Automobilhersteller Geely einen Anteil von 9,7 Prozent an Daimler erworben habe. Li Shufu, der charismatische Chef des Unternehmens, galt als ein unbequemer, ehrgeiziger Mann. Schon im Jahr 2010 hatte er die schwedische Premiummarke Volvo übernommen. Was beabsichtigte er mit seinem Einstieg bei Daimler? Würde er sich auf die Rolle eines Investors beschränken oder war das nicht ein Griff nach der Marke Mercedes und deren Know-how? Wie würde der langjährige chinesische Partner von Daimler, die BAIC, darauf reagieren? Drohte jetzt ein Machtkampf zwischen den Chinesen zu Lasten des Daimler-Konzerns? Zusätzliches Öl ins Feuer goss Li Shufu mit einem Beitrag in der Frankfurter Allgemeinen Zeitung, in dem er mehr Kooperationen in der Automobilindustrie und die Bildung von Allianzen forderte. Offensichtlich hatte er an Daimler nicht nur ein finanzielles, sondern auch ein industrielles Interesse.

Die Hauptversammlung Anfang April hätte für Zetsche eigentlich zu einem Triumph werden müssen. Das Geschäftsjahr 2017, über das er vor den Aktionärinnen und Aktionären Rechenschaft abzulegen hatte, war das Beste seiner Amtszeit und damit auch in der Geschichte der Daimler AG. Es war eine Bilanz der Superlative: Der Konzerngewinn war um 14 Prozent auf 14,68 Milliarden Euro gestiegen. Dazu steuerte allein das PKW-Geschäft 9,21 Milliarden Euro bei. Die Umsatzrendite im Geschäftsbereich Mercedes-Benz Cars lag bei 9,7 Prozent – ein neuer Rekordwert. Der Absatz von Mercedes-Fahrzeugen war um 9 Prozent auf über 2,2 Millionen Einheiten gestiegen – auch das war ein neuer Rekord. Gut waren auch die Geschäfte mit den Nutzfahrzeugen gelaufen: Der Gewinn in der Truck Group war um sagenhafte 22 Prozent auf 2,38 Milliarden Euro gestiegen, im Geschäftsbereich Van wurde eine Umsatzrendite von 9 Prozent erzielt. Der Gewinn bei den Financial Services – ohnehin seit Jahren eine zuverlässige Ertragsperle – hatte sich auf 1,97 Milliarden Euro und damit ebenfalls zweistellig erhöht. Die Aktionäre durften sich auf eine um 40 Cent angehobene Dividende von 3,65 Euro freuen, die Beschäftigten auf eine um 300 Euro gestiegene Ergebnisbeteiligung in Höhe von 5.700 Euro. Mehr ging nicht und man hätte erwarten dürfen, dass die Anwesenden ihren Vorstandsvorsitzenden mit Standing Ovations feiern würden. Doch das war bei Hauptversammlungen nicht üblich und es gab auch dieses Mal trotz der glänzenden Zahlen keinen Grund dazu. Es lag, wie Henrik Mortsiefer vom Berliner Tagesspiegel schrieb, „ein Schleier über Daimler".

„Tauschen Sie den Stern nicht durch einen chinesischen Drachen aus", warnte durchaus doppeldeutig der Sprecher der Fondsgesellschaft Deka, Winfried Mathes, das Management. Aber das war natürlich nicht ganz ernst gemeint und im Grunde hätte den Aktionären nicht viel Besseres passieren können als eine Übernahme von Daimler. Bekanntlich haben Übernahmespekulationen dem Aktienkurs eines Unternehmens noch nie geschadet. Der Grund für die gedämpfte Stimmung, die über den Versammelten schwebte, waren denn auch nicht die Chinesen, sondern der Dieselskandal. Die Aktionärsvertreter forderten Aufklärung über die Verstrickung des Konzerns in den Skandal, vor allem aber auch über die zu erwartenden Kosten für die laufenden Verfahren und mögliche Schadensersatzzahlungen. Marc Tüngler, Hauptgeschäftsführer der Deutschen Schutzvereinigung für Wertpapierbesitz (DSW) appellierte an den Vorstand: „Reden Sie nicht nur über Euro und Dollar, sondern über eine andere Währung: Vertrauen." Doch allzu viel und vor allem Konkretes ließ sich Zetsche trotz hartnäckiger Fragen nicht entlocken, sodass es im Bericht der Stuttgarter Zeitung hieß: „Daimler bleibt viele Antworten schuldig", das manager magazin kommentierte: „Trotz Rekorden – Daimler-Aktionäre haben Zukunftssorgen".

War die „Nachrichtenlage" schon vor der Hauptversammlung nicht gut, so begann sie sich danach rasant zu verschlechtern. Die Streitigkeiten zwischen Donald Trump und China über das riesige Handelsbilanzdefizit der USA im Handel mit der mittlerweile zweitgrößten Volkswirtschaft der Welt entwickelten sich zu einem regelrechten „Handelskrieg". Jede Drohung mit der Einführung von Zöllen auf chinesische Produkte beantwortete China mit Gegendrohungen. Schließlich verfügte China am 6. Juli 2018 einen Importzoll für in den USA hergestellte Fahrzeuge in Höhe von 25 Prozent. Er traf nicht nur die nordamerikanischen Hersteller, sondern auch Daimler und BMW, die in großem Umfang vor allem ihre SUV-Modelle in den USA produzierten. Nicht genug damit, griff Trump auch die Europäische Union wegen unfairer Handelspraktiken an und schon bald standen auch hier Autos im Mittelpunkt der Diskussion. Schon im Januar 2017, wenige Tage vor seiner offiziellen Amtseinführung, hatte er in einem Interview mit der Bild-Zeitung den deutschen Automobilherstellern gedroht: „Wenn man durch die Fifth Avenue geht, hat jeder einen Mercedes-Benz vor seinem Haus stehen", erklärte Trump seinen Unmut, während man umgekehrt keine Chevrolets auf Deutschlands Straßen sehen würde: „Es ist eine Einbahnstraße." Die Angst wuchs noch, als er im Mai 2018 sein Handelsministerium prüfen ließ, ob die hohen Auto-Einfuhren die nationale Sicherheit der USA bedrohen würden. In der Konsequenz hätte das einen kompletten Einfuhrstopp für ausländische Autos in die USA bedeuten können. Da half es wenig, dass die deutschen Hersteller auf ihre Fahrzeugproduktion in den USA hinwiesen und BMW – gemessen am Wert der Fahrzeuge – sogar für sich in Anspruch nehmen konnte, der größte Autoexporteur der USA zu sein. Er werde seine Handelspolitik so lange beibehalten, erklärte Trump im April 2018 dem französischen Präsidenten Emmanuel Macron, bis keine Mercedes-Modelle mehr auf der Fifth Avenue in New York fahren würden. Nicht nur bei Daimler bedeutete das Alarmstufe eins. Die Kurse der deutschen Autoaktien gerieten mächtig unter Druck.

Dann kam die nächste Flutwelle in Sachen Dieselskandal, die Dieter Zetsche fast vorzeitig aus dem Amt gespült hätte. Wenige Wochen nach der Hauptversammlung, am 25. Mai 2018, veröffentlichte das Kraftfahrt-Bundesamt (KBA) eine kurze, aber für Daimler folgenschwere Pressemitteilung: „Bei der Überprüfung des Fahrzeugtyps Mercedes Vito 1.6 Liter Diesel Euro 6", gab die Behörde bekannt, „wurden durch das Kraftfahrt-Bundesamt (KBA) unzulässige Abschalteinrichtungen festgestellt. Die unzulässigen Strategien beziehen sich auf den Einsatz des SCR-Abgasreinigungssystems. Aufgrund der eingebauten Abschalteinrichtungen kann es im Betrieb der Fahrzeuge zu erhöhten NOx-Emissionen kommen. Mit Bescheid vom 23.05.2018 wurde für den Mercedes Vito 1.6 Liter Diesel Euro 6 (1.372 Fahrzeuge in Deutschland und 4.923 Fahrzeuge weltweit) ein verpflichtender Rückruf angeordnet. Dem Hersteller wurde aufgegeben, die unzulässigen Abschalteinrichtungen aus den betroffenen Fahrzeugen nach der Freigabe des Maßnahmenpakets durch das KBA zu entfernen." Die Zahl der betroffenen Fahrzeuge war zwar gering, doch dies war der erste Zwangsrückruf für ein Mercedes-Modell im Rahmen des Dieselskandals.

War es nun amtlich, dass Dieter Zetsche die Unwahrheit sagte, als er im September 2015 erklärt hatte, Daimler habe nicht manipuliert? Daimler bestritt dies: Die beanstandeten Funktionen seien „Teil eines komplexen Abgasreinigungssystems, das eine robuste Abgasreinigung bei unterschiedlichen Fahrbedingungen und über die Nutzungsdauer eines Fahrzeugs sicherstellen soll", erklärte das Unternehmen. Selbstverständlich werde man, hieß es in der Reaktion des Unternehmens auf die Anordnung des KBA weiter, die in Frage stehenden Programmierungen durch ein Software-Update aktualisieren, gleichzeitig werde man aber gegen den Bescheid des KBA Widerspruch einlegen und, falls erforderlich, „die strittige Rechtsauslegung auch vor Gericht klären lassen." Damit hatte man die Linie für das weitere Vorgehen festgelegt: Entscheidungen des KBA respektieren, Rückrufe durchführen, aber gleichzeitig dagegen klagen. Ob das klug war? Dass man gegen eine Anschuldigung, die man für falsch hielt, rechtlich vorgehen sollte, ist nachvollziehbar und konsequent. Freilich bedeutete das auch, dass man über Jahre hinweg beim Thema Dieselskandal nicht aus den Schlagzeilen kommen würde, denn derartige Prozesse haben die unangenehme Eigenschaft, dass sie sich meistens lange hinziehen und dann, wenn die Urteile gesprochen werden, sich für die Sache im Grunde niemand mehr interessiert. Außerdem mehrten sich schon jetzt aus der Politik die Vorwürfe, Daimler verfolge eine „Salami-Taktik" und gebe immer nur das zu, was nicht mehr zu leugnen sei. War es wirklich sinnvoll, jede Entscheidung des KBA vor die Gerichte zu zerren?

Schon am 28. Mai 2018, wenige Tage nach dem Erlass des Zwangsrückrufs, wurde Dieter Zetsche von Bundesverkehrsminister Andreas Scheuer ins Ministerium nach Berlin einbestellt. Wie wenige Tage später an die Öffentlichkeit drang, wurde Zetsche darüber informiert, dass weitere Motoren und Fahrzeuge bei den Prüfungen des KBA Auffälligkeiten gezeigt hätten. Scheuer habe Zetsche bei dem Gespräch eine Frist bis zum 15. Juni gesetzt, um die Vorwürfe aufzuklären. Bereits am 12. Juni erschien Zetsche zu einem weiteren Termin beim Verkehrsminister. Es war offensichtlich, dass Scheuer gegenüber Zetsche den starken Mann markieren wollte, nachdem sein Vorgänger wegen seines angeblich zu laschen Umgangs mit den Auto-Bossen heftig kritisiert worden war. Das Ergebnis der Besprechung war ein weiterer Pflichtrückruf, wobei es dieses Mal vor allem um Fahrzeuge der C- und der GLC-Klasse ging. Neben dem Motor OM 622 waren die Motoren OM 626, OM 642 sowie OM 651 betroffen. Zunächst war von 774.000, später dann von 690.000 Fahrzeugen die Rede.

Der Druck auf Zetsche wuchs bedrohlich. Plötzlich wurde in den Medien über einen vorzeitigen Rückzug des Daimler-Chefs spekuliert: „Kann sich Konzernchef Zetsche noch halten?“, fragte zum Beispiel wenige Tage nach Bekanntwerden des neuerlichen Zwangsrückrufs die Süddeutsche Zeitung. Nachdem sich der VW-Konzern allmählich aus Dieselgate herausgekämpft hatte und BMW gar nicht hineingezogen worden war, steckte Daimler jetzt mitten in einer Diskussion, die Zetsche im September 2015 hatte beenden wollen, noch bevor sie überhaupt aufgekommen war. Sein damaliges Dementi wurde ihm mit voller Wucht um die Ohren geschlagen. Seine Glaubwürdigkeit auf der öffentlichen Bühne hatte schweren Schaden genommen. Außerdem war klar, dass angesichts der jetzt aufgerufenen Volumina der Rückruf auch Folgen für das Geschäftsergebnis von Daimler haben würde.

Unterdessen plagten fast alle Hersteller die gleichen Sorgen: Die Zertifizierung für den neuen Abgastest WLTP war aufwändiger und dauerte aufgrund fehlender Prüfstandkapazitäten länger als geplant. Vor allem VW traf die Umstellung hart, sodass zur „Zwischenlagerung“ der nicht auslieferbaren Fahrzeuge Stellplätze auf dem Berliner Pannenflughafen BER angemietet werden mussten. Bei Mercedes war die Situation zwar besser, doch ließen sich auch hier Lieferverzögerungen von mehreren Monaten nicht vermeiden. Die Folgen waren klar: Weniger Auslieferungen von Fahrzeugen bedeuteten weniger Umsatz und weniger Umsatz bedeutete weniger Gewinn. Der WLTP verhagelte der gesamten Branche die Absatz- und Umsatzplanung und wurde so zu einem in diesem Ausmaß schwer vorhersehbaren „Ergebnisrisiko“. Die Hersteller und ihr Verband beklagten sich bei den politisch Verantwortlichen über die „überhasteten EU-Regulierungen“, aber im Grunde waren diese nur eine Retourkutsche der Politik gegen das Verhalten der Industrie im Dieselskandal. Wünsche nach einer Verlängerung der Übergangsfristen ließ man bei der EU-Kommission kalt abblitzen und in Berlin gab es niemand, der sich für die Automobilhersteller in Brüssel eingesetzt hätte. Da ab September 2018 nur noch Autos verkauft werden konnten, die dem neuen Prüfzyklus entsprachen, kam es im Sommer 2018 zu einer regelrechten Rabattschlacht, um noch möglichst viele der „alten" Fahrzeuge zu verkaufen. Die Branche durchlebte und durchlitt eine Phase, die in manchem an die Finanzkrise 2008/2009 erinnerte, allerdings mit dem Unterschied, dass man an den Marktturbulenzen dieses Mal nicht ganz unschuldig war.

Mitten hinein in die aufgewühlte Stimmung und Gefühlslage im Konzern fiel dann noch eine gewichtige, aber schon länger erwartete Personalentscheidung. Am 26. September 2018 beschloss der Aufsichtsrat, dass Dieter Zetsche nach der Hauptversammlung im Mai 2019 sein Amt niederlegen und Ola Källenius sein Nachfolger werden soll. Das war allgemein erwartet worden. Ein gewisses Aufsehen erregte indessen die Ankündigung, dass Zetsche nach einer zweijährigen „Abkühlphase" Nachfolger des Aufsichtsratsvorsitzenden Manfred Bischoff werden würde. Schon damals fragten sich einige Beobachter, ob das angesichts der Probleme, die der Konzern hatte, eine gute Entscheidung war. Sollte man dem Nachfolger nicht besser den Rücken freihalten, damit er Weichenstellungen, die unter Zetsche erfolgt waren, zurücknehmen oder korrigieren konnte? Mit Zetsche als Aufsichtsratsvorsitzendem würden die Handlungsspielräume für den neuen Mann zweifellos enger sein als ohne ihn. Große Diskussionen über diese Frage gab es keine. Es waren ja noch zwei Jahre und bis dahin konnte noch viel Wasser den Neckar hinunterfließen.

Am 19. Oktober hieß es bereits zum zweiten Mal im Geschäftsjahr 2018: „Daimler passt Ergebniserwartungen an". Schon am 20. Juni hatte Daimler eine erste Gewinnwarnung herausgegeben. Auf der Bilanzpressekonferenz Anfang Februar hatte Zetsche einen zwar nicht überschwänglichen, aber doch sehr zuversichtlichen Ausblick auf das laufende Geschäftsjahr gegeben. So erwartete er einen Gewinn im Auto-Geschäft wie auch im gesamten Konzern in der Größenordnung des Vorjahres – und das war immerhin das beste in der bisherigen Geschichte der Daimler AG gewesen. Im Juni wurde die Ergebnisprognose für 2018 für das Geschäftsfeld Mercedes-Benz Cars und für den Gesamtkonzern auf „leicht unter Vorjahresniveau" korrigiert. Jetzt im Oktober wurden die Geschäftszahlen für das PKW-Geschäft und den Konzern auf „deutlich unter Vorjahr" korrigiert. Immerhin befand sich das Unternehmen in guter Gesellschaft. Bei BMW hatte es schon am 25. September eine Gewinnwarnung gegeben, am 16. Oktober folgte VW, nachdem die Staatsanwaltschaft München wegen der Diesel-Manipulationen gegen Audi ein Bußgeld in Höhe von 800 Millionen Euro verhängt hatte. Ganz überraschend kam die zweite Gewinnwarnung von Daimler also nicht. Begründet wurde sie „mit den laufenden behördlichen Verfahren und Maßnahmen in verschiedenen Regionen betreffend Mercedes-Benz Dieselfahrzeuge" sowie den Auslieferungsverzögerungen und damit geringeren Absätzen bei Vans aufgrund der Umstellung auf die WLTP-Zertifizierung.

Zu allem Unglück holte den Konzern dann auch noch ein ganz altes Thema ein: das Kältemittel R 134a. Die EU hatte 2011 eine Richtlinie erlassen, dass künftig das Kältemittel R 1234yf eingefüllt werden müsse, da es ein geringeres Treibhaus-Potenzial als das bisher verwendete Mittel R 134a habe. Daimler widersetzte sich dieser Vorgabe, weil man bei Tests festgestellt hatte, dass das neue Kältemittel zu Bränden im Motorraum führen konnte. Daher favorisierte man als Alternative zum bisherigen Kältemittel das natürliche Kältemittel CO2, das aber noch nicht serienreif war. Die EU beharrte jedoch auf ihrer Verordnung und da die deutschen Behörden nicht gegen Daimler vorgingen, strengte sie beim Europäischen Gerichtshof ein Vertragsverletzungsverfahren an. Dem konnte die Bundesrepublik Deutschland nur entgehen, indem die zuständige Behörde, das Kraftfahrt-Bundesamt, gegen Daimler einen Rückruf anordnete. Dabei sollte das alte Kältemittel R 134a durch das neue Kältemittel ausgetauscht werden. Das Vorgehen der EU-Kommission löste zwar bei Politikern und Umweltexperten Kopfschütteln und Empörung aus, änderte aber nichts an der Tatsache, dass Daimler der Anordnung folgen musste. Um mögliche Fahrzeugbrände zu verhindern, hatte das Unternehmen zwischenzeitlich eine spezielle Schutzvorrichtung entwickelt. Für die zu erwartende Rückrufaktion musste auf jeden Fall eine weitere, das Geschäftsergebnis belastende Rückstellung gebildet werden.

Die Turbulenzen bei Daimler wurden auch international zu einem zunehmend beachteten Thema. „The two warnings are not good for Dieter Zetsche, who is in his final 12 months of the job", konstatierte die Financial Times in ihrer Ausgabe am 20. Oktober 2018 trocken. Gleichzeitig probten im November einige ausländische Großaktionäre den Aufstand. Vor allem David Herro vom amerikanischen Investmentfonds Harris Associates, der gut 5 Prozent der Daimler-Anteile hielt, machte über das manager magazin Stimmung gegen Zetsche. Seit seinem Amtsantritt habe sich die Daimler-Aktie schlechter entwickelt als die von BMW und sogar auch die von VW. Daimler besitze den weltweit führenden Truckhersteller und die namhafteste Pkw-Marke: „Und was machen sie daraus? So gut wie nichts." Daher, so Herro, werde Zetsche auch als Chefaufseher Daimlers Probleme nicht lösen. Stattdessen forderte er, dass Bodo Uebber in den Aufsichtsrat gewählt werde. Fast erinnerten die Vorwürfe gegen den Daimler-Chef an das Jahr 2012, als man ihm uneingelöste Versprechen und eine gegenüber den Wettbewerbern schwächere Performance vorgeworfen hatte.

Das „Seuchenjahr" 2018 ging zu Ende. Im Jahresverlauf war der Kurs der Daimler-Aktie von über 71 auf unter 46 Euro – also um rund ein Drittel – gesunken. Da half es auch wenig, dass Mercedes mit seinem Fahrer Lewis Hamilton zum fünften Mal in Folge Formel-1-Weltmeister geworden war. Daimler stand, wie es das manager magazin in seiner Dezember-Ausgabe formulierte, „ein Winter des Missvergnügens bevor."

Dieter Zetsche wirkte weder besonders angespannt noch besonders locker, als er am 6. Februar 2019 auf der jährlichen Bilanzpressekonferenz die Geschäftszahlen für das Jahr 2018 präsentierte. Eigentlich war es wie immer: Wie jedes Jahr hatten sich etwa 300 Wirtschaftsjournalisten im Mercedes-Benz-Center unweit der Firmenzentrale in Stuttgart-Untertürkheim eingefunden. Wie jedes Jahr saßen der Vorstandsvorsitzende, der Finanzvorstand, der Vorstand der Truck-Group und der Pressechef auf der Bühne. Wie jedes Jahr wurde die Gruppe von zwei links- und rechtsstehenden Fahrzeugen eingerahmt. Es war Zetsches vierzehnte und zugleich letzte Bilanzpressekonferenz. Auch er selbst war wie immer: selbstbewusst, konzentriert, routiniert. Kein Hauch von Abschiedsstimmung war in der geschäftigen Atmosphäre vor Beginn der Veranstaltung zu spüren: Die Fernsehleute brachten ihre Kameras in Stellung, die Fotografen positionierten sich vor der Bühne und die Journalisten von der schreibenden Zunft ließen ihre Notebooks warmlaufen. Pressechef Jörg Howe begrüßte die Gäste, erklärte die Regularien und übergab dann an Dieter Zetsche. „Für Daimler war 2018 ein Jahr mit starkem Gegenwind – von der anhaltenden Diesel-Diskussion über die Umstellung auf das neue Testverfahren WLTP bis hin zum globalen Handelsstreit." Dieter Zetsche war gleich mitten im Thema. Er wusste, dass es ihm nicht helfen würde, lange um den heißen Brei herumzureden. In der anschließenden Fragerunde würde es viele, vor allem viele kritische Fragen geben. Zwar hatten sowohl der Geschäftsbereich Mercedes-Benz Cars als auch das Geschäftsfeld Vans, was die verkauften Stückzahlen anbelangte, ein Rekordjahr „hingelegt", aber der Konzerngewinn war um 22 Prozent auf 11,1 Milliarden Euro gesunken. Das war zwar keine Katastrophe, aber auf jeden Fall erklärungsbedürftig. Finanzvorstand Bodo Uebber – auch für ihn war es die letzte Bilanzpressekonferenz für Daimler – erläuterte die Ergebnisse im Detail. Besonders erschreckend waren die finanziellen Ergebnisse ausgerechnet bei den beiden Sparten, die Absatzrekorde erzielt hatten: Der Gewinn im PKW-Geschäft war mit einem Rückgang von 18 Prozent auf 7,2 Milliarden Euro regelrecht eingebrochen und bei den Vans, die besonders von den Diesel-Rückrufen betroffen waren, musste sogar ein Gewinnrückgang um 73 Prozent hingenommen werden. Da war es ein Glück, dass der Truck-Bereich mit dem zweitbesten Absatzergebnis seiner Geschichte eine Gewinnsteigerung um 16 Prozent auf 2,75 Milliarden Euro erzielt hatte und damit den Einbruch des Konzerngewinns noch einigermaßen in Grenzen halten konnte.

Nach Bodo Uebber, der das Seuchenjahr bilanziert hatte, übernahm wieder Dieter Zetsche das Wort und arbeitete die bekannten strategischen Themen – Connectivity, autonomes Fahren, Shared Mobility und Elektrifizierung – ab. Für das laufende Geschäftsjahr gab er eine verhalten-optimistische Prognose und mancher Journalist begann wohl schon an seinem Bericht über diese Bilanzpressekonferenz zu arbeiten, als Dieter Zetsche im Abspann zu seiner Rede noch einen Begriff verwendete, der alle noch einmal aufhorchen ließ: „Mit der Prognose für Mercedes-Benz Cars und Mercedes-Benz Vans", erklärte er, „liegen wir unter unseren langfristigen Zielrenditen. Damit können und wollen wir nicht zufrieden sein. Deshalb haben wir begonnen, umfassende Gegenmaßnahmen zu erarbeiten." „Gegenmaßnahmen": Bedeutete das ein neues Kostensenkungsprogramm? Wie hoch wird es sein? Sind Arbeitsplätze betroffen, und wenn ja, viele? Fast alle Fragen waren zunächst auf dieses Thema gerichtet, doch Dieter Zetsche wimmelte beharrlich ab. Man sei erst am Anfang der Überlegungen und könne jetzt noch nichts Konkretes sagen.

Harry Pretzlaff von der Stuttgarter Zeitung versuchte es mit einer kleinen Provokation: „Sie haben den Mund gespitzt. Jetzt müssen Sie auch pfeifen", meinte er. Doch Dieter Zetsche konterte grinsend: „Ich werde Ihnen jetzt das Gegenteil beweisen: Ich habe den Mund gespitzt, werde aber trotzdem nicht pfeifen. Den Grund dafür habe ich Ihnen erklärt." Dann ließ er die nächste Frage aufrufen. Natürlich wusste er, wenn er auch nur eine konkrete Maßnahme genannt oder gar eine Zahl über den Abbau von Arbeitsplätzen in die Runde geworfen hätte, wäre das für alle Blätter und Fernsehsender der Aufmacher schlechthin gewesen. Also hielt er den Mund – auch das gehörte zur Normalität einer solchen Veranstaltung.

Ganz am Schluss der Bilanzpressekonferenz wurde es, dem Tag angemessen, dann doch noch persönlich. Philipp Vetter, Wirtschaftskorrespondent bei der Welt, hob die Hand, um eine Frage zu stellen: „Gehen Sie wehmütig? Hätten Sie heute gerne eine andere Bilanz vorgelegt? Es ist ja doch ein starker Gewinneinbruch. Geben Sie uns doch einen Einblick in Ihr Seelenleben." Doch Dieter Zetsche wollte keinen Einblick in sein Seelenleben geben: „Ich weiß nicht, ob es ein großes Interesse an meinem Seelenleben gibt", antwortete er, um dann noch hinzuzufügen: „Es ist wichtig, wie sich das Unternehmen entwickelt." Stefan Stahl von der Augsburger Allgemeinen beharrte hartnäckig auf einer Bilanz von Zetsche: „Was", fragte er, „haben Sie erreicht?" Doch Dieter Zetsche war es noch nicht nach Abschiednehmen: Er dankte höflich für die Frage, doch sei heute der falsche Zeitpunkt, um sie zu beantworten. Nach vorne blickend sei seine Stimmungslage sehr gut, auch deshalb, weil er nach hinten blickend zufrieden sei. Mehr ließ er sich im Hinblick auf sein „Seelenleben" nicht entlocken.

Eigentlich war es wie immer gewesen. Am Ende der Veranstaltung gab es noch das übliche Mittagessen am Buffet, dann zerstreuten sich die Gruppen diskutierender Journalisten und Gäste. Die Berichterstattung über die Bilanzpressekonferenz war trotz des drastischen Gewinneinbruchs kein Verriss, im Prinzip hatte niemand bessere Zahlen erwartet. Mancher Analyst, wie etwa Frank Biller von der LBBW, bescheinigte Dieter Zetsche sogar, einen guten Job gemacht zu haben. Daimler „sei nach wie vor solide aufgestellt, die jüngsten Themen der Gesamtbranche geschuldet" und insofern seien die Zahlen für 2018 auch in Ordnung, lässt er sich in einem Bericht der Süddeutschen Zeitung zitieren. Es schien, als wollten alle nach einem total verkorksten letzten Jahr gegenüber dem scheidenden Vorstandsvorsitzenden auch etwas Milde walten lassen.

Dann war es endlich soweit: Am 22. Mai 2019 gab Dieter Zetsche den „lieben Aktionärinnen und Aktionären" zum letzten Mal Rechenschaft über das zurückliegende Geschäftsjahr. Eine mehr als 40-jährige Karriere im Daimler-Konzern, davon 13 Jahre als Vorstandsvorsitzender, ging an diesem Tag zu Ende. Es war klar, dass diese Hauptversammlung eine besondere werden würde – für Dieter Zetsche, aber auch für die Daimler AG.

Der lange Weg in die Elektromobilität, dritte Staffel

Im November 2016 hatte Dieter Zetsche ein Erlebnis der besonderen Art. Mitglieder der GRÜNEN Jugend begrüßten den Gast aus Stuttgart als „look alikes", hatten sich Zetsches Walrossbart aufgeklebt und buhten, was das Zeug hielt. Möglicherweise entgegen der damit verbundenen Absicht, wirkte die Szenerie nicht bedrohlich, sondern eher lustig. Cem Özdemir, damals gemeinsam mit der Partei-Linken Simone Peter Bundesvorsitzender von Bündnis 90/DIE GRÜNEN, hatte Dieter Zetsche zum Bundesparteitag nach Münster eingeladen. Das war unter den damals noch nicht so handzahmen Mitgliedern der Partei nicht unumstritten. Noch einen Tag vor seinem Auftritt stimmten die Delegierten über einen Antrag ab, Zetsche wieder auszuladen. Der Antrag wurde abgelehnt, Zetsche kam, auch wenn er schnell wusste, dass es da nicht viel für ihn zu gewinnen gab. Cem Özdemir hielt eine kämpferische Rede, in der er seine Partei aufforderte, doch etwas mehr Selbstbewusstsein im Umgang mit Wirtschaftsbossen zu zeigen: „Woher kommt diese Angst! Wir haben doch die besseren Argumente!", rief er den Delegierten zu, von denen viele trotz Abstimmung immer noch nicht sicher waren, ob das mit der Einladung des Daimler-Chefs eine gute Idee war. Bot man da nicht einem Manager eine Plattform, das Blaue vom Himmel zu versprechen, gut Wetter zu machen und dann mit dem Firmenflieger wieder nach Hause zu entschwinden? Zetsche ging in die Offensive, wandte sich gegen ein fixes Datum für den Ausstieg aus dem Verbrenner, das auf dem Parteitag beschlossen werden sollte, gab aber unumwunden zu, dass das Tempo für umweltverträgliche Antriebe beschleunigt werden müsse. Er bekannte sich zur klimapolitischen Verantwortung von Daimler und versicherte: „Wir wollen in der Elektromobilität weltweit vorn sein." Am Ende seiner 15-minütigen Rede gab es eine Diskussion, in der es sich Simone Peter nicht nehmen ließ, den Kampfplatz noch etwas zu erweitern, indem sie Daimlers Beteiligung beim Export von Militärfahrzeugen anprangerte, was Zetsche routiniert mit dem Hinweis, dass man sich an alle gültigen Gesetze halte, beantwortete. Dieter Zetsche hatte Flagge gezeigt, auch wenn er mit seinem Auftritt nur die überzeugt haben dürfte, die – wie es Cem Özdemir bei seiner Begrüßung formuliert hatte – ohnehin der Meinung waren, dass Daimler nicht nur Teil des Problems sei, sondern auch Teil der Lösung sein könne.

Wenige Wochen vor seinem Auftritt beim Parteitag der GRÜNEN hatte Dieter Zetsche auf dem Pariser Automobilsalon im September 2016 erklärt, dass man bei Daimler in Sachen Elektromobilität den „Schalter umgelegt" habe. Die zeitliche Parallelität zwischen der Aufarbeitung des Dieselskandals und dem Aufbruch in die Elektromobilität war kein Zufall, sondern folgte einer inneren Logik, deren Regeln zunehmend die Politik bestimmte. Über Jahre hinweg war es Daimler gelungen, mit der Optimierung der Verbrennungsmotoren die durchschnittlichen CO2-Emissionen seiner Fahrzeugflotte zu reduzieren. Lag die durchschnittliche CO2-Emission der Mercedes-Flotte im Jahr 2007 noch bei 183 g/km, so war der Wert bis zum Jahr 2015 bereits auf 123 g/km, also um rund 33 Prozent gesunken, obwohl der Anteil der durstigen

SUV am Gesamtabsatz im gleichen Zeitraum deutlich gestiegen war. Vieles sprach dafür, dass man den CO2-Grenzwert für das Jahr 2020 von 95 g/km mit konventioneller Antriebstechnik und einem hohen Anteil an Diesel-Fahrzeugen würde erreichen können. Doch in der EU-Kommission begann schon eine Diskussion über die künftigen Grenzwerte für das Jahr 2025 und da war von nur noch 70 g/km CO2 die Rede. 70 g/km CO2 bedeutete umgerechnet einen Kraftstoffverbrauch von unter 3 Litern. Das sorgte nicht nur bei Daimler für Sorgenfalten auf der Stirn.

Die Sorgen wurden in dem Maße größer, wie der Diesel immer mehr ins umweltpolitische Abseits geriet. Der Dieselskandal hatte dazu geführt, dass der Anteil der Diesel-Verkäufe zwischen 2015 und 2017 in Deutschland um knapp 10 Prozentpunkte von 48,0 auf 38,8 Prozent und in Europa insgesamt von 52,1 auf 44,8 Prozent gefallen war. Die Aussichten, dass sich dieser Trend umkehren könnte, waren gering. Es galt, Alternativen – am besten emissionsfreien Alternativen – zu entwickeln und deren Verfügbarkeit zu forcieren.

Dieter Zetsche hatte auf den Pariser Automobilsalon ein durchaus ansehnliches, rein elektrisch angetriebenes Fahrzeug mitgebracht. Mit der „Studie im Look eines sportlichen SUV-Coupés“, die später das Kürzel „EQC“ erhielt, wollte man technisch und stilistisch „einen Ausblick auf eine neue Fahrzeuggeneration mit batterieelektrischem Antrieb“ geben, wie es in der Presseankündigung hieß. Das Konzeptfahrzeug sollte zeigen, wie die Designphilosophie der „sinnlichen Klarheit“ im Zeitalter der Elektromobilität bei Mercedes aussehen würde. Die „monolithische Grundform“ wurde mit einem Spiel an Farben kombiniert. Als Erkennungszeichen der „Generation EQ“ sollte der „Black Panel“-Frontgrill dienen, in den der weiße Mercedes-Stern und sämtliche Lichtelemente integriert wurden. Die Heckleuchten waren von einem LED-Lichtleiter umrahmt, der im Fahrbetrieb von Blau auf Rot wechselte. „Breite Schultern“ und große 21-Zoll-Leichtmetallräder sollten die Dynamik des Fahrzeugs zum Ausdruck bringen. Auf Außenspiegel wurde verzichtet, stattdessen sollten Kameras das Bild des rückwärtigen Verkehrs auf integrierte Displays in den Türen projizieren. Auch im Interieur ging es klar und doch auch wieder emotional zu: Mit einem 24 Zoll großen TFT-Widescreen in High-Definition-Qualität und Touch Controls in den Lenkradspeichen wollte man ein „digitales Bedienerlebnis“ schaffen. Gleichzeitig sollte der avantgardistisch gestaltete Innenraum mit einer adaptiven Ambientebeleuchtung für Wohlfühlatmosphäre und entspanntes Fahren sorgen. Als Antrieb für das Fahrzeug waren zwei Elektromotoren an der Vorder- und Hinterachse sowie eine in den Fahrzeugboden integrierte Traktionsbatterie vorgesehen. Die Gesamtleistung in der stärksten Ausbaustufe wurde mit bis zu 300 kW und mit einem Drehmoment von bis zu 700 Newtonmeter angekündigt, was eine Beschleunigung von unter 5 Sekunden auf Tempo 100 ermöglichen würde. Die Reichweite wurde mit 500 km angegeben. Geladen werden konnte das Auto zu Hause über Induktionsschleifen oder eine Wallbox, aber auch Schnellladen via Combined Charging System (CCS) sollte möglich sein. Innerhalb von fünf Minuten würden so 100 Kilometer Reichweite nachgeladen werden können. Noch in dieser Dekade, hieß es in der Ankündigung, werde das Auto in Produktion gehen.

Die Erwartungen an Daimlers „Elektro-Offensive" erhielten neue Nahrung, als Dieter Zetsche in der Bilanzpressekonferenz am 2. Februar 2017 noch einmal betonte, man habe in Sachen Elektromobilität „den Schalter umgelegt" und jetzt sei angesichts „der großen Innovationssprünge bei der Batterietechnologie" die Zeit, „voll einzusteigen." Gleichzeitig kündigte er an, dass Daimler in den nächsten Jahren zehn Milliarden Euro in Elektrofahrzeuge und eine weitere Milliarde in die Batterieproduktion investieren werde. „Bis 2025", versprach er, „bringen wir mehr als zehn neue Elektro-Modelle in Serie – vom Smart bis zum großen SUV. Wir gehen davon aus, dass zu dem Zeitpunkt 15 bis 25 Prozent aller neu zugelassenen Autos von Mercedes-Benz mit einem Elektroantrieb fahren werden."

Woher der Sinneswandel? Lange Jahre hatte sich Zetsche eher skeptisch zu den Zukunftschancen rein batterieelektrischer Fahrzeuge geäußert. Er präferierte Plug-in-Hybride und im Hintergrund war ja immer auch noch das Thema Brennstoffzelle. Hatte er angesichts des politischen und medialen Trommelfeuers pro Elektromobilität das Gefühl, nicht schnell genug unterwegs zu sein? Wenn er jetzt „den Schalter umlegte", tat er das aus Überzeugung oder doch eher aus Angst, von einem Trend überholt zu werden? Vorreiter in Sachen Elektromobilität konnte Daimler ohnehin nicht mehr werden. Das Image, der Elektro-Pionier zu sein, hatte Tesla und dieser Titel war dem Unternehmen auch nicht mehr zu nehmen. In Deutschland hatte BMW mit dem i3 und dem i8 vorgelegt. Daimler konnte aufholen, aber konnte das Unternehmen auch überholen?

Im Laufe des Jahres 2017 war wenig von neuen Elektroautos zu hören. Im Gegenteil: Im August ließ man stillschweigend die Produktion der elektrischen B-Klasse E-Cell auslaufen, des einzigen batterieelektrischen Fahrzeugs im Modellprogramm der Marke Mercedes zu diesem Zeitpunkt. Auf der IAA im September gab es lediglich ein weiteres Konzeptfahrzeug, den EQA, der zeigen sollte „wie sich die EQ-Strategie in die Kompaktklasse übertragen lässt" (Pressemitteilung vom 12. September 2017). Stilistisch führte der EQA „die neue Elektro-Ästhetik", die ein Jahr zuvor beim Konzept-EQC in Paris gezeigt wurde, weiter. Die Black-Panel-Fläche an der Front, die je nach Fahrprogramm ihre Optik veränderte, sowie viel Lichttechnologie mit Laserfasern sollten die Familienzugehörigkeit des EQA zur Marke EQ demonstrieren. Gleichzeitig wurde der Produktionsstart des EQC für das Jahr 2019 im Werk Bremen bekanntgegeben.

So musste einmal mehr der Smart electric drive als batterieelektrisches Vorzeigemodell des Konzerns herhalten. Angesichts des Wirbels um die Vorstellung der Elektromarke EQ war die Weltpremiere der neuen Smart-Modelle auf dem Pariser Automobilsalon fast in den Hintergrund geraten. „Der Elektrosmart war 2007 ein Pionier des elektrischen Fahrens", erklärte Dieter Zetsche bei der Vorstellung der zweiten Generation des batterieelektrischen Kleinwagens. Aber sei es, dass viele den Smart noch immer für kein richtiges Auto hielten oder dass man diese „Pionier"-Tat nicht oft und laut genug kommunizierte:

Der Smart electric drive kam nie so richtig aus seiner Rolle als Alibi-Auto heraus. Immerhin erregte es dann doch große Aufmerksamkeit, als Daimler im Zuge einer „strategischen Neuausrichtung" der Marke Smart – die wievielte war das jetzt eigentlich in der vergleichsweise jungen Geschichte der Marke? – ankündigte, dass der Smart ab 2020 nur noch batterieelektrisch verkauft werden würde. Smart als reine Elektroauto-Marke – Nicolas Hayek, der von Anbeginn an einen elektrischen Smart gefordert hatte, hätte sich über diese Ankündigung wahrscheinlich nicht nur gefreut, sondern auch maßlos geärgert und über die Verschlafenheit der Mercedes-Manager gepoltert.

Immer wieder betonte der Konzern, dass man mit der Submarke EQ ein „umfassendes elektromobiles Ökosystem aus Produkten, Services, Technologien und Innovationen" und nicht einfach nur Autos anbieten wolle. So waren viele Aktivitäten in den Jahren vor dem Serienstart des EQC darauf ausgerichtet, dieses „elektromobile Ökosystem" mit Leben zu füllen. Ende 2016 vereinbarten die Daimler AG, die BMW Group, der Volkswagen-Konzern mit seinen Marken Audi und Porsche sowie die Ford Motor Company ein Joint Venture zur „Errichtung des leistungsstärksten Ladenetzes für Elektrofahrzeuge in Europa". Im Jahr 2018 ging das Gemeinschaftsunternehmen unter dem Namen „Ionity" an den Start. Überdies stieg Daimler im Frühjahr 2017 bei Charge Point ein. Das Unternehmen war Marktführer für elektromobile Ladelösungen in den USA.

Gleichzeitig ging der Auf- und Ausbau der Batterieproduktion im Konzern weiter. Die Batterieproduktion sollte an fünf Standorten auf drei Kontinenten erfolgen: In Kamenz wurde bereits im Frühjahr 2017 der Grundstein für eine zweite Batteriefabrik gelegt, in die 500 Millionen Euro investiert wurden. Weiterhin sollten die Werke Untertürkheim und Tuscaloosa ebenfalls eigene Batteriefabriken erhalten. In China setzte man auch bei der Batterieproduktion auf die Zusammenarbeit mit der BAIC. Eine eigene Fertigung von Batteriezellen lehnte Daimler weiterhin aus Kostengründen ab. Überdies sei das weltweite Angebot an Batteriezellenherstellern groß genug, um in keine Abhängigkeit zu geraten. Im Dezember 2018 gab das Unternehmen bekannt, dass man sich bis zum Jahr 2030 für 20 Milliarden Euro Batteriezellen gesichert habe.

Auch der weltweite Produktionsverbund für Elektroautos nahm allmählich Gestalt an. Zur Sicherstellung einer hohen Flexibilität entschied sich Daimler gegen den Aufbau separater Produktionsstandorte für reine Elektroautos. Noch immer orientierte man sich an der Philosophie der Ketchup-Flasche: Alle waren sicher, dass die Elektromobilität kommt, aber niemand wusste, wie schnell und wie viel. Durch die Produktion von Autos mit Elektroantrieb und Verbrennungsmotor an einem Standort würde man die Auslastung der jeweiligen Fabriken besser steuern können als bei reinen Elektrofabriken, die bei einem langsamen Hochlaufen der Elektromobilität nicht hätten ausgelastet werden können. Als Produktionsstandorte wurden die Werke Bremen, Sindelfingen und Rastatt in Deutschland festgelegt sowie Tuscaloosa in den USA und Hambach in Frankreich. Für China hatte man im Sommer 2017 eine Rahmenvereinbarung mit dem chinesischen Partner BAIC getroffen, die eine Investition von 650 Millionen Euro für den Aufbau einer lokalen Produktion von Mercedes-Elektrofahrzeugen für den chinesischen Markt beinhaltete. Vor allem um die deutschen Standorte gab es einen heißen und sich noch über einige Zeit hinziehenden Kampf mit dem Betriebsrat, der nicht zu Unrecht befürchtete, dass es bei einem schnellen Anstieg der Produktion von Elektrofahrzeugen zu einem Beschäftigungsabbau in den traditionell auf den Verbrenner ausgerichteten Werken, insbesondere im Motorenwerk Untertürkheim, kommen könnte.

Gemäß der strategischen Linie von Dieter Zetsche ging es mit dem Ausbau des Angebotes an Plug-in-Hybriden schneller voran als mit dem von rein batterieelektrischen Fahrzeugen. Im Jahr 2016 hatte Mercedes acht Hybrid-Modelle: den S 500e, den C 350e als Limousine mit normalem und langem Radstand, das C-Klasse T-Modell, den GLE 500e, den GLC 350e und das GLC Coupé 350e sowie den mit der neu eingeführten E-Klasse angebotenen E 350e. Im September 2017 wurde dann das neue Hybrid-Modell der S-Klasse vorgestellt, der S 560e. Durch die Steigerung der Nennkapazität bei der Lithium-Ionen-Batterie erreichte das Modell nun eine rein elektrische Reichweite von 50 Kilometern, womit auch jenen Kritikern etwas der Wind aus den Segeln genommen werden sollte, die Plug-in-Hybride als „umweltpolitische Mogelpackungen" bezeichneten.

Trotz der jetzt angelaufenen Aktivitäten, um Elektroautos schnell auf die Straße zu bringen, gab es nicht wenige, die an der Ernsthaftigkeit der Elektro-Strategie bei Daimler zweifelten. Ungewollt sorgte Zetsche selber dafür, diese Zweifel noch zu bestärken. Auf der Hauptversammlung im April 2018 erklärte er zur allgemeinen Verwunderung der teilnehmenden Aktionäre: „Mehr Elektroautos sind gut für die CO2-Bilanz. Aber nicht so gut für unsere Konzern-Bilanz – jedenfalls vorübergehend." Den Nachsatz „jedenfalls vorübergehend" überhörten die meisten und fragten sich, ob das nicht etwa schon wieder eine gewissermaßen vorauseilende Gewinnwarnung war. Würde ein Spitzenmanager eine Technologie forcieren, von der er selbst sagte, dass sie „nicht so gut" für die Konzern-Bilanz sei? Die Daimler-Aktie ging zum Leidwesen der zwischenzeitlich ohnehin geplagten Daimler-Aktionäre wieder einmal in den Keller.

Im Mai 2019, wenige Wochen vor dem Ende seiner Amtszeit, reiste Dieter Zetsche nach Oslo. In der „Hauptstadt der Elektromobilität" fand für die internationale Fachpresse die Fahrvorstellung des EQC statt. Gut zweieinhalb Jahre war es jetzt her, dass das neue Modell als Konzeptfahrzeug in Paris vorgestellt worden war. Am 4. September 2018 war das Auto vor 600 geladenen Gästen präsentiert worden. Jetzt konnten es die Journalisten selber fahren und testen. Das fast 2,5 Tonnen schwere Fahrzeug war nicht mehr ganz so futuristisch gestylt wie die Studie aus dem Jahr 2016, aber es war endlich ein großserientaugliches, rein batterieelektrisches Elektroauto von Mercedes. Die technische Spezifikation des neuen Modells entsprach weitgehend der, die in Paris angekündigt worden war. Die Testberichte waren nicht negativ, aber auch nicht so euphorisch, wie man das nach der langen Entwicklungszeit für das Fahrzeug hätte erwarten können. Gelobt wurden das Design, der Fahrkomfort und die für den Elektroantrieb modifizierten Assistenzsysteme. Die Kritik richtete sich vor allem darauf, dass auch der EQC kein wirkliches Purpose-Design-Auto war, sondern die Plattform mit dem Verbrenner-GLC teilte. Dementsprechend habe man die Batteriekapazität mit 80 Kilowattstunden kleiner dimensionieren müssen als beim Model X von Tesla (100 kWh) und dem e-tron von Audi (95 kWh), sodass auch die Reichweite geringer als bei den beiden Wettbewerbern ausfalle, kritisierten nicht wenige der Autotester. Außerdem sei die Ladeleistung kleiner als bei Tesla und Audi, mit der Konsequenz, dass die Betankung länger dauern würde. „Kompromisslösung statt Tesla-Jäger", lautete denn auch das kritische Fazit der Süddeutschen Zeitung. Der Testfahrer von Auto Bild war in seinem Urteil gnädiger: „Das erste EQ-Modell von Mercedes ist ein gelungenes Auto für Elektro-Pioniere, die Spaß an der Technik haben und mit den immer noch vorhandenen Einschränkungen leben können."

„Emissionsfreie Automobile sind die Zukunft", hatte Dieter Zetsche bei der Vorstellung der E-Auto-Marke EQ in Paris verkündet. War seine Mission jetzt erfüllt? Zetsche hatte immer ein gutes Gefühl für Symbole, auch jetzt noch in seinen letzten Tagen im Amt: Dass eine seiner letzten Amtshandlungen der Besuch der Fahrvorstellung für die neue Generation von Elektroautos bei Mercedes war, sollte signalisieren, dass er nicht als „Vergangenheitsbewältiger" in die Geschichte des Unternehmens eingehen wollte, sondern als derjenige, der das Tor in die Zukunft weit aufgestoßen hatte. Durchgehen konnte und sollte jetzt sein Nachfolger.

„T" – Time-out

Am 22. Mai 2019 legte Dieter Zetsche auf der Hauptversammlung zum letzten Mal Rechenschaft über das zurückliegende Geschäftsjahr ab. Den emotionalen Höhepunkt gab es gleich zu Beginn der Veranstaltung: Dieter Zetsche rang um Fassung, stand auf und verbeugte sich. Er hatte feuchte Augen, einige Beobachter wollten sogar Tränen gesehen haben. Gerade hatte der Aufsichtsratsvorsitzende Manfred Bischoff in der vollbesetzten Berliner Messehalle die Leistung von Dieter Zetsche für das Unternehmen gewürdigt und ihm gedankt: „Mit Dieter Zetsche", erklärte er vor den 6.000 Aktionärinnen und Aktionären, „geht ein Ausnahmemanager. Er wurde wie kein anderer zur Marke des Unternehmens. Dieter Zetsche hat Daimler erfolgreich durch schwieriges Terrain zurück an die Spitze geführt und den Wandel vorangetrieben. Daimler hat nun eine gute Grundlage für eine gute Zukunft. Dem gebührt unser uneingeschränkter Dank." Der Applaus war lebhaft und lang – so lang, dass Dieter Zetsche seine Hände zu einem „T" formte: Time-out, Leute es ist gut, hört auf zu klatschen! Es schien als würden die Anwesenden das letzte Amtsjahr des Gefeierten einfach ausblenden wollen, um ihm, dem großen Sympathieträger, den alle doch irgendwie mochten, zu danken. „Deutschlands bekanntester Schnauzerträger", wie ihn die WELT am 22.5.2019 bezeichnete, war jedenfalls gerührt, als er zum letzten Mal als Vorstandsvorsitzender auf der großen Bühne in der Berliner Messehalle stand. Beim nächsten Mal, wenn er wiederkommen würde, so war der Plan, würde er die Veranstaltung als Aufsichtsratsvorsitzender leiten.

Der Beifall, den Zetsche erhielt, war nicht selbstverständlich. Zwar hatte das Jahr 2019 mit einigen positiven Neuigkeiten begonnen: Am 1. Januar startete das neue gemeinsame Mobilitätsunternehmen „Share Now" von Daimler und BMW. Beide Unternehmen kündigten an, mehr als 1 Milliarde Euro in den Ausbau der bestehenden Mobilitätsangebote zu investieren. Am 22. Januar gab Daimler bekannt, dass man im Zuge der Elektrooffensive eine Batteriefabrik im polnischen Jawor bauen und damit den globalen Batterieverbund auf neun Fabriken erweitern werde. Am 28. März unterzeichneten Dieter Zetsche und Geely-Eigentümer Li Shufu einen Vertrag zur Gründung eines 50:50-Joint Ventures zur Weiterentwicklung von Smart zu einer „führenden Marke für Elektromobilität". Die Produktion der neuen Modellgeneration von Smart solle in einer speziell dafür erbauten Fabrik in China erfolgen. Doch andererseits gab es auch Hiobsbotschaften zuhauf. Die trüben Geschäftszahlen für das zurückliegende Jahr waren seit der Bilanzpressekonferenz im Februar allen Anwesenden bekannt. Am 20. Februar 2019 eröffnete die Stuttgarter Staatsanwaltschaft ein förmliches Bußgeldverfahren gegen Daimler in Sachen Diesel. Spätestens jetzt war klar, dass Daimler in dieser Angelegenheit nicht mit einem blauen Auge davonkäme, sondern tief in die Tasche würde greifen müssen. Das EU-Kartellverfahren hing wie ein Damoklesschwert über dem Konzern solange nicht klar war, ob Daimler den Status eines Kronzeugen erhalten würde. Derweil berichtete das Handelsblatt am 14. April, dass Daimler bei den vom Kraftfahrt-Bundesamt angeordneten Software-Updates „neue Schummeleien" begangen hätte, indem „Betrugssoftware" unbemerkt entfernt worden sei. Daimler bestritt das, doch zunächst einmal war der Verdacht im Umlauf. Schließlich musste das Unternehmen am 26. April für das erste Quartal 2019 für den Konzern einen Gewinnrückgang von 15 Prozent auf 2,8 Milliarden Euro und für das PKW-Geschäft sogar einen Rückgang um mehr als ein Drittel auf nurmehr 1,3 Milliarden Euro bekanntgeben. Alles zusammen waren das nicht unbedingt die Nachrichten, auf die die Anteilseigner nach dem katastrophalen Jahr 2018 gewartet hatten.

In seiner letzten Hauptversammlungsrede zog Dieter Zetsche Bilanz, nicht nur über das zurückliegende Geschäftsjahr, sondern über seine gesamte Amtszeit: „In meiner ersten Rede vor der Hauptversammlung im Jahr 2006 habe ich gesagt: ‚Unser Anspruch ist es, das Unternehmen wieder ganz nach vorne zu bringen.' Erfüllen wir diesen Anspruch heute? In vielen Bereichen, ja. In manchen noch nicht – oder zumindest nicht dauerhaft. Mit den jüngsten Quartalsergebnissen und dem Aktienkurs sind wir zum Beispiel nicht zufrieden. Insgesamt ist Daimler in den vergangenen Jahren aber deutlich vorangekommen." Seine Rede war nach dem emotionalen Beginn der Veranstaltung eher nüchtern und unpersönlich: Man war „vorangekommen", aber war er mit dem Geleisteten persönlich zufrieden? Was waren aus seiner Sicht die größten Herausforderungen, die er zu bewältigen hatte? Was waren die größten Erfolge und vielleicht auch: Was waren die größten Enttäuschungen, die er hinnehmen musste? Würde er, mit der Erfahrung von heute, die eine oder andere Entscheidung anders treffen, bestimmte Dinge anders machen? Vielen lagen diese Fragen auf der Zunge, aber es war klar, dass Dieter Zetsche darauf keine Antworten geben würde – zumindest nicht heute und auf dieser Veranstaltung.

Noch einmal ließ er seine Zeit als Vorstandsvorsitzender Revue passieren. Gemeinsam sei man durch unterschiedliche Phasen gegangen: „Einige Zeit lang waren wir als Aufräumer unterwegs" – womit zweifellos die kulturellen Verwüstungen im Konzern, die Probleme im PKW-Geschäft, vor allem aber die Trennung von Chrysler gemeint waren. „Dann", fuhr Zetsche fort, „ging es in die Offensive": Im Jahr 2016, vier Jahre früher als geplant, sei Mercedes-Benz wieder die Nummer eins im Premiumsegment geworden. „Damit", so Zetsche, „haben wir uns die notwendige Stärke erarbeitet, um bei der noch viel größeren Aufgabe die Führungsrolle einzunehmen: der Transformation der Automobilindustrie". Dazu habe man den größten Wandel in der Geschichte des Unternehmens eingeleitet und dieser Wandel sei jetzt in vollem Gange.

Ein wenig holte ihn dann aber doch noch seine eigene Vergangenheit ein. Seine Amtszeit hatte er im Jahr 2005 mit einem schmerzhaften, aber notwendigen Kostensenkungsprogramm begonnen, Tausende Arbeitsplätze abgebaut und sich damit mit dem Betriebsrat angelegt. Jetzt, in seiner letzten Rede, musste er wieder feststellen, dass „wir im gesamten Unternehmen Kosten senken und die Effizienz steigern" müssen. „Alles", so Zetsche, „steht auf dem Prüfstand: fixe und variable Kosten, Sach- und Personalkosten, Investitionsvorhaben, die Wertschöpfungstiefe und die Produktpalette." Wollte er damit beweisen, dass er nicht den Blick für die Realitäten verloren hatte? Oder wollte er gewissermaßen im Vorgriff seinen Nachfolger, der all dies umsetzen musste, argumentativ unterstützen? Wahrscheinlich beides, auch wenn das im Prinzip das Eingeständnis war, dass es ihm nicht gelungen war, das strukturelle Kostenproblem bei Daimler auf Dauer zu lösen.

Nur kurz erwähnte er ein Projekt, für das er noch im Vorjahr intensiv geworben hatte und das heute, bei seiner letzten Hauptversammlung, von den Aktionärinnen und Aktionären abgesegnet werden musste: das „Projekt Zukunft". Schon im Frühjahr 2017 gab es erste Überlegungen dazu, die drei großen Geschäftsfelder „Mercedes-Benz Cars", „Mercedes-Benz Trucks" und „Mercedes-Benz Financial Services" in rechtlich selbständige Einheiten umzuwandeln und damit die „divisionale Struktur" des Unternehmens zu stärken. Dahinter stand die Idee, die „Wachstums- und Ergebnispotenziale in den jeweiligen Märkten noch besser zu erschließen", wie es im Geschäftsbericht für das Jahr 2017 hieß. Im Grunde war das nur eine Konkretisierung von Gedanken, die es im Unternehmen schon seit Jahren, ja Jahrzehnten gab. Immer wieder einmal war über die Trennung des PKW- und des Nutzfahrzeuggeschäftes diskutiert worden. Geschehen war freilich nichts. Zwar konnte man auch jetzt noch sowohl auf technische wie auch vertriebliche Synergie-Effekte zwischen den verschiedenen Sparten verweisen. Aber in Zeiten, in denen institutionelle Investoren daran interessiert waren, den Shareholder-Value zu steigern, gab es ein schlagendes Argument für eine Aufteilung der Geschäftsbereiche: getrennt waren Mercedes-Benz Cars und Mercedes-Benz Trucks aus der Sicht vieler Anleger mehr wert als unter einem Dach. Vor allem für das hochprofitable PKW-Geschäft erwarteten viele Analysten und Investoren eine deutliche Wertsteigerung, wenn es nicht mehr mit dem im Ganzen weniger profitablen Nutzfahrzeuggeschäft zusammengespannt war. Eine zunächst rein rechtliche Trennung schaffte die Möglichkeit, später, wenn die Zeit reif und die Situation günstig war, auch an eine weitergehende wirtschaftliche Trennung zu denken und zum Beispiel – wie das VW mit seiner Nutzfahrzeugtochter Traton unter der Führung von Andreas Renschler getan hatte – das Nutzfahrzeuggeschäft an die Börse zu bringen. In einer Stellungnahme im Geschäftsbericht 2018 schloss das der Vorsitzende des Aufsichtsrates, Manfred Bischoff zwar aus: „Es ist nicht geplant, dass sich die Daimler AG von einzelnen Geschäftsbereichen trennt", erklärte er dort. Aber die Planungen konnten sich ändern. Die rechtliche Aufspaltung regte auf jeden Fall schon jetzt die Phantasie vieler Unternehmensbeobachter an.

Hinzu kam, dass sich das Geschäftsfeld der Financial Services in den letzten Jahren gewandelt hatte. Mobilitätsdienstleistungen hatten über das klassische Finanzierungs- und Leasinggeschäft hinaus an Bedeutung gewonnen und galten als Feld, auf dem man künftig wachsen wollte. Nicht umsonst gab man im Juli 2018 bekannt, den Geschäftsbereich von Daimler Financial Services in Daimler Mobility umzubenennen: „Das Geschäftsfeld Daimler Financial Services", erläuterte eine Pressemitteilung vom 26. Juli 2018 den Grund für die neue Namensgebung, „hat sich mit seinen Geschäftsmodellen in den letzten Jahren von einem Auto-Finanzierer zu einem integrierten Mobilitätsanbieter entwickelt: die Palette reicht von Finanzierung und Leasing über Flottenmanagement und Versicherungen bis hin zu digitalen Lösungen für Zahlungsabwicklung (Mercedes pay) sowie verschiedenste App-basierte Services wie u.a. moovel, car2go oder mytaxi. War es nicht denkbar, dass man auch diese Sparte mit der rechtlichen Verselbstständigung für neue Investoren öffnete, um die hohen Vorleistungen, die für eine weitere Expansion bei den Mobilitätsdienstleistungen zweifellos notwendig waren, leichter finanzieren zu können? Gewiss, das waren Gedankenspiele, aber es war klar, dass man mit der neuen Unternehmensstruktur mehr strategische Optionen haben würde als bisher. So nannte Manfred Bischoff auch die Gewinnung von „Innovations- und Kooperationspartnern" als einen der Gründe, warum der Aufsichtsrat, der von Anbeginn an eng in diese Überlegungen einbezogen worden war, das „Projekt Zukunft" unterstützte.

Als die Hauptversammlung im Jahr 2019 der Aufteilung des Konzerns in drei rechtlich selbstständige Einheiten mit überwältigender Mehrheit zustimmte, war noch nicht klar, was daraus werden würde. Offensichtlich hatten nur wenige bemerkt, dass die neue Struktur einen schweren Konstruktionsfehler aufwies, der schon bald zu weiterführenden Überlegungen Anlass gab, die schließlich zur Auflösung der Daimler AG führen mussten.

Am Ende seiner Rede bedankte sich Dieter Zetsche beim Aufsichtsrat „und Ihnen, unseren Aktionärinnen und Aktionären" und er bat darum, „Ola Källenius und sein Führungsteam bei ihrem Kurs genauso konstruktiv und vertrauensvoll zu begleiten" wie ihn. Wieder gab es viel Beifall und Dieter Zetsche verbeugte sich gleich zwei Mal, fast so tief, wie man das eigentlich nur von japanischen Managern kennt. War das ein Ausdruck von Demut gegenüber einem Publikum, das ihn gefeiert, aber auch oft geärgert hatte? Vielleicht wollte er mit dieser Geste ganz einfach einen Schlussstrich unter eine Beziehung ziehen, die ja im Jahr 2021 in neuer Konstellation mit ihm als Aufsichtsratsvorsitzendem wieder aufleben sollte. „Time-out" bedeutet im Sport „Auszeit" – die wollte er sich nehmen, um dann mit neuer Kraft und in neuer Funktion seine Geschichte mit Daimler fortzuführen.

Bilanz eines „Machers"

Der Beifall für seine letzte Rede auf der Hauptversammlung war kaum verklungen als alle, die irgendwie mit diesem Unternehmen zu tun hatten und Zetsche über die Jahre hinweg begleiteten, damit begannen, Bilanz über seine Amtszeit zu ziehen. Als erste waren die Aktionärsvertreterinnen und Aktionärsvertreter dran, die umgehend die Deutungshoheit über das Wirken des scheidenden Vorstandsvorsitzenden übernahmen. Auch aus deren Mund gab es viel Lob für Zetsche, aber – wie es Harry Pretzlaff von der Stuttgarter Zeitung formulierte – nicht nur „Jubelbrause". Janne Werning von Union Investment wollte „nur eine gemischte Bilanz der Ära Zetsche ziehen". Die Daimler-Aktie habe sich einschließlich der gezahlten Dividenden seit 2006 schwächer als der DAX und deutlich schwächer als die Aktien von BMW und VW entwickelt: „Für die Spitzenposition im Premiumsegment", so die Fondsmanagerin, „konnten sich die Aktionäre nichts kaufen, denn Daimler hat es nie wirklich geschafft, aus Premiumpreisen auch Premiummargen zu generieren". Ingo Speich von der DEKA mahnte weitere Fortschritte bei der CO2-Bilanz an, die er als bislang „katastrophal" bezeichnete, ebenso wie die Kostenentwicklung im Unternehmen. Die geplante Aufspaltung des Konzerns in drei rechtlich selbständige Einheiten ging ihm nicht weit genug, denn die Aktionäre würden einen „Börsengang der LKW-Sparte" erwarten, damit diese Neustrukturierung auch einen Mehrwert für die Anteilseigner habe. „Daimler kämpft an allen Fronten", meinte er schließlich, um dann die Frage aufzuwerfen, ob Dieter Zetsche tatsächlich der Richtige sei, um in zwei Jahren den Posten des Aufsichtsratsvorsitzenden zu übernehmen: „Ist ein Mann der alten Verbrennerwelt dafür der Beste?", fragte er ungeschminkt. Das war hart, aber Speich hatte nie ein Blatt vor den Mund genommen.

Die Bilanz über Dieter Zetsches Amtszeit als Daimler-Chef war noch Tage und Wochen nach seinem letzten offiziellen Auftritt bei der Hauptversammlung ein großes Thema in Tageszeitungen, Wirtschaftsmagazinen und TV-Nachrichtensendungen. Dabei sollte es doch nur ein Abschied auf Zeit sein. Aber vielleicht war es gerade das, was das Bilanzziehen so spannend machte, denn in die Frage, ob er ein guter oder schlechter Vorstandsvorsitzender gewesen war, mischte sich ganz unvermeidlich auch die Frage, ob er denn ein guter oder schlechter Aufsichtsratsvorsitzender sein werde. Die Würdigung seiner Leistungen war insofern nicht nur ein Akt für die Geschichtsbücher, wie bei anderen Vorstandsvorsitzenden, sondern zugleich ein Arbeitszeugnis, das er schon in Kürze wieder benötigen würde.

Keiner der teilweise jahrzehntelangen journalistischen Beobachter seines Wirkens versagte ihm den Respekt vor seiner persönlichen Lebensleistung, die sich ja über mehr erstreckte als nur seine Zeit als Daimler-Chef. Niemand verweigerte ihm die Anerkennung für den Strategiewechsel, den er nach der Ära Schrempp vollzogen hatte, und alle waren voll des Lobes, dass er Mercedes-Benz in die Erfolgsspur zurückgebracht und wieder zur Nummer eins im Premiumsegment gemacht hatte. Schließlich vergaß auch keiner zu erwähnen, dass Dieter Zetsche, indem er Anzug, Krawatte und Lederschuhe gegen Jeans, offenes Hemd und Sneakers austauschte, bekleidungstechnisch stilprägend in deutschen Managerkreisen gewirkt und damit die öffentliche Wahrnehmung von Spitzenmanagern positiv verändert habe. Aber das Jahr 2018 hatte doch einen langen und immer länger werdenden Schatten auf seine Amtszeit geworfen und so sprachen fast alle Journalisten von einem „getrübten Abschied" und davon, dass Dieter Zetsche seinem Nachfolger „viele Probleme" hinterlasse. Vor allem der Dieselskandal und seine zögerliche Aufklärung fehlten in keiner Bewertung seiner Amtsführung. „So hat der Daimler-Chef sein eigenes Erbe beschädigt", überschrieb Klaus Köster von den Stuttgarter Nachrichten seinen Kommentar zum Abgang des Daimler-Chefs: Fest stehe, dass es ihm nicht gelungen sei, „Daimler aus dem Strudel des VW-Skandals herauszuhalten, was ihn von seinem Rivalen BMW deutlich unterscheidet". Aber, fügte er hinzu, „einen besseren Abschied hätte er sich redlich verdient."

Einen besseren Abschied als seine drei Vorgänger hatte er auf jeden Fall. Werner Breitschwerdt war nach einer unwürdigen, in aller Öffentlichkeit geführten Diskussion über seine Qualifikation als Daimler-Chef, aus dem Amt gedrängt worden. Edzard Reuter ging als „gescheiterter Visionär" in die deutsche Wirtschaftsgeschichte ein. Auch er sollte Aufsichtsratsvorsitzender des Unternehmens werden, später nur noch ein einfaches Aufsichtsratsmitglied, bevor er die widerliche Posse um seine Person durch einen freiwilligen Verzicht auf jegliches Mandat beendete. Jürgen Schrempp stellte die ihm eigene Seelenstärke zur Schau, als er sich bei seinem Abschied als glücklichen Menschen bezeichnete. Aber im Grunde hielt ihn die Presse und auch ein großer Teil der Öffentlichkeit schlichtweg für einen Versager, der in der von ihm zusammengebastelten DaimlerChrysler AG viel zu lange am Ruder geblieben war. Dieter Zetsche hatte in seiner gesamten Amtszeit nur in einem Jahr, dem Jahr der Finanzkrise, einen Verlust ausweisen müssen und seinem Nachfolger zwar kein kerngesundes, aber auf keinen Fall ein am Rande des Abgrunds taumelndes Unternehmen übergeben. Gegenüber den Wechseln an der Unternehmensspitze bei seinen Vorgängern war der jetzige Stabwechsel ein Glanzstück guter Unternehmensführung, was sicher auch dem besonnenen

Charakter des Aufsichtsratsvorsitzenden Manfred Bischoff zu verdanken war. Die obersten Führungsgremien in Großunternehmen sind Haifischbecken: Dieses Mal hatte niemand gebissen und es war auch kein Blut geflossen.

Man kann den Erfolg eines Managers an vielen Kriterien messen: an der Entwicklung von Umsatz, Gewinn und Beschäftigung, an der Entwicklung des Aktienkurses und Börsenwertes, an der Entwicklung des Unternehmensimages und dem Ruf seiner Produkte. Harte, messbare Fakten mischen sich da mit weichen Faktoren, manchmal auch nur gefühlten Stärken und Schwächen. Der Prüfstein am Ende einer Amtszeit ist für jeden Vorstandsvorsitzenden letztlich immer die Frage, ob er das Unternehmen in einer besseren Verfassung verlässt, als er es bei seinem Amtsantritt vorgefunden hat. Ein Spötter könnte darauf antworten, dass dies im Falle von Dieter Zetsche nicht so schwer gewesen sei: Daimler befand sich im Jahr 2005 in einer lausigen, Angst machenden Verfassung und war – gemessen an seiner langen Geschichte – nur einen Wimperschlag von einer Katastrophe entfernt. Wäre Daimler mit Chrysler im Schlepptau in die Finanzkrise geschlittert, hätte dies den Untergang bedeuten können. Dieter Zetsche hat das verhindert. Allein dafür wird er in den Geschichtsbüchern des Unternehmens immer einen ganz besonderen Platz einnehmen.

Zetsche kam als „Macher", nicht als „Visionär". Er wurde seinem Ruf gerecht. Nachdem die Phase, die er selbst in seiner letzten Hauptversammlungsrede als „Aufräumphase" bezeichnet hat, beendet war, startete er eine, besser gesagt: *seine* Produktoffensive. In den „Visionen" von Edzard Reuter und Jürgen Schrempp hatte das Produkt eine nur untergeordnete Rolle gespielt. Die Autos sollten Geld bringen, um ihre „Visionen" zu finanzieren. Lediglich in der kurzen Zeitspanne in den 1990er-Jahren, als die Mercedes-Benz AG relativ selbstständig und unabhängig von der Konzernspitze agieren konnte, ging es mit der Modellpolitik voran. An der „ersten Produktoffensive" hatte Dieter Zetsche zunächst als Entwicklungs-, dann als Vertriebsvorstand aktiv mitgearbeitet. In gewisser Weise knüpfte er daran wieder an, als er Vorstandsvorsitzender und Mercedes-Chef wurde. „Bei uns", formulierte er programmatisch in seinem ersten „Brief an die Aktionäre" im Geschäftsbericht für das Jahr 2005, „stehen die Produkte im Mittelpunkt." Das war im Grunde eine konservative Strategie, aber genau das, was der Konzern in jener verworrenen Zeit brauchte: Fokussierung auf das, was man am besten kann, nämlich technisch und qualitativ hochwertige Fahrzeuge bauen. Die neue, von Gordon Wagener entworfene Designsprache erwies sich als genialer Wurf, mit der schrittweisen Modernisierung der Motorenpalette war man nach und nach auch antriebstechnisch wieder auf dem Niveau des Wettbewerbs, Qualität und Ausstattung verbesserten sich und so war Mercedes in einigen technischen Features dem Wettbewerb sogar voraus. Die völlig neu gestaltete, jugendlich, dynamisch wirkende A-Klasse im Jahr 2012 war ein Versprechen für die Zukunft. Die im Jahr 2013 eingeführte S-Klasse unterstrich den Anspruch des Unternehmens, die besten Autos der Welt zu bauen. Die SUV-Offensive brachte einen gewaltigen Image- und Volumenschub. Die „Zetsche-Autos", wie sie einmal von der ZEIT genannt wurden, erwiesen sich fast allesamt als

Volltreffer. Mit der dritten Produktoffensive kehrte das alte Selbstvertrauen, das in der Schrempp-Ära verloren gegangen war, wieder zurück. Dieter Zetsche hatte nicht nur angekündigt, wie ihm Aktionärsvertreter und Medien immer wieder vorgeworfen hatten, sondern nach dem Ende der Finanzkrise und nach dem Ende seiner persönlichen Krise geliefert.

Als ein nicht geringes Verdienst darf auch gelten, dass Dieter Zetsche dem Unternehmen endlich eine China-Strategie verpasste. Jahrelang hatten die Bedenkenträger im Konzern die Oberhand. Während vor allem Audi, aber auch BMW in China schon längst große Stückzahlen verkauften, drohte Mercedes den Aufstieg Chinas zum größten Automobilmarkt der Welt regelrecht zu verschlafen. Zetsche warf hier das Ruder energisch herum, indem er die Zahl der angebotenen Fahrzeuge erhöhte, das leidige Vertriebsthema mit einem heftigen, aber wirksamen Schwerthieb löste und vor allem nach und nach immer mehr Modelle in China selbst fertigen ließ. Die Entscheidung, „Greater China" zu einem eigenen Vorstandsressort zu machen, war richtig, und mit der Wahl von Hubertus Troska als China-Chef bewies er, dass er – wie bei der Ernennung von Gorden Wagener – bei Personalentscheidungen eine glückliche Hand hatte. China wurde zu einer Erfolgsstory, wie es sich einige Jahre zuvor nur wenige vorstellen konnten.

Als Mercedes-Benz im Jahr 2016 wieder die Nummer eins im Premiumsegment geworden war, fragten sich viele, was jetzt noch kommen könnte. Es spricht für die Hellsicht, aber auch für den Mut von Zetsche, dass er sich in den Jahren des größten Erfolgs nicht auf eine lineare Fortschreibung der Vergangenheit festlegen lassen wollte. Als einer der ersten in der Branche begriff er, dass sich die Welt der Mobilität verändern würde, neue Antworten auf die drängenden politischen und gesellschaftlichen Herausforderungen, aber auch auf die sich verändernden Kundenwünsche gefunden werden mussten. Die Zeit zwang ihn dazu, ein „Visionär" zu werden, auch wenn ihm diese Rolle nicht lag. Mit dem Kürzel „CASE" hatte er eine griffige Formel für seine Zukunftsstrategie gefunden. „Connectivity, autonomes Fahren, Shared Mobility und Elektromobilität" waren Handlungsfelder, die ein großes, nicht nur wirtschaftliches Potenzial hatten. Lag darin vielleicht nicht auch die Chance, als Unternehmen gesellschaftliche Relevanz wieder zu gewinnen, Trendsetter einer neuen Zeit zu werden, an dem sich andere orientieren konnten, und die Welt besser zu machen? So griffig die Formel war, so anspruchsvoll und komplex waren die Themen, die sich dahinter versteckten. Dieter Zetsche wollte, wie er selbst postulierte, in allen vier Feldern eine „führende Position" einnehmen. War das nicht zu hoch gegriffen? Überforderte er damit nicht ein Unternehmen, das sich gerade erst wieder aus einer seiner schwersten Krisen herausgearbeitet hatte? War er sich bewusst, dass er sich bei CASE nicht nur mit den Wettbewerbern aus der Automobilbranche, sondern auch mit den High-Tech-Giganten aus den USA messen musste?

Vielleicht wäre alles gut gegangen, wenn das florierende Kerngeschäft auch in den nächsten Jahren ein Selbstläufer gewesen wäre. Das war es aber nicht und konnte es auch gar nicht sein. Die Mischung aus innovativer Technik, ansprechendem Design und cleverem Marketing konnte nicht ewig funktionieren. BMW hatte das schon erfahren müssen und auch Audi. In einem neuerungssüchtigen Markt gewinnt der, der immer wieder Neues zu bieten hat, und zwar nicht nur in kleinen Schritten. Es muss auch immer wieder einen „großen Wurf" geben, der die Aufmerksamkeit der Medien und das Interesse der Kunden auf sich zieht – es sei denn, man ist bereit, als kleiner, exklusiver Hersteller in der gebotenen Distanz zum Massenmarkt seine eigenen Kreise zu ziehen. Die neue A-Klasse im Jahr 2012 war ein Bruch mit dem Vorgängermodell. Aber schon ihr Nachfolger im Jahr 2018 war in der Wahrnehmung des Marktes kaum mehr als eine Modellpflege, für die Profis „business as usual". So ging das auch mit anderen Modellen: Was anfänglich Erstaunen und Begeisterung auslöste, wurde nach und nach zur Routine, verlor an Beachtung, auch deshalb, weil sich ein neuer Wettbewerber wie Tesla ins Rampenlicht gespielt hatte. Der „Zetsche-Zyklus", der im Jahr 2012 begonnen hatte, ging in den Jahren 2017/2018 zu Ende. Irgendwie stellte sich das Gefühl ein, dass man den fein gesponnenen Faden in der Modellpolitik verloren hatte. Die Verschleißerscheinungen waren nicht zu übersehen, jetzt musste etwas Neues passieren, doch es passierte nichts bzw. nur das, was man schon kannte: Modellpflegen und Modellwechsel bei allseits bekannten und bewährten Modellen.

Auch damit hätte noch alles gut gehen können, doch dann sah sich das Unternehmen politischen und wirtschaftlichen Herausforderungen gegenüber, mit denen man so jedenfalls nicht gerechnet hatte. Das fast überschäumende Wachstum des chinesischen Marktes, mit schon zur Gewohnheit gewordenen zweistelligen Zuwachsraten, begann sich zu verlangsamen. Der Handelsstreit zwischen den USA und China sorgte für zusätzliche Belastungen. Die Politik setzte angesichts der zunehmend heftiger und emotionaler werdenden Diskussion um den Klimawandel verschärfte Vorschriften für die künftigen CO2-Emissionen in Kraft. Vor allem aber brach im Jahr 2017 der Dieselskandal mit einer solchen Wucht über den Konzern herein, dass man darauf schlicht und ergreifend nicht vorbereitet war. Er forderte nicht nur bilanzielle Vorsorgemaßnahmen für allfällige Rückrufaktionen und Strafzahlungen, sondern er band auch Entwicklungs- und Managementkapazität, die eigentlich woanders dringend gebraucht wurde. Beim Dieselskandal holte die Vergangenheit nicht nur die Gegenwart ein, sondern sie blockierte ein stückweit auch die Zukunft. Es war schwer, unter der Flut der Vorwürfe und Anklagen den Kopf und den Blick frei zu bekommen, auf jene Themen, die für den langfristigen Erfolg des Unternehmens von zentraler Bedeutung waren. „Sie haben zuletzt nicht mehr vorausschauend agiert, sondern nur noch reagiert", konstatierte Janne Werning von der Union Invest auf der letzten Hauptversammlung von Dieter Zetsche im Mai 2019. Sie hatte nicht unrecht.

Jede der Entwicklungen im und um das Unternehmen herum hätte schon für sich gereicht, um das Wachstumstempo des Konzerns abzubremsen. Alle zusammen, externe Belastungen und interne Probleme, erforderten eine Anspannung aller Kräfte zur Stabilisierung des Kerngeschäfts. Und dann sollte der Konzern gleichzeitig auch noch eine „führende Position" bei allen vier Zukunftsthemen einnehmen? Wie sollte das funktionieren in Geschäftsfeldern und in Technologien, bei denen nur der eine Chancen hatte, der nicht kleckerte, sondern der klotzen konnte? Die zuletzt explodierenden Zukunftsaufwendungen im Konzern führten auch bei Dieter Zetsche noch in seiner Amtszeit zu der Erkenntnis, dass er den Bogen wohl doch etwas überspannt hatte. Er reagierte: Bei dem chronisch defizitären Shared Service fand er mit BMW einen Partner und stand nun nicht mehr allein in der Verantwortung. Das Thema autonomes Fahren rückte in der Prioritätenliste etwas nach unten, dann fand man auch hier mit BMW – neben Bosch – einen weiteren Partner. Bei der Elektromobilität versuchte man aufs Gas zu drücken, aber die Dinge gingen dort langsamer voran als geplant, weil zunehmend deutlich wurde, dass für Elektroautos ein völlig neuer Technologieansatz notwendig war. Immerhin hatte man mit der Plug-in-Technologie ein technisches Konzept gefunden, mit dem der ökologische Footprint verbessert werden konnte, ohne allzu große wirtschaftliche Risiken einzugehen. Um zum Vorreiter in Sachen Elektromobilität zu werden, reichte das jedoch nicht. Zur Bilanz von Dieter Zetsche gehört daher auch die Feststellung, dass er sich zu viel vorgenommen hatte und das Unternehmen am Ende seiner Amtszeit überfordert und auch ein wenig rat- und orientierungslos wirkte. Mancher Kommentator meinte daher, dass er vielleicht zu spät aufgehört habe, um seine Erfolge zu genießen: „Hätte Zetsche vor zwei Jahren aufgehört", so spekulierte zum Beispiel die Welt am 22. Mai 2019, „er hätte als Mister Mercedes unsterblich werden können." Das wäre natürlich nicht passiert, denn der Dieselskandal hätte Dieter Zetsche dann eben im Ruhestand und als Aufsichtsratsvorsitzenden in spe eingeholt. Schlimmer noch: Wäre er früher gegangen, wäre er als Feigling dagestanden, der die Drecksarbeit seinem Nachfolger überlässt. Das Problem für Dieter Zetsche war, dass er den Dieselskandal nicht beenden konnte. Noch immer stand seine Aussage vom September 2015 im Raum, dass Daimler nicht manipuliert habe. Bis zum Schluss war er Gefangener dieser Aussage.

Er sei mit sich im Frieden, soll er laut einem Bericht im Handelsblatt vom 9. April 2019, wenige Wochen vor seinem Abschied, gesagt haben. Das klang nach Demut gegenüber einem Amt, das ihn zuletzt viel Kraft gekostet hatte, vielleicht klang es auch ein wenig nach Resignation. Nicht, dass er nicht schon früher zurückgetreten ist, dürfte ihn, den „Macher", geärgert haben, sondern dass er dem Unternehmen nicht noch einmal einen Schub nach vorne geben konnte. Man unterschätzt Dieter Zetsche, wenn man glaubt, er sei damals froh gewesen, nicht auch noch das Kostensenkungsprogramm umsetzen zu müssen, das er in seinem letzten Amtsjahr angekündigt hatte. Er hätte das getan, mit der gleichen Überzeugung und der gleichen Konsequenz, wie bei seinem ersten Kostensenkungsprogramm, kurz nach seinem Amtsantritt.

Sein Abschiedsgeschenk an das Unternehmen war das „Projekt Zukunft", von dem er wohl wusste, welche Sprengkraft es beinhaltete. „Es ist kein Naturgesetz, dass Daimler ewig besteht." Ob ihm, als er das im Februar 2018 sagte, klar war, dass genau dies das Ergebnis des von ihm initiierten Projektes sein würde? Oder wollte er sogar das Ende der Daimler AG?

Dieter Zetsche hat das Unternehmen in einer besseren Verfassung verlassen als er es bei seinem Amtsantritt antraf. Das Unternehmen, das er hinterließ, war – auch wenn das einige anders sahen – kein „Sanierungsfall". Es hatte Probleme, teilweise auch selbst verschuldete, aber es war modellpolitisch stärker, global präsenter und damit weniger gefährdet als nach dem Abgang von Jürgen Schrempp. Zu neuer, substanzieller Größe hat Zetsche das Unternehmen nicht geführt. Dazu war er in der Frage der künftigen Antriebstechnologie zu unentschlossen, unentschlossener jedenfalls als sein Kollege Herbert Diess bei VW, der schon wenige Wochen nach seinem Amtsantritt klar und eindeutig den Weg in die Elektromobilität forcierte und als den einzig erfolgsversprechenden deklariert hat. Damit hat VW eine „gesellschaftliche Relevanz" bekommen, die das Unternehmen zum Vorreiter bei der Transformation der Automobilindustrie in Deutschland macht. Freilich weiß heute niemand, ob Zetsches eher zögerliche Haltung in der Zukunft nicht doch für etwas gut sein könnte. Zum Zeitpunkt seines Abschieds blieb vieles – manchem auch zu vieles – im Ungefähren.

Golo Mann hat einmal geschrieben: „Der historisch Handelnde ist außerhalb der ihm gesetzten Zeitgrenzen ernsthaft nicht zu denken." Hinter dieser Feststellung des Historikers steht die Erkenntnis, dass jeder „Handelnde" nur in einer ganz bestimmten Zeitspanne die Bedingungen findet, die ihm günstig sind, ihm erlauben, ihr Bestes für ein Land, eine Sache oder eben auch für ein Unternehmen zu geben. Ob Dieter Zetsche eigener Einsicht oder dem Rat eines anderen gefolgt ist: Er hat nach allem, was wir heute wissen, recht getan, den für ihn vorgesehenen Posten eines Aufsichtsratsvorsitzenden der Daimler AG nicht anzutreten.

Kapitel 15

Zeitenwende: Wendezeit – Ola Källenius übernimmt

Nach dem „Macher“ wieder ein „Visionär“? Als Ola Källenius das Ruder von Dieter Zetsche übernimmt, stellt sich die Frage nicht. Wieder einmal ist „Aufräumen“ angesagt. Große Visionen müssen da erst in der Schublade bleiben. Doch eine Zeitenwende ist auch eine Wendezeit, in der sich Unternehmen neu ausrichten können. In der Zeit des ersten Lockdowns, im Frühjahr 2020, habe er sehr intensiv über die Zukunft von Daimler nachgedacht, hat Källenius einmal berichtet. Und er habe einige tiefe Überzeugungen gewonnen, wie dieses „stolze“ Unternehmen in die Zukunft geführt werden müsse. Sein Nachdenken muss sehr grundsätzlicher Natur gewesen sein. Denn das Ergebnis seiner Überlegungen war es, das Unternehmen, das einmal Daimler-Benz hieß, aufzulösen.

Im Krisenmodus

„Daimler kann mehr." Auch wenn die Hauptversammlung am 8. Juli 2020 nicht virtuell, sondern real an traditioneller Stätte auf dem Berliner Messegelände stattgefunden hätte, wäre niemand auf die Idee gekommen, Ola Källenius zu widersprechen. Daimler musste mehr können, denn das Jahr 2019, über das der Vorstandsvorsitzende zu berichten hatte, war schlimm, schlimmer als es viele, vor allem aber der Konzern selbst, erwartet hatten. Schon das erste Quartal 2019 war schlecht gewesen. Neben dem verschärften Wettbewerb und den steigenden Rabatten im PKW-Geschäft waren dafür die „laufenden behördlichen Verfahren und Maßnahmen für Dieselfahrzeuge" – ein Begriff, der nach und nach zum Standardvokabular in der Finanzberichterstattung gehörte – verantwortlich. Dann kam die Hauptversammlung, der Rückzug von Dieter Zetsche am 22. Mai und schon am 24. Juni eine Gewinnwarnung. Ola Källenius beobachtete die Entwicklung im zweiten Quartal und tat das, was auch seine beiden Vorgänger getan hatten: Er ließ seine Controller noch einmal nachrechnen und die von seinem Vorgänger übernommenen Risiken neu bewerten. Das Ergebnis war die nunmehr vierte Gewinnwarnung innerhalb der letzten zwei Jahre und bereits die zweite unter seiner Ägide. Die negative Geschäftsentwicklung nahm bedrohliche Ausmaße an, weil sich nicht nur die Bilanz, sondern auch die Liquidität des Konzerns rapide verschlechterte. Daimler – das war jetzt offenkundig – war in einen Krisenmodus eingeschwenkt. So begann Ola Källenius' Laufbahn als Vorstandsvorsitzender wie die seines Vorgängers: als „Aufräumer".

Als Källenius im September 2018 vom Aufsichtsrat einstimmig zum Nachfolger von Dieter Zetsche gewählt wurde, war der „schwäbische Schwede", wie ihn die Frankfurter Allgemeine Zeitung einmal bezeichnet hatte, zwar kein unbeschriebenes Blatt, aber natürlich bei Weitem nicht so bekannt wie sein Vorgänger und Förderer. Wie Zetsche war er ein „Daimler-Eigengewächs" und nach seinem Betriebswirtschaftsstudium im Jahr 1993 in die internationale Nachwuchsgruppe des Konzerns eingestiegen. Sein erster Auslandsaufenthalt führte ihn nach Tuscaloosa, wo er einige Jahre im Controlling tätig war. Nach Aufgaben im Materialeinkauf und bei der High-Performance-Tochter McLaren führte ihn sein Weg im Jahr 2009 wieder nach Tuscaloosa zurück: Er wurde Präsident der dortigen Produktionsgesellschaft und stieg damit in den oberen Führungszirkel des Konzerns auf. Schon ein Jahr später übernahm er die Geschäftsführung von AMG, bevor er dann 2013 zunächst in den Bereichsvorstand von Mercedes-Benz Cars als Leiter des Vertriebs und schließlich 2015 als reguläres Mitglied in den Daimler-Vorstand berufen wurde. Spätestens 2017 machte ihn Dieter Zetsche zum „Kronprinzen": Ola Källenius wurde Vorstand für Forschung und Entwicklung. Das war in einem Auto-Konzern gewissermaßen der Ritterschlag für noch höhere Aufgaben. Auch andere verstanden dieses Zeichen: Im Februar 2017 verließ Wolfgang

Bernhard, der lange Zeit als Nachfolger von Dieter Zetsche gehandelt wurde, das Unternehmen.

Källenius ist – auch darin Dieter Zetsche ähnlich – ein echter „car guy". Er liebt den Rennsport und dreht auch gern einmal selber eine schnelle Runde. In seinem Auftreten wirkt er stets unaufgeregt, eher zurückhaltend als sich nach vorne drängend. Er profilierte sich in seiner Karriere nicht als „Kämpfer" oder „Haudegen", sondern als Teamworker und Kommunikator. „Hi, ich bin der Ola, freut mich, dass du da bist", soll er neue Mitarbeiter noch begrüßt haben, als er schon Vorstand war, berichten die Medien über ihn. Vielleicht lag es daran, dass ihm bei seiner Amtsübernahme viel Skepsis entgegenschlug. Würde er, der zurückhaltende und freundliche Manager den Tanker Daimler schnell wieder auf Kurs bringen können? Dass jemand ruhig und doch durchsetzungsstark sein kann, passt nicht zu den üblichen Stereotypen, mit denen Manager intern und extern kategorisiert werden. Entweder ist ein Manager „kalt und hart" oder „freundlich und weich". Dass ein Manager auch freundlich und hart sein kann, geht über die Vorstellungskraft vieler Zeitgenossen hinaus. Dabei hatte schon Dieter Zetsche bewiesen, dass nicht jeder durchsetzungsstarke Manager zugleich ein Rambo oder Flegel im Umgang mit seinen Mitmenschen sein muss. Källenius wurde jedenfalls schnell vom „Kronprinzen zum Antreiber", wie es das Handelsblatt bei seiner Ernennung gefordert hatte. Die Herausforderung, die Kosten zu senken, ging er zielstrebig und energisch an. Er schien im Sommer 2019 zu ahnen, dass er nicht viel Zeit haben würde, um die Widerstandskraft des Konzerns zu stärken.

Nach der ersten Gewinnwarnung im Juni wurde das Geheimnis über das noch von Dieter Zetsche angekündigte Sparprogramm gelüftet. Nach einem internen Schreiben von Personalvorstand Wilfried Porth, das in den Medien kursierte, sollten „unter anderem Investitionsvorhaben, der Mitteleinsatz, die Wertschöpfungstiefe und das Einkaufsvolumen sowie das Produkt- und Produktionsprogramm" im Fokus stehen. Außerdem gehe „es um Einsparungen bei Reise- und Beraterkosten". Gesamtbetriebsratschef Michael Brecht war zufrieden, denn ein Personalabbau stand nicht zur Diskussion. Betriebsbedingte Kündigungen wären aufgrund einer Vereinbarung zur Beschäftigungssicherung bis zum Jahr 2029 ohnehin nicht möglich gewesen. Aber auch ein in diesen Fällen übliches Abfindungsprogramm wurde nicht gestartet: „Es wird", lässt sich Brecht in der Stuttgarter Zeitung vom 25. Juni 2019 zitieren, „kein Geld in die Hand genommen, um Menschen zu suchen, die das Unternehmen verlassen." Das hörte sich für die Belegschaft beruhigend an.

Nach der zweiten Gewinnwarnung im Juli sah die Welt plötzlich anders aus: Ola Källenius wusste, dass er mit „Einsparungen bei den Reise- und Beraterkosten" den Konzern nicht wieder in die Spur bekommen würde. Doch zunächst blieb es ruhig, manchen auch zu ruhig. Der Aktienkurs dümpelte vor sich hin, die Mitarbeiter waren besorgt und die Konzernspitze schwieg. Der Dieselskandal zog weiter seine Kreise über dem Unternehmen. Schon im Juli berichteten die Medien über eine umfassende Klagewelle gegen Daimler. Allein im ersten Halbjahr 2019 seien bei der Staatsanwaltschaft am Stuttgarter

Landgericht 1.100 Klagen eingereicht worden. Am 24. September verhängte das Landgericht Stuttgart eine saftige Strafe gegen Daimler: Das Unternehmen musste wegen einer „fahrlässigen Verletzung von Aufsichtspflichten" eine Strafe von 870 Millionen Euro bezahlen. Immerhin war damit das im Februar eingeleitete Bußgeldverfahren beendet. Doch schon am 6. Oktober gab es neue Untersuchungen des Kraftfahrt-Bundesamtes (KBA) wegen unzulässiger Abschalteinrichtungen bei Mercedes-Transportern und Ende November gerieten Diesel-Modelle der A- und B-Klasse ins Visier der Kontrolleure. Immerhin konnte der Konzern am 24. Oktober über eine Verbesserung im operativen Geschäft im dritten Quartal 2019 berichten. Das Konzern-EBIT von 2,7 Milliarden Euro lag über dem Gewinn im entsprechenden Vorjahreszeitraum. Doch in der Mitteilung des Konzerns fehlte auch dieses Mal nicht der Hinweis auf die „laufenden behördlichen Verfahren" und die Warnung, dass sich die dafür gebildeten Rückstellungen „im Rahmen von abschließenden Verfahrensentscheidungen teilweise als unzureichend erweisen" könnten.

Die Welt meinte es nicht gut mit Ola Källenius. Der Handelsstreit zwischen den USA und China, das Gezerre um den Brexit und die nicht abreißenden Diskussionen um Fahrverbote und Manipulationen an Diesel-Fahrzeugen in Deutschland hatten sich wie Mehltau über das Automobilgeschäft gelegt. Dazu kam, dass der chinesische Markt nach seinem Rückgang im Jahr 2018 keinerlei Erholungszeichen aufwies. Im Gegenteil: Als ob die Chinesen plötzlich die Lust am Autofahren verloren hätten, gingen die Neuwagenverkäufe auf dem größten Automobilmarkt der Welt im Jahr 2019 weiter zurück. Immerhin konnte Mercedes durch eine nochmalige Steigerung seiner Verkäufe jetzt auch in China an Audi vorbeiziehen und damit den Spitzenplatz im Premiumsegment erobern. Ansonsten waren Lichtblicke rar. Modellpolitisch herrschte eine Flaute, bis auf den neuen GLE, der aber mit erheblichen Anlaufproblemen in den Markt kam. Zum Stimmungskiller entwickelte sich schließlich auch noch die Internationale Automobilausstellung (IAA) im September. Die Messe, eigentlich eine Bühne, um neue Modelle zu inszenieren, innovative Technik zu präsentieren und vor allem um Optimismus zu verbreiten, sorgte schon im Vorfeld für negative Meldungen. Über 20 Hersteller hatte ihre Teilnahme abgesagt. Während der Messe protestierten Klimademonstranten unter der Losung „Sand im Getriebe" gegen „Spritschleudern" und hatten damit die Schlagzeilen für sich. Mercedes präsentierte auf der Messe die Vision EQS, eine seriennahe Studie für die künftige batterieelektrische S-Klasse, und sorgte damit immerhin für eines der wenigen Messe-Highlights. Am Ende lagen die Besucherzahlen auf der IAA 2019 um mehr als 30 Prozent unter denen der Messe im Jahr 2017. Selbst die Redakteure von auto motor und sport, die 14 Tage lang von der Messe live berichtet hatten, waren enttäuscht: „Es fehlte etwas", erklärten sie, bevor sie sich von ihren Lesern verabschiedeten: „Verve, Esprit, Aufbruchsstimmung und natürlich ein paar Hersteller." Es war die letzte IAA ihrer Art und Frankfurt zum letzten Mal der Austragungsort.

Am 14. November 2019 packte Ola Källenius den Knüppel aus. Die Erwartungen waren hoch, als er am Kapitalmarkttag in einem Londoner Hotel vor mehr als 100 geladenen Gästen mit seiner Präsentation begann. Heute sollte

Källenius nicht nur über die aktuellen Geschäftszahlen und Aussichten für die nächsten Monate berichten, sondern auch darüber, wie er den Konzern langfristig ausrichten wolle. Der Bedeutung der Veranstaltung angemessen, waren an diesem Tag auch zahlreiche Pressevertreter unter den eingeladenen Gästen. Doch für die künftige Strategie des Konzerns interessierten sich bald nur noch wenige der Anwesenden. Als er sein Kostensenkungsprogramm vorstellte, waren die Überschriften in den Berichten der Journalisten schon geschrieben: 1,4 Milliarden Euro will er bis Ende des Jahres 2022 bei den Personalkosten einsparen. Wie viele Arbeitsplätze das wären – darüber schwieg er sich aus. „Stellenabbau im Daimler-Management", hieß es noch am gleichen Tag im Online-Dienst des Handelsblatts. Und wenige Tage später legte das Blatt nach: „Autobauer Daimler will mindestens 10.000 Stellen streichen". Die Zahl wurde zwar von Daimler nicht bestätigt, aber sie beherrschte fortan die öffentliche und auch die interne Diskussion. Die Vereinbarung vom Juni, die nach den Worten des Betriebsratschefs Michael Brecht bedeutete, dass „kein Geld in die Hand genommen würde, um Menschen zu veranlassen, das Unternehmen zu verlassen", war Geschichte. Källenius zog die Zügel an. Anfang Dezember einigten sich Unternehmen und Betriebsrat überraschend über die Eckpunkte seines Kostensenkungsprogramms. Auch wenn die Beschäftigungsgarantie bis 2029 nicht angegriffen wurde, war klar, dass es Abfindungen für diejenigen geben würde, die bereit waren, das Unternehmen zu verlassen. In der Stuttgarter Zeitung vom 30. November 2019 wurde Personalvorstand Wilfried Porth mit der Aussage zitiert, die Stellenkürzung werde „fünfstellig sein, wenn auch im niedrigen Bereich".

Doch Källenius wusste, dass die Personalkosten nicht das einzige Feld waren, auf dem er angreifen musste. Zunächst galt es das Produktprogramm zu überprüfen: Brauchte der Konzern wirklich alle Modelle und Modellvarianten, die aktuell im Angebot sind? Welche waren wirklich profitabel, bei welchen machte man Verluste? Sein Blick fiel schnell auf eine Baureihe, die schon bei ihrem Erscheinen bei nicht wenigen Marktbeobachtern Kopfschütteln ausgelöst hatte: den Mercedes Pick-up. Die X-Klasse war mit dem Renault-Partner Nissan gemeinsam entwickelt worden und damit nahezu baugleich mit dem Nissan Navara. Produziert wurde das Modell in einem Nissan-Werk in Barcelona. Die ursprünglich geplante Produktion in Argentinien wurde gar nicht erst aufgenommen. Im Jahr 2019 hatte man gerade einmal 15.300 Einheiten von dem Fahrzeug verkaufen können. Wie konnte man im Jahr 2017 glauben, als das neue Modell der Presse in Kapstadt präsentiert wurde, daraus ein Lifestyle-Produkt machen zu können? Wie konnte man der Meinung sein, mit einem solchen Auto Geld verdienen zu können, nachdem man es nicht auf dem weltweit größten Markt für Pick-up-Fahrzeuge, den USA, sondern lediglich in Europa und einigen lateinamerikanischen Märkten sowie Südafrika anbot? Das Auto war von Anfang an eine Totgeburt. Källenius strich das Modell aus dem Angebot, die Produktion endete im Mai 2020.

Ein anderes Modell stand ebenfalls schnell auf dem Prüfstand, doch im Gegensatz zur X-Klasse, die kaum mehr als eine Spielerei gewesen war, ging es dabei um ein „strategisches" Modell: den GLC F-Cell. Das Auto war das

Ergebnis einer mehr als 20-jährigen Entwicklung von Brennstoffzellen-Fahrzeugen. Konnte man ein solches Modell, das ein kleines technisches Wunderwerk war, einfach aus dem Modellprogramm werfen? Die Entscheidung fiel nicht leicht. Doch in dem Maße, wie die batterieelektrische Elektromobilität an Momentum gewann, die Reichweiten stiegen und die Batteriepreise nach unten gingen, wuchsen in Fachkreisen und bei vielen Automobilherstellern die Zweifel, ob die Brennstoffzelle wirklich die beste Zukunftslösung für eine emissionsfreie Mobilität sei. Elon Musk bezeichnet die „Fuel Cell" spöttisch als „Fool Cell", was so viel wie „Idiotenzelle" heißen sollte: Es sei „bescheuert", mit viel Energieaufwand Wasserstoff herzustellen, um damit Strom zu erzeugen, um einen Elektromotor zu betreiben, erklärte er dem Hamburger Wirtschaftsmagazin Bilanz in einem Interview bereits im Jahr 2014. Da sei es doch viel effizienter und umweltverträglicher, mit regenerativ erzeugtem Strom direkt den Elektromotor anzutreiben. Er stand mit seinen pointiert formulierten Zweifeln nicht alleine. Auch VW-Chef Diess betrachtete Wasserstoff als einen „Hype von gestern". Es war weniger die Technik als die Verfügbarkeit von großindustriell hergestelltem und damit preiswertem Wasserstoff sowie die mangelnde Tankstelleninfrastruktur, die auch bei Daimler schon länger die Sorge größer werden ließ, dass Brennstoffzellen-Autos in einer überschaubaren Zukunft nicht alltagstauglich werden würden. Zwar hatte man im Herbst 2015 ein branchenübergreifendes Gemeinschaftsunternehmen, die H2 Mobility Deutschland, gegründet, das den flächendeckenden Aufbau eines Wasserstoff-Tankstellennetzes in Angriff nehmen sollte. Mit dabei waren immerhin prominente Wasserstoffproduzenten wie Air Liquide und Linde sowie die Mineralölfirmen Shell, OMV und Total. Doch der Ausbau der etwa 1 Million Euro teuren Tankstellen verlief zäh. Ziel war es, zunächst 100 und bis zum Jahr 2023 dann 400 Wasserstofftankstellen in Deutschland in Betrieb zu nehmen. Die Erklärungen zur Gründung des Unternehmens klangen wie eine Blaupause für die am 10. Juni 2020 von der Bundesregierung beschlossene „Nationale Wasserstoffstrategie": „Deutschland zum Leitmarkt für nachhaltige Mobilitätslösungen und effiziente Technologien zu machen", hieß es in der Presseerklärung zur Gründung der H2 Mobility vom 13. Oktober 2015, „ist das erklärte Ziel der Bundesregierung. Elektromobilität mit Brennstoffzellen-Fahrzeugen wird insbesondere bei Verwendung von Wasserstoff aus erneuerbaren Energien dazu beitragen, die CO2-Emissionen erheblich zu mindern." Fünf Jahre später, Anfang des Jahres 2020, gab es in Deutschland gerade mal 87 öffentlich zugängliche Wasserstofftankstellen.

Noch am 18. Dezember 2018 hatte Ola Källenius, damals Entwicklungsvorstand, dem baden-württembergischen Ministerpräsidenten Winfried Kretschmann eines der ersten Brennstoffzellen-Fahrzeuge übergeben. Er sah in dem Fahrzeug „ein Paradebeispiel für nachhaltige Mobilität", das „wirklich Maßstäbe bei Effizienz und Klimaschutz" setze: „Damit", so Kretschmann weiter, „steht es auch für die Zukunftsfähigkeit des Industriestandortes Baden-Württemberg". Auch Ola Källenius gab sich optimistisch: „Das Potenztial der Brennstoffzellentechnologie", erklärte er bei der Fahrzeugübergabe, „insbesondere im Bereich der Langstrecke oder im Nutzfahrzeugsegment, ist sehr groß. Mit dem GLC F-Cell bieten wir ein am Markt bislang einzigartiges rein elektrisches Antriebskonzept an, das in Sachen Alltagstauglichkeit und Attraktivität ganz klar auf dem Niveau klassischer Verbrenner liegt – aber eben ohne lokale Emissionen." Doch mit der Amtsübernahme oder vielleicht auch schon vorher, wuchsen auch bei ihm die Zweifel und er bereitete den Ausstieg aus dem Einstieg in das Geschäft mit Brennstoffzellen-PKW vor. Am 24. April 2020 kam dann offiziell die Wende und zugleich das Ende des GLC F-Cell: Der Daimler-Konzern stellte die Entwicklung der Brennstoffzellentechnik für seine PKW-Sparte ein. „Fahrzeuge mit Wasserstoffantrieb", so hieß es in der Begründung eines Konzernsprechers, „seien aufgrund schwieriger Marktbedingungen und deshalb ausbleibender Skalierungseffekte preislich mit batterieelektrischen Fahrzeugen derzeit und auch mittelfristig nicht konkurrenzfähig" (Die Welt vom 24. April 2020). Wieviel Daimler in die Entwicklung der Brennstoffzelle für PKW über die Jahre hinweg investiert hat, ist nicht bekannt. Schon im Jahr 2004 wurden die Aufwendungen auf 1 Milliarde Euro geschätzt. Wenn diese Zahl richtig ist, dann dürfte es bis zum Jahr 2020 mindestens das Dreifache gewesen sein. Schon am 31. März 2018 hatte die Süddeutsche Zeitung getitelt: „Die Brennstoffzelle ist ein Milliardengrab für Autohersteller". Für Daimler war es das auf jeden Fall.

Noch eine weitere, politisch ausgesprochen heikle Aufräumarbeit hatte Källenius vor sich. Ola Källenius war lange genug im Unternehmen, um zu wissen, dass die Smart-Fabrik in Hambach nicht irgendein Werk im weltweiten Produktionsverbund des Konzerns war. Vielen galt es lange Zeit als das modernste und innovativste Werk im Konzern und manchen gar als Symbol der deutsch-französischen Freundschaft, denn immerhin war die Fabrik 1997 vom französischen Ministerpräsidenten Jacques Chirac und von Bundeskanzler Helmut Kohl gemeinsam eingeweiht worden. Dass überdies viel EU-Geld geflossen war, um ein solches Werk ins strukturschwache Lothringen zu bringen, war weithin bekannt. Im Jahr 2020 waren 1.600 Menschen in Hambach beschäftigt. Nach dem Joint Venture mit Geely und der damit verbundenen Produktionsverlagerung des Smarts nach China, gab es den Plan, in Hambach das Kompaktmodell der elektrischen EQ-Familie, also den EQA, zu bauen. Das alles war jetzt unter dem Zwang, die Kostenstruktur zu verbessern, vorbei und vergessen: Der Schwerpunkt der europäischen Produktionsaktivitäten hatte sich längst nach Mittel- und Osteuropa verlagert: Das Montagewerk im ungarischen Kecsemet, das Motorenwerk im rumänischen Sebes und das Motorenwerk im polnischen Jawor zeigten klar, wohin die Reise ging. Hambach passte da weder ins geostrategische Konzept noch in das Kostengefüge des Konzerns. Ola Källenius ließ das Werk zum Verkauf stellen. Als Interessent galt schnell Ineos Automotive, ein britisches Unternehmen, das unter dem Markennamen „Grenadier" eine Wiederauflage des legendären Land Rover Defender plante. Gegen Ende des Jahres wurde der Verkauf abgeschlossen, mit einer Beschäftigungsgarantie für 1.300 Beschäftigte bis zum Jahr 2024. Die Empörung war nicht nur unter den französischen Mitarbeitern groß. „Daimler brüskiert Frankreich", titelte am 7. Juli 2020 die Stuttgarter Zeitung und rückte damit die politische Dimension dieser Entscheidung ins Blickfeld. Ola Källenius konnte und musste damit leben.

War es das? Das war es noch nicht, denn Daimler hatte noch ein weiteres, richtig dickes Kostenproblem. Unter Dieter Zetsches Ägide waren die Forschungs- und Entwicklungsaufwendungen in den letzten Jahren seiner Amtszeit dramatisch gestiegen. Zwischen 2015 und 2019 lag der Anstieg im Konzern bei 47 Prozent auf fast 10 Milliarden Euro, im Geschäftsbereich Mercedes-Benz Cars sogar bei 63 Prozent auf 7,5 Milliarden Euro. Dazu kamen noch explosionsartig gestiegene Investitionen. Einer der Gründe dafür vielleicht sogar der wichtigste, war CASE. Das Ziel, in vier zentralen Technogiefeldern „eine führende Position" einzunehmen, kostete viel Geld. Die Zukunftsaufwendungen für die kaum noch überschaubare Zahl an Projekten drohten paradoxerweise die Zukunft des Konzerns aufzufressen. Gegensteuern war notwendig. Doch das war leichter gesagt als getan. Auf der einen Seite musste Källenius Rücksicht auf Dieter Zetsche nehmen, dessen Kind CASE war. Das Strategieprojekt einfach über Bord zu werfen, wäre ein schlimmer Gesichtsverlust für den künftigen Chef des Aufsichtsrates gewesen. Außerdem waren die im Rahmen von CASE als Schwerpunkte definierten Technologie- und Handlungsfelder ja nicht plötzlich irrelevant geworden. Digitalisierung, autonomes Fahren, Shared Mobility und Elektromobilität waren weiterhin große Herausforderungen, aber auch Chancenpotenziale für den Konzern. Källenius stand vor einer schwierigen Aufgabe: Er musste aus Kostengründen von CASE abrücken, ohne es so aussehen zu lassen und ohne die Zukunftsfähigkeit des Unternehmens in Gänze in Frage zu stellen. In einem Interview im Januar 2020 mit der Deutschen Presseagentur (dpa) fand er für die heikle Mission eine rhetorisch gute Lösung: „Was wir im Rahmen unserer Strategie gemacht haben", erklärte er dem fragenden Journalisten, „ist: Fokussieren. Dabei haben wir uns nochmal angeschaut: Wie entwickeln sich die technologischen Trends? Wo investieren wir das meiste Kapital? Wie sieht die Reihenfolge aus? Das wird dann möglicherweise so aufgefasst, als habe es einen anderen Stellenwert. Aber dem ist nicht so." Wie die „Fokussierung" aussah, wurde nach und nach deutlich: Schon im Herbst 2019 wurde in den Medien die Nachricht lanciert, dass Daimler und BMW für ihr Gemeinschaftsunternehmen Your now Partner suchen, und noch im Dezember 2019 gab das Unternehmen bekannt, dass es seinen Carsharing-Dienst Share Now in den USA einstellen würde. Ende 2020 war aus dem Unternehmen zu hören, dass man die Park-App Park Now verkaufen wolle. Unterstützung fand Källenius dabei von Gesamtbetriebsratschef Brecht, der die Auffassung vertrat, dass der Konzern für solche Dienste kein Geld „rausblasen" müsse (Stuttgarter Zeitung vom 15. Oktober 2020). Ein potenzieller Käufer, wurde in Branchenkreisen gemunkelt, sei der schwedische Konkurrent Easypark. Tatsächlich wurde der Deal dann im Frühjahr 2021 abgeschlossen.

Auch beim „A" in CASE, also beim autonomen Fahren, trat man noch mehr auf die Bremse, als man das ohnehin schon unter Dieter Zetsche getan hatte. „Einen Meilenstein auf dem Weg zum automatisierten Fahren setzen wir in Zusammenarbeit mit der BMW Group. Gemeinsam mit BMW wollen wir die nächste Technologiegeneration für Fahrassistenzsysteme und automatisiertes Fahren auf Autobahnen sowie automatisierte Parkfunktionen entwickeln", hatte das Unternehmen im Juli 2019 bekanntgegeben. Mehrfach war die

Allianz mit BMW als „strategisch" und „langfristig" bezeichnet worden. Doch schon im Juni 2020 gab es eine neue, überraschende Wende: Als idealer Entwicklungspartner galt jetzt der amerikanische IT-Konzern NVIDIA ein weltweit führender Anbieter von Grafikprozessoren, die sich besonders gut für den Einsatz von Systemen der Künstlichen Intelligenz (KI) eignen. Die Zusammenarbeit mit NVIDIA sei weitreichend, hieß es aus dem Konzern: Es gehe um nicht mehr und nicht weniger als um die Entwicklung eines komplett neuen „fahrzeuginternen Computersystems sowie einer KI-Computing-Infrastruktur", wie es in einer Pressemitteilung vom 23. Juni 2020 zu lesen war. „Die neue Software-definierte Architektur", beschrieb die Presseinformation den Inhalt der Zusammenarbeit weiter, „basiert auf NVIDIA DriveTM und wird in allen künftigen Mercedes-Benz-Fahrzeugen zum Standard gehören, um moderne automatisierte Fahrfunktionen zu ermöglichen." Besonders interessant, wenn auch nicht wirklich neu, war die Idee, dass Kunden Software-Anwendungen und Abonnement-Dienste über Over-the-Air-Updates über den gesamten physischen Lebenszyklus des Fahrzeugs hinzufügen und aktualisieren können. Das Ziel sei es, wie es NVIDIA-Chef Jensen Huang formulierte, dass ein gebrauchter Mercedes künftig schlauer sei „als er es als Neuwagen war". Im Grunde bedeutete das Zusammengehen mit NVIDIA für Daimler, dass man sich aus der eigenständigen Entwicklung autonom fahrender Autos, deren Kosten nicht absehbar waren, verabschiedete. Die Zusammenarbeit mit der BMW Group wurde, wie in einer Pressemitteilung betont wurde, „in bestem partnerschaftlichen Einvernehmen" beendet. Auch das gemeinsame Projekt, das man mit Bosch seit 2017 in San José mit autonom fahrenden Taxis betrieb, wurde bis auf Weiteres zurückgestellt und im August 2021 beendet. „Big Tech" hatte gesiegt.

Am 18. Februar 2020, Corona war geografisch noch in weiter Ferne, musste Ola Källenius auf der Jahrespressekonferenz in Stuttgart die Geschäftszahlen für das zurückliegende Jahr präsentieren und einen Ausblick auf das laufende Geschäftsjahr geben. Schon eine Ad-hoc-Mitteilung des Konzerns am 22. Januar 2020 war eine mehr oder weniger verklausulierte Gewinnwarnung für das schon beendete Geschäftsjahr 2019. Die Zahlen waren ernüchternd, zumal nicht der Hinweis fehlen durfte, dass in dem als vorläufig deklarierten Konzern-EBIT von 5,6 Milliarden Euro „voraussichtliche zusätzliche Aufwendungen für laufende behördliche und gerichtliche Verfahren und Maßnahmen betreffend Mercedes-Benz-Dieselfahrzeuge in verschiedenen Regionen und Märkten" noch nicht berücksichtigt seien. Medien und Analysten konnten die neue Nachricht kaum fassen: „Daimler zu bewerten hat mich schon mehrfach sprachlos gemacht, und heute ist ein weiterer trauriger Tag für alle Beteiligten", wird Arndt Ellinghorst vom Analysehaus Evercore ISI in einem Bericht der Frankfurter Allgemeinen Zeitung vom 23. Januar zitiert. Es schien mit den schlechten Nachrichten kein Ende zu nehmen. Immerhin wollte niemand Ola Källenius für die dritte Gewinnwarnung in seiner Amtszeit persönlich verantwortlich machen: „Källenius", meinte am gleich Tag Anne Guhlich in den Stuttgarter Nachrichten, „taugt nicht zum Sündenbock", auch wenn sie konstatierte, dass er allmählich den „Rückhalt in der Belegschaft" verlieren könnte und der Druck durch Investoren und Analysten größer werde.

Ola Källenius' erster Auftritt als Konzernchef bei einer Bilanzpressekonferenz war nüchtern, einige meinten, mit Blick auf seine Herkunft, „skandinavisch unterkühlt". Die endgültigen Geschäftszahlen für das Jahr 2019 waren erschreckend, wenngleich sie niemand mehr überraschten: Rückgang des Konzerngewinns um 61 Prozent auf nur noch 4,329 Milliarden Euro, Rückgang der Umsatzrendite bei den Mercedes-Benz Cars von 7,8 im Jahr 2018 auf 3,6 Prozent im Jahr 2019 und Kürzung der Dividende von 3,25 Euro auf 90 Cent. Dann präsentierte der Konzernchef sein Kostensenkungsprogramm und verzichtete fast schon ostentativ auf eine Aussage, die Hoffnung auf eine schnelle Besserung der Lage gemacht hätte. Vielleicht war das Absicht. Offensichtlich wollte er das vermeiden, was seinem Vorgänger öfters passiert war: Gefangener der eigenen Ankündigungen zu werden. Das „Sparprogramm", das er dem Unternehmen verordnet hatte, erklärte er den Journalisten in freier Rede, sei für ihn nicht nur von kurzfristiger, sondern von strategischer Bedeutung, um die Handlungsspielräume zu bekommen, die nach seiner Auffassung notwendig waren, um Daimler neu auszurichten. Er wolle dieses „stolze Unternehmen" wieder dorthin führen, wohin es gehöre, erklärte er für seine Verhältnisse schon fast pathetisch. Es klang wie eine Selbstverpflichtung, die er sich aus tiefer, innerer Überzeugung auferlegt hatte. Nach „Show" war bei dieser Veranstaltung ohnehin niemand zumute. Die mediale Resonanz war so zwiespältig wie der Auftritt von Källenius: Während die Stuttgarter Zeitung „Daimlers neue Nüchternheit" lobte, befand DER SPIEGEL: „Ratlos in die Zukunft".

Schon ein paar Wochen später war ohnehin alles Makulatur, was Ola Källenius zu den Aussichten für das Geschäftsjahr 2020 gesagt hatte. Das Virus hatte die Welt fest im Griff und spätestens als die amerikanische Regierung den kompletten Flugverkehr von und nach den USA einstellte, war klar, dass die Weltwirtschaft im Allgemeinen und die Automobilindustrie im Besonderen vor ihrer größten Krise in der Nachkriegszeit standen. Am 27. März 2020 trat in Deutschland das „Gesetz zum Schutz der Bevölkerung bei einer epidemischen Lage von nationaler Tragweite" in Kraft, das weitgehende Einschränkungen für das öffentliche Leben in die Wege leitete und schon bald zu einem nahezu kompletten Stillstand des gesellschaftlichen und wirtschaftlichen Lebens führte. Der Lockdown war da und niemand wusste, wie lange er dauern würde. Die Corona-Krise änderte nicht alles, aber wie bei der Erkrankung selbst, traf sie jene Unternehmen, die schon vorher „vorbelastet" waren, am stärksten. Wieder fühlte man sich an die Amtszeit von Dieter Zetsche erinnert: Als er mit dem „Aufräumen" begonnen hatte und auch schon ein Stück weit vorangekommen war, brach die Finanzkrise über die Weltwirtschaft herein. Das Strampeln und Kämpfen, um das Unternehmen am Laufen zu halten, gingen weiter, doch der Erfolg der vielen richtigen und notwendigen Maßnahmen, die man getroffen hatte, wurde in den finanziellen Ergebnissen nicht sichtbar. Die Corona-Krise war nicht nur heftiger als die Finanzkrise, sondern auch unberechenbarer, weil ihre Ursache und ihr Verlauf nicht wirtschaftlichen Gesetzmäßigkeiten folgten, sondern epidemiologischen Unwägbarkeiten unterworfen waren. Die einzig angemessene Reaktion zum Schutz der Mitarbeiter war es, die Produktion herunterzufahren und Kurzarbeitergeld in Anspruch zu nehmen. Angesichts des Nachfrageeinbruchs und der Unterbrechung der Lieferketten hätte alles andere auch betriebswirtschaftlich keinen Sinn gemacht. Es galt, die Liquidität zu sichern und jeden nicht zwingend notwendigen Mittelabfluss zu verhindern. Dass die Geschäftsergebnisse im ersten Quartal 2020 katastrophal waren, sorgte für keine Aufregung. Das war allenthalben erwartet worden und ging in der Flut von schlechten Meldungen aus der Wirtschaft unter.

Ende April gab es die ersten Anzeichen für eine Entspannung der Lage. Vorsichtiger Optimismus kam auf, nachdem vor allem die Verkäufe in China wieder anzogen. Doch von einer wirtschaftlichen Erholung wollte noch keiner sprechen. Die Geschäftszahlen für das zweite Quartal waren jedenfalls noch katastrophaler als die für die ersten drei Monate des Jahres. Hatte man im ersten Quartal immerhin noch einen kleinen Gewinn von 617 Millionen Euro erzielt, so war man jetzt tief in die roten Zahlen gerauscht. Das Minus aus dem operativen Geschäft betrug 1,68 Milliarden Euro. Da absehbar war, dass die Erholung der Märkte länger dauern würde als erwartet, musste das im Herbst 2019 auf den Weg gebrachte Kostensenkungsprogramm nachgeschärft werden. Der Handlungsdruck war hoch, die Nervosität bei den Arbeitnehmern und beim Betriebsrat ebenfalls. Jetzt war nicht mehr von einer Reduktion der Personalkosten um 1,4 Milliarden Euro, sondern von 2 Milliarden Euro die Rede, jetzt ging es nicht mehr um 10.000 Stellen, die abgebaut werden sollten, sondern um mehr als 15.000. Ende Juli einigten sich Geschäftsleitung und Betriebsrat auf ein Sparprogramm, mit dem immerhin betriebsbedingte Kündigungen ausgeschlossen werden sollten. Dafür mussten die Arbeitnehmer Zugeständnisse machen: die Wochenarbeitszeit in Verwaltung, Entwicklung und Logistik wurde ohne Lohnausgleich gekürzt, tarifliche Zusatzentgelte in freie Tage umgewandelt und die Ergebnisbeteiligung für das Jahr 2020 gestrichen.

Die auf den 8. Juli 2020 verschobene Hauptversammlung war die erste für Ola Källenius als Daimler-Chef und die erste für Daimler als ein „virtuelles Event" – ohne Aktionäre und ohne Würstchen. Källenius' Rede war gewohnt sachlich-nüchtern, gegliedert anhand von 10 Zahlen. Er berichtete über die Lage, die Fortschritte und die Strategie. Es war keine Rede, die einen vom Hocker riss. Doch ungefähr in der Mitte seiner Rede traf er eine Feststellung – oder war es sogar ein Versprechen? „Die jüngsten Ergebnisse – auch schon vor Corona – werden diesem stolzem Unternehmen nicht gerecht. Daimler kann mehr. Und wir sind entschlossen, zu liefern."

Greta, Ola und der Luxus

„Skolstreijk för Klimatet" stand in gut lesbaren Großbuchstaben auf einem selbst gemachten Schild, mit dem sich ein 15-jähriges Mädchen am 20. August 2018 vor das schwedische Parlament setzte. Schon ein paar Monate später, im Dezember 2018, hielt sie eine Rede bei der UN-Klimakonferenz im polnischen

Kattowitz. Sie klagte an, zeigte ihre persönliche Betroffenheit und forderte zum Handeln auf. Es ist ein energischer und zorniger, gleichzeitig aber auch berührender Auftritt, der um die Welt geht. „Greta hat mich beeindruckt und inspiriert, sie hat mein Herz berührt", sagte einer ihrer unbekannten Unterstützer. Das sahen viele so. Greta Thunberg ist Emotion pur.

Ola Källenius ist auch Schwede. Gut zwei Jahre nach dem Beginn des Klimastreiks seiner Landsfrau hatte er ein Problem. Das Problem war ein Auto, das wie kein anderes für die Marke Mercedes-Benz steht und das jedes Mal, wenn ein Nachfolger fällig war, vom Unternehmen selbstbewusst zum technologischen Spitzenreiter der Branche deklariert wurde. Im September 2020 durfte Källenius die neue S-Klasse mit der Baureihenbezeichnung W223 der Öffentlichkeit präsentieren. Die Pressevorstellung erfolgte natürlich virtuell, die Bühne, von der aus die Präsentation übertragen wurde, war die Fabrik, in der das Auto produziert werden sollte: die voll digitalisierte, komplett vernetzte und klimaneutrale „Factory 56". Ein langjähriger Begleiter des Unternehmens, Harry Pretzlaff von der Stuttgarter Zeitung, erinnerte in seinem Bericht über die Präsentation an die Vorstellung des Vorgängermodells im Mai 2013 im Airbus-Werk in Hamburg mit 750 Gästen und einer großen Show. Alles sei dieses Mal anders, nur die „Versprechungen sind heute so groß wie damals in Hamburg", schreibt er in seinem Artikel vom 3. September 2020. Die neue Generation der S-Klasse sei, zitierte er Källenius, „die smarteste, sicherste und komfortabelste Oberklassenlimousine auf dem Planeten". Und der Daimler-Chef hob stolz hervor, dass die S-Klasse noch immer die meistverkaufte Luxuslimousine der Welt sei.

Obwohl wie immer professionell inszeniert, rief der Ton der Präsentation – im Gegensatz zum Mai 2013, als die Presse Lobeshymnen auf die S-Klasse anstimmte – dieses Mal nicht so große Reaktionen hervor. Nur wenige Journalisten hielten sich in ihrer Berichterstattung bei den technischen Neuerungen auf, die das neue Modell bot: eine Hinterachslenkung, mit der sich der Wendekreis um 2 Meter reduziert, Fondairbags, die die Passagiere auf der Rücksitzbank schützen, und das weiter verbesserte, sprachgesteuerte Infotainment-System MBUX. Auch die Ankündigung, dass das neue Modell ab dem zweiten Halbjahr 2021 mit einem „Drive Pilot" ausgestattet werden wird, der dafür sorgen soll, dass das Auto auf geeigneten Autobahnabschnitten „hochautomatisiert" fahren kann, wurde in vielen Berichten nur am Rande erwähnt. In den meisten Kommentaren geht es um etwas anderes, grundsätzlicheres. „Der Dinosaurier aus der Zukunftsfabrik" titelte der Online-Dienst des ZDF über das Mercedes-Flaggschiff. Das Handelsblatt sah in dem Auto „keinen Heilsbringer" und spielte damit auf die Tatsache an, dass die letzte S-Klasse der „Rettungswagen" für Dieter Zetsche war und die Marke damals aus einer tiefen Image-Krise herausgezogen hatte. Für die Süddeutsche Zeitung war die neue S-Klasse „vielleicht die letzte ihrer Art" und Jürgen Pander fragte im SPIEGEL ganz unverhohlen: „Wer braucht noch dieses Auto?"

Die neue S-Klasse war, wie könnte es anders sein, ein respektables, technisch und stilistisch herausragendes Auto, aber sie war auch ein Opfer der hausgemachten Modell-Regie. Jetzt rächte sich, dass das Unternehmen ein Jahr zuvor auf der IAA die Vision einer elektrischen S-Klasse, die Vision EQS, präsentiert hatte. Daniel Zwick von der WELT brachte die Stimmungslage der meisten Journalisten auf den Punkt, wenn er schrieb, dass die neue Baureihe „eher ein Produkt des Übergangs als für die Zukunft“ sei und dann darauf hinwies, dass in eben der Zukunftsfabrik, in der jetzt die neue und zugleich alte S-Klasse produziert wird, schon bald ein wirkliches Zukunftsauto hergestellt werden wird: der neue EQS. Vielleicht wäre der – gemessen an früheren Premieren – mediale Verriss etwas milder ausgefallen, wenn die neue S-Klasse wenigstens motorentechnisch etwas Innovatives zu bieten gehabt hätte. Doch das neue Modell kam – vier Jahre, nachdem man bei der Elektromobilität den „Schalter umgelegt“ hatte – tatsächlich nur mit ganz konventionellen Verbrennungsmotoren auf den Markt. Noch nicht einmal einen neuen Plug-in-Hybrid gab es zum Serienstart. Für viele wirkte die Modellvorstellung so, als hätte sich Ola Källenius mit der neuen S-Klasse, dem Auto für „Diktatoren und Direktoren“, wie es ein deutscher Journalist etwas despektierlich bezeichnete, eine klimapolitische Auszeit gegönnt. „Daimler kann mehr“, hatte er auf der Hauptversammlung versprochen. Aber die neue S-Klasse war keine Antwort auf die Frage nach der Zukunft des Konzerns. Das haben nicht nur Außenstehende, sondern auch viele Führungskräfte und Mitarbeiter so empfunden.

Ola Källenius hatte in seinem ersten Amtsjahr und darüber hinaus viel mit „Aufräumen“ zu tun. Drei Gewinnwarnungen, dann Covid-19 und jede Menge Ärger mit dem Betriebsrat. Blieb da überhaupt noch Zeit, um darüber nachzudenken, wohin die Reise langfristig gehen sollte? Schon im Mai 2019, wenige Wochen bevor er die Nachfolge von Dieter Zetsche antrat, stellte Källenius die Strategie „Ambition 2039“ der Öffentlichkeit vor. Sie beinhaltete das Versprechen, dass die PKW-Neuwagenflotte bis zum Jahr 2039 klimaneutral sein soll und schon im Jahr 2022 alle Werke in Europa ebenfalls klimaneutral produzieren werden. „Für uns“, erklärte er damals, „ist das Pariser Klimaabkommen mehr als eine Verpflichtung – es ist eine Überzeugung.“ Damit war eine erste Wegmarke gesetzt. Auf der IAA im September 2019, seinem ersten großen öffentlichen Auftritt, setzte Källenius einen zweiten Orientierungspunkt: „Unsere Aufgabe ist es jetzt“, erklärte er im Rahmen der Pressekonferenz des Konzerns, „Modern Luxury von Mercedes neu zu definieren. Dabei ist klar: begehrenswerter, zeitgemäßer Luxus muss nachhaltig sein – aber eben auch nachhaltig faszinierend.“ Viel Resonanz löste er damit nicht aus. Die Vision EQS fand in dem allgemeinen Durcheinander der letzten Frankfurter IAA mehr Interesse als die etwas vage Ankündigung des Unternehmenschefs, die Marke Mercedes-Benz neu auszurichten.

Auch auf dem Kapitalmarkttag am 14. November 2019 deutete Källenius an, wohin er die Marke Mercedes-Benz in Zukunft führen wolle. Er sprach über „sustainable modern luxury“, die Fokussierung auf höherwertige Modelle und den Ausbau der Submarken des Konzerns. Aber als er ein Kostensenkungsprogramm und Personalanpassungen ankündigte, interessierte sich niemand mehr für seine Strategie. So sorgte ein Interview mit dem Handelsblatt am 16. Juli 2020 für ungleich mehr Aufmerksamkeit, bei dem er im Grunde die

Aussagen, die er schon bei der IAA und beim Kapitalmarkt tätigte, nur wiederholte. Vielleicht lag es daran, dass er das, was er sagen wollte, jetzt griffiger, dem an Marketing-Formeln eher desinteressierten Publikum verständlicher darstellte. „Wir wollen", erklärte er seinen Gesprächspartnern vom Handelsblatt, „zurück zu unserem Kern als Hersteller von modernen Luxusfahrzeugen." Und dann legten ihm die Handelsblatt-Redakteure mit ihrer Frage einen Vergleich in den Mund, den jeder verstand: „Klingt so, als würden Sie sich Luxuskonzerne wie LVMH zum Vorbild nehmen, die mit einer Verknappung ihres Angebotes ihre Preise hoch halten", und Källenius antwortete: „Auch bei uns geht Preis vor Menge. Wir werden künftig noch stärker als bisher auf die Rentabilität unserer Absätze achten. Das heißt aber nicht, dass wir nicht wachsen können. Wir werden wachsen. LVMH hat das als Luxuskonzern geschafft, insofern ist der Vergleich nicht ganz verkehrt." Ein wenig erinnerte diese Aussage an ein Statement des kurzzeitigen Mercedes-Chefs Eckhard Cordes im Jahr 2005. Der hatte in einem Interview erklärt, dass er das Volumenwachstum bei Mercedes für problematisch halte, und dann seine Vision für die Marke erläutert: „Wäre Mercedes eine Armbanduhr, würde ich gerne eine Marke wie Patek Philipp schaffen; unverwechselbar, wertvoll, weder alt noch jung. Ein Image, das von hoher Qualität und einem hohen Wert geprägt wird, dabei aber nicht altmodisch ist." Cordes blieb in der langen Geschichte des Unternehmens nur eine Episode und so blieb auch die Frage, ob er das geschafft hätte, unbeantwortet. Dieter Zetsche hatte das Rad in eine andere Richtung gedreht: Mehr Kompaktmodelle, mehr Varianten und vor allem: mehr Volumen, um BMW wieder von Platz eins im Premiumsegment zu verdrängen.

Am 6. Oktober 2020 lud Daimler erneut zu einer Analysten- und Investorenkonferenz ein. „Neue Mercedes-Benz-Strategie vorgestellt", hieß es in einer Pressemitteilung und jetzt ließ sich Källenius nicht mehr von tagesaktuellen Meldungen ablenken, sondern jetzt wollte er endlich „seine" Strategie unter die Leute bringen. War es ein Zufall, dass wenige Tage vorher, am 26. September 2020, Dieter Zetsche hatte bekanntgeben lassen, dass er nicht Aufsichtsratsvorsitzender bei Daimler werden wolle? Ola Källenius' Vorstellungen über die Zukunft waren jedenfalls andere als die, die Dieter Zetsche gepredigt und umgesetzt hatte. Ob man das nun als „Bruch" oder als „Weiterentwicklung" der Zetsche-Strategie bezeichnete, war eine Frage der Interpretation. Fakt war, dass Källenius Akzente setzte, die es Zetsche schwer gemacht hätten, seinen Zögling zu begleiten und zu unterstützen.

„Denken und handeln wie eine Luxusmarke", hieß die Losung, die Källenius ganz an den Anfang seiner Neuausrichtung stellte. „Luxus", erklärte er, „war schon immer Teil der Seele von Mercedes-Benz. Künftig wird die Marke wieder stärker auf Luxus fokussiert." Auch darüber, wie ein „überzeugendes Luxuserlebnis" für den Kunden aussehen könnte, hatte er klare Vorstellungen: Es soll elektrisch, softwaregetrieben und nachhaltig sein – eben „sustainable modern luxury". Gleichzeitig sollten, so sein Credo, die Submarken gestärkt werden. Mercedes-Benz verfüge über außergewöhnliche Spezialmarken: AMG, Maybach, G und EQ. Mit der neuen Strategie sollte deren Angebot ausgebaut und damit die Kundenbasis erweitert werden. Seine Botschaft war klar und anspruchsvoll: „Wir wollen die begehrenswertesten Autos der Welt bauen."

Das war nun ein Statement, das nicht zu übersehen war und an dem man sich reiben konnte. Medien und Experten meldeten sich auch umgehend zu Wort. Die einen befürchteten einen Kahlschlag im Modellprogramm, insbesondere bei den allseits beliebten Kompaktmodellen, andere warnten davor, dass die Marke Mercedes ein „Relevanzproblem" bekommen werde oder sahen darin – wie etwa Max Hägler von der Süddeutschen Zeitung – sogar eine Fluchtbewegung nach dem Motto: „Wenn es in der Ebene schwierig ist, greift man eben nach den Sternen." Auch intern standen viele etwas ratlos vor der strategischen Wende in den Luxus. Was würde das operativ heißen? Kann ein Hersteller, der über zwei Millionen Autos im Jahr produziert, „Luxus" sein? Oder war das Ganze vielleicht nicht doch nur ein Griff in die Mottenkiste? Im Juni 2021 verschickten die Niederlassungen und Mercedes-Händler eine Broschüre zur neuen C-Klasse an ihre Kunden. Die Aufmachung war edel, Text und Bilder anspruchsvoll und die Models hätten auch mit Taschen von Louis Vuitton posieren können. „Moderner Luxus, der Sie jeden Tag bereichert", lautete darin das Versprechen. Vielleicht war das schon die Sprache einer neuen Zeit bei Mercedes.

Der Strategietag des Konzerns Anfang Oktober 2020 hielt freilich noch eine andere Überraschung bereit. Der Weg von Daimler in die Elektromobilität war lang und steinig gewesen. Auf der einen Seite war die Ketchup-Flasche. Man wusste, würde man drücken, würde auch etwas kommen. Auf der anderen Seite hing dem Unternehmen noch die Erfahrung nach, dass die ersten Elektroautos der Marke den Händlern – vorsichtig formuliert – nicht aus den Händen gerissen wurden. Gut, da war der Erfolg von Tesla. Aber im Grunde war das ein Nischenanbieter mit einem charismatischen Chef, der es geschafft hatte, Elektroautos zu einem Kult zu machen. Aber wie groß war das Marktpotenzial für rein batterieelektrische Autos wirklich? Noch im Jahr 2019 lagen die Marktanteile von Elektroautos im unteren einstelligen Prozentbereich. Dieter Zetsche setzte daher auf Plug-in-Hybride, mit denen man mit einem Fuß in der alten, mit dem anderen aber schon in der möglicherweise neuen Welt stand. Es war eine Taktik der Vorsicht, mit der man sich im Markt aber nicht wirklich profilieren konnte.

Unter Ola Källenius wurde plötzlich alles anders. „Electric first", verkündete er auf dem Strategietag und kündigte gleichzeitig an, dass man die Investitionen in Verbrennungsmotoren schnell zurückfahren und die Zahl der Motorvarianten bis zum Jahr 2030 um 70 Prozent reduzieren werde. War es der Druck durch die Politik, der diese Wende hin zur Elektromobilität ausgelöst hat? Immerhin hatte der Konzern die CO2-Grenzwerte für das Jahr 2020 im Gegensatz zu VW erreicht und musste daher auch keine Strafzahlungen leisten. Doch die neuen Vorgaben für das Jahr 2030 waren anspruchsvoll und die Dynamik in der politischen Diskussion, nicht zuletzt wegen seiner schwedischen Landsfrau, gewaltig. Oder war es der Druck durch den Wettbewerb? VW machte die Pace und der einst langsame Konzern ging mit vollem Risiko in die Elektromobilität? Oder war es der Druck durch die Kapitalmärkte?

Die zeitweise astronomisch anmutende Börsenkapitalisierung von Tesla war beängstigend und verführerisch zugleich. Analysten und Investoren fuhren auf Elektroautos jedenfalls ab. Oder war es nicht ganz einfach auch der Kostendruck, der zu einer klaren Richtungsentscheidung zwang? Das Prinzip der „Technologieoffenheit" war gut und schön: Aber würde der Konzern das auch finanziell durchhalten? Vermutlich war es eine Mischung aus diesen Argumenten, die letztlich den Ausschlag gab, dass Källenius die Richtungsdiskussion bei der Antriebstechnologie beendete und eine Modelloffensive in Sachen Elektromobilität ankündigte.

Als Dieter Zetsche sein Kind, den elektrischen EQC, im September 2018 der Öffentlichkeit präsentierte, schien Mercedes auf seinem langen Weg in die Elektromobilität am Ziel angekommen zu sein. Der EQC war batterieelektrisch, sah nicht aus wie ein GLC, obwohl er auf dessen Plattform aufgebaut wurde, und er verkörperte die Designsprache, die künftig alle EQ-Autos haben sollten. Doch das Urteil der Medien war eher zurückhaltend als begeistert gewesen. Schon ein Jahr später wurde der EQC als Flop gehandelt. „Nur 19 Autos im November zugelassen – Mercedes' elektrischer Hoffnungsträger floppt", titelte die Welt am 3. Januar 2020. „Die Zulassungszahlen sind vernichtend", schrieb das Blatt weiter und dies liege „vor allem an eigenen Versäumnissen des Herstellers". Es wurde mit Zahlen jongliert: Bei einer Rückrufaktion, die im November wegen Problemen mit einem Bolzen gestartet werden musste, war von 1.696 Fahrzeugen, die weltweit betroffen seien, die Rede. Hatte da Audi mit seinem E-Tron nicht schon deutlich mehr Autos als Mercedes verkauft? Es wurde gerechnet und spekuliert, Daimler selbst verweigerte konkrete Aussagen zu den Verkaufszahlen, was die Spekulationen natürlich noch mehr anheizte. Statistik hin, Statistik her: Der EQC konnte die in ihn gesetzten Erwartungen zunächst einmal nicht erfüllen.

Das lag freilich nicht nur an der mangelnden Nachfrage. Als die Produktion im Mai 2019 in Bremen planmäßig startete – auf dem gleichen Montageband wie der GLC-Verbrenner – bekam Daimler nicht die für einen schnellen Hochlauf benötigten Batterien. Das war deshalb peinlich, weil die Batterien von der eigenen Tochtergesellschaft, der Accumotive in Kamenz, geliefert werden sollten. Schuld daran war, wie ein Bericht im manager magazin vom 23. Januar 2020 aufdeckte, der Anlagenbauer Grohmann, der die Batteriefertigung in Kamenz hätte einrichten sollen, aber wenige Monate zuvor von Tesla gekauft wurde. Jetzt hing man in der Luft und schon bald wurde der Verkaufsstart in den USA um ein Jahr verschoben, da zuerst der europäische Markt beliefert werden sollte. Das wurde nun aber sofort dahingehend interpretiert, dass man der Auseinandersetzung mit Tesla aus dem Weg gehen wolle. Die Kalamitäten schienen kein Ende zu nehmen. Angesichts der Probleme mit den Batterien machte schnell das Wort von der „Batteriekrise" die Runde: Daimler, wie die anderen deutschen Automobilhersteller, befänden sich in einer gefährlichen Abhängigkeit von den Lieferanten von Batteriezellen in Südostasien, kritisierte die Stuttgarter Zeitung. Jetzt müssten sie dafür büßen, nicht selbst frühzeitig in die Fertigung von Batteriezellen eingestiegen zu sein. Ein Interview des Blattes mit dem Daimler-Betriebsratsvorsitzenden Michael Brecht goss zusätzliches Öl ins Feuer: Die Autohersteller, so Brecht, würden sich bei der Umstellung auf Elektroantriebe den Lieferanten in China und Korea ausliefern – die Beschwichtigung des eigenen Vorstands nannte er „fast schon naiv". Im Frühjahr 2021 wurde dann der ursprünglich nur „verschobene" Verkaufsstart in den USA ohne weitere Begründung endgültig abgesagt. Ein Traumstart in das Zeitalter der Elektromobilität war das nicht.

Dass der im Sommer 2019 vorgestellte EQV, ein auf der Basis der V-Klasse entwickelter, vollelektrischer Van nicht über ein Nischendasein hinauskommen würde, war von Anfang an klar. Bei einem Preis von über 70.000 Euro konnte man sich schwerlich vorstellen, dass sich viele Familien dieses Auto würden leisten können. Umso größer waren daher die Hoffnungen bei der Einführung des dritten EQ-Modells, dem EQA. Auch dieses Elektroauto basierte auf einem Verbrenner-Modell, dem GLA. Zusätzlich gefördert werden sollte der Absatz durch ein „Edition 1"-Sondermodell mit extra viel Serienausstattung aus der AMG-Linie und – als Highlight – aerodynamisch optimierten Felgen in Kupfermatt, was das Modell eindeutig erkennbar machen sollte. Das Urteil der professionellen Auto-Tester war nicht schlecht, aber auch nicht überschwänglich. Kritisiert wurde nicht nur die Tatsache, dass das Modell bei 160 km/h abgeregelt wurde, sondern auch das „magere Raumangebot und die spartanische Serienausstattung" (Auto Zeitung v. 24. März 2021). Das Auto, das sowohl in Rastatt wie auch in Beijing produziert wurde, startete ordentlich, ohne dass die Verkaufszahlen allerdings durch die Decke gingen oder die Kunden, wie bei der Einführung des Models 3 von Tesla, Schlange gestanden wären. Auch der EQA war kein wirklicher Meilenstein auf dem Weg in die Elektromobilität. Darauf mussten Medien und Öffentlichkeit weiter warten.

Ola Källenius war rührig, das Netzwerk rund um die Elektromobilität neu zu ordnen. Nur allzu offensichtlich war geworden, dass die Lieferkette nicht wie gewohnt funktionierte. Andererseits wollte er nicht selbst in die notwendigen Investitionen gehen. Also suchte er Kooperationen strategischer Art, um bei Daimler eine „Elektrowelt" zu installieren. Am 3. Juli 2020 gab das Unternehmen bekannt, dass man eine „strategische Partnerschaft inklusive Kapitalbeteiligung" mit dem chinesischen Batteriezellenhersteller Farasis Energy eingegangen sei. Die Vereinbarung umfasse die langfristige Belieferung mit Batteriezellen und solle Farasis Planungssicherheit für den Kapazitätsaufbau geben. Schon am 5. August 2020 folgte die nächste Nachricht: „Mercedes-Benz und CATL wollen in einer nächsten Stufe ihrer strategischen Partnerschaft innovative Batterietechnologien entwickeln." CATL, eine Abkürzung für Contemporary Amperex Technology, ist einer der großen Player auf dem Markt für Batteriezellen, Batteriemodule und Komplettbatterien. Schließlich folgte im November 2020 noch eine Ausdehnung der Zusammenarbeit mit der Geely Holding Group. In diesem Fall geht es um die Entwicklung von „Hybridantriebsstranglösungen", die später sowohl in Mercedes-Fahrzeuge wie auch bei Geely und der zum Geely-Konzern gehörenden Marke Volvo Cars eingebaut werden sollen. War es ein Zufall, dass alle drei Partner aus China kamen? Bereits im Juli 2019 hatte sich der chinesische Partner BAIC mit 5 Prozent an Daimler beteiligt, wohl auch als Gegengewicht zu der Beteiligung von Geely mit 9 Prozent. Das Netzwerk mit chinesischen Partnern wurde mit den neuen Kooperationen noch dichter und neue Spekulationen darüber, dass Daimler in nicht allzu ferner Zukunft chinesisch werden könnte, schossen ins Kraut.

Was für ein Unterschied war das! Als Daimler im September 2020 die neue S-Klasse vorgestellt hatte, wirkte alles ein wenig routiniert und bieder, die coronabedingt virtuelle Inszenierung irgendwie unpassend: Ein Luxusauto wie die S-Klasse, das wie kein anderes die Tradition des Unternehmens und der Marke widerspiegelt, schien auf die physische Präsenz des Objektes wie die seiner Bewunderer angewiesen zu sein. Beim EQS hingegen war alles stimmig: Die virtuelle Weltpremiere am 15. April 2021, die Ressourcen schont und CO2-Emissionen reduziert, passte gut zu einem Auto, mit dem man eben dies erreichen und ein Zeichen für Klimaneutralität setzen will. Ola Källenius war gut gelaunt, man spürte seine Begeisterung für das, was er da zeigen durfte, wie auch seine Überzeugung, dass genau dies das Auto war, das Daimler jetzt brauchte. Im Grunde waren der EQC, der EQV und der EQA noch „Zetsche-Autos“, die alle den Makel hatten, dass sie auf der gleichen Plattform wie die entsprechenden Verbrenner-Modelle aufgebaut waren. War der EQS das erste „Källenius“-Auto? Es war auf jeden Fall das Auto, das nach seinen Worten den „Beginn einer neuen Ära bei Mercedes-Benz“ markieren sollte.

Ola Källenius wollte den Satz von Dieter Zetsche, dass „Elektromobilität gut für die Umwelt, aber schlecht für die Bilanz“ sei, nicht einfach stehen lassen. Wenn er voll auf Elektromobilität setzte, musste er den Aktionären eine andere Botschaft vermitteln, nämlich die, dass man auch mit diesen Autos Geld verdienen könne. Er wusste, dass der Schlüssel dazu eine Änderung der Produktphilosophie war: Elektroautos durften keine „Conversion“-Fahrzeuge sein, sondern sie mussten auf einer eigenständigen, skalierbaren Plattform als „Purpose-Design-Modelle“ entwickelt werden. Der EQS war das erste dieser Modelle. Es basiert auf der „Electric Vehicle Architecture (EVA)“, auf der weitere Modelle wie die elektrische E-Klasse und die beiden großen Elektrogeländewagen, der EQE-SUV und der EQS-SUV, als Pendants zum GLE und GLS geplant werden. Auf einer zweiten Plattform, der „Mercedes-Benz Modular Architecture (MMA)“ sollen dann ab dem Jahr 2025 die Elektromodelle im Kompakt- und Mittelklassesegment aufgebaut werden. Damit, so die Überzeugung von Källenius, würde das Ziel, dass Elektroautos auch gut für die Bilanz sind, erreichbar sein.

Die Medienresonanz, die die Präsentation des EQS auslöste, war gewaltig, nicht vergleichbar mit der verhaltenen, fast schon vergrämten Berichterstattung über die Premiere der konventionellen S-Klasse. „Mit der Elektro-Luxuslimousine EQS startet Mercedes ins nächste Level“, titelte die Auto Bild, auto motor und sport charakterisierte das neue Modell als „Luxus-Stromer mit Diesel-Reichweite“. Tatsächlich beeindruckte das neue Modell mit einer Reichweite von bis zu 770 Kilometern und distanzierte damit zum Zeitpunkt seines Erscheinens die beiden wichtigsten Wettbewerber: den Porsche Taycan und das Model S von Tesla. Grundlage für die konkurrenzlose Reichweite ist eine riesige Batterie, die den gesamten Unterboden des Fahrzeugs ausfüllt und eine Kapazität von 107,8 kWh hat. Zusätzlich tragen dazu auch ein intelligentes Rekuperationsprogramm und ein extrem niedriger Luftwiderstandsbeiwert von 0,20 bei. Neben diesem praktischen Zweck vermittelt das One-Bow-Design den gewollt futuristischen Eindruck. Das „fließende Design“, von dem einige Journalisten in ihren Kommentaren sprachen, ist ein unverkennbarer Nachklang des F 015 Luxury in Motion, der im Jahr 2015 in Las Vegas vorgestellt worden war. Entzücken löste auch das Prunkstück der im EQS realisierten Digitalisierungsphilosophie aus. Es ist ein 1,41 Meter breiter Hyperscreen mit drei Bildschirmen, der sich über das gesamte Armaturenbrett erstreckt. „Damit“, urteilte der ADAC in seinem Testbericht, „stellen die Schwaben so ziemlich alles in den Schatten, was es bis dato an Infotainment gegeben hat.“ Die „gebogene Glasfläche, die sich von Tür zu Tür spannt“ sei eindrucksvoll. „Und wenn darunter die drei Bildschirme aufflammen“, heißt es in demselben Testbericht weiter, „ist das ganz großes Kino.“

Ola Källenius durfte zufrieden sein – mit der Presse, mit dem Auto und sicher auch ein wenig mit sich selber. Es war ihm gelungen, was nur wenigen Automanagern gelingt: Er hatte seine Gedanken zur Zukunft des Unternehmens auf Räder gebracht. „Showing, not telling“ ist noch immer die beste Methode, Menschen zu überzeugen. Der EQS verkörperte die Kombination aus Luxus, Digitalisierung und Nachhaltigkeit – jene drei Säulen, auf denen seine „neue Mercedes-Benz-Strategie“, die er im Herbst 2020 vorgestellt hatte, basierte. Doch war der EQS nicht auch der Versuch einer Quadratur des Kreises? Nur zu gern würde man wissen, was seine Landsfrau Greta Thunberg über das 5,22 Meter lange und rund 2.500 Kilogramm schwere Flaggschiff im Modellprogramm ihres Landsmannes Ola Källenius denkt.

Vom „Projekt Zukunft“ zum „Projekt Fokus“ – das Ende der Daimler AG

„Ola, der Ungeduldige“. Klaus Köster von den Stuttgarter Nachrichten war beeindruckt. Am 5. Februar 2021 bescheinigte er Ola Källenius, er habe in 20 Monaten „Daimler schon weit stärker umgekrempelt als Zetsche, der Daimlers Geschicke 13 Jahre lang gelenkt hatte“. Tatsächlich war Källenius mit dem „Aufräumen“ schnell vorangekommen, er hatte die Modellpalette bereinigt, ein Kostensenkungsprogramm auf den Weg gebracht, eine weitreichende strategische Neuausrichtung in Sachen Elektromobilität eingeleitet und den Konzern überdies erfolgreich durch die Corona-Krise gelenkt. Natürlich musste auch Daimler bei Umsatz und Absatz, sowohl im PKW- wie auch im Nutzfahrzeuggeschäft, Einbußen hinnehmen, aber dennoch gelang im PKW-Bereich der Turnaround: Nach einem Verlust im Krisenjahr 2019 wies die Sparte, vor allem wegen der guten Geschäfte in China, im Jahr 2020 einen Gewinn von über 5 Milliarden Euro auf. Die Analysten waren überrascht und zufrieden, selbst der Daimler-kritische Arndt Ellinghorst vom US-Analysehaus Bernstein Research ließ sich zu einem „Chapeau“ hinreißen. Die großen Investmentbanken hoben den Daumen und gaben reihenweise Kaufempfehlungen für das Daimler-Papier ab. Kaum waren die Jahresergebnisse für das Geschäftsjahr 2020 verarbeitet, kam am 3. Februar eine Meldung, die die Investoren erneut jubeln ließ: „Daimler plant Aufteilung des Geschäfts in zwei unabhängige Unternehmen", hieß es in einer gemessen am Gewicht der Nachricht kurzen Verlautbarung des Konzerns. Ohne Zweifel: Källenius hatte in relativ kurzer Zeit als Manager und Nachfolger von Dieter Zetsche an Profil gewonnen. Jetzt, so Klaus Köster, „krempelt Källenius nicht nur die Produktpalette des Konzerns um, sondern auch das Unternehmen selbst."

Der noch unter Dieter Zetsche ausgetüftelte Plan – das „Projekt Zukunft" –, Daimler rein formal in drei rechtliche Einheiten aufzuteilen und gleichzeitig die Daimler AG als Ganzes weiterzuführen, war keine gute Idee gewesen – jedenfalls dann nicht, wenn sie Bestand gehabt hätte. Nur allzu sehr erinnerte das Konzept an die „geschäftsführende Holding" unter Edzard Reuter und an deren unsägliche Folgen: Die operativen Einheiten sollten alle Funktionen ausüben, die ein normales Unternehmen hat, und die geschäftsführende Holding sollte dann noch darüberstehen und nicht nur kontrollieren, sondern auch strategisch steuern. Am Ende war in der geschäftsführenden Holding ein riesiger Wasserkopf an planenden und verwaltenden Zentralbereichen entstanden, die sich mit ihren Kollegen in den „operativen" Tochtergesellschaften nicht nur gegenseitig blockierten, sondern auch bekriegten. Das drohte auch jetzt. Manfred Bischoff war zu lange im Unternehmen, um sich nicht daran zu erinnern. Das „Projekt Zukunft" stand völlig konträr zum Ziel, die hohen Strukturkosten, unter denen der Konzern seit Jahrzehnten litt, nachhaltig zu senken. Es galt, den nächsten Schritt zu tun. Auch wenn der Aufsichtsratsvorsitzende noch im Geschäftsbericht für das Jahr 2019 versicherte, dass nicht geplant sei, „dass sich die Daimler AG von einzelnen Geschäftsbereichen trennt", gehörte schon damals nicht viel Phantasie dazu, sich auszumalen, dass die rechtliche Aufteilung nur die Vorstufe für eine wirtschaftliche und organisatorische Aufteilung sein würde. Ob man die Verselbständigung dann als „Trennung" oder bloß als „Aufteilung" bezeichnete, war letztlich nicht relevant.

Mit dem Anfang Februar 2021 angekündigten Spin-off des LKW- und Busgeschäftes entstanden zwei neue Unternehmen, die Mercedes-Benz AG und die Daimler Truck AG, beide mit voller unternehmerischer Freiheit und einer eigenständigen Führungsorganisation ausgestattet, beide separat an der Börse gelistet. Die Daimler Mobility wurde aufgeteilt und die jeweiligen Funktionen den beiden börsennotierten AGs zugeschlagen. Dies war, wie Ola Källenius zu Recht bemerkt hat, „ein historischer Moment für Daimler und der Anfang für eine tiefgreifende Umgestaltung des Unternehmens." Es war auch das Ende der Daimler AG.

Warum diese Aufteilung durchgeführt wurde und warum gerade jetzt: Darüber war viel geschrieben und noch mehr spekuliert worden. In seiner Rede bei der Hauptversammlung am 31. März 2021 gab Ola Källenius eine ebenso abstrakte wie ausdeutbare Begründung: „Für mehr Tempo in der Transformation. Für vollen Fokus auf die jeweiligen Kundinnen und Kunden. Für langfristig sichere Arbeitsplätze in zwei starken Unternehmen. Und ganz besonders für Sie, liebe Aktionärinnen und Aktionäre: Wir werden damit den Wert des Unternehmens klarer herausstellen und weiter steigern." Und er fügte hinzu: „Es ist sinnvoll, diesen Schritt jetzt zu gehen – aus einer Position der Stärke."

In gewisser Weise lag die Idee in der Luft. Das PKW-Geschäft und das LKW-Geschäft zu trennen, war nicht wirklich neu. Spätestens seit den 1980er-Jahren, als das PKW- und das Nutzfahrzeuggeschäft ertragsseitig auseinanderdrifteten, stellte sich die Frage, ob diese beiden Geschäftsbereiche unter einem Dach unternehmerisch Sinn machten. Die Unterschiede in den beiden Sparten waren zu offenkundig und vor allem der Kostennachteil gegenüber den spezialisierten Wettbewerbern im Nutzfahrzeuggeschäft hätte schon damals eine Trennung gerechtfertigt. Die preissensiblen Nutzfahrzeuge mit den Kosten eines Herstellers von Luxusautos vertreiben zu wollen, war ein auf lange Sicht hoffnungsloses Unterfangen, auch wenn die „Nutzis" später wieder Gewinnbeiträge in das Gesamtunternehmen einzahlten.

Gegen alle Trennungsargumente, die über die Jahrzehnte hinweg immer wieder im Konzern hin und her geschoben wurden, wurden stets die Synergien zwischen den beiden Geschäftsbereichen ins Feld geführt. Von der Entwicklung bis zum Vertrieb, so die Argumentation, würden beide Bereiche voneinander profitieren. Außerdem bedeuteten zwei Standbeine ein geringeres Risiko. Wenn es mal in dem einen Bereich schlecht laufe, könne der andere Bereich das möglicherweise auffangen. Das Argument der wegfallenden Synergien ist auch heute nicht ganz von der Hand zu weisen, wie die gemeinsamen Interessen im Bereich des autonomen Fahrens und neuer Antriebtechnologien zeigen. Aber es gibt andere Wege, solche Synergien aufrechtzuerhalten. Das Argument der Risiko-Streuung hat sich freilich überlebt. Im Grunde gab es nur noch wenige Jahre, in denen der Nutzfahrzeugbereich das PKW-Geschäft „subventionieren" musste, während der umgekehrte Fall fast zu einem Dauerzustand geworden war. Gewichtiger noch ist aber die Tatsache, dass Kapitalanleger heute die Risikominimierung lieber selber betreiben als sie den Unternehmen zu überlassen, in die sie investiert haben. Der Aufbau eines breit gestreuten Portfolios ist für professionelle Investoren der beste Weg, ihre Risiken zu managen. Warum also in ein Konglomerat, mit undurchsichtigen internen Finanzströmen investieren anstatt in ein – wie das heute genannt wird – „Pure-Play-Unternehmen"? Mag sein, dass bei den Überlegungen zur Ausgründung des Truck-Bereiches auch die Erfahrungen des Volkswagen-Konzerns eine Rolle gespielt haben. Es gehört zu den nicht wenigen Kapriolen in der Geschichte des Unternehmens, dass ausgerechnet der Daimler-Manager Andreas Renschler die Traton AG an die Börse gebracht hat.

Man muss kein ausgebuffter Spekulant oder tiefschürfender Analyst sein, um zu wissen, dass bei Daimler die Unternehmensteile getrennt an der Börse mehr wert sein werden als die Summe des Ganzen: „Wir glauben an die finanzielle und operative Stärke unserer beiden industriellen Geschäftsfelder", ließ sich der Daimler-Chef in der Pressemitteilung vom 3. Februar 2021 zitieren und fuhr dann fort: „Mit einem unabhängigen Management und mit unabhängiger Governance-Struktur werden beide Einheiten künftig noch schneller agieren, ehrgeiziger investieren sowie Wachstum und Kooperationen gezielter vorantreiben können – das alles macht sie deutlich stärker und wettbewerbsfähiger."

Medien und Experten nahmen die Ankündigung von der Aufteilung des Unternehmens überwiegend positiv auf. Ulrich Reitz, auch er ein langjähriger journalistischer Begleiter des Konzerns, unkte in einem Kommentar auf ntv online: „Daimler macht sich für Chinesen hübsch." An den Börsen war man begeistert: Am Tag, als die Nachricht über den Ticker lief, stieg der Kurs der Daimler-Aktie um fast 9 Prozent. Ola, der Ungeduldige, ist der Mann, der bei Daimler eine historische Zeitenwende eingeleitet hat. Wird er sie auch erfolgreich zu Ende bringen?

Kapitel 16

Neue Horizonte – Epilog

Das Mercedes-Benz-Museum ist ein imposanter Bau. Es ist das meistbesuchte Museum in Stuttgart und kürzlich ist es auf einem Onlineportal sogar zum beliebtesten Museum in ganz Deutschland gewählt geworden. Die Menschen, die das Museum besuchen, sind häufig schon älter. Die Reise ins Mercedes-Benz-Museum ist für sie auch eine Reise in ihre eigene Vergangenheit. Für die meisten von ihnen sind die Exponate Symbole für deutsche Ingenieurskunst und soliden Wohlstand. Das wird sich auch nicht mehr ändern. In das Mercedes-Benz-Museum kommen aber nicht nur Senioren und Autofans, sondern auch Jugendliche und Kinder. Man fragt sich, mit welchen Eindrücken und Gedanken sie das Museum nach einem Rundgang verlassen? Ola Källenius wird, wenn alles normal läuft, im Jahr 2034 in den Ruhestand gehen. Viele der noch sehr jungen Besucher werden dann in einem Alter sein, in dem sie den Führerschein machen können. Werden sie ihn machen? Werden sie sich einen Mercedes kaufen oder zumindest davon träumen? Werden sie auch irgendwann einmal wieder das Museum besuchen, vielleicht mit Freunden, vielleicht auch mit ihren Enkeln? Welche Exponate werden dann im Museum stehen? Wird es das Mercedes-Benz-Museum dann überhaupt noch geben? Oder wird es vielleicht sogar das Einzige sein, was von diesem großen, starken und stolzen Unternehmen übriggeblieben ist?

Auf der Suche nach der verlorenen Größe

„Um die Zukunft der Mobilität von der Spitze aus zu gestalten, haben wir im besten Jahr unserer Firmengeschichte den größten Wandel angestoßen. Denn die Automobilindustrie steht vor mehreren fundamentalen Umbrüchen: Connectivity, autonomes Fahren, Sharing und Elektromobilität – jedes dieser Themen hat das Potenzial, unsere Branche auf den Kopf zu stellen. Unser Anspruch ist klar: Daimler will in allen vier Feldern führen." – „Wir konzentrieren uns bei Mercedes-Benz auf unsere Stärken. Die Herkunft unserer Marke liegt im Luxussegment, dort sind wir verortet und herausragend. Darauf konzentrieren wir uns auch künftig, und dort erwarten wir auch die größten Wachstumschancen. Unser Ziel ist es, die begehrenswertesten Autos der Welt zu bauen."

Zwischen beiden Zitaten liegen vier Jahre und ein Wechsel im Amt des Vorstandsvorsitzenden. Dieter Zetsche wollte im Jahr 2016 die „fundamentalen Umbrüche" in der Branche gestalten, Ola Källenius im Jahr 2020 die „begehrenswertesten Autos der Welt bauen." Zetsche wollte in allen vier Feldern, in denen die Zukunft der Branche entschieden wird, führen, Källenius will sich auf die Stärken von Mercedes-Benz konzentrieren. Zetsche wollte Daimler zum „Mobilitätskonzern", Källenius will ihn zum Hersteller von Luxusfahrzeugen machen. Man muss keine Gegensätze konstruieren, wo es keine gibt, aber dass Källenius gegenüber seinem Vorgänger eine „strategische Neuausrichtung" vorgenommen hat, ist unverkennbar. In einem Interview mit dem manager magazin im Herbst 2020 wurde er ganz direkt gefragt: „Ihr Vorgänger Dieter Zetsche wollte Daimler zum Mobilitätskonzern umbauen, er stand für massives Wachstum. Sie reden nicht mehr so viel von Mobilität und Ridesharing, programmieren Profit first! Was sagt Dieter Zetsche dazu?" Källenius antwortete ausweichend: „Das müssen Sie ihn fragen", und fügte dann hinzu: „Wir müssen uns auf das Automobil fokussieren, auf das Geschäft, das wir wirklich verstehen."

Seltsam, hatte das bei Dieter Zetsche bei seinem Amtsantritt nicht ganz ähnlich geklungen? Auch er wollte wieder an die „traditionellen Stärken" des Unternehmens, die Herstellung von „Premium-PKW und erstklassigen Trucks, Transportern und Bussen" anknüpfen. Kurze Zeit später beendete er das Abenteuer mit der Welt AG, das sein Vorgänger Jürgen Schrempp gestartet hatte. Dabei hatte auch der seine Amtszeit mit der Ansage begonnen, den integrierten Technologiekonzern seines Vorgängers zu schleifen und den Konzern wieder zu einem reinrassigen Automobilhersteller zu machen. Es ist bei Daimler über die Jahrzehnte hinweg zu einer Art Gesetzmäßigkeit geworden, dass jeder neue Vorstandsvorsitzende zurück will: Zurück zu den Anfängen, zurück zur Kernkompetenz, zurück zu den Stärken, die das Unternehmen groß gemacht haben. Obwohl sie sich zeitlich immer weiter davon entfernten, haben sie aus der Ära Zahn, zweifellos unbeabsichtigt, ein

„Goldenes Zeitalter" gemacht. Welch großartige Rechtfertigung des einst vielgescholtenen und umstrittenen Unternehmenslenkers ist das! Unbescheiden wie er war, hätte er darüber sarkastisch gelacht.

Doch nicht nur die Rückkehr, sondern auch der Aufbruch ist über die Jahrzehnte hinweg eine Gesetzmäßigkeit in der Geschichte von Daimler in den letzten 40 Jahren geworden. Eine gewisse Zeit im Amt, wollte jeder neue Vorstandsvorsitzende aufbrechen, den Tätigkeitsbereich des Unternehmens erweitern und ihm damit neue Horizonte erschließen. Der erste, der das Gefühl hatte, dass es bei Daimler-Benz mit der alten Herrlichkeit schon bald vorbei sein könnte, war Edzard Reuter. Er traute der alten „Größe" nicht, sah sie an vielen Stellen gefährdet und auch schon im Sinken begriffen. Mit seiner Vision vom integrierten Technologiekonzern wollte er neue Horizonte eröffnen, das Unternehmen zu neuer, nicht nur wirtschaftlicher Größe führen. Die aufkommende Mikroelektronik sowie die Informations- und Kommunikationstechnologie haben in den 1980er-Jahren nicht nur den wirtschaftlichen, sondern auch den gesellschaftlichen Diskurs bestimmt. Deutschland lag auf diesen Feldern im internationalen Vergleich weit zurück. Reuter wollte mit Daimler-Benz diesen Rückstand aufholen und das Land zu einer der führenden Nationen im Bereich der Hochtechnologie machen. Weil das nicht nur er so sah, sondern auch andere, war das Unternehmen nun plötzlich in Technologiebereichen relevant, die mit dem Auto nur noch begrenzt etwas zu tun hatten. Daimler-Benz galt als Speerspitze im Kampf gegen die Übermacht amerikanischer und japanischer Hightech-Konzerne. Schon bald verzettelte Reuter sich, was auch daran lag, dass er auf die falschen Partner gesetzt hatte. Hätte Edzard Reuter statt eines traditionsreichen, in großen Teilen aber maroden, deutschen Elektronikkonzerns sich mit einem der aufstrebenden Start-ups im Silicon Valley verbündet – vielleicht wären dann schon im Jahr 2010 die ersten autonomen Mercedes-Autos in Los Angeles, Shanghai oder Berlin unterwegs gewesen. Reuter schaffte es nicht, dem Konzern zu neuer Größe zu verhelfen, stattdessen beschleunigte sich in seiner Amtszeit der Verfall der alten Größe, was allerdings nicht allein seine Schuld war.

Jürgen Schrempp stellte die Uhr wieder auf null und war zu den Ursprüngen von Daimler-Benz, dem Automobilgeschäft im Zentrum aller wirtschaftlichen Aktivitäten, zurückgekehrt. Darauf war er stolz, dafür wurde er an der Börse und in den Medien gefeiert. Aber Schrempp hatte viel zu viel persönlichen Ehrgeiz, um es beim „Aufräumen" zu belassen. Der Bau von hochwertigen Personenkraftwagen und robusten Nutzfahrzeugen war für einen Mann, der einen „Kick" suchte, zu wenig. Statt „Technologie" machte er die „Globalisierung" zur Leitlinie seiner Strategie und folgte damit ebenfalls einem Trend. Er glaubte, dass in einer globalisierten Welt die schiere quantitative Größe der Schlüssel für das Überleben von Unternehmen sei. Basierend auf der wissenschaftlich unbewiesenen, aber dem Alltagsverstand plausiblen Behauptung, dass es weltweit in einer nicht allzu fernen Zukunft nur noch sechs Automobilhersteller geben könne, setzte er Daimler-Benz in Bewegung, um zu eben jenen sechs glücklichen Unternehmen zu gehören. Auch in dieser Strategie lag das Potenzial, Daimler zu neuer Größe zu führen, aus dem

„größten schwäbischen Mittelständler“ eine „Welt AG“ neuen Zuschnitts zu machen. Man darf daher auch den vielen gutmeinenden und willigen Zeitgenossen, die ihn unterstützt haben und die der Meinung waren, nun müsse die Wirtschaftsgeschichte neu geschrieben werden, keinen Vorwurf machen. Doch Schrempp vergriff sich nicht nur bei der Wahl seiner Partner, er hatte auch kein Konzept, was er denn aus seiner Welt AG nun eigentlich machen wollte. So wurde er schon bald zum Totengräber seiner eigenen Vision. Die Fallhöhe war beträchtlich. Der Niedergang des Unternehmens setzte sich fort.

Als Dieter Zetsche die Verantwortung übernahm, war das Drama um die Welt AG noch nicht zu Ende gespielt, das Drehbuch für ein „bad ending“ aber schon geschrieben. Zetsche drehte die Uhr zurück, rettete das Unternehmen, begann damit, die Trümmer des geplanten Weltreiches aufzuräumen und stellte die Weichen auf Wachstum. Mit seinem „Feuern aus allen Rohren“ machte er aus Mercedes-Benz wieder den – gemessen an den verkauften Stückzahlen – größten Hersteller von Premiumautomobilen der Welt. Die Marktführerschaft bei hochwertigen Automobilen war ihm, dem „car guy“, wichtig – wichtig für das Image der Marke Mercedes-Benz, wichtig für die Reputation der Daimler AG und sicherlich auch wichtig für sein Standing im Unternehmen und in der Öffentlichkeit.

Mit seinem Satz: „Wenn wir weiterhin nur das tun, was wir so gut gemacht haben, sind wir erledigt“, leitete er eine Wende ein. Sie sollte das Unternehmen nicht nur vor dem Untergang bewahren, sondern es auch zu neuer Größe führen. Vor dem Hintergrund der wachsenden ökologischen und gesellschaftlichen Belastungen durch den motorisierten Individualverkehr, der automobilen Aufrüstung bei einigen amerikanischen Tech-Konzernen und dem bemerkenswerten Erfolg von Tesla, waren manche Gewissheiten in der Branche ins Wanken geraten. Aber Zetsche erkannte, dass die Herausforderungen, denen sich die Automobilindustrie gegenübersah, nicht nur eine Bedrohung, sondern auch eine Chance waren, die Chance, mit Daimler zu neuen Ufern aufzubrechen. Sein Strategieprogramm CASE sollte der Weg sein, um aus einem Automobilhersteller einen „Mobilitätskonzern“ zu machen. Von dieser Vision fühlten sich viele gesellschaftliche Gruppen angesprochen. Auch in der Politik wurden Zetsche und das Unternehmen wieder gefragte Dialogpartner, wenn es um die Mobilität der Zukunft ging. Als noch während seiner Amtszeit viele CASE-Projekte gestoppt oder in Kooperationen umgeleitet wurden, lag das nicht daran, dass sie irrelevant geworden wären, sondern schlicht daran, dass dem Unternehmen auf dem Weg zum Mobilitätskonzern das Geld auszugehen drohte. Zum Sargnagel für CASE wurde schließlich der Dieselskandal, nachdem klar war, dass die rechtliche Aufarbeitung und Beendigung der Klagen den Konzern viel, sehr viel Geld kosten würden.

So ist auch Ola Källenius zurückgekehrt. Nicht ins Jahr 2005, nicht ins Jahr 1995 und auch nicht ins Jahr 1985, sondern ins Jahr 1980 und damit im Grunde an den Anfang dieser langen Geschichte, nämlich zu Joachim Zahn. Darin liegt auch das Eingeständnis, dass es keiner der Vorstandsvorsitzenden seit

Zahn geschafft hat, den Konzern trotz des gewaltigen Wachstums beim Absatz und Umsatz, zu neuer substanzieller Größe zu führen.

Wenn man die 40 Jahre zwischen 1980 und 2020 überblickt, stellt sich ganz zwangsläufig die Frage, wie es so weit kommen konnte, was den Niedergang der einstmals so unangreifbaren und stolzen Daimler-Benz AG verursacht oder zumindest ausgelöst hat. War es die Entscheidung Anfang der 1980er-Jahre, die Kapazitäten für die PKW-Produktion massiv auszuweiten, die in der Folge zu einer Erosion des alten, erfolgreichen Geschäftsmodells geführt hat? War es die Übernahme des angeschlagenen Luft- und Raumfahrtunternehmens Dornier, die schon bald einen Rattenschwanz weiterer verfehlter Firmenübernahmen nach sich gezogen hat? War es eine unglückliche Modellpolitik, die in der monströsen S-Klasse von 1991 kulminierte? War es der Merger of Equals, der großartig begann und in einem Desaster endete? War es die Jagd nach Stückzahlen, um wieder Nummer eins im Premiumsegment zu werden? War es der Dieselskandal, der das Unternehmen nicht nur viel Geld, sondern auch Reputation und Vertrauen gekostet hat? Es gibt in der Chronologie jener 40 Jahre viele Ereignisse und Entscheidungen, die sich im Nachhinein als schicksalhaft erwiesen haben. Und doch befriedigt ihre bloße Aufzählung nicht. Jedes dieser Ereignisse, jede dieser Entscheidungen war für sich genommen nicht existenzgefährdend. Sie waren umkehrbar und sind auch wieder korrigiert worden. Doch dann, kaum waren die alten Probleme gelöst, „aufgeräumt", ging es wieder von Neuem los, zog eine Fehlentscheidung die andere nach sich. Gewiss, es gab in diesen 40 Jahren auch Phasen des Aufschwungs, aber gerade in diesen Aufschwungphasen wurden dann wieder Weichenstellungen vorgenommen, die geradewegs in eine neue Krise geführt haben. Das Unternehmen dauerhaft zu neuer Größe zu führen, ist niemand gelungen. Wer die Geschichte von BMW im gleichen Zeitraum daneben hält, wird feststellen, dass sich das Unternehmen kontinuierlich weiterentwickelt hat. Natürlich gab es auch Phasen, in denen es besser lief, und Phasen, in denen es schlechter lief. Aber es gab nur einmal einen Bruch, der sich aber im Vergleich zu den Brüchen bei Daimler als geradezu harmlos erwies. Die Übernahme von Rover war ein Fehler. Er hat zwei Managern umgehend den Kopf gekostet, während Edzard Reuter und Jürgen Schrempp auch lange nach Bekanntwerden ihres Scheiterns im Amt gehalten wurden. VW hat noch unter Carl Hahn durch einige kluge, manchmal auch glückliche Entscheidungen – wie den Einstieg bei Skoda, die Übernahme von Seat und vor allem das Engagement im chinesischen Markt – die Basis für ein langanhaltendes Wachstum des Unternehmens geschaffen. Sein Nachfolger Ferdinand Piëch hat aus VW einen Mehrmarkenkonzern mit einem starken Standbein im Premium- und Luxussegment geformt und Daimler umsatzmäßig weit überholt. Er, der Ingenieur, ist seinem „inneren Programm" gefolgt. Für ihn waren nicht nur die Ausweitung des Marken- und Produktportfolios eine strategische Frage, sondern auch die Spaltmaße an seinen Autos. Vielleicht war genau das der Schlüssel zu seinem Erfolg.

Man kann die Geschichte von Daimler zwischen 1980 und 2021 nicht nur als eine Geschichte von Irrtümern und Fehlern erzählen, sondern auch als eine

Geschichte der verpassten Chancen. Kaum ein anderer Automobilhersteller hat sich so früh und vor allem so intensiv mit alternativen Antriebskonzepten und Kraftstoffen beschäftigt wie Daimler. Die jahrzehntelange Arbeit an der Brennstoffzelle ist dafür nur ein, zweifellos aber das herausragendste und zugleich traurigste Beispiel. Kaum ein anderer Automobilhersteller hat sich auch so früh und intensiv mit Fragen des Verkehrsmanagements, mit Mobilitätskonzepten, ja sogar mit dem autonomen Fahren beschäftigt wie Daimler. Man denke an PROMETHEUS, Smart und Car2Go. Doch keine dieser Überlegungen und Initiativen war von Dauer. Wer anders als Daimler hätte angesichts der Aktivitäten, die schon in den 1980er-Jahren begonnen haben, der Vorreiter für eine ökologisch nachhaltige Mobilität werden können? Was gefehlt hat, war der lange Atem, der das Unternehmen über viele Jahrzehnte ausgezeichnet hat. Irgendwann wurde der Wunsch nach kurzfristigen und spektakulären Erfolgen übermächtig. Er hat nicht nur zu abenteuerlichen Übernahmen, sondern auch zu einem forcierten quantitativen Wachstum und damit zum Zusammenbruch des einst so erfolgreichen Geschäftsmodells geführt. Das Ergebnis war der Verlust an „Leadership". Im Wechsel zwischen „Aufbruch" und „Aufräumen" hat sich die ökonomische Substanz des Unternehmens nicht über Nacht, aber über die Jahre hinweg in Luft aufgelöst. Wie sich heute zeigt, hätten Umweltverträglichkeit und Nachhaltigkeit zu einer Quelle für eine neue Größe des Konzerns im Zeitalter des Klimawandels werden können.

Die unter Källenius eingeleitete Rückkehr zu einem kleinen, aber feinen Hersteller von begehrenswerten Luxusautos provoziert eine Frage: Was wäre passiert, wenn man das von Joachim Zahn entwickelte und perfektionierte Geschäftsmodell einfach fortgeführt und auf die riesigen strategischen Verrenkungen – rein in den Technologiekonzern, raus aus dem Technologiekonzern, rein in die Welt AG, raus aus der Welt AG, rein in den Mobilitätskonzern, raus aus dem Mobilitätskonzern – verzichtet hätte? Es ist eine hypothetische, mancher wird sagen: nutzlose Frage. Für jeden, der das Unternehmen über die Jahrzehnte hinweg mit Wohlwollen begleitet hat, ist es auch eine aufwühlende, im Grunde deprimierende Frage. So viel Arbeit, soviel Energie so viel Geld – für was? Hat der Berg gekreist und noch nicht einmal eine Maus geboren? Und vor allem: Wohin jetzt?

Mobilität 4.0 – Die zwei Märkte automobilbasierter Mobilität

Ja, man habe die Probleme unterschätzt. Ja, es werde länger dauern, als man vorhergesagt habe. Ja, die Entwicklung vollständig autonom fahrender Autos werde noch viel Geld kosten. John Krafcik muss sich korrigieren. Dennoch ist er davon überzeugt, dass Kinder, die heute geboren werden, nicht mehr lernen müssen, wie man ein Auto fährt: „They absolutely will not need a driver's licence", erklärte er der Financial Times in einem Gespräch am 4. Januar 2021. „I can say that with 100 percent confidence." John Krafcik war Chef von

Waymo, dem weltweit führenden Entwickler von autonom fahrenden Autos und wie Google ein Unternehmen des Alphabet-Konzerns. Erst, im Juni 2021 hat Waymo wieder 2,5 Milliarden US-Dollar in einer neuen Finanzierungsrunde bei Wagniskapitalgebern eingesammelt. Und General Motors, einst der größte Automobilhersteller der Welt, hat seiner Tochter, der Roboterauto-Firma Cruise, eine Kreditlinie von über 4 Milliarden Euro zur Verfügung gestellt. Die Amerikaner glauben an die Zukunft des autonomen Autos.

Wann eine alte Epoche zu Ende geht und wann eine neue beginnt, lässt sich in den wenigsten Fällen an einem bestimmten Ereignis festmachen und daher auch zeitlich nicht genau fixieren. Als Karl Benz am 29. Januar 1886 sein Patent für ein „Fahrzeug mit Gasmotorenbetrieb" anmeldete, konnte niemand erahnen, dass damit eine neue Epoche beginnen würde. Rund 50 Jahre später hat Joseph Schumpeter erklärt, dass das Auto die Welt mehr verändert habe als „je ein Prophet". Kaum jemand hat ihm damals widersprochen und heute würde das vermutlich gar niemand mehr tun. Das Auto mit Verbrennungsmotor, das von einem Fahrer oder einer Fahrerin selbst gesteuert wird, hat ein ganzes Zeitalter geprägt. Das Auto hat sich tief, in die gesellschaftlichen, aber auch in die mentalen Strukturen der Menschen eingegraben.

Vielleicht wird irgendwann, wenn alle Autos autonom und elektrisch fahren, irgendjemand schreiben, die neue Epoche des Automobils habe im März 2008, als der erste Tesla Roadster an einen Kunden ausgeliefert wurde, oder im Mai 2014, als Google ein komisches, wie ein Ei aussehendes autonom fahrendes Gerät mit vier Rädern der Öffentlichkeit vorstellte, begonnen. Karl Benz und Gottlieb Daimler, die Pioniere der alten Welt des Autos, würden dann aus den Geschichtsbüchern verdrängt und an ihrer Stelle würden Namen wie Elon Musk und John Krafcik stehen.

Die Welt des Automobils ist im Umbruch. Gewiss, manche der Veränderungen, von denen Manager schon im Jahr 2015 gesagt haben, sie stünden unmittelbar vor der Tür, sind immer noch Zukunftsmusik. Die Welt des Automobils sieht heute fast noch immer genauso aus wie vor zehn Jahren: die Staus auf Autobahnen und in den Innenstädten sind nur für einige Monate kleiner geworden, aber nicht, weil intelligente Verkehrsmanagementsysteme eingeführt worden wären, sondern weil ein kleines, unsichtbares Virus die Welt in einen Lockdown versetzt hat. Die Nachfrage nach SUVs ist ungebrochen groß und der CO2-Ausstoß des Verkehrs steigt weltweit weiter. Viel hat sich nicht beim Umbau der „Mobilitätslandschaft" in den letzten Jahren getan, weder in Deutschland noch in anderen Ländern und Regionen. Doch die Ausbreitung neuer Technologien und Verhaltensmuster erfolgt selten linear. Meistens ist sie exponentiell, wie in diesen Tagen das Beispiel der Elektromobilität zeigt.

Die Welt, in der die Automobilindustrie groß geworden ist, war die Welt selbstfahrender Individualisten, die Mobilitätskultur bis weit in die 1990er-Jahre hinein eine – gemessen an den Wünschen der Menschen – Monokultur: Das Auto war ein Objekt der Begierde und das Autofahren selbst wurde als eine durchaus positiv empfundene Möglichkeit aktiven Tätigseins verstanden. Dass das eigene Auto überdies Sozialprestige vermittelte, war ein angenehmer sozialpsychologischer Nebeneffekt für ein Leben, in dem man sich mit dem Auto neue Möglichkeiten der Lebensgestaltung erschloss. Nicht erst Klimawandel, Schadstoffemissionen und Feinstaub in den Großstädten haben zu einer gesellschaftlichen und politischen Neubewertung des Autos geführt. Schon die zunehmende Überlastung der Verkehrsinfrastruktur, die spätestens Ende der 1960er und in den dann folgenden Jahrzehnten immer fühlbarer wurde, hat das Mobilitätsversprechen des Autos im Kern getroffen: Die Unabhängigkeit und Flexibilität des Autos endete immer häufiger im Stau und hat damit das – sofern noch vorhandene – Gefühl, mit dem eigenen Auto „Herr über Raum und Zeit" zu sein, in weiten Teilen ad absurdum geführt. Vor allem in den Ballungszentren, egal ob in Europa, Nordamerika und auch in China macht sich eine Haltung breit, die im Auto nicht mehr das universellste aller Verkehrsmittel sieht. Die soziale Distanz zum Auto ist in den letzten Jahren größer geworden und viele haben daraus auch schon die Konsequenz gezogen und verzichten mittlerweile ganz auf die Anschaffung eines eigenen Autos. So ist das Verhältnis vieler Menschen zum Auto heute eher durch Pragmatismus als durch Faszination gekennzeichnet.

Es ist dieses Klima, in dem neue Ideen zur Mobilität der Zukunft und auch zur eigenen, individuellen Mobilität an Raum gewonnen haben. Wortführer und Treiber dieser Entwicklung sind dabei nicht die, die das Auto pauschal abschaffen möchten, sondern die, die die Art seiner Nutzung und den mentalen Zugang zum Autofahren verändern wollen. Carsharing und Ride-Hailing, Fahrzeugmiete und Auto-Abos haben zum Entstehen eines zweiten Marktes für automobile Mobilität geführt. In diesem zweiten Markt für automobile Mobilität steht nicht wie im ersten der Besitz, sondern die Nutzung des Autos im Vordergrund. Es ist eine zeitlich und räumlich befristete Nutzung, eine Nutzung, die das Leben entlastet und erleichtert. Wer ein Auto nicht kauft, sondern es lediglich nutzt, muss nicht für seinen Unterhalt aufkommen, wenn er es eine Zeit lang gar nicht braucht. Er muss keinen Abstellplatz oder gar eine Parkgarage finden und im Reparaturfall muss er es auch nicht in die Werkstatt bringen. Selbst das Tanken kann er – wenn er will – anderen überlassen. „Vehicles-on-Demand", Autos auf Abruf, ist zu einem stehenden Begriff in der Diskussion um neue Verkehrskonzepte und innovative Formen von Mobilität geworden.

Lange Zeit wurde dieser Trend zur „Shared Mobility" in seiner Radikalität nicht verstanden. Viele hielten Fahrzeugmiete, Carsharing oder andere temporäre Nutzungsformen wie das Taxifahren für eine bloße Ergänzung oder eine Vorstufe zur Mobilität mit dem eigenen Auto. Doch mittlerweile zeigt sich, dass der zweite Markt für automobile Mobilität in urbanen Ballungsräumen nicht ergänzt, sondern ersetzt. Aus der einstigen Koexistenz ist Konkurrenz geworden. Wer „sharing" in welcher Form auch immer betreibt, kauft nicht mehr.

Das Auftreten der ersten vollautomatisiert fahrenden Autos in der Mitte des zurückliegenden Jahrzehnts hat die Diskussion über die Zukunft der Mobilität zusätzlich angefacht. Es schien, als hätten sich zwei Ideen gesucht und gefunden: die Idee der Shared Mobility und die Idee des autonomen Fahrens. Die „Robocabs“ haben die Fantasie kreativer Unternehmer und risikobereiter Kapitalanleger beflügelt und die Fantasie ist, wie so oft, der Realität meilenweit vorausgelaufen. Als Daimler-Finanzvorstand Bode Uebber im Jahr 2018 davon träumte, bald Robocabs auf einer kommerziellen Basis zu attraktiven Margen vermarkten zu können, waren diese Autos tatsächlich noch eher „fiction“ als „science“. Es mag an den überzogenen Erwartungen hinsichtlich der Marktreife fahrerloser Robotertaxis liegen, dass heute auch in Expertenkreisen viele zu der Auffassung neigen, dass es noch viele Jahrzehnte dauern werde, bis die ersten vollautonomen Autos zum Einsatz auf öffentlichen Straßen kommen würden. Doch die rasante Entwicklung auf dem Gebiet der Batterietechnologie zeigt, wie schnell technologische Fortschritte erzielt werden können, wenn sich ganze Heerscharen von Wissenschaftlern, Ingenieuren und Experten in einem bestimmten Technologiebereich engagieren. Die Festkörperbatterie, vor Kurzem noch als eine weit in der Zukunft liegende Möglichkeit diskutiert, nähert sich mit großem Tempo der Serienreife. Warum sollte das nicht auch mit dem autonomen Auto und den dafür notwendigen Technologien passieren?

Der zweite Markt für automobilbasierte Mobilität ist ein Dienstleistungsmarkt, ein Markt, in dem Robocabs für die flexible Nutzung per Smartphone gebucht werden können und in dem der Zugang zum Auto sowie die Abrechnung des Nutzungsentgelts ebenfalls per Smartphone erfolgen wird. Es wird ein stark wachsender Markt sein, wenn die erforderliche Infrastruktur und Technik zur Verfügung stehen. Doch dieser Markt wird auch über den Nutzungsvorgang hinaus ein hoch interessantes Geschäftsfeld werden. Wer ein Robocab nutzt, hat Zeit, wird nicht durch das Fahren abgelenkt. Informationen und Commercials können auf große Bildschirme zielgruppengenau eingespielt werden. Musik, Spiele, alle Arten von Entertainment können in einem Robocab angeboten werden. Und es werden gewaltige Mengen an Daten anfallen, die ausgewertet und im Zweifelsfall auch kommerziell genutzt werden können. Große Player stehen bereit, Flotten mit Robotertaxis zu betreiben. Der Wandel vom „car as a product“ zum „car as a service“ hat disruptive Qualität und er wird die Akteure im ersten Markt für automobilbasierte Mobilität unter Druck setzen.

Das individuell genutzte Auto wird nicht verschwinden, jedenfalls nicht in dem Zeitraum, in dem Unternehmen normalerweise denken und planen. Auch in Zukunft wird es Menschen geben, die in ihrer spezifischen Lebenssituation individuelle Mobilität in der Privatheit ihres eigenen Autos genießen wollen und die im Kauf oder Leasing eines Autos auch weiterhin die beste Option sehen, sich von A nach B zu bewegen. Kulturell geprägt wird auch die emotionale und symbolische Funktion des Autos, sei es als simples Statussymbol oder als modernes Lifestyle-Objekt, in vielen Märkten weiterhin eine wichtige Rolle spielen. Doch auch in diesem Markt wird es ab dem Zeitpunkt, ab dem vollautonom fahrende Autos zum Alltagsleben gehören, Veränderungen geben: Das bisherige Nutzenversprechen wird sich nicht mehr in der altbekannten Form aufrechterhalten lassen. Das fahraktive Auto mit einer individuellen, markenspezifischen Leistungscharakteristik geht mit der Automatisierung und Elektrifizierung verloren. Wen interessierten noch das Handling und die Fahreigenschaften eines Autos, sein Sound und seine Längs- und Querbeschleunigung, wenn die eigentliche Fahraufgabe an einen intelligenten Automaten delegiert und das Fahrzeug batterieelektrisch angetrieben wird? In dem Maße, wie das Auto vom Transportmittel zum mobilen Lebensraum wird, werden andere Eigenschaften für den Käufer und Nutzer an Bedeutung gewinnen: Vernetzung, In-Car-Infotainment und die variable Nutzung des Innenraums werden zu wettbewerbsdifferenzierenden, weil kundenrelevanten Merkmalen eines neuen Autos. Die traditionelle Fahrzeugtechnik wird an Bedeutung verlieren, IT-basierte Dienste und Systeme an Bedeutung gewinnen. Da kaum ein Hersteller alle notwendigen Technologien beherrschen kann, wird es notwendig sein, Eco-Systeme mit anderen Playern aufzubauen, mit Playern, von denen man allerdings wissen muss, dass sie nicht nur Partner, sondern potenziell immer auch Wettbewerber sein können. Der Wandel ist schon im Gange und er wird sich in den nächsten Jahren noch beschleunigen.

Vielleicht liegt gerade darin die größte Bedrohung durch den Wandel und das Auftreten neuer Akteure im Automobilgeschäft: der Verlust der Schnittstelle zum Kunden. Schon früh haben die digitalen Player die Bedeutung der Kundenschnittstelle erkannt und daher ihre Strategie immer darauf ausgerichtet, einen möglichst direkten Zugang zu den Kunden zu bekommen. Wer die Schnittstelle zum Kunden besetzten kann, steuert den gesamten Kauf- und Nutzungsprozess und schöpft damit die höchsten Margen ab – von wem könnte man das besser lernen als von Amazon? Die Automobilhersteller stecken daher in einer Zwickmühle: Öffnen sie ihr System für ihre Partner im Eco-System, gehen ihnen die Kundendaten verloren, öffnen sie nicht, können sie ihren Kunden bestimmte Systeme und Anwendungen möglicherweise nicht anbieten. Es sei denn, sie entwickeln sie selber. Können sie das? Und werden nicht diejenigen, die in der digitalen Welt zu Hause sind, am Ende nicht doch wieder die Nase vorne haben?

Die Mobilität 4.0, in die wir uns hineinbewegen, wird vielfältiger, digitaler, sicher auch ökologischer, vor allem aber sehr viel wettbewerbsintensiver sein. Denn in dieser neuen Welt der Mobilität konkurrieren nicht nur Unternehmen gegeneinander, sondern Systeme und Wertschöpfungsketten. Der Mangel an Batteriezellen und Chips, den es im Jahr 2021 gibt, zeigt schon, in welcher Welt der Vernetzung und Abhängigkeit sich die Automobilhersteller in Zukunft bewegen müssen. CASE sollte Daimler auf diese Welt vorbereiten. Das ist jetzt Geschichte – die Strategie, in allen diesen Feldern eine „führende Position" einzunehmen, ist gescheitert. Die Elektromobilität ist durch: Die Politik hat die Wegmarken gesetzt und offensichtlich ist die in Sachen Antriebstechnologie einspurige, nur für Elektroautos geöffnete Durchfahrtsstraße auch politisch mehrheitsfähig. Daimler folgt diesem Trend – nicht weniger, aber auch nicht mehr. „The next big thing" in der Automobilindustrie ist das autonome Fahren. Daimler hat sich daraus nicht verabschiedet, aber so wie die Weichenstellungen jetzt vorgenommen wurden, wird das Unternehmen auch in diesem Bereich keine führende Rolle spielen. Wird Mercedes-Benz nach seiner Entscheidung, sich künftig auf die Produktion von Luxusautos zu fokussieren, in dieser neuen Welt, der Welt der zwei Märkte für automobilbasierte Mobilität, überleben können?

Transformation in den Luxus

Was ist Luxus? Bernard Arnault, Chef des weltweit größten Herstellers von Luxusprodukten, LVMH, mag den Begriff nicht. Er finde ihn ein wenig abgedroschen („hackneyed"), bekannte er gegenüber seiner Gesprächspartnerin Harriet Agnew von der Financial Times bei einem Lunch in seinem Restaurant Le Frank in der Fondation Louis Vuitton im Juni 2019. „I prefer the expression ‚product of high quality'." Und er fuhr fort: „What matters most is that in 10 years time our brands are as desirable as they are today." Der „King of Luxury", wie er genannt wird, will nicht als Luxushersteller bezeichnet werden: Ist das Koketterie? Oder ist das die Angst vor einem Begriff, der in Zeiten des Klimawandels und ökologischer „correctness" zumindest missverständlich sein könnte?

Werner Sombart, einer der ersten Ökonomen und Soziologen, der sich wissenschaftlich mit dem Phänomen des Luxus auseinandersetzte, unterschied beim Luxus eine quantitative und eine qualitative Dimension: quantitativ sei der Luxus, wenn Ressourcen verschwendet würden, qualitativ, wenn das Material oder die Form eines Produktes verfeinert würde. Sombart versuchte mit dieser Unterscheidung eine moralische Entlastung des Luxuskonsums, der über Jahrhunderte hinweg pauschal als verwerflich angesehen wurde. Quantitativer Luxus war schlecht, qualitativer Luxus war gut. Aber Sombart, der aufrichtige Wissenschaftler, der den luxuriösen Annehmlichkeiten des Lebens selber nicht abgeneigt war, wusste auch, dass quantitativer und qualitativer Luxus „in Wirklichkeit meist vereinigt" sind und damit bei denjenigen, die sich diese Luxusprodukte nicht leisten können, nicht nur Neid, sondern auch Argwohn auslösen.

Um allen Kritikern von vorneherein den Wind aus den Segeln zu nehmen, erklärte Ola Källenius bei der Consumer Electronic Show (CES) im Januar 2020 in Las Vegas: „Our way is Sustainable Modern Luxury." Ökologisch nachhaltiger Luxus – geht das? Källenius ist davon überzeugt, dass es gehen wird, sonst hätte er nicht versprochen, Mercedes-Benz bis zum Jahr 2039, vielleicht auch schon ein wenig früher, „klimaneutral" zu machen. Ist nachhaltiger Luxus gesellschaftlich relevant?

Jürgen Gietl, Managing Partner des Beratungsunternehmens „Brand Trust" war einer der ersten, der Ola Källenius' neue strategische Ausrichtung auf das Luxussegment öffentlich kritisierte. In einem Beitrag für die Fachzeitschrift „Absatzwirtschaft" im Juli 2020 begründete er, warum nach seiner Auffassung die „Marke Mercedes ein Relevanzproblem bekommt". Nach seiner Auffassung entscheidet über die Relevanz von Automobilmarken in Zukunft nicht der Besitz eines Autos, sondern das Erlebnis bei seiner Nutzung. „Um in

Zukunft relevant zu bleiben", schreibt er, „muss die Marke beantworten, welches Mobilitätsproblem künftiger Kundengenerationen sie besser lösen wird als der Wettbewerb." Technologiemarken wie Apple, Samsung oder Tesla würden kein Produkt verkaufen, sondern „eine Idee von der besseren Zukunft".

Der vielleicht bedeutendste Kenner des Luxusmarktes, Jean-Noël Kapferer, Professor an der Pariser HEC, hat einmal geschrieben: Das Wesen einer Luxusmarke bestehe darin, dass sie „von einem inneren Programm getragen" werde, von ihrer „Vision der Welt, von dem Geschmackssystem, das sie verheißt, und von der Verfolgung ihrer eigenen Standards außerhalb der Norm". Das lässt Raum für viele Ideen, auch für die Idee, die Welt besser zu machen. Pierpaolo Piccioli, Kreativdirektor von Valentino, sagte unlängst auf einer Konferenz für Luxusgüter: „If fashion doesn't deliver a moral it is empty." Wenn dem so wäre, könnte dann eine Luxusstrategie nicht nur eine „Rückkehr" zu den Wurzeln von Mercedes sein, sondern – sofern sie nachhaltig ist – auch das Potenzial für neue Größe beinhalten? Könnte die Luxusmarke „Mercedes-Benz" vielleicht in kleinem Maßstab technische Lösungen entwickeln und einsetzen, die für Massenautomobile noch zu teuer sind? Könnte Mercedes damit nicht doch zu einem technologischen Vorreiter werden, dem andere dann folgen? Und läge nicht genau in dieser Vorreiterrolle eine gesellschaftliche Relevanz der Marke, die weit über die Erfüllung ausgefallener Wünsche von Kunden hinausgeht? Porsche lässt derzeit hocheffiziente Batteriezellen entwickeln, die irgendwann einmal auch in einen VW Polo verbaut werden können. Ola Källenius lässt ein eigenes, proprietäres Betriebssystem für Mercedes-Benz-Fahrzeuge entwickeln, das MB.OS. Könnte es sein, dass dieses Betriebssystem irgendwann Anwendungen ermöglicht, die heute noch nicht vorstellbar sind? Noch ist das letzte Wort über die künftige gesellschaftliche Relevanz von Mercedes-Benz nicht gesprochen. Die Alternative wäre der Weg in die Belanglosigkeit.

Die Nagelprobe für jede Strategie ist nicht der theoretische Diskurs, sondern ihre praktische Umsetzung. Kann Mercedes Luxus? Als Ola Källenius bei der Analysten- und Investorenkonferenz Anfang Oktober 2020 seine Luxusstrategie vorgestellt hat, war im Hintergrund das Bild von einem Mercedes-Benz Flügeltürer Jahrgang 1953 zu sehen. Luxus gehöre, so Källenius, zur DNA von Mercedes-Benz. Sein Rückgriff auf eine lang zurückliegende Zeit und auf ein Ausnahmeauto, das der Flügeltürer ohne Zweifel war, erscheint befremdlich. Denn es blendet nicht nur aus, dass kaum ein Daimler-Manager in dieser Zeit Mercedes-Benz als eine Luxusmarke bezeichnet hätte. Es blendet vor allem aus, warum andere Mercedes-Benz als solche wahrgenommen haben.

Mit der Ankündigung, aus Mercedes-Benz wieder ein Luxusmarke machen zu wollen, wurde an die Führungskräfte und Mitarbeiter des Unternehmens die Leitlinie ausgegeben: „Denken und Handeln als Luxusmarke". Das im Unternehmen wieder herzustellen, wird eine große, vielleicht sogar die größte Aufgabe sein, die vor Källenius und seiner Transformation in den Luxus liegt. Zu einer Luxusmarke gehören Autorität, Disziplin und Härte oder sollte es ein Zufall sein, dass die beiden größten Luxusgüterkonzerne – LVMH und Kering

– von zwei ausgesprochenen Patriarchen geführt werden? Mercedes hat in den letzten Jahrzehnten die Kultur eines Massenherstellers angenommen. Man hat sich auf den Stückzahl-Vergleich mit den Wettbewerbern eingelassen, ja ihn im Zuge der Aufholjagd gegen BMW sogar noch selber angefacht. Wenn heute über die Quartalsergebnisse der drei großen Premiummarken berichtet wird, fehlt nie der Vergleich, wer bei den verkauften Stückzahlen nun Erster, Zweiter und Dritter ist, ganz so, als ob davon irgendetwas abhängen würde. Porsche verkauft wesentlich weniger Autos als Mercedes, BMW und Audi und ist doch profitabler. Doch wer unter die Wölfe geht, muss auch mit den Wölfen heulen. Verkaufsförderungsmaßnahmen und Rabatte gelten auch bei Mercedes als fester und schon lange nicht mehr hinterfragter Bestandteil des Vertriebskonzeptes. Kaum jemand stört sich daran, wenn in der Werbung im Stile eines Discounters mit besonders günstigen Finanzierungs- und Leasingangeboten geworben wird. Das aus den Köpfen der Mitarbeiter und Führungskräfte herauszubringen, ihnen wieder ein Gefühl dafür zu geben, für das, was bei einer Luxusmarke geht und was nicht, wird ein langwieriger Wandlungsprozess sein und impliziert, auch im Marketing und in der Vertriebspolitik einen neuen Kurs einzuschlagen.

Vor einigen Jahren hat Apple die Zahl der verkauften Smartphones aus seiner regelmäßigen, vierteljährlichen Finanzberichterstattung gestrichen. Das Management war genervt, dass die Stückzahlen in der Berichterstattung ständig zum wichtigsten Indikator seiner Performance gemacht wurden und Journalisten und Analysten akribisch nachgerechnet haben, welcher der global tätigen Smartphone-Anbieter in einem Quartal mehr, welcher weniger abgesetzt hat. Vielleicht wäre es ein Zeichen, wenn das Mercedes-Management die verkauften Stückzahlen aus der offiziellen Berichterstattung hinauswerfen, sich auf Umsatz und Operating Profit begrenzen und die Addition von Stückzahlen irgendwelchen Marktforschungsunternehmen und Zulassungsbehörden überlassen würde.

Doch der Anfang muss in der Kapazitätspolitik gemacht werden. Sonst läuft alles leer und es wird zu keiner Veränderung im „Denken und Handeln" kommen. Mercedes-Benz hat in der Ära Zahn, im Vergleich mit den Wettbewerbern, die in der Summe ihrer Eigenschaften wahrscheinlich besten Autos der Welt gebaut. Doch ihren Status als Luxusautos haben sie erst durch die systematische und gewollte künstliche Verknappung des Angebotes bekommen. Damit wurde ein Mechanismus geschaffen, der für eine Luxusmarke unverzichtbar ist: den Aufbau einer Distanz zwischen Kunden und Nicht-Kunden. Eine Luxusmarke, um noch einmal Jean-Noël Kapferer zu zitieren, muss „sehr viel bekannter als erreichbar sein". Er nennt dies die „Hebelwirkung des Begehrens". Der Niedergang der Marke Mercedes-Benz und des Daimler-Konzerns hatte – wie an anderer Stelle in dieser Geschichte erzählt wurde – viel damit zu tun, dass diese Distanz durch eine unsägliche Ausweitung der Produktionskapazitäten aufgehoben wurde. Anstelle der Lieferzeiten gab es nun Rabatte, was für eine Luxusmarke so ziemlich das Schlimmste ist, was ihr passieren kann und langfristig ihren Untergang bedeutet. Louis Vuitton gibt keine Rabatte und verhökert seine Produkte auch nicht in Factory-Outlets, wie das viele andere Marken tun, bei denen es sich nur noch dem Namen nach um Luxusmarken handelt. Luxus und Rabatte passen nicht zusammen.

Sind zwei Millionen Autos im Jahr zu viel, um eine Luxusmarke zu sein? Das ist nicht die Frage. Entscheidend ist, dass die Nachfrage höher als das Angebot ist. Je größer die Differenz zwischen denen ist, die ein Produkt kaufen wollen, und denen, die es sich kaufen können, desto begehrlicher wird das Produkt und desto höher werden die Gewinnspannen. Rabatte sind ein untrügliches Zeichen für ein Überangebot, das sich keine Luxusmarke – zumindest nicht auf Dauer – leisten kann. Lieferzeiten sind ein untrügliches Zeichen für Knappheit: Eine Luxusmarke muss Lieferzeiten haben oder auch bestimmte Produkte gar nicht mehr verkaufen können, weil die jeweiligen Produktionsmengen von Anfang an begrenzt wurden. Gemessen an dem Anspruch, eine Luxusmarke zu sein, hat Daimler heute Überkapazitäten – ein Kapazitätsschnitt ist notwendig. Wird der Betriebsrat einen solchen Weg mitgehen? Werden ihn die Führungskräfte mitgehen? Werden die Anteilseigner und der Aufsichtsrat mitgehen? Und werden alle zusammen akzeptieren, dass am Ende dieses Prozesses BMW und Audi möglicherweise mehr Autos verkaufen als Mercedes? Ola Källenius hat es schon oft wiederholt: „Wir wollen die begehrenswertesten Autos der Welt bauen." Der „Hebel des Begehrens" aber heißt Knappheit. Daran wird sich der Erfolg seiner Strategie entscheiden, daran wird sich auch entscheiden, ob es ihm gelingt, eine „strukturell höhere Profitabilität", die er als Ziel ausgegeben hat, zu realisieren.

Day One, Day Two – Nachdenken über Daimler

Der 1. Dezember 2021 ist, wenn alles so läuft wie geplant, für die Mercedes-Benz AG und die Daimler Truck AG der „Day One". Zwei neue Unternehmen gehen an den Start, werden an der Börse notiert und beginnen mit der Arbeit. Die Daimler-Benz AG wurde im Jahr 1926 gegründet, als am 28. Juni Vertreter der Benz&Cie. und der Daimler Motoren Gesellschaft einen Verschmelzungsvertrag unterzeichneten. Die Geschichte dieses Unternehmens endet am 30. November 2021. Ein historischer Augenblick: Für immer verschwindet eines der erfolgreichsten, traditionsreichsten und größten deutschen Unternehmen von der Bildfläche.

Eines der wichtigsten Motive, sich mit der Geschichte zu beschäftigen, liegt darin, Lehren zu ziehen. Wer will, kann aus der Geschichte von Daimler viel lernen. Zum Beispiel, dass ein Unternehmen, das führen will, seinem „inneren Programm" folgen muss und nicht irgendwelchen Management-Moden, die nur allzu gern von Akteuren in die Welt gesetzt werden, die sich später nicht dafür verantworten müssen. So wie in den 1980er-Jahren die Diversifikation als Allheimmittel gegen stagnierende Märkte und Wachstumsschwäche gepriesen wurde, so ist es heute das „Pure-Play". Doch entwickeln sich aktuell nicht gerade die nordamerikanischen IT-Giganten basierend auf ihrer Kernkompetenz zu breit diversifizierten Konglomeraten? Muss nicht, wer einem

Trend folgt zur Kenntnis nehmen, dass es auch einen Gegentrend gibt? Gewiss, das hilft dem Handelnden, der entscheiden muss, nicht wirklich weiter. Aber es sollte ihn dazu veranlassen, zunächst einmal in das eigene Unternehmen hineinzuhören und sich selbstkritisch die Frage zu stellen: Was können wir und was brauchen wir, um langfristig den Wert unseres Unternehmens zu steigern? Wer den inneren Kompass verliert, wird anfällig für die Einflüsterungen anderer und zum Opfer des Gezwitschers in sozialen Medien und anderswo. Erfolgreiche Unternehmen sind „innen"- nicht „außengelenkt".

Zu lernen wäre weiter, dass – weil Unternehmen „produktive soziale Systeme" (Hans Ulrich) sind – Eingriffe in ein Geschäftsmodell, gewollt oder ungewollt, eine Eigendynamik entwickeln, die ein Geschäftsmodell zerstören können. Die sprunghafte Erhöhung der Produktionskapazitäten zu Beginn der 1980er-Jahre war ein Eingriff in das Zahnsche Geschäftsmodell – sie führte dazu, dass das Unternehmen zwar plötzlich keine Lieferzeiten mehr hatte, dafür aber Rabatte geben musste. Das war natürlich so nicht beabsichtigt, aber es war die zwangsläufige Folge, wenn man die Marktversorgung von einem „Pull-" auf ein „Push-System" umstellt. Die Diversifikation von Edzard Reuter hat zwangsläufig zu einem Mangel an Managern geführt, die ein solches Gebilde hätten führen und steuern können. Woher hätten sie auch kommen sollen? Jürgen Schrempps Welt AG geriet in einen wachsenden Konflikt zu den Handlungsnotwendigkeiten, die sich bei der Marke Mercedes-Benz durch den verstärkten Wettbewerbsdruck aufgedrängt haben. Und Dieter Zetsche hat im Grunde kein Modell gefunden, wie man all die vielen Ideen aus CASE hätte organisatorisch umsetzen können. Allein der Aufbau von Mobilitätsdiensten hätte eine Ausgliederung dieser geschäftlichen Aktivitäten gefordert. Ola Källenius' Weg in den „Luxus" wird Einschnitte in der Kapazitätspolitik, im Management der Supply Chain, im Vertrieb und zuerst und vor allem in der Unternehmenskultur erfordern, wenn er erfolgreich sein soll.

Zu lernen ist, dass das Image eines Unternehmens, seine Reputation und seine Ausstrahlung um so stärker sind, je mehr sie auf dem „Tatsächlichen" und nicht auf „Kommunikation" beruhen. Es gibt kaum ein Unternehmen, das so wenig kommuniziert, so wenig von sich preisgibt und so wenig Werbung betreibt wie Tesla. Wer kommuniziert, ist der Chef, und der tut das mit einem offensichtlich großen Spaß daran, andere ins Bockshorn zu jagen, was erstaunlicherweise vielen gefällt. Daimler hat in dem Zeitraum, über den in diesem Buch berichtet wurde, viel kommuniziert. Aber was ist davon hängengeblieben? Ist das Image des Unternehmens nicht viel mehr durch seine Auf- und Umbrüche, Krisen und Eskapaden geprägt, als durch das, was man versucht hat, den Menschen über dieses Unternehmen zu erzählen? Ist es nicht erstaunlich, dass die erfolgreichen häufig „stille", die nicht erfolgreichen ebenso häufig „laute" Unternehmen sind?

Zu lernen ist, dass Wachstum und Profitabilität keine Ziele sind, sondern das Ergebnis einer richtigen Strategie und deren konsequenter Umsetzung. Als vor vielen Jahren einmal ein Toyota-Manager gefragt wurde, ob es das Ziel seines Unternehmens sei, die Nummer eins in der Welt zu werden (damals war es noch General Motors), antwortete er: Nein, das sei nicht das Ziel von Toyota. Aber wenn man die richtigen Produkte zum richtigen Preis auf den Markt bringen werde, werde man es wahrscheinlich nicht verhindern können, die Nummer eins zu werden. So viel östliche Weisheit ist nicht in vielen Unternehmen anzutreffen. Immerhin erklärte LVMH-Chef Bernard Arnault in dem schon weiter oben zitierten Gespräch mit Harriet Agnew von der Financial Times: „Profit is a consequence of what we do well; it should never become a goal."

Zu lernen wäre schließlich, dass sich Unternehmen mit den großen politischen und gesellschaftlichen Trends in der Welt beschäftigen, ja sie am besten antizipieren müssen. Aber sie müssen auch eine Vorstellung darüber entwickeln, welches Geschäftsmodell sie brauchen, um diese Trends für sich nutzen zu können. Joachim Zahn hat mit seinem Prinzip der „maßvollen Investitionspolitik" genau jenen Hebel gefunden, damit Daimler von dem Wunsch der Menschen nach einem „besseren Leben" profitiert hat. Er hat den Trend genutzt, ohne einem plumpen und vergänglichen Konsummaterialismus Vorschub zu leisten. Er hat dort Begehrlichkeit erzeugt, wo andere Unternehmen sich als billige Bedarfsdecker positioniert und profiliert haben. Auch diese Unternehmen waren in der Zeit eines überbordenden Wirtschaftswachstums erfolgreich. Aber sie mussten den Kunden hinterherlaufen, als deren Wünsche und Ansprüche gestiegen sind. Ihr Geschäftsmodell war nicht nachhaltig. Heute findet man Unternehmen, die große weltgeschichtliche Trends erkennen und ihre Geschäftsmodelle darauf ausrichten, vorrangig in den USA. Amazon ist ein solches Unternehmen ebenso wie Google und Facebook. Auch Tesla hat es geschafft, aus der politischen Diskussion über den Klimawandel ein Geschäftsmodell ganz eigener Art zu machen: Das Unternehmen verdient nicht nur Geld mit dem Verkauf von Autos und Over-the-Air-Diensten, sondern auch mit dem Verkauf von CO2-Zertifikaten. Weder Edzard Reuter noch Jürgen Schrempp und zuletzt auch nicht Dieter Zetsche mit CASE haben ein Geschäftsmodell gefunden, mit dem sie ihre Vision finanzieren konnten.

Am 10. Juli 1979 hat der frühere Bosch-Chef, Professor Hans L. Merkle, anlässlich des 60. Geburtstags von Wilfried Guth eine Rede gehalten. Guth war damals einer der beiden Sprecher der Deutschen Bank und Vorsitzender des Aufsichtsrates der Daimler-Benz AG. Merkle, den Bewunderer und Spötter gleichermaßen gerne als „Gottvater" bezeichnet haben, reflektierte in dieser Rede über das Verhältnis von „Dienen und Führen". Entgegen der gängigen Meinung waren das für ihn keine Gegensätze. Insofern Dienen „die Bereitschaft zur Unterstellung unter eine Idee" sei, sei Führung nur „eine besondere Kategorie des Dienens". Denn auch der Führende müsse sich einer „stilbildenden Idee" unterwerfen: „Wer führt, muss mitreißen, dies verlangt tiefe Überzeugung, ja Passion des Führenden, zu dessen Pflichten es gehört, die unité d'action seines Unternehmens herzustellen, zu verkörpern. Dies verlangt eine innere Haltung, die den Führenden im Erfolg zügelt und vor Übermut bewahrt, im Misserfolg zum Durchhalten befähigt, vor allem aber befähigt, der unteilbaren Verantwortung gerecht zu werden, die mit der Führung verbunden ist." Das einheitliche Handeln des Unternehmens sicherstellen, den Führenden im Erfolg zügeln und im Misserfolg zum Durchhalten befähigen – es sind, wenn man die Entwicklung verfolgt, die Daimler, seit dieser Rede genommen hat, prophetisch anmutende Worte. Hat es bei Daimler in all den Jahren nach der Ära Zahn nicht einfach an der Bereitschaft der Führenden gemangelt, sich einer „Idee" zu unterwerfen, nämlich der „Idee" des Unternehmens?

Es sind für die ganz Heutigen merkwürdige, fremd anmutende Gedanken, die da einer der erfolgsreichsten Manager der Nachkriegsgeschichte äußerte, bar jeglicher Aktualität. Aber war Steve Jobs nicht zuerst und vor allem ein Diener seines Unternehmens? Man hat ihn aus seinem Unternehmen gedrängt, aber als er gebraucht wurde, ist er wieder gekommen, denn Apple, das war seine Idee von einem Unternehmen, wie es sein sollte: innovativ, interessiert daran, etwas Besonderes zu machen und der Welt einen Weg weisend. Der iPod und später das iPhone sind Produkte der Demut, der Bereitschaft, sich in den Dienst einer Idee zu stellen. Kann man sich Amazon ohne Jeff Bezos, Facebook ohne Mark Zuckerberg und Google ohne Larry Page vorstellen? Sie alle haben sich einer „Idee" verschrieben, die sie in die Welt bringen wollten, sie haben sich ihr unterworfen und sie waren und sind „Diener", auch wenn sie alle am Ende dabei sehr reich geworden sind. Könnte es sein, dass dem Daimler-Management die „Idee" oder besser gesagt: die „Bereitschaft zur Unterstellung unter eine Idee" verloren gegangen und damit das Unternehmen immer wieder auf Irrwege geraten ist?

„Das Beste oder Nichts" ist ein starker Imperativ. Aber Imperative werden nicht dadurch wirkungsmächtig, dass man sie irgendwo hinschreibt, auch nicht dadurch, dass man sie zum Firmenslogan macht. Imperative müssen gelebt werden, zuerst und vor allem von den Führungskräften. „Das Beste oder Nichts" ist nicht nur eine Aufforderung, die besten Autos der Welt zu bauen. „Das Beste oder Nichts" ist auch eine Aufforderung an das Management, immer die beste Entscheidung für das Unternehmen zu treffen. Mag sein, dass dieser Anspruch heute in einer unendlich komplexen Welt zu hoch ist, um ihn jeden Tag erfüllen zu können. Aber es geht bei dieser Maxime nicht um das Ergebnis, sondern um eine Haltung, die Haltung, sich dem Geist des Unternehmens zu unterwerfen und ihm im Unternehmen Geltung zu verschaffen.

Über die „Herrschaft der Manager" in Großunternehmen wird schon seit dem Erscheinen des Buches von James Burnham im Jahr 1941 diskutiert. Sie hat in dem hier behandelten Zeitraum an Intensität und auch an Schärfe beträchtlich zugenommen, woran nicht zuletzt die Manager selbst schuld sind. Zweifellos sind in Sachen „guter Unternehmensführung" jene Unternehmen im Vorteil, die starke und einflussreiche Gesellschafter haben, die eine wirksame Kontrolle über die von ihnen angestellten Manager ausüben. Dort, wo Manager Manager kontrollieren, hängt die gelebte Corporate Governance von der Einstellung und dem Verhalten der Beteiligten ab. Es ist daher nur schwer nachvollziehbar, warum sich Manager und ihre Kontrolleure leichtfertig dem Verdacht einer allzu großen Nähe aussetzen. Ein „überfordertes Management" und „lasche Aufseher" hat das manager magazin in einer großen Daimler-Geschichte im Jahr 2007 nach dem Chrysler-Debakel als Gründe für eine 20-jährige „strategische Irrfahrt" ausgemacht und sich dabei insbesondere auf das Duo Schrempp/Kopper bezogen. Schwer vorstellbar, dass Ähnliches bei BMW mit der Familie Quandt als Eigentümerin möglich gewesen wäre. Die Corporate Governance von managergeführten und managerkontrollierten Unternehmen degeneriert nur allzu leicht zu einem System der institutionalisierten Verantwortungslosigkeit, wenn die persönliche Distanz zwischen den beteiligten Akteuren nicht gewahrt wird.

Die Mercedes-Benz AG startet in den „Day One" mit einem Umsatz von etwas über 100 Milliarden Euro. Das ist etwa so viel wie bei der BMW Group, aber deutlich weniger als beim Volkswagen-Konzern, der im Geschäftsjahr 2020 einen Umsatz von über 220 Milliarden Euro erzielte. Bei der Daimler Truck AG wird der Umsatz bei etwas über 35 Milliarden. Euro liegen. Erstaunlicherweise sind nahezu alle Kommentatoren für die Zukunft der Mercedes-Benz AG skeptischer als für die Zukunft der Daimler Truck AG. Das ist auf den ersten Blick überraschend, denn über all die zurückliegenden Jahre hinweg hat die Truck-Sparte häufiger Sorgen gemacht als das PKW-Geschäft. Aber die Zuversicht für die „Trucker" ist nicht unbegründet: Das LKW-Geschäft bewegt sich auf einer konjunkturell zwar volatilen, aber langfristig berechenbaren Grundlage. Solange gewirtschaftet wird, müssen Güter transportiert werden und der LKW wird sich aus den feingesponnenen logistischen Netzen, die heute moderne Volkswirtschaften überziehen, weder durch die Bahn noch durch Drohnen verdrängen lassen. Vielleicht wird die Truck AG in einigen Jahren mit Volvo fusionieren. Ein Untergangsszenario lässt sich daraus schwerlich ableiten.

Vielleicht liegt die Skepsis gegenüber der Zukunftsfähigkeit der Mercedes-Benz AG darin begründet, dass sie mit ihrem Umsatz und mit ihren Stückzahlen ein kleiner Player im Weltautomobilmarkt ist. Es wird daher auch nicht lange dauern, dass viele Kommentatoren und Experten zu der Einschätzung kommen werden, dass die Mercedes-Benz AG, gemessen am Weltmaßstab, nicht nur klein, sondern zu klein ist, um überleben zu können. Wenn das zu einer Diskussion darüber führt, wie Mercedes-Benz möglichst schnell in eine vermeintlich überlebensfähige Größe hineinwachsen könnte, dann würde das Unglück genau wieder da beginnen, wo es Anfang der 1980er-Jahre seinen Ausgangspunkt genommen hat. Die Auffassung, dass Economies-of-scale die wichtigste Voraussetzung für die Wettbewerbsfähigkeit von Unternehmen sind, scheint unausrottbar zu sein. Aber hat BMW nicht vier Jahrzehnte lang als vergleichsweise kleines Unternehmen unbeschadet überlebt und hat jemand ernsthaft Zweifel daran, dass es Porsche auch heute noch als selbstständiges Unternehmen geben würde, wäre nicht irgendjemand auf die Idee gekommen, dass David den Goliath auffressen müsse? Unternehmen können in jeder Größe überleben. Sie müssen sich in ihrer Strategie, in ihrer Struktur und in ihrer Kultur nur an ihren jeweiligen Möglichkeiten ausrichten. Die Größe flieht den, der sie sucht. Es gibt erheblich mehr Luxusmarken, die an ihrem Streben nach „Größe", nach mehr Umsatz und mehr Gewinn zugrunde gegangen sind, als Luxusmarken, die ihre Exklusivität bewahrt haben. Groß und erfolgreich ist ein Luxusunternehmen, wenn es zur Projektionsfläche von Wünschen und Sehnsüchten wird.

So bleibt für die Mercedes-Benz AG nur das Schreckensszenario einer Übernahme? Warum eigentlich? Wem gehört das Unternehmen heute und haben diejenigen, die in diesem Unternehmen die Kontrolle ausüben, in den letzten Jahren einen guten Job gemacht? Ob ein Ritter weiß oder schwarz ist, wer mit einer Übernahme gewinnt und wer verliert, weiß man erst, wenn die Übernahme abgeschlossen ist. Die Marke Mercedes-Benz hat in den letzten Jahren vieles durchlebt und durchlitten. Wer immer ein Interesse an ihr hat, wird an ihrer Stärkung und nicht an ihrer Schwächung interessiert sein. Es gibt genug Marken, die durch eine Übernahme nicht schwächer, sondern stärker geworden sind.

Die prophetische Feststellung von Dieter Zetsche, dass es kein Naturgesetz sei, dass Daimler ewig bestehe, wird Realität – früher, als er vermutlich selber dachte. Es ist selten, dass ein Unternehmen zerlegt wird und die Unternehmensteile eine zweite Chance auf einen Day One bekommen. Das vorliegende Buch ist kein Nachruf. Sollte es jemand so empfunden haben: Er oder sie irrt. Geschichte ist kein Grab, sondern für den, der Geschichte lesen kann, eine Quelle.

Farewell, Daimler! Welcome Mercedes-Benz AG! Welcome Daimler Truck AG!

Namensverzeichnis

Chronologie 1980–2021

1980	Dr. Gerhard Prinz übernimmt als Nachfolger von Prof. Dr. Joachim Zahn das Amt des Vorstandsvorsitzenden; Daimler-Benz erzielt in diesem Jahr einen Umsatz von 15,53 Milliarden Euro und produziert knapp 430.000 PKW und 273.000 Nutzfahrzeuge aller Art
1982	Erweiterung des Modellprogramms um eine dritte Baureihe, die Modelle 190 und 190E (W201); starke Erhöhung der Produktionskapazitäten für PKW durch Umwidmung des Werks Bremen in einen reinen PKW-Standort; Einbruch der Nachfrage aus den OPEC-Staaten führt zu anhaltenden Verlusten im LKW-Geschäft
1983	Nach dem tragischen Tod von Dr. Gerhard Prinz wird Prof. Dr. Werner Breitschwerdt Vorstandsvorsitzender
1985	Beginn der Diversifikationsstrategie: vollständige Übernahme der MTU, Erwerb der Dornier-Gruppe und Einstieg bei der AEG; Dr. Alfred Herrhausen folgt Dr. Wilfried Guth als Vorsitzender des Aufsichtsrates; PKW-Produktion des Konzerns übersteigt in diesem Jahr erstmalig die Schwelle von einer halben Million Fahrzeugen (541.039 Einheiten)
1986	Festakt zum 100. Geburtstag des Automobils in der Hanns-Martin-Schleyer-Halle in Stuttgart; Qualitätsprobleme bei der mittleren Baureihe 200D-300E („Bonanza-Effekt“)
1987	Edzard Reuter wird am 1. September Nachfolger von Prof. Dr. Werner Breitschwerdt
1989	Neue Konzernstruktur: Unter dem Dach der Daimler-Benz AG als geschäftsführender Holding agieren die Mercedes-Benz AG, die AEG AG und die Deutsche Aerospace AG (DASA) als selbstständige Unternehmen; Übernahme der Messerschmitt-Bölkow-Blohm AG (MBB) und damit Ausdehnung der wehrtechnischen Geschäftsaktivitäten; Ermordung von Alfred Herrhausen durch RAF-Terroristen, Hilmar Kopper neuer Vorsitzender des Aufsichtsrates

1991	Präsentation der neuen S-Klasse (W 140) auf dem Genfer Automobilsalon, die unter der Führung von Jürgen Hubbert eine Wende in der Modellpolitik des Konzerns zur Folge hat
1992	Eröffnung des dritten PKW-Montagewerks in Rastatt
1993	Erstmaliger operativer Verlust der Daimler-Benz AG und des Geschäftsfeldes Mercedes-Benz-PKW in der Nachkriegszeit, der in den nächsten Jahren zu einem Abbau von über 40.000 Arbeitsplätzen im Konzern führt; Helmut Werner übernimmt von Prof. Dr. Werner Niefer die Leitung der Mercedes-Benz AG und kündigt auf einer Pressekonferenz im Januar eine weitreichende strategische Neuausrichtung der Marke Mercedes-Benz an; Beginn der ersten Produktoffensive mit der neuen C-Klasse (W 202)
1994	Abschluss einer Kooperationsvereinbarung mit der Schweizerischen Gesellschaft für Mikroelektronik und Uhrenindustrie (SMH) zum Bau eines innovativen Stadtautos („Smart"); erstes, zusammen mit Ballard Power entwickeltes Brennstoffzellen-Forschungsauto NECAR
1995	Jürgen Schrempp wird am 24. Mai neuer Vorstandsvorsitzender der Daimler-Benz AG
1996	Einstellung der Unterstützung für Fokker leitet den Rückbau der Daimler-Benz AG zu einem reinen Automobilhersteller ein; Auflösung der AEG sowie Verkauf weiterer Unternehmensteile
1997	Einführung einer neuen Organisationsstruktur, die u.a. die Verschmelzung der Mercedes-Benz AG auf die Daimler-Benz AG beinhaltet; Helmut Werner verlässt das Unternehmen; Weltpremiere der A-Klasse auf dem Genfer Automobilsalon; Präsentation der M-Klasse und Eröffnung des neuen Werkes im amerikanischen Tuscaloosa; „Elch"-Test und Produktionsstopp für die A-Klasse
1998	Zusammenschluss mit Chrysler zur DaimlerChrysler AG („Hochzeit im Himmel")
1999	PKW-Absatz der Marke Mercedes-Benz übertrifft erstmals die Millionengrenze
2000	Dieter Zetsche übernimmt die Leitung der krisengeplagten Chrysler Group; Allianzen und Kapitalbeteiligungen an Mitsubishi und Hyundai

2002	Beginn der zweiten Produktoffensive mit der Vorstellung der „Vision GST“ (spätere R-Klasse); mit dem Maybach und dem Supersportwagen SLR McLaren (2003) Stärkung der Marktposition im Luxussegment geplant
2003	Massive Qualitätsprobleme mit der E-Klasse und dem SL Roadster, die schließlich im Jahr 2005 in der größten Rückrufaktion in der Geschichte des Unternehmens münden (1,3 Millionen Fahrzeuge); Ausbau der Marke Smart zum Mehrproduktunternehmen (Smart ForFour)
2004	Trennung von Mitsubishi und Ausstieg bei Hyundai bedeutet Ende der Welt AG
2005	Dieter Zetsche wird Nachfolger von Jürgen Schrempp als Vorstandsvorsitzender der DaimlerChrysler AG; BMW verkauft erstmals mehr Autos als Mercedes-Benz und wird damit die Nummer eins im Premiumsegment; Start des Kostensenkungsprogramms CORE und Ankündigung eines Beschäftigungsabbaus von 8.500 Stellen an deutschen PKW-Standorten
2006	Einführung des „New Management Model“ und Re-Strukturierung der Marke Smart zur weiteren Kostenabsenkung; Start der Produktion der Mercedes-Benz E-Klasse im neuen, mit der BAIC errichteten Produktionswerk in Beijing
2007	Verkauf von Chrysler an das amerikanische Investmentunternehmen Cerberus; Umbenennung des Unternehmens in Daimler AG; Manfred Bischoff wird Nachfolger von Hilmar Kopper als Aufsichtsratsvorsitzender; Präsentation zahlreicher Modelle mit Hybrid- und anderen alternativen Antriebskonzepten unter dem Titel „Road to Future“ auf der IAA in Frankfurt
2008	Finanzkrise führt in diesem und im nächsten Jahr zu einem massiven Absatz-und Ergebniseinbruch; Erstmalige Weltpremiere eines neuen Modells auf einer Automobilmesse in China (GLK); Start von car2go als Pilotprojekt in Ulm
2009	Einstieg bei Tesla mit einem Anteil von 10 Prozent; Einstieg in die Herstellung von Batterien und Batteriesystemen
2010	Abschluss einer strategischen Partnerschaft mit Renault-Nissan mit gegenseitiger Kapitalbeteiligung; Kooperationsvertrag mit BYD zur Entwicklung eines batterieelektrischen Fahrzeugs

2011	Vorstellung der Wachstumsstrategie „Mercedes-Benz 2020“, die das Ziel beinhaltet, bis zum Jahr 2020 wieder die Nummer eins im Premiumsegment zu werden; Genehmigung für ein Nutzfahrzeug-Joint-Venture mit Foton zum Bau von schweren und mittelschweren LKW in China
2012	Beginn der dritten Produktoffensive: Weltpremiere der völlig neu gestalteten A-Klasse und Produktionsstart im ungarischen Werk in Kecskemét; Einrichtung eines Vorstandsressorts für China und Beginn eines deutlichen Ausbaus der dortigen Produktionsaktivitäten
2013	Am 21. Februar verlängert der Aufsichtsrat den Vertrag von Dieter Zetsche um weitere drei Jahre; Beteiligung an der BAIC mit 12 Prozent; Eröffnung des ersten Motorenwerks außerhalb Deutschlands in Beijing; spektakuläre Präsentation der neuen S-Klasse in Hamburg
2014	Veräußerung von mehreren Beteiligungen (u.a. EADS, Tesla) zur Stärkung des Kerngeschäftes; Gründung der moovel GmbH als Dachgesellschaft für Mobilitätsdienste; Markteinführung der neuen, gemeinsam mit Renault entwickelten Smart-Modelle
2015	Präsentation des Konzeptfahrzeugs F015 Luxury in Motion als Ausblick auf das autonome Fahren; Übernahme des digitalen Kartengeschäftes von HERE durch Audi, BMW und Daimler; Gründung des Gemeinschaftsunternehmens H2 Mobility für den stufenweisen Aufbau eines Wasserstoff-Tankstellennetzes
2016	Vier Jahre früher als geplant wird Mercedes-Benz mit über 2 Millionen Einheiten wieder zur Nummer eins im Premiumsegment; Start des Strategieprogramms CASE; Gründung der Elektro-Submarke EQ und Vorstellung eines Konzeptfahrzeugs beim Automobilsalon in Paris
2017	Dieselskandal erfasst Daimler: bundesweite Durchsuchungen durch die Staatsanwaltschaft Stuttgart; Daimler-Vorstand beschließt Zukunftsplan für Dieselantriebe; Konzern-Rekordgewinn von 14,68 Milliarden Euro, davon entfallen allein auf Mercedes-Benz Cars über 8 Milliarden Euro

2018	Aufsichtsrat nimmt personelle Weichenstellung vor: Nachfolger von Dieter Zetsche wird Ola Källenius, Zetsche soll nach einer zweijährigen Cooling-off-Periode Vorsitzender des Aufsichtsrates werden; Vorstand und Aufsichtsrat vereinbaren neue Konzernstruktur durch rechtliche Verselbstständigung der Geschäftsfelder Mercedes-Benz Cars&Vans, Daimler Trucks und Daimler Financial Services („Projekt Zukunft"); Einstieg von Li Shufu (Geely) mit dem Erwerb von 9,7 Prozent der Anteile an der Daimler AG
2019	Am 22. Mai übernimmt Ola Källenius das Amt des Vorstandsvorsitzenden von Dieter Zetsche; Kapitalbeteiligung des langjährigen chinesischen Partners BAIC an Daimler mit 5 Prozent; Verhängung eines Bußgelds in Höhe von 800 Millionen Euro durch die Staatsanwaltschaft Stuttgart im Zusammenhang mit dem Dieselskandal; Vorstellung der Strategie „Ambition 2039"; Verkaufsbeginn für den EQC; Präsentation des Showcars Vision EQS auf der IAA in Frankfurt; Daimler erzielte im Jahr vor der Corona-Krise einen Umsatz von 172,75 Milliarden Euro und verkaufte 2,29 Millionen PKW (inkl. Smart) und 1,05 Millionen Nutzfahrzeuge aller Art
2020	Dieter Zetsche erklärt Verzicht auf Aufsichtsratsvorsitz; Vorstellung der neuen Mercedes-Benz-Cars-Strategie auf einer virtuellen Investoren- und Analystenkonferenz im Hinblick auf den Ausbau der Positionierung als Luxusmarke und einer insgesamt höheren strukturellen Profitabilität des Geschäftsfeldes; Abschluss mehrerer Kooperationen (NVIDIA, Farasis, CATL); Virtuelle Vorstellung der neuen S-Klasse
2021	Daimler AG gibt die Aufteilung des Geschäfts in zwei unabhängige, börsennotierte Unternehmen bekannt: die Mercedes-Benz AG und die Daimler Truck AG, die Daimler Mobility wird aufgelöst und mit ihren jeweiligen Funktionen den beiden neuen Unternehmen zugeordnet.

Quellen: Chronik der Daimler AG; Geschäftsberichte der Daimler AG, Presseberichte

Ausgewählte Literaturhinweise

Die folgenden Literaturhinweise umfassen alle verwendeten Publikationen, denen der Autor wesentliche Informationen und Bewertungen entnommen hat. Beiträge, insbesondere Artikel aus Zeitungen und Zeitschriften, die nur kurz oder mit einer prägnanten Überschrift zitiert werden, wurden nicht aufgenommen, sind aber im Text als Zitate gekennzeichnet und mit Quellenhinweis versehen. Einzelne Aussagen im Buch basieren auf persönlichen Gesprächen, die der Verfasser über Jahre hinweg mit Führungskräften und Mitarbeitern des Unternehmens geführt hat und die er als vertrauenswürdig einstuft. Aus Gründen des Vertrauensschutzes können die Quellen für diese Informationen nicht benannt werden.

Abele, Rüdiger und Thomas, Peter: Kennzeichen D – 70 Jahre Mercedes-Benz Dieseltechnologie, Bielefeld 2007

Agnew, Harriett: „I always liked being number one" – Lunch with Bernard Arnault, Financial Times Weekend v. 22./23. Juni 2019, S. 3

Appel, Holger und Hein, Christoph: Der DaimlerChrysler Deal, 2. Auflage, Stuttgart 1998

Aust, Stefan, Hawranek, Dietmar und Mahler, Armin: „Wir werden das drehen" – Interview mit Jürgen Schrempp, in: DER SPIEGEL Nr. 14/2005, S. 106-110

Balzer, Arno, Müller, Henrik und Student, Dietmar: „Wir brauchen keine Harmoniesauce" – Interview mit Jürgen Schrempp, in: manager magazin Nr. 6/2004, S. 36-45

Behrens, Bolke: Völlig neue Regeln: Daimler-Chef Jürgen Schrempp – der Schrittmacher im globalen Wettbewerb, in: WirtschaftsWoche Nr. 21/1998, S. 51-60

Bezos, Jeff: Letter to Shareholders 2016, online abgerufen am: 20. August 2018

Blüthmann, Heinz: Der richtige Mann, in: DIE ZEIT Nr. 30/1987, online abgerufen am: 28. November 2018

Blüthmann, Heinz: Total verfahren, in: DIE ZEIT Nr. 48/1993, online abgerufen am: 28. November 2018

Brors, Peter, Freitag, Michael und Student, Dietmar: DaimlerChrysler- Die Quittung, in: manager magazin Nr. 4/2007, online abgerufen am: 20. August 2018

Butterfield, Leslie: Ikone einer Leidenschaft – Die Entwicklung der Marke Mercedes-Benz, Chichester/West Sussex 2005

Christ, Peter, Heller, Michael und Pretzlaff, Harry: „Abnickverein? Wir haben bewiesen, dass das nicht stimmt – Interview mit Jürgen Schrempp, in: Stuttgarter Zeitung v. 6. Mai 2004, S.11

Daimler AG: Geschäftsberichte, laufende Jahrgänge

Daimler AG (Hrsg.): Chronik, 2. Auflage, Stuttgart 2011

Daimler AG: „Ambition 2039“: Unser Weg zu nachhaltiger Mobilität, Presse-Information v. 13. Mai 2019

Daimler AG: Daimler plant Aufteilung des Geschäfts in zwei unabhängige Unternehmen, Presse-Information v. 3. Februar 2021

Daimler AG: Mercedes-Benz „Road to Future“, Pressemappe: Mercedes-Benz auf der Tokyo Motor Show am 24. Oktober 2007, Stuttgart 2007

Daimler AG: Nachhaltigkeit im Focus, Stuttgart 2017

Daimler AG: EQ – die neue Marke für Elektromobilität, Presse-Information v. 29. September 2016

Daimler AG: Neue Mercedes-Benz Strategie vorgestellt – Ziel ist strukturell höhere Profitabilität, Presse-Information v. 6. Oktober 2020

Daimler-Benz AG (Hrsg.): Illustrierte Chronik der Daimler-Benz AG, Stuttgart 1998

Dalan, Marco: „Chrysler gehört zu uns wie Mercedes-Benz“ – Interview mit Rüdiger Grube, in: Die Welt v. 28. Juli 2003, S.15

Dalan, Marco: Bitterer Abschied für „Mr. Mercedes“, in: Die Welt v. 7. April 2005, online abgerufen am: 30. Oktober 2019

Delekat, Thomas: Der Mann, der Daimler rettet, in: Die Welt v. 14. Mai 2007, online abgerufen am: 7. Mai 2019

Diez, Willi: Deutsche Hersteller setzen auf „mehr Auto für mehr Geld“ – Warum eine modellpolitische Neuorientierung der deutschen Automobilindustrie überfällig ist, in: Handelsblatt v. 5. Mai 1993, S. 20

Diez, Willi: Die Zukunft eines Projektes – oder warum die Marke Smart heute erfunden werden müsste, wenn es sie noch nicht gäbe, in: Motorbuchverlag (Hrsg.): Smartismus, Stuttgart 2007, S. 135-162

Diez, Willi: Vom Nutzen des scheinbar Nutzlosen, in: Stuttgarter Zeitung v. 12. Oktober 2002

Diez, Willi: Wohin steuert die deutsche Automobilindustrie?, 2. Auflage, Berlin 2018

Dohmen, Frank und Hawranek, Dietmar: Das Auto-Syndikat – Die Enttarnung eines Kartells, in: DER SPIEGEL Nr. 30/2017, S. 12-19

Dönch, Uli, Efler, Marcus und Schwab, Fritz: „Die Strategie wankt nicht" – Interview mit Jürgen Hubbert, in: FOCUS Nr. 20/2004, online abgerufen am: 7. November 2019

Dorfs, Joachim und Reisinger, Christoph: „Am allerwichtigsten ist jetzt das E-Auto" – Interview mit Ola Källenius und Cem Özdemir, in: Stuttgarter Nachrichten v. 21. Juni 2021, S. 9

dpa-Meldung: Dieter Zetsche auf Mobilfunkmesse in Barcelona – „Es ist kein Naturgesetz, dass Daimler ewig besteht", in: Stuttgarter Zeitung Online v. 26. Februar 2019, abgerufen am 11. April 2019

DUB Unternehmer: Joint-Venture-Fantasie – Dieter Zetsche über Google und Apple als Herausforderer sowie die Neuerfindung des Automobils, in: DUB Spezial – Magazin der deutschen Unternehmensbörse am 21.8.2015, online abgerufen am 12. Juli 2021

Eglau, Hans-Otto: Edzard Reuter, 2. Auflage, Düsseldorf 1992

FAZ.NET: Daimler-Chef Zetsche: „Bei uns wird nicht manipuliert", FAZ Online v. 26. September 2015, abgerufen am: 6. Juli 2020

Feldenkirchen, Wilfried: „Vom Guten das Beste" – Von Daimler und Benz zur DaimlerChrysler AG, Band 1, München 2003

Frank, Susanne: „Die Autoindustrie wird sich in den nächsten zehn Jahren stärker wandeln als in den vergangenen hundert" – Interview mit Audi-Chef Rupert Stadler, in: FOCUS Nr. 29/2016, online abgerufen am: 13. Juli 2020

Freitag, Michael, Hucko, Margret und Noé, Martin: „Wir brauchen einen Kulturwandel" – Interview mit Ola Källenius, in: manager magazin Nr. 11/2020, S. 46-50

Gaul, Richard: Der falsche Mann, in: DIE ZEIT Nr. 49/1983, online abgerufen am: 28. November 2018

Gerster, Michael: Daimler Vorstand Källenius: „E-Mobilität ist wie eine Ketchup-Flasche", in: Automobilwoche Online v. 23. November 2016, abgerufen am: 12. Juli 2021

Gietl, Jürgen: Warum die Marke Mercedes ein Relevanzproblem bekommt, in: Absatzwirtschaft Online, abgerufen am: 23. September 2020

Grässlin, Jürgen: Jürgen E. Schrempp – Der Herr der Sterne, München 1998

Hamann, Götz und Lamparter, Dietmar H.: „Ich will das nicht schönreden" – Interview mit Dieter Zetsche, in: DIE ZEIT Nr. 47/2012, online abgerufen am: 30. März 2020

Hawranek, Dietmar und Mahler, Arnim: „Erfolg ist verführerisch" – Interview mit Helmut Werner, in: DER SPIEGEL Nr. 25/1993, S. 86-88

Hawranek, Dietmar: Auf der Suche nach dem Kick, in: DER SPIEGEL Nr. 26/1994, S. 86-88

Hawranek, Dietmar: Chaostage im Bullshit Castel, in: DER SPIEGEL Nr. 19/2004, S.104-106

Hawranek, Dietmar: Der große Kommunikator, in: DER SPIEGEL Nr. 33/2006, S.72-75

Hawranek, Dietmar: Fluch der Vielfalt, in: DER SPIEGEL Nr. 2/2005, S. 90-92

Hecking, Mirjiam: Daimler-Tochter Moovel: „Wir wollen das Amazon der Mobilität werden" – Interview mit Robert Henrich, in: manager magazin Online v. 26. September 2014, abgerufen am: 12. Juli 2021

Heller, Michael: Authentisch bis zum Schluss – Daimler-Chef Dieter Zetsche im Porträt, in: Stuttgarter Zeitung Online v. 26. September 2019, abgerufen am: 7. Mai 2019

Hengstenberg, Michail und Rickens, Christian: „Jammern hilft nicht" – Interview mit Dieter Zetsche, in: SPIEGEL Online v. 11. Juni 2012, abgerufen am: 12. Juli 2021

Hillebrand, Walter: Das Debakel, in: Capital Nr. 8/2002, S. 40-51

Hubik, Franz und Murphy, Martin: Daimler-Chef fokussiert Mercedes wieder auf Luxusautos – Interview mit Ola Källenius, in: Handelsblatt Online v. 16. Juli 2020, abgerufen am: 20. Juli 2020

Hubik, Franz: Källenius startet den längst überfälligen Kehraus, in: Handelsblatt Online v. 8. Juli 2020, abgerufen am: 10. Juni 2021

Junginger, Walter: Das BMW Mercedes Duell, Düsseldorf 1991

Källenius, Ola: Rede anlässlich der ordentlichen Hauptversammlung der Daimler AG am 31. März 2021, Berlin

Kapferer, Jean-Noel: Luxusmarken, in: Esch, F.-R. (Hrsg.): Moderne Markenführung, 2. Auflage, Wiesbaden 2000, S. 317-336

Köster, Klaus: Daimlers neue Nüchternheit, in: Stuttgarter Nachrichten v. 12. Februar 2020, S. 3

Köster, Klaus: Ola, der Ungeduldige, in: Stuttgarter Nachrichten v. 5. Februar 2021, S. 3

Köster, Klaus: So hat der Daimler-Chef sein eigenes Erbe beschädigt, in: Stuttgarter Nachrichten Online v. 26. September 2018, abgerufen am: 7. Mai 2019

Kruk, Max und Lingnau, Gerold: 100 Jahre Daimler Benz – Das Unternehmen/Die Technik (2 Bände), Mainz 1986

Leinemann, Jürgen: „Ich bin der Schurke im Stück" – Über den Daimler-Benz-Chef und Konzernbauer Edzard Reuter, in: DER SPIEGEL Nr. 31/1989, S. 30-36

Leinemann, Jürgen: „Wer bin denn schon ich?“ – Über Daimler-Chef Jürgen Schrempp, in: DER SPIEGEL Nr. 21/1996, S. 114-126

Lewin, Tony: Smart Thinking – The little car that made it big, St. Paul (MN) 2004

Mayr, Stefan: Der Krisen-Konzern, in: Süddeutsche Zeitung Online v. 25. Juni 2019, abgerufen am: 30. April 2020

Meck, Georg: Erich Klemm – der Pragmatiker, in: Frankfurter Allgemeine Zeitung v. 29. September 2005, online abgerufen am: 14. Februar 2020

Meier, Lutz: Daimlers Verzettelungswirtschaft, in: Capital Online v. 11. Februar 2020, abgerufen am: 10. Juni 2020

Merkle, Hans L.: Dienen und Führen – Erkenntnisse eines Unternehmers, Stuttgart/Leipzig 2001

Mönnich, Horst: BMW – Eine deutsche Geschichte, München 2004

Müßgens, Christian und Preuß, Susanne: Andreas Renschler – Trucker mit Kampfgeist, in: FAZ Online v. 28. Januar 2015, abgerufen am 21. März 2020

Neubauer, Ralf und Borstel, Stefan von: „Jürgen Schrempp hat alles richtig gemacht“ – Interview mit Roland Berger, in: Die Welt v. 22. November 2000

Peters, Wolfgang und Zöllter, Jürgen: Die Herausforderung – Die Beschleunigung der Marke Mercedes-Benz, Bielefeld 2004

Ramge, Thomas: Prügelknabe Rambo – Jürgen E. Schrempp kam als Heilsbringer und ging als Verlierer, in: Brand Eins Online, abgerufen am: 22. Juli 2019

Reitz, Ulrich: Daimler macht sich für Chinesen hübsch, in: ntv Online v. 4. Februar 2021, abgerufen am: 8. Juni 2021

Reuter, Edzard: Schein und Wirklichkeit – Erinnerungen, Berlin 1988

Reuter, Edzard: Vom Geist der Wirtschaft – Europa zwischen Technokraten und Mythokraten, Stuttgart 1986

Schlegelmilch, Rainer W., Lehbrink, Hartmut und Osterroth, Jochen von: Mercedes, Königswinter 2004

Seiwert, Martin, Eisert, Rebecca und Rees, Jürgen: Zetsche ist Meister der Ankündigungen, in: Wirtschaftswoche Online v. 6. Februar 2013, abgerufen am: 6. Juli 2020

Sombart, Werner: Liebe, Luxus und Kapitalismus – Über die Entstehung der modernen Welt aus dem Geist der Verschwendung, Berlin 1986

Späth, Lothar: Wende in die Zukunft – Die Bundesrepublik auf dem Weg in die Informationsgesellschaft, Hamburg 1985

SPIEGEL: „Das ist ein Hammer“ – Mit Daimler-Chrysler entsteht die erste Welt AG unter deutscher Führung, in: DER SPIEGEL Nr. 20/1998, S. 104-121

SPIEGEL: „Der Stern strahlt noch in 100 Jahren“, in: DER SPIEGEL Nr. 37/1985, S. 36-67

SPIEGEL: Daimler-AEG: „Wir stehen erst am Anfang“, in: DER SPIEGEL Nr. 43/1985, S. 136-147

SPIEGEL: Der Favorit wird ungeduldig, in: DER SPIEGEL Nr. 10/1993, S. 112-114

SPIEGEL: Die neue deutsche Rüstungsmacht, in: DER SPIEGEL Nr. 31/1988, S. 24-32

SPIEGEL: Ganz miserabel, in: DER SPIEGEL Nr. 35/1993, online abgerufen am 21. Juni 2021

Tauber, Andre: Die fabelhafte Rückkehr des Dieter Zetsche, in: Die Welt v. 6. Februar 2014, online abgerufen am: 7. April 2020

Viehöver, Ulrich und Spegel, Hubert: Ein Stern sinkt, in: FOCUS Nr. 40/1993, online abgerufen am: 15. November 2018

Wagner, Lorenz: Einsame Spitze – Wir haben Zetsche eine Jahr lang begleitet, in: Süddeutsche Zeitung Magazin Nr. 33/2013, online abgerufen am: 7. Mai 2019

Waller, David: Die Stunde des Strategen – Jürgen Schrempp und der Daimler-Chrysler-Deal, München 2001

Womack, James P., Jones, Daniel T. und Roos, Daniel: Die zweite Revolution in der Autoindustrie, Frankfurt/New York 1991

Zetsche, Dieter: „Zielstrebigkeit zahlt sich aus“ – Rede vor der Hauptversammlung der Daimler AG am 9. April 2014 in Berlin

Zetsche, Dieter: Wandel als Konstante: Die Transformation von Daimler – Rede vor der Hauptversammlung der Daimler AG am 22. Mai 2019 in Berlin

Fototeil

Die S-Klasse der Baureihe W126. „Der Dienstwagen für Direktoren und Diktatoren"

Die S-Klasse der Baureihe W140. „Der Niefer auf Rädern"

Die Baureihe W123. Der „mittlere“ Mercedes

Die Baureihe W124 als Nachfolger des W123

Die Baureihe W210, Nachfolger des W124 mit neuem „Vier-Augen-Gesicht“

Die Baureihe W201: Der 190er

Der Mercedes-Benz SLK der ersten Baureihe

Die M-Klasse. Der erste deutsche SUV, made in USA

Das Coupé der C-Klasse

Der Mercedes CLS

Die A-Klasse der ersten Generation

Werbung für A- und S-Klasse

Vom NAFA-Konzept-Car zur A-Klasse

Bildquelle für alle Abbildungen: Mercedes-Benz Classic.